Towards an Age of Intelligence:
Education, Technology,
and Social Development

中国未来教育研究丛书

面向智能时代
教育、技术与社会发展

关成华　黄荣怀◎主编

教育科学出版社
·北 京·

本书编写组

主　　编：关成华、黄荣怀

执行主编：陈超凡、王运武（江苏师范大学）

编 委 会：关成华、黄荣怀、陈超凡、王运武（江苏师范大学）、林永生、
沈欣忆（北京教育科学研究院）、王学男（中国教育科学研究院）、
焦艳丽、甘霖

各章节作者

	总论	关成华、陈超凡、安欣
技术篇	专题 1　技术促进教育创新与变革	黄荣怀、焦艳丽、王运武（江苏师范大学）
	专题 2　前沿技术的教育应用	焦艳丽、黄荣怀
	专题 3　未来教育发展的新形态	黄荣怀、王运武（江苏师范大学）、焦艳丽
学习篇	专题 4　智能时代的终身学习	沈欣忆（北京教育科学研究院）、关成华
	专题 5　智能时代的创造力培养	年智英、黄荣怀、李冀红
	专题 6　智能时代的数字素养	张橦（浙江大学）、王泽、安琪
市场篇	专题 7　技术、教育与劳动力市场	朱梦冰、林永生、裴春晨
	专题 8　中国教育服务产业发展与展望	关成华、陈超凡、岳薇
	专题 9　资本、技术与教育服务产业发展	陈超凡、关成华、蓝月（澳门科技大学）
政府篇	专题 10　技术发展与教育公平	傅王倩、黄荣怀、安欣
	专题 11　教育治理的多元协同	王学男（中国教育科学研究院）、关成华、王泽
	专题 12　财政支持与教育发展	郑磊、李虔（国家教育行政学院）、郑逸敏、孙钰、刘婕、韩丽

注：未注明单位的作者，均为北京师范大学的教师或学生。

前　言

　　一部人类文明史，就是教育和科学相互激励、相互促进的历史。纵观工业革命以来的人类社会发展历程，时代变迁总是伴随着重大产业变革和经济社会的跨越式发展，而主导时代变迁的则是科技进步。当今世界正处于百年未有之大变局。我国经济和科技发展的外部需求环境和内在支撑条件随着世界格局演变不断发生改变。大变局下的未来充满了不确定性，而教育则能让我们在不确定性中获得某种确定。通过学习知识、提升素养和能力，我们可以更加从容地适应变革、应对挑战、破解难题；通过累积知识资本、提升人力资本、激励学习和创新，教育也能够增强经济社会发展的韧性、实现可持续的增长与发展，推动人类社会加快迈向人机协同、跨界融合、共创分享的智能时代。

　　智能时代，新一代信息技术进入创新密集期，科技、场景、产业"三大变革"可能同步发生。前沿技术在深刻改变人类生产生活方式和各国竞争力的同时，也在加快重塑传统教育生态。这迫切要求我们于变局中开新局，积极推进前沿技术与教育的深度融合，构建更加开放、包容的终身教育和学习体系，实现由后发追赶借鉴型经济体向创新引领型经济体的历史跨越。

　　进入"十四五"时期，我国正在开启现代化强国建设新征程。教育现代化既是国家现代化的重要组成部分，也是国家现代化的基础支撑和引擎。当前，我国教育发展水平已达到了中高收入国家水平，正逐步走向世界教育的中心。此时，中国应抢抓机遇，积极发挥前沿技术在促进教育公平、提升教育质量中的作用，推动教育理念、教学方式、管理模式创新，为建设高质量的教育体系以及构建更加开放、包容的终身学习体系夯实基础。在此背景下，总结我国教育发展的成就与经验、思考智能时代教育创新与变革、展望未来教育的发展趋势具有重要意义。

新冠肺炎疫情对全球教育体系造成了严重冲击。受疫情影响，全球大部分学校被迫关停，约 190 个国家暂停了线下课程，超过 15 亿名学生的教育进度受到影响，在线教育成为实现"停课不停学"的唯一选择。在全球大规模在线教育实践中，信息技术发挥了技术支撑的重要作用，扮演了引领变革的关键角色。后疫情时代，面对更为复杂多变的国际国内形势，为确保教育现代化目标任务的实现，我们迫切需要认真反思传统教育体系存在的不足，积极推动信息技术与教育教学的深度融合，加快构建面向未来的教育新生态。

2019 年 7 月，北京师范大学经济与资源管理研究院发起设立未来教育研究中心。中心以"探索未来教育、促进教育创新"为使命，致力于打造经济学、教育学交叉领域研究的高端智库和产学研合作的重要平台。从中心的使命和定位出发，我们决定策划并撰写"中国未来教育研究丛书"，每年聚焦一大主题，从跨学科角度探索未来教育。鉴于科技与教育融合发展的重要性和紧迫性，本年度，中心特联合北京师范大学智慧学习研究院推出丛书中的第一册——《面向智能时代：教育、技术与社会发展》。本书从时代发展的视角考察未来教育，通过对智能时代教育创新与变革趋势的研判，形成对未来教育发展的启示。希望此书的出版可以激发理论界和实践界对未来教育的关注和探索，也期待以书为媒，在崭新又瞬息万变的时代中，增进国际社会交流与合作，共同思考教育和学习的变革如何塑造人类社会的未来。

本书基于跨学科视角，从宏观经济、社会发展维度解读科技创新与教育发展问题。在研究中，我们综合运用教育学、经济学、社会学、管理学、统计学、哲学和法学等多学科理论知识，深入探索科技与教育的融合以及这一过程给教育及社会发展带来的创新与变革。我们不仅采用理论和文献分析法，还开展了广泛的实地、网络调研及专家研讨。通过对学校、企业的考察，以及对企业高管、投资机构负责人的访谈等，我们获得了丰富的案例素材和数据，使研究紧密结合前沿技术发展趋势与教育创新发展实践。

本书以总论—篇章—专题的结构设计构建了一个具有包容性、融合性的研究框架（见图 0.1）。本书首次提出构建中国教育新生态的四大实践路径：技术创新、范式创新、供给创新和治理创新。通过设置与四大路径对应的技术篇、学习篇、市场篇和政府篇四大平行篇章，以及与各篇章对应的十二个专题，本书全景式、多角度展现了政府、学校、市场、社会等多元主体如何立足教育发展新态势、把握教育发展新机遇、共建未来教育新生态。

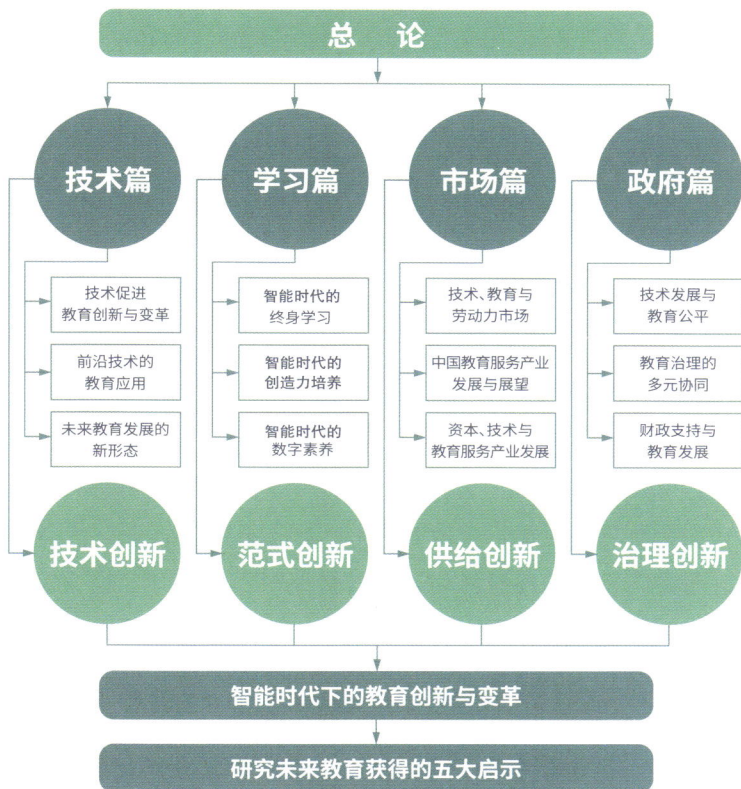

图 0.1　本书框架

　　四大篇章呈现了本书关于未来教育的技术观、学习观、市场观和政府观。技术篇全面阐述了技术如何促进教育创新与变革、前沿技术在教育中的应用场景，以及未来的弹性教学、主动学习和智慧教育新形态。学习篇着重强调了智能时代教育发展从"教"到"学"范式转变过程中的终身学习、创造力教育与数字素养培育问题。市场篇重点关注教育在人力资本供给和服务供给中的变化和创新。其中，技术与产业的变革对人才供给提出了新要求，而前沿技术的渗透与应用，对教育服务产业发展及资本介入产生了重要影响，推动了教育服务供给的创新。政府篇分析了政府在保障教育公平、推动教育管理体制改革和运用财政工具促进教育发展中所发挥的作用，综合体现了政府的教育治理能力。其中，教育公平是教育治理的核心目标，多元协同是教育治理创新的重要方向，教育财政是教育治理的基础和重要支柱。

技术篇设置三个专题，分别为技术促进教育创新与变革、前沿技术的教育应用、未来教育发展的新形态。这三个专题均与智能时代的技术创新有关。不论是教育信息化支撑和引领教育现代化，还是技术在助推校外教育、家庭教育中起到的作用，都充分说明技术将成为新时代推动教育改革发展的内生动力。5G、大数据、区块链、机器人、虚拟现实、人工智能等前沿技术的教育应用场景不断丰富，极大提升了教育各领域和各环节的效率和质量。展望未来，技术必将重塑未来教育形态，而"智慧教育"即是未来教育的典型形态之一。前沿技术通过构建智慧学习环境、催生新型教学模式、重构现代教育制度，让未来教育更加智慧。

学习篇设置三个专题，分别为智能时代的终身学习、智能时代的创造力培养、智能时代的数字素养。这三个专题均与智能时代教育发展从"教"到"学"的范式创新有关。当然，智能时代的"学"并非停留在学历教育阶段狭义的"学"，而是广义上的终身学习；同时智能时代的"学"也不仅仅是学习知识，而是涉及更广泛意义上的核心素养，特别是创造力和数字素养的提升。这不仅是学习者面对科技创新、产业变革以及经济社会急剧变化时所应具备的核心能力，也是教育者在未来教育实践中所需要关注的重点问题。

市场篇设置三个专题，分别为技术、教育与劳动力市场，中国教育服务产业发展与展望，资本、技术与教育服务产业发展。这三个专题均与智能时代的教育供给创新有关，前者主要是人才的供给，后两者主要是教育资源、服务和资本的供给。劳动力市场的变化受智能时代科技创新与产业变革的影响，经济社会各领域的变化也将传导至教育端，对人才培养提出新的要求。同时，教育服务产业的发展及资本进入教育服务产业，不仅得益于智能时代科技与教育的融合催生的一系列新产业、新业态与新模式，同时也是新时代教育主要矛盾变化和消费升级作用的必然结果。

政府篇设置三个专题，分别为技术发展与教育公平、教育治理的多元协同、财政支持与教育发展。这三个专题均与智能时代的教育治理创新有关，其中"教育治理的多元协同"直接讨论智能时代教育治理的相关问题，而教育公平、财政支持和技术则是实现教育治理的重要目的与手段。不论时代如何更迭变换，政府依旧在教育供给、管理和保障教育公平方面扮演着重要角色，但时代更迭又赋予了政府新的管理思路、手段和方法，特别是技术赋能治理创新，能够优化政府管理行为，释放教育发展活力。当然，新技术与教育的融合也将带来许多新挑战，不仅需要包括政府在内的多元主体共同协调解决，而且需要把技术本身作为应对挑战的重要工具。

上述所有篇章构成了我们探索未来教育的系统框架和研究逻辑，体现了我们对未来教育基本问题的关注和认知。

基于各篇章（专题）的研究，我们归纳了智能时代教育创新与变革的十大趋势和研究未来教育获得的五点启示。

十大趋势

新技术重塑教育生态——智能时代，人工智能等新一代信息技术是实现教育生态重塑的有效手段，也是实现全球教育改革与发展共同目标、保障教育均衡和质量的最有效工具，走向智慧教育是技术重塑未来教育的最终目标。

新范式引领学习革命——构建以学习者为中心的新范式是智能时代教育变革的主要方向，由此引发的学习革命将促进主动学习和终身学习成为常态，加快构建和完善面向未来的终身学习生态体系已成为必然趋势。

新需求激发创新能力——未来社会迫切需要创新型、创造型人才，以激发社会创新能力，而创造力教育正是推动人才培养目标变革的重要环节与手段。

新环境呼唤数字素养——面对智能时代的数字化成长环境及崭新的时代特征，提升数字素养迫在眉睫。只有丰富和发展学习者核心素养内涵，培育数字素养，方能更好地应对未来社会挑战。

新市场革新人力结构——知识迭代、技术进步与产业升级不断重塑原有的劳动力市场，增加了劳动力市场对创新型、高技能人才的需求，人力资本水平提升和结构优化将为高质量发展创造大规模的人才红利。

新业态丰富服务供给——智能时代，教育服务新业态、新模式层出不穷，极大丰富了教育服务供给，推动了教育服务产业的蓬勃发展，满足了学习者个性化、多元化、弹性化、品质化的新学习需求。

新投资驱动产业升级——随着宏观经济金融环境、政策导向变化以及科技与教育融合的加速，资本已趋于成熟理性，投资策略也更加注重企业的内在价值与创新潜力，驱动了教育服务产业的提质升级。

新实践聚焦公平优质——依托前沿技术的教育发展新实践将更加注重有质量的公平，技术不仅将在促进教育公平中发挥更大作用，也有助于优化优质教育资源的配置，提升教育发展的质量。

新治理鼓励多元协同——现代化的教育治理体系鼓励多元主体协同参与、重构治理主体结构。为实现智能时代的教育善治目标，应将技术优势转化为制度优势，让技术与法治相互促进、相互保障，通过新制度为新治理赋能。

新财政亟待兼容技术——智能时代教育财政制度创新要兼容教育领域的技术变革，向治理型教育财政转型是加快转变政府职能的重要内容，也是实现教育治理体系和治理能力现代化的重要途径。

五点启示

以全人发展为根本——不论教育的形式、内容、方法、手段等如何变化，未来教育的中心依旧是培养人并为促进人的全面发展而服务。

以主动学习为中心——未来教育的根本在于体现、提升"人"的价值，而学习正是人类获取知识以提升自我价值和社会价值的最主要途径。

以能力提升为抓手——为了适应急剧变化的社会与环境，能力和素养的培养被视为应对未来挑战、提升国家教育实力和公民素养的战略发展趋势。

以优质供给为导向——未来教育应不断适应社会和个人的教育需求升级，变革教育资源配置的体制机制、创新教育服务供给模式、多渠道扩大优质教育的有效供给，让公共选择机制和市场机制共同发挥作用。

以优化治理为保障——未来教育需要依靠现代化的教育治理体系以有效应对挑战，同时也需要现代化的治理能力，把制度优势转化为管理效能。

本书具有如下特色和创新点。

第一，与从纯技术角度界定智能时代不同，本书从产业革命、前沿技术发展、经济周期等角度综合界定智能时代并分析其特征，探讨了智能时代、智慧社会与未来教育的关系；从技术创新、范式创新、供给创新及治理创新四大维度，解读智能时代下中国教育发展的相关问题。为此，本书不仅关注前沿技术与教育的融合创新，展现了前沿技术在教育和学习中的应用场景，也关注技术如何提升学习能力、提高创造力及数字素养、拓展教育资源、加快人力资本积累、助力公平有质量的教育供给、创新教育治理等多方面问题。这些问题不仅关乎教育体系内部的变革与创新，更将对整个社会发展产生重要影响；这些问题也不仅是当前教育领域需要反思和探索的重要问题，更是中国教育现代化进程中需要解决的关键问题。

第二，以更宏观的视野及更具包容性的研究框架，打破传统的教育范畴界定，力图"跳出教育看教育"。国内相关研究著作或报告主要关注各级各类学校教育的某个方面，或科技与教育融合的某一领域，或某一特定的教育类型，等等，例如将研究主题限定在公办教育与民办教育、基础教育、职业教育、高等教育、素质教育、国际教育等领域。本书力图从这些传统的教育范畴界定中跳出来，以教育生态体系中的各要素为切入点，以多元主体融合为抓手，用具有包容性、融合性的分析框架，全景式、多角度展现智能时代教育发展的各方面问题。这样的结构和研究设计能够更好地从宏观视角抓住中国教育发展进程中的痛点、难点、要点，更好地把握时代变革趋势下教育变革与创新的方向及目标。

第三，基于实地调研及校企合作获得丰富的案例和素材。智能时代，前沿技术发展迅猛且与教育融合不断加速。校外企业和机构在教学、培训、服务、技术支持等实践中做出了许多有益探索，各类技术应用场景十分丰富，而校内的信息化建设进程也不断加快。但对学界来说，随着教育新业态和新模式层出不穷，在数据和相关资料的获取方面仍面临很大的挑战。当前，为了使我们的研究更加准确地反映前沿技术的发展趋势以及教育创新的实际，我们除了运用现有公开的统计资料外，还通过调研考察企业、对企业高管及投资机构负责人进行访谈、校企合作等方式获得了大量案例素材和数据。这有助于我们掌握前沿信息，也有助于在学校教育实践中借鉴企业经验，形成密切的校企合作关系。

第四，多学科交叉融合，注重理论基础与理论阐述。"未来教育"是教育研究和实践中的新兴理念，关于未来教育的研究仍集中在理念探讨的起步阶段，仍需各领域的研究者和实践者对其进行深度探讨和规划。本书提出了我们关于未来教育的技术观、学习观、市场观以及政府观，具有明显的多学科交叉研究特色，难以用单一的理论进行解释，也难以基于单一的视角进行审视。在研究中，我们广泛运用了教育学、经济学、社会学、管理学、统计学、哲学、法学等多学科理论知识，汇聚了跨学科的研究力量，力图在多学科的交流和碰撞中找寻更加创新的研究视角、挖掘更有价值的研究素材、获得更有益的政策启示。同时，有别于以往研究主要关注对现状的描述和分析，本书特别注重各研究议题的理论基础以及现状背后的理论原因，这有助于我们在经济社会的快速变化中为教育创新与变革找到合理的理论依据、推动理论创新。因此，理论与实际的结合是本书区别于一般现状分析类报告的重要特征。

第五，为后疫情时代构建教育新生态贡献智慧。抗疫期间，传统教育模式被迫改变，大规模在线教育成为实现"停课不停教、停课不停学"的唯一选择。在这场迄今为止全球规模最大的在线教育实践中，现代信息技术进入教与学的全过程，其规模之大、范围之广、程度之深前所未有。大规模在线教育实践不仅让我们反思技术与教育、学习融合中存在的不足和问题，也为加快前沿技术向教育领域渗透提供了新机遇，为探索更加多样和灵活的教与学方式提供了新契机。在后疫情时代，充分总结疫情发生以来在线教育的经验和不足，进一步思考技术与教育、学习深度融合的作用、方向、提升路径等，对于加快推动智能时代的教育创新变革具有重要意义。本书在各专题研究中均结合疫情防控期间的教育、学习实践，对相关问题展开了分析与反思，有助于总结经验、化危为机，为后疫情时代加快构建融合化在线教育新生态提供启示。

　　展望未来，5G、大数据、区块链、机器人、虚拟现实、人工智能等新一代信息技术将重新定义人类的知识和能力价值，技术将成为构建未来教育新生态的核心驱动力。技术将促进学习、教学和管理更加高效化和智能化，让未来教育真正拥有"智慧"；教育将围绕立德树人根本任务，提升科技的人文价值和社会价值，引领技术的发展与变革方向。未来的教育将是人与机器的协作，充分发挥机器智能与人类智慧的不同优势是提高教育生产力的关键。未来已来，让我们以科技赋能教育、让教育赋值科技，科教携手，共同开创美好的明天！

目 录

学　习　篇

市　场　篇

政　府　篇

总 论[*]

当前，以人工智能为标志的新一轮科技革命和产业变革正风起云涌，人工智能不仅是驱动经济开启新一轮增长周期的主导性技术，也是推动人类社会从工业时代走向智能时代的决定性力量。智能时代不仅赋予了教育新使命，也为推动公平、有质量、个性化的教育发展提供了强有力的支撑。在智能时代的背景下思考教育的创新与变革，是研究未来教育的起点。总论部分在对智能时代进行界定和分析的基础上，梳理了国内外教育发展的相关战略与政策，评述了国内外相关研究报告；而后，根据本书各专题的核心结论，提炼出智能时代教育创新与变革的十大趋势；最后，进一步凝练升华，得出了研究未来教育的五点启示。

---

* 本总论主要内容发表在《中国电化教育》2021 年第 7 期，此处略有修改和补充。

第 1 节　智能时代呼唤教育创新与变革

一、迈向智能时代

为把握经济社会快速变化环境下教育的发展趋势、谋求未来教育的创新与变革，首先要明确我们所处的时代。纵观工业革命以来的人类社会发展历程，时代变迁总是伴随着重大产业变革和经济社会的跨越式发展，而主导时代变迁的则是科技进步。当前，以人工智能为代表的新一轮科技革命和产业变革正风起云涌，深刻改变着人们的生产、生活和学习方式，推动了人类社会加快迈向人机协同、跨界融合、共创分享的智能时代。

"人机协同"是指人的"智慧"与机器的"智能"之间的深度结合，机器通过整合、计算、分析数据来挖掘规律，人类基于数据反馈信息与人类智慧进行科学决策①，实现人机合作式发展。人机协同并非简单意义上的"机器换人"，而是根据机器在大量重复、海量计算和海量记忆等方面的优势，以及人类在处理抽象化、情绪化、非逻辑性问题和承担创造性工作方面的优势，实现机器和人之间的专业化分工。人机协同的主要意义在于，人可以借助机器提升自身能力、扩大自身作用，机器也可以通过深度学习提升自主认知、智能决策等智能化能力。所以，人机协同势必会带来新的知识、生产工具、生产关系及新型劳动者，实现生产力的进阶和生活质量的飞跃。智能时代，人类智慧作为社会发展的决定性力量，承担着思考已知、探索未知的责任，而技术发展的目的则是为人的发展赋能，实现人机相互依存、相辅相成、协同发展。未来已来，科技正以锐不可当之势发展，将为人类智慧与机器智能的

---

① 彭红超，祝智庭. 人机协同的数据智慧机制：智慧教育的数据价值炼金术 [J]. 开放教育研究，2018（2）：41–50.

深度协同提供契机，使人机协同模式得以升华，助力新的生产与生活模式的产生。

人机协同视域下的未来社会，将成为"跨界融合"的基础。所谓"跨界"，是指跨越原来的产业、行业等界限，实现优质资源共享；"融合"则是指在相互渗透、持续互动中形成新的产业架构。人工智能、大数据等前沿技术具有极强的垂直渗透和横向整合能力，已广泛渗透到社会经济的各领域，给各领域带来范式革新与体系重构，也使各领域有机会深入到其他领域内部，实现融合发展。一方面，前沿技术与传统产业融合推动生产和消费从工业化、自动化、标准化向网络化、数字化、智能化、个性化转变，大幅提升了传统产业的发展能级和发展空间。另一方面，前沿技术全面渗透三次产业的不同部门，将打破传统封闭式的生产流程和服务业态，促进不同产业在产业链上融合。随着产业高度融合，新技术、新产品、新业态、新模式将不断涌现，现代产业体系将加速重构。①从根源上来看，跨界融合的实现源于技术迭代与信息更新，而新技术的发展依赖于知识、技术等要素的跨场域联合。因此，跨界融合具有跨产业、跨领域、跨学科，融资源、融信息、融知识的特征。跨界融合的不断推进将使原有的生产边界被打破，带来新的规模收益，为高质量发展注入新动能。

跨界融合推动"共创分享"成为智能时代的新型发展范式。其中，"共创"源于创新、创造与协同；"分享"源于流动、融合与共享。共创分享是智能时代信息、数据、知识等核心生产要素高效生产、自由流动与优化配置的体现，是数字经济发展的重要保证。移动互联、物联网、5G等新一代信息技术将为生产要素的快速流动提供渠道，而人工智能算法等极大提升了生产要素的使用效率，使"融合"与"共享"成为可能。随着"融合""共享"速率的提升，各生产要素的交换速率也会提高，这便为知识的生产、传播与创新奠定了基础。基于对数据和信息的加工、提炼及系统性的探索所产生的知识具有共享

○ 中国宏观经济研究院经济研究所.用好新一轮科技革命和产业变革的"机会窗口"[N].经济参考报，2019-05-29（A07）.

使用和无限增长的特性，这将前所未有地拓展生产可能性边界。[①]在共创分享的发展浪潮中，所有社会单元都具有担当社会责任、体现自我价值的伦理诉求，促进了单边主导的传统社会责任转变为共创分享的新型社会责任[②]，多元主体协同共治的现代社会治理体系将加速形成。在此过程中，各创造主体、分享主体依靠其输出的核心能力，换取利益相关者的互惠性回馈，改变了传统的供需空间格局，在更高层次上构建了新的供求关系。

从历史经验来看，人类社会的发展大致经历了农业时代、蒸汽时代、电气时代和信息时代。大约在一万年前的新石器时代，人类有了农业、畜牧业。在长达数千年的农业社会中，经济发展的决定因素是土地和劳动。人们用畜力、自然力延展或者部分代替劳动者的体力，由此形成了农业文明。18世纪60年代，以蒸汽机提供动力为标志，英国发生了第一次工业革命。工业革命是机器取代人力、大规模工厂化生产取代个体工场手工生产的一场技术革命，人类社会从此进入蒸汽时代。"机械化"是工业革命的基本特征，机器设备等资本成为决定经济发展的第一生产要素。19世纪下半叶，以"电气化"为基本特征的第二次工业革命在德、美两国率先发生。随着社会化大生产的发展，资本的作用进一步强化。同时，资本所有权与经营权日益分离，企业家成为独立的生产要素。20世纪后半叶，伴随着计算机、互联网等电子信息技术的发展，人类步入信息时代。信息成为重要的生产要素，计算机和数字技术成为信息社会的主要劳动工具，计算机延展甚至在一定程度上取代人脑成为信息文明的最主要特征。从时代更迭中可以发现以下三点显性特征：一是科学技术的发展奠定了不同时代的生产力基础；二是生产要素随着时代更迭不断演进，而新生产要素的形成，会驱动人类社会迈向更高发展阶段；三是生产力的飞跃也带来生产关系的重大变革，并导致社会生活各领域发生重要变化。

1956年，达特茅斯会议提出了"学习或者智能的任何其他特性的每一个

① 孙祁祥. 关于信息社会的经济学思考[EB/OL].[2020-05-06].https：//tech.huanqiu.com/article/9CaKrnKgdjl.
② Luu T T. CSR and customer value co-creation behavior：the moderation mechanisms of servant leadership and relationship marketing orientation[J]. Journal of Business Ethics，2019（2）：379-398.

方面都应能被精确地加以描述，使得机器可以对其进行模拟"，此次会议也被认为是"人工智能"诞生的标志。① 步入信息时代后，互联网技术的发展和高性能计算机的出现，加速了人工智能的创新研究，也促使其从研究走向应用。近十年来，在移动互联网、大数据、超级计算、脑科学等新理论和新技术的驱动下，人工智能进入蓬勃发展期，从基础支撑、核心技术到行业应用的产业链条正在形成，产业集群初步显现。人工智能作为引领新一轮科技革命和产业变革的战略性技术，全球主要国家都在加快相关的技术研发和产业布局，不论是美国国家人工智能战略、德国工业 4.0，还是中国制造 2025、国家创新驱动发展战略等，都将人工智能作为科技创新的下一个"超级风口"，人工智能正逐渐成为全球经济增长的新动能、产业发展的新蓝海、高质量发展的新引擎。不仅如此，人工智能技术还具有显著的溢出效应，能进一步带动其他新兴技术进步。在人工智能引领下，大数据、云计算、物联网、区块链、5G等新一代信息技术的应用加速突破。这些前沿技术不断颠覆传统生产模式、组织方式和产业形态，推动传统产业转型升级、新兴产业发展壮大。同时，前沿技术已从互联网领域渗透至传统行业，其应用价值不断被挖掘，在安防、金融、汽车、家居、医疗、交通、教育、物流等服务行业已经有了较为成熟的应用，极大促进了人们工作和生活的智能化。

前沿技术的创新与应用也推进了经济的数字化转型。当前，全球数据呈现爆发增长、海量集聚的特点，以大数据为代表的信息资源已成为重要的战略资源和新生产要素，并和其他要素一起融入经济价值创造过程，推动生产力变革。生产力的发展也促进了生产关系的变革。随着互联网技术的普及，人们开始降低对传统单一生产资料的依赖，而转向多元化的劳动输出，雇佣关系从紧耦合变成了松耦合。人机协同、跨界融合与共创分享的新型发展模式，也使人们摆脱了机械与繁杂的工作，可以基于自由意志展开个体之间的分工、合作与创作。前沿技术还驱动了知识的高效生产、传播和应用，促进了由资本财富积累转向知识积累，不仅急剧提升了财富增长的速度，也增加了收入分配格局调整的灵活性。历史发展和实践表明，我们已经进入一个由

---

① 萧子扬."人工智能社会学"论纲：人工智能时代的社会学诠释 [J]. 大数据时代，2019（1）：28-33.

人工智能技术引领的智能时代。

　　如果更细致一些，将时代更迭、技术进步与经济周期联系在一起，对工业革命以来全球经济增长五次长波进行考察，亦可佐证我们的观点。1939 年，著名经济学家、创新之父熊彼特（J. A. Schumpeter）将微观企业创新与宏观经济周期相结合，提出了"技术长波论"，指出在经济发展过程中同时存在着长、中、短三种长度不同的周期，其中的长周期主要是由以产业革命为代表的重大创新活动（群集）引起的，每个长波（长周期）均以根本性技术创新为标志。熊彼特认为，经济发展是一个动态、非均衡的过程，而创新活动非连续、非平衡的动态过程与经济的繁荣及衰退是相互对应的。由于新技术的全面应用，生产效率显著提升，周期之后的均衡水平将高于之前水平，这一过程即为"创造性毁灭"，而"创造性毁灭"是推动社会向前发展的根本动力①。

　　自工业革命以来的 200 多年间，人类社会一共经历了五次经济长波，每一次长波又分为繁荣、衰退、萧条和复苏四个阶段，每一次长波都伴随着重大技术创新及其主导的产业变革。第一次长波时间约为 1780—1841 年②，第二次长波时间约为 1842—1896 年③，第三次长波时间约为 1897—1945 年④，第四次长波时间约为 1946—1991 年⑤。第五次经济长波以 1991 年互联网以及信息技术领域的一系列技术创新高潮为开启繁荣期的标志，是目前仍在进行且尚

---

① 参见 Schumpeter J A. Theory of economic development：an inquiry into profits, capital, credit, interest, and the business cycle[M]. Cambridge：Harvard University Press, 1934; Schumpeter J A. Business cycles：a theoretical, historical, and statistical analysis of the capitalist process [M]. New York：McGraw-Hill Inc., 1939.

② 第一次长波中，以纺织机、蒸汽机技术为标志的重大技术创新第一次推动经济高速增长，波峰大致为 1800 年，1825 年英国经济危机爆发，标志着第一次经济长波进入下降阶段。

③ 第二次长波中，在上升中起主导作用的是在上一次长波中已成熟的蒸汽机技术以及本次经济长波中以钢铁、铁路技术为标志的创新活动，波峰大致为 1857 年，随着 1873 年世界经济危机的爆发，该次长波进入下降阶段。

④ 第三次长波中，在上升中起主导作用的是以电力、化工、石油、汽车技术为标志的技术创新，波峰大致为 1911 年，随着 1929 年席卷整个资本主义世界的大危机的到来，第三次长波进入下降阶段。

⑤ 第四次长波中，在上升中起主导作用的是自上一次长波以来已经成熟的汽车等交通工具、交通网络以及以电子计算机为标志的新技术，波峰在 1965 年左右，随着 1973 年石油危机引发的世界经济危机爆发，第四次长波进入下降阶段。

未完成的经济长波。波峰出现在 2008 年左右，并以 2008 年全球金融危机为标志，进入下降阶段①。从长波持续的时间来看，前三次长波的平均周期为 55 年左右，而第四次仅经历了不到 45 年，长波持续时间不断缩短的背后是知识和技术迭代速度的不断加快。从 1991 年开始的第五次长波至今已持续 30 年，且在 2008 年左右由上升转为下降，繁荣期接近 20 年，2008—2015 年是此次长波的衰退期。2016—2025 年，该次长波将进入萧条期并达波谷，此后在主导技术驱动下经历复苏并开启第六次长波。如果前沿技术和产业变革速度比预期更快、技术的外溢和扩散效应更强，那么第五次长波的时间有可能进一步缩短，第六次经济长波有望在 2030 年左右开启。

当前，我们正处在第五次长波的下行区间，叠加新冠肺炎疫情影响，未来几年，全球经济很可能面临进一步萧条并逐步探底。然而，下行区间往往是新一轮主导技术的萌芽期和发展期，全球范围正在兴起的新一代信息技术创新浪潮是最好的佐证。可以预见，作为引领变革的战略性技术，以人工智能为标志的新一代信息技术将成为第六次经济长波的主导技术，其对全球产业格局、经济社会变革的影响将远超历次工业革命，也将成为人类社会迈向智能时代的决定性力量。如果我们把以人工智能为主导技术的第六次长波开启时间作为步入智能时代的标志，那么未来 10—20 年，我们将步入智能时代；如果我们以正在兴起的新一轮科技和产业变革作为智能时代到来的标志，便可以认为我们已进入智能时代。

智能时代，以信息化、数字化、智能化为特征的前沿技术不断催生新产业、新业态和新模式，为新一轮长周期繁荣奠定坚实基础。根本上，前沿技术的蓬勃发展在很大程度上得益于新一代信息技术群进入密集成熟期，算法向并行化、复杂化、规模化发展。因此，人工智能也逐渐由"专用智能"走向"通用智能"，即由信息感知、机器学习等"浅层智能"走向概念抽象及推理决策等"深层智能"。另外，算法与深度学习等不断促使人工智能向"拟人

○ 前三次长波时间划分来自熊彼特，第四次和第五次长波时间综合后续学者的研究进行划分，参见：赵涛 . 经济长波论 [M]. 北京：中国人民大学出版社，1988；陈漓高，齐俊妍 . 信息技术的外溢与第五轮经济长波的发展趋势 [J]. 世界经济研究，2007（7）：26-33；黄海霞 . 新技术经济范式下经济长波运行规律研究：熊彼特创新理论的解读与应用 [D]. 西安：陕西师范大学，2015；周金涛，等 . 涛动周期论：经济周期决定人生财富命运 [M]. 北京：机械工业出版社，2017.

化"方向发展，即机器深度学习人类思维，实现技术本身的智慧化。如果将"智能"理解为语言、逻辑、空间、认知等能力，那么"智慧"便是指从感觉到记忆再到思维的过程，也就是说，"智慧"是"智能"的升华与进阶。具体来看，数据是信息的载体，信息与实践融合会形成知识，而知识的获取在于思维的形成，思维形成过程即为智慧。智能时代，低延时的 5G 作为新"信息高速公路"，为各主体间智慧的流动提供了桥梁，构建了万物智联、交融共生的 5G 信息生态，推动智慧社会的形成。可以说，智慧社会将是智能时代里程碑式的产物，也是智能时代终将形成的新社会形态。

　　智能时代，技术与知识的双重进化是促进智慧社会演进的核心动力。人工智能等前沿技术已为智慧社会的建设提供了技术支撑；智能化、数字化、网络化等新一轮科技革命和产业变革也为其提供了环境基础；智能化浪潮推动了人类社会原有的基础设施、生产方式、发展要素、商业范式、经济形态、治理模式等发生转变[①]，使智慧社会更侧重于人与生活[②]。另外，智慧社会体现了前沿技术在人类社会的生产、生活、组织、思维等方面的广泛应用，促使技术逐步代替人的脑力工作[③]，引发社会的链式突破，推动社会智慧化。数据、信息、知识、智慧代表了信息资源的不同层级和深度[④]，智慧社会意味着"智能"将成为与劳动、资本、土地、信息、数据等同等重要的新生产要素。

　　在技术与知识的推动下，智慧社会中的智能体、社会结构、经济结构等将具有多元主体、集体智能、共创共享、智能权利等特征。在多元主体方面，图灵革命让人们认识到，人类在信息处理、逻辑推理、智能行为方面的主导地位已不复存在。因此，智能体由单一的人类主体变为人类、智能机器人、人机一体的赛博格（cyborg）[⑤]三元主体，而我们正创建的非生物智慧与生物思想的密切关系将在很大程度上升华人类智慧[⑥]。人机对接与融合将会消解和

① 李岩.十九大报告"智慧社会"解读之二：智慧社会的发展特征及趋势分析 [EB/OL].[2020-03-02]. http://www.cstat.org.cn/article/zsgx/xhzk/201712/20171200004037.shtml.
② 叶曜坤.信息通信业学习贯彻十九大精神系列评论之四：以人民为中心建设智慧社会 [N].人民邮电报，2017-11-10（1）.
③ 廉师友.人工智能技术导论 [M].3 版.西安：西安电子科技大学出版社，2007：11-20.
④ 迪克.网络社会：新媒体的社会层面 [M].蔡静，译.北京：清华大学出版社，2014：187-200.
⑤ 赛博格是指人类与电子机械的融合系统。
⑥ 库兹韦尔.奇点临近 [M].李庆诚，董振华，田源，译.北京：机械工业出版社，2011：85-99.

模糊人与机器、网络间的界限，使行动主体成为人机融合的智能体，改变行动主体的情感、意识、社会行动，从而构建新的社会结构与行动关系，形成全新的社会逻辑。在集体智能方面，技术将人类智慧纳入自动管理范畴，实现"智慧"的固化与物化，为其传播和复用提供了可能。基于此，个体智慧将复刻为群体智慧，形成集体智能。由集体智能驱动的智慧社会是一个由数据构成，通过深度学习算法对数据进行统计、分析、建模等的"解析社会或数据解析社会"①。未来，一旦脑机接口的精度和速度超过人机沟通，便会形成全新的"智联网"，那么建构在其上的社会结构也将以共创分享的模式呈现。所以，在智慧社会中，知识的生产与创新空前活跃，这会带来智慧经济的繁荣与发展，促使生产理念由"独享"变为"共享"。"共享"并非意味着智能权利不复存在，相反，知识的泛在化为微观权利的形成及作用发挥提供了路径，促进了智能权利的转化。

以上分析表明，智慧社会的主要构成及服务单位是"智慧人"，即知识、技术所带来的驱动力归于人，多元主体、集体智能、共创共享、智能权利等更是源于人，而人的认知能力决定人的发展能力，人的发展能力决定社会的智慧程度。当前，科学技术从两个方面改变着人类：一方面是"向外的"，即对世界的认识；另一方面是"向内的"，即对自我的认知②。毋庸置疑，教育是提高人类认知能力的最有效途径之一。所以，智慧社会的建设离不开未来教育的发展。首先，未来教育方式及内容决定了人的认知程度；其次，未来教育为智慧社会的发展和迭代提供人才；最后，教育发展中产生的需求及问题也为智慧社会的发展提供动力与方向。另外，智慧社会以智慧、互联为理念，通过"智联"建设打破知识、空间、时间之间的壁垒，形成三维空间与知识、时间两个维度协同融合的"五维教育"，将推动构建以人为中心的教育生产关系，释放教育潜能，推动智慧社会生产力的变革。所以，时代的更新、社会的发展必将带来教育的创新与变革，而未来教育的变革也决定着未来社会的迭代与升华。

---

① 段伟文.人工智能与解析社会的来临 [J].科学与社会，2019（1）：115–128.
② 弗洛里迪.第四次革命：人工智能如何重塑人类现实 [M].王文革，译.杭州：浙江人民出版社，2016：214–222.

二、智能时代教育范式的转变

前沿技术与教育的深度融合，将对传统的教育理念、教育体系和教学模式产生革命性影响，从而进一步释放教育在推动人类社会发展过程中的巨大潜力。① 近年来，我国一系列推进人工智能教育应用的战略与规划陆续出台。2017 年，国务院发布《新一代人工智能发展规划》，明确提出发展智能教育。2018 年，教育部发布《高等学校人工智能创新行动计划》和《教育信息化 2.0 行动计划》，进一步明确了人工智能与教育的融合发展。2019 年，党中央、国务院发布《中国教育现代化 2035》，"加快信息化时代教育变革"被列入推进教育现代化的十大战略任务，明确了推进智能教育应用的部署。2019 年，习近平总书记在给国际人工智能与教育大会的贺信中指出：培养大批具有创新能力和合作精神的人工智能高端人才是教育的重要使命；我们要积极推动人工智能和教育深度融合，促进教育变革创新，充分发挥人工智能优势，加快发展伴随每个人一生的教育、平等面向每个人的教育、适合每个人的教育、更加开放灵活的教育。② 因此，站在智能时代的背景下来思考教育的创新与变革，是我们研究未来教育的起点。

习近平总书记的指示为我们推动智能时代的教育变革指明了方向和目标，突出了教育的时代使命与时代对教育的影响两大问题。教育的时代使命是培养时代所需的人才，而时代对教育的影响主要体现为时代的科技进步为教育创新与变革带来的机遇，事实上两者又可以统一到"学习"这个出发点上。在知识快速生产、迭代和传播的智能时代，教育范式变革的核心是由被动式的"教"向主动式的"学"转变，建立学习驱动型的教育体系是智能时代教育变革的主要方向。学习动力、能力和毅力的培养，让学习者具有高度的适

---

① 教育部科技司司长雷朝滋：智能时代的教育变革 [EB/OL].[2020-05-06]. http：//www.edu.cn/info/focus/li_lun_yj/201908/t20190801_1676486.shtml.

② 习近平向国际人工智能与教育大会致贺信 [EB/OL].[2020-05-08]. http：//www.xinhuanet.com/politics/leaders/2019-05/16/c_1124502111.htm.

应性，这种适应性是其面对技术和产业的快速迭代及经济社会的急剧变化时所要拥有的关键能力，也是社会对未来人才素养的基本要求。随时学习和终身学习成为常态，学习者不仅要主动地学习学科知识与技能，而且更重要的是要能够在复杂多变的社会情境中，主动地运用一系列复杂的认知策略（如反思与批判性思维等）与非认知策略（合作及目标管理等）解决复杂问题以达成个体及社会发展目标。[1] 因此，为建立以学习者为中心的教育新生态，必须加快"构建服务全民终身学习的教育体系"，"发挥网络教育和人工智能优势，创新教育和学习方式，加快发展面向每个人、适合每个人、更加开放灵活的教育体系，建设学习型社会"。[2]

智能时代为构建以学习者为中心的教育新生态提供了前沿技术支撑，构建数字化、智能化的终身教育体系和网络化、可持续的学习型社会已成为新的使命。[3] 此时，学校和教育机构不再是封闭的社会单元，而是通过网络汇聚形成集体智慧的聚变节点。智能时代，人们不再满足于工业时代的"标准化"教育，而是需要更多的终身学习机会和个性化的教育服务。互联网将成为教育实践的基本支撑平台，能够实现优质教育资源更大规模、更低成本、更有效的分享，通过提供开放的理念、新的组织流程、新的供给模式、创新的思维来改变整个教育组织体系，服务全民终身学习[4]。而以人工智能为标志的前沿技术将广泛应用于教与学的全过程，助力多元化、个性化、弹性化、高品质的学习，显著提高学习的动力、效率和质量。例如，移动设备、互联网技术的进步改变了学习的时间与空间，智能技术的支持和学习资源的极大丰富将使任意时间和任意地点的学习成为可能[5]；虚拟平台的建设促进了公共沟通

[1] Zimmerman B J. Attaining self-regulation: a social cognitive perspective[M]//Boekaerts M, Pintrich P R, Zeidner M. Handbook of self-regulation. San Diego: Academic Press, 2000: 13–39.

[2] 参见《中共中央关于坚持和完善中国特色社会主义制度推进国家治理体系和治理能力现代化若干重大问题的决定》。

[3] 韩民，李兴洲，孙加龙，等.面向人人、开放灵活的教育体系和学习型社会建设："构建服务全民终身学习的教育体系"笔会系列二 [J].终身教育研究，2020（3）：3–18.

[4] 北京师范大学未来教育高精尖创新中心.未来在线教育云端论坛：立足当下服务在线教育教学供给面向未来构建学校教育与在线教育深度融合的新生态 [EB/OL].[2020–05–06].http://fe.bnu.edu.cn/html/002/1/202003/40477.shtml.

[5] 黄荣怀，刘德建，刘晓琳，等.互联网促进教育变革的基本格局 [J].中国电化教育，2017（1）：7–16.

与合作，为公众智慧的生成与共享提供了平台；在线学习平台、人工智能机器增加了学习机会，推动学习走向"混合"模式，实现实体教室与虚拟教室的混合、面授教学与在线教学的混合、同步学习与异步学习的混合；大数据为学习成果的表达及学习成果的评价提供了清晰的可视化途径和精准的数据支持；人工智能算法通过对学习者个人行为及内隐特征进行"数字画像"，可以帮助教育者更好地了解学习者的特点和个性差异，从而开展精准教学、提供个性化学习服务。① 可见，基于智能技术建立促进个性发展的教育体系，是智慧教育发展的基本趋势。②

知识和学习也为智能时代经济社会的可持续发展提供了动力源泉。2019年在纽约举行的联合国大会高级别活动上，联合国教科文组织发布了"教育的未来"（Futures of Education）全球倡议，呼吁重新思考知识和学习如何在日益复杂、不确定和不稳定的世界里塑造人类的未来。③ 这是在智能时代背景下，国际社会对学习和教育为全球共同利益做出贡献方式的再次思考。人类生活水平的提高主要来自科技进步和学习，这在人类社会进入知识经济时代之后体现得越发明显。内生性学习和知识生产带来创造发明，推动科技进步，提高劳动生产率，劳动产品的丰富推动社会生活水平的提高。同时，当知识要素作为投入品用于生产时，会产生强大的正外部性，从而导致规模报酬递增，而一旦有了规模报酬递增，持续的增长也就成为可能。④ 在人人共创知识、分享知识的智能时代，获得知识收益的边际成本几乎为零，这为学习者广泛获取、使用知识提供了便利。而获取知识的过程——学习也具有显著的正外部性，学习的社会效益远大于学习本身给个人、企业、组织等带来的益处。诺贝尔经济学奖得主斯蒂格利茨（J. E. Stiglitz）等人指出，在人类迈向知识

---

① 田爱丽. 综合素质评价：智能化时代学习评价的变革与实施 [J]. 中国电化教育，2020（1）：109–113，121.
② 2020 全球智慧教育大会"5G 时代的智慧教育"论坛在北京举行 [EB/OL]. [2020–10–12]. http：//news.cssn.cn/zx/xshshj/xsnew/202008/t20200824_5173537.shtml.
③ 联合国教科文组织. 联合国教科文组织在联合国大会上启动"教育的未来"全球倡议 [EB/OL]. ［2020–10–12］. https：//zh.unesco.org/futuresofeducation/news/lianheguojiaokewenzuzhizailianheguodahuishangqidongjiaoyudeweilaiquanqiuchangyi.
④ 陈永伟. 罗默和诺德豪斯：经济增长的始与终 [EB/OL].[2020–10–12]. http：//ex.cssn.cn/zx/bwyc/201810/t20181031_4766713.shtml.

经济的过程中，一个基于由学习得来的技术进步，而非依赖资源累积的社会发展模式，对于持续的发展和增长尤为重要。[①] 当前，人工智能等前沿技术创新已成为开启新一轮经济长波的核心动力，而技术的创新和突破则有赖于知识和知识载体——人力资本的不断积累。如何加快知识和人力资本积累？显然，需要通过教育和学习。因此，构建全民学习、终身学习的学习型社会，大力发展各类学习型组织、加快推进学习型城市建设，能够最大限度地激发知识和人力资本对经济社会发展的驱动效应，促进经济高质量增长和社会的全面进步。

第 2 节　智能时代教育发展战略及政策

一、国际社会教育发展战略与实践

　　人类社会的发展离不开科技创新和教育进步。一部人类文明史，就是教育和科学相互激励、相互促进的历史。作为全球教育治理的重要参与者乃至引领者，国际组织在促进全球教育发展方面的作用日益凸显，成为主权国家以外推动人类教育发展与变革的重要力量。同时，尽管全球教育事业发展取得显著成绩，但教育发展的国别和区域差异较大，主要发达国家和新兴市场国家不断根据全球经济社会发展新态势，调整本国教育发展目标，大力推动教育创新与变革。本小节主要梳理重要国际组织和代表性国家推动教育发展的相关战略及政策，以期为中国教育对标国际发展提供借鉴与启示。

---

① 斯蒂格利茨，格林沃尔德.增长的方法：学习型社会与经济增长的新引擎 [M].陈宇欣，译.北京：中信出版社，2017：374–380.

（一）国际组织绘制智能时代的教育发展蓝图

1. 联合国及联合国教科文组织：力促实现 2030 年可持续发展目标之全球教育发展目标

为推动千年发展目标到期之后 2015—2030 年的全球发展工作，2015 年 9 月，联合国可持续发展峰会在纽约总部召开，193 个成员国共同通过 17 个可持续发展目标（Sustainable Development Goals，SDGs），旨在以综合方式解决经济、社会和环境三个维度的发展问题，转向可持续发展道路。其中，目标 4 为"确保包容和公平的优质教育，让全民终身享有学习机会"。新的全球教育发展目标比千年发展目标有了更高定位，除了关注教育公平问题外，更加重视教育质量和终身学习机会。

目标 4 指出，获得高质量的教育是改善人民生活和实现可持续发展的基础。除了提高生活质量之外，获得包容性教育还有助于人们掌握开发应对当地问题的创新型解决方案所必需的工具，以解决世界难题。2005—2015 年，全球在增加各级教育机会、提高入学率，尤其是在提高妇女和女童的入学率方面取得了重大进展。全民基本的读写算技能大幅提高，但还需做出更为大胆的努力，在实现普及教育的目标方面取得更大进展。目前，全球仍有约 2.6 亿小学至高中适龄人口失学，占学龄人口的近五分之一，全球超过一半的儿童和青少年还达不到最低的识字和计算能力标准。缺乏优质教育的原因在于缺乏训练有素的教师、学校条件不佳以及农村儿童的机会不公平。为了给贫困家庭的儿童提供优质教育，需要在教育奖学金、师资培训、学校建设、改善学校饮用水及电力设施方面进行投资。目标 4 的具体目标有 10 个，主要包括教育公平、能力提升、基础保障三个方面。

作为联合国促进教育、科学及文化国际合作的专门机构，联合国教科文组织自创建以来，在教育方面，致力于实现以下目标：支持全民教育的实现；在教育上起到全球或区域领导作用；建立全球范围内有效的从早教到成年教育的教育体系；通过教育应对当代全球变化。

2012 年 11 月，联合国教科文组织在巴黎举办了"首届全球全民教育会议"，旨在最大限度地推动世界各国加快全民教育目标的实现，为加速实现

2015 年教育目标以及 2015 年以后的教育发展提出建议。① 联合国教科文组织认为，信息通信技术可以促进教育普及、实现教育公平、提供优质的学习与教学环境。

2015 年 5 月，联合国教科文组织召开以"信息技术与未来教育变革"为主题的国际教育信息化大会。会议聚集了各国教育官员、专家学者、校长、教师以及企业界代表，共同探索教育与信息技术深度融合的有效途径，促进信息技术在教育领域更加广泛与深入应用。同月，世界教育论坛通过的《仁川宣言》鼓励各国提供包容、平等、高质量的教育以及面向所有人的终身学习机会。2016 年 3 月，联合国教科文组织举办"移动学习周"，重点关注最大限度利用移动技术在教育领域应用潜力的战略和经验。同年 5 月，"学习监测全球联盟"项目开展，旨在为世界各国测量学习效果并采用该信息达成可持续发展目标提供支持，确保在 2030 年前为全民提供包容、公平、高质量的教育，并促进终身学习。2017 年 2 月，联合国教科文组织开展"为全球公民教育准备教师"项目，该项目的开展有助于将学习者培养成为能够了解信息、熟练读写、进行社会交往、具备道德和奉献精神的全球公民。2018 年 3 月，联合国教科文组织提出了"全校园移动学习"倡议，强调信息通信技术是推动可持续发展目标 4 实现的重要因素。2019 年 9 月，在纽约举行的联合国大会高级别活动上，联合国教科文组织发布了"教育的未来"全球倡议。

新冠肺炎疫情造成空前的教育中断，据联合国教科文组织 2020 年 4 月的统计，全球共有 193 个国家实行全国范围内停课，超过 15 亿名学生和 6300 万名中小学教师受到影响。为了促进国际合作，确保"停课不停学"，联合国教科文组织正在实施一系列应对倡议，包括对各国和地方范围内的学校停课情况进行全球监测。联合国教科文组织于 2020 年 3 月发起新冠病毒全球教育联盟，汇集了多部门的合作伙伴，包括联合国大家庭、民间社会组织以及媒体和信息技术合作伙伴，它们共同帮助各国解决教学内容和网络连接方面的缺口，并在这一突然而空前的停课期间，为儿童和青年提供全纳的学习机会。

① 联合国教科文组织召开首届全球全民教育会议 [EB/OL].[2020–10–12]. http://edu.people.com.cn/n/2012/1123/c1053-19677087.html.

新冠病毒全球教育联盟旨在：充分利用高技术、低技术和无技术的方法，帮助各国调动资源，实施创新且符合国情的解决方案，以提供远程教育；寻求公平的解决方案，实现教育普及；确保各方的应对协调一致，避免重复工作；协助学生在学校复课时返校，避免辍学率激增。①

2. 经济合作与发展组织：推动素养与技能提升及更好学习

经济合作与发展组织（OECD）的宗旨突出了教育在个人发展、可持续经济增长和社会融合方面的重要作用。OECD 的功能之一是协助成员和合作伙伴实现全民高质量的终身教育。作为全球教育治理的重要主体之一，OECD 是"数字治理"的积极践行者，其主要方式是组织强大的专家学者队伍，在各成员的教育系统中收集有关学校、学生及教师的数据，实施大型跨国比较测试，如国际学生评估项目（PISA）和国际成人能力调查（PIAAC）等，每年发布《教育政策分析》报告，出版包含主要教育指标的《教育概览》，发现和推广不同国家的成功教育经验。

2012 年 5 月，OECD 发布《更好的技能、更好的工作、更好的生活：技能政策的战略方针》，提出"技能已经成为促进21世纪经济发展的全球货币"，人们可以凭借自身掌握的技能，在不同国家和工作之间自由流动。② 在"为工作而学习"项目的基础上，OECD 于 2014 年 11 月发布《超越学校的技能》，旨在通过国别研究和跨国比较帮助成员有效适应劳动力市场的需求，并重点对中等职业教育和培训进行评估③。为解决欧洲青年失业率居高不下和就业不足的现实问题，2013 年 5 月，OECD 部长级会议签署的《青年行动计划》提出：第一，要解决就业总需求的疲软问题，并积极创造就业机会；第二，要为失业青年提供足够的收入支持，直到劳动力市场状况改善，但同时青年人应履行严格的义务，即积极求职，并提高自身工作准备和就业能力；第三，维持并在可能的情况下采取促进就业的积极措施，包括辅导、求职和创业方

---

① 联合国. 应对 2019 冠状病毒病 [EB/OL].[2020-10-12]. https：//www.un.org/sustainabledevelopment/zh/education/.

② Organization for Economic Co-operation and Development（OECD）. Better skills，better jobs，better lives：the OECD skills strategy [R/OL]. [2020-10-12]. http：//www.oecd.org/general/50452749.pdf.

③ Organization for Economic Co-operation and Development（OECD）. Skills beyond school[R/OL]. [2020-10-12]. http：//www.oecd.org/education/skills-beyond-school.

案咨询，以及为处于弱势地位，如低技能和有移民背景的青年提供更深入的帮助；第四，消除低技能青年的就业障碍，如劳动力成本过高；第五，鼓励雇主延续或扩大优质学徒和实习计划，如果有必要，可以采取额外的财政激励措施。为开拓未来青年的就业前景，OECD 还提出要通过完善教育体系、提高职业教育和培训的质量与有效性、帮助青年过渡到工作世界、重塑劳动力市场和结构等举措促进青年就业。[①]

2015 年，OECD 启动了"教育 2030：未来的教育与技能"项目，旨在开发新的学习框架。2018 年 4 月，OECD 公布了这一项目的首个成果《学习框架 2030》（以下简称《框架》）。该《框架》的目的是为教育系统制定清晰的愿景目标，在各个国家和地区、学校、教师与社会各界之间达成教育共识，促进各教学系统之间的比较与融合。在《框架》中，教育的目标被界定为实现个人和社会福祉，包括持续改善生活条件和社会资源，创造公平获取这些资源的机会。《框架》指出，为了实现这些目标，学生应该具备阅读、数字、数据、健康和信息等个体素养，也应该具备责任意识、创新能力、冲突与问题解决能力等社会素养。OECD 总结出世界各个国家和地区教育面临的五项共同挑战：解决课程超载问题，将学生的注意力从"更多学习时间"转移到"优质学习时间"；解决课程改革在认可、决策、实施和影响之间存在滞后性的问题，消除课程目标与学习结果之间的差距；用高质量的内容帮助学生参与学习并获得更深入的理解；在创新课程的同时确保公平，确保所有学生都可以从社会、经济和技术变革中受益；精心规划、协调改革，使改革有效实施。[②]《框架》旨在支持社会各界共同推进全球进程，加速教育发展，实现更美好的未来。

3. 世界银行：通过经济激励促进全民终身学习

减少贫困仍是世界银行工作的首要目标。2008 年金融危机后，世界银行教育工作部门发现，各国在世界银行的教育贷款总额在银行贷款总额中的比

① Organization for Economic Co-operation and Development（OECD）. The OECD action plan for youth [R/OL]. http：//www.oecd.org/els/emp/Youth–Action–Plan.pdf?.
② 张毓洁. 经合组织发布的《面向 2030 的学习框架》鼓励学生成为理性的行动派 [EB/OL].[2020–10–12]. http：//gj.ybu.edu.cn/info/1055/49699.htm.

例大幅度下降。为了应对借贷国需求下降的危机，世界银行于 2011 年 4 月采用了新的教育战略，即《世界银行 2020 年教育战略——全民学习：投资于人们的知识和技能以促进发展》（简称《世界银行 2020 年教育战略》）。该战略提出了"全民学习"（Learning for All）的新愿景，认为国际社会在"把学生留在学校"和促进教育公平方面取得了巨大成功，但在改善学习结果和就业方面已经落后，并把这种状况概括为"充足的教育，匮乏的学习"①。该战略还指出，在入学机会不断增加的同时，必须将焦点转向提高教育质量与加快从教育向学习的转变。与《世界银行 1999 年战略》《世界银行 2005 年战略》相比较，《世界银行 2020 年教育战略》凸显了不同的主题和目标。《世界银行 1999 年战略》的目标是"全民优质教育"，《世界银行 2005 年战略》的目标是"全民教育以及为知识经济体服务的教育"，《世界银行 2020 年教育战略》则提出了"全民学习"的新战略，完成了从"全民教育"到"全民学习"的转变，加快了从教育到学习的转移。

《世界银行 2020 年教育战略》中提出的未来十年教育战略目标是"全民学习，超越学校教育"（Learning for All，Beyond Schooling）。世界银行认为，这份新战略关注学习，只有一个原因，即增长、发展和减贫依赖于人们所获得的知识和技能，而不是他们待在课堂中的时间，所以未来教育的目标应从促进"全民教育"转变为促进"全民学习"。世界银行倡议各国对教育的投资做到早投资、明智投资、为全民投资。为达到"全民学习"目标，世界银行在教育领域致力于两个战略方向：一是在国家层面改革教育系统，保证国家教育系统能够实现教育资源有效转化；二是在国际与区域层面建立教育系统改革的高质量知识库，保证家长、学生、教育机构、政府等利益相关者都能实时获得所需信息。"全民学习"的新理念和新目标，将"学习"概念提到了比"教育"更宽泛、更高的层面，拓展了教育观，也将教育延伸到了新的空间。纵观世界银行教育战略及政策可见，世界银行在"减少贫穷""促进繁荣"两大终极目标的指引下，以"全民学习"教育战略目标为核心，力图发

---

① 近年来主要国际组织提出的十大教育新理念 [EB/OL]. [2020–10–12]. http：//www.shmbjy.org/item-detail.aspx?NewsID=3497.

挥"金融银行"与"知识银行"的最大优势，以期成为全球教育发展与变革的有力推动者。

（二）代表性国家和地区的智能时代教育发展实践

1. 美国：重视科创能力培养及全民数字技能提升

作为全球科技创新聚集地，美国的教育政策及实践对全球教育的发展、创新与变革有着重大影响。长期以来，美国联邦政府十分注重对学生科创能力的培养，强调学科综合运用力和创造力，先后颁布"美国竞争力计划""为创新而教计划""美国创新战略"等多个计划，并拨付专项资金推动科学、技术、工程和数学（Science，Technology，Engineering，Mathematics，STEM）教育改革。2013 年，美国国家研究理事会、美国科学教师协会、美国科学促进协会等共同制定了面向 K12 阶段的全国性教育标准"新一代科学教育标准"（NGSS），明确要求在美国的科学教育中整合技术、工程和数学教育。从 2015 年起，美国教育界产生了新呼声，要求将"艺术"（Art）纳入全国教育战略中，STEM 教育演变为 STEAM 教育。2017 年，特朗普政府拨款 2 亿美元加大对 STEM 教育的支持，尤其注重计算机科学和编程方面的学校教育。智能时代，美国也十分重视职业教育和技术教育的新发展，如 2018 年美国国会批准《卡尔·帕金斯职业和技术教育法》重新授权法案——《强化 21 世纪职业和技术教育法》，为职业和技术教育的发展奠定了更稳固的政治基础，有利于维持职业和技术教育资金投入大幅增加的势头。2020 年 6 月，疫情期间，美国教育部部长与 K12 教育领导人举行论坛，讨论远程学习的最佳实践，主要关注以下议题：与学生和家长建立清晰沟通渠道的最佳实践，包括使用视频会议技术；区域内学校之间共享远程学习经验信息的重要性；为学生开展创新的远程学习活动，如虚拟实地考察；当地学区克服挑战、过渡到在线学习、解决互联网连接问题、为学生提供餐食以及远程管理考试的实践；更好地为教师提供远程教学指导所需的知识和培训。

基于对美国教育政策及实践的简要梳理，可以看出美国的教育实践注重以下几方面。一是加大教育投资，如美国的"复苏与再投资"计划、"竞争卓越"计划、"尊重项目"等均明确提出要增加教育投资，《冠状病毒援助、救济和经济安全法案》《每一个学生成功法案》等还对资金使用的规范性进行了指导。二是教育管理权下放，即扩大州政府的教育管理权，如《每一个学生成功法案》明确提出"州政府问责制"，肯定了州对教育标准的控制权。三是注重科技与教育的融合，大力推动教育信息化发展，如建立联邦学校安全信息交换所网站及重视虚拟学习、远程学习、共享学习、在线学习等。四是注重学生的综合素质培养，特别是科创能力的培养，努力让各年龄阶段学生掌握相应的数字技能，如大力发展 STEAM 教育等。

2. 欧盟：重视职业培训及数字技术与教育战略的紧密结合

欧盟是全球教育创新与变革实践的风向标。为了改善教育质量、提升就业能力、促进欧洲一体化，欧盟先后发布了一系列教育政策，开发了"苏格拉底计划""达·芬奇计划""田普斯计划""博洛尼亚进程""伊拉斯谟计划""终身教育整体计划"等一系列教育项目。从欧盟出台的政策文件来看，涉及教育的政策文本包括基础性条款和教育政策两部分。基础性条款是欧盟成员国签署的主要涉及经济、政治、文化等方面的条约，虽然其中涉及教育政策的内容较少，但为欧盟教育政策的制定提供了法律保证。教育政策涵盖基础教育、高等教育、职业教育、教师教育等领域，其中涉及职业教育与高等教育领域的文件最多。

2013 年，欧洲议会和欧盟理事会通过的"2014—2020 年教育、培训、青年和体育计划"提出：提升与劳动力市场和社会和谐相关的关键能力和技能，推动教育和培训与工作的结合；增加学习机会，不断提升青年特别是低技能者的就业能力；推进教育和培训系统的创新，加快教育和培训系统的现代化；保障教育和培训质量，增加教育和培训的吸引力；改善教育和培训机构与其他利益相关者之间的跨国合作；等等。2016 年，欧盟委员会发布《欧洲教育和培训合作 2020 战略框架》，提出实现高水平、可持续、以知识为基础的增长与就业，必须构建更好的教育与培训体系。这项规划把推动终身学习变成现实，促进教育提质增效，促进教育公平，培养具有创新、创造、创业能力的高素质人才作为教育现代化的战略目标。

2017 年，欧盟委员会发布《地平线 2020——2018—2020 年信息通信技术工作计划》，提出了欧洲工业数字化技术、欧洲数据基础设施、5G、下一代互联网等技术研究领域面临的挑战和未来研发计划。欧洲各国也积极通过颁布教育信息化政策推动数字化教育战略的实施。例如，丹麦在 2010 年颁布《信息技术宏大规划》，旨在运用信息技术提高学生注册、考勤、检查、课程安排及考试等流程的效率；荷兰在 2010 年启动了"知识网年度计划"，帮助教师和学校管理者提高信息通信技术能力，使数字资源更易查找和访问；英国于2016 年发布《教育部 2015—2020 战略规划：世界级教育与保健》，制定了未来五年教育发展战略与规划，提出要大力增加 STEM 课程的开设率并提升课程质量；德国在 2016 年发布《数字化教育战略 2030》，大力促进数字化技能培养及数字化媒体的广泛使用，充分发掘数字化在教育各领域的潜能，增设所需的基础设施，制定体现时代特色的法律框架，并积极推进相关组织的战略发展，以数字化推动德国教育的国际化进程。

欧盟及其各成员国的教育政策和计划框架既体现了教育与政治经济协同发展的基本规律，也反映了教育对政治经济一体化发展的促进作用。这些政策措施对于引导欧盟成员国的教育改革、提升欧盟整体教育竞争实力、促进"欧洲维度的教育"产生了重要作用。当前，欧盟教育政策的发展已经进入全面治理阶段，呈现四个方面的发展走向，即追求政治认同、兼顾质量和效率、消弭发展差异、推进终身学习计划。

3. 日本：为智能时代的个人成长创造机会

日本以教育立国，教育，特别是基础教育，在推动日本国民素养提升、促进社会发展方面发挥了巨大作用。2018 年 2 月，日本政府提出运用科学技术大力推动"未来教室"建设和未来教育发展。2018 年 3 月，日本《第三期教育振兴基本计划》发布，计划开展落实时间为 2018—2022 年。该计划对2030 年社会进行大胆预测，提出了"超智能社会"这一全新概念。该计划在顶层设计方面，提出以"自立""协作""创造"作为日本教育发展的基本方向：在个人维度，培养能够自主思考、与他人协作并创造新价值的自立型人才；在社会维度，构建一个能让每一个人活跃发展、度过安稳和丰富人生的社会，进而为地区、国家乃至世界的可持续发展做出贡献。最大限度地拓展每一个人终生所有阶段的"可能性"与"机会"，是今后日本教育政策的核心所在。

通过对教育政策的不断改革与创新，日本建立了统一化、平等化的教育制度，并培养了大批掌握熟练技术与知识的劳动者。日本政府的教育实践主要集中在三个方面。一是注重学生综合能力的培养，如2017年文部科学省修订颁布的针对幼儿园、小学和初中的《学习指导要领》，强调要在教学过程中导入"主体性、对话性、深度性"学习的重要理念，以培养学生的"生存能力"，提出加强信息技术教育、外语教育、道德教育、言语能力的培育、数理教育等；2017年发布的针对小学和初中的新的《学习指导要领》提出2020年及2021年将全面普及小学生和初中生编程课程，使学生具有编程的体验及能力。二是重视技术对教育的促进作用，并从制度层面给予保障，如2018年制定《信息通信技术教育发展五年计划（2018—2020财年）》等，大力推动信息技术在教育教学中的应用以及智能社会的发展；同年11月，文部科学大臣柴山昌彦发表《柴山·学习的革新计划》，提出通过推进远程教育实现先进性教育，通过导入先端技术支持教师的授课，为有效利用先端技术进行相关环境的创设，通过活用信息通信技术为所有学生提供高品质的教育内容。在智能化浪潮中，日本近年来多数的"计划""项目"均与教育信息化有关。随着大数据、人工智能、5G等科学技术的不断发展，日本积极运用科学技术促进教育改革，将信息技术与教育进行融合，以适应新时代需求。

4. 新兴经济体：通过教育改革谋求跨越式发展

（1）俄罗斯。工业化向信息化的全球性转变，给俄罗斯教育事业带来了新的机遇与挑战。随着经济社会发展水平的全面提升，俄罗斯政府在稳步加快调整经济管理体制的同时，逐渐注重科技与教育的发展。智能时代，俄罗斯力求实现大国崛起，教育信息化是助力其实现目标的重要手段。通过对近十年来俄罗斯教育政策的简要梳理可以发现，俄罗斯教育信息化具有政府号召、校企联动的特点，在中央政府和各地区政府的法律支持和财政支持下，实现了参与主体多样化。政府也将教育、科技作为助力经济振兴的关键力量，制定了系列政策，推动了科技竞争能力的提升、人才开发战略的实施、教育投资力度的增大。对科技、教育领域进行全面改革与调整，促进了俄罗斯教育的快速发展。其中，最具代表性的政策有2017年普京签署总统令批准的《俄罗斯信息社会发展战略（2017—2030）》与2016年教育科学部颁布的《俄罗斯电子学校》政策。这两项政策分别提出了"构建以知识为基础的信息空间以维护公民获取客观、真实、安全、有价值信息的权利"与"创建一个公开的教育网络门户，汇聚中小学所有必修科目的在线课程"，充分体现了教育、技术与社会发展之间的互助作用。2019 年 3 月，俄罗斯启动"未来教师"项目，旨在鼓励更多教师在日常教学中充分且有效地运用信息技术，以实现教学方式的转型，并为教育组织的教职人员免费创建在线培训计划，实施新型教师认证及评级方法，以提高基础教育教学和管理人员包括信息技术能力在内的各项专业能力。

（2）印度。印度庞大的学龄人口给教育市场带来了巨大的发展动力，同时也给教育公平和教育质量带来了巨大挑战。首先，印度经济基础较为薄弱，区域发展十分不平衡，虽然印度政府为消除贫困付出了巨大努力，也取得了一定成果，但印度贫困线以下的人口仍呈增加趋势，从而制约了教育事业的发展，不利于教育质量的提升；其次，种姓制度的长期存在，深刻地影响着印度社会的政治、经济、文化、教育等领域，制约了印度教育规模的增长；再次，教育体制、精英政治致使其重视高等教育，而忽视基础教育；最后，印度的倒锥形人才结构及义务教育与高等教育脱节等，使得高等教育难以扩张与基础教育弹性较小的问题同时存在。近年来，印度政府更加重视利用软件产业发展的优势，推动信息化与教育的融合。例如，2015 年提出"数字印度"计划：所有学校接入宽带，为所有学校提供免费无线网络；开启数字扫盲，开发大规模的在线开放课程。2017 年，在高等教育数字计划大会上，印度人力资源开发部建议各高校将 SWAYAM① 纳入教育系统，并强调印度政府在促进本国慕课的发展中发挥了巨大作用。

（3）南非。南非高等教育水平享誉全球，位居非洲大陆第一，其大学在金砖国家大学排名中相对领先。然而，南非的基础教育水平却远远落后，无法与高等教育声誉相匹配。21 世纪以来，南非基础教育取得了长足进步，但其基础教育距离"优质均衡"的理想状态还有较大差距。基于此，南非采取强调中央控制但重心下移、强化人员素养与合法治理的方式，提升基础教育

---

① SWAYAM 是慕课平台，于 2017 年 7 月全面推出。该平台的目标是促进优质教育，支持终身学习，提高印度高等教育的入学率。

质量。南非政府管理基础教育的哲学是"结果本位"，即认为教育应以学习者为中心，且是一个历时过程，强调对所有学习者能够实现的成长高度信任，并采取"系统－结构－外部"的治理原则。其具体表现为：首先，把基础教育视为一个系统，充分尊重各利益相关者的利益，强调各利益相关者享有的权利和应尽的义务；其次，强调措施的结构性，即区分措施的轻重缓急，并明确哪种措施能在哪个层次上发挥作用；最后，强调外部控制，如为了跟踪学生发展，南非基础教育部实施了年度国家评估，并且借助国际资源，参与了国际教育成就评价协会组织的国际数学与科学趋势研究（TIMSS）和国际阅读素养进展研究（PIRLS），以及东部和南部非洲教育质量监测联盟。

　　南非《2019 行动规划：面向 2030 学校教育》勾画出的南非基础教育发展新蓝图，标志着南非全民享受优质教育时代的开启，其优先目标涉及教育公平、学校发展、教师素养、教育信息化等问题，紧扣世界教育发展前沿。例如，增加一年级以下儿童获得优质早期教育的机会；提高教师在整个职业生涯中的专业能力、教学技能、学科知识水平和计算机素养；确保每个学习者能够根据国家政策获得最基本的教科书和练习本；确保全国所有学校推行基本年度管理流程，以促进学校良好的发展态势；各地区办事处可通过更好地利用信息化设备，以提高对学校监测和支持服务的频率和质量等。从南非教育发展经验来看，其主要包括：第一，要明确教育是发展的，所以应围绕学习者能学到什么以及在学习结束时能够发展出什么而展开；第二，教育是以活动为基础的，要促进学习者思考、问题解决等能力的发展；第三，学习者在学习后要通过结果来回溯学习过程，即学习者学习过程本身与其学到的知识一样重要。

二、中国推进教育现代化的战略与政策

　　党的十九大从新时代坚持和发展中国特色社会主义的战略高度，做出了优先发展教育事业、加快教育现代化、建设教育强国的重大部署。2018 年全国教育大会用"九个坚持"梳理概括了党的十八大以来习近平总书记关于教

育的重要论述，为中国教育的改革创新和高质量发展指明了方向和道路。步入新时代，我国已经初步建立起适应经济社会发展需要的教育管理体制，教育发展达到了中高收入国家水平，正在逐步走向世界教育的中心。本小节主要对我国近年来与教育发展相关的宏观战略、政策等进行梳理，有利于我们更好地把握我国教育发展政策前沿，为后续研究奠定基础。

2012 年 11 月，党的十八大肯定了我国"教育事业迅速发展，城乡免费义务教育全面实现"的成就，提出了新一阶段的教育目标：努力实现全民受教育程度和创新人才培养水平明显提高，进入人才强国和人力资源强国行列，基本实现教育现代化。党的十八大明确了我国教育为社会主义现代化建设服务、为人民服务，把立德树人作为教育的根本任务，培养德智体美全面发展的社会主义建设者和接班人。2016 年 3 月印发的《中华人民共和国国民经济和社会发展第十三个五年规划纲要》在教育方面提出了"要推进教育现代化"，并从教育均衡发展、产教融合、大学创新人才培养、学习型社会建设、增强教育改革发展活力五方面做出了规划。2017 年 1 月，国务院印发了《国家教育事业发展"十三五"规划》，提出要以新理念引导教育现代化，实现教育质量全面提升、全民终身学习机会进一步扩大、教育发展成果更公平地惠及全民、人才供给和高校创新能力明显提升、教育体系制度更加成熟定型共五个目标，对学生、教师、学校、体制、结构、育人生态、开放共享格局等方面做出了具体的规划。

2017 年 10 月，党的十九大做出了中国特色社会主义进入了新时代的重要论断，明确"我国社会主要矛盾已经转化为人民日益增长的美好生活需要和不平衡不充分的发展之间的矛盾"。针对教育领域，在总结和继承过去五年发展经验的基础上，党的十九大提出要加快教育现代化，并对各级各类教育提出了具体要求：推动城乡义务教育一体化发展，高度重视农村义务教育，办好学前教育，普及高中阶段教育；加快一流大学和一流学科建设，实现高等教育内涵式发展；办好继续教育，加快建设学习型社会，大力提高国民素质；健全学生资助制度，使绝大多数城乡新增劳动力接受高中阶段教育、更多接受高等教育；办好网络教育与特殊教育。党的十八大报告与十九大报告均明确提出推动教育现代化、教育优先发展及教育公平等，并依据社会发展的不同阶段，对各级各类教育做出了不同的规划，为未来一段时间教育的发展指明了方向。此外，党的十八大报告和十九大报告均提出了要鼓励引导社会力量兴办教育等。

在党的十八大、十九大的战略规划基础之上，2019 年 2 月，中共中央、国务院印发了《中国教育现代化 2035》，从战略背景、总体思路、战略任务、实施途径和保障措施五方面对教育现代化进行了阐释和部署，为我国新时期的教育发展指明了方向。《中国教育现代化 2035》指出，到 2020 年我国的教育总体实力和国际影响力显著增强，劳动年龄人口平均受教育年限明显增加，教育现代化取得重要进展。到 2035 年，总体实现教育现代化，为到本世纪中叶建成社会主义现代化强国奠定坚实基础。2035 年的主要发展目标为：建成服务全民终身学习的现代教育体系、普及有质量的学前教育、实现优质均衡的义务教育、全面普及高中阶段教育、职业教育服务能力显著提升、高等教育竞争力明显提升、残疾儿童少年享有适合的教育、形成全社会共同参与的教育治理新格局。《中国教育现代化 2035》从学习习近平新时代中国特色社会主义思想、发展中国特色世界先进水平的优质教育、推动各级教育高水平高质量普及、实现基本公共教育服务均等化、构建服务全民的终身学习体系、提升一流人才培养与创新能力、建设高素质专业化创新型教师队伍、加快信息化时代教育变革、开创教育对外开放新格局、推进教育治理体系和治理能力现代化十个方面做出了战略规划，要求完善现代化制度支撑并落实机制的建设，全方位推动我国现阶段教育目标的实现。同时，中共中央办公厅、国务院办公厅还印发了《加快推进教育现代化实施方案（2018—2022 年）》，明确了实施新时代立德树人工程、推进基础教育巩固提高、深化职业教育产教融合、推进高等教育内涵发展、全面加强新时化教师队伍建设、大力推进教育信息化、实施中西部教育振兴发展计划、推进教育现代化区域创新试验、推进共建"一带一路"教育行动、深化重点领域教育综合改革十大重点任务。

从党的十八大以来国家层面所发布的重要报告和长期规划来看，当前及未来我国教育事业的规划与发展无不围绕着教育现代化进行，《中国教育现代化 2035》直接指出了中国教育现代化的发展进程，明确了当前乃至今后一段时期教育发展的战略任务。社会发展的核心在于人的发展，教育发展的核心在于人的成长，社会现代化转型的核心是人的现代性的提升，教育现代化发展的核心是教育中人的现代性的提升。因此，推动教育现代化的实现要以人为核心，为人学习与发展的根本需求服务，这需要科技创新为实现个性化发展提供支撑，市场引导社会力量参与教育现代化体系的构建，财政体系为其提供保障，就业体系为其提供支持，治理体系为其进行规划，等等。以下从学习、科技、市场、就业、财政和治理六个方面梳理国内相关政策，以期为本书各篇章研究提供宏观政策背景。

（一）学习领域：全面推进服务全民的终身学习体系建设

党的十六大报告在阐述全面建设小康社会的宏伟目标时，首次明确提出要"形成全民学习、终身学习的学习型社会，促进人的全面发展"。终身学习的效果或程度取决于终身学习供给质量及能力。智能时代，在线教育为终身学习供给能力的提升提供了助力。因此，我们主要对终身学习体系与在线学习支撑两个方面的政策进行梳理。

2010年7月，《国家中长期教育改革和发展规划纲要（2010—2020年）》（以下简称《教育规划纲要》）提出：要构建体系完备的终身教育；建立更加完善的现代国民教育体系，终身教育体系基本形成，促进全体人民学有所教、学有所成、学有所用。《教育规划纲要》对涉及终身教育的各类型教育，如继续教育、社区教育、老年教育、职业教育等，提出了具体规划，还要求建立学习成果认证体系，建立学分银行制度，搭建终身学习的"立交桥"。《教育规划纲要》作为终身学习的奠基性文件，指导着我国终身学习体系构建及实践的开展。2017年国务院印发的《国家教育事业发展"十三五"规划》对形成更加适应全民学习、终身学习的现代教育体系提出了新要求。《中国教育现代化2035》也明确提出要构建服务全民的终身学习体系，并从职工继续教育、社区教育资源、学习型组织的建设方面提出发展思路。从以上文件可以看出，党和国家对终身学习重要性的认识不断提升，有关终身学习的政策从过去的专注于终身学习对社会经济发展的实用性，发展为对人的全面发展、社会公平与民主等的重视。

智能时代，学习者只有通过时时处处的学习才能促进自身的全面发展，

因而终身学习的实现离不开远程教育的支持。在线教育具有不受时空限制、快速复制传播、呈现手段多样的独特优势，将成为促进教育公平、提高教育质量、满足人们终身学习诉求的有力支撑，也将带来教育科学决策和综合治理能力的大幅度提高。新冠肺炎疫情让教育信息化进程大幅提速，"停课不停学"也让在线教育模式提前大面积普及。此次覆盖全国的师生线上教学活动的开展，经历了探索、总结、调整、完善的过程，体现了线上学习既不受时间和空间限制，又能提供丰富的学习资源与互动交流机会的优势，满足了学习者的个性化需求，还成为学生、教师、家长提升信息素养的"速成班"。

2018 年以来，国家对于在线教育扶持与整顿并重，在支持在线教育发展的同时，也对在线教育平台的内容、学习时长、师资等做出了规范性要求，强调线上线下同等监管。在扶持方面，《中国教育现代化 2035》提出，要创新教育服务业态，建立数字教育资源共建共享机制。2018 年 4 月，教育部发布《教育信息化 2.0 行动计划》，强调要建成"互联网＋教育"的大平台。2019 年 9 月，教育部等十一部门发布《关于促进在线教育健康发展的指导意见》，要求扩大优质在线教育资源供给，构建扶持在线教育发展的政策体系，形成多元的在线教育管理服务格局，进一步促进在线教育健康、规范、有序发展。《关于促进在线教育健康发展的指导意见》明确提出，到 2020 年，大幅提升在线教育的基础设施建设水平，互联网、大数据、人工智能等现代信息技术在教育领域的应用更加广泛，在线教育模式更加完善，资源和服务更加丰富；到 2022 年，现代信息技术与教育实现深度融合，在线教育质量不断提升，资源和服务标准体系全面建立，学习型社会建设取得重要进展。在规范方面，2018 年 12 月，教育部办公厅发布《关于严禁有害 APP 进入中小学校园的通知》，对教育类 APP 做出了严格的审查。2019 年 7 月，教育部等六部门联合印发了《关于规范校外线上培训的实施意见》，这是国家颁布的第一个专门针对校外线上培训活动的规范性文件。2019 年 11 月，教育部出台了《教育移动互联网应用程序备案管理办法》，要求教育移动应用实行备案。

（二）科技领域：推动科技创新与教育发展相互促进

习近平总书记多次对人工智能技术的重要性做出重要论述。他指出，"人工智能是引领这一轮科技革命和产业变革的战略性技术"，"加快发展新一代人工智能是我们赢得全球科技竞争主动权的重要战略抓手"。教育与科技是紧密结合、相互促进的，科技为教育的创新与变革提供了机遇，而科技的发展与变革则需依靠人才的发展与创新。因此，在不同发展阶段，各项科技创新政策中也屡屡涉及教育发展的相关规划。例如，《中国制造 2025》提出，鼓励企业与学校合作，培养制造业急需的科研人员、技术技能人才与复合型人才，深化招生和培养模式改革，积极推进产学研结合。《国家创新驱动发展战略纲要》也提出推动教育创新，改革人才培养模式，完善高端创新人才和产业技能人才"二元支撑"的人才培养体系，加强普通教育与职业教育的衔接。

从我国近年来的科技与教育相关政策可以看出，科技与教育的融合越来越紧密，利用前沿科技成果推动教育信息化发展、为教育和学习赋能是推进教育现代化的重要内容，也是教育创新变革的主要方向。同时，相关科技创新战略和政策也十分重视人才培养体系的变革，特别是推动一流大学建设、研究型人才培养和职业教育发展等，能够为我国建设科技强国奠定坚实的人力资本基础。例如《中国教育现代化 2035》提出要加快信息化时代教育变革，并在智能化校园建设、人才培养模式、教育服务业态、教育服务监管、教育治理方式等多方面进行了前瞻部署。《新一代人工智能发展规划》提出，"利用智能技术加快推动人才培养模式、教学方法改革，构建包含智能学习、交互式学习的新型教育体系。开展智能校园建设，推动人工智能在教学、管理、资源建设等全流程应用。开发立体综合教学场、基于大数据智能的在线学习教育平台。开发智能教育助理，建立智能、快速、全面的教育分析系统。建立以学习者为中心的教育环境，提供精准推送的教育服务，实现日常教育和终身教育定制化"。相关战略和政策从思想、行动、体系、内容、目标方面明确了科技之于教育的重要性，也为智能时代科技与教育的深度融合提供了新的思路。

疫情之下，我们正在经历一个全球最大的信息化基础设施升级改造工程和师生信息素养提升培训工程，大规模在线教育亦是对我国科技与教育融合水平的一次全面检验。^① 在线教育实践促使信息技术全面进入教与学的全过程，改变了学校的"管"、教师的"教"与学生的"学"，改变了教育的基本"形态"，打破了传统物理空间、时间乃至方法的限制，为弹性教学及教学内容、教学资源、教学方法、学习评价、学习支持等的转变提供了空间和条件，也为以主动学习为特征的居家学习、主动学习素养的养成提供了条件。然而，此次实践也暴露出我国教育信息化支持能力仍有待提升、教师和学生数字素养不足等问题。所以在未来教育实践中，还需进一步、全方位加强学校的信息化、网络化建设，促进在线教育和学校教育的融合，适时保护并发挥好广大教师应用信息技术的热情，改进课堂教学方式，促进信息技术与教育教学的深度融合。

（三）市场领域：多渠道扩大优质教育资源供给

随着我国经济体制改革进程的加快，民营经济获得了长足发展，也推动了民办教育行业以及市场上各类教育服务企业的快速成长。受到新时代教育主要矛盾变化以及终身学习、消费升级等因素影响，传统的学校教育已经不能完全满足人民群众对优质教育资源的需求。这说明，教育服务应由政府和市场共同提供，让公共选择机制和市场机制共同发挥作用。各级教育完全由政府免费提供，政府垄断教育，或者完全由市场提供，教育供求和资源配置完全由市场调节，都不能实现教育资源的优化配置。^② 在智能时代，教育的发展趋势是从传统教育转向混合、多样化和复杂学习，融合正规学习、非正规学习和非正式学习，这意味着由市场力量来弥补正规教育的不足已成为必然。2016年11月，十二届全国人大常委会第二十四次会议上表决通过了《关于修改〈中华人民共和国民办教育促进法〉的决定》，历时近五年的《中华人民共和国民办教育促进法》修订工作正式结束，新修订的《中华人民共和国民办教育促进法》自2017年9月1日起实施，为进一步规范和鼓励民办教育发展提供了根本性的法律依据。2017年党的十九大报告提出，要支持和规范社会

① 黄荣怀，张慕华，沈阳，等.超大规模互联网教育组织的核心要素研究：在线教育有效支撑"停课不停学"案例分析 [J].电化教育研究，2020（3）：10-19.
② 王善迈.教育服务不应产业化 [J].求是，2000（1）：52-53.

力量兴办教育；2019 年，党的十九届四中全会再次强调要支持和规范民办教育、合作办学。2020 年 7 月，国家发展改革委、教育部等十三部门联合发布《关于支持新业态新模式健康发展激活消费市场带动扩大就业的意见》，提出构建线上线下教育常态化融合发展机制，形成良性互动格局，强调允许购买并适当使用符合条件的社会化、市场化优秀在线课程资源，探索纳入部分教育阶段的日常教学体系，并在部分学校先行先试。

近年来，技术创新和需求升级推动民办教育的教育理念、结构与服务不断升级，而民办教育发展受到的最直接影响依然是政府的相关政策规制。《关于鼓励社会力量兴办教育促进民办教育健康发展的若干意见》提出，以实行分类管理为突破口，创新体制机制，完善扶持政策，加强规范管理，提高办学质量，进一步调动社会力量兴办教育的积极性，促进民办教育持续健康发展。该意见确定的同等资助、差别化政策体系、扶持政策及 PPP 合作模式等，为促进民办教育发展指明了方向。《中华人民共和国民办教育促进法》要求，对民办学校实施分类管理，明确划分了营利性和非营利性两类学校，规定民办学校的举办者可以自主选择设立非营利性或营利性民办学校。《中华人民共和国民办教育促进法》从民办学校的设立、学校的组织与活动、教师与受教育者、学校资产与财务管理、管理与监督、扶持与奖励、变更与终止及法律责任等方面对民办教育进行了规范，为有效推动民办教育的健康发展奠定了强有力的法律基础。市场力量的介入、民办教育的发展，对于促进终身学习和构建学习型社会具有重要意义。

《中华人民共和国民办教育促进法》等鼓励性法律及政策的出台，推动了民办学校、校外培训机构、教育科技企业等的迅猛发展，但因缺乏有效监管，也带来了诸多社会问题。2018 年以来，国家先后颁布了一系列针对校外培训机构的监管和规范类政策，并对相关机构开展了严格整治行动。截至 2018 年 12 月底，全国共摸排校外培训机构 40.10 万家，存在问题的机构有 27.28 万家，现已完成整改 26.99 万家，整改率达 98.94%，线下整治基本完成，迈入常态化监管阶段。2018 年 2 月教育部办公厅等四部门发布的《关于切实减轻中小学生课外负担开展校外培训机构专项治理行动的通知》提出要坚决纠正校外培训机构开展学科类培训时出现的"超纲教学""强化应试"等不良行为。

同年 8 月发布的《国务院办公厅关于规范校外培训机构发展的意见》规定课外辅导课不得"超纲",从事学科知识培训的教师须具有相应的教师资格,收费周期一次性不可超过 3 个月,生均面积不得低于 3 平方米等。民办教育的健康有序发展,对促进多元化教育供给、提高教育供给质量、适应需求升级、深化办学体制改革、促进教育与科技融合等具有重要意义。

（四）就业领域：多举措推进稳就业与劳动者技能提升

党的十八大以来,我国更加突出就业和创业的紧密结合,支持发展新就业形态,拓展就业新空间,实现了积极就业政策的迭代升级。受全球经济下行及疫情叠加的双重影响,在当前及未来一段时期,稳就业和就业优先政策是我国最重要的宏观经济调控政策之一。

2017 年国务院印发的《关于强化实施创新驱动发展战略进一步推进大众创业万众创新深入发展的意见》和《关于做好当前和今后一段时期就业创业工作的意见》,对进一步做好就业创业工作进行了全面部署和升级,要求支持新就业形态的发展,推动创新创业环境系统性优化,深入推进大众创业、万众创新;要求强化公共就业创业服务,构建劳动者终身职业培训体系,强调稳增长的主要目标是保就业。

从党的十八大以来我国就业政策的嬗变来看,最核心的是施行更加积极的就业政策,实施就业优先战略。其工作重点在于建设竞争有序的人力资源市场体系,破除妨碍劳动力和人才流动的体制机制,大规模开展职业技能教育,构建劳动者终身职业培训体系,等等。在教育领域,就业政策对新时代的职业教育提出了更高的要求。现阶段我国职业教育政策重点关注四点:一是健全国家职业教育制度框架,提高中等职业教育发展水平,推进高等职业教育高质量发展,完善学历教育与培训并重的现代职业教育体系。二是构建职业教育国家标准,完善教育教学相关标准,深化复合型技术技能人才培养培训模式改革,面向在校学生和全体社会成员开展职业培训。三是促进产教融合,总结现代学徒制和企业新型学徒制经验,坚持工学结合,推动校企全面加强深度合作,打造一批高水平实训基地。四是建设多元办学格局,一以贯之支持社会化教学,发挥企业重要办学主体作用,鼓励有条件的企业大力发展职业教育。

党的十八届三中全会首次提出要构建劳动者终身职业培训体系。2014 年印发的《国务院关于加快发展现代职业教育的决定》和《教育部关于开展现代学徒制试点工作的意见》提出，要牢固确立职业教育在国家人才培养体系中的重要位置，以服务发展为宗旨，以促进就业为导向，适应技术进步和生产方式变革以及社会公共服务的需要，培养数以亿计的高素质劳动者和技术技能人才，形成适应发展需求、产教深度融合、中职高职衔接、职业教育与普通教育相互沟通，体现终身教育理念，具有中国特色、世界水平的现代职业教育体系。在 2017 年党的十九大强调"完善职业教育和培训体系，深化产教融合、校企合作"之后，同年，《国务院办公厅关于深化产教融合的若干意见》提出：完善教育资源布局，促进教育和产业联动发展，构建教育和产业统筹融合发展格局；拓宽企业参与途径，鼓励企业以独资、合资、合作等方式依法参与举办职业教育、高等教育；鼓励有条件的地区探索推进职业学校股份制、混合所有制改革，允许企业以资本、技术、管理等要素依法参与办学并享有相应权利。2019 年，国务院印发《国家职业教育改革实施方案》，明确提出：完善职业教育和培训体系，优化学校、专业布局，深化办学体制改革和育人机制改革，以促进就业和适应产业发展需求为导向，鼓励和支持社会各界特别是企业积极支持职业教育，着力培养高素质劳动者和技术技能人才；经过 5—10 年时间，职业教育基本完成由政府举办为主向政府统筹管理、社会多元办学的格局转变；到 2022 年培育数以万计的产教融合型企业，打造一批优秀职业教育培训评价组织，推动建设 300 个具有辐射引领作用的高水平专业化产教融合实训基地，对通过认证的企业给予"金融＋财政＋土地＋信用"的组合式激励。

新冠肺炎疫情的暴发使稳就业任务变得异常艰巨。2020 年 3 月 18 日国务院办公厅印发了《关于应对新冠肺炎疫情影响强化稳就业举措的实施意见》，提出了应对疫情冲击、全面稳就业的举措，主要包括五个方面：一是通过加快推动复工复产，加大减负稳岗力度，提高投资和产业带动就业能力，优化自主创业环境，支持多渠道灵活就业，更好地实施就业优先政策；二是通过引导农民工安全有序转移就业，鼓励就地、就近就业，优先支持贫困劳动力就业，帮助农民工就业增收；三是通过扩大企业吸纳规模、基层就业规模、招生入伍规模、就业见习规模等，拓宽高校毕业生就业渠道；四是通过失业保障、就业援助、重点地区倾斜支持，加强困难人员兜底保障；五是通过大规模开展职业培训，优化就业服务，加强劳动者就业帮扶。在 2021 年的政府工作报告中，"就业"一词出现了 36 次，李克强总理强调：就业是最大的民生，保市场主体也是为稳就业保民生；实现城镇新增就业 1100 万人以上，城镇调查失业率 5.5% 左右；就业优先政策要继续强化、聚力增效；做好高校毕业生、退役军人、农民工等重点群体就业工作；等等。一系列目标和举措都旨在为稳就业和保民生提供强大的战略支撑。

（五）财政领域：完善教育投入与资金管理机制

财政政策是保障教育事业发展、促进教育公平和教育质量提升的重要工具。目前，我国已逐步形成了具有中国特色的教育财政制度，表现出自上而下贯彻落实、政策推动、法制建设逐渐完善以及从效率转向公平等特征。教育的财政投入不断加大，为我国教育事业的蓬勃发展提供了重要的经费保障。但不可否认的是，伴随着经济发展和教育改革的深化，当前国家的教育投入依然无法完全满足我国教育事业发展的需求，与国际先进国家投入水平相比也有较大差距。鉴于此，国家日益认识到完善教育投入机制，扩宽教育筹资渠道，多方面、多模式开展教育筹资的重要性和必要性。2010 年的《教育规划纲要》明确指出，除了政府的财政投入，社会投入也是教育投入的重要组成部分，要充分调动全社会办教育的积极性，扩大社会资源进入教育的渠道，多渠道筹集教育经费，大幅度增加教育投入。

2017 年 9 月，中共中央、国务院发布《关于深化教育体制机制改革的意见》，明确指出要健全教育投入机制、完善财政投入机制。2018 年 8 月，国务院办公厅发布《关于进一步调整优化结构提高教育经费使用效益的意见》，提出保障财政投入、扩大社会投入、科学规划经费支出、保障义务教育均衡发展等要求。2019 年 2 月发布的《中国教育现代化 2035》强调：要确保财政一般公共预算教育支出逐年只增不减，确保按在校学生人数平均的一般公共预算教育支出逐年只增不减，保证国家财政性教育经费支出占国内生产总值的比例一般不低于 4%；依法落实各级政府教育支出责任，完善多渠道教育经费筹措体制，完善国家、社会和受教育者合理分担非义务教育培养成本的机制，支持和规范社会力量兴办教育；优化教育经费使用结构，全面实施绩效管理，建立健全全覆盖全过程全方位的教育经费监管体系，全面提高经费使用效益。2019 年 5 月，国务院办公厅发布《关于印发教育领域中央与地方财政事权和支出责任划分改革方案的通知》，将教育领域财政事权和支出责任划分为义务教育、学生资助、其他教育（含学前教育、普通高中教育、职业教育、高等教育等）三个方面。该文件的发布表明，目前我国正在形成合理授权、权责清晰的教育领域财政事权和支出责任划分模式，正在建立权责清晰、财力协调的中央与地方财政关系。为贯彻落实《中共中央国务院关于全面实施预算绩效管理的意见》，2019 年 12 月，教育部发布了《关于全面实施预算绩效管理的意见》，对下属各单位的预算资金、中央对地方教育转移支付资金实行绩效管理，以促进教育资源配置的优化与教育经费使用效益的提高。预算绩效管理的有效实施是教育治理体系与治理能力现代化的内在需求，是建立现代化教育财政制度的重要内容之一。

（六）治理领域：多元共治推进教育治理现代化

有别于"教育管理"，"教育治理"是把教育领域内的各利益相关者纳入主体范畴，在充分调动各方能动性、持续协调的基础上，不断改进目标和手段的一种新型教育行政方式。当前，我国已经初步建立起了适应经济社会发展需要的教育管理体制，教育发展水平达到了中高收入国家水平，教育政策的执行、调整、评估与反馈都发生了显著变化，科学、民主、合理逐渐成为教育治理的主要价值取向，我国教育治理体系逐渐完善、治理能力逐渐提高。

21 世纪以来，我国教育治理主体逐渐多样化，政府、市场、社会组织等参与教育治理，为我国教育治理现代化奠定了基础。当前，我国教育行政过程的开放性、多元参与性、协商性及政策过程的科学性、完善性日益提升，基本形成了教育多元治理格局。2015 年 5 月，教育部发布《关于深入推进教育管办评分离促进政府职能转变的若干意见》，提出要深入推进管办评分离，构建社会、学校、政府之间的新型关系，厘清三者的权责并保障良性互动机制的建设，进一步推动政府职能的转变。该意见强调，要规范参与教育评价的社会组织及专业机构的资质认证标准，扩大专业学会、行业协会、基金会等参与评价；委托社会组织或专业机构实施的教育评价纳入政府购买服务范围，以公平、公正、公开的原则，建立健全招投标制度和绩效管理制度，保证服务的质量与效益；鼓励有条件的地区和学校积极参与国际组织实施的教育质量评估项目。党的十九大明确提出，要在 2020 年至 2035 年，基本实现国家治理体系和治理能力现代化；在 2035 年至本世纪中叶，实现国家治理体系和治理能力现代化。在此目标指引下，《中国教育现代化 2035》提出大力推进教育理念、体系、制度、内容、方法、治理现代化，并将"形成全社会共同参与的教育治理新格局"设立为 2035 年的主要发展目标。2019 年 10 月，党的十九届四中全会提出，要推进国家治理体系和治理能力的现代化，坚持和完善共建共治共享的社会治理制度，加强和创新社会治理，完善党委领导、政府负责、民主协商、社会协同、公众参与、法治保障、科技支撑的社会治理体系，建设人人有责、人人尽责、人人享有的社会治理共同体，进一步为新时期推进教育治理现代化指明了方向。

新冠肺炎疫情防控是对国家治理体系和治理能力的一次严峻考验，亦是我国教育治理体系与治理能力现代化水平的试金石。疫情暴发后，为贯彻落实党中央、国务院的统一决策部署，教育部启动了教育系统应急预案，指导全国各区域、各级各类学校扎实开展疫情防控，迅速落实了延期开学以及"停课不停教、不停学"等措施。在重大突发公共卫生事件面前，教育部及各级教育行政部门表现出的快速响应和决策能力，以及各级各类学校、教师、学生、社会组织与企业等的积极响应、密切配合，彰显了我国强大的制度优势和教育治理效能。然而，在延期开学阶段，在线教育教学过程中也出现了诸如增加教师学生负担、网络拥堵、教师信息素养不高、城乡网络学习条件差异大等各类具体问题，这反映出当前我国的教育治理现代化水平仍有很大提升空间。积极吸取疫情防控期间教育治理的有益经验和创新实践，努力弥补差距和短板，对于后疫情时代深化教育领域综合改革，加快推进教育治理现代化具有重要、长远意义。

第3节　智能时代教育发展研究报告评述

一、国际相关教育研究报告

　　研究报告由于具有宏观性、时效性和政策指导性特征，对本书研究具有重要的参考借鉴意义，故在文献评述中，我们主要梳理及总结近五年来全球范围内与教育发展相关的代表性研究报告，主要包括国际组织及部分国家和地区有关机构发布的报告。这些报告反映了国际领域对近年来教育发展核心问题的关注以及对未来教育发展方向和形势的研判。梳理这些成果，不仅有助于我们掌握世界范围内教育核心议题的研究现状、捕捉教育发展的前沿动向，也有助于我们吸纳国外教育研究报告的分析思路和方法，为本书的撰写提供重要的借鉴参考。

　　主要国际组织、不同国家和地区机构发布的教育相关问题研究报告，意图在不断变化的形势下，重新规划教育发展方向和愿景，激发关于变化世界中教育问题的公共政策思考，以期推动未来教育的持续健康发展。其中一些代表性报告对引导全球教育理念转变、推动全球教育公平和教育质量提升产生了重要影响。例如，2015年联合国教科文组织发布的《反思教育：向"全球共同利益"的理念转变？》作为联合国教科文组织第三部具有里程碑意义的发展报告，秉承着此前标杆成果《富尔报告》和《德洛尔报告》的精神，借助全球社会变革观测站的重要定位，以呼吁对话的方式，对世界范围的教育体系及其概念基础、价值取向进行了系统性深刻反思，并以可持续的人的发展与社会发展理念为宗旨提出了一系列新教育主张，以延续联合国教科文组织的"全球性思维传统"和"人文主义价值传统"，为当下人类整体的教育甚至人类发展的整体格局带来新定义和新挑战。[①] 报告重新定位了教育，即教育应以人文主义为基础，坚持尊重生命和人类尊严、权利平等、社会正义、文化多样性、国际团结和为可持续的未来承担共同责任；重新定义了知识，即信息、技能、态度、原理、价值观等都是知识。报告认为当前教育发展的趋势是从传统的教育结构转变为混合、复杂、多样的教育格局，实现正规学习、非正规学习及非正式学习，让学校教育与正规教育机构、其他非正规教育经验开展更为密切的互动，且保证这种互动从幼儿阶段开始贯串人的终生。报告提出要将人类生存的多个方面融合起来，采用开放、灵活的全方位学习方法，发挥人的潜能。

2017 年世界银行发布《世界发展报告 2018：学习以实现教育承诺》。作为首次探讨教育与社会发展的年度发展报告，这份报告不仅引导全球教育范式向"学习"转变，同时利用对全球近百个国家的学习数据的评估分析，推断出"全球教育正面临着巨大的'学习危机'，即上学却没学到知识"，认为这不仅是教育发展机会的浪费，也是对全世界儿童和青少年的巨大不公。所以，世界银行在此基础上积极组织开展政策障碍与阻力分析，征询各方研究院所与私人机构的意见、建议，鼓励世界各国利用各种有效的评测标准开展学习评估，以协调教育系统的所有参与者与系统内各要素连贯一致，实现教育促进人人创造共同机会与繁荣的承诺。

2017 年 OECD 发布《面向所有人的教育机会：消除贯穿一生的不公平》报告，在正文中采用 11 个与公平相关的指标，对 OECD 成员的教育公平情况进行评价。结果显示，"社会经济地位不同带来的学习结果不均衡基本存在于所有国家"，报告认为这种现象与全球知识密集型经济的形成密切相关，各国对高技能工人需求的持续增加使得就业市场的结构性矛盾不断加深，马太效应也越加显著。在此背景下，使个体素养与劳动力市场需求匹配的优质教育和技能开发尤为重要。报告建议，为确保个体生命中每个阶段都有公平的教育结果，各国应积极创造面向所有人的终身学习机会，加大各阶段教育投资

---

① 李政涛. 人工智能时代的人文主义教育宣言：解读《反思教育：向"全球共同利益"的理念转变》[J]. 现代远程教育研究，2017（5）：3–11.

力度，尽最大可能保障贫困学生群体的教育公平。

2019 年，联合国教科文组织发布《教育中的人工智能：可持续发展的挑战与机遇》，重点关注了智能时代人工智能与教育融合发展的问题，从三个维度展开了教育中人工智能可持续发展的问题研究：一是人工智能如何改善学习与促进教育公平；二是人工智能如何为学习者的未来做准备；三是人工智能如何面对教育中的挑战与政策影响。[①]报告提出从两个方面为人工智能教育时代做好准备：一是构建面向数字化和人工智能赋能世界的课程；二是通过后期的教育和培训增强人工智能能力。在此导向下，报告采用案例探究形式，主动、客观地展现了人工智能助力教育系统促进公平和提高质量的方式。例如，利用中国、巴西和南非等国的具体案例来考察人工智能对学习成果、教育获得和教师支持的贡献；利用阿拉伯联合酋长国、不丹和智利等国家的案例展示了人工智能如何帮助进行教育管理数据分析；利用欧盟、新加坡和韩国的典型案例，探讨学习者和教师应如何为一个充满人工智能的世界做好准备。同年 8 月，联合国教科文组织发布《北京共识——人工智能与教育》，明确各国要引领实施适当的应对策略，通过人工智能与教育的系统融合，全面创新教育、教学和学习方式，并利用人工智能加快建设开放灵活的教育体系，确保全民享有公平、适合每个人且优质的终身学习机会。《北京共识——人工智能与教育》强调要采用人工智能平台和基于数据的学习分析等关键技术构建综合型终身学习体系，确保人工智能促进全民优质教育和创造学习机会。

在国家和地区机构层面，也有不少优质报告发布。2018 年，美国 K20 教育创新研究机构——"教学思想"（Teach Thought）通过采集教育大数据汇总出美国教育工作者最为关注的 20 个教育发展趋势：成长型思维、创客学习、布鲁姆教育目标分类学及其应用、信息素养、个性化学习、项目化学习、为了学习的团队学习、混合式学习、天才时光、同理心、教育技术支撑学生学习的适度性、社会情感教育、创新型学校办学模式、机器人 / 编程、多元评价、基于脑科学的学习、游戏化教学、自适应学习算法、游戏化学习、移动

○ 王佑镁，宛平，赵文竹，等 . 科技向善：国际"人工智能＋教育"发展新路向：解读《教育中的人工智能：可持续发展的机遇和挑战》[J]. 开放教育研究，2019（5）：23—32.

学习。2018 年，欧盟发布《数字技术能否帮助缩小移民与本地人的教育成就差距？》，探讨了 PISA 中移民与本地人自然科学成就差距的成因，并特别关注与信息通信技术相关的变量。研究表明，这些变量中的当前差异与成就差距有关，并支持与信息通信技术相关的政策有可能缩小移民与本地人成就差距的想法。2019 年，欧盟发布《通过使用数字技术增强教育成果》，探讨了影响学校数字技术变革的关键因素，特别关注有助于提高教育成果的创新实践。其基本假设是，数字化是当今世界最大的挑战和机遇之一，数字化能力已成为成功生活、工作和发展的关键。该报告在很大程度上支持了 OECD 的主张，即学生、计算机与学习之间的联系既非简单线性也不是硬连线，技术所能做出的真正贡献尚未完全实现。2019 年，中国教育科学研究院、俄罗斯高等经济大学联合发布《教育的数字化转型和人工智能的挑战与前景》，主要分析了中俄教育中数字化技术应用的缘起与发展、教育数字化转型的政策进展及未来发展方向，以应对数字化转型带来的挑战和机遇，为相关政策制定与实践创新提供参考与借鉴。

进一步梳理发现，智能时代，国际社会在教育领域的关注点主要有以下三个方面。一是学习，如《反思教育：向"全球共同利益"的理念转变？》《世界发展报告 2018：学习以实现教育承诺》等报告认为，"学习"正在成为教育的中心，学习已成为促进个人、国家乃至国际社会发展的强大助推器，拥有终身学习的能力以及提升核心素养、核心技能，能够让学习者更好地适应快速变化的社会，为人类的共同利益创造更多的价值。二是科技创新与教育的融合，如《教育中的人工智能：可持续发展的挑战与机遇》《北京共识——人工智能与教育》《教育的数字化转型和人工智能的挑战与前景》等。可见，由于科学技术发展的日新月异，人工智能等前沿技术已不断渗透到各行各业，教育与技术也在不断加速碰撞与融合。为此，国际组织与教育发达国家对人工智能给教育带来的机遇和挑战、如何提升数字技能、如何利用前沿技术推动教育创新等问题给予了高度关注。三是教育公平。教育公平早已成为世界各国教育改革发展的重要目标和基本价值取向，可以说是"全世界所有国家和所有与教育问题有关的人最关心的问题"。联合国教科文组织于2009—2019 年发布的系列《成人学习和教育全球报告》、OECD 发布的《面向所有人的教育机会：消除贯穿一生的不公平》、世界银行发布的《智慧成长：东亚和太平洋地区学习及公平发展状况》、欧盟发布的《警惕差距：欧盟各区域间教育不均等》、美国发布的《分享财富：地区财政和废除种族隔离计划如何推进教育公平》等，都关注了教育公平问题。基于此，世界各国政府也都把教育公平问题放在教育发展战略的首要位置，将公平作为教育发展与政策制定的核心考量因素。

二、中国相关教育研究报告

面对智能时代科技创新浪潮和经济社会转型升级的重大机遇，以及新时代教育主要矛盾的变化，国内相关智库、高校、市场机构、企业等都对中国教育的发展、创新与变革问题给予了充分关注，涌现出许多有价值的研究成果。为此，本小节重点挖掘近年来国内发布的各类与教育发展相关的研究报告，以期更好地把握当前教育问题的研究动态，为本书提供研究思路、方法、案例等方面的启发。

（一）政府智库及科研院所：探索科技与教育的融合路径与对策

由于本书关注智能时代的教育创新与变革，故在梳理相关成果时，我们重点选择以"科技与教育融合"为主题的报告。在政府智库的报告中，典型的如教育部教育管理信息中心牵头负责的《中国互联网学习白皮书》（简称《白皮书》）系列，基于当年的科技与时代背景，采取年度报告的形式予以发布。《白皮书》以"互联网学习评价框架EDM（环境、开展、学习者成熟度）模型"为基础，对学前教育、基础教育、职业教育、教师教育等多个领域的互联网学习进行量化评估，整体呈现了中国"互联网＋学习"的发展态势。同时，《白皮书》将教育信息化的发展进程与各教育领域学习对象的本质需求、教育发展规律及时代育人目标等相结合，努力做到从"技术"发展看"教育"创新，从"教育"本原需求看"技术"理性应用，全面理解中国教育信息化发展生态，全面展现了在教育现代化发展、教育强国建设背景下，教育转型发展的格局①，反映了网络时代网络化、数字化、智能化、个性化、终身化的教育体系实践进程。科技部新一代人工智能发展研究中心等发布的《智能教育创新应用发展报告》，深刻阐述了智能教育的内涵与应用价值，客观呈现了当前智能教育的总体情况，以教育教学过程中的各个环节为基点，生动展示了人工智能等相关技术如何改变传统的教育场景，最后对智能教育的发展态势进行展望。报告显示，人工智能有望引领教育的系统性变革，推动人才培养更加多元化、精准化、个性化。报告重点对以下六个方面进行论述：一是智能教育正在推动教育领域的发展与变革；二是主要国家均十分重视智能教育的发展；三是智能教育尚处于从教学辅助阶段向价值创造阶段的过渡时期；四是智能教育市场快速成长；五是人工智能在教育领域渗透的广度和深度不断拓展；六是推动智能教育发展需要进一步加强宏观环境建设。

在高校院所的报告中，典型的如北京大学中国教育财政科学研究所发布的《中国教育新业态发展报告（2017）——基础教育》。该报告针对当前教育领域的核心矛盾，引入了"教育体系的发展功能与筛选功能""教育的位置物品属性与公共物品属性""教育的位置性差异需求与体系性差异需求"等几对概念，试图进一步深化对当前教育新业态的学理性讨论，并在此基础上重申维系公共国民教育体系健康发展并为之提供充足财政支持的基本主张，以及必须从找到妨碍基础教育和高等教育协调发展的根本症结入手解决当前突出的教育供需矛盾问题的政策建议。报告着重讨论了我国教育新业态的主要组成部分，即民办学校、校外培训、基础教育国际化、公办学校的教育信息化实践和教育科技企业，以2017年中国教育财政家庭调查数据为基础展开了实证分析，同时采用定性研究方法，针对具有代表性的学校、机构和企业进行案例研究，广泛并深入地描述了当前我国基础教育新业态的特点与问题。②互联网教育智能技术及应用国家工程实验室、北京师范大学智慧学习研究院发布了《2017互联网教育服务产业研究报告》，报告认为新时代的教育需求正从

① 教育部发布《2018年中国互联网学习白皮书》[EB/OL].[2020-06-15]. http://fe.bnu.edu.cn/html/002/1/201904/39159.shtml.
② 北大教育财政所发布《中国教育新业态发展报告（2017）——基础教育》[EB/OL]. [2020-06-15]. http://pkunews.pku.edu.cn/xwzh/2018-07/12/content_303674.htm.

标准化教学向个性化学习和终身学习发展，而教育服务供给也需要由"标准化供给"向"个性化服务"转变。报告采集了过去十余年我国教育发展的相关数据以及近五年教育类上市公司信息，总结和梳理出教育服务产业的特征及现状，以期解决当前我国教育面临的问题，并为教育供给侧改革提供建议和意见。北京师范大学经济与工商管理学院发布了《中国民办教育产业发展报告（2019）》，全面梳理了民办教育行业的现状、发展趋势、面临的机遇与挑战，并从最新赛道划分角度阐述了素质教育、国际教育、教育科技、教育资本等分领域的发展现状，为教育管理者、从业者或资本方了解民办教育的整体发展情况提供了充足的数据与资料支持。报告分析了2018年民办教育的热点词汇，除整体分析民办教育的综合发展趋势和特点外，还分智能、国际、融合、素质、资本和知识付费几个板块，讨论了各领域和行业的发展前景、主要的产品功能以及面临的机遇和挑战。①

（二）市场研究机构：关注前沿技术给行业带来的机遇和挑战

近年来，一些市场研究机构也发布了有关教育发展的研究报告，如民间智库、民营研究院等组织机构发布的报告。由于此类机构具有市场化特征，其报告成果往往更加贴近市场，也能更敏锐地捕捉未来行业发展的趋势动向，为教育行业的投资者、从业者和关注者提供借鉴与帮助。

市场研究机构非常关注人工智能等前沿技术对教育行业的影响，分析前沿技术与教育行业融合的现状，探讨"科技＋教育"存在的问题及挑战、市场潜力、机遇等，展望未来市场的发展趋势，并向从业者或投资者提供切实可行的策略建议。本书仅选取其中两个报告展开评述。一是"科技研究型智库"报告，以《2018人工智能赋能教育产业研究报告》为例。亿欧智库对"人工智能＋教育"的概念、主体影响、未来挑战和趋势做了客观全面的解读。报告首先对人工智能赋能教育产业发展进行综述，然后介绍了人工智能对教育工作中三大主体的影响，分别是对教育管理者的影响、对教师的影响以及对学生的影响，并通过引用"人工智能＋教育"的具体流程来突出其对

○ 杨娟.中国民办教育产业发展报告：2019[M].北京：社会科学文献出版社，2019.

教育工作的重要影响，最后提出人工智能在教育领域应用的趋势和挑战。报告的创新之处在于，对"人工智能＋教育"领域的技术服务公司创业者、教育培训机构、投资人以及学校管理者进行了调研，充分结合了众多专家和从业人员对"人工智能＋教育"的理解和认知。二是"教育研究型智库"报告，以《深度融合：2018—2022 教育科技趋势报告》为例。蓝象资本认为，在教育信息化 2.0 背景下，2018—2022 年科技与教育场景的深度融合将成为趋势，无论是体制内还是体制外的教育发展，都应迎合趋势，把握住未来创业的高潜力机遇。报告整体分为三个部分：首先，依据中国教育行业的规模变化趋势、资本流动方向以及政策倾斜程度，推测未来科技与教育的融合趋势；而后，结合行业数据，分析可能促使未来科技与教育深度融合的驱动因素，报告认为"教育公平""效果重视""技术革命""规模教学"等关键要素都将积极地推动二者融合；最后，报告根据所预测趋势，展望未来可能存在的高潜力机遇，认为一方面体制外的教育产业应预见到未来直播、移动化将重塑教育学习的应用场景，另一方面体制内的教育也应做好未来数字化、信息化赋能全产业链条的准备。

自 2013 年"互联网教育元年"以来，教育逐渐成为创业投资领域最受关注的行业之一，不少市场研究机构发布了中国教育行业的投融资分析报告。通过对国内教育行业的投融资研究报告进行总结，可发现以下两个方面的特征。首先是研究背景。报告往往立足于技术创新的产业背景及新时代的教育发展形势，即技术不断催生教育服务新业态和新产品，市场上的各类教育机构和组织能为学习者提供更丰富的产品及服务，满足差异化和个性化需求。在此背景下，教育行业应通过商业化、市场化的运作手段，更好地迎接未来发展新机遇。其次是研究方法。此类报告采用的数据与资料通常来源于大数据分析、对教育行业投融资公开信息的研究、对业内资深人士和相关企业高管的深度访谈，以及机构内分析师综合全部信息做出的专业性判断与评价，而后选用一定的分析模型，结合市场研究、咨询研究与行业研究，尽可能清晰地呈现教育行业市场现状、趋势、规律及各投资领域的火热度，以帮助投资者及时把握行业投资热点，提供有效可行的决策参考。

（三）代表性企业：重视科技赋能教育及企业战略转变

企业是创新的主体，具有把握科技创新前沿、市场发展趋势的敏锐嗅觉。在教育行业技术渗透加快、市场潜力巨大及政策支持鼓励等因素推动下，除传统的校外培训机构、教育信息化服务提供商等专注于教育产品与服务的企业外，近年来，不少互联网企业、高科技企业纷纷在教育领域布局，推动了教育行业融合创新与高速发展。企业发布的教育领域研究报告具有很强的市场性，目标在于服务企业自身战略及行业整体发展。

企业发布的研究报告通常会借助企业独有的数据资源或与企业相关的其他信息渠道，结合自身业务发展模式展开分析，在此基础上，展望企业或行业的未来发展前景，为行业的从业者、投资者、参与者、关注者提供有价值的借鉴参考。本书选取具有代表性的两类报告进行分析。第一类是聚焦企业自身战略的报告。例如，抖音联合中国教育电视台、中国传媒大学发布的国内首份青少年短视频教育研究报告《成长的百科全书——短视频社交与青少年教育研究报告》指出，抖音由于兼具短与故事化、丰富与易得性、分享与社交化的特征，使知识的生产与分享更为便利，从而得以汇聚大众知识结晶。[1]快手大数据研究院发布的《2019快手教育生态报告》对快手教育生态做出系统盘点，用大数据标注出三万六千行在快手分享经验与知识的故事，运用崭新的知识传播与学习场景向读者呈现教育发展的未来趋势。第二类是展望行业未来发展状况和趋势的报告，以腾讯教育、腾讯研究院联合北京师范大学智慧学习研究院发布的首份数字学习指数报告《中国区域数字学习指数报告2019》为例。报告首先在数字时代新定义、新技术、新矛盾的基础上积极呼吁新时代教育变革，探索建设新时代的数字学习体系，其中包括国家层面的"善学中国"、行业层面的"数字学习"、腾讯能力层面的"我们学"（We Learning）等概念，而后借鉴数字中国指数多年的评估经验，利用微信、QQ、腾讯大数据、腾讯课堂和腾讯公益的教育相关数据，从泛在化学习、多元化

---

① 胡正荣. 短视频与青少年教育有三大结合点 [EB/OL]. [2020-06-15]. http：//tv.cnr.cn/spsytj/20190626/t20190626_524664993.shtml.

学习、普惠化学习等关键维度开展数字学习指数评估，从宏观环境、教育投入、个体条件和教学成果四个角度提出为数字学习发展构建更好环境的建议，帮助行业关注者、决策者更精准地把握数字学习深层次的区域发展状况和行业态势，共同推动区域数字学习更好更快发展。

（四）疫情期间相关报告：反思总结探索未来教育变革新方向

面对新冠肺炎疫情，全球开展了大规模的在线教育实践。疫情不仅对学校的常规教育教学工作产生了重大影响，也对市场上各类提供教育产品与服务的企业产生了重大影响。疫情期间，国内外相关组织和机构、高等院校以及行业企业等纷纷发布有关报告，探讨疫情下教育系统的应对措施，总结成功经验，反思缺陷与不足，并分析疫情后教育变革方向，以期为政府部门、学校、教师、学生、家长、行业、企业等提供切实的指导与建议。例如，OECD 发布《教育对 COVID-19 的回应：拥抱数字学习和在线协作》，就各国应对疫情的教育政策行动进行了思考与探讨，并基于现状提出了应对建议。报告首先总结了各国应对疫情的教育应急政策，大体分为四类，如发布关于病毒的信息与相关培训（美国、法国）、对教师和校长远程工作进行培训（中国、意大利）等，而后又提出了六种在学校关闭期间可以采用的数字学习举措，以完善各国教育"停课不停学"的模式布局，最后分析预测了教育系统未来一段时间面临的机遇与挑战，最大限度地助力各国教育系统提前做好应对准备。联合国教科文组织与北京师范大学智慧学习研究院联合发布《中国教育在疫情期间促进灵活学习模式的报告》。报告围绕通信平台、学习工具、数字资源、教学组织、学习方式、支持服务及政企校协同等主题，呈现了"弹性教学"概念以及疫情期间中国采取的多种弹性教学策略，以协同各国教育人员开展类似的研究和实践。报告呈现了中国互联网科技企业支持"停课不停学"的产品技术、实际案例，以及相关机构学者的研究及总结，向世界展现了"弹性教学的中国经验"。

第4节 智能时代教育创新与变革的 十大趋势与五点启示

一、教育创新与变革的十大趋势

趋势一：新技术重塑教育生态——智能时代，人工智能等新一代信息技术是实现教育生态重塑的有效手段，也是实现全球教育改革与发展共同目标、保障教育均衡和质量的最有效工具，走向智慧教育是技术重塑未来教育的最终目标。

智能时代，5G、大数据、区块链、教育机器人、虚拟现实、人工智能等新一代信息技术是教育系统变革的内生力量，将承担支撑引领教育现代化发展，推动教育理念更新、模式变革、体系重构的重任。前沿技术的教育应用将强化教育与技术的融合发展，导致技术理论突破、新兴技术教育应用、智能教育技术、交互认知、脑认知机理与教学模式匹配、智慧教育、教育机器人、个性化学习与规模化教育等方面发生突破性进展，甚至是颠覆性创新。在可预见的未来，人工智能是实现教育生态重构的有效手段，人工智能赋能教育变革的核心价值体现在改变学习并助力个性化培养、赋能教学并减轻教师负担、优化管理和改善学校治理、提供终身学习的机会等方面。我们应该理性推进人工智能与教育融合共生，让人工智能与教育共同为未来赋能，实现智慧教育。智慧教育是未来教育的典型形态之一。智慧教育系统包括智慧学习环境、新型教学模式和现代教育制度三重境界，具有感知、适配、关爱、公平、和谐五大本质特征。智慧教育通过智慧学习环境传递教育智慧，通过新型教学模式启迪学生智慧，通过现代教育制度孕育人类智慧，进而实现公平且有质量的教育、培育未来社会卓越人才的根本目标。

趋势二：新范式引领学习革命——构建以学习者为中心的新范式是智能时代教育变革的主要方向，由此引发的学习革命将促进主动学习和终身学习成为常态，加快构建和完善面向未来的终身学习生态体系已成为必然趋势。

终身学习强调教育过程由"以教为中心"向"以学为中心"转变，强调学习者由他律向自律转变，强调学习需求由外驱向内驱回归，强调学习资源、学习途径、学习方式、学习内容等方面的开放性、灵活性和系统性。面向未来的终身学习体系将呈现以下特征：信息与交流技术的多样化，传播手段、信息、知识和价值观的源泉多样化，使个体学习越来越多地发生在正规教育机构之外；传统知识源泉的垄断权威性弱化，终身学习的针对性大大增强，草根满足草根的服务模式开始出现，并且可能更符合人们的学习需求；解决工作中的问题、提前为应对未来社会的变化做准备是人们学习的主要动机，基于工作场景的终身学习使灵活的技能开发和获得职业资格成为可能；正规学习与非正规学习之间的认证机制逐渐得到完善，使得不同群体都能够根据自己的条件和需求，选择适合自身的学习机会，并在学习之后实现对不同学习成果的转换。智能时代终身学习的生态发展路径包括搭建学分"立交桥"、基于大数据的学习地图、终身学习载体建设和发展、草根满足草根的新型服务模式。

趋势三：新需求激发创新能力——未来社会迫切需要创新型、创造型人才，以激发社会创新能力，而创造力教育正是推动人才培养目标变革的重要环节与手段。

智能时代，如何对海量信息进行搜集、筛选、整合和利用，如何在日新月异的技术发展中提出具有前瞻性、创造性和领先性的技术构思，这些是当今人才培养中必须思考的问题。在此背景下，未来教育必然需要培养具有"生产性"思维的创新性、创造性人才。智能时代要求创新和创造性人才具有创新人格、思辨能力、数字学习能力、计算思维、设计思维、人机协同六大特征。其中，创新人格是创新能力的人性特征，思辨能力是创新能力的思维基础，数字学习能力是应对知识变迁的必备技能，计算思维是实现创新的基础技能，设计思维是实现创新的基础手段，人机协同是顺应智能时代的必备技能。前沿技术助力创造力培养主要体现在营造支持性智慧环境、变革教学模式、推广和丰富学习资源三个方面。面向智能时代的创造力培养包括四大途径：打造智慧学习环境，提供支持性服务；探索新型教学模式，实现全面培养；更新教学内容，紧跟时代需求；依托场馆情境，营造真实氛围。

趋势四：新环境呼唤数字素养——面对智能时代的数字化成长环境及崭新的时代特征，提升数字素养迫在眉睫，只有丰富和发展学习者核心素养内涵，培育数字素养，方能更好地应对未来社会挑战。

智能时代，也是数字经济时代、智慧教育时代、数据文明时代。面对崭新的时代特征，迫切需要丰富和发展学生核心素养的内涵，强化包括信息素养、媒介素养以及数据素养在内的数字素养。区别于工业时代的学习内容与学习方式，智能时代的教育以互联网为基本媒介平台，以个性化学习为主要方式，以培育数字公民为核心目标。数字公民是能够经常且有效地使用互联网，遵守技术标准和使用原则，运用互联网技术开展数字化学习、数字化工作和数字化生活，从而促进社会发展的新一代公民。在未来社会中，数字素养一定是每个公民生存发展的基本技能。因此，培育数字公民乃时代之大使命。凭借单一主体的力量难以为继，构建培育数字公民的生态系统实属应有之义。

趋势五：新市场革新人力结构——知识迭代、技术进步与产业升级不断重塑原有的劳动力市场，增加了劳动力市场对创新型、高技能人才的需求，人力资本水平提升和结构优化将为高质量发展创造大规模的人才红利。

新时代的中国正在获得大规模人力资本红利，而教育是人力资本积累的最重要途径，通过提高知识水平和发展技术能力，教育有助于增加人力资本积累从而提高个人及组织的生产效率。传统的以劳动密集型产业为主的产业发展结构已逐渐退出历史舞台，取而代之的是以高技术、高附加值为主的知识、技术、资本密集型产业发展模式。随着人力资本水平的提升和技术的迭代，劳动力市场中人力资本结构发生变化，智能时代的到来更是增加了劳动力市场对高知识、高技能人才的需求。如果技术革新和进步导致的就业岗位被替代的速度快于劳动力市场中人力资本结构变革的速度，短期内结构性失业在所难免。但从长期来看，随着人力资本水平提升，越来越多的劳动者会满足岗位需求，而智能时代也将创造更多新就业机会、扩大生产规模而增加就业岗位。要应对智能时代的挑战，应深化教育和人才培养体系改革，不断更新劳动力的知识、技能和能力，以应对时代要求。

趋势六：新业态丰富服务供给——智能时代，教育服务新业态、新模式层出不穷，极大丰富了教育服务供给，推动了教育服务产业的蓬勃发展，满足了学习者个性化、多元化、弹性化、品质化的新学习需求。

智能时代，形成政府、市场和社会组织的多元供给模式有助于教育资源的优化配置，有助于推动公平且有质量教育目标的实现。教育服务产业是伴随新一轮科技革命、消费及需求升级快速发展起来的现代服务业，是市场配置教育资源的重要方式，已成为终身学习生态体系的重要组成部分。教育服务产业发展已走过粗放增长时代，互联网下沉与前沿技术创新为产业各细分领域的发展带来新机遇，产业升级与整合的方向将始终与技术创新、政策变化、需求驱动紧密结合。前沿技术将进一步向产业各细分领域渗透，不断创新产品和服务模式，打造全新业态和生态。教育信息化将呈现出广度、深度同时扩张的态势。职业教育、素质教育受益于政策支持，也将获得广阔空间。而学前教育、K12教育、国际教育等则可通过科技赋能、品类创新、个性化服务与集团化战略等拓展潜在空间。在强监管、重规范及有序鼓励的总体政策基调下，以提升品质为核心的垂直深耕，及以融合创新为核心的生态战略，是未来企业赢得市场的必由路径。

趋势七：新投资驱动产业升级——随着宏观经济金融环境、政策导向变化以及科技与教育融合的加速，资本已趋于成熟理性，投资策略也更加注重企业的内在价值与创新潜力，驱动了教育服务产业的提质升级。

在教育服务产业发展过程中，金融资本不仅起到了源头的资本供给作用，同时通过一套完整的资金流动和配置体系，提升了产业发展与金融体系之间的互动效率。智能时代，打造包含投资生态、技术生态和教育服务生态在内的融合型生态体系，有助于促进技术、产业与资本的良性发展。一级市场上，经历了数次泡沫和周期，资本已趋于成熟理性且更加注重长期价值，大额融资将进一步向已具有竞争壁垒的头部企业和项目集中。二级市场上，首次公开募股（IPO）将成为资本退出的主要渠道，特别是 A 股 IPO 将迎来新热潮。同时，尽管 A 股并购热潮已退，但海外并购仍将持续火热，且呈现内资境外并购、外资入境双向发力态势。总体而言，成熟的资本在产业布局中的核心考量越来越与技术创新、政策支持、需求升级等因素密切相关。未来，科技赋能创造投资空间、政策驱动引领投资方向、市场扩张打开投资蓝海是教育服务产业投融资的三大机遇，但仍要警惕新一轮行业泡沫以及双主业上市公司在整合资源与管理协作等方面可能面临的问题与挑战。

趋势八：新实践聚焦公平优质——依托前沿技术的教育发展新实践将更加注重有质量的公平，技术不仅将在促进教育公平中发挥更大作用，也有助于优化优质教育资源的配置，提升教育发展的质量。

智能时代，公平和有质量的教育依旧是中国教育发展的主要目标，而前沿技术将在促进教育公平中发挥更大作用：在起点公平阶段，促进教育资源均衡配置，实现人人享有优质教育资源；在过程公平阶段，通过智能化的教育信息资源主动推送，促进海量信息的精准获取，实现以人为本的教育服务个性化；在结果公平阶段，通过知识协作建构迁移和基于大数据的过程性评价，促进学习者获得自适应发展和客观科学的评价。对于贫困地区、少数民族地区而言，教育帮扶的信息化、技术化与互联网化是保障贫困地区学生受教育权的主要趋势。科学技术的发展同样为特殊需要学生的学习带来了便利和益处。同时，技术创新还促进了教师资源的优化配置，进而提升教育质量。然而，技术发展对教育公平也将是一把双刃剑，在认识到它对于教育公平的促进作用的同时，必须正视前沿技术发展可能产生新的数字鸿沟以及虚假平等问题。

趋势九：新治理鼓励多元协同——现代化的教育治理体系鼓励多元主体协同参与、重构治理主体结构。为实现智能时代的教育善治目标，应将技术优势转化为制度优势，让技术与法治相互促进、相互保障，通过新制度为新治理赋能。

智能时代，信息技术在教育治理的多个环节、多个层面都产生了不同程度的影响，教育生态正经历着信息技术带来的理念、形式、方法和内容的重大转变。在前沿技术支撑下，数据采集和互联互通将更加深入广泛，这为教育科学决策提供了实时、科学的数据支撑，也为促进管办评分离、"放管服"改革增效。然而，在前沿技术与教育的融合过程中，隐私泄露、数据鸿沟、数据失信、算法歧视、决策禁锢等问题也不容忽视。智能时代的教育治理，是信息化环境下教育现代化发展与改革的一种拓展和延伸，教育治理应在新的制度和技术辅助下，更加凸显人的主体性，更加关注学生的主体价值，这也是教育治理和教育现代化的终极目标。现代化教育治理是资源分配、规范体系建设、能力建设等各项任务的同步协调。多元社会主体参与教育治理，不仅指向社会放权、更大程度地开放教育，还有另外三个层面，即落实公众在教育决策中的参与权、落实公众对于教育的监督和评价权，以及充分利用新一代信息技术环境与设备，将技术优势转化为制度优势，通过制度为治理赋能。

趋势十：新财政亟待兼容技术——智能时代教育财政制度创新要兼容教育领域的技术变革，向治理型教育财政转型是加快转变政府职能的重要内容，也是实现教育治理体系和治理能力现代化的重要途径。

公共财政支持教育发展主要体现在公共财政对学历教育体系中各级各类学校教育发展的支持上。但在智能时代，教育科技企业、社会资本等新的教育服务供给者，以及在线教育、智慧课堂、企业参与教育等新的教育供给形态不断涌现。为推动新技术在教育领域应用，实现智能时代的数字化教育，我国出台了一系列重要文件，建立并完善财政支持机制，以项目为抓手推进我国教育信息化发展。除传统政策支持外，我国还调整了相关学科的专业结构，鼓励高校设置人工智能、虚拟现实、微电子等新兴专业。尽管如此，我国现行的教育财政制度仍没有跟上教育领域内的技术创新步伐，现行的教育财政拨款体系并未兼容新兴的教育供给者。向治理型教育财政方向改革，是加快转变政府职能的重要内容，也是实现教育治理体系和治理能力现代化的重要途径。迈向治理型教育财政需要更加关注财政主体多元性、公众参与性、公益性与回应性、绩效性和法治性，发挥好市场与政府的作用，以及社会组织在提供混合公共产品方面的优势，探索出符合国情、适应社会主义市场经济发展要求的制度体系。

二、研究未来教育获得的五点启示

智能时代的教育创新与变革代表着未来教育的发展方向。关于未来教育，理论界和实践界从学校空间重构、学习中心迁移、教育供给模式创新、人才培养模式改革、教与学方式变革、教师角色进化、课程体系重构、评价方式迭代、教育组织管理创新等多维度进行了广泛而深入的解读。要想使这些面向未来的教育变革从理论走向实践，离不开技术的支持，数据和技术将成为构建未来教育新生态的核心驱动力。未来教育实践中，人工智能等前沿技术将被广泛运用于教育教学过程，改善学习评价、助力个性化培养，赋能教学、辅助教师工作，改善教育管理、优化教育供给，实现教育领域的公平与包容。[①]

　　事实上，关于"未来教育"没有也无须有明确的标准和界定。这是因为未来充满了不确定性，教育体系需要根据经济社会发展的新形势、新变化不断进行调整与更新。尽管如此，但是教育能够让我们在不确定性中获得某种确定，这种"确定"即我们应对世界变化所拥有的知识和能力。当我们面向未来谈教育时，应该系统思考如何通过学习让我们在面对迅速变革的时代和社会时，能够以更加开放的思路和多元的视角，从容应对问题和挑战、抓住机遇、寻找有效解决方案、创造更多社会价值。这意味着，未来教育不是现有教育体系某一方面的变革或教育体系的边际创新，而是构建一个真正以促进学习、素养和能力提升为核心的全新教育生态。这个新生态可以为个人的终身学习与发展提供公平的、开放的、高质量的、多元的、弹性的、个性化的教育资源与服务，从而让每个人都有平等机会通过学习改变命运、成就梦想；这个新生态必须与时代接轨，紧跟前沿技术和产业变革的大趋势，不断满足社会对创新人才的需求，实现"学习"与"社会发展"的紧密衔接。

　　立足智能时代及教育的内核，我们形成了以下五点研究未来教育的启示。

启示之一：以全人发展为根本

　　不论教育的形式、内容、方法、手段等如何变化，未来教育的中心依旧是培养人并为促进人的全面发展而服务。因此，将人的全面发展与适应社会需求相结合，建立起新的教育生态，是未来教育实践的根本立足点。"人"既是智能时代的原点，也是教育的原点，所以我们更要思考未来教育应如何培养塑造人，才能使其适应智能时代，展现人的价值。智能时代的教育应该从"工具思维"走向"原点思维"，将不可被人工智能替代的素养与能力作为培养的核心目标。同时，要改变割裂思维，走向关联思维，尤其要警惕将人工智能与人类智能割裂开来的做法，即要在两者关联的意义上思考人工智能与

---

① 　张慧，黄荣怀，李冀红，等. 规划人工智能时代的教育：引领与跨越：解读国际人工智能与教育大会成果文件《北京共识》[J]. 现代远程教育研究，2019（3）：3–11.

教育的关系。

启示之二：以主动学习为中心

学习是人类获取知识以提升自我价值和社会价值的最主要途径。因此，未来教育应构建以学习者为中心的教育新生态。学习动力、能力和毅力的培养，让学习者具有高度的适应性，这种适应性是其面对经济社会的急剧变化时所应拥有的关键能力，也是社会对未来人才素养的基本要求。未来教育在摆脱传统的时间和空间坐标的同时，打破了对人生阶段中"学习期"与"工作期"的二分，未来的学习过程与生命过程一样漫长，学习者必须具有主动学习能力，才能保证学习的连续性。这要求教育者教会学生用自我更新的终身学习理念去适应高速发展的社会。而与终身学习相伴随的是评价方式的革命，所以多元化评价体系的建设应成为未来教育的重要组成部分。

启示之三：以能力提升为抓手

新生产方式的出现要求新一代学习者在具有创造性、适应性与个性的同时，也要具备批判性思维、创造性能力和开拓性精神。未来，学习者不仅要主动地学习学科知识与技能，更重要的是要能够在复杂多变的社会情境中，主动地运用一系列复杂的认知（如反思与批判性思维等）与非认知策略（合作及目标管理等）解决复杂问题，以达成个体及社会发展目标。因此，能力培养应被视为应对未来挑战、提升国家教育实力和公民素养的重要内容。为此，未来教育必须超越知识，充分重视并营造更多实际场景，以培养和磨练学习者的能力、素养和态度。

启示之四：以优质供给为导向

为了真正形成以学习者为中心的新教育体系，未来教育应不断适应社会和个人的教育需求升级，以供给侧改革为抓手，开创教育对外开放新格局、深化教育与社会的联系、变革教育资源配置的体制机制、创新教育服务供给模式、多渠道扩大优质教育的有效供给，让公共选择机制和市场机制协同发挥作用。为此，不仅应推动正规教育的优质均衡发展，还应通过非正规教育、非正式学习等方式提供更大范围、更加灵活的终身学习机会，实现正规学习与非正规学习融合、学校学习与社会学习融合、正式学习与非正式学习融合，构建并完善正规学习、非正规学习和非正式学习之间学分互认机制和人才的双向流动机制。

启示之五：以优化治理为保障

与未来教育新生态相伴随的是一系列不确定性带来的新挑战，新一轮科技产业革命或将摧毁旧生产力与旧生产关系，加剧传统教育制度体系与新生产力之间的矛盾。因此，未来教育需要依靠现代化的教育治理体系以有效应对挑战，同时也需要依靠现代化的治理能力把制度优势转化为管理效能。不论时代如何更迭，政府依旧在教育治理中扮演着重要角色，但时代更迭又赋予了政府管理新的思路、手段和方法，特别是技术为治理创新赋能，能够优化政府管理行为，释放教育发展活力。因此，新挑战不仅需要政府在内的多元主体共同协调和解决，技术本身也将成为解决挑战的重要工具。总之，推进教育治理体系和治理能力的现代化不仅是未来教育实践的重要内容，也为其提供了重要的制度支撑和有效保障。

技术篇[*]

技术篇包括"技术促进教育创新与变革""前沿技术的教育应用""未来教育发展的新形态"三个专题。三个专题全方位展现了技术如何促进教育创新与变革、前沿技术在教育中的应用场景和未来展望，以及未来的弹性教学、主动学习和智慧教育新形态。

从技术促进教育创新与变革看，教育信息化支撑和引领教育现代化发展的作用日益凸显，我国教育信息化已经迈进了 2.0 阶段，开启了智能时代教育的新征程。教育信息化 2.0 阶段以"教育系统变革"为主要特征，重点关注教育信息化引发的质变，注重教育信息化的创新引领作用，促进教育系统生态变革。技术在赋能智慧校园、助推校外教育创新发展、构建家庭智慧学习环境等方面发挥着极其重要的作用。技术是推动教育变革与创新的重要力量，有力推进了人类文明进程中的教育形态变迁。

从前沿技术在教育中的应用看，新一代信息技术正在重新定义人类的知识和能力价值，智能技术促进个性发展的教育体系正在建立，开启智慧教育的新阶段。5G 技术有助于重塑教育网络环境，扩大我国"互联网＋教育"优势，实现万物互联，促进教育资源优化配置。大数据技术可以驱动教育治理与评测精准化，促进精准化教学。区块链技术有助于构建安全可信的教育体系，从而加强知识产权保护、有

＊　本篇主要内容发表在《中国电化教育》2021 年第 7 期，此处略有修改和补充。

效管理学历证书、驱动教育精准评价。教育机器人涉及机器人教育和教育服务机器人，有助于加速教与学创新，从而辅助教学和管理，助力学生核心素养培养。虚拟现实技术有助于创设虚拟教学环境，提供沉浸式交互学习体验，推动教与学方式的变革。人工智能与教育相互赋能，当前世界主要国家纷纷加快人工智能战略布局，从而促进人工智能加速融入学校教育。

从未来教育发展的形态看，未来将呈现出以弹性教学和主动学习为基本特征的新型教育教学形态。智慧教育作为教育信息化的高端形态，目前在全球范围内已受到越来越多的关注。智慧教育系统包括智慧学习环境、新型教学模式和现代教育制度三重境界。智慧教育具有感知、适配、关爱、公平、和谐五大本质特征，通过智慧学习环境传递教育智慧，通过新型教学模式启迪学生智慧，通过现代教育制度孕育人类智慧。

専題 **1**

技术促进教育创新与变革

　　中国教育信息化工作取得了突破性进展，为全球五分之一的人口营造了现代化育人环境，用较少的投入取得了显著的教育信息化建设成效，堪称教育信息化发展史上的奇迹。从早期的音视频、多媒体技术到现代计算机、信息技术，再到现在的 5G、大数据、区块链、教育机器人、虚拟现实、人工智能等，技术在教育发展中发挥着越来越重要的作用，成为推动教育改革发展的重要动力。本专题从教育信息化 2.0 推动教育系统性变革、技术赋能智慧校园、技术助推校外教育创新发展、技术变革家庭学习环境四个方面论述了技术如何促进教育创新与变革。

第1节　教育信息化 2.0 推动教育系统性变革

一、教育信息化支撑和引领教育现代化

　　《中国教育现代化 2035》提出，推进教育现代化的总体目标是：到 2020 年，全面实现"十三五"发展目标，教育总体实力和国际影响力显著增强，劳动年龄人口平均受教育年限明显增加，教育现代化取得重要进展，为全面建成小康社会做出重要贡献。在此基础上，再经过 15 年努力，到 2035 年，总体实现教育现代化，迈入教育强国行列，推动我国成为学习大国、人力资

源强国和人才强国，为到本世纪中叶建成富强民主文明和谐美丽的社会主义现代化强国奠定坚实基础。以教育信息化支撑和引领教育现代化，是加快教育现代化、建设教育强国的重要战略选择。

教育信息化是教育现代化的基本内涵和显著特征，是信息时代教育改革发展的必由之路，是促进教育公平、提高教育质量、推动教育改革的有力抓手和有效手段。[①] 教育现代化，就是用现代先进教育思想和科学技术武装人们，使教育思想观念，教育内容、方法与手段以及校舍与设备逐步提高到世界先进水平，培养出适应参与国际经济竞争和综合国力竞争的新型劳动者和高素质人才的过程。教育现代化具体包括教育观念现代化、教育内容现代化、教育装备现代化、师资队伍现代化、教育管理现代化等。教育现代化特征主要体现为五个方面：教育普及化、教育终身化、教育个性化、教育国际化和教育信息化。实际上，推动教育普及化、教育终身化、教育个性化也离不开信息技术的支撑，教育信息化早已经在教育的各个环节、各个方面深化应用，成为教育现代化的外显特征。

二、教育信息化发展历程与未来展望

（一）教育信息化发展历程

2001 年 7 月，教育部发布《全国教育事业第十个五年计划》，其中首次提出"高度重视信息技术对教育产生的革命性影响，大力推进教育信息化，已经成为当今世界教育发展的主流"，这一观点非常有创见性。2010 年 7 月中共中央、国务院发布《教育规划纲要》，再次提出"信息技术对教育发展具有革命性影响，必须予以高度重视"。如今，随着教育信息化的迅速发展，信息技术对教育发展的革命性影响日益显著。

技术对我国教育事业发展的推动作用，主要表现在对教育信息化事业的推动上。教育变革的基本特征是线上线下、校园内外的边界日趋模糊，走

---

① 雷朝滋. 以教育信息化支撑和引领教育现代化 [N]. 中国教师报，2018-01-03（12）.

向开放学习和教育系统重构。教育信息化作为教育系统变革的内生力量，将承担支撑引领教育现代化发展，推动教育理念更新、模式变革、体系重构的重任。

教育信息化是指在教育领域中全面深入地运用现代信息技术来促进教育改革和教育发展的过程。教育信息化的最基本特征是在教育教学过程中广泛应用信息技术和利用数字学习资源，并充分认识到"信息技术对教育发展具有革命性的影响"这一基本理念。[①]教育信息化被纳入国家信息化、国民经济和社会发展战略规划。中国建立了完善的教育信息化领导机构，教育信息化战略规划日益成熟，教育信息化建设逐步被纳入法制化建设进程，教育信息化经验正在被国际社会认可。[②]教育信息化的基本目标是推进信息技术与教育教学的融合创新，核心价值就是创新与变革学习方式、教学方式、管理方式和教育研究方式。这种融合在教与学层面上，表现为信息技术全面变革教学手段、教学资源、教学方法和教学理念；在学校办学层面上，表现为创设全新的教育教学环境、教学组织方式和课程形态；在教育体制层面上，表现为制定符合信息时代要求的国家课程标准、形成信息化支撑的公共教育供给方式、建立基于开放和透明数据的现代教育治理体系。[③]

中国教育信息化战略规划和政策逐渐科学化和精准化，其执行的力度和有效性逐渐受到重视。改革开放 40 多年来，教育部（1985—1998 年为国家教委）相继出台了《关于电化教育工作的初步规划（讨论稿）》《1992—2000 年少数民族和民族地区电化教育发展纲要》《全国电化教育"九五"计划》《教育信息化"十五"发展规划（纲要）》《教育信息化十年发展规划（2011—2020 年）》《教育信息化"十三五"规划》《教育信息化 2.0 行动计划》等战略规划，为教育信息化发展指明了方向和目标，在推进教育信息化进程方面发挥了重要的作用。教育信息化被纳入《中国教育改革和发展纲要》《面向 21世纪教育振兴行动计划》《教育规划纲要》《国家教育事业发展"十三五"规划》等国家教育发展战略，也被纳入国家信息化战略，如《2006—2020 年国

---

① 黄荣怀. 智慧教育的三重境界：从环境、模式到体制 [J]. 现代远程教育研究，2014（6）：3-11.
② 黄荣怀，王运武，等. 中国教育改革 40 年：教育信息化 [M]. 北京：科学出版社，2019：18-20.
③ 黄荣怀. 推进教育信息化的五个"必须" [J]. 中小学信息技术教育，2015（7）：22-23.

家信息化发展战略》以及"七五""十五""十一五""十二五""十三五""十四五"规划中。改革开放 40 余年来，教育信息化逐渐被纳入法制化和标准化进程。

从 1982 年教育部决定在清华大学、北京大学、北京师范大学、复旦大学和华东师范大学 5 所大学的附中试点开设 BASIC 语言选修课，1984 年邓小平提出"计算机普及要从娃娃抓起"，到 2001 年教育部决定"用 5—10 年的时间在中小学普及信息技术教育"，一系列措施有力推动了师生信息素养的提升，提高了教育信息化应用水平。从计算机教学、计算机教育到信息技术教育，再到创客教育、STEAM 教育、编程教育、机器人教育、人工智能教育，从信息素养到核心素养（信息意识、计算思维、数字化学习与创新、信息社会责任），中小学信息技术教育的发展史展现了人才培养理念的变迁。当前的大学生，很多是普及信息技术教育的受益者，表现出较强的信息素养，为成长为数字化时代的创新人才奠定了基础。

总体来说，我国教育信息化发展过程可以划分为六个阶段：第一阶段为计算机教学起步阶段（1978—1990 年），第二阶段为计算机教育发展阶段（1991—1999 年），第三阶段为基础设施建设大发展阶段（2000—2005 年），第四阶段为教育信息化应用水平大力提升阶段（2006—2010 年），第五阶段为特色教育信息化发展阶段（2011—2018 年），第六阶段为教育信息化 2.0 阶段（2019 年至今）（见图 1.1）。①

图 1.1 中国教育信息化发展阶段

---

① 黄荣怀，王运武，等．中国教育改革 40 年：教育信息化 [M]．北京：科学出版社，2019：20–26．

从世界范围看，中国教育信息化工作取得了突破性进展，为全球五分之一的人口营造了现代化育人环境。与发达国家相比，中国用较少的投入取得了显著的教育信息化建设成效，堪称教育信息化发展史上的奇迹。与美国、新加坡、韩国以及欧洲等发达国家和地区的城市相比，北京、上海、广州等城市在信息化领导力、基础设施、互联网接入、数字化资源、教育教学模式创新、学习环境与空间建设、教师信息技术应用能力提升等信息化指标方面的差距显著缩小。教育信息化以独特的视角和手段助力中国教育事业的发展，在改善教学环境、扩大优质教育资源、改变课堂教学方式、优化教育系统管理等方面发挥了重要作用。

（二）教育信息化未来展望

2018 年教育部印发《教育信息化 2.0 行动计划》，提出到 2022 年基本实现"三全两高一大"的发展目标，教育信息化从 1.0 阶段进入 2.0 阶段，即以教育信息化全面推动教育现代化，开启智能时代教育的新征程。面对新时代国家社会发展的要求，我国教育信息化工作要在创新教学模式、服务模式以及治理模式上下功夫，重在实现从教育专用资源的开发、应用和服务向大资源的开发、应用和服务转变，实现从提升信息技术应用能力向提升师生信息素养转变，实现教育信息化从融合发展向创新发展转变。[①]

教育信息化 2.0 阶段以"教育系统变革"为主要特征，重点关注教育信息化引发的质变，注重教育信息化的创新引领作用，促进教育系统生态变革。中国正在从教育大国迈向教育强国，亟待从"跟随"变为"引领"，实现教育强国梦，为国际教育信息化和教育现代化发展贡献中国智慧。党的十九大报告指出，中国社会主要矛盾已经转化为人民日益增长的美好生活需要和不平衡不充分的发展之间的矛盾。对中国的教育来说，主要矛盾则转化为人民日益增长的美好教育需求和不平衡不充分发展之间的矛盾，优质资源、学习环境、精准服务、教育服务方式等已经不能适应需求的变化，教育未来改革和

[①]　雷朝滋. 教育信息化：从 1.0 走向 2.0：新时代我国教育信息化发展的走向与思路 [J]. 华东师范大学学报（教育科学版），2018（1）：98–103.

发展迫切需要运用信息化手段推动教育理念、理论和实践创新发展。

教育信息化 2.0 重点关注人的发展，将促进教育信息化从"量变"到"质变"，激发教育系统变革，实现教育信息化融合创新与发展，发挥技术与教育的融合效应。教育信息化 2.0 将呈现体验、开放、融合、数据、连接、服务、创新、引领、变革、智慧十大特征。每个人既是教育信息化 2.0 的价值的享受者，又要成为教育信息化 2.0 的参与者、实践者、推动者和创造者。

教育信息化涉及人员、机制、资源、策略、评价以及环境等要素，然而，我们能看见的仅仅是上述多个要素及外在的结构表现，看不见的是要素之间的内在联系与相互作用。此外，科技革命还带来了社会形态的变革，跨界融合、人机协同、群智开放等成了常态，因而我们必须将教育信息化建设作为系统形态，以系统思想作为行动纲领，进行全方位的设计与思考。①

前沿技术不断被引进教育教学中，可以帮助教师和学生形成良好的学习认知和情感体验。2015 年 5 月，联合国教科文组织通过了关于 2030 年教育的《仁川宣言》，指出 2030 年将实现包容、公平的优质教育和终身学习。在《仁川宣言》所提出的 2030 年教育目标的基础上，联合国教科文组织又发布了《青岛宣言》，该宣言是全球第一份针对教育领域信息通信技术的宣言。宣言强调，为了在 2030 年前实现包容和公平优质的教育以及终身学习目标，必须利用信息通信技术增强教育系统，促进知识传播，提升信息易获取性，实现高质量和有效率的学习，提供更高效的服务。宣言的主要内容包括开放教育资源与解决方案、优质学习、终身学习途径、在线学习创新、在线学习的质量保证和认可、监督与评估、责任感与合作伙伴关系。正如联合国教科文组织指出的，开放教育资源是缩小教育鸿沟、推动教育公平、增进教育机会、提高教学品质、激发教育创新的重要驱动力，必须重视教育信息化的地位和作用，推动信息技术与教学深入融合，帮助不发达国家运用信息通信技术推进教育变革。②信息时代教育改革应创新教学模式，加快教育信息化，搭建智慧学习环境，发展学生核心素养，构建终身学习服务体系，促进教育公平，

① 祝智庭，魏非．教育信息化 2.0：智能教育启程，智慧教育领航 [J]．电化教育研究，2018（9）：5-16.
② 黄荣怀，张进宝，经倩霞，等．面向 2030 教育发展议程的全球教育信息化发展战略：解读《青岛宣言》教育目标行动框架 [J]．开放教育研究，2016（1）：37-42.

提高教育质量。

三、技术变革与创新教育的现实诉求

2015 年，习近平总书记在致国际教育信息化大会的贺信中强调："因应信息技术的发展，推动教育变革和创新，构建网络化、数字化、个性化、终身化的教育体系，建设'人人皆学、处处能学、时时可学'的学习型社会，培养大批创新人才，是人类共同面临的重大课题。"

2018 年，习近平总书记在致中国国际大数据产业博览会的贺信中强调："中国高度重视大数据发展。我们秉持创新、协调、绿色、开放、共享的发展理念，围绕建设网络强国、数字中国、智慧社会，全面实施国家大数据战略，助力中国经济从高速增长转向高质量发展。"

2018 年，习近平总书记在全国教育大会上提出："我们要抓住机遇、超前布局，以更高远的历史站位、更宽广的国际视野、更深邃的战略眼光，对加快推进教育现代化、建设教育强国作出总体部署和战略设计。"

《加快推进教育现代化实施方案（2018—2022 年）》明确指出，推动以互联网等信息化手段服务教育教学全过程，构建"互联网＋教育"支撑服务平台。

在泛在学习环境下，学习是一种自然或自发的行为。学习者可以积极主动地进行学习，学习者所关注的将是学习任务和目标本身，而不是外围的学习工具或环境因素。

《中国互联网络发展状况统计报告》的数据表明：截至 2019 年 6 月，我国网民达 8.54 亿人，互联网普及率达 61.2%；手机网民达 8.47 亿人；网民通过手机上网的比例为 99.1%。由此可见，大部分居民都习惯了使用互联网，尤其是喜欢使用手机上网。当前，人们习惯使用互联网进行购物、社会交往、阅读、学习等。互联网也逐渐成为教育的载体和基础设施，新兴技术均可集成到网络环境下展开各种应用，尤其是人工智能、边缘计算、大数据、物联网、云计算、区块链等技术不断实现教育应用。互联网在给予它们充分的施展空间和增强其可用性的同时，也激发了新兴技术应用于教育领域的强大生命力。

随着教育现代化建设向纵深推进，教育信息技术的应用会更加广泛，其重要性也逐渐上升。在可以预见的未来，信息技术将在教育领域的各方面发挥重要的作用，主要体现在教育数据采集、基于教育数据的决策、促进教育公平等方面。前沿技术的教育应用将强化教育与技术的融合发展，将在教育技术理论突破、新兴技术教育应用、智能教育技术、交互认知、脑认知机理与教学模式匹配、智慧教育、教育机器人、个性化学习与规模化教育等方面产生突破性进展，甚至是颠覆性创新。教育信息技术这一系列的教育应用和融入教育的探索，终将带来教育的变革。

随着大数据、人工智能等新兴技术在经济发展与社会进步中的应用日趋广泛，教育将依托技术迸发出前所未有的活力，成为适应时代、变革世界的重要力量。2019 年 9 月，联合国教科文组织发起了"教育的未来"全球倡议，旨在重新思考教育现状、共塑教育未来。

2020 年年初，一场突如其来的新冠肺炎疫情在全世界范围内暴发。为了抗击疫情，避免因人群聚集带来的大规模传染，很多国家和地区采取了学校停课的方案，给教育带来了严峻的考验。据联合国教科文组织统计，截至 2020 年 4 月，全世界 193 个国家超过 15 亿名大中小学生停课，约占世界学生总数的 91.3%。如何有效应对校园关闭期间在线教学带来的诸多挑战，并利用技术扩大教育外延、深化教育内涵，以应对日新月异、复杂多元的世界格局，是各国教育者面临的重要课题。

在新冠肺炎疫情期间，中国教育部发起"停课不停学"的倡议，统筹国家、地方和学校相关教学资源，提供丰富多样、可供选择、覆盖各地的优质资源，帮助超过 2.7 亿名大中小学生在家不旷课、远程能上学。中国教育信息技术发挥了重要作用，向全社会展示出了我国教育信息技术的魅力。尤其是随着互联网教育应用的深入，以及更多的新兴信息技术，诸如人工智能、大数据、物联网、区块链、边缘计算等的加入，教育将变得更加智能化、个性化，促进我国教育向均衡化、高质量、公平化方向发展。

　　2020 年 4 月 17 日，北京师范大学智慧学习研究院、联合国教科文组织教育信息技术研究所、联合国教科文组织国际农村教育研究与培训中心 、联合国教科文组织高等教育创新中心共同发起"教育的未来：高校校园关闭期间如何确保高质量的教育"（Futures of Education：How to Assure Quality Higher Education during University Closures）国际网络研讨会，会上分享了《高校校园关闭期间的弹性教学指南：如何确保高质量的高等教育》（Guidance on Flexible Learning during Campus Closures：Ensuring Course Quality of Higher Education in COVID-19 Outbreak）手册。该手册由北京师范大学智慧学习研究院联席院长黄荣怀、刘德建带领学术团队共同完成，从弹性教学的课程设计、混合式学习的弹性策略、数字学习资源及学习工具、多样化的弹性教学活动、在线学习评价等方面展开，反思了教育信息化在高等教育中的应用现状，指出了教育者角色在信息化进程中发生的变化，探讨了正式学习与非正式学习的有效融合，研究了如何弥补学生之间的成就差距、如何通过新兴技术实现教学法的变革等问题。通过多样化的国内外高校教育案例，该手册针对高等教育的各个环节提出了切实可行的建议，以期为世界高等教育从业者及研究者提供实质性的帮助。中国经验表明，流畅的通信平台、适切的数字资源、便利的学习工具、多样的学习方式、灵活的教学组织、有效的支持服务、密切的政企校协同是保障大规模在线学习的七个关键要素。

四、技术推动教育形态变迁

　　教育是一个伴随人类生产劳动而产生的古老而又崭新的社会现象[①]，它起源于人类参与社会生活和自身发展的需要。社会生产力的发展必将渗透到教育系统中，变革教育系统的要素及其关系。因此，自有人类以来，教育随着

① 　顾明远 . 试论教育现代化的基本特征 [J]. 教育研究，2012（9）：4-10.

社会组织形态的确立而逐渐形成，并且人类发展的每一步，包括文化在内的所有创造物，都凝结了教育的成果。从农耕时代、工业时代到信息时代、智能时代，生产力的发展不断推动人类创造新的世界，产生与社会发展和人类需求相适应的教育，引起学习内容、学习方式和学习环境的变迁，如表1.1所示。

表 1.1 人类文明进程中的教育形态变迁

	农耕时代	工业时代	信息时代	智能时代
动力系统	改造环境求生活	习得技能	个人终身发展	人类利益共同体
学习内容	农耕知识、道德规范	制造技能、科学知识、人文素养	信息素养、自主发展、社会参与	学习能力、设计创造、社会责任
学习方式	阅读、吟诵、领悟	听讲记忆、答疑解惑、掌握学习，标准化	混合学习、合作探究、联通学习，差异化	泛在学习、协同建构、真实学习，个性化
学习环境	书院等，固定时段	学校/工作场所，确定性时间和教学周期	学校/网络空间，弹性时间	无边界的/任意地点，任意时间

人类文明经历了农耕时代、工业时代、信息时代，正在步入智能时代，新一轮科技革命与全球可持续发展目标正强化教育变革诉求，"技术+教育"的深度融合将彻底变革传统教育。技术引发的教育变革既是历史的选择，又是历史的必然。未来的中国教育要实现"有教无类"的公平教育，每一个公民都可以在任意时间、任意地点，以任意方式、任意步调轻松投入有效学习，获取所需要的知识；也要实现"因材施教"的个性化教育，每一个公民都可以接受适合自己的教育。技术对教育形态的塑造，最为典型的代表就是对学校边界的影响。斯坦福大学曾提出开环大学的概念，认为未来大学将不再局限于全日制学校教育，而是具有开放的教育体系，学生可以通过网络随时随地进行学习和获取资源，在参与社会实践的过程中也可以通过实时在线学习来获取有效的专业知识。随着技术的发展，以及专业化的技术人才需求迅猛增加，现有教育形态很难满足这种需求，为此，专业领域机构开始尝试通过办学来解决这一难题。

信息时代人才培养目标、教学模式和学习环境等与过去相比存在显著差异。信息时代的学习是一种联通学习，学习内容是知识节点之间通过互联而产生的知识网络，表现出更强的社会化和网络化特征，学习内容与学习者的日常生活和个人发展相关联。信息时代教育的典型特征是以数字公民的培养为核心、以个性化学习方式为导向、以信息化互联环境为支撑。数字公民是能够经常且有效地使用互联网，遵守技术标准和使用原则，运用互联网技术开展数字化学习、数字化工作和数字化生活，从而促进社会发展的新一代公民。数字公民享受着数字世界所带来的各种权利和便利的同时，也面对着数字化学习的要求和挑战。个性化学习（严格来说是差异化学习）是相对于工业时代的大规模集体教学而提出的教学理念，是一种以学习者为中心、基于学习者的个性化差异和学习需求、适应其学习偏好的一种学习方式。个性化学习的实现离不开开放互联学习环境的支撑。信息技术助推教育变革将体现在学习内容、学习方式、学习环境三个方面。

（1）学习内容。随着教育信息化的逐步推进和移动终端设备的日益普及，线上资源日趋丰富，学习者可以利用网络获取各种学习资源。

（2）学习方式。信息化教育基于"技术丰富"的教学环境，运用多样化教学策略和形成性评价，将现代信息技术与学科教学深度融合，是班级授课制向个性化学习过渡的必要手段。信息技术支持下的教学模式与传统的班级授课制相比，发生了根本性变革，教学准备从备课转变为学习设计，教学过程从讲授转变为学习活动组织，教学评价从学期考试转变为关注学习全过程，重视对学习过程的支持服务。以物联网、云计算、大数据和泛在网络为技术支持的混合学习和联通学习，受到越来越多学习者的青睐。

（3）学习环境。信息技术的进步，可以为学习者提供一种智慧学习环境。它是一种能够感知学习情景、识别学习者特征、提供合适的学习资源与便利的互动工具、自动记录学习过程和评测学习成果[①]，为师生提供开放学习环境和个性化服务，以促进学习者实现任意时间、任意地点和任意步调学习的场所或活动空间。

技术融入教育的"教、学、管、评、测"各个环节，对教育的影响越发

---

① 黄荣怀，杨俊锋，胡永斌. 从数字学习环境到智慧学习环境：学习环境的变革与趋势 [J]. 开放教育研究，2012（1）：75-84.

强烈，对教育形态的影响也越发明显。信息技术在教育领域的作用会越发重要，科技进步与社会发展需要教育提供人才，而人才培养更需要各类新兴技术的支撑。

智能技术已经成为影响教育生态的关键因素。智能技术作为一种具有自适应、自进化、双向互动等特征的新技术形态，其影响是多方面的。它是对教育生态的补充，同时又与教育生态中的其他要素相互作用，促进了教育生态各要素之间关系的重塑。总体而言，智能技术对教育生态的影响主要体现在以下三个方面，框架如图 1.2 所示。首先，智能技术作为教育生态中的"新物种"，丰富了教育生态。其次，智能技术是教育生态中的"工具箱"，它扩展了教育生态中所有主体的行为。最后，智能技术是教育生态发展的"催化剂"，促进了教育生态的发展——教育生态形成情境化、个性化和数据驱动等新特征。在智能技术的影响下，教育生态系统出现了新的结构。智能技术与社会、教育、教育主体（教师、学生、管理者）构成了教育生态的核心要素，形成相互联系、相互影响的动态平衡。在各要素的交互作用下，教育生态向情境化、个性化、数据驱动的新形态转化，实现人的全面发展。

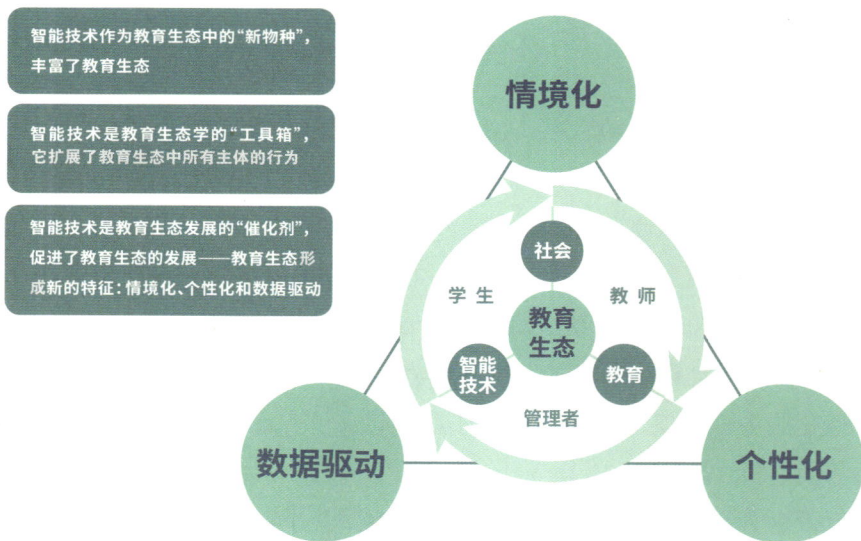

图 1.2　智能技术对教育生态的影响①

① 刘德建，黄荣怀，等 . 智能技术变革教育：中美比较研究：2019[R]. 北京：北京师范大学智慧学习研究院，2019.

我国正加速推进教育现代化，以应对新兴技术带来的第四次工业革命，培养符合时代需求的人才，在未来的全球科技发展中贡献更多的中国智慧和中国力量。智慧教育作为教育信息化的高端形态，对推动教育现代化有着重要的支撑作用，受到各级政府的高度重视，教育主管部门也制定了相关政策推动智慧教育发展。通过政府主导、社会参与、体制创新，以数据智能为驱动，建设提供个性化支持和适应性服务的教学环境，有利于建立新型教学模式，提升区域教育公共服务能力。发展智慧教育要着眼于教育生态的整体发展，遵循教育发展规律，通过吸纳新兴技术实现智慧教育的效能提升。智慧教育建设重点围绕以下三个方面推进。

第一，将智慧教育纳入智慧城市、智慧乡村和智慧社会建设，形成"区域智慧教育生态系统"，打通学校、家庭和社会之间的数据信息壁垒，促进教育数据全方位的挖掘和整合，比如组织教师培训、引进优质教育资源、开展双师计划、进行网络研修等。

第二，构建产学研用一体化的智慧教育服务生态体系。例如，"智慧教育示范区"建设将呈现开放、汇聚的平台效应。示范区将与高校和研究机构合作，发挥研究机构在示范区建设中的平台作用，实行产学研协同，共建智慧教育生态；同时汇聚优质企业资源推动示范区建设，以开放的形式吸引科研机构积极参与示范区的新技术与教育融合发展的理论与实践探索。当然，企业也可以通过产学研用一体化的形式为示范区提供智能化校园，以及智能化教学、管理与服务平台等解决方案。

第三，制定教育大数据确权、开放、对接和保护规则制度，促进各级各类教育公共服务平台和资源平台间数据的融通，应用教育大数据来支撑课堂教学和教育治理，促进人才培养的过程可循、结果有据。综合利用学习分析、教育数据挖掘等手段，提升教学服务供给与学习需求的匹配度，实现精准推送，优化教学服务质量，提升教育效能。同时，要关注技术的"双刃剑"特性，我们不能否认技术对教育改革的支撑作用，也要看到技术应用带来的问题，通过开展"人工智能教育行业社会治理实验"，分析技术应用带来的影响，最终提出技术应用的原则和规范。

发展智慧教育有利于提升教学质量，减轻教师负担，增强学生学习效能，实现个性化学习；发展智慧教育能使学生创新能力培养有所突破，补齐短板；发展智慧教育还能使学生身心更为健康，比如控制近视发生率；发展智慧教育也能推动完善教育评价体系。总之，智慧教育的推广和应用将加速我国教育现代化的实现，助推中国教育信息化走向国际社会，向世界提供教育信息化的中国方案。

第 2 节　技术赋能智慧校园

一、学校教育信息化发展的四个阶段

综合考察学校教育信息化发展历程，可以发现学校教育信息化发展先后经历了校园网、校园信息化、数字校园、智慧校园四个阶段，如图 1.3 所示。校园网阶段主要表现为学校能够连接到互联网；校园信息化阶段主要表现为建设多媒体教室、计算机教室、孤立的应用系统等；数字校园阶段主要表现为建设信息门户，能够实现单点登录，以及建设丰富的数字资源、多样化的应用系统、整合的应用系统等；智慧校园阶段主要表现为建设了个人计算机和移动设备均可接入的信息门户、高度整合的应用系统、个性化学习和教学资源、智能化的信息基础设施、智慧教室及智慧学习空间、智慧教育服务等。

二、智慧校园定义与特征

学校是促进社会发展和个体发展的主要场所。在社会信息化的大背景下，建设"智慧型"校园，不断推进以学校为主体的教育信息化进程，成为教育信息化的重要组成部分。智慧校园是数字校园的高端形态，是数字校园发展的理想追求。智慧校园是指一种以面向师生提供个性化服务为理念，能全面感知物理环境，识别学习者个体特征和学习情景，提供无缝互通的网络通信，有效支持教学过程分析、评价和智能决策的开放教育教学环境和便利舒适的生活环境。[①]

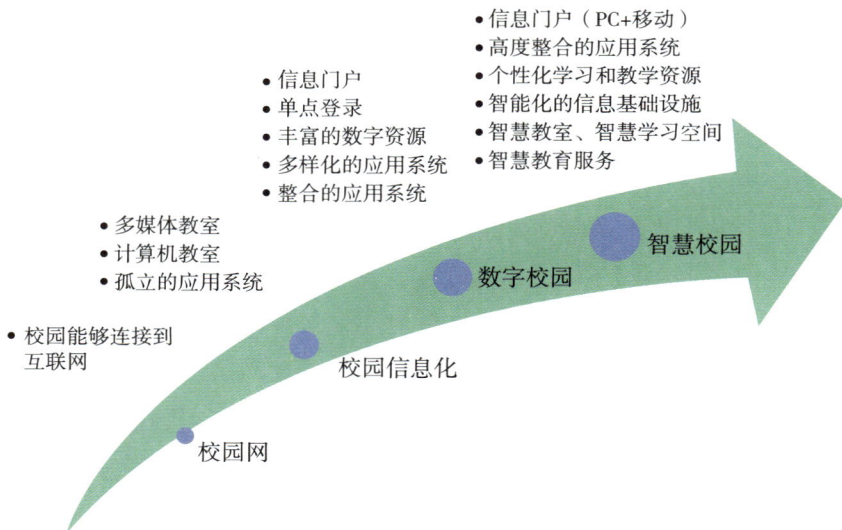

图 1.3 学校教育信息化发展的四个阶段

智慧校园应具有以下特征。

（1）全面感知环境。智慧校园中的全面感知包括两个方面：一是传感器可以随时随地感知、捕获和传递有关人、设备、资源的信息；二是传感器对学习者个体特征（学习偏好、认知特征、注意状态、学习风格等）和学习情景特征（学习时间、学习空间、学习伙伴、学习活动等）的感知、捕获和传递。

（2）网络无缝互通。基于网络和通信技术，特别是移动互联网技术，智慧校园支持所有软件系统和硬件设备的连接，感知信息后可迅速、实时地传递，这是所有用户按照全新的方式协作学习、协同工作的基础。

（3）海量数据支撑。借助数据挖掘和建模技术，智慧校园可以在"海量"校园数据的基础上构建模型，建立预测方法，对新到的信息进行趋势分析、展望和预测；同时，智慧校园可综合各方面的数据、信息、规则等内容，通过

---

① 黄荣怀，张进宝，胡永斌，等 . 智慧校园：数字校园发展的必然趋势 [J]. 开放教育研究，2012（4）：12-17.

智能推理，做出快速反应，主动应对，更多地体现智能、聪慧的特点。

（4）开放学习环境。教育的核心理念是培养创新能力，校园面临从"封闭"走向"开放"的诉求。智慧校园支持拓展资源环境，让学生冲破教科书的限制；支持拓展时间环境，让学习从课上拓展到课下；支持拓展空间环境，让有效学习在真实情境和虚拟情境中得以发生。

（5）师生个性服务。智慧校园环境及其功能均以个性服务为理念，各种关键技术的应用均以有效满足师生在校园生活、学习、工作中的诸多实际需求为目的，并成为现实中不可或缺的组成部分。

智慧校园系统有以下八个构成要素：智慧校园规划与设计、智慧校园文化、智慧基础设施、智慧应用系统、智慧资源、智慧校园保障条件、智慧服务、智慧服务对象。这些要素相互配合，协同发挥作用。智慧校园建设内容可以概括为：智慧校园＝智慧基础设施＋智慧性资源＋"118 工程"。"118 工程"即 1 个数据中心、1 个信息门户（PC＋移动）、8 类智慧校园应用系统。8 类智慧校园应用系统指学生成长类智慧应用系统、教师专业发展类智慧应用系统、科学研究类智慧应用系统、教育管理类智慧应用系统、安全监控类智慧应用系统、后勤服务类智慧应用系统、社会服务类智慧应用系统、综合评价类智慧应用系统。[①]

三、智慧校园建设现状与发展趋势

智慧校园作为数字校园的高级形态，其建设除了需要那些传统的数字校园技术，还需要融合一些新技术。目前，已有很多新技术被尝试应用于智慧校园建设中，如物联网技术、云计算技术、移动互联技术、虚拟现实技术、大数据技术、体感技术、仿真技术、3D 成像技术、全息投影技术等。虽然有了新技术作为智慧校园的重要支撑，但单靠技术是不够的，因为建设智慧校

---

① 王运武，于长虹 . 智慧校园：实现智慧教育的必由之路 [M]. 北京：电子工业出版社，2016：173–196.

园是一项庞大的系统性工程。常言道"三分技术，七分管理"，智慧校园的建设自然也离不开管理，而管理离不开评价，只有兼顾智慧管理与智慧评价，才能确保智慧校园的平稳运行。

目前，智慧校园建设主要存在五种典型的体系架构：基于物联网构建智慧校园、基于云计算构建智慧校园、基于 WebGIS 构建智慧校园、基于应用服务构建智慧校园、基于网络立体化技术构建智慧校园。智慧校园有三种建设类型：经典智慧校园、云智慧校园、混合智慧校园。这三种智慧校园的利弊比较如表 1.2 所示。

表 1.2 三种类型智慧校园利弊比较分析

维度	适合学校类型	部署模式	优点	缺点	重点
经典智慧校园	学校规模大，信息化基础条件好，信息化团队实力强，师资力量雄厚，信息化课堂教学融合创新力强，具有示范性，经费充足	独立部署，学校是建设主体	学习环境智能化程度高，云端一体化，创新型学习空间多样化，优质课堂资源丰富且适切性强，应用系统可用性强，技术服务响应快，个性化、特色化特征明显，可以提供个性化服务；智慧技术高度集成、智慧业务高端发展、智慧服务高效便利，能开展"互联网＋教育"新型教学方式，提供"专递课堂""名师课堂""名校网络课堂"等优质教育资源	基础设施、资源、软件等经费投入大；技术维护力量要求较高，技术更新较慢，管理难度大	建设"三个课堂"的优质教育教学资源、名师教研资源、名校网络课堂资源等，并向其他学校输出课程资源、教师资源、学校资源等

续表

维度	适合学校类型	部署模式	优点	缺点	重点
云智慧校园	学校规模较小，信息化基础薄弱，信息化团队实力弱，师资力量薄弱，经费较少	云部署，区域是建设主体	区域推进速度快，节省建设经费，有利于区域优质资源深度共享，能有效利用"专递课堂""名师课堂""名校网络课堂"等优质教育资源，技术设施、资源、软件建设投入较少；技术维护力量要求较低，管理难度小	基础学习环境智能化程度低，资源适切性不强，技术服务响应速度慢，个性化、特色化特征不明显	建立高速和稳定的网络，充分应用"三个课堂"，运用云端优质资源提升学校教育教学水平，提升教师能力，提高办学质量
混合智慧校园	学校规模一般，信息化基础一般，信息化团队实力一般，师资力量能满足自身发展需求，经费有限	独立部署＋云部署	区域推进速度较快，有利于区域优质资源深度共享，具有一定的个性化、特色化特征；能满足部分个性化需求，能提供部分"专递课堂""名师课堂""名校网络课堂"优质教育资源	基础设施、资源、软件等投入一般，技术维护力量要求一般，管理难度一般	根据学校特色，输出部分"三个课堂"等优质教育教学资源，根据学校需求部分运用云端"三个课堂"等优质教育教学资源

　　我国智慧校园建设仍停留在初级阶段，智慧化水平亟待提升，理论研究也滞后于实践活动。未来智慧校园建设亟需研究者、管理者、一线教学人员、企业人员等多方力量的配合，在数字校园基础上实现超越，加强新技术在智慧校园中的理性应用，完善智慧校园的建设标准与评价。[①]智慧校园建设还需要结合智慧教育理念，加强建设与应用协同，为智慧教育提供支持。需要借鉴智慧城市建设经验，建设开放性、引领性的智慧校园。智慧校园未来发展的关键是明确"智慧"体现在何处、如何体现，尤其是在"节能减排""绿色

---

① 杨萍，姚宇翔，史贝贝，等.智慧校园建设研究综述[J].现代教育技术，2019（1）：18–24.

环保""生态文明""勤俭节约""效益最大化"的理念下，建设个性化和智慧化特征鲜明、实用性强、用户满意度高的智慧校园。

　　总之，智慧校园是数字校园发展到一定阶段的产物，是实现智慧教育的必由之路。智慧校园建设被赋予引领教育创新与变革的重任。智慧校园是智慧教育的重要组成部分，是数字校园之后校园建设的新趋势，是由重视物的建设向重视人的创新能力培养的重大转移，支持教育由培养知识人转向培养智慧人、培养创新创造之人。智慧校园与现实校园的耦合，优化了校园的业务流程，将会创新与引领教育变革，为创新人才培养提供智慧学习环境，有利于培养拔尖创新人才。以智慧校园为核心的学习、研究和创新环境，将会促使师生从知识的消费者转向知识的创造者。智慧校园有利于培养师生的创新意识、创新思维和创新能力，从而促进拔尖创新型、智慧型人才培养，推动建设创新型国家，实现中华民族的伟大复兴。

第 3 节　技术助推校外教育创新发展

　　随着智能时代的到来，人们不再满足于工业时代的"标准化"教育，对教育的需求已经不再是简单的受教育机会需求，而是转变为想要获得优质教育资源和终身发展，需要更多的终身学习机会和个性化教育服务。现在的中小学生将成为实现第二个百年奋斗目标的骨干力量，未来教育更加关注青少年的高质量发展。未来教育除了依托学校这个教育主阵地以外，也离不开校外教育的创新发展。校外教育作为我国基础教育的重要组成部分，在促进学生个性发展、挖掘学生潜在能力和实践能力等方面发挥着重要作用。

　　学校以外的青少年活动中心、场馆（科技馆、博物馆、图书馆等）、实践基地等场域在提高青少年综合素质和促进其健康成长中发挥着越来越重要的作用。2019 年 10 月中共中央、国务院印发《新时代公民道德建设实施纲要》，提出要加强新时代文明实践中心建设，大力推进媒体融合发展，抓好县级融媒体中心建设，推动基层广泛开展中国特色社会主义文化、社会主义思想道德学习教育实践，引导人们提高思想觉悟、道德水准、文明素养；图书馆、文化馆、博物馆、纪念馆、科技馆、青少年活动中心等公共文化设施，都要结合各自功能特点有针对性地开展道德教育。《国务院关于深入推进义务教育均衡发展的意见》中明确指出教育部门要统筹安排学校教育教学、社会实践和校外活动。未来教育将形成校内、校外多方互动的跨场域学习。

一、校外培训政策与机构

教育服务是通过教育教学及其他活动而使"教育对象或学习者"受益的一种有偿或无偿的行为，它包含两个方面：一是指政府和社会为国民提供的保障性教育活动，具有公共性、普惠性、基础性特征；二是指企业和社会组织为学校、家庭及学习者提供的教育教学产品或者学习服务活动，具有个体化、多样化和营利性的特征。目前在企业和社会组织提供的教学服务中，以校外培训规模最大。

我国的校外培训兴起于 20 世纪 70 年代末，在 2000 年前后得以迅速发展。校外培训机构既有天然的商业属性，又有教育的特殊性。国家对校外培训和民间资本办学一直持谨慎态度，随着校外培训机构的发展制定了多项政策制度，规范校外培训机构的健康发展（见表 1.3 ）。

表 1.3　校外培训相关政策文件

颁布时间	文件名称	发文单位
2000 年	《关于加强青少年学生活动场所建设和管理工作的通知》	中共中央办公厅、国务院办公厅
2004 年	《关于公益性文化设施向未成年人免费开放的实施意见》	文化部、国家发展改革委、教育部、科技部、民政部、财政部、国家文物局、解放军总政治部、全国总工会、共青团中央、全国妇联、中国科协

续表

颁布时间	文件名称	发文单位
2006 年	《关于进一步加强和改进未成年人校外活动场所建设和管理工作的意见》	中共中央办公厅、国务院办公厅
2007 年	《关于做好 2007 年暑期未成年人校外活动场所工作的通知》	教育部办公厅
2008 年	《关于 2008 年规范教育收费进一步治理教育乱收费工作的实施意见》	教育部、国务院纠风办、监察部、国家发展改革委、财政部、审计署、新闻出版总署
2013 年	《中小学生校外培训机构自律公约》	教育部、中国民办教育协会
2014 年	《关于 2014 年规范教育收费治理教育乱收费工作的实施意见》	教育部、国家发展改革委、财政部、审计署、国家新闻出版广电总局
2015 年	《严禁中小学校和在职中小学教师有偿补课的规定》	教育部
2018 年	《关于切实减轻中小学生课外负担开展校外培训机构专项治理行动的通知》	教育部办公厅、民政部办公厅、人力资源社会保障部办公厅、工商总局办公厅
2018 年	《关于规范校外培训机构发展的意见》	国务院办公厅

校外培训和校内教育互为补充，和谐发展。20 世纪 90 年代以来，有很多校外培训机构涌现。我国校外培训行业的发展可以分为五个阶段。（1）萌芽期（1978—1991 年）：改革开放初期，人才需求高涨，教育培训受政府严格控制，校外培训机构数量稀少；（2）初步形成期（1992—1997 年）：1997年国务院发布《社会力量办学条例》，鼓励社会力量参与办学，校外培训机构快速发展；（3）开放发展期（1998—2004 年）：中国加入世界贸易组织，市场经济进一步发展，教育培训需求进一步释放，各类培训机构在这一时期登记设立，国际教育培训机构也进入国内市场；（4）迅速发展期（2005—2018年）：新东方、好未来等一批教育培训机构赴美上市，一批传统行业上市公司转型为教育培训公司，在需求、资本、技术的驱动下，校外培训行业迅速发

展；（5）规范发展期（2018 年以后）：《关于规范校外培训机构发展的意见》《关于规范校外线上培训的实施意见》《教育移动互联网应用程序备案管理办法》《综合防控儿童青少年近视实施方案》等一系列国家文件的出台，对于规范校外培训市场和互联网教育应用程序的健康发展起到积极作用。

　　校外培训源于人们对优质教育资源的需求，大多数的校外培训围绕课内教育内容展开。校外培训又称校外补习、课外补习、课外辅导、补习教育、影子教育等。"影子教育"一词源于 1992 年两位美国学者对日本高中补习教育现象的描述，其定义是：存在于主流学校教育之外，以学校教育为基础，以处于基础教育阶段的学生为对象，以培优或补差为目的，需要支付一定经济报酬参与的辅导和补习的统称。虽然目前校外培训的内容五花八门，有外语学习、应试补充、兴趣爱好、人工智能、STEM 教育、职业教育等，但是这些培训需求大部分来自人才选拔、职业发展。按年龄段来梳理，幼儿教育培训内容集中于亲子关系、语言开发、智力开发等，中小学阶段的校外培训内容集中于课内学科教学内容补充、升学和应试教育的训练，职业教育集中在专业技能和考证培训上，高等教育阶段的校外培训内容集中于考级、出国留学、继续深造等领域。可以看出，国内的校外培训紧紧围绕个人升学、发展的需求，商业机构营利的本质也决定了目前的校外培训更加注重培训的短期效果。基于校外培训机构的商业特性，其开展业务主要为了追逐经济利益，所以校外培训机构在利用技术促进企业发展的过程中，主要考虑的是企业的业务增长和持续盈利，在利用技术方面会更加直接，重视技术和具体业务的有效结合。传统的校外培训机构工作内容一般分为招生宣传、教学教研、教务管理、学生管理、品牌推广等几个板块。以下选择教育培训行业两大巨头新东方和好未来，来呈现校外培训机构在技术助推业务方面的迅速发展。

　　我国第一家在美国上市的校外培训机构——新东方教育科技集团（简称新东方），业务涵盖早教、学前、中小学全科教育、大学考试、留学考试、留学咨询、国际游学、网络课堂、图书出版等。2013 年下半年，机构创始人俞敏洪表示当时机构的主要任务是"如何去理解移动互联网和教育的关系，怎样推动移动互联网和教育的结合"。2014 年，新东方表示要着重课程梳理和数据整合挖掘，做线上线下相融合的"混合式教学"，并强调一方面发展商业的在线学习，另一方面用互联网思维升级传统线下教育，最终打通教育领域的 O2O 模式。2014 年 11 月，新东方旗下的优能中学正式推出可视化学习系统；泡泡少儿英语运用数码信息技术，提供电子互动白板教学课件、多媒体课后练习光盘，打造教师、学生、家长三位一体的互联网学习平台。新东方陆续在其他国内考试培训项目中推出 O2O 互动教学系统。2005 年搭建完成的专业在线教育平台——新东方在线，提供从学前、K12 到成人的全品类、全年龄段教育产品。"新东方在线教育云"为高校图书馆、公共图书馆、儿童家庭等客户提供独特创新的解决方案。截至 2020 年 4 月，绿色资源网统计显示，新东方共推出 96 款手机应用软件，包括新东方在线、新东方乐词、掌上新东方、新东方课程等。

　　我国目前市值最高的上市教育培训机构好未来集团（简称好未来），其创始人张邦鑫在创立线下课外辅导机构学而思的同时就创办了奥数网、e 度网。2013 年学而思更名为"好未来"，将自己的使命定义为"用科技推动教育进步"，借助科技工具，做内容输出。从业务线看，从做招生宣传的家长帮、教学教研的 ICS 智能教学系统和在线网校、学生教务管理的学而思培优客服端，到人工智能科技领域的研究探索，好未来一直把技术作为企业发展的内核动力。

　　e 度网是好未来旗下的教育类门户网站，现已更名为"家长帮"，有论坛和空间两部分，为家长、教师、学生提供互动交流和学习的网络平台。旗下产品包含家长帮、家长帮 APP、育儿网、幼教网、奥数网、作文网、英语网、中考网、高考网、留学网、考研网等十余个独立站点。注册用户有 3000 多万人，覆盖全国 60 多个城市。家长帮提供基础教育阶段（0—18 岁）各科课件、教案、试题试卷等学习和教学资源，以及互动交流社区，供家长分享各种升学资讯、育儿教子经验。家长帮的产品矩阵不仅能够帮助好未来的创新产品获取第一批种子用户，还能够为整个集团实现用户的沉淀和品牌的二次传播，更重要的是它找到了自己的商业变现之道，有助于更加稳健强劲地发展。家长帮精准的家长端流量入口，在好未来利用互联网技术快速获取家长流量和品牌口碑的企业发展过程中发挥了重要作用。

2008 年开始，学而思培优专注研发 ICS 智能教学系统，目前已经推出第三代。ICS 智能教学系统是在传统课外课堂教学的基础上，使用各类音频、视频、PPT 课件，摆脱"黑板＋粉笔＋课本"的基础教育手段，引入"互动教学"理念，把教学的抽象概念生动化，把静态思维形象化。该系统有海量题库做支撑，通过教学系统掌握学生学习数据。

好未来还与海内外高校合作，在全球范围内建立联合实验室，比如：AI Lab 致力于利用人工智能技术驱动教育变革，专注计算机视觉、语音处理、自然语言处理及数据挖掘等前沿技术在教育行业的应用及创新；脑科学实验室将脑科学领域的前沿成果进行转化，探索脑教育学的未来。

这些大的校外培训机构除了本身拥有独立的科技研发能力，以技术驱动教育业务成长以外，也向小微机构购买软件或者服务。一些企业针对培训机构提供相关的产品，如学校管理平台，涵盖招生推广、报名收费、教务教学、财务统计、人事管理、数据分析等功能。用户可用电脑、平板电脑、手机随时随地实时监控学校运营数据，一旦发现问题，企业立即根据建议做出调整。具体来说，学校管理平台有以下功能：（1）组织及员工管理，对机构的部门、员工等信息进行数据化管理，在方便查看的同时还可自动关联相关工作，如排课、销售等，让机构运营更加简单、便捷；（2）排课及销课管理，支持按照教室、教师、时间、课程等多条件排课，课程表多维预览，更可自动计算教师上课、学员销课等信息，大大降低工作人员工作难度，节省工作时间；（3）对机构课程、教室等信息进行数据化管理，分门别类，查看方便，还有教室空置率查询等功能，协助简化工作流程，提高工作效率；（4）会员及订单管理；（5）数据图形化分析；（6）活动的快速发布；等等。

网络视频直播技术兴起于 2012 年，在 2016 年得以迅速传播和快速发展。在教育领域，很多企业利用互联网视频直播技术开展一对一直播教学。一对一直播采用真人授课的方式，一位老师教授一名学生。一对一直播是高度实时同步的，互动性强，更加沉浸，体验更自然，有更加丰富直观的教学刺激。

目前这项技术主要应用在语言培训和编程培训领域。以在线青少儿英语学习机构 VIPKID 为例，VIPKID 利用互联网直播技术，让中国学生可以和欧美外教进行高频次的异地实时互动，解决外教资源不足的问题。

另外值得注意的是，很多互联网视频直播平台在经营过程中，发现用户对教育格外关注，知识类、教育类主播的受关注程度也让这些互联网企业在教育领域布局发力。比如，2017 年哔哩哔哩（B 站）设立"study with me"陪伴式学习专区，给原来以"二次元文化"为特色的网站注入学习基因。2018 年"study with me"专区直播学习时长达 146 万个小时，成为 B 站直播时长最长品类。2018 年 B 站学习人数达 1827 万人，是当年参加高考人数的 2 倍。除了泛知识内容，在 K12 领域，B 站也有所涉足。2020 年年初，受新冠肺炎疫情影响，在线学习再一次被推到风口。B 站联合清华大学、北京大学光华管理学院、学而思网校、上海格致中学等上百所学校和知名教育机构，推出了"B 站不停学"计划，涵盖从小学到高中的义务教育课程和兴趣课堂。2020 年 3 月 2 日，上海市教委将 B 站作为"空中课堂"的网络学习平台之一，头部教育企业猿辅导、作业帮等已经以品牌形式入驻 B 站。

《2020 抖音直播数据图谱》显示：相比于 2019 年 12 月，2020 年 2 月抖音教育类直播开播主播增长 110%，教育类直播观看人次增长 550%，教育类直播次数增长 200%，教育类直播平均每场观看人次增长率是整体直播平均增长率的 1.7 倍。2019 年，好未来、51Talk、VIPKID、新东方、作业帮、中公教育、松鼠 AI 等教育机构纷纷在抖音注册账号，以短视频和直播的形式进行品牌宣传和招生推广活动。2020 年 2 月，共有 23 所国内高校选择在抖音进行线上授课。

2020 年受疫情影响，在教育部门"停课不停教、停课不停学"的号召下，在线教育成为疫情期间学生们的"刚需"。2 亿多名学生涌入在线教育平台，线上学习成为"新常态"。春节后（2020 年 2 月 3 日至 9 日），教育学习类 APP 的日均活跃用户规模比平日（2020 年 1 月 2 日至 8 日）增长了 46%。教育学习类微信小程序的日均活跃用户规模在春节后比平日增长了 218.1%。

受疫情影响，很多受到重创的线下培训机构开始转为线上授课，无论是在营销推广上，还是在授课形式上，都开始通过互联网技术寻求创新，以增强对学生的服务能力，探索教育的更多可能性。疫情期间，无论是校内教育还是校外培训，全国教育活动史无前例地大规模转移至线上。对于在线教育来说，这是一次意料之外的行业加速，数月内涌入上亿规模新流量。多种线上教育平台涌现：有提供直播工具的，比如好未来直播云、伯索云学堂、ClassIn；有提供双师内容的，比如爱学习、外教易、乐乐课堂；有提供综合管理的，比如钉钉、校宝、校管家。

互联网、直播、云计算等技术大大促进了教育的发展，提供了便利的学习工具，丰富了教育资源，改变了学习方式。据统计，截至 2018 年年底，在线教育类 APP 多达数十万种。有些中小学，一门学科需要家长下载一个甚至多个 APP。教育类 APP 快速发展、广泛应用，对"互联网＋教育"的发展产生了积极影响。但一些地方和学校出现了应用泛滥、平台垄断等现象。一些教育类 APP 存在传播有害信息、广告泛滥等问题，给广大师生带来了困扰。学生长时间使用电子屏幕，缺少户外活动，也可能导致视力下降。青少年近视率上升，增加学生和家长的负担。针对这些问题和现状，教育部等部门陆续出台文件对线上教育进行规范和治理。2019 年 7 月教育部等六部门发布《关于规范校外线上培训的实施意见》，对于面向中小学生、利用互联网技术实施的学科类校外线上培训提出了规范意见，这也是国家层面颁布的第一个专门针对校外线上培训的规范性文件。该文件考虑到规范校外线上培训是一项全新的工作，强调既要坚决落实立德树人根本任务，减轻学生过重的课外负担，又要适应"互联网＋教育"战略，对新兴业态采取积极审慎的态度，通过规范更好地促进其持续健康有序发展。

2018 年，教育部等八部门认真贯彻落实习近平总书记关于学生近视问题的重要指示精神，合力推进《综合防控儿童青少年近视实施方案》落地落实，综合防控儿童青少年近视工作取得阶段性重要进展和标志性年度成果，为建设健康中国提供了重要支撑。2018 年 2 月，教育部办公厅等四部门印发《关于切实减轻中小学生课外负担开展校外培训机构专项治理行动的通知》，对校外培训机构进行专项治理。各省份相继出台了专项治理工作方案。2018 年 8 月，国务院办公厅发布了《关于规范校外培训机构发展的意见》，这是第一个在国家层面上规范校外培训机构发展的系统性文件，对于构建长效机制、规范培训秩序、维护良好教育生态、切实减轻中小学生过重课外负担具有重要意义。2018 年 11 月，《关于健全校外培训机构专项治理整改若干工作机制的通知》提出要"按照线下培训机构管理政策，同步规范线上教育培训机构"。2019 年 11 月，教育部办公厅印发《教育移动互联网应用程序备案管理办法》，要求各单位在 2019 年 12 月 1 日至 2020 年 1 月 31 日完成对现有教育移动应用的备案工作，2020 年 2 月 1 日起，公共服务体系将向社会公众提供备案信息查询，接受社会监督。

技术对校外培训发挥着积极作用，但是在资本和商业逐利本质的驱动下，校外培训也暴露出很多问题，因此国家有关部门出台了多项措施来规范行业的发展。从供给侧改革的角度来看，校外培训应该成为学校教育的有益补充，未来教育应该是校内教育和校外培训协同互补、深度融合，为青少年健康成长营造良好的学习环境，支持人的全面发展和终身学习。

二、科技创新与科技教育

科技创新在未来的国家竞争中将扮演举足轻重的角色。面对人工智能发展的大趋势，各个国家都出台了一系列应对政策。2006 年 1 月 31 日，美国总统布什在其国情咨文中公布了一项重要计划——"美国竞争力计划"（American Competitiveness Initiative，ACI），提出知识经济时代教育的目标之一是培养具有 STEM 素养的人才，并称其为保持全球竞争力的关键。由此，美国在 STEM 教育方面不断加大投入，鼓励学生主修科学、技术、工程和数学，培养其科技素养。2011 年，奥巴马总统推出了旨在确保经济增长与繁荣的新版《美国创新战略》（New Strategy for American Innovation）。新版《美国创新战略》指出，美国未来的经济增长和国际竞争力取决于其创新能力。美国"创新教育运动"指引着公共和私营部门联合，以加强 STEM 教育。2016 年我国教育部印发的《教育信息化"十三五"规划》明确指出，积极探索信息技术在"众创空间"、跨学科学习（STEAM 教育）、创客教育等新教育模式中的应用，使学生具有较强的信息素养与创新意识，养成数字化学习习惯。国务院

《新一代人工智能发展规划》指出，要在中小学阶段设置人工智能相关课程，逐步推广编程教育。在政策、资本、技术、需求的驱动下，青少年编程教育迅速发展，由"非刚需"向"刚需"转变，越来越多的 STEM 教育、编程教育公司迅速发展。

> 达内教育原来主要是面向电信和金融领域的 IT 培训机构，2015 年该公司成立少儿编程教育品牌——童程童美，专注 3—18 岁青少儿编程教育，其课程体系包含乐高创意启蒙、人工智能编程、智能机器人编程、信息学奥赛编程等。
>
> 成立于 2015 年的编程猫，主要采用线上授课模式，进行在线一对一真人直播教学及一对一 AI 辅导教学。课程内容包括 Python 语言编程、图形化编程、小火箭编程等。
>
> Makeblock 是一家服务全球的 STEAM 教育解决方案提供商，主要面向学校、教育培训机构、家庭少儿编程教育场景，提供机器人硬件、编程软件、教学内容，打造青少儿赛事。该公司产品主要包含 STEAM 教育套件、科技玩具套件、DIY 机器人套件、金属积木搭建平台，以及配套的图形化编程软件与线上线下教程资源。

校外培训赋予学习者更多的自主权。同时它也是经济不平等时代的产物，将扩大学习者之间教育机会和成就方面的差距。认识校外培训的合理性、组织方式及其影响，可以帮助政府更好地利用它来弥合教育参与和教育成就的阶层差异。技术既可以作为工具和手段，在丰富教育资源的获取渠道、提升教育教学效率、实现人工智能精准教学等方面发挥重大作用，也可以作为教育培训内容，为社会输送科技人才。未来，教育和科技将进一步融合创新，互相促进。

三、青少年宫等开展的校外学习活动

我国政府在学校以外对青少年开展培养活动的机构有少年宫、青少年学生活动中心、儿童活动中心等，这些是具有中国特色的市民福利和民生工程，由各级政府投资建设，为未成年人提供公益服务。这些机构具有公益性、普及性和实用性的特点，对于提高青少年综合素质、促进青少年个性发展具有重要意义。1949 年中国第一所青少年宫在大连成立，1953 年中国福利会少年宫成立，随后全国许多省市都成立了少年宫等活动中心。2016 年中央文明办、财政部、教育部印发的《"十三五"时期乡村学校少年宫建设规划实施方案》提出，到 2020 年，全国各类乡村学校少年宫总数争取达到 5 万所。

青少年宫、青少年活动中心这些公益性服务机构的主要目的是作为学校教育的补充，帮助青少年在课余时间巩固学校知识，丰富课余生活，进行科技、艺术等课程的学习实践。在各级政府的大力支持下，先进的技术和设备被应用到青少年宫的教育教学中，1979 年中国福利会少年宫购进了计算机，1982 年成立的儿童计算机中心是中国最早的少儿计算机教育机构[①]。近年来，综合性青少年宫等机构也在积极探索社会化、市场化、智能化的发展道路。现代青少年活动中心引入现代管理方法和手段，利用信息技术对管理、课程进行改革和创新，通过网络、微信公众号、APP 等开展远程活动和培训。在培训内容上，青少年宫顺应时代发展，开展了 STEM、编程、科学教育等以技术为主要内容的培训活动。

国家各部门高度重视青少年校外学习实践活动的价值和重要地位，发布了多份文件来规范和鼓励校外活动中心发展（见表 1.4）。

---

① 潘雨晨 . 中国少年宫兴衰往事 [J]. 时代邮刊，2020（15）：55-57.

表 1.4 校外活动中心相关政策文件

颁布时间	文件名称	发文单位	文件主要内容
2004 年	《关于进一步加强和改进未成年人思想道德建设的若干意见》	中共中央、国务院	明确提出要积极探索实践教学和学生参加社会实践、社区服务的有效机制，把参加社会实践作为未成年人思想道德建设一条重要途径，明确了社会实践在加强和改进未成年人思想道德建设中的重要地位。
2006 年	《关于进一步加强和改进未成年人校外活动场所建设和管理工作的意见》	中共中央办公厅、国务院办公厅	明确指出要充分发挥不同类型未成年人校外活动场所的教育服务功能，要结合学校的课程设置，组织开展生动活泼、怡情益智的文体、科技等兴趣小组和社团活动，使广大未成年人在形式多样的校外活动中，培养兴趣爱好，发挥发展特长，得到锻炼和提高。
2010 年	《国家中长期教育改革和发展规划纲要（2010—2020 年）》	中共中央、国务院	战略主题：坚持能力为重。优化知识结构，丰富社会实践，强化能力培养。着力提高学生的学习能力、实践能力、创新能力，教育学生学会知识技能，学会动手动脑，学会生存生活，学会做人做事，促进学生主动适应社会，开创美好未来。 高中阶段教育：全面提高普通高中学生综合素质。积极开展研究性学习、社区服务和社会实践。建立科学的教育质量评价体系，全面实施高中学业水平考试和综合素质评价。 人才培养体制改革：坚持教育教学与生产劳动、社会实践相结合。开发实践课程和活动课程，增强学生科学实验、生产实习和技能实训的成效。充分利用社会教育资源，开展各种课外及校外活动。加强中小学校外活动场所建设。加强学生社团组织指导，鼓励学生积极参与志愿服务和公益事业。

续表

颁布时间	文件名称	发文单位	文件主要内容
2011 年	《教育部关于联合相关部委利用社会资源开展中小学社会实践的通知》	教育部	教育部将联合相关部委建立主题教育社会实践基地，探索建立利用社会资源开展中小学社会实践的机制，推动中小学开展社会实践。　文件要求各级教育部门努力构建开展中小学社会实践的工作机制。要将开展社会实践工作作为推进义务教育均衡发展的重要举措，作为不断丰富教育内容的主要途径；要加强中小学社会实践校内外指导教师队伍建设；要高度重视中小学生参加社会实践活动的安全问题；要探索建立开展社会实践活动的经费保障机制；要构建并完善学生参加社会实践活动的评价机制。
2013 年	《示范性综合实践基地实践活动指南》（试行）	教育部基础教育司	示范性综合实践基地要围绕实施素质教育，以培养学生的创新精神和实践能力为核心，开展生存体验、素质拓展、科学实践、专题教育等丰富多彩的实践活动。
2016 年	《关于推进中小学生研学旅行的意见》	教育部、国家发展改革委、公安部、财政部、交通运输部、文化部、食品药品监管总局、国家旅游局、保监会、共青团中央、中国铁路总公司	中小学生研学旅行是由教育部门和学校有计划地组织安排，通过集体旅行、集中食宿方式开展的研究性学习和旅行体验相结合的校外教育活动，是学校教育和校外教育衔接的创新形式，是教育教学的重要内容，是综合实践育人的有效途径。

　　国家高度重视学校教育和校外教育的互动衔接，注重书本知识和实践经验的深度融合，关注人才培养的多样化和丰富性，强调校外学习活动对于青少年素质教育的重要作用。这要求校外教育与校内教育在内容上实现很好地

衔接和互补，在形式上实现更多的拓展和创新。相比于校内教育，校外学习活动更具开放性，有利于青少年开阔眼界、拓展思维、探究社会、感受生活。

四、技术与场馆智慧学习

不同年龄阶段学习者的特点不同，学习环境也有差异，因此形成了以学校为中心的五个核心场域，即学校、家庭、社区、公共场所、工作场所，以及延伸出的四个拓展场域，即学区、场馆、教室、农村（见图1.4）。[1] 九大场域中的场馆包含科技馆、图书馆、博物馆等由政府提供给社会公众的科普、阅读、文化历史教育场所。场馆学习已经成为终身学习的重要组成部分，在提高公众科学文化素质、提升国家软实力中发挥着重要作用。互联网、大数据、人工智能、虚拟现实等新一代信息技术的应用推动了场馆展陈设计智能化和参展体验的个性化，也使得场馆学习体验感和互动效果更强。

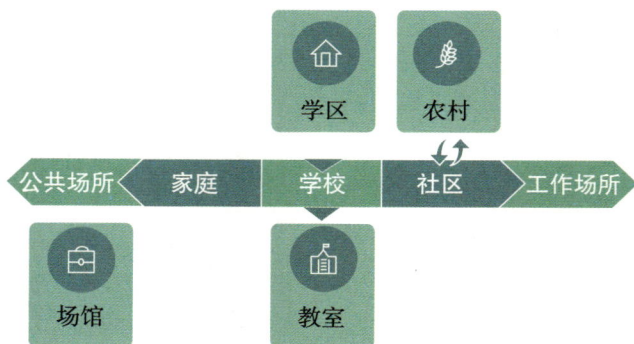

图 1.4 智慧学习的九个场域

场馆是社会公众提升科学素养的重要场所，科学素养是未来公民素养的重要组成部分，科学教育是实现科学素养提升的重要方式。科学教育内容包括科技知识普及、科技能力提升和科学素质培养。场馆是推进科学教育的重要平台。各类场馆设计的交互体验感可让学习者沉浸于丰富具体的科学场景

---

① 北京师范大学智慧学习研究院 . 2016 中国智慧学习环境白皮书 [R]. 2017：51.

中并实现非正式科学学习，有利于学习者快速有效地将所学内容应用于实践，即获得问题解决的高水平认知结果。场馆开展科学教育的意义在于发展学生批判性思维、信息整合能力、联系和解决实际问题的能力、创造与创新能力以及团队合作能力等 21 世纪所需的能力。

北京师范大学智慧学习研究院"智慧场馆与智慧学习"研究项目分析了 36 个直辖市、省会城市、计划单列市的数据发现，场馆数量与城市生产总值显著相关，皮尔逊相关系数达到 0.833，即生产总值越高，城市的场馆数量也越多。场馆的分布与双创指数呈显著性相关，皮尔逊相关系数为 0.717，即双创指数越高的城市，其场馆数量越多。

我国场馆建设也非常关注信息技术的应用，经调研发现，大部分市级场馆开通了场馆网站、虚拟场馆、微信公众号、移动终端应用程序、官方微博、语音导航等，方便社会公众了解场馆信息、订票、游览、学习，新技术的应用大大提升了场馆学习和互动体验水平。未来场馆学习将成为人们获取学习资源、提升文化素养和科学素养的重要途径，对于培养学生的设计思维、创新能力具有重要的作用和意义。

> 　　故宫博物院作为国家级博物馆，有百万件藏品和 15 万平方米的古建筑群，对于公众来说不仅是"旅游景点"，更是了解中国博大精深的历史文化的最好的教育场所。故宫博物院也在运用前沿技术，寻找特色创意和文化产品，选择更有效的载体进行展示。故宫博物院在 21 世纪初就建立了官方网站，为观众提供简便、快捷、全面的平台来了解故宫的相关信息。故宫博物院还放置了许多媒体展示设备，通过音视频的方式让观众了解故宫的历史、参观路线。故宫还将各种展品、文物进行扫描、拍摄，制作三维空间模型，利用虚拟现实技术，构建三维立体场景，让体验者获得身临其境的参观感受；还让用户近距离观赏文物展品，获得更直观、详细的感受。利用人工智能虚拟导游，参观者可以获取导览路线和导游讲解。

第4节　技术变革家庭学习环境

一、技术在家庭教育中的应用

家庭教育是大教育的重要组成部分，是学校教育和社会教育的基础。家庭是孩子最早接受教育的场所，父母是孩子最早的老师，家庭收入也是支撑孩子早期教育的重要经济支柱。家庭教育受到国家各个部门的重视，被提到国家教育战略高度。2016年全国妇联、教育部、中央文明办等联合印发《关于指导推进家庭教育的五年规划（2016—2020年）》，提出建立健全家庭教育公共服务网络，大力拓展家庭教育新媒体服务平台。

根据中国家庭金融调查与研究中心开展的中国家庭金融调查（CHFS）2015—2017年数据，教育消费占家庭开支的比例持续提升。随着我国人均收入的稳步增长，焦虑感和危机感驱使家庭对教育的需求越发旺盛和多元，未来教育服务支出仍将大幅增加。家庭的教育服务支出主要由课外补习费用、购买图书等教育相关产品的费用、义务教育以外的学杂费等等构成。

随着智能时代的到来，家庭收入的不断增长，互联网、智能设备的普及，家庭利用智能设备和互联网开展教育学习活动变得越来越方便。家庭用来开展教育学习活动的设备包括智能手机、平板电脑、电脑、电视、学习机、智能音响、家庭机器人等。家庭基于智能设备开展的活动主要包含娱乐、社交、学习等。

2020年5月13日，共青团中央维护青少年权益部、中国互联网络信息中心联合发布《2019年全国未成年人互联网使用情况研究报告》。数据显示：2019年我国未成年网民规模为1.75亿人，未成年人互联网普及率达到93.1%；城乡未成年人的数字差距进一步弥合，城镇未成年人互联网普及率达到93.9%，农村未成年人达到90.3%，两群体的差距较2018年的5.4个百分点下降至 3.6 个百分点。调查发现，未成年网民上网经常从事的各类活动中，排在前三位的是网上学习（89.6%）、听音乐（65.9%）、玩游戏（61.0%）。其他活动还包括：上网聊天（58.0%）、看短视频（46.2%）、搜索信息（44.9%）、看长视频（37.5%）、看动画或漫画（33.2%）、使用社交网站（32.0%）等。

未成年人网上学习与学校课堂教育深度融合。中国互联网络信息中心调查发现，未成年人的网上学习活动按比例从高到低依次是：做作业（45.5%）、复习学过的知识（44.4%）、在线答疑（40.7%）、背单词（39.1%）、学习课外知识（33.4%）、在线教育辅导（18.3%）。网上学习的内容，成年人主要是搜索、获取信息，未成年人则更多是延续课堂教育并有所拓展。从中国互联网络信息中心的数据中我们会发现，未成年人上网活动中，学习活动所占比重最高，这也体现了技术在家庭教育中发挥着越来越重要的作用。

2020 年受疫情影响，学校和课外辅导机构都将线下课程转移到线上，这对家庭配置网络和相关电子设备提出了要求。2020 年一季度，以苏宁易购平台为例，学习所需的电脑、平板电脑、学习机、打印机等设备销售快速增长，其中学习相关打印机销售数量增长迅猛，同比超 200%，家庭办公打印机销量也同比增长超 100%。同时，在其他网购平台上，1000 元以下的经济型普通家用打印机两天就卖断货了，1000 元以上的高端机型一天的销量也能达到 20 多台。这相当于正常时期一个多月的销量。二手物品交易平台转转提供的统计数据显示，2020 年春节假期以后电子产品交易火爆。2 月 1 日至 13 日期间，转转平台上的二手平板电脑、电脑交易量环比 1 月 19 日至 30 日期间大幅上升，其中电脑交易量环比增长 65.6%，平板电脑交易量环比增长率更是达到了 84.7%。京东销售数据显示，从 2 月 2 日至 11 日，平板电脑成交额同比增长 77%，学生平板电脑成交额同比增长 95%。大多数家长还会同时选购手写板和耳机，凑齐"三件套"。图书方面，春节期间，中小学教辅图书的成交额同比增长 80%，这说明有大量的居家用户把精力转向教育，让孩子在家期间不停止学习。

家庭收入、学历的差异，也会导致家庭利用技术开展教育学习活动方面出现巨大的鸿沟。一项针对北京、河北、湖北三地的家庭调研发现，经济发达的城市中，父母学历高的家庭对技术的认知程度更高，对智能设备的利用率更高，能更好地利用互联网和智能设备获取优质教育资源和工具，也能更有效地控制电子设备对孩子教育的负面影响，引导孩子正确使用电子设备。经济欠发达地区，尤其是农村地区的父母知识水平有限，对电子设备的使用方法掌握不够，甚至不能提供电子设备来支撑子女的在线学习。一些农村家庭即使购买了电子设备，也缺乏有效的利用；相比来说，学生偷偷使用电子设备打游戏、娱乐等现象远远多于城市或者经济发达地区家庭。即使在北京这样的一线城市，家庭拥有支持教育的电子设备的情况也是差距很大。北京市教委"延期开学"方案中，除了利用北京数字学校等线上资源，还充分考虑到家庭网络和电子设备拥有情况，同步推出利用歌华有线电视来观看录播课程的解决方案。互联网、信息技术确实对于打破时空限制、解决优质教育资源配置不平衡问题有重要作用，但是我们也看到，家庭收入、对技术的认知等差异也导致不同的家庭对技术的使用水平不同，产生了数字鸿沟。随着国家对于"新基建"投入的增加，及各个地方政府对于"新基建"的重视，不同区域的信息技术基础设施和网络环境必将迎来巨大变化，智能终端设备的易用性也会逐渐增强，这将使得我国居民使用智能技术变得越来越便利。未来，技术和智能设备必将在家庭教育中发挥越来越大的作用。

二、技术推动家庭学习环境的演进

家庭学习环境的演进与人类教育发展史密切相关，受家庭教育理念、家庭教育媒体、家庭教育资源、家庭教育技术，以及社会生产力、教育力、学习力的影响。在人类的教育史上，先后出现了体态教育、语言教育、文字教育、电子教育、信息化教育五次教育革命，如今人类正在迈向第六次教育革命——智能教育。每一次教育革命必将引发家庭学习环境的变革。

纵览人类家庭教育史，依据所处的时代，家庭学习环境的演进可以分为五个阶段：史前家庭学习环境、古代家庭学习环境、近代家庭学习环境、现代家庭学习环境、智慧家庭学习环境。① 表 1.5 从教育发展阶段、学习形态、学习媒介、学习资源等方面比较了家庭学习环境演进的五个阶段。

表 1.5　家庭学习环境演进的五个阶段比较

维度	史前家庭学习环境	古代家庭学习环境	近代家庭学习环境	现代家庭学习环境	智慧家庭学习环境
教育发展阶段	体态教育	语言教育、文字教育	电子教育	信息化教育	智能教育、智慧教育
学习形态	体态学习	体态学习、语言学习、简牍学习、纸质学习	体态学习、语言学习、纸质学习、电子媒介学习	体态学习、语言学习、信息化学习、数字化学习	体态学习、语言学习、智能学习、智慧学习
学习媒介	体态	体态、语言、简牍、纸质书	体态，语言，纸质书，唱片、磁带、广播等电子媒体	体态，语言，纸质书、录音机、电视机等电子媒体，计算机等数字媒体	体态，语言，纸质书，智能电视、智能手机、家教机器人等智能媒体
学习资源	体态	简牍、纸质资源	纸质资源，录音、广播节目等电子资源	纸质资源，音频和视频资源、网络资源等数字化资源	纸质资源，网络资源、虚拟资源、3D 资源、仿真资源等智慧化资源

三、智慧家庭学习环境的规划与设计

智慧家庭学习环境是家庭学习环境发展的新形态。智慧家庭学习环境，是以传承中华传统美德、弘扬家文化、践行终身教育为宗旨，以智能家居为

① 王运武，田佳欣，彭梓涵，等.家庭教育何以可能：从书斋、私塾到智慧家庭学习环境 [J].未来与发展，2020（1）：33-41.

基础，利用智能电视、智能手机、平板电脑、笔记本电脑、家教机器人等智能终端，以及家庭教育资源、学校教育资源、社区教育资源等构建的家庭学习空间。

智慧家庭学习环境规划与设计应该遵循五大原则：经济性原则、舒适性原则、简约性原则、创意性原则、智慧型原则。智慧家庭学习环境设计需要突出知识创新的理念，促进家庭学习从知识传播向知识创造转型发展，以建立学习型家庭和创新型家庭。

智慧家庭学习环境的构建应体现四大理念：即得理念、共享理念、集成理念和生成理念。智慧家庭学习环境的构建还应遵循四大原则：实用性原则、先进性原则、高效性原则、扩展性原则。智慧家庭学习环境具有六大功能：学习资源智能推送、学习情境智能感知、无缝衔接智能处理、环境设备智能管控、全面交互智能反馈、实用监控智能可视。智慧家庭学习环境应该能够支持终身学习、舒适学习、深度学习、意义学习和趣味学习。

智慧家庭学习环境由智慧家具、智慧媒体、智慧技术、智慧家教资源、家庭人文环境等要素构成。有研究者综合分析智慧学习环境、家庭基础设施和家居环境，借鉴黄荣怀等提出的智慧教室"SMART"概念模型等，构建了"FAMILY-SMART"概念模型（见图1.5）。①

从技术视野看，智慧家庭学习环境具有智慧呈现（smart showing）、情境感知（context awareness）、智能管理（intelligent management）、即时互动（real-time interactive）、泛在技术（ubiquitous technology）五个维度的特征（简称SMART）。从学习者视角看，智慧家庭学习环境可提供舒服的（comfortable）、独立的（autonomous）、热情的（impassioned）、专心的（concentrative）、放松的（relaxed）、年轻的（young）六个维度的心理体验（简称FAMILY）。

家庭环境通过家庭教育文化创新引领智慧学习环境，智慧学习环境以智慧技术促进家庭环境智慧化。人格教育、知识和技能教育、创新和创造力的

---

① 王运武，田佳欣，彭梓涵，等.家庭教育何以可能：从书斋、私塾到智慧家庭学习环境[J].未来与发展，2020（1）：33-41.

教育共同构成了家庭教育文化。

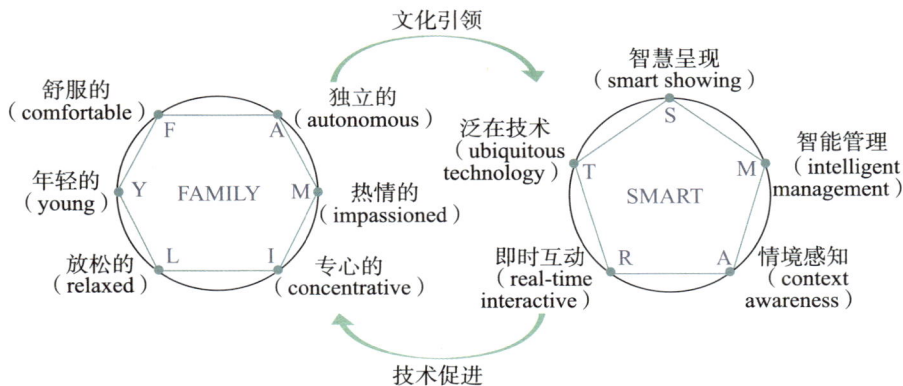

图 1.5 "FAMILY-SMART" 概念模型

专题 2

前沿技术的教育应用

当前，生物技术、神经技术、纳米技术、新能源、信息及移动技术等飞速发展，5G、大数据、区块链、机器人、虚拟现实、人工智能等新一代信息技术正在重新定义人类的知识和能力价值。以人工智能等信息技术为支撑，未来的教育将是人与人工智能的协作，充分发挥机器与人类不同的优势是提高教育生产力的关键。学校和教育机构不再是封闭的社会单元，而是通过网络形成集体智慧聚变的节点。未来教育将基于智能技术，建立促进个性发展的教育体系，开启智慧教育的新阶段。[①]本章主要论述 5G、大数据、区块链、机器人、虚拟现实技术在教育领域中的应用场景和未来展望，以及智能时代的人工智能发展、人工智能与教育相互赋能、人工智能战略布局、人工智能融入学校教育等。

第 1 节　新一代信息技术与教育

一、5G 重塑教育网络环境

5G（"第五代"移动通信技术）是继 4G 之后移动宽带技术发展的新里程

[①] 2020 全球智慧教育大会 "5G 时代的智慧教育" 论坛在北京举行 [EB/OL].[2020–10–12]. http：//news.cssn.cn/zx/xshshj/xsnew/202008/t20200824_5173537.shtml.

碑，是多种无线接入技术演进集成后解决方案的总称。①5G 具有高可靠、低功耗、低时延、大容量、大覆盖、大连接（"一高两低三大"）的特征，它使网络教育质量提升、门槛降低，能够实现人与人、人与物、物与物的全连接，将从根本上改变当前的教育模式。②2019 年 6 月 6 日，工信部正式向中国移动、中国联通等 4 家企业颁发 5G 商用牌照，标志着我国正式启动 5G 商用，开启了 5G 元年。2020 年 5G 成为新基础设施建设的重要内容之一。5G 作为新一代移动通信技术，将使行业发生巨大变革，深刻改变人们的生产方式和生活方式。

（一）5G 在教育领域的应用场景

5G 与产业的迅猛发展，为大力推进"5G ＋教育"奠定了基础，给教育教学形态、教育服务业态等带来新机遇和新挑战。5G 在教育上的应用体现在以下两个方面。

1. 5G 强化智慧学习环境

5G 的核心价值是为人工智能、虚拟现实、云计算、物联网、大数据等新一代信息技术赋能，从而构建万物智联且交融共生的 5G 信息生态系统。③利用 5G 切片技术可构建全连接教育专网，部署整合计算、存储、人工智能、安全能力的教育边缘云，提供具备管理、安全等能力的应用使能平台，建设智慧校园并打造多样化教育应用。5G 新特性助力物联网实现"万物沟通"，能够将教育用户与校园环境、设施、终端、平台有机结合，提高教学管理的信息化能力。未来会有多种形态的智能教学终端全面覆盖智慧教育各大应用场景，为管理者、教师和学生提供数据驱动、个性化和情境化的学习支持服务基础。5G 连接个人计算机、传感器和监控器等，实现物联网相关连接数据的传输，打造智慧互联教室，提供教学全过程数据采集等支持服务；教育评价者可通过多元、多模态的数据采集技术，获取多元复杂的数据，对学习者做

---

① 5G：开辟移动通信新纪元 [J]. 电子世界，2015（19）：15.
② 吕廷杰 . 5G 与产业互联网：重构数字经济生态 [J]. 新经济导刊，2019（3）：53–56.
③ 2020 全球智慧教育大会"5G 时代的智慧教育"论坛在北京举行 [EB/OL]. [2020–10–12]. http：//news.cssn.cn/zx/xshshj/xsnew/202008/t20200824_5173537.shtml.

出立体、多元和复杂的评价。5G 促进了高清视频、VR/AR/MR（虚拟现实 / 增强现实 / 混合现实）的技术升级，实现了课堂实时互动的低时延直播、虚拟名师、教师助手等功能[1]，将减少卡顿、增加课件容量、实现酷炫页面、展示虚拟实验等，为疫情期间学生的居家学习与教学内容高度定制化提供了可能。充分利用 5G 的大容量、低时延、大带宽等特性，可实现按需灵活开课、深度实时互动，推动远程授课的普及应用，从而促进教育质量提升。[2]

2. 5G 促进教育资源优化配置

5G 能够帮助优化配置优质教育资源，促进教育公平。5G 商用的推进，促使偏远地区、乡村地区等更多区域使用 5G 接入互联网，支撑大容量的直播课程资源，使用"互联网 + 教育"平台共享优质教育资源，推进在线教育资源的普惠。5G 可为"专递课堂""名师课堂""名校网络课堂"三个课堂的应用发展提供良好的基础条件，改善远程互动教学的教学体验和教学效果，高效完成跨区域的互动教研交流，提供虚拟和沉浸式的教研活动，助力"名师课堂"高效开展。5G 赋能下的名师课程、数字教育资源将变得更加生动。基于 5G 的全息投影技术，能够顺畅地同时在多个场景中呈现"全息画面"，进行一对多、多对多的高清直播，实现多地区共享优质教育资源，使更多偏远地区、乡村地区的学生享受 5G 技术红利，切实促进教育均衡发展。

（二）"5G+ 教育"的发展与挑战

5G 时代的教育是具有物联化、智能化、感知化和泛在化特征的新型教育形态和教育模式。在 5G 万物互联的教学条件下，超高清视频、VR/AR、虚拟仿真等教学资源将在移动学习、泛在学习与互动学习中发挥重要作用，催生教育新业态。5G 研发已被纳入我国国家战略，国家大力推进 5G 技术开发与创新应用。我国 5G 技术在世界范围内处于领先地位，发挥我国技术优势以引领"5G+ 教育"发展也是一大机遇：利用国家 5G 发展战略，加快 5G 教育创新应用研发；依托世界先进 5G 技术，提升教育信息化基础设施；凭借 5G 泛

---

[1]　邬贺铨 . 5G 上云融智 助力教育创新 [EB/OL]. [2020–10–12]. http : //edu.people.com.cn/n1/2020/0824/c367001-31834175.html.

[2]　中国移动 . 5G+ 智慧教育白皮书 [R]. 2019.

在虚实融合场景，延展校园教育教学空间；借助在线教育优势和经验，优化资源配置和促进教育均衡。

5G 发展面临应用场景的拓展、师生的自然互动、隐私与数据安全、专业人才的缺乏、教育治理的优化等方面的挑战，还需要加强对 5G 应用场景的探索、测试环境建设、集成技术研发、基础设施部署、公共平台构建、技术知识传播等。"5G+教育"将扩大我国现行"互联网＋教育"优势，凭借超高速率等技术特征，使得资源配置更优化，促进教育公平。将来，人人都有机会无缝低时延地连接教育网，实现个性化发展。万物互联将打破学习的时空限制，变革学习方式，推动教育教学形态创新，推进教育系统的整体性变革。

二、大数据技术驱动教育治理与评测精准化

大数据是以体量巨大、类型繁多、存取速度快、价值密度低为主要特征的数据集合。从国家信息化发展战略全局来看，大数据是信息化进程中可被利用的海量数据集合，是信息社会的数据资源总和，包括互联网数据、政府数据、行业数据等。大数据作为新一代信息系统架构和技术，能对大量形式多样的数据进行采集、存储和分析，帮助人们从信息社会的海量数据中发现新知识、创造新价值、提升新能力、形成新业态，提升认识世界和改造世界的能力。[①] 中国已将大数据作为战略资源，将发展和应用大数据技术提升至国家战略规划层面。2015 年 8 月，《促进大数据发展行动纲要》发布，提出全面推进大数据发展，加快建设数据强国。2018 年 4 月教育部发布的《教育信息化 2.0 行动计划》提出实施教育大资源共享计划，利用大数据技术采集、汇聚互联网上丰富的教学、科研、文化资源，为学校、学习者提供海量、适切的学习资源服务；提高利用大数据支撑保障教育管理、决策和公共服务的能力等，助力教育教学、管理和服务的改革发展。

---

① 单志广. 抓住"开放共享"这个关键 [EB/OL]. [2020–10–18].http：//www.gov.cn/zhengce/ 2015–11/ 20/content_5014682.htm.

（一）大数据技术在教育领域的应用场景

基于大数据技术促进教育改革和创新发展成为时代发展的趋势。教育大数据的关键技术包括四类：教育数据挖掘技术、学习分析技术、数据可视化技术、决策支持技术。目前教育大数据技术主要应用在教育治理、教育教学等场景。

1. 大数据技术支持教育治理与决策

教育大数据是学校现代化治理的重要工具，可在管理效率提升、教学效果改善、团队能力汇聚等方面，全方位支持学校的发展。教育大数据驱动国家教育治理能力现代化，建立适应时代发展的新型教育治理体系。利用大数据的思维、方法对海量的、各种来源的、多种类型的教育数据进行汇聚、融合、分析应用，可以为教学活动、教学评价、教育服务、教育决策等教育事务服务，构建一个以大数据为基础的现代化教育治理体系。在大数据的支持下，研究者可以对每个参与教育的个体进行伴随式数据采集，采用科学方法建立数据模型，在此基础上对来源于不同地域、不同时段、不同场景的多元教育数据进行分析，使决策者充分了解教育现状，帮助教育管理者对学校或机构的管理状况进行持续动态监控和综合性评价，从而为教育主管部门与监管机构提供制定政策所需的决策依据[①]，提升政府决策和治理水平。教育大数据应用于教育治理能够提升教育数据质量，保护教育数据隐私安全，保障教育数据合理应用，促进教育数据合法共享。

2. 大数据促进精准化教学

一是利用教育大数据进行差异化教学。差异化教学以学生学习为中心，根据学生个体能力差异采用不同的教学方式，满足学生不同的需求。在传统的教育范式中，教师主要通过自身的教学经验对学生的知识与能力进行判断，制订相应的教学计划，存在主观性和片面性。利用大数据完整和精细地记录学生学习过程、学习行为，采集学习过程数据并进行分析，可帮助教师精准

---

① 沈阳，田浩，曾海军.大数据时代的教育：若干认识与思考：访中国科学院院士梅宏教授 [J]. 电化教育研究，2020（7）：5–10.

掌握总体和个体的学习情况和效果①，开展规模化的授课和差异化指导，实现因材施教。例如，华中师范大学开展大数据应用云课堂实践，形成了教学大数据，通过各项指标的评价与分析，指导教师的教学策略。②

二是教育大数据驱动个性化学习实现。个性化学习针对学生个性特点和发展潜能而采取恰当的起点、方法、内容、进程、评价方式等，促使学生各方面获得充分发展。③利用教育大数据技术对学习者的个体特征和学习状况进行全面分析，可以精细刻画学生特点，洞察学生学习需求，推荐与学习者特征相适配的资源，创设个性化的学习环境和个性化课程，助力个性化学习活动的开展。例如，牛顿（Knewton）公司开发的一个数字平台能够分析几百万名学生（从幼儿园到大学）的学习过程，基于分析设计更加合理的测试题目和更加个性化的课程目标、数字课程、智能数字教科书，适应学生的个性化需求。

三是基于教育大数据开展综合素质评价。伴随素质教育和新高考改革，综合素质评价不断加强，利用大数据技术可以建立更加全面的教学评价体系，构建综合素质评价模型，通过跟踪学生学习的过程、记录学生全方位的行为，获得更多原始基础数据，使评价更加依赖客观数据。基于大数据技术的综合素质评价注重对学生学习过程的考察、对学生综合能力与成长状态的评价，使评价维度更加多元和全面。

（二）教育大数据未来发展趋势

教育大数据为教育变革提供了新的思路和技术支撑，在全方位推动教育变革的同时，也将催生适应时代发展的新型教育治理体系。我国高度重视大数据的基础设施建设，《促进大数据发展行动纲要》中明确提出完善教育管理公共服务平台，推动教育基础数据的伴随式收集和全国互通共享，推动形成

---

① 张力玮，郭伟. 教育大数据：开启教育新时代的钥匙：访首都师范大学远程教育研究所所长、数字化学习实验室主任方海光教授 [J]. 世界教育信息，2018（9）：56-60，66.

② 杨宗凯. 大数据在教育领域的 5 大应用 [EB/OL]. [2020-10-12].http://wlzx.gnun.edu.cn/info/1047/1404.htm.

③ 李广，姜英杰. 个性化学习的理论建构与特征分析 [J]. 东北师大学报（哲学社会科学版），2005（3）：152-156.

覆盖全国、协同服务、全网互通的教育资源云服务体系等重要举措。

教育大数据将成为驱动新一轮教育改革与发展的创新动力。有专家表示，教育大数据将呈现如下发展趋势：教育数据的开放程度不断提升，教育数据资产规模逐渐壮大，教育数据创新应用效应逐步扩大，教育大数据行业生态逐步完善，教育大数据专门人才培养备受重视。而同时，企业等第三方的参与，给予了这个领域更多专业的技术与创新的方式，让大数据和教育的结合有了更多可能。借助大数据的力量，教育正从经验式走向数据驱动式，变得更加科学：教育管理正从不可见、纯经验式走上可视化、数据驱动的发展模式。

三、区块链技术构建安全可信的教育体系

区块链是将密码学、经济学、社会学相结合的一门技术，是分布式数据存储、点对点传输、共识机制、加密算法等计算机技术在互联网时代的创新应用模式[①]，具有去中心化、不可篡改、全程留痕、可以追溯、集体维护、公开透明等特点。区块链的核心技术包括分布式账本技术、非对称加密算法、点对点（Peer to Peer，P2P）传输技术等。区块链能让数据的产生、运行和应用更加公开与透明，具有一定的信息防伪功能，它适用于多个机构之间共享数据或跨组织的业务。2018 年 4 月，教育部发布的《教育信息化 2.0 行动计划》中明确提出要积极探索基于区块链技术的"智能学习效果记录、转移、交换、认证等有效方式"，将技术深度融入教育教学。2020 年 4 月，教育部印发《高等学校区块链技术创新行动计划》，以加快高校区块链技术创新发展，重点提出要开展教育领域区块链关键技术应用研究。区块链技术给当下各行各业带来了颠覆性的变革，其应用逐渐从金融领域延伸至其他领域，教育就是其中之一。

---

① 中国区块链技术和产业发展论坛 . 中国区块链技术和应用发展白皮书（2016）[R]. 2016.

（一）区块链技术在教育领域的应用场景

区块链技术在教育领域有巨大的应用潜力，能够应用于个人、机构、团体、国家、国际等多种层面的不同学习领域。欧盟委员会联合研究中心（European Commission's Joint Research Centre，JRC）《教育中的区块链》（Blockchain in Education）报告描绘了在教育中使用区块链技术的八种理想情景，包括永久保护证书、终身学习护照、跟踪知识产权并奖励知识的使用和再利用等。目前这些情景已开始慢慢实现。区块链技术"不可篡改"的特点能够为经济社会发展中的"存证"难题提供解决方案；利用其"分布式"的特点，可以打通部门间的"数据壁垒"，实现信息和数据共享；利用区块链形成"共识机制"，能够解决信息不对称问题，真正实现从"信息互联网"到"信任互联网"的转变；区块链自动执行"智能合约"，能实现多个主体之间的协作信任，拓展人类相互合作的范围和深度。

1. 区块链技术赋能知识产权保护

区块链技术能促进对知识产权的有效管理。开放教育资源的快速发展，暴露出知识产权、资源版权保护较弱等问题。区块链为维持、跟踪教育资源的版权信息提供了有力的技术支持，利用区块链技术的版权保护机制具有更强的可信度和可操作性，资源的著作信息可记录在区块链上，资源的创作、上传与下载等都可被追溯，进行查询证明，有效解决版权纠纷问题。例如，美国纽约 Mine Labs 公司开发了基于区块链技术的元数据协议，协议通过利用星际文件系统（Interplanetary File System，IPFS），实现对数字资源的版权保护。①

2. 区块链技术有效管理学历证书

区块链技术有助于建立数字证书颁发、存储和认证体系。随着全球教育资源开放程度的持续提升，数字证书不断吸引着学习者的注意力。利用区块链技术将每个证书的发行方、接收者列表和文档签名等一起保存在公共数据库中，为已经存在的数字认证系统赋值，具有难以伪造、不宜销毁的优势，

---

① 李新，杨现民.应用区块链技术构建开放教育资源新生态[J].中国远程教育，2018（6）：58-67，80.

且能保护文档隐私。① 例如，美国麻省理工学院媒体实验室应用区块链技术颁发数字证书，对其全球研究伙伴项目中培训的人才进行认证；霍博顿软件工程学院计划和"比特认证"公司展开合作，同样将区块链技术应用于学习认证机制中。

区块链技术可杜绝学历造假。教育领域存在着证书难以查验真伪、非教育机构证书公信力不高、自主招生的公信力遭到质疑等问题，这些问题的根源在于缺乏一个权威平台。引入区块链技术，构建全新的学历学位证书系统平台，应用区块链去中心化、可验证、防篡改的存储功能，将学历学位证书存放在区块链数据库中，可保证学历学位证书和文凭的真实性。例如，塞浦路斯尼科西亚大学应用区块链技术记录学生的获奖情况，保护学生档案信息。

3. 区块链技术驱动精准教育评价

依托区块链，辅以大数据、人工智能和物联网等先进技术，有助于实现精准的科学评价。区块链技术对学习者资源进行分布式管理和去中心化，学校、教师、学习者和学习资源之间进行点对点的联系和操作，使学校、学生、家长、企业、社会多元主体共同参与评价；区块链技术分布式记录教育数据，帮助存储电子档案，记录并存储学习者的学习过程，包括线上线下、正式与非正式的学习经历，形成个人的电子档案，呈现学习者学习过程和结果的区块链成绩单，涵盖学习者一生的成长经历、学习经历、教师评价等数据，具有长期性和不可篡改性，可促进教育评价数据更加真实、客观、可靠。基于区块链采集学生德育、智育、美育等不同方面的信息并及时反馈，可形成"评价—反馈—改进—评价"这样贯穿整个教育过程的伴随式评价。有效利用这类评价信息，可帮助教师关注到每位学生，因材施教。

（二）区块链技术的应用前景与挑战

区块链技术在教育领域有着极宽广的应用前景。"区块链＋教育"能够重

---

① 鲁昱璇.区块链技术在教育领域的应用：回顾与展望：基于《教育中的区块链》报告的分析 [J].世界教育信息，2019（19）：12-16.

构未来教育，促进教育公平，助力智能教育。① 在与教育结合的场景里，在教育数据确权、流通、共享的过程中，运用区块链技术来建立信用机制，可促进可靠的、可信赖的智慧教育应用。区块链技术使教育数据可追溯、可留痕、不可篡改，可在一定程度上促进教育公平。如果将区块链技术与人工智能、大数据相结合，在保护隐私、合法合规前提下进行使用分析，对教学效率的提升极为有利。

区块链技术的运用存在以下挑战：自身存在安全隐患、成本高、技术推广和运行阻力较大；现存大规模学习服务以集中式为主的情况，与区块链采用的非集中式存在冲突；区块链系统建成后如何维护优化是个问题；旧技术无法与新技术兼容，引发冲突；未来学习模式与区块链技术之间存在矛盾；线上教育与区块链技术之间存在矛盾。要解决以上问题，亟待加强产学研多方协同研究和实践推进，构建"区块链 + 教育"创新应用场景，建立健全人才培养体系，完善相关标准和规范。

四、教育机器人加速教与学创新

教育机器人涉及能够协助进行教学或学习活动的"机器人教育"和具有教育服务智能功能的"教育服务机器人"。教育机器人（educational robotics）是一系列活动、教学课程、实体平台、教育资源或教育哲学。一般来说，模块化机器人和机器人套件是机器人教育中常见的辅助产品。教育服务机器人（educational service robots）是具有教与学智能的服务机器人，支持智能交互、智能操作、多机协作等关键技术研发，通常被用于 STEAM 教育、语言学习、特殊人群学习等主题的辅助与管理中。区别于机器人教育中常见的产品，教育服务机器人具有固定的结构，一般不支持用户自行拆装。② 融合了人工智能、

① 吴永和，程歌星，陈雅云，等 . 国内外"区块链 + 教育"之研究现状、热点分析与发展思考 [J]. 远程教育杂志，2020（1）：38-49.
② 刘德建，黄荣怀，李艳燕，等 . 2019 全球教育机器人发展白皮书 [R]. 北京：北京师范大学智慧学习研究院，2019.

语音识别和仿生科技等多项技术的教育机器人在工业智能制造、批量生产和公众服务等方面发挥着越来越重要的作用，已成为现代科技创新的重要标志，在教育领域亦表现出了应用价值和发展前景。《教育信息化 2.0 行动计划》提出"智慧教育创新发展行动"，强调加强智能教学助手、教育机器人、智能学伴、语言文字信息化等关键技术研究与应用。

（一）教育机器人的应用场景

教育机器人是机器人应用于教育领域的代表，是人工智能、语音识别和仿生技术在教育中应用的典型，以培养学生的分析能力、创造能力和实践能力为目标。

1. 教育机器人辅助教学与管理

《2019 全球教育机器人发展白皮书》提炼出教育机器人在个人、家庭、学校、企业、社会层面的八大应用场域。如表 2.1 所示，教育机器人根据场所的特点发挥其核心价值。学校中的教育机器人是智慧学习环境的重要组成部分，适用于学校的专用教室环境、公共空间环境，也可以作为教师助手支持教学设备使用、提供学习内容、管理学习过程、辅助常见问题答疑、创设 VR/AR 环境等。教育机器人可作为学习伙伴协助管理时间和任务、分享学习资源、激活学习氛围、参与或引导学习互动，为教师教学和学生学习提供支持服务，形成一种新型教学形态。教育机器人激发学生学习智能技术的兴趣和动力，提高学生的信息技术能力和在数字时代的竞争能力。教育机器人还可作为同伴或辅导教师成为"家庭的一员"，协助"在家教育"，包括陪伴、游戏和学习等方面，促进孩子的学习发展和健康成长。智慧学伴的应用可实现全学习过程数据的采集、知识与能力结构的建模、学习问题的诊断与分析、学科优势的发现与增强。基于学情分析，教育机器人可以对学生的学习以及教师的教学、评价、调研、教学管理、教学公共服务提供很好的支撑。人机协作的"双师"模式下的机器人教师能够赋能、使能和增能人类教师，优化教学结构，构建新型师生关系，培养智能时代的学习者和教育者。[①]

---

① 张尧，王运武 . 机器人赋能未来教育的创新与变革：国际机器人教师研究综述 [J]. 开放教育研究，2019（6）：83–92.

表 2.1 教育机器人的八大应用场域

应用场域	说明
个人空间	教育机器人适于个人随身携带，支持学习者在任何环境中使用
家庭空间	教育机器人适用于家庭环境，如家里的客厅、厨房、卧室等
学校一般教室	教育机器人适用于学校的一般教室环境，无需特定的环境或设备配置即可使用
学校专用教室	教育机器人适用于学校的专用教室环境，如音乐教室、语言教室、化学教室、创客教室等
学校公共空间	教育机器人适用于学校的公共空间环境，如走廊、图书馆、体育馆、宿舍等
校外培训场所	教育机器人适用于各类校外教育培训场所，如才艺培训中心、英语补习室、社区大学等
企业培训场所	教育机器人适用于企业内部的专业培训场所，如企业内新进员工教育训练中心、养老院、医疗院所进修中心、灾害救援训练场等
社会公共场所	教育机器人适用于社会各种公共场所，如科技馆、博物馆、餐厅等

2. 机器人教育助力学生核心素养培育

机器人教育通过搭建、编程、运行机器人，研究机器人的结构、原理等，激发学生的学习兴趣，培养学生的综合能力和良好思维习惯。机器人教育是发展学生核心素养的有效途径，核心素养是指学生适应终身发展和社会发展需要的必备品格和关键能力，包括科学精神、学会学习、实践创新等素养。机器人教育鼓励学生勇于探究，激发学生的学习兴趣，鼓励学生发现问题和提出问题，并制定合理的解决方案，培养学生实践创新能力。随着国家基础教育课程改革的不断深入，我国各地区非常重视机器人教育的应用发展，开展了各项比赛活动，还将机器人教育纳入地方课程或校本课程，以促进学习者创新思维、设计思维和计算思维的培养。

（二）教育机器人的实践困境与展望

在人工智能掀起的新一轮技术革命浪潮中，教育机器人迎来了发展高峰期，在技术、功能等方面进步很快。当前，教育机器人作为一个新兴领域，在实践应用中虽然存在缺少顶层设计、缺乏完善的课程标准与评估机制、学习内容比较单一、专业师资力量薄弱等诸多困难，但是随着教育机器人市场需求的日益增加，其发展前景是非常广阔和乐观的。我国重视教育机器人的应用发展，开展了各类比赛，各省份、各地区陆续出台相应政策鼓励教育机器人的应用发展。随着机器人技术的逐步成熟，研究教育机器人已成为一种必然趋势。

未来教育机器人的发展可从需求、社会、技术三个角度寻求突破。从需求视角来看，未来教育机器人的发展要面向全球，设计、开发能够满足不同教育发展水平地区需求的教育机器人产品，细化教育机器人的功能和价值，丰富教育机器人的应用场景。从社会视角来看，未来教育机器人的发展要有明确的教育目标，规定教育机器人所要培养的核心素养，培养师资队伍，设计相应的课程内容。从技术视角来看，未来教育机器人的发展要突破关键技术（包括肢体动作、语音对话、图像识别等交互技术），以实现机器人与机器人、机器人与真人之间如人类般自然地感知与交互，增强教育的适用性，将教育机器人在教学过程中真正能实现的服务功能分解出来，从而更好地为教育教学提供优质服务。①

五、虚拟现实技术塑造沉浸式交互学习体验

虚拟现实（virtual reality，VR）是以计算机技术为核心，结合相关科学技术，生成与一定范围真实/假想环境在视、听、触感等方面高度近似的数字化环境。用户借助必要的装备与数字化环境中的对象进行交互作用、相互影响，产生亲临对应真实环境的感受和体验。VR具有"4I"特征，即沉浸感（immersion）、交互性（interaction）、构想性（imagination）和智能化（intelligence）。常与VR同时出现的还有增强现实（augmented reality，

---

① 李新，李京津，高博俊，等. 教育机器人的研究现状与发展建议：基于 2014~2018 年 Web of Science 核心数据库相关文献分析 [J]. 现代教育技术，2020（1）：5-11.

AR)。增强现实是将计算机生成的数字化对象或环境叠加在用户感知到的现实对象或环境之上,向用户呈现出一种虚实混合的新环境。此外还有增强虚拟(augmented virtuality,AV)和混合现实(mixed reality,MR)等。许多专家认为 VR 是继个人电脑、智能手机之后的新一代计算平台,是包括教育在内的各行业发展的新的信息支撑平台,是互联网未来的新入口和新的社交环境,也是一种新的媒体。2016 年被媒体称作"虚拟现实元年"。教育部印发的《2019 年教育信息化和网络安全工作要点》明确提出"加快推进示范性虚拟仿真实验教学项目建设"。截至 2018 年 3 月,教育部已批准建设了 200 多个虚拟仿真教学中心,支持"虚拟现实仿真 + 教育"的发展。虚拟现实教育在全国教育体系内的推广与应用势在必行。

（一）虚拟现实技术在教育领域的应用场景

中国工程院院士赵沁平在 2020 全球智慧教育大会上致辞,指出虚拟现实技术对现有技术具有颠覆性,将催生新的教育教学方法和模式,"虚拟现实 + 人工智能"有可能成为终极性的教育技术,对未来教育产生深刻的影响。虚拟现实将在多媒体与计算机教学之后重新塑造人们的学习方式,对整个教育领域的变革具有划时代的推动作用。

1. 虚拟现实创设虚拟教学环境

借助 VR 技术可以实现任何设想的教育教学环境,通过与人工智能、大数据结合,可以构造虚拟教室、虚拟教学、虚拟教师,随时随地指导学习,使学习者沉浸式体验学习对象和教学过程,拓展并深化教育信息化的维度和内容。VR 技术的应用场景包括智慧教室、数字化实验室、创客教室、远程教室、VR 校园等。进行智慧教室建设,应用 VR 技术可使课堂教学场景更加逼真、生动;数字化实验室在中小学校里逐渐替代传统实验室,为多学科的智慧课堂提供智能装备,利用 VR/AR 设备,学生可以在虚拟环境下模拟物理、生物、化学等实验,进行现实中难以重复的、具有危险性的、器材损耗高的、难以用肉眼观察的多种实验;创客教室是学生发挥想象力、训练动手能力的重要学习空间,VR/AR 设备主要帮助学生利用虚拟环境进行建模、3D 观察、互动分享等;远程教室主要进行在线学习,利用 VR 技术能够实现更加情景交融的课堂体验；VR 校园是智慧校园的基础，用户可以随时随地线上漫游体验校园及其开放场所，对校园进行全景安全监控等。

2. 虚拟现实技术推动教与学方式的改变

VR 技术应用于教育教学，能够使教学内容和知识可视化，增强学习的沉浸感。通过建设 AR/VR 云平台，开展 AR/VR 云化应用，可将知识转化为数字化的可以观察和交互的虚拟事物，供学习者进行可操作化的系统学习。通过创设情境，教师、学习者和其他参与者投入到可感知的逼真的学习环境，如微观世界的分子与原子运动、历史事件等之中，实现沉浸式的现场学习，充分调动学习者的兴趣。[①] 在虚拟学习环境中，可以学生为主体探究建构知识，促进学生能动地学习。VR 技术可以为学习者提供所需的语言环境，使学生在虚拟游戏场景中学习语言，还可以支持特殊儿童教育，如使用 VR 技术对自闭症学习者进行教学干预等。[②] 基于 VR 技术可以进行可交互的实验教学和技能训练，特别是危险性高的实验操作（如某些电磁实验、激光实验、易燃易爆化学物质合成实验），以及现实生活中不可能真实开展的实验（如体验相对论的世界观和黑洞等），从而大幅强化学习的体验，强化"具身学习"，加速知识的建构。

（二）"虚拟现实 + 教育"的未来发展

经过几十年的发展，VR 技术取得了巨大进步，拓展了人类的感知能力，使各行业得到升级换代式的发展。教育是 VR 技术的一个极有生命力的应用领域，VR 技术是新的强大的教育技术。通过 VR 技术可以实现任何设想的教育教学环境，使学习者沉浸式体验学习对象和教学过程，拓展并深化教育信息化的维度和内容，同时，会催生新的教育教学模式和方法。

智能时代，VR 技术和人工智能技术不断发展与相互渗透，VR 交互的智能化和 VR 对象及内容生产的智能化、自动化也在不断推进。这种融合适用于分布式虚拟仿真条件下的教育场景，可以实现虚拟课堂、虚拟实验、虚拟

① 赵沁平：虚拟现实在教育和培训领域的应用 [J]. 中国教育网络，2018（6）：24-25.
② 刘德建，刘晓琳，张琰，等 . 虚拟现实技术教育应用的潜力、进展与挑战 [J]. 开放教育研究，2016，22（4）：25-31.

培训场景中的智能化交互,促进高阶的探究式、自适应学习,对未来教育产生深刻影响。5G 的普及,将解除制约 VR 发展的数据传输瓶颈,大体量、多内容、高质量的 VR 教育云平台和基于边缘计算的"VR/AR 智能终端"将快速发展,满足大量的 VR 教育教学资源建设和内容开发需求,实现交互式学习。对于 VR 教育教学系统及应用来说,进一步突破如下问题会带来巨大发展:VR 教育应用的需求调研分析,基于 VR 的教学方案及学习活动创意设计,与教学内容相关的新概念数据获取机制与设备研发,与学习过程相关的新交互机制与设备研发,多源数据 / 模型的无缝融合,学习对象的物理、生理建模以及自由交互与实时逼真响应,教育教学应用中人的行为模型研发及模型的可信性度量,VR 教育教学应用效果的评价,等等。这些问题的突破将促进大量优质 VR 教育教学系统在教育教学过程中的应用,催生基于 VR 教育环境的教学方法,推动教育改革与发展。[1]

第 2 节　人工智能技术与教育

新一代人工智能正在全球范围内蓬勃兴起,为经济社会发展注入了新动能,正在深刻改变人们的生产生活方式。把握好这一发展机遇,处理好人工智能在法律、安全、就业、道德伦理和政府治理等方面提出的新课题,需要各国深化合作、共同探讨。中国正致力于实现高质量发展,人工智能发展应用将有力提高经济社会发展智能化水平,有效增强公共服务和城市管理能力。[2] 习近平总书记把创新摆在国家发展全局的核心位置,高度重视人工智能发展,多次谈及人工智能的重要性,为"人工智能赋能新时代"指明方向。

---

① 沈阳,逯行,曾海军.虚拟现实:教育技术发展的新篇章:访中国工程院院士赵沁平教授 [J]. 电化教育研究,2020(1):5-9.
② 习近平致 2018 世界人工智能大会的贺信 [EB/OL]. [2020-10-12]. http://www.xinhuanet.com/politics/2018-09/17/c_1123441849.htm.

一、智能时代的人工智能发展

人工智能技术自 1956 年被提出以来，历经技术起步发展，20 世纪七八十年代专家系统出现、政府投入缩减，和 21 世纪初期提出深度学习等几个阶段的起伏。近几年，随着深度学习算法在语音和视觉识别技术上的重大突破，人工智能技术重新引起了人们的重视。人工智能已被视为推动现代社会进步的核心技术力量之一。人工智能技术已经开始服务于工业、经济、农业、环境、医疗、教育等众多领域，切实推动了社会的进步。世界上很多国家都在思考智能时代智能技术有哪些创新，人工智能技术对经济发展和劳动力市场有怎样的影响，人工智能技术将给各行各业带来什么冲击，人类行为将发生怎样的改变。

（一）智能时代特征

人工智能是研究、开发用于模拟、延伸和拓展人的智能的理论、方法、技术及应用系统的一门技术科学。人工智能是计算机科学的一个分支，20 世纪 70 年代以来被称为世界三大尖端技术（空间技术、能源技术、人工智能）之一，也被认为是 21 世纪三大尖端技术（基因工程、纳米科学、人工智能）之一。因为近三十年来的迅速发展，人工智能在很多学科领域都获得了广泛应用。人工智能涉及计算机科学、脑科学、心理学、哲学和语言学等学科。斯坦福人工智能百年研究项目组发布的《2030 年的人工智能与生活》（Artificial Intelligence and Life in 2030）报告列举了人工智能热门研究领域：大规模机器学习、深度学习、强化学习、机器人、机器视觉、自然语言处理、协同系统、众包和人类计算、算法博弈理论与计算机社会选择、物联网、神经形态计算等。

以人工智能技术为代表的前沿技术的应用将深刻影响人类社会、经济、文化、教育、医疗、生产、消费、娱乐等方方面面，智能时代将会是一个人机协同、跨界融合、共创分享的时代，生产、分配、交换、消费等经济环节深刻变化。新技术、新产业、新业态、新模式不断涌现，对社会经济产生颠覆性的影响。智能时代具备如下特征。

第一，智能时代，受到大数据、算法、互联网、物联网等技术进步的影响，生产、分配、交换、消费等经济环节发生巨大变化，生产效率、资源利用率、资源分配效率将会大大提高，消费习惯和方式发生改变。人工智能技术与各个产业领域将深度融合，引领产业向价值链高端发展。

第二，智能时代，机器人、机器视觉、语音识别、机器自动化等技术的发展将使大量人工工作被替代，在提高生产效率的同时也将倒逼劳动力市场发生变化，对人才的需求也会随之变化，人工智能、自动化生产会替代很多职业，但是未来能够深度思考、分析问题、掌握人机对话能力的人才将更具竞争优势。

第三，智能时代呈现出数据规模增加、计算能力增强和行业应用能力提升等显著特征。随着各种"模拟"数据的数字化，产生了面向系统和人类过程行为的海量数据，数据规模快速增加。得益于硬件计算性能的快速提高，人工智能计算能力大幅度提升，使其应用程序能够处理超大规模的数据。人工智能技术在金融、医疗、自动驾驶、安防、家居以及营销等领域已落地生根，创造出巨大的商业价值。

第四，智能时代，大数据、虚拟现实等技术的快速发展将带来数据安全、社会伦理以及法律问题，人工智能技术的误用、滥用可能导致信息泄露、决策受到干预、行为受到牵制，甚至可能导致智能武器军备竞争，所以相关法律法规的配套对于人工智能的积极发展非常重要。

（二）人工智能技术

1. 人工智能与教育人工智能

人工智能是利用机器学习和数据分析方法赋予机器模拟、延伸和拓展类人的智能的能力，本质上是对人类思维过程的模拟。

教育人工智能是人工智能与教育科学、教育技术学、学习科学、教育神经科学等交叉而形成的研究领域。教育人工智能的本质是人工智能与教育领域的深度融合，促使学习、教学和管理更加智能化，让未来的教育真正拥有"智慧"。人工智能的迅速发展及其在教育领域的深入应用，将会在很大程度上提升教育的智慧化水平。随着人工智能的发展，未来的计算机将可能不被视为工具，而是作为"大脑的第三个半球"，人与设备之间将会建立平等、共生的伙伴关系。

2.人工智能核心技术

（1）计算机视觉。计算机视觉是指计算机从图像中识别出物体、场景和活动的能力。计算机视觉技术运用由图像处理操作及其他技术所组成的序列来将图像分析任务分解为便于管理的小块任务。比如，一些技术能够从图像中检测到物体的边缘及纹理，分类技术可被用来确定识别到的特征是否能够代表系统已知的一类物体。

计算机视觉有着广泛应用。其中包括：医疗成像分析被用来提高对疾病的预测、诊断和治疗能力；人脸识别被用来自动识别照片里的人物，在安防及监控领域被用来指认嫌疑人；消费者可以用智能手机拍摄下商品，通过图像识别与智能搜索获得更多购买选择。

（2）机器学习。机器学习指的是计算机系统无须遵照显示的程序指令，而只依靠数据来提升自身性能的能力。其核心在于，机器学习是从数据中自动发现模式，模式一旦被发现便可用于预测。比如，给予机器学习系统一个包含交易时间、商家、地点、价格及交易是否正当等信用卡交易信息的数据库，系统就会学习到可用来预测信用卡欺诈的模式。系统处理的交易数据越多，预测就会越准确。

机器学习的应用范围非常广泛，针对那些产生庞大数据的活动，它几乎拥有改进一切性能的潜力。除了欺诈甄别之外，这些活动还包括销售预测、库存管理、石油和天然气勘探，以及公共卫生等。机器学习技术在其他认知技术领域也扮演着重要角色，比如计算机视觉，它能从海量图像中通过不断训练和改进视觉模型来提高其识别对象的能力。

（3）自然语言处理。自然语言处理是指计算机拥有的人类般处理文本的能力，比如，从文本中提取意义，甚至从那些可读的、风格自然、语法正确的文本中自主解读出含义。自然语言处理系统并不了解人类处理文本的方式，但是它可以用非常复杂与成熟的手段巧妙处理文本，例如自动识别一份文档中所有被提及的人与地点，识别文档的核心议题，或者在一堆仅人类可读的合同中，将各种条款与条件提取出来并制作成表。①

（4）机器人。将机器视觉、自动规划等认知技术整合至尺寸极小却性能极高的传感器、制动器以及设计巧妙的硬件中，这就催生了新一代的机器人。它有能力与人类一起工作，能在各种未知环境中灵活处理不同的任务，例如无人机以及可以在车间为人类分担工作的协作机器人（cobots）等。

（5）语音识别。语音识别主要是关注自动且准确地转录人类语音的技术。该技术必须面对一些与自然语言处理类似的问题，如在处理不同口音、消除背景噪声、区分同音异形/异义词（"buy"和"by"听起来是一样的）方面的困难，同时还需要具有跟上正常语速的工作速度。语音识别系统使用一些与自然语言处理系统相同的技术，再辅以其他技术，比如描述声音和其出现在特定序列与语言中概率的声学模型等。语音识别的主要应用包括医疗听写、语音书写、电脑系统声控、电话客服等。

3. 人工智能发展历程

人工智能主要是研究和开发用于模拟、延伸和扩展人类智能的理论、方法、技术及应用系统。自 1956 年达特茅斯会议提出"人工智能"一词以来，人工智能共经历了三次发展浪潮，如图 2.1 所示。

注：· 图灵测试：测试机器是否具备人类智能的方法。
 · Lisp：一种函数式程序设计语言。
 · ELIZA：一种自然语言处理程序。
 · Prolog：一种逻辑编程语言。
 · 脑计划：美国白宫资助的神经系统科学计划。
 · Perception：神经网络的"感知机"学习算法。
 · BP 算法：神经网络中的反向传播学习算法。
 · 贝叶斯网络：基于概率推理的图形化网络。
 · 深度学习：基于对数据进行表征学习的方法。
 · 机器学习：能通过经验自动改进的计算机算法。

图 2.1　人工智能发展概貌②

---

① 人工智能时代，所需要了解人工智能的基本常识 [EB/OL]. [2020–10–12]. https：//blog.csdn.net/duo-zhishidai/article/details/84947920.

② 刘德建，杜静，姜男，等 . 人工智能融入学校教育的发展趋势 [J]. 开放教育研究，2018（4）：33–42.

第一次浪潮：1956 年至 1966 年。标志是在美国达特茅斯会议上确立"人工智能"术语，开创人工智能研究领域。这一时期的研究重点是符号推理与机器推理。20 世纪 70 年代后，硬件计算能力不足和数据局限性等问题，使一些人工智能研究项目遭到质疑，美国和英国政府相继中断了对人工智能探索性研究的资助，其发展进入第一个"寒冬期"。

第二次浪潮：1976 年至 1986 年。多国设立大型人工智能项目，促进人工智能的发展。如日本的 ICOT 项目、美国的 MCC 项目和英国的 Alvey 项目。这一时期出现了语音识别、语音翻译计划及日本第五代计算机。20 世纪 90 年代后期，由于难以将人工智能技术成功应用于实际生活，经过短暂发展后的人工智能又一次进入滞缓的"寒冬期"。

第三次浪潮：2006 年至今。标志是欣顿（Geoffrey Hinton）提出的深度学习技术及 ImageNet 竞赛中图像识别技术的突破，尤其是美国脑计划、欧盟人类脑计划、中国《新一代人工智能发展规划》的制定，使新一代人工智能受到广泛关注，相应研究取得了实质性进展，人工智能应用范围和前景广阔。

从历史来看，人工智能的发展总体上呈"螺旋上升"的态势，每一次进步离不开技术的发展和国家政策的影响，技术的进步与发展反过来影响国家政策的出台。长远来看，科学技术和国家政策仍将是人工智能持续发展的影响因素。

（三）人工智能发展趋势

经过 60 多年的演进，特别是在移动互联网、大数据、超级计算、传感网、脑科学等新理论、新技术以及经济社会发展强烈需求的共同驱动下，人工智能加速发展，呈现出深度学习、跨界融合、人机协同、群智开放、自主操控等新特征。[①] 新一代的人工智能主要是大数据基础上的人工智能。国际上普遍认为人工智能有三类：弱人工智能、强人工智能和超级人工智能。[②] 弱人工智能就是用来改善经济社会发展中生产、分配、交换、消费等社会活动的

① 参见《新一代人工智能发展规划》。
② 新一代人工智能具有五大特点 [EB/OL]. [2020-10-20]. http://www.most.gov.cn/xinwzx/xwzx/twzb/fbh17072101/twzbzbzy/201707/t20170724_134187.htm.

智能化相关技术和功能，智能技术解决特定的具体任务或问题，还没有达到模拟人脑思维的程度。强人工智能是非常接近人类智能的技术，可以理解和解决复杂问题，进行抽象思维，包括语言、认知、学习、推理创造和计划能力，需要数学、脑科学、计算机、自动化等科学技术的突破发展。超级人工智能需要在脑科学和类脑智能有极大的发展后，产生所有领域都超过人类大脑的超强智能技术系统。目前，人类已经掌握了弱人工智能，朝着强人工智能迈进。《新一代人工智能发展规划》中提到新一代人工智能相关学科发展、理论建模、技术创新、软硬件升级等整体推进，正在引发链式突破，推动经济社会各领域从数字化、网络化向智能化加速跃升。所以，新一代人工智能发展呈现如下趋势。

第一，技术层面，根据《2018 世界人工智能产业发展蓝皮书》的统计，1999—2017 年，在全球人工智能领域中，图像识别、生物特征识别、语音识别、语音合成、自然语音理解、机器学习等主要技术分支的专利申请量超过 10 万项。中国人工智能专利申请总量自 2010 年起显著增长，2014 年以来增速大幅提高。国家知识产权局发布的《2017 年我国人工智能领域专利主要统计数据报告》显示，2017 年我国人工智能发明专利授权量为 6475 件。人工智能已经从单一的智能转向集成功能的技术研发，比如人们最常应用的智能手机集成了音频、视频、语言识别、照相、图像处理等多种功能，智能穿戴设备、智能机器人也开始应用并推广。

除了人类智能，仿生科学和计算机结合是人工智能最可能的切入点。与人类相比，一些动物具备更强的感知系统，比如候鸟的磁定位、鹰的远视力。仿生领域人工智能刚刚起步，将来其应用范围非常广阔。

第二，经济层面，人工智能将成为经济发展的新引擎。人工智能将重构生产、分配、交换、消费等经济活动各环节，深刻改变人类生产生活方式和思维模式，实现社会生产力的整体跃升。加快人工智能深度应用，壮大人工智能产业，将为经济发展注入新动能。人工智能在零售、交通运输和自动化、制造业及农业等各行业垂直领域也具有巨大的潜力，对文化、游戏、物流等现代服务业也会产生深刻影响，促进相关产业发展。但是，智能时代技术的快速发展也会带来劳动力市场的改变和贫富差距拉大的风险。

第三，社会层面，人工智能带来社会发展的新机遇。人工智能技术在教育、医疗、养老、环境保护、社会安全等社会民生领域的广泛应用，将极大提高公共管理服务水平，提高民生服务效率，为社会公众创造更好的服务体验，在推动社会民生改善方面发挥越来越重要的作用，对于我国建设智慧社会有重要意义。

二、人工智能与教育相互赋能

（一）人工智能变革教育成为国际共识

习近平总书记在给国际人工智能与教育大会致贺信时指出：中国高度重视人工智能对教育的深刻影响，积极推动人工智能和教育深度融合，促进教育变革创新，充分发挥人工智能优势，加快发展伴随每个人一生的教育、平等面向每个人的教育、适合每个人的教育、更加开放灵活的教育，中国愿同世界各国一道，聚焦人工智能发展前沿问题，深入探讨人工智能快速发展条件下教育发展创新的思路和举措，凝聚共识、深化合作、扩大共享，携手推动构建人类命运共同体。

随着新一代科技革命的推进，人工智能作为智能技术的代表，对人类的工作、生活和学习都产生了重大的影响。利用人工智能破解教育变革难题，实现人工智能与教育相互赋能的问题，引起了全球的广泛关注和讨论。在可持续发展需求和新一轮科技革命双重驱动教育变革的背景下，人工智能与教育相互赋能成为时代命题。在迈向人工智能时代的关键时期，联合国教科文组织 2019 年 5 月在北京举办了首届国际人工智能与教育大会，并形成成果文件《北京共识》。该文件围绕政策制定、教育管理、教学与教师、学习与评价、价值观与能力培养、终身学习机会、平等与包容地使用人工智能、性别平等、伦理问题、研究与监测十个议题规划了人工智能时代的教育。[①]

---

① 张慧，黄荣怀，李冀红，等 . 规划人工智能时代的教育：引领与跨越：解读国际人工智能与教育大会成果文件《北京共识》[J]. 现代远程教育研究，2019（3）：3-11.

走进智能时代，我国教育部门高度关注人工智能给教育带来的巨大影响及问题和挑战。踏踏实实走好未来智能教育发展之路需重视以下四个方面。一是普及之路。要把人工智能知识普及作为前提和基础，让学生对人工智能有基本的意识、概念和兴趣，培养教师适时开展智能教育的能力，全面提升学生人工智能素养。二是融合之路。要立足人才培养、科学研究和教育管理的实际需求，建立起教育与人工智能产业的对接对话机制，将产业界的创新创造及时转化为教育技术新产品，提供更多更优的人工智能教育基础设施。三是变革之路。要发挥好、利用好人工智能技术在推动学校教育教学变革、推动学校治理方式变革、推动终身在线学习中的作用。四是创新之路。要把科技创新作为引领力量，深入开展智能教育应用战略研究，探索智能教育的发展战略、标准规范以及推进路径。

（二）人工智能赋能教育变革

当前社会正处于教育系统变革的关键时期。联合国教科文组织提出的可持续发展目标 4 可作为教育变革的主要方向，即构建包容和公平的高质量教育和面向所有人的终身学习机会。各国教育机构应该规划好人工智能与教育融合的路径，提升课堂教学方式的灵活性，培养学生学习的自主性，实现教育教学资源的多样性，确保教学环境的可靠性，增加教育支持服务的广泛性。

为充分发挥人工智能推动教育变革的潜能，联合国教科文组织举办了多次全球性的会议，以期达成国际共识。通过对"人工智能时代所需的技能""人工智能最新趋势对教育和学习的影响""在教育中公平包容地使用人工智能""利用人工智能实现可持续发展目标 4 的国家政策和战略"，以及"加强国际合作和伙伴关系"等议题的探讨，联合国教科文组织致力于实现适合每个人的、终身的、更加开放灵活的教育愿景。

可持续发展与新一轮科技革命正在驱动教育变革。如图 2.2 所示，可持续发展孕育了新的教育需求，新一轮科技革命促进了社会变革，进而促进了教育变革，从而影响政策制定、价值观与能力培养、伦理问题、研究与监测等。人工智能尤其会对教育管理、教学与教师、学习与评价、终身学习机会等产生重要影响。

cdcd

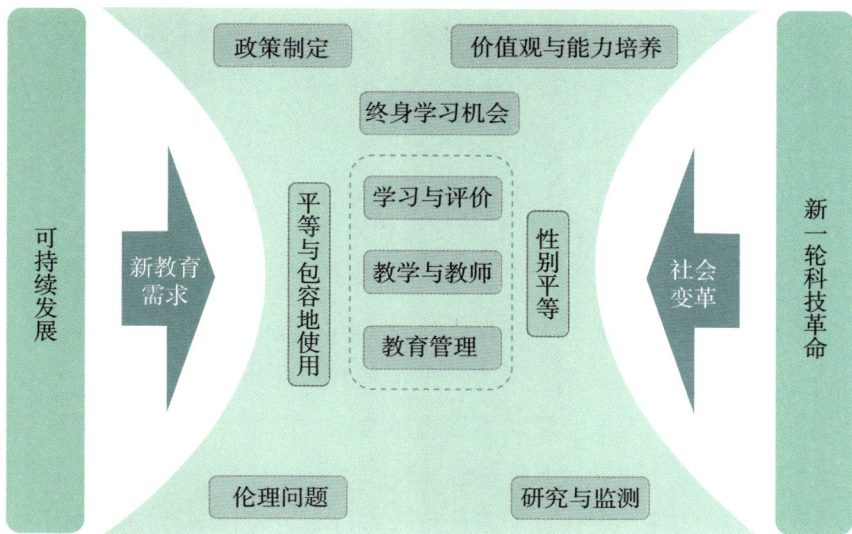

图 2.2　可持续发展与新一轮科技革命驱动的教育变革 ①

　　科技革命给人类世界带来翻天覆地的变化，给各行各业带来了革命性影响；同样，技术的发展正在促进教育发生变革。信息技术正在改变教育的时空关系（因信息的及时可达性而突破教育的时空限制）、教育者与受教育者的关系（因信息的高度对称而打破教育的知识传播平衡）和教育组织形态（因信息的快速扩散性而打破学校教育的"唯一"性，家庭和社会对学生的影响日趋加大）。问题解决与批判性思维能力、通过网络合作与通过影响力领导、信息的获取与分析能力、灵活性与应变力、首创精神与创业能力、有效的书面与口头沟通能力、好奇心和想象力，是信息时代人才必备的七项基本生存技能。②

　　教育系统作为一个复杂系统，其变革不可能一蹴而就。教育系统变革的过程是动态复杂的，并且充满了不确定性。教育系统变革是从深入思考学校与社会发展的关系入手，分析社会发展的规律和趋势，着眼于教育范式的改变。随着工业时代向信息化时代迈进，教育目的也从大众教学、分类教育转

①　张慧，黄荣怀，李冀红，等 . 规划人工智能时代的教育：引领与跨越：解读国际人工智能与教育大会成果文件《北京共识》[J]. 现代远程教育研究，2019（3）：3–11.
②　黄荣怀 . 教育信息化助力当前教育变革：机遇与挑战 [J]. 中国电化教育，2011（1）：36–40.

向实现学生的知识掌握、个性化发展。一方面，教育应用场景的复杂性以及学生的个性化需求为人工智能与各项新兴技术的融合提供了外因；另一方面，每项新兴技术均有其潜在的能力，技术之间的融合发展将能够开辟新的增长源泉，这是其融合的内因。其中，人工智能与沉浸式媒体的融合成为构建智慧学习环境的新兴关键技术之一。

人工智能赋能教育变革的核心价值主要体现在以下四个方面。①

第一，人工智能改变学习，助力个性化培养。人工智能可以有效支持自主探究和协作学习，使学习方式从统一步调、统一方式、统一评价的班级"集体学习"向个性化学习转变。在一些学校和校外的辅导机构中，人工智能已经可以根据学生的需求，帮助学生选择地点、资源、学习方式，甚至选择教师，为其提供额外辅导、课程资源和支持服务。在某些学校，人工智能已经可以帮助学生实现自主探究学习，有效支持小组合作学习，比如通过"试错学习法"，提升学生的探究学习能力。人工智能可以为每个学生"画像"，记录学习计划和成长轨迹，识别学生的长处、弱点和学习偏好。人工智能还可以帮助教师梳理辅导学生的经验，包括资源遴选和路径选择等，以实现个性化学习的规模化效应。②

第二，人工智能赋能教学，减轻教师负担。人工智能可以为教师创造一个更好的专业环境，让他们为有困难的学生提供更多的支持。"双师模式"是目前比较典型的做法，即教师和虚拟教学助理并行工作，助理可以完成教师的一些机械重复工作，如作业批改、简单测试、资源寻找等，也可以帮助管理教师的日常任务，使他们有更多时间专注于一对一的交流。

第三，人工智能优化管理，改善学校治理。在各级教育部门治理方面，采用基于证据的方法，整合人工智能技术，可以优化教育数据收集和处理，增强基于数据的教育治理。例如，应用智能技术来分析和动态模拟学校布局、教育财政、就业渠道、招生选拔等教育子系统及其关系的演变过程，为国家

① 黄荣怀：人工智能变革教育已成全球共识 [EB/OL].[2020-10-20]. https：//www.sohu.com/a/3433
80771_100017903.
② 余明华，冯翔，祝智庭.人工智能视域下机器学习的教育应用与创新探索 [J].远程教育杂志，
2017（3）：11-21.

教育制度、学校管理制度及教学制度提供改革方案和决策依据。利用人工智能在学校、区域、国家和全球等范围内收集、分析教育数据，可以实现全面创新人才培养制度，同时促进区域之间、城乡之间和学校之间的教育均衡。

第四，人工智能提供终身学习的机会。基于人工智能的在线学习平台和基于数据挖掘的学习者分析是建构终身学习系统的关键技术，它们为成人学习者提供了持续扩展未来技能和知识的机会。

（三）智能时代的教育新特征

智能时代的来临，让传统的教育教学方式面临前所未有的挑战。在这个人机协同、跨界融合、共创分享的时代，传统的生产方式、经济结构、社会结构、职业分工正在发生重大调整，教育也必须与时俱进。在可预见的未来，人工智能是实现教育生态重构的有效手段。我们应该理性推进人工智能与教育融合共生，让人工智能与教育共同赋能未来，实现智慧教育。

智能时代的教育呈现出以下新的发展特征。第一，智能时代，技术不再是简单的工具，而是推进教育变革的动力和路径。人机交互、共创分享的理念将给教育带来系统性变革，影响课程体系、教学模式、教师角色等方面。第二，智能时代，要将自然科学与社会科学的研究方法结合起来，把教育科学研究与前沿技术研究相结合，把理论技术研究与教育教学的实际需求相结合，融入我国自身的文化特点，集智创新、共建共享，推动实现人的全面自由和个性化发展。第三，智能时代，知识的获取将变得更加触手可及，弱势群体的受教育权利将得到更充分的保障，教育的发展将使知识的创造更加普及。同时，需要关注智能教育的普惠性，智能技术应当成为解决教育不平衡问题的重要方法，而不应使智能教育成为少数人的特权。第四，智能时代的到来，将伴随着大量数据和算法的产生，而人工智能的发展将会进一步模糊人类社会与物理空间和信息空间的界限，从而衍生出一系列伦理、法律及安全问题。要高度重视人工智能技术可能带来的安全风险挑战，进一步明确理念规范，注重社会价值引导，加强前瞻预防和约束，保障数据安全和算法公平，确保人工智能安全、可靠、可控发展。①

三、人工智能战略布局

人工智能是新一代科技革命的核心技术，深刻影响人类的生产生活方式，也会给世界各国的政治、经济、文化带来影响。为了适应全球新一轮的科技革命，基于人工智能蕴含的巨大价值，多个国家和地区已制定了人工智能发展的战略和规划，加快人工智能技术研究及其产业布局。

（一）世界主要国家和地区的人工智能战略布局

2013年以来，全球掀起人工智能研发高潮，中国、俄罗斯、美国、日本、英国、德国等纷纷出台了相关战略、计划（见表 2.2），将人工智能上升为国家战略，力争抢占人工智能制高点。人工智能成为国际竞争的新焦点、经济发展的新引擎、社会建设的新机遇，引发了人机共生新生态。同时，人工智能技术的快速发展和应用也给人类社会带来新挑战。

表 2.2　世界主要国家和组织人工智能战略

时间	国家和组织	战略文件	关于教育的主要内容
2015 年	中国	《中国制造2025》	通过"三步走"实现制造强国战略目标。确定了四项原则、五条方针（创新驱动、质量为先、绿色发展、结构优化和人才为本）。实施五大工程，包括制造业创新中心（工业技术研究基地）建设工程、智能制造工程、工业强基工程、绿色制造工程和高端装备创新工程。确定了十大重点领域，包括新一代信息技术产业、高档数控机床和机器人、航空航天装备、海洋工程装备及高技术船舶、先进轨道交通装备、节能与新能源汽车、电力装备、农机装备、新材料、生物医药及高性能医疗器械。

① 教育部科技司司长雷朝滋：智能时代的教育变革 [EB/OL]. [2020–10–12]. http://www.edu.cn/xxh/focus/li_lun_yj/201908/t20190801_1676486.shtml.

续表

时间	国家和组织	战略文件	关于教育的主要内容
2016 年	中国	《"十三五"国家科技创新规划》	迈进创新型国家行列；构筑国家先发优势；增强原始创新能力；拓展创新发展空间；推动大众创业、万众创新；全面深化科技体制改革；加强科普和创新文化建设；强化规划实施保障。
2017 年	中国	《新一代人工智能发展规划》	智能教育。利用智能技术加快推动人才培养模式、教学方法改革，构建包含智能学习、交互式学习的新型教育体系。开展智能校园建设，推动人工智能在教学、管理、资源建设等全流程应用。开发立体综合教学场、基于大数据智能的在线学习教育平台。开发智能教育助理，建立智能、快速、全面的教育分析系统。建立以学习者为中心的教育环境，提供精准推送的教育服务，实现日常教育和终身教育定制化。
2016 年	美国	《为人工智能的未来做好准备》	人工智能的快速发展提高了对拥有相关技能人才的需求，人工智能相关知识和教育培训越发成为教育计划强调的重点。人工智能教育是"全民计算机科学行动计划"的一部分，旨在让从幼儿园到中学的所有美国学生学习计算机科学。
2016 年	美国	《国家人工智能研究与发展战略计划》	人工智能增强的学习型学校随处可见，通过其自动化辅导能促进学生的发展。人工智能辅导员可作为面授教师的补充，还可以因材施教。人工智能工具可以促进终身学习并让所有社会成员获得新技能。
2016 年	美国	《人工智能、自动化与经济》	为未来的工作教育和培训美国人。未来低技术含量的工作将会逐渐减少。政策制定者需要提高美国人的基础数学能力。在数学、计算机科学等与人工智能密切相关的学科上提高学生们的认知和学习水平尤为重要，因此，美国必须在这些学科教育领域进行投资，从而提高教育质量。
2014 年	欧盟	《2014—2020欧洲机器人技术战略》	为了保持和扩大欧洲的领导地位并确保欧洲的经济和社会影响，欧盟委员会与欧洲机器人协会合作完成了该计划。在运行模式上采用 PPP 方式，使该计划成为世界上最大的民间资助机器人创新计划。

时间	国家和组织	战略文件	关于教育的主要内容
2014 年	欧盟	《地平线 2020 战略——机器人多年发展战略图》	"地平线 2020"是欧盟各国的合作计划，这是它的行动路线图。从这个计划中可以看到机器人的部分，也有市场设定的要求。另外也有一些技术，这些技术是在驱动能力的发展，以满足市场提出的需求。
2016 年	欧盟	《就机器人民事法律规则向欧盟委员会提出立法建议的报告草案》	欧盟开始考虑针对机器人和人工智能出台民事法律，并为人工智能研发和审查人员制定伦理守则，确保在整个研发和审查环节充分考虑人类价值，使最终面向消费者和社会的机器人能够符合人类利益。
2016 年	欧盟	《欧盟机器人民事法律规则》	积极关注人工智能的法律、伦理、责任问题，建议欧盟成立监管机器人和人工智能的专门机构，制定人工智能伦理准则，赋予自助机器人法律地位，明确人工智能知识产权等。
2018 年	欧盟	《欧盟人工智能》	描述了欧盟在国际人工智能竞争中的地位，并制定了欧盟人工智能行动计划，提出三大目标：增强欧盟的技术与产业能力，推进人工智能应用；为迎接社会经济变革做好准备；确立合适的伦理和法律框架。
2018 年	欧盟	《人工智能协调计划》	该计划主要在以下四个关键领域发力：增加投资、提供更多数据、培养人才和确保信任。在计划下还提出联合行动，以促进成员国之间以及成员国与挪威和瑞士之间更密切和有效的合作。按照计划，"人工智能欧洲制造"有两大关键原则。一是"设计伦理"（ethics by design），即人工智能设计必须在《通用数据保护条例》基础上，遵守伦理和法律原则、竞争法等。二是"设计安全"（security by design），即人工智能在设计之初必须考虑保护网络安全和有利于相关执法活动的便利化。

续表

时间	国家和组织	战略文件	关于教育的主要内容
2014 年	德国	《新高科技战略——德国创新》	高质量技术人才是国家发展、繁荣和进步的核心。女性技术人员是最大的未被开发的潜力群体，其他这样的群体还包括老年技术人员、移民和走出校园刚开始工作的年轻人。联邦政府主要通过以下方式保证技术人员供给：激活岗位与就业、提高家庭与工作的兼容性、保证人人都有教育机会、资质培训／教育、吸收有资质移民。"工作起步者＋"项目帮助中小企业吸引大学辍学者加入它们的培训。已经提交的《联邦教育与培训协助法案》的修正案将大幅增加对大学生的学习资助。为吸引国外的技术人才，门户网站"成功在德国"和"研究在德国"专门提供在德国工作和生活的信息，并不断优化自带的试点项目。
2018 年	德国	《联邦政府人工智能战略要点》	文件提出，当前亟须采取的措施包括：为人工智能相关重点领域的研发和创新转化提供资助；优先为德国人工智能领域专家提高经济收益；同法国合作建设的人工智能竞争力中心要尽快完成并实现互联互通；设置专业门类的竞争力中心；加强人工智能基础设施建设；等等。
2013 年	法国	《法国机器人发展计划》	机器人被认为是未来关键的技术之一。法国立志在 2020 年来临之际成为全球在个人和专业级的服务型机器人领域排名前五的国家，在协作机器人和智能机领域输出"法国制造"并在未来几年内增加其市场份额。
2017 年	法国	《国家人工智能战略》	预定在 2022 年以前斥资 6.65 亿欧元，利用法国在数学研究方面的优良传统，把人工智能发展提升到全球最高水平。 高等教育、研究及创新部部长和负责数字化事务的国务秘书一起公布了计划的目标是"和德国及欧盟一起，在人工智能发展方面能够与中国和美国竞争"。
2018 年	法国	《法国人工智能发展战略》	旨在制定法国在人工智能领域的发展计划。基于对医疗健康、自动驾驶和交通出行等与人工智能密切相关部门的深入调研，形成成果报告，对具体政策提出超过 50 项建议，涉及从研发到技术培训等多个领域。

时间	国家和组织	战略文件	关于教育的主要内容
2016 年	英国	《机器人技术和人工智能》	英国下议院科学与技术委员会试图通过调查研究了解机器人和人工智能的潜在价值，带来的潜在问题，及需要预防、监管的方面。该调查得到了政府机构、学术界、行业代表、相关非政府组织的积极响应。委员会从以下三个方面对反馈意见进行分析总结，并就英国政府应采取的措施提出建议：机器人和人工智能带来的经济与社会影响；机器人和人工智能可能引发的道德与法律问题及应有的监管措施；机器人与人工智能的研究、资助和创新前景。
2016 年	英国	《人工智能：未来决策的机会与影响》	阐述了人工智能的未来发展对英国社会和政府的一些影响，论述了如何利用英国独特的人工智能优势，增强英国国力。
2017 年	英国	《在英国发展人工智能》	对当前人工智能的应用、市场和政策支持进行了分析，从数据获取、人才培养、研究转化和行业发展四个方面提出了促进英国人工智能产业发展的重要行动建议，指出工业界应该赞助主要的学生项目，帮助学生攻读人工智能领域硕士课程，政府和大学应该至少在领先的大学设立 200 个专门的博士学位名额，大学应该鼓励发展人工智能、慕课和在线持续专业发展课程。
2018 年	英国	《人工智能行业新政》	该计划是英国政府工业战略的一部分，旨在推动英国成为全球人工智能领导者。
2015 年	日本	《机器人新战略》	培育机器人系统集成、软件等信息技术人才，以及机器人革命所需的关键性人才。首先是以系统集成商为主，通过实际项目，为相关人才增加现场安装机器人的机会，通过实际项目培训来培育系统集成人才。目前应用机器人的生产线设计需要具备技术与经验的高级人才，要充分增加这些高级人才的储备。此外，要运用职业培训以及职业资格制度支持系统集成人才培育、研究机构或者大学的相关人才的教育培育。新创业人才的扶持政策等，也要立足于中长期目标。制定机器人的研发与安装实施的专业人才的培育政策。培育专业人才的同时，还要充分注意信息安全的保障。

续表

时间	国家和组织	战略文件	关于教育的主要内容
2017 年	日本	《人工智能技术战略》	阐述了日本政府为人工智能产业化发展所制定的路线图，包括三个阶段：在各领域发展数据驱动的人工智能技术应用（2020 年完成一、二阶段过渡）；在多领域开发人工智能技术（2025—2030 年完成二、三阶段过渡）；连通各领域，建立人工智能生态系统。
2016 年	韩国	《人工智能脑计划》	总投资约 8.4 亿美元的专项计划，用于加快人工智能产业发展。该计划是在谷歌阿尔法狗（AlphaGo）与韩国围棋大师李世石完成世纪对决后宣布的。韩国政府计划建立一个知名的研究中心以支持国家研究和发展人工智能技术。韩国的一些知名企业，包括三星、LG、SKT、现代表示参与该计划，每家公司出资 250 万美元。
2018 年	韩国	《人工智能发展战略》	政府将从 2019 年起在高校增设人工智能专业，到 2022 年把软件和人工智能相关教育纳入中小学的基本课程，让全体国民享受人工智能教育。
2018 年	印度	《国家人工智能战略》	旨在实现"面向全民的人工智能"的目标。该战略以"人工智能卓越研究中心"（CORE）与"国际人工智能转型中心"（ICTAI）两级综合战略为基础，投资科学研究，鼓励技能培训，加快人工智能在整个产业链中的应用，最终实现将印度打造为人工智能发展模本的宏伟蓝图。一些基于人工智能技术的教育产品正在其他国家得到应用，也将适用于印度，如：用于定制化学习的自适应学习工具将辅助教师判定不同学生的学习水平，并根据其学习水平为其开发定制化的教学内容；智能交互式辅导系统可以根据学生对知识的熟练程度，以实时交流的方式推荐不同的辅导材料；等等。

（二）我国的人工智能战略布局

中国政府高度重视人工智能战略，致力于打造世界级人工智能创新中心。人工智能被纳入国民经济和社会发展规划纲要，并三次被写进政府工作报告。党的十八大以来，习近平总书记高度重视人工智能发展。他指出，中国正致力于实现高质量发展，人工智能发展应用将有力提高经济社会发展智能化水平，有效增强公共服务和城市管理能力。①

2017 年 6 月 21 日，中国人工智能产业创新联盟成立，致力于打造人工智能产业生态链。2017 年 7 月 8 日，中国发布了第一个人工智能规划——《新一代人工智能发展规划》，提出"围绕教育、医疗、养老等迫切民生需求，加快人工智能创新应用，为公众提供个性化、多元化、高品质服务"。2018 年 3 月 5 日，李克强总理在政府工作报告中提出"做大做强新兴产业集群，实施大数据发展行动，加强新一代人工智能研发应用，在医疗、养老、教育、文化、体育等多领域推进'互联网+'"。2019 年 2 月，中共中央、国务院印发了《中国教育现代化 2035》，提出了一体化智能化教学、管理与服务平台建设。2019 年 5 月，国际人工智能与教育大会召开，达成了《北京共识》，提出规划人工智能时代的教育，并重点关注了智能技术引发的伦理问题。习近平总书记向大会致贺信，强调"积极推动人工智能和教育深度融合，促进教育变革创新"。2019 年 10 月，党的十九届四中全会再次强调，"发挥网络教育和人工智能优势，创新教育和学习方式，加快发展面向每个人、适合每个人、更加开放灵活的教育体系，建设学习型社会"。2020 年 2 月，教育部《关于公布 2019 年度普通高等学校本科专业备案和审批结果的通知》显示，已有 80 所高校开设人工智能专业。2020 年 6 月，全国人大常委会通过了 2020 年度立法工作计划，其中提到要加强立法理论研究，重视对人工智能、区块链、基因编辑等新技术新领域相关法律问题的研究。人工智能、大数据、量子信息、生物技术等新一轮科技革命和产业变革正在积聚力量，催生大量新产业、新业态、新模式，给全球发展和人类生产生活带来翻天覆地的变化。

（三）人工智能时代的教育观

1. 院士谈人工智能

人工智能发展受到众多专家学者的高度关注，专家们纷纷表达了对人工

---

① 习近平致 2018 世界人工智能大会的贺信 [EB/OL].[2020–10–12]. http：//www.xinhuanet.com/politics/2018-09/17/c_1123441849.htm.

智能未来发展的殷切期待，许多院士表达了对人工智能的观点（见表 2.3）。

表 2.3　院士关于人工智能的观点

院士	主要观点	来源
陈杰	早期从事人工智能科学研究的学者主要来自控制、计算机、数学等学科。随着大数据和深度学习的应用、计算能力的提升、网络的发展，如今的人工智能研究不仅仅是信息学科的研究范畴，而且与网络科学、数据科学、语言学、心理学、神经科学等多学科紧密相关，还与一些应用学科相关，如城市、交通、生命、医学、制造、海洋、设计等学科。人工智能研究所涉及的内容也越来越广泛，包括理论、方法、工具、系统等不同层面，如机器学习的数学基础、知识表示的方法与存储、智能系统与复杂网络涌现、自动推理和逻辑、自然语言理解、计算机视觉、智能机器与自主智能以及学习工具、软件平台、无人系统等。神经科学、心理学、生命科学等学科为人工智能算法提供思想和原型，数学、统计学等学科为人工智能提供建模、分析和证明，自动化、计算机、软件等学科为人工智能提供手段、工具和平台，结合化学物理材料传感、机械电子控制、空天海洋等形成人工智能系统。人工智能的发展已经呈现出多学科交叉趋势。	蔡三发，王倩，沈阳. 人工智能赋能：高校学科建设的创新与发展：访中国工程院院士陈杰教授 [J]. 电化教育研究，2020（2）：5-9.
高文	人工智能的发展到现在"三起两落"，本身是一个螺旋式的发展，未来将在包括计算机科学、电子学、自动化等方面进行轮番演练。从应用上面来说，基于电子学深度神经网络的应用会逐渐成为第一。我们期待未来出现一些新的人工智能算法和理论，这将有助于实现自适应、基于概率模型的机器学习和小数据的学习，但目前还不是很清晰，我们要密切关注。	第二十六届媒体融合技术研讨会（ICTC2018）上的演讲
李未	基于互联网的群体智能理论和方法是新一代人工智能的核心研究领域之一，对人工智能的其他研究领域有着基础性和支撑性的作用。在互联网环境下，海量的人类智能与机器智能相互赋能增效，形成人机物融合的"群智空间"，充分展现群体智能。	李未. 人工智能新时代的群体智能 [N]. 中国信息化周报，2017-09-18（7）.

续表

院士	主要观点	来源
梅宏	人工智能是一门多学科交叉融合的科学，当前人工智能所取得的成功离不开大数据的应用。早期的人工智能走的是"规则驱动"路径，即通过构建事实库和规则库，借助逻辑推理来实现智能，然而，这个途径并未能达成其最初宣称的目标。当前的人工智能可归为"数据驱动"的路径，即基于海量的数据集，通过统计分析或机器学习等各类算法从数据中分析、挖掘现象和规律，从而产生了很多具有实用价值的应用，带来了人工智能的新一轮热潮。我们正在进入一个新的时代，人们从基础设施、计算模式、信息资源、信息应用等不同的视角将其称为"互联网＋时代""云计算时代""大数据时代""智能化时代"等，然而，从一个软件研究者的视角来看，在这些称谓的后面，一定离不开软件！软件和芯片是构建信息化社会的基本元素。软件是这个时代的使能技术，这将是一个"软件定义的时代"。	沈阳，田浩，曾海军.大数据时代的教育：若干认识与思考：访中国科学院院士梅宏教授[J].电化教育研究，2020（7）：5-10.
潘云鹤	从2015年开始，人工智能技术迈向2.0的新时代。所谓人工智能2.0，是指基于重大变化的信息新环境和发展新目标的新一代人工智能。其中，信息新环境是指：互联网与移动终端的普及、传感网的渗透、大数据的涌现和网上社区的兴起等等。发展新目标是指：智能城市、智能经济、智能制造、智能医疗、智能家居、智能驾驶等从宏观到微观的智能化新需求。可望升级的新技术有：大数据智能、跨媒体智能、自主智能、人机混合增强智能和群体智能等。人工智能技术已经显露出走向2.0时代的大量新特征。	在第二届中国金融科技创新大会上的主题演讲
吴朝晖	人工智能历经60多年的发展，其应用渗透性和溢出带动性越发显著。从技术属性看，人工智能是一种使能技术，具有赋能其他学科的巨大潜力；从学科属性看，人工智能是一门交叉汇聚型学科，至少包括计算机科学、自动控制、认知科学、脑与神经信息学等内容，并在科学、工业、农业和社会学等领域的应用中呈现出学科交叉特色，如人工智能与统计学等数学学科的交叉将持续优化深度学习，不断产生基于数学理论和统计模式的新算法。这些属性也决定了人工智能人才培养的特殊性。随着交叉型学科体系的形成，人工智能将日益担当通识教育的重要角色，进一步推动计算思维渗透到其他知识教育中，如可计算的社会学、人工智能法学等。	沈阳，田浩，黄云平.智能增强时代推进新一轮学习革命：访中国科学院院士吴朝晖教授[J].电化教育研究，2020（8）：5-10.

续表

院士	主要观点	来源
姚期智	人工智能绝对是一个跨学科的行业。有许多例证可以表明，在人工智能方面获得的一些巨大成果往往源自一些看似完全不搭界学科之间的合作，这可能需要几十年的努力，因为没有其他学科科学家所取得的研究成果的话，在人工智能方面我们不可能取得这么快的发展。深度学习和神经网络，是现在很多人工智能应用的基础。比如机器学习和拓扑学之间的联系，这是数学非常有意思的分支。关于人工智能和隐私之间的关系，就是密码学，这是人工智能一个全新的领域。人们比较担心的是人工智能快速进展可能会带来对于人类社会的威胁。	在世界人工智能大会上的主题演讲《人工智能理论的新方向》
张钹	人工智能取得成功是由于三个因素：一是大数据，二是计算能力提高，三是有非常好的人工智能算法。还有一个因素是，所有的成果必须建立在一个合适的应用场景下。目前的人工智能技术在以下领域都可以找到它们的应用，它们是交通、服务、教育、娱乐等等，但这些领域只有满足五个条件（确定性信息、完全信息、静态的、单任务和有限领域）时，计算机做起来才会容易；如果不满足这些条件，计算机做起来就困难了。深度学习只是目前人工智能技术的一部分，人工智能还有更大更宽的领域需要去研究。	在 2018 全球人工智能与机器人峰会上的报告《走向真正的人工智能》

2. 人工智能呈现跨学科研究趋势

以"人工智能"为篇名主题词在中国知网进行检索，可以发现 20 世纪 80 年代至 2000 年关于人工智能的研究比较少，每年文献数量均在 300 篇以内。如图 2.3 所示，2001 年至 2015 年关于人工智能的研究发展到第二阶段，文献由 303 篇增加至 1010 篇。2016 年以后，人工智能研究热度激增，相关研究发展到第三阶段。2016 年文献迅速增加至 1977 篇，2020 年文献达到 11897 篇。从人工智能文献学科分布看，控制工程、教育、通信经济三个学科排在前三位，其中教育领域的文献为 3364 篇，占文献总数的 9.67%。总体来说，人工智能研究主要涉及人工智能技术和人工智能的应用两个方面。人工智能研究涉及控制工程、教育、通信经济、计算机、法学等多个学科领域，具有跨学科的特点，且人工智能与教育呈现融合发展态势。

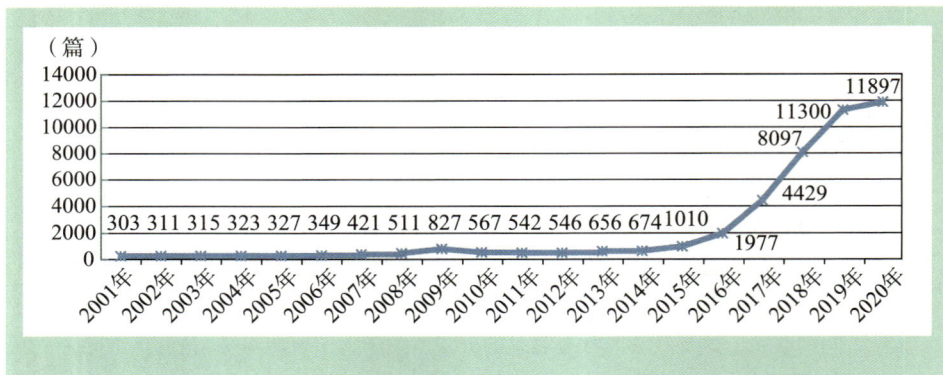

图 2.3　2001—2020 年人工智能文献总体趋势分析

3. 行业的人工智能教育观

人类早已进入移动互联网时代，正在进入人工智能时代，新时代对未来人才的需求也截然不同。未来社会需要更多有深度的、创意型的人才。人工智能时代，培养人才的方式也需要与时俱进，所以未来学习方式的变革势在必行。蒋忠波认为，随着技术的推动以及由技术变革带来的用户习惯的改变，用户的学习体验会不断提升。比如，现阶段虚拟现实、人工智能、大数据分析等技术的应用，使得学习体验也在升级。未来，学习体验会进一步向场景化、浸入式发展，使得学习的过程更加自然地被触发。①

人工智能技术能让教师在课堂上和学生高效互动。教师可以更方便地把最好的资源调取出来，更高效地传达给学生。它让使用技术变得比教师从粉笔盒拿一支粉笔更加简单。教师大量批阅作业的工作和在课堂上检查学生知识点学习情况的工作都可用机器完成。②

具备人工智能知识将会是每个人的基本素养。学习人工智能，必须理论结合实践，"知行"合一。正如应用场景是人工智能领域的核心，人工智能基础教育也必须让学习者在行动中获得足够多的数据和反馈，只有这样，他们才能从数据当中学习到规律，从这些规律中找到解决问题的方法。③

---

① 参考蒋忠波在 GES2017 未来教育大会上的报告。

② 科大讯飞吴晓如：人工智能如何助力教育？[EB/OL].[2020-10-12]. https：//www.iyiou.com/analysis/201705046654.

③ 张慧，黄荣怀，李冀红，等.规划人工智能时代的教育：引领与跨越：解读国际人工智能与教育大会成果文件《北京共识》[J]. 现代远程教育研究，2019（3）：3-11.

四、人工智能融入学校教育

在新一轮科技革命的推动下，以人工智能为代表的智能技术的发展与应用会不断深入，带来教育内容、教育方式、教育环境以及人才培养模式的变革。人工智能技术与学校教育融合成为一种未来趋势，这为个性化学习和个别化学习的实现提供了技术保障，成为教育发展的重要推动力。

（一）人工智能技术的发展为学校教育改革带来的新机遇

当前我国教育改革处在对象群体多元化、社会需求多样化、全民学习终身化的新形势下，如何利用新一代人工智能技术破解教育改革难题，成为社会关注的热点。随着教育不断转型，教育的空间与机会得到极大拓展，学习者需要能够自主选择学习时间、地点、内容和方式。

李德毅院士曾对人工智能教育应用做出评价：人工智能对社会的冲击是全方位的，但对行业的冲击首推教育，人工智能带给教育的就是"改变"。社会普遍期待人工智能为提高教学质量、改进教学服务过程、革新教学评估方法等带来新的发展动力，如通过学习分析和用户画像技术，搜集学习者学习数据，实现学生行为全面分析及知识点掌握程度精准判断，从而绘制契合学生特点的学习发展地图；借助情感机器人和自然语言处理技术，陪伴学习者成长，增加对人的关怀和陪伴；结合知识图谱，建立领域知识库，辅助教师针对学生的不同能力生成不同的试题并进行作业批改；利用智能运动设备，如智能手环、智能肺活量等测评工具，深度采集学生健康数据，从而发现学生在体质、运动技能、健康等方面的问题。

（二）人工智能的教育应用潜能

人工智能与学校教育的融合主要涉及两个层面的问题：第一，人工智能融入学校的价值是什么？以何种方式实现学校教育与智能技术的融合？第二，未来的数字公民需要结合人工智能进行学习，那么人如何学会与智能机器共处？有研究者认为人工智能融入学校教育将存在五项潜能和五项挑战，如图 2.4 所示。五项潜能分别是：支持个性化学习、提供教学过程适切服务、提升学业测评的精准性、助力教师角色转变、促进交叉学科发展。五项挑战分别是：人工智能的教育价值，人机共处环境下的教学体验，政府、企业与学校的有效协同，智能技术的安全与伦理，人机和谐发展的技术治理。

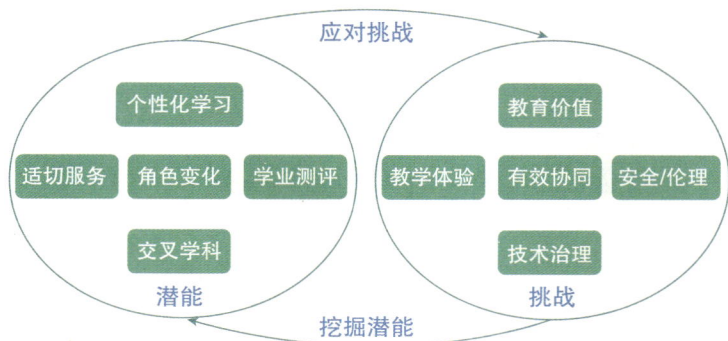

图 2.4 人工智能融入学校教育的潜能与挑战 ①

潜能一：支持个性化学习。数字环境下成长起来的新一代学习者对学习提出了更高诉求，他们渴望采用自定步调、任意时间、任意地点的学习方式。智能辅助系统／教育机器人将使上述学习方式成为可能：一是获取学习行为数据，并借助大数据和学习分析技术，为学习者提供适切的学习资源和路径；二是提供沉浸式的虚拟学习环境，学习者可在任意时间、任意地点参与到学习中；三是促进学习者认知水平和情感状态的转变，使他们以积极的心态参与到学习活动中。

潜能二：提供教学过程适切服务。学习支持服务是远程学习时教师和学生接受的关于信息、资源、人员和设施支持服务的综合。在师生时空分离的远程教育环境中，要保证学习效率与教学质量，必须有相适应的学习支持服务系统，而学习支持服务系统也是学生取得良好学业表现的重要保障。人工智能技术通过分析来自计算机、穿戴设备、摄像头等终端的数据，能够跟踪学习者和教学者的行为，对特定场景下的行为进行细粒度分析，从而推断得

① 刘德建，杜静，姜男，等. 人工智能融入学校教育的发展趋势 [J]. 开放教育研究，2018（4）：33–42.

出特定对象的特定需求，再借助自适应学习支持系统将匹配的学习内容、教学专家和学习资源推送给用户。

潜能三：提升学业测评的精准性。传统的学生档案袋记录不能及时、全面地反映学生真实的学习情况，尤其是在某些地区班额和师生比不合理的条件下，教师没有足够的时间和精力记录学生学习过程。学习分析技术为搜集学习者从小学至大学的全过程学习数据提供了新的解决途径，并能运用多类分析方法和数据模型，解释与预测学习者的学习表现，从而准确把握学科教学目标，调整教学策略，优化教学过程。除此之外，学业测评还能捕捉学生的情感状态和生理行为数据，如利用智能手表、语音识别和眼球追踪等数据捕获设备，捕捉学生生理和行为数据，获取学生的情感状态和学习注意力数据，挖掘深层次的行为数据，为精准的学习支持服务提供依据。

潜能四：助力教师角色转变。历史类、语言类、电子工程类、管理类等智能教学系统已逐步应用于课内外学习中。这一发展对于减轻教师工作负荷大有裨益。人工智能技术将成为教师角色转变的催化剂，部分替代教师的"机械"工作，传统的备课、课堂讲授、答疑辅导和作业批改等将不再仅仅依靠教师的劳动，如辅导答疑任务可由虚拟助理替代完成，用智能辅助系统/教育机器人协作承担教学环节当中可重复的、程式性的、靠记忆或反复练习的教学模块，帮助教师将更多的精力投入具有创新性和启发性的教学活动，如情感交互、个性化引导、创造性思维开发，不断为教师赋能。

潜能五：促进交叉学科发展。人工智能教育应用一直是跨学科的领域，可利用计算机科学、生物学、心理学、教育神经科学等学科优势，从不同侧面深入理解学习过程，从而建立更准确的领域知识模型、学习者模型，更好地为学习者提供理论指导。如有研究者开展了关于"智能激励"和"成长心态"的研究。"智能激励"是心理学、计算机科学的交叉研究领域，指的是当学习与不确定的奖励相关联时，学习可以得到改善。"成长心态"是社会学、心理学和计算机科学的交叉研究领域，主要探索"心态"在学习中的作用。有团队已研发出一种模拟大脑支持学习者以最有效的方式发展成长心态的智能技术。越来越多的证据表明，引导学生调整心态，使之具有这种"成长心态"，可以对他们的学业成就产生实质性影响。

（三）人工智能深度融入学校教育的展望

人工智能技术为学校教育提供了新的发展契机，但仍有一些挑战影响其教育服务能力，包括人工智能的教育价值，人机共处环境下的教学体验，政府、企业与学校有效协同，智能技术的安全与伦理和人机和谐发展的技术治理。为更好地促进人工智能融入学校教育，未来需要加强三大领域的研究：技术研发、环境部署与应用，认知特征、学习本质与教育价值，智能机器的安全、规范与伦理。其中"技术研发、环境部署与应用"研究较多，主要集中在认知工具、差异化教学、适应性学习系统、学习环境感知和教育机器人方面。①

将人工智能广泛而有效地应用于教学，是未来学校教育发展的必然趋势。灵活性、包容性、个性化程度更高的人工智能技术可以助力重塑学校教育，进一步提升教学的效果、效率和效益，以适应现代信息化、数字化、智能化的学习型和创新型社会的需要。在预见人工智能技术巨大潜能的同时，也不可忽略对相关道德规范、产品标准和安全规范的研究。

---

① 刘德建，杜静，姜男，等 . 人工智能融入学校教育的发展趋势 [J]. 开放教育研究，2018（4）：33–42.

专题 **3**

未来教育发展的新形态 *

新冠肺炎疫情使全球教育受到重大影响，大规模在线学习成为"停课不停学"的不二选择，全球教育教学呈现出以弹性教学和主动学习为基本特征的新型形态。智慧教育作为教育信息化的高端形态，目前在全球范围内已受到越来越多的关注。鉴于此，本专题论述了弹性教学和主动学习是未来教育的"新常态"，阐述了智慧教育是未来教育的典型形态，进而剖析了智慧教育的三重境界和智慧教育系统的智慧特征。

第1节　未来教育的新形态

我国教育系统在新冠肺炎疫情期间面向全国亿万学生开展的大规模在线教育是历史上从未有过的创举，在全球也属首次。这场史无前例的超大规模在线教育实践，表现出弹性教学、主动学习、按需选择、尊重差异、开放资源、科技支撑、政府主导、学校组织、家校联动、社会参与等十个特点。其中，弹性教学与主动学习是最主要的特点。[①] 未来，弹性的教学组织和学生的主动学习将成为一种教育常态。

---

*　本专题主要内容发表在《中国电化教育》2021 年第 7 期，此处略有修改和补充。

①　黄荣怀，汪燕，王欢欢，等 . 未来教育之教学新形态：弹性教学与主动学习 [J]. 现代远程教育研究，2020（3）：3–14.

一、弹性教学

弹性教学（flexible learning and education）又被称为灵活性学习或灵活性教学，是信息社会人才培养模式改革的必然结果。"弹性"是指在教育环境中为学习者提供可供选择或定制的课程以满足个别化需求。"弹性教学"是指一种以学习者为中心，为学习者提供可选择的学习时间、学习地点、教学资源、教学方法、学习活动、学习支持等的教育策略。

按照教育资源的使用和传播方式进行划分，新冠肺炎疫情期间国内主要提供了电视直播教学、互联网直播教学、视频翻转教学、电子教科书自学、人工智能辅助教学以及利用公共教育资源或 MOOC 组织学习等弹性教学形式。

通过观察和分析学校教育、家庭学习、校外实践与课外辅导四种典型学习活动在新冠肺炎疫情发生前后的变化，我们可以发现弹性的教学组织主要体现在弹性的时间安排、灵活的学习地点、重构的学习内容、多样的教学方法、多维的学习评价、适切的学习资源、便利的学习空间、合理的技术应用、有效的学习支持、异质的学习伙伴等十个要素上。通过比较不同弹性教学形式中弹性要素的适用度，可以确定弹性教学中适配度相对较高的五大关键要素和适配度相对较低的五大辅助要素，如表 3.1 所示。

表 3.1　弹性教学的十个要素

关键要素	辅助要素
弹性的时间安排	适切的学习资源
灵活的学习地点	便利的学习空间
重构的学习内容	合理的技术应用
多样的教学方法	有效的学习支持
多维的学习评价	异质的学习伙伴

二、主动学习

新冠肺炎疫情期间，居家学习成为全球学生主要的学习方式，由此形成了三种典型的家庭学习场景：第一种，以学习为中心的家庭学习场景；第二种，以交流为中心的家庭学习场景；第三种，以娱乐为中心的家庭学习场景。在这些家庭学习场景中，学生面临着一些挑战。例如：一些儿童自控能力差、家庭作业延误、不愿按时睡觉；一些儿童出现学习焦虑，特别是即将参加高考或中考的学生；一些儿童对学习不感兴趣；一些儿童对电子设备（手机、平板电脑等）上瘾；一些儿童叛逆，总是做出违背父母的行为等。促进学生在疫情期间居家主动学习，不仅是为了应对这个特殊的常规教育中断时期出现的问题，更是为了培养学生的自主学习能力。

主动学习（active learning）是与被动学习相对的一种学习形式。在主动学习中，学生主要从事以写作、对话、问题解决或反思为中心的学习活动。主动学习者的最显著特征是能够进行自主学习（self-regulated learning），它包含自我计划、自我监控和自我评价三个基本要素。

全球新冠肺炎疫情的持续蔓延，使得对孩子的保护、陪伴和教育成为教育行政部门、学校和家长普遍关心的问题，居家主动学习成为必然之选。2020 年 3 月 27 日，在北京师范大学智慧学习研究院等机构举办的"学校关闭期间居家主动学习"国际网络研讨会上，多国专家就疫情防控与居家主动学习达成基本共识，提出以下教育建议：（1）劳逸结合，自我计划；（2）家校互动，按需学习；（3）在线沟通，小组合作；（4）家人陪伴，自我监控；（5）善用工具，自我评价；（6）勤于反思，乐于分享；（7）适度锻炼，身心健康。

三、未来教育的"新常态"

未来教育的"新常态"将体现出弹性教学与主动学习相辅相成的特征

（见图 3.1）。弹性教学以学习者为中心，从多个学习维度为学习者提供了丰富的学习选择①，学习责任从由教师承担转向由学习者承担②。弹性教学要求学习者具备自主学习能力，通过主动学习确保学习的参与性和有效性。③ 主动学习是学生对自己的学习负责，积极参与课堂内容的分析、综合和评估的活动。主动学习过程有助于学生自主学习能力的养成，是弹性教学形态下保障学习质量的关键。在弹性教学以及自主学习能力支持下，学习者能根据自己的学习需求，自定步调地进行个性化学习，实现以完成复杂现实任务为目标的真实学习。

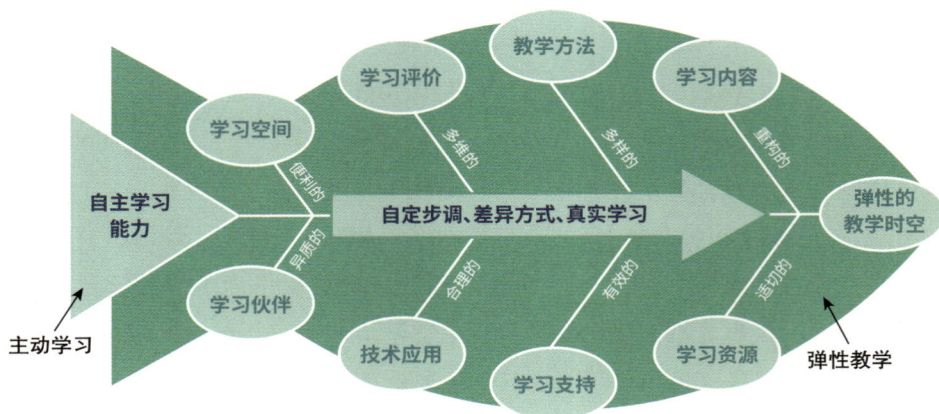

图 3.1　未来教育的"新常态"

弹性教学时空是未来教育的基本标志。当人类进入人与人、人与物、物与物全面互联的智能时代，智能技术的支持和学习资源的极大丰富将使得在任意时间和任意地点的学习成为可能。多元学习方法和评价是未来教育的基本特征。多元的学习方法，要求使用多维的评价方式来衡量教育的质量和效果。互联网、大数据、人工智能技术与教育的深度融合，使得基于学习者综合素质的智能评价成为可能。自定步调、差异方式、真实学习是个性化培养

① Goode S，Willis R，Wolf J, et al. Enhancing IS education with flexible teaching and learning[J].Journal of Information Systems Education，2007，18（3）：297-302.
② Lewis R.What is pen learning? [J]. Open Learning，1986，1（2）：5-10.
③ Collis B. New didactics for university instruction：why and how? [J]. Computers & Education，1998，31（4）：373-393.

的基本依据。个性化教育是世界各国教育改革发展的潮流和趋势。自主性是人作为主体的根本属性。自主学习能力是一种问题解决能力及终身学习的能力，是学习者应对复杂、不确定的教育未来的必备条件，也是其迈向未来教育的基本动力。

第 2 节　未来的智慧教育形态

一、智慧教育是未来教育的典型形态

社会生产力和科技发展水平影响着教育的发展。随着智能技术在教育中的应用，智能时代的教育正显现出新的特征，教育的核心要素面临着变革，要素的关系、教育的结构、教育的功能都在发生改变，教育系统、教育场景正经历着重塑。[①]

新冠肺炎疫情突发，让教与学的主阵地转移到网上，全球超过 12 亿名大中小学生选择了在线学习，占总学生数的 70% 以上。此次史无前例的大规模在线教育实践，为未来教育的发展打下了深深的烙印，给中国教育变革留下了新的基因，使中国教育站上了新的起点。它还加速了学校教育理念变革的进程，促进了社会对在线教育的认知，引发了人们对教育发展趋势的思考，将进一步推动疫情后学校教育向线上线下融合发展转型。

在线教育是运用互联网、人工智能等现代信息技术进行教与学互动的新型教育组织方式，是教育服务的重要组成部分。发展在线教育，有利于构建网络化、数字化、智能化、个性化、终身化的教育体系，有利于建设"人人皆学、处处能学、时时可学"的学习型社会。疫情带来的在线教育大考，使

---

① 黄荣怀，杨俊锋，刘德建，等.智能时代的国际教育比较研究：基于深度探究的迭代方法 [J]. 中国电化教育，2020（7）：1–9.

中国在线教育上了一个大的台阶，进入新的发展阶段。它加速了信息技术与各种教育形态的深度融合，推进了各个学习阶段、各种类型和形式教育的"信息化""互联网化"，使之走进新的发展阶段。① 进一步加强学校的信息化、网络化建设，促进在线教育和学校教育的统合，毫无疑问是未来发展的方向。大规模的在线教育实践还面临很多问题，5G 和人工智能技术的逐渐成熟将有助于解决这些问题。在线教育重塑教育理念，重构育人模式和服务治理模式，将会推动教育发生根本性的变革，线上线下的融合势在必行。学校应借助这个契机，鼓励教师通过这次实践对线上线下的一些教学方式进行检验，借助人工智能和大数据进行学情分析和教育评价，做好对未来教育的设计和思考。②

随着大数据、人工智能等新兴技术的应用日趋广泛，教育将依托技术迸发出前所未有的活力，智能技术与教育将共同赋能未来。"智慧教育"是未来教育的典型形态之一，旨在构建智慧的学习环境，变革传统的教与学方式，催生智能时代的教育制度。

"智慧教育"可被理解为一种智慧教育系统，是一种由学校、区域或国家提供的具有高学习体验、高内容适配性和高教学效率的教育行为（系统），它能利用现代科学技术，为学生、教师和家长等提供一系列差异化的支持和按需服务，能全面采集并利用参与者群体的状态数据和教育教学过程数据来促进公平、持续改进绩效并孕育教育的卓越。这一定义将教育技术学领域关心的问题和目前教育学领域关心的问题有机关联到了一起，并尝试从教育方针、政策、信息化的角度来解决教育公平的问题，但它更多是为了解决教育的卓越问题，即我们培养的下一代人是否卓越的问题。③

---

① 王世新 . 雷朝滋：从疫情期间在线教育看教育信息化发展 [J]. 中国教育网络，2020（6）：9–14.

② 何曼 . 正视实施在线教育的困难与实际需求，全球共同定义未来教育 [EB/OL].[2020–05–30].https://mp.weixin.qq.com/s/q5vD9uDcS6hfc5vBQ2F3SQ.

③ 黄荣怀 . 智慧教育的三重境界：从环境、模式到体制 [J]. 现代远程教育研究，2014（6）：3–11.

二、智慧教育的三重境界

从现代教育系统的构成要素来看，智慧教育系统包括现代教育制度、现代教师制度、数字一代学生、智慧学习环境和教学模式五大要素。智慧教育系统包括智慧学习环境、新型教学模式和现代教育制度三重境界（见图3.2）。智慧教育系统通过寻求教育体制与教育目标的适配，从效果、效率和效益三个方面不断提升知识生产能力，以最终实现培养卓越的国家人才的教育目标。

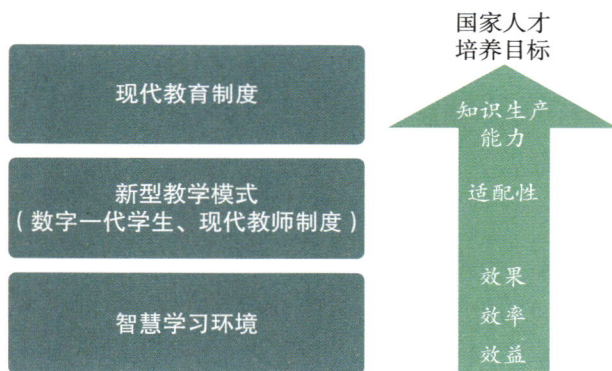

图 3.2　智慧教育系统的三重境界

智慧教育系统的三重境界所涉及的范围存在明显差异。智慧学习环境主要包括物理环境、在线学习环境和学习氛围等。新型教学模式主要涉及班级教学、学校教学管理以及区域教研制度和教师评价制度等。现代教育制度主要涉及学校管理制度、地区的学校布局和资源配置以及国家的教育制度等。因此，智慧教育系统的三重境界从环境、模式到制度，呈现出从微观到宏观的特征。

智慧教育系统的三重境界在"智慧"显现度、过程稳定性、涉及范围等方面呈现出明显的层级关系："智慧"显现度呈现出从显性到隐性的特征，过程稳定性呈现出从动态到稳定的特征，涉及范围呈现出从微观到宏观的特征。

（一）技术构建智慧学习环境

智慧学习环境是从智慧地球、智慧城市、智能楼宇等概念中迁移过来的。所谓智慧学习环境，是指一种能感知学习情景、识别学习者特征、提供合适的学习资源与便利的互动工具、自动记录学习过程和评测学习成果，以促进学习者有效学习的学习场所或活动空间。智慧学习环境能够实现物理环境与虚拟环境的融合，能更好地提供适应学习者个性特征的学习支持和服务。智慧学习环境的技术特征主要体现在识别情境、记录过程、感知环境、联结社群四个方面，其目的是促进学习者轻松、投入和有效地学习。

智慧学习环境主要由学习资源、智能工具、学习社群和教学社群四大要素构成，其中学习社群与教学社群之间是相互关联的，同时智慧学习环境要考虑学习者的学习方式和教师（设计者）的教学方式。换言之，智慧学习环境的构成应与具体的教学方式和学习方式相关联，不存在统一的、笼统的智慧学习环境。智慧学习环境中的智能学习助手（intelligent learning assistant）应能懂得学习者的喜好，发现学习者关心的事物，知晓周围的事物，感知有用的内容，过滤无关的信息，并与学习者的社群建立联结。目前支持智慧学习环境的各类技术层出不穷，且日渐成熟，如：支持识别情境的技术有认知建模、情感计算、认知工程等；支持记录过程的技术有学习分析技术、评测技术、编码技术等；支持感知环境的技术有物联网技术、传感器技术、全球定位技术等；支持联结社群的技术有社会网络、移动互联网技术等。智慧学习环境从感知和适配角度，还融合了互联网、教育大数据、人工智能、物联网等新型技术，使得学习环境不仅在物理空间层面融入舒适元素，还在信息空间层面发挥出信息技术的优势。

（二）技术催生新型教学模式

随着智能技术的发展，创新的教学模式正以全新的形态不断涌现，并影响着教育实践。新型教学模式强调将技术融入教与学的过程，不仅让技术帮助实现教育的基本功能，还要促进教与学趋向个性化，这主要体现在领导力、学习方式、教学方式、课堂形态、学习能力、教研方式、数字资源、校本课程等方面。教学模式的分析框架主要包括三个层面：一是宏观层面，包括教学理念、教学环境和学习需求三个要素；二是中观层面，包括教学、学习和课堂三个要素；三是微观层面，包括教师、学生和教材三个要素。在信息时代，随着技术逐步融入课堂教学，传统的教室环境发生了较大的变化，因此催生出学习新方式、教学新方式和课堂新形态。

教学模式之所以要变革，核心的原因是当前的学习者群体发生了变化，智能技术对他们的认知、态度及行为习惯的塑造是空前的。当前讨论学习者的特征，更多是分析学习者的人格特征，了解学习者的人格特征对于因材施教是非常重要的。在智能时代，人们更加提倡个性化的学习，因此首先要了解学习者的类型，并通过不同的技术手段为不同类型的学习者提供适配的学习内容。现在的学习者是"数字土著"（digital native）或"数字移民"（digital immigrant），"数字土著"与"数字移民"在学习偏好上表现出较明显的差异。"数字土著"通常偏好：（1）多源头快速接收信息；（2）多任务和平行处理；（3）图片、声音和影像；（4）超链接资源；（5）实时互动；（6）用户生产的内容；（7）及时、有关联和有趣味的学习。"数字移民"则通常偏好：（1）从有效源头获取可控信息；（2）单任务或聚焦特定的任务；（3）文字信息；（4）隐私需求和个人反省空间；（5）线性的、逻辑的和有顺序的信息呈现等。这些差异迫切呼唤教与学方法的变革与创新。

纵观教学模式演进的历史，它经历了从传统面对面教学到"Web 1.0"技术支持的面对面教学、"Web 2.0+数字工具"技术支持的面对面教学、"Web 2.0"技术支持的在线教学、混合式教学等。尽管在不同模式下技术的作用和功能并不相同，但是这些不同的教学模式并不是彼此排斥、彼此替代的，而是互相共存、共同促进的。在传统的面对面教学模式中，学习多以知识精加工型学习为主，强调统一规格、统一步调、统一检测，学习者的学习路径是同质的和线性的，学习方法单一且相对僵化，因此不利于学生创新能力的培养。而随着时代的发展，"数字一代"学生的学习方式将以知识贯通型学习为主。这种学习方式强调构建规格多种、路径多样、评价多元的教学生态。学习者的学习路径是差异化的，既有线性的路径，又有从点到面或从整体到局部的学习路径。以此构建的新型教学模式可能会更加倾向于在任意时间

（anytime）、任意地点（anywhere），以任意方式（anyway）、任意步调（any-pace）进行的学习（4A 模式）。在这种教学模式下，信息化学习方式让学生的多样性以及个体差异性受到重视，使"以人为本"教育理念得以实现。因此，信息化学习方式呈现出三个基本特征：一是有效的学习（effective learning），这是信息化学习的目标，信息化教学应该以促进学生的有效学习为目标；二是投入的学习（engaged learning），这是有效学习的前提，学生只有真正地投入学习，才能达到有效学习的目标；三是轻松的学习（easy learning），这是投入学习的前提条件，信息化教学应尽量使学生的学习变得轻松、愉快。

新型教学模式已突破了学校教育提供的正式学习，而走向正式学习和非正式学习的融合。这两类学习的主要区别在于：正式学习是学校控制教学目标和教学进度，而非正式学习是学习者自己控制学习目标和学习进度。如果再考虑到学习者的意愿，那么其学习就会表现出四种形态：一是学生容易偏离规定的学习目标，二是学生能够按照学校要求完成既定的学习目标，三是学生能找到他需要的学习目标，四是学生容易偏离他意向中的学习目标。学习者学习意愿与学习目标的偏离或达成，成为智能时代学习者的常态。

（三）技术重构现代教育制度

在现代社会中，建立能充分发挥各类教育机构整体功能的教育制度是培养卓越人才的基础。《教育大辞典》给出的教育制度的定义是："一个国家各种教育机构的体系。包括学校制度（即学制）和管理学校的教育行政机构体系。"[①]教育制度是指一个国家各级教育机构的系统和管理规则，包括两个组成部分：一是各级各类教育机构的系统，二是教育机构系统赖以存在和运行的一整套规则（如义务教育制度、高等教育制度、职业教育制度、成人教育制度、招生与考试制度、学业证书制度、教育督导制度、学校及其他教育机构的教育评估制度等）。其中，学校教育制度是教育制度的核心部分，是一个国家教育制度的代表。我国现行教育制度贯穿学前教育、小学教育、初中教育（普通初中和职业初中）教育、高中教育（普通高中和中等职业教育）、本科

---

① 教育大辞典编纂委员会.教育大辞典：第 1 卷 [M].上海：上海教育出版社，1990：68.

教育（含高等职业教育）、研究生教育等。

当前世界各国都在倡导终身教育和终身学习的大背景下，现代教育制度是一种更加重视把基本公共教育和终身学习作为公民法定权利、更加重视有制度保障和质量保证的教育公平、更加重视创新型人才培养的教育制度。我国现行的教育制度与现代教育制度主要存在十个方面的差异。第一，在时间长度上，我国现行的教育制度限制在人生的某一阶段，如青少年时期；而现代教育制度贯穿于人的一生。第二，在知识范围上，现行教育制度注重单一的抽象知识的学习；而现代教育制度涉及理智、情感、审美、身体等多方面的教育。第三，在各类教育的联系上，现行教育制度将职业教育与普通教育、正规教育与非正规教育、校内教育与校外教育、文化活动与教育活动相分离；而现代教育制度注重人格的全面和谐发展，谋求各种教育的一体化。第四，在知识的基础上，现行教育制度重视对信息和知识的学习；而现代教育制度重视辩证观点的形成。第五，在文化价值观上，现行教育制度因强调内部限制和外部强制，迫使学习者接受既有的文化价值观；而现代教育制度尊重人的个性和独立选择，强调自我发展。第六，在教育的定义上，现行教育制度将教育定义为向学习者传递文化遗产的过程；而现代教育制度将教育定义为学习者个人持续发展的过程。第七，在筛选功能上，现行教育制度将教育视为筛选人的工具；而现代教育制度认为未成熟期的一次选择是无益的，应充分发挥人的内在潜质。第八，在学习空间上，现行教育制度将教育主要限定在学校；而现代教育制度将教育扩展到家庭、社群、职业岗位等各种环境。第九，在预设性上，现行教育制度为教育媒体和训练设置了特定的梯度；而现代教育制度允许自主选择教育机会，强调适配性。第十，在施教者上，现行教育制度规定了教育由社会中的特定人群（教师）进行；而现代教育制度认为施教者可以根据时间和情境由社会整体提供。

因此，现行教育制度要体现出公平、和谐、关爱的特征，围绕学校制度、学校布局、招生选拔、教师制度、质量体系、课程体系等进行相应的改革。而智慧教育能够放眼世界，汲取和借鉴国际经验，通过制定科学合理的教育制度来提升人才培养质量，促进教育创新与变革，孕育人类智慧，促进世界和谐发展。

三、智慧教育系统的智慧特征

智慧教育系统的本质特征是学习环境的感知性、学习内容的适配性、教育者对学生的尊重和关爱、受教育群体之间的教育公平性、教育系统要素的有机整合及其和谐关系（见图 3.3）。

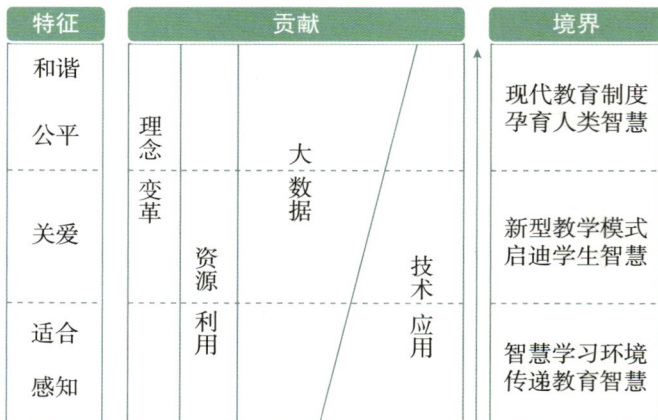

特征	贡献		境界
和谐 公平	理念 变革	大 数 据	现代教育制度 孕育人类智慧
关爱	资源·利用	技术 应用	新型教学模式 启迪学生智慧
适合 感知			智慧学习环境 传递教育智慧

图 3.3　智慧教育系统的智慧特征图谱

第一，感知（sensible）。感知是指采用各种技术（如全球定位、射频识别、二维码）、各类传感器（如温度、湿度、二氧化碳、光照等的传感器）以及各种量表（如学习评测量表、学习态度量表等）来感知外在的学习环境与人的内在学习状态。具体包括：（1）实时检测室内的噪声、光线、温度、气味等参数，根据预设的理想参数，自动调节百叶窗、灯具、空调、新风系统等相关设备，将教室内声、光、温、气调节到适宜学生身心健康的状态；（2）收集学生学习活动、学习场所、认知风格、知识背景等方面的信息，为"按需推送"提供基础。

第二，适配（adaptable）。适配是为达成"因材施教"的美好愿望，让教育资源能够根据学生个性化的需求而得到获取和使用，教与学可以按需开展。具体包括：（1）按需推送资源，根据用户的学习偏好和需求，个性化推送学习资源或信息；（2）按需推送活动，根据用户的现有基础、学习偏好以及学习目的，有针对性地推送学习活动；（3）按需推送服务，根据用户当时的学习状态和需求，适时推送学习服务（如解决疑问、提供指导等）；（4）按需推送工具，根据用户的学习过程记录，有针对性地推送用户学习所需的各种认知工具；（5）按需推送人际资源，根据用户的兴趣、偏好、学习的内容等，有针对性地推送学伴、教师、学科专家等人力资源。

第三，关爱（caring）。关爱是一种尊重学生的态度，一般是指教师通过共情、关注、尊重、肯定等行为，在与学生互动过程中与学生建立并维持信任和支持关系。具体包括：（1）关爱学生的学习，充分考虑学生的个体差异，因材施教；（2）关爱学生的生活，尊重学生的个性、特长和爱好；（3）关爱学生的成长，为学生提供必要的未来规划。

第四，公平（equitable）。公平是指受教育者在受教育过程中在教育权利、教育机会、教育资源和教育质量方面享有平等权利。追求更大程度和更高水平的教育公平已经成为当前世界教育改革的共同主题。具体包括：（1）入学机会公平，人人享有平等的受教育权利；（2）教育过程公平，人人平等地享有公共教育资源；（3）教育结果公平，人人具有同等的取得学业成就和就业前景的机会。

第五，和谐（orchestrating）。和谐是指教育系统有序运行以及内部各要素有序配置的状态，是人对教育的主观追求和美好理想，也是构建和谐社会的深厚动力。具体包括：（1）城乡之间、地区之间、学校之间的和谐发展；（2）教育系统内各级各类教育的和谐发展；（3）教育经费、设备、校舍等的和谐配置；（4）学生与教师的和谐；（5）学生德智体美的全面发展等。

教育的关键是学习，教育的内核也是学习，学习可以分为三个层次：能学、会学和善学。只有构建符合"数字土著"认知特征的新型教学模式，才能促进学习者主动学习、释放潜能、全面发展。发展智慧教育，有利于教育紧跟时代步伐，破解教育发展过程中存在的教育公平、教育质量、学生个性发展、师生信息素养等方面的问题，促进教育制度变革。发展智慧教育，构建智慧学习环境，有利于传递教育智慧；打造新型教育教学模式，有利于启迪学生智慧；变革现代教育制度，有利于孕育人类智慧。

智慧教育，"慧"从师出；智能教育，"能"自环境；未来教育，"变"在形态。我们有理由相信，智能技术与教育的融合将共同赋能未来。^①黄荣怀教授对未来教育做出描述：在未来，学校的物理围墙将被打破，学习环境从封闭走向开放——从多媒体教室扩展到智慧校园，再扩展到虚拟与现实交错的智慧城市。到那时，人们对于学校的认知围墙也会被打破，学校被嵌套在智慧城市中，课堂的时空边界会被极大地拓展。人工智能将广泛应用于教育教学过程，并服务于个性化的终身教育。他表示，在联合国教科文组织"教育的未来"全球倡议下，教育工作者需要加强国际合作，分享知识经验，共同探索未来教育的答案。^②

---

① 黄荣怀，田阳. 发展智慧教育须着眼于教育生态的整体发展 [J]. 教育家，2020（2）：20–21.
② 何曼. 正视实施在线教育的困难与实际需求，全球共同定义未来教育 [EB/OL].[2020–05–30].https：//mp.weixin.qq.com/s/q5vD9uDcS6hfc5vBQ2F3SQ.

学习篇

　　学习篇包括"智能时代的终身学习""智能时代的创造力培养"以及"智能时代的数字素养"三个专题。三个专题是基于"学"的三个突出问题而提炼的：一是终身学习观念不强；二是学校教育创造力不足；三是数字素养有待提升。智能时代，教育和学习发生了翻天覆地的变化。校园内外的边界日趋模糊，线上线下的形式日益融合，教育系统必将重构，学习逐步走向真正的开放。以人工智能为代表的新一代信息技术是教育系统变革的内生力量，将承担支撑引领教育现代化发展，推动教育理念更新、模式变革、体系重构的重任。

　　终身学习强调教育过程由"以教为中心"向"以学为中心"转变，强调学习者要由他律向自律转变，强调学习需求由外驱向内驱回归，强调学习资源、学习途径、学习方式、学习内容等方面的开放性、灵活性和系统性。面向未来的终身学习体系将呈现以下特征：信息与交流技术多样化，传播手段、信息、知识和价值观多样化；传统知识源泉的垄断性权威弱化，终身学习的针对性大大增强，草根满足草根的服务模式开始出现；基于工作场景的终身学习使灵活的技能开发和获得职业资格成为可能；正规学习与非正规学习之间的沟通认证机制逐渐得到完善。

　　智能时代要求创新人才具有创新人格、数字学习能力、计算思维、设计思维、思辨能力、人机协同六大特征，其中创新人格是创新力的人性特征，数字学习能力是应对知识变迁的必备技能，计算思维是实现创新的基础技能，设计思维是实现创新的基础手段，思辨能力是创新能力的思维基础，人机协同是顺应智能时代的必备技能。智能时代的创造力养成需要家庭、社会与学校教育的无缝融合。这不仅需要学校教育的改变，也需要社会中的场馆学习、家庭教育的配合，要丰富创新人才培养场所，同时通过营造智慧环境和创新文化氛围，促进创新人才的培养。

技术创新把整个社会发展推向更高的阶段，智能时代的工作环境、学习环境、生活环境都发生了翻天覆地的改变。面对崭新的时代特征，迫切需要丰富和发展学生核心素养的内涵，强化包括信息素养、媒介素养以及数据素养在内的数字素养。区别于工业时代和教育信息化阶段的教育内容与教育方式，智能时代的教育以互联网为基本媒介平台，以个性化学习为主要方式，以培育数字公民为核心目标。在未来社会中，数字素养一定是每个公民生存发展所需的基本技能。

智能时代的终身学习 *

　　互联网的出现、知识的快速生产使得变化成为时代的主题，工作的变动、工作内容的变革，促进终身学习的发展。本专题首先分析了智能时代终身学习的起源和时代变革，提出必须建立面向未来的终身学习体系；然后讨论了智能时代技术发展对终身学习的积极影响，包括信息技术的发展、学习理念的更新、学习型组织的兴起等；最后深入剖析了智能时代终身学习的服务模式，提出了终身学习生态发展路径，从环境构建、促进流动、培育种群和丰富物种等生态视角出发，提出了搭建学分立交桥、构建基于大数据的学习地图、建设终身学习的载体以及探索草根满足草根的新型服务模式等建议。

第 1 节　终身学习的变革

一、终身学习的起源和变革

　　"终身学习"概念出现在 20 世纪 60 年代后期，伴随着终身教育及其相关理念的普及和人们认识的深化而产生，它由联合国教科文组织和郎格朗（Paul Lengrand）、富尔（Edgar Faure）等专家先后提出并建立起国际范围的实施框

---

　　* 本专题主要内容发表在《中国电化教育》2021 年第 7 期，此处略有修改和补充。

架。早期的终身学习和终身教育关系甚为密切，几乎可被视为"孪生"：它们不仅并列出现在 1972 年的《学会生存：教育世界的今天和明天》和 1976 年的《关于发展成人教育的建议》中，在内涵表达上也较为相似。在学界看来，它们之间仅有的差别在于：终身教育侧重于教育提供的角度，旨在改革与重建当时的教育体系；而终身学习侧重的是学习者个体的视角，目的是凸显学习者的主体地位。① 事实上，从教育学视角来看，两者就其本质来说显然是统一的。首先，这是因为教与学本身就是教育的一体两面，缺乏其中任何一方，教育都将失去意义；其次，在教育中，教与学根本上就是一个连续的统一体，随着人的成长与发展，教需要逐步地让位于学，并最终以培养学习者的独立与自主为根本目标，这一点恰恰也是当代教育改革与发展的主流趋势之一。② 以上是人们对终身教育和终身学习关系的早期认知。

从 20 世纪 90 年代开始，联合国教科文组织从强调终身教育转向强调终身学习，强调学习者本身的需求，强调终身学习应是学习者自觉的学习过程。可以说，随着科学技术的发展和社会的进步，终身学习已经从一种观念发展成为共同的行动，终身学习的理念也在不断丰富和发展。③

自终身学习的概念被提出以后，学术界曾对其表述不一，但对其内涵的解释大致相似。其中较具代表性的定义是由联合国教科文组织在 1976 年所采用并一直沿用至今的定义：终身教育和学习的术语是指，既致力于重建现存的教育体系，又致力于用成年男女都通过其行动和思考的持久的相互作用，决定他们自己的教育的方式，来发展教育潜力的一个全面的计划。④ 目前，被学术界普遍认为最具有权威性、认同程度最高的终身学习定义，是由欧洲终身学习促进会提出的，这一解说因被 1994 年 11 月在意大利罗马召开的"首届世界终身学习大会"采纳而最终成为一个相对全面和完善的定义。其内容

① 高志敏.终身教育、终身学习与学习化社会 [M].上海：华东师范大学出版社，2005；吴遵民.现代国际终身教育论 [M].北京：中国人民大学出版社，2007.
② 朱敏.国外终身学习政策推展模式研究 [D].上海：华东师范大学，2010.
③ 中国教育发展战略学会学术部.终身学习的进展、发展趋势和制度建设：上海国际终身学习论坛综述 [J].教育研究，2010（10）：107-111.
④ 这一定义是对《关于发展成人教育的建议》英文版第 I 条第 1 款中相关内容的翻译，具体表述与该文件的中文版有出入。不直接引用文件中文版的原因是，中文版将"life-long education and learning"称为"终身教育"，没有显示出其"终身学习"的内涵。

如下：终身学习是通过不断的支持过程来发挥人类的潜能，它激励并使人们有权利去获得他们终身所需要的全部知识、价值、技能与理解，并在任何任务、情况和环境中有信心、有创造性和愉快地应用它们。[①] 各种观点的表述虽然不尽一致，但所要表达的概念内涵却有着惊人的相似之处。归结起来大致有以下的共同之处：强调终身学习的主体转换，体现个体的生命焕发；强调学习者的个体学习权利，重视学习者个体的参与意识；强调对学习内容、过程和方法的选择，注重自我设计和自我完善。

终身学习理念的产生与以下一些社会条件的变革有关：工业社会向知识社会的转型、人口结构的改变、经济成长与竞争、科技的进步、文化生活的变迁等。具体来看，首先，终身学习理念的产生与世界上一些工业国家所发生的激烈社会变革和社会转型有着深刻而密切的内在关系。随着全球经济一体化和高新科技的迅猛发展，一个全球化、信息化、科技化的社会已经来临。由于社会变迁的步伐越迈越大以及变迁的结果越来越不可捉摸，重视并推动终身学习成了众多国家为适应这一变化而采取的一项共同策略。为了应对渗透于社会各个层面的变革，一些国家鼓励本国国民在发展过程中不断学习，以使个人能适应剧烈变革的社会。终身学习理念产生的第二个重要原因，是全球性人口结构的改变，这一因素对一个国家的教育体系的构建和完善具有重要影响。为了提高现有劳动者的劳动生产能力和竞争能力以及扩大受教育者的视野，使人口结构改变的负面影响降到最低，各国着力开发新的劳动资源，对成人劳动者进行教育和培训等。这使得学习和训练机会能够扩展到人的一生，而这也已成为现代社会的一种共识。最后，经济成长与竞争也是终身学习理念产生的重要原因。1995 年，欧盟发表了一份有关"学习社会"的白皮书，它强调由于受到信息社会、经济国际化和科技知识的冲击，人们需要终身学习以成功地顺应社会的变迁。

当信息技术已经渗透到我们生活的各个方面，当互联网已成为人们生活、学习、工作所必需的基本条件时，以计算机和互联网为代表的信息技术触发了教育生态系统的全面变革。这一切既向人类揭示了终身学习的重要性，又

---

① 吴遵民 . 终身学习概念产生的历史条件及其发展过程 [J]. 教育评论，2004（1）：48–52.

给人们开展终身学习活动提供了工具和途径。

二、终身学习被定位为首要战略

在各国（地区）政府及相关部门的推动下，很多终身学习政策被陆续制定出来并得到完善，终身学习在整体教育制度设计与改革、教育发展目标中的战略地位逐步凸显。

1976 年，美国国会通过了《终身学习法》，并设立终身教育局（归属联邦政府教育部），使终身学习的法律地位和行政基础在美国得以确立。[①]1981 年，日本发表了《终身学习报告书》，强调终身学习是整体教育制度的设计和改革的目的。在此基础上，日本文部省于 1988 年设立终身学习局，颁布了题为《我国的文教政策：终身学习的新发展》的教育白皮书。[②]欧盟自 1993 年在推出的《成长、竞争、就业：迈向 21 世纪的挑战与途径》报告中首次确认终身学习的战略地位以来，围绕个人发展、就业能力、公民身份和社会统整四大基本目标发布了一系列政策并实施了各种活动，如：1995 年的《教与学：迈向学习型社会》白皮书将终身学习看作最为重要的教育发展焦点；1999 年的《博洛尼亚宣言》致力于通过资源整合实现欧盟各国高等教育的一体化；2000 年的《终身学习备忘录》引发了全民对终身学习的积极讨论和思考，促进了对终身学习的共识的形成；2001 年的《实现终身学习的欧洲》行动计划建议书，围绕学习合作、学习需求、学习资源、学习机会、学习文化、学习质量提出了六大具体策略；2002 年的《终身学习》决议书呼吁各国政府加强对终身学习相关活动的管理；2006 年的《终身学习整体行动计划（2007—2013年）》再次重申人人都有终身学习的机会，并在之前相关计划的基础上，形成了覆盖各类教育的四个单项计划——夸美纽斯计划、伊拉斯谟计划、达·芬奇计划和格兰特威格计划，以及一个辅助性计划——莫奈计划；2008 年的

---

① 徐辉，李薇.迈向学习型社会的重要宣言：写在《学会生存》发表 40 周年之际 [J]. 教育研究，2012（4）：4-9.
② 同①.

《欧洲终身学习资格框架》则为欧盟成员国之间相互承认个人的学习和培训资格提供了统一的基础。[①]2015 年 11 月 4 日，联合国教科文组织在巴黎总部通过并发布了"教育 2030 行动框架"，提出了未来 15 年教育的发展路线图。"教育 2030 行动框架"强调以终身学习理念为引导，总体目标为："确保全纳、公平的优质教育，使人人可以获得终身学习的机会。"这是联合国教科文组织站在新的高度对终身学习战略重新做出的统一规划和部署，终身学习在全球教育发展中的战略地位得到进一步提升，也标志着全球教育迈进了终身学习的新里程。[②]

于中国而言，21 世纪之初，终身教育开始上升为国家的重要战略。2001 年江泽民同志在亚太经济合作组织（APEC）会议上提出"构筑终身教育体系，创建学习型社会"，2002 年党的十六大进一步提出"形成全民学习、终身学习的学习型社会，促进人的全面发展"，全民学习、终身学习的学习型社会建设成为我国的重点战略。2015 年 5 月在致首届国际教育信息化大会的贺信中，习近平总书记指出："当今世界，科技进步日新月异，互联网、云计算、大数据等现代信息技术深刻改变着人类的思维、生产、生活、学习方式，深刻展示了世界发展的前景。因应信息技术的发展，推动教育变革和创新，构建网络化、数字化、个性化、终身化的教育体系，建设'人人皆学、处处能学、时时可学'的学习型社会，培养大批创新人才，是人类共同面临的重大课题。"据此，终身学习的战略定位更加稳固和清晰。

2020 年新冠肺炎疫情发生之后，终身学习成为多个国家和城市应对疫情的治理方案之一。疫情来得猝不及防，改变了我们每个人的生活。很多国家宣布实施了学校停课措施，还有一些国家实施了局部停课，如加拿大、印度、英国、美国等。疫情刺激了原有的教育体系，加速了它的改革。终身学习是许多城市在面对疫情时的教育应急方案。2020 年 2 月底至 3 月中旬，联合国教科文组织终身学习研究所举办了多次网络研讨会，有很多学习型城市参会，

① 朱敏，高志敏 . 终身教育、终身学习与学习型社会的全球发展回溯与未来思考 [J]. 开放教育研究，2014（1）：50–66.
② 徐莉，王默，程换弟 . 全球教育向终身学习迈进的新里程："教育 2030 行动框架"目标译解 [J]. 开放教育研究，2015（6）：16–25.

如中国的北京、上海、武汉，意大利的费尔莫、都灵，伊朗的卡尚，韩国的乌山，巴西的圣保罗等。

依托终身学习体系保证城市的人力资源基础，从而促进城市的可持续发展，是很多学习型城市的发展理念。这次突如其来的疫情让我们重新认识了终身学习的力量——终身学习可以支持知识传播，帮助人们保持健康和卫生，获得新的学习机会。联合国教科文组织整合了各地的教学平台，并在其官方网站进行分享。各国纷纷建立国家层面的远程教育平台，帮助学生开展在线学习。比如：中国国家教育资源公共服务平台（www.eduyun.cn）吸纳和分享了各种优质资源，国家中小学网络云平台和中国教育电视台也提供了优质学习资源，服务学生居家学习；阿尔及利亚教育部国家远程教育和培训局为各学习阶段学生提供了不同学科的在线学习平台；阿根廷建立了开放的阅读平台以及中小学学科学习平台；奥地利利用教育部官方网站，为学生和教师提供支持远程学习的资源和信息，也提供按学科分类的中小学教材。除了国家层面针对新冠肺炎疫情的教育应对措施外，许多城市也出台了各自的政策，整合了相关的资源。

三、建立面向未来的终身学习体系

互联网、大数据、云计算、区块链等的发展，使得信息的传播、知识的传递、人与人之间的交流等都打破了时间和空间的限制，人们的工作、生活、学习方式都在极速变化，人们的工作、生活和学习需求也发生了深刻的变化。多样化、个性化、终身化的学习已经成为人们的普遍需求。借助高速发展的信息技术和"互联网＋"政策的引导，改革传统教育体系，建立面向未来的终身学习体系，成为时代的必然。只有将终身学习与互联网相结合，才能发挥二者之所长，才能促使终身学习产生更大的影响力。当今世界各国均在推动互联网与终身学习的融合，积极利用现代化的信息技术，构建终身教育体系。

随着"互联网＋"对传统教育各个领域的影响，传统教育体系将会被打破，各个教育要素将会被重构，新的教育生态将会被建立起来。如传统教育中教师和学生之间所形成的那种主导与主体关系将会被打破，新的教育主体会不断出现，主体之间的互动方式由单边变成多边，主体之间的边界开始模糊^①，各主体相互包含、相互转化、相互依存的关系得以形成，并且这种关系还在不断地动态调整中。

教育主体关系的变化将导致未来教育出现以下变化：

——信息增长及其性质的变化使新技术在创造知识方面的影响力日益扩大。

——从注重"教"转变为注重"学"。

——终身学习范式将超越以课堂为中心的教育范式。

——学习、工作和生活之间的界限变得模糊，资格认证变得不可或缺。

——技能要求日益提高，基础技能成为关键因素。

——越来越重视可就业性，从纯粹的学校教育转为面向工作的教育。^②

教育的上述变化意味着面向未来的终身学习体系需要在学习模式、学习需求、服务模式、体制机制等方面较传统教育体系做出创新性的变革，形成一个各要素间相互耦合的生态体系。面向未来的终身学习体系将呈现以下特征：

——信息与交流技术多样化，信息、知识和价值观的源泉多样化，使个体学习越来越多地发生在正规教育机构之外。各种非正规教育被纳入教育体系，并获得官方认可，随时随地学习内化为人们的一种习惯。

——传统知识源泉的垄断性权威弱化，终身学习的针对性大大增强，草根满足草根的服务模式开始出现，并且可能更符合人们的学习需求。

——解决工作中的问题、提前为应对未来社会的变化做准备是人们学习的主要动机，基于工作场景的终身学习使灵活的技能开发和获得职业资格成为可能。

——正规学习与非正规学习的认证机制逐渐得到完善，使得不同群体都能够根据自己的条件和需求，选择适合自身的学习机会，并在学习之后实现不同学习成果间的转换。

---

① 张京京，刘正安 . "互联网＋教育"催生新教育主体 [J]. 教育理论与实践，2017（11）：3-6.

② 蓝建 . 未来教育：强调终身学习的实践 [J]. 中国德育，2012（15）：43.

第2节　技术赋能终身学习

一、信息技术的发展

人类社会发展总是伴随着技术的进步，技术的不断进步为人类创造了无数奇迹，人们也期待技术能够给教育带来革命性的变化，帮助人们实现伟大的教育梦想。事实上，随着大量的技术被应用到教育领域，一浪高过一浪的教育技术应用浪潮在教育领域掀起，技术也确实不辱使命地给教育带来了新的变革。

在教育技术应用史上，随着旧技术不断被更替，新技术不断涌现，教育技术的实践领域不断被拓展，技术在教育领域的应用范式也在不断发展，人们对教育技术的接受度、认可度也在不断变迁。现阶段，以计算机、互联网、云平台为核心的信息技术在教育领域已经得到了前所未有的重视和巨大发展，大量新的教育形式、教学模式、教学方法出现，课程和学习已经延伸到了互联网所能触及的任何地方。①

《国家中长期教育改革和发展规划纲要（2010—2020年）》旗帜鲜明地指出"信息技术对教育发展具有革命性影响，必须予以高度重视"，明确了信息技术在教育改革中的地位与重要作用。2015年李克强总理提出"互联网+"计划，紧接着"互联网+"被写进政府工作报告，意味着"互联网+"已经上升到国家战略层面。2015年10月第十五届中国教育信息化创新与发展论坛更是以"互联网+教育"为主题，探索智能时代信息技术与教育的深度融合。可以说，一场互联网支撑下的教育信息化颠覆性变革正在悄然发生。

信息技术带给教育、学习的变化主要体现在：第一，信息技术改变着人

---

① 左明章.论教育技术的发展价值[D].武汉：华中师范大学，2008.

们关于学习和教育的观念。以往人们对学习的认识仅限于书本学习、接受式学习，对教育的印象停留在固定的教育对象、固定的教师和班级、固定的教学内容、固定的教学进度、固定的评价标准等方面。然而，随着信息技术在教育领域的应用，人们的学习逐渐变成一种选择性学习、主动式学习，学习者可以根据自身对知识的掌握情况，重点学习和理解自己未能完全掌握的知识点，提高自身的学习能力和学习效率，实现时间利用率最大化。[①]信息技术已无缝嵌入日常教学中，借助数据分析、推荐算法等技术，教育实现了智能化、多元化，可以面向不同层次的人群开展分类教学，可以随时获取学习者对知识、技能的掌握情况，并自动调整教学内容和教学进度，确定相应的针对个人的评价标准，实现教育的个性化，使因材施教的理想真正成为现实。[②]现阶段，人们更多地认为学习应该是一种主动的、个性化的行为。第二，信息技术正在营造一种新的学习环境。新的学习环境为学习者提供了多样化的学习资源与机会。技术不单纯是一种媒体，也不仅仅是"人体的延伸"，而是作为外来物质存在于教育系统中的各种关系和要素当中，深刻地变革着整个系统。第三，从技术的更新速度和教育信息化的整体发展阶段来看，以技术为中心、技术至上的"数字化教育"阶段已经过去，以人为中心的"智慧化教育"阶段已经开始。"智慧化教育"阶段的基本发展路径是将技术融入教育，以人为中心，构建人、信息、教育实践活动相互作用并无缝融合的信息生态和教育生态。

另外，随着云计算技术在教育领域的应用，教育信息化正在迎来一个新的发展阶段——"云服务"阶段。在"云服务"阶段，技术将不再仅仅是工具，教育信息化的服务形态、研究理念将发生实质性转型。[③]

① 黄英宽 . "互联网 +"时代网络教育技术发展漫谈 [J]. 中国多媒体与网络教学学报（中旬刊），2019（5）：132–133.
② 陈晓慧 . 关于教育信息化的文化审视 [D]. 长春：东北师范大学，2005.
③ 余胜泉 . 推进技术与教育的双向融合：《教育信息化十年发展规划（2011—2020 年）》解读 [J]. 中国电化教育，2012（5）：5–14.

二、学习理念的更新

面对知识经济时代知识规模高速增长的现实，学习者既要借鉴人类几千年发展历程中形成的正确的学习思想和理念，又要根据知识经济时代对人才的要求积极发展新的学习思想和理念，用符合时代发展要求和行之有效的学习理念指导自己的学习。从现有的一些研究来看，人们对未来学习所持的观点是：以终身学习的理念为导向，不仅关注学什么（全面学习），更关注如何学（自主学习），最终实现创新性学习目标，构建一个彼此联系、彼此呼应的学习理念体系。①

首先，要由专业性发展转变为全面学习。为适应时代发展的需求，现阶段无论发达国家还是发展中国家都将努力培养适应未来社会发展需要的合格人才作为教育的目标。而各国都将合格人才界定为全面发展的人。因此，任何一个学习者都应该有全面学习的观念，正确认识和处理好德与才、通与专、知识能力与素质、全面发展与个性培养等方面的关系。②

其次，要由被动式学习转变为自主学习。联合国教科文组织发布的《学会生存——教育世界的今天和明天》指出：教育已不再是外部强加在学习者身上的东西，教育必然是从学习者出发的。我们今天把重点放在自学原则上，而不是传统教育学的教学原则上。新的教育精神使个人成为他自己文化进步的主人和创造者。自学，尤其是在帮助下的自学，在任何教育体系中都具有无可替代的价值。我们应使学习者成为教育活动的中心，随着他逐渐成熟，允许他有越来越大的自由：由他自己决定他要学习什么、他要如何学习以及在什么地方学习。这应该成为一条原则。

最后，要由维持性学习转变为创新性学习。学习总的来说有两种类型：一种是维持性学习（或称适应性学习），它的功能在于获得人类已有的知识和经验，以提高解决当前问题的能力；另一种是创新性学习，即一种可以以新

---

① 屈林岩 . 面向未来的学习观 [J]. 高等教育研究学报，2004（2）：5–9.
② 屈林岩 . 培养新世纪合格人才须正确处理的几个关系 [J]. 教育研究，1999（8）：36–40.

的视角系统地阐述问题的学习，它的功能在于提高一个人发现、吸收新信息和提出新问题的能力，以迎接和处理未来社会日新月异的变化。[①] 在传统的农业时代和工业时代，人们习惯于用已有的知识来解决存在的各种问题，形成了以维持性学习为主的模式。但是在知识经济时代，信息技术强化了知识的归类，人们接触知识较以往更为容易，故选择和有效利用知识与信息的能力变得越来越重要。这也就意味着，不断掌握最新知识并创造新知识的能力比掌握现存知识更为重要。"学会"只能使人成为传统意义上的工匠，"会学"才能使人成为知识经济时代的大师和知识劳动者。因此，知识经济时代必然要求人们从维持性学习向创新性学习转变。[②]

终身学习是通过一个不断的支持过程来发挥人类的潜能，它鼓励并使人们有权利去获得他们终身所需要的全部知识、价值、技能与理解，并在任何任务情境中都有信心、有创造性和愉快地应用它们。[③] 终身学习理念已经被提升到生存的高度，这是人类对知识经济和知识社会的积极响应，也意味着知识经济时代的学习理念将发生根本性改变，即把学习从单纯的在校学习扩展开来，从少数人扩展到所有的人，从阶段性的扩展到终身性的，从被动的发展到主动的，从而使学习真正成为所有人终身的行为和自觉行动。[④] 终身学习理念重视个体主观能动性的发展和对社会的持续适应性，认为学习应该成为人们适应日益复杂且充满变化的当代社会的一种新型生活方式。终身学习强调教育过程由"以教为中心"向"以学为中心"转变，强调学习者要由他律走向自律，强调学习需求由外驱向内驱回归，强调学习资源、学习途径、学习方式、学习内容等方面的开放性、灵活性和系统性。[⑤]

① 博特金，埃尔曼杰拉，马利察. 回答未来的挑战：罗马俱乐部的研究报告《学无止境》[M]. 林均，译. 上海：上海人民出版社，1984.
② 屈林岩. 面向未来的学习观 [J]. 高等教育研究学报，2004（2）：5-9.
③ 吴咏诗. 终身学习：教育面向 21 世纪的重大发展 [J]. 教育研究，1995（12）：10-13，9.
④ 同②.
⑤ 高志敏，朱敏，傅蕾，等. 中国学习型社会与终身教育体系建设："知"与"行"的重温与再探 [J]. 开放教育研究，2017（4）：50-64.

三、学习型组织的兴起

终身学习体系的建立绕不开学习型社会、学习型组织这两个关键概念。学习型社会基于社会形态变化及其价值成功转换的视角而提出，是对未来社会理想形态的一种描绘。这种社会重视变化，强调终身学习的重要性，并通过教育体制改革、学习权利赋予、学习机会创造为人人终身学习提供制度基础，以引领个体的人格成长和社会发展。①构建终身学习体系的目的是形成一个"人人皆学、时时能学、处处可学"的社会，即学习型社会，而学习型社会建设进程在很大程度上取决于各类学习型组织的创建。

学习型组织的理论最早由圣吉（P. Senge）提出，其在《第五项修炼》一书中以"系统思考"理念为核心，提出了学习型组织理论的基本框架，包括"自我超越""改善心智模式""建立共同愿景""团体学习""系统思考"。据此，圣吉被称为"学习型组织"的理论之父，《第五项修炼》被誉为"21 世纪的管理圣经"。

关于学习型组织的特征，福瑞斯特（J. Forrester）根据系统动力学原理，认为学习型组织强调组织结构的扁平化、弹性化，以适应竞争环境复杂多变的需求；组织学习追求更好地传递知识、分享知识。②卡尔福特（G. Calvert）通过访谈多位学习型组织的实践者，归纳出学习型组织的十个特征：强调学习具有团队性、开放性和跨组织性；强调学习过程和学习结果同等重要；以快速、聪慧的学习取得竞争优势；将有实用价值的信息迅速、及时地转化为知识；让员工认识到获得工作经验就是在学习；培养承担风险的勇气，保障组织的整体安全；戒除组织内部的防卫心态，从错误中学习新经验；重视实用性学习；为周围的学习个人和学习团队提供帮助；培育分享学习成果的环境和机制。③据此，我们可以看出学习型组织的本质特征是善于不断学习、终

---

① 高志敏，朱敏，傅蕾，等．中国学习型社会与终身教育体系建设："知"与"行"的重温与再探[J]．开放教育研究，2017（4）：50-64.

② 俞文钊．管理的革命：创建学习型组织的理论与方法[M]．上海：上海教育出版社，2003：1-6.

③ Calvert G，Mobley S，Marshall L. Grasping the learning organization[J].Training and Development，1994（6）：38-43.

身学习、全员学习、团队学习和全过程学习。因此，学习型组织是学习型社会的组织基础，学习型组织是实现终身学习的主要场所。① 可以说，学习型组织理论将终身学习组织化、操作化了，有利于推进学习型社会的建设。②

自《第五项修炼》出版后，一些国际知名企业以"五项修炼"为指南，纷纷在企业内建立起学习型组织。近年来，学习型组织创建活动在我国如火如荼地展开，由于各类组织的创建目标、创建方法、创建人群各不相同，为更好地引导学习型组织创建活动沿着科学、有效的方向发展，使其成为全民学习、终身学习和学习型社会建设的重要基础，有关管理部门、研究机构根据参与创建的组织的不同性质和特点，将其划分为学习型机关、学习型企事业单位、学习型社区、学习型家庭四种类型。③ 学习型机关，主要为党政机关单位，创建的主体是国家公务员；学习型企事业单位，主要为制造、贸易等领域的各种经营性组织或机构，以全员学习、终身学习和学以致用为指导原则，以车间、班组或部门作为团队学习的基础；学习型社区，主要指街道、乡镇的行政管理辖区，其创建特点是学习与生活相融合、学习与地域文化紧密结合，关注不同人群的学习文化需求，重视开发和利用辖区的各种文化教育资源；学习型家庭，以家庭成员共同提高文化素养和生活质量为目标，通过树立终身学习理念，促进家庭成员间学习交流，培育家庭文化氛围，提高家庭成员在生活中学习的能力，更好地处理生活中遇到的困难，分享家庭快乐。④

随着科学技术的迅速发展，信息与知识呈现出急剧增长的趋势，知识更新的周期越来越短，创新的频率越来越快，人力资源的重要性凸显，这就导致学习成为个人、组织、社会的迫切需求，满足人们日益增长的精神文化需求成为社会主义文化建设的根本目的。学习型组织的产生和发展符合时代的发展要求，承担着贯彻终身学习理念和建设学习型社会的重要任务，是终身学习体系顺利运行的有力支撑。

---

① 刘雅丽 . 终身教育与终身学习的现代思考 [M]. 长沙：湖南人民出版社，2008：91-92.
② 王洪才 . 终身教育体系的建构：全面小康社会的呼唤与回应 [M]. 厦门：厦门大学出版社，2008：41.
③ 上海市推进学习型社会建设指导委员会办公室 . 长三角地区创建学习型组织理论和实践探索文集 [M]. 上海：上海人民出版社，2008：7-11.
④ 帅良余 . 创建学习型组织背景下的成人学习和成人个性发展研究 [D]. 上海：华东师范大学，2012.

四、个性化学习的发展与实践

　　个性化学习，是指在尊重学习者个体差异的基础上，采用适应学习者个体学习特征的差异化学习策略、学习内容、学习活动、学习评价等，强调的是"多样化、差异化"的人才培养目标，从而让个体能真正实现有效的学习，让学习者的个性能够得到"充分、自由、和谐"发展。开展个性化学习，首先要把握学习者的心智特征，并在此基础上为其全学习过程提供符合其个性需求的内容、活动、路径和评价，最终实现自我导向的有意义学习，培育自主发展的核心素养。①

　　个性化学习是技术与教育深度融合的表现形式，以大数据、云计算、推荐算法、深度学习等为关键支撑的人工智能技术对个性化学习进行了重塑和再造。技术为个性化学习赋能：一方面，学习者能够真正有效地参与教学活动，教与学的关系发生了根本转变。另一方面，对学习者来说，学习不再是接受、消化与反思的消极被动过程，而是一种自我建构、自我塑造、自我追寻、自我超越的积极主动过程。②国外研发的多款产品已成功应用于个性化学习实践，并取得了一定的成效。以侧重个性化学习诊断的梦想盒学习（Dream Box Learning）为例，作为一个可以自动适应用户学习进度的在线学习平台，它基于每个学生的行为提供数学理解能力评估，然后以最适当的方式去提示和鼓励学生向正确的方向努力。同时梦想盒学习还为老师提供了评估工具，用以了解不同学生的理解能力与水平。③

　　当前，促进个性化学习已成为世界各国教育创新改革的重点。英国政府于 2006 年发布的《2020 愿景：2020 年教与学评议组的报告》，描述了 2020 年实现个性化学习的教育愿景。2008 年，美国国家工程院明确提出推进个性

① 牟智佳."人工智能+"时代的个性化学习理论重思与开解 [J]. 远程教育杂志，2017（3）：22–30.
② 李家新，汤俊雅. 从赋权理论看 MOOCs 教学的本质 [J]. 高校教育管理，2015（3）：64–68.
③ Arnold K E, Pistilli M D. Course signals at Purdue：using learning analytics to increase student success[C]. Proceedings of the 2nd International Conference on Learning Analytics and Knowledge, 2012：267–270.

化学习的目标。^①我国 2010 年发布的《国家中长期教育改革和发展规划纲要（2010—2020 年）》提出"关注学生不同特点和个性差异，发展每一个学生的优势潜能"，鼓励个性化发展，为每个学生提供"适合的教育"。《教育信息化十年发展规划（2011—2020 年）》也提出，"努力为每一名学生和学习者提供个性化学习、终身学习的信息化环境和服务"，"面向全社会不同群体的学习需求建设便捷灵活和个性化的学习环境"。2018 年，《教育信息化 2.0 行动计划》再次强调要构建"互联网 +"条件下的人才培养新模式，实现个性化的优质教育。

个性化学习需要满足每个学习者的个性化的发展需求，教的差异化、学的个性化和服务的精准化是其主要特征。^②教的差异化体现在，大数据技术可以实现对学生成长、学习行为和教学过程的全景记录，形成面向过程的评价机制，帮助教师深入了解每个学生的知识能力和学习需求，开展规模化授课与差异化指导。学的个性化体现在，大数据可以实现对学习者相关数据的持续性收集和分析，使真正意义上的个性化学习成为可能。基于大数据分析技术，可以在充分了解每个学生的学习习惯、学习行为特征、学习进度等信息的基础上，为每个学生生成个性化的学习地图，推荐与其能力相匹配的个性化资源，构建适应学生需要的学习内容和学习路径，助力个性化学习活动的开展。服务的精准化体现在，通过对学习者学习情境和学习过程中相关数据的追踪、量化和分析，从海量学生行为数据中归纳分析出其各自的认知特点和学习风格，进而提供多模式、个性化的学习服务支持。当然，这里所说的教的差异化、学的个性化和服务的精准化并不是完全独立的，而是相互交融、相互依存的，脱离其中的任何一个，个性化学习都无法实现。

---

① Mote C D, Dowling D A, Zhou J. The power of an idea：the international impacts of the grand challenges for engineering[J]. Engineering, 2016（1）：4–7.
② 杨宗凯. 个性化学习的挑战与应对 [J]. 科学通报，2019（Z1）：493–498.

第3节　终身学习服务模式

一、终身学习生态体系的变革

社会经济的发展转型促使人们的工作领域、发展需求等发生急剧变化，具体表现在：工作领域层面，由于传统行业部分工种渐渐消失或者被"互联网＋"赋予了新的意义，新的工作领域和新的工种不断涌现，并展现出极强的创新能力；发展需求层面，人们原有的知识基础、工作经验储备已经无法跟上社会发展需求，"能力不强""知识焦虑""职场危机"成为人们的困扰，学习成为人们的内在需求。因此，社会亟待构建一个终身学习生态体系，以满足人们日益旺盛的学习需求，支持社会的发展转型。

所谓体系是由多个子系统共同组成的一个大的框架，这些微小的子系统各有不同，它们在一定原则的规范与约束下发挥各自功能，与此同时，彼此之间还保持着紧密的联系，从而使整个体系可以得到健康有序的发展和完善。[①]引申到终身学习体系，它应该是由各种各样的学习子系统构成的体系，这里所说的子系统应该包含早期学习、青少年学校学习、成人学习和老年休闲与自我完善学习，正规学习、非正规学习、非正式学习，以及企业学习、社区学习、家庭学习等。这些子系统既有明确的分工，各自发挥优势和功能，又按照社会发展需求建立起沟通和衔接，实现相互渗透、相互融合，最终形成一个具有内在关联性、稳定持续性和阶段一致性的学习生态体系，从而为满足全体社会成员的学习需求提供保障。

构建终身学习生态体系是一项系统工程，必须把原来相互割裂的各种学习类型及其要素、资源加以系统化、一体化，使人们能够根据需要便捷地获得学习和教育的机会。终身学习生态体系是为了实现人的全面发展以及持续

---

① 王星星 . 中国特色终身教育体系构建的策略研究 [D]. 太原：山西大学，2013.

发展而存在的保障性体系，它具有保障学习者在知识经济时代拥有终身学习的权利、拥有足够的学习资源并形成持续学习的意愿与思想、拥有持续学习的能力以及使各阶段的学习成果被认可等作用。可以说，终身学习生态体系的建立以培养终身学习者为目的，实际上是在为学习者提供更多持久有效的学习机会，以实现资源的优化配置以及效益最大化。

因此，终身学习生态体系不仅涵盖正规的学校教育系统，而且涵盖社会上的各种教育机构和一切提供学习机会的组织。[①] 在这个生态体系中，正规教育（formal education，通常指常规的教育体系内的教育）、非正规教育（non-formal education，通常指教育体系外的教育和培训）、非正式教育（informal education，通常指社区教育、工作中的学习等）都均衡有序生长。在原来的生态体系中，正规教育具有绝对的优势，非正规教育和非正式教育是补偿教育。在一个生态体系中，如果一个种群具有绝对优势，就会逐渐更为强势，进而弱化其他种群在生态体系中的地位，降低种群的丰富性，从而降低整个生态体系的生存能力。在终身学习生态体系中，原来正规教育的力量被逐渐弱化，各个教育形式之间的力量逐渐均衡，多种教育形式提升了"生态种群"的丰富性，提升了生态体系的生存能力（见图4.1）。

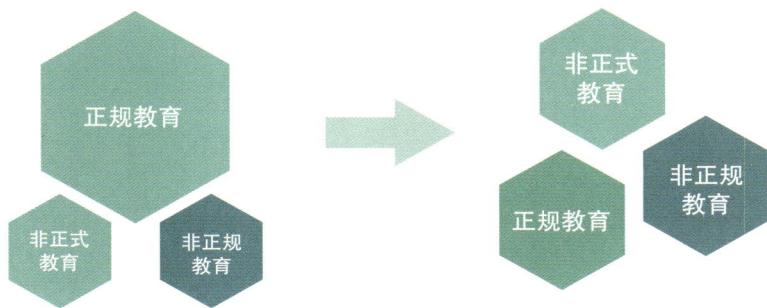

图 4.1 终身学习生态体系的变化

随着社会的发展，"互联网＋终身学习生态体系"的构建被提上日程。"互联网＋终身学习生态体系"的构建有着强大的内在需求和外部动力，是学习供需矛盾综合作用的结果。内在需求在于传统的构建终身学习体系的方式已

---

① 陈思.关于构建终身学习体系的研究[D].长春：吉林大学，2015.

经难以有效解决新时代的主要教育矛盾，不仅难以有效提升学习服务的承载力，更难以满足个体发展和经济社会发展的需求。外部动力来自以互联网为代表的现代信息技术对学习系统性变革的支撑和推动。毫无疑问，现代信息技术已经深刻改变了人们的工作、学习和生活方式，并且在学习领域引发了一些变革。"互联网＋终身学习生态体系"的构建能够更加有效地为社会大众构建多样化、个性化的学习服务模式，实现学习手段、技术与学习服务的革新，满足新时代新形势下个体发展和社会发展的要求（见图4.2）。①

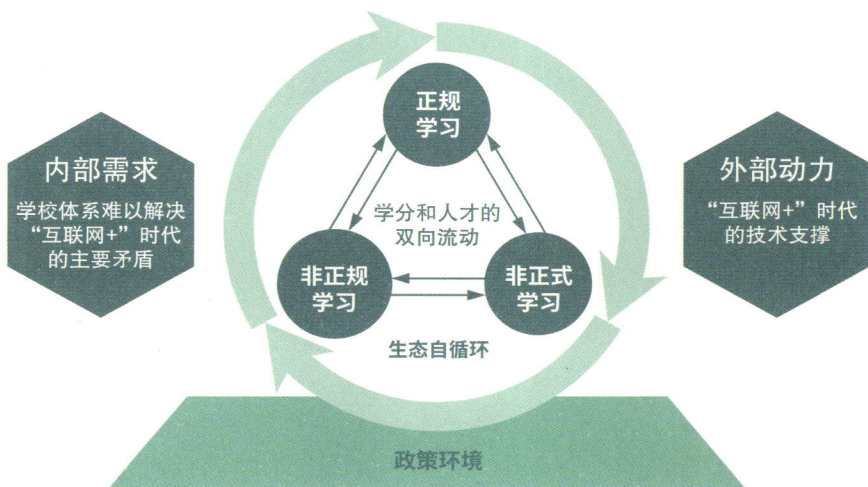

图 4.2　互联网＋终身学习生态体系

随着我国进入中国特色社会主义新时代，教育领域的主要矛盾已发生变化，如今教育领域的主要矛盾是供给方式标准化、统一化与教育需求多元化、个性化之间的矛盾。互联网能够为终身学习生态体系建设提供个性化和规模化支撑，构建"互联网＋终身学习生态体系"是打破各学习类型之间的壁垒、解决教育领域主要矛盾的抓手。②2015年修订的《中华人民共和国教育法》明确规定了要推动各级各类教育协调发展、衔接融通，完善现代国民教育体系，健全终身教育体系，提高教育现代化水平。"互联网＋终身学习生态体系"建

---

① 束乾倩，涂庆华，谈悠."互联网＋终身教育体系"建设的内涵与特征 [J]. 中国职业技术教育，2018（36）：42–47.
② 同①.

设是提升终身学习生态体系供给质量的重要手段，也是实现学习产品和资源供给多样化、个性化的根本方式。

二、终身学习生态体系的特征

终身学习生态体系建设旨在打造一个各类学习资源通过横向沟通、纵向衔接而形成的共享网络体系，进而为不同的学习者提供个性化、多元化、开放性的学习服务。

开放性是终身学习生态体系的内在属性，也是其内涵展示和功能实现的根本。其价值追求在于为全体学习者提供个性化学习服务，实现学习对象的规模化发展，但是这种规模化发展并不是指按照大规模工业生产逻辑组织统一化、标准化的教育和学习。就其实践路径而言，需要充分整合各类资源和教育服务。互联网作为基础设施和创新要素，能够帮助学习者打破时间和空间的限制，能够整合各类学习资源，最终形成一种具有开放性、流程优化性、资源整合性、服务针对性的学习新业态，提升个性化学习服务供给质量。多样化、去中心化、资源互联互通、以需求为驱动提供学习服务是这个学习新业态的特征，而这些核心特征与终身学习生态体系的内涵是相呼应的。新业态的形成也意味着新的终身学习生态体系的建成。①

第一，组织结构的多样化和去中心化。终身学习生态体系的开放性不仅仅是针对学习者个人的，而是指对所有的提供学习服务的机构和个人开放，包括正规学习机构、非正规学习机构、非正式学习机构、草根群体等，所有具有提供学习服务功能的机构、个人、群体都将被纳入体系，成为学习或学习服务主体，并且彼此间产生直接或间接的联系，成为终身学习生态体系的可用资源网络。在这个可用资源网络中，正规学习机构不再是中心，学校不再是唯一的学习场所，非正规学习机构、非正式学习机构、草根群体的地位和作用逐渐显现，家庭学习、企业学习、社会学习等会受到与学校学习同等

---

① 林世员.“互联网＋终身教育体系”建设：动因、内涵与特征 [J]. 开放学习研究，2018（4）：50-55.

程度的重视，任何学习或学习服务主体都将会呈现出组织严密性、内容系统性、形式稳定性等特点。

第二，学习资源的互联互通。"互联网＋终身学习生态体系"将来自不同学习和服务主体的学习资源统整起来，实现不同学习和服务主体之间在学习资源上互联互通。这种互联互通主要得益于互联网技术已经不同程度地融入学习资源的设计、开发、呈现、存储、传播等各个环节，学习资源的生产、配置和传播效率大大提升，使得学习资源能够在不同的国家、地区、机构、个人之间快速流动，区域、机构、地域乃至国家之间的界限得以被打破。就学习者而言，他们不再局限在特定的空间和时间使用学习资源，而是可以在更广阔的空间和时间内挑选适合自己的优质学习资源，这对于提升学习者的学习效率和效果是大有裨益的。这种变化实质上是将原本单独从属于某个机构或个人的学习资源转变为学习者共同的学习资源，实现资源的按需合理流动，这将有利于解决国家、地区、机构、个人间学习资源分配不均衡的问题。

第三，学习服务的提供以需求为驱动。"互联网＋终身学习生态体系"除了在组织结构上实现了多样化和去中心化、在学习资源上实现了互联互通外，更重要的是实现了学习资源供给的个性化，探索出一个根据学习者的不同学习需求提供学习资源的供给模式。学习者的个性化学习需求具有纵向的延展性与横向的多维性。纵向的延展性体现在不同的学习者具有不同层次的学习需求，这就要求学习服务主体提供多种层次的学习资源和服务，并且需要保证各个层次的学习资源和服务与各个层次的学习需求相匹配，相同层次的学习资源需要保持一致性，不同层次的学习资源则需要保持进阶性。横向的多维性体现在同一个学习者具有多样化的学习需求。为了满足学习者多样化的学习需求，终身学习生态体系需要保证学习资源和服务的丰富性、学习方式的自主性和学习进度的个性化等。从纵向和横向分析来看，为满足学习者多样化、个性化并且具有层次性的学习需求，学习服务要以学习者的学习需求为驱动。这种以学习需求为驱动的服务模式将打破过去统一化、标准化的服务模式，形成一种定制化的服务模式。定制化服务的提供最终要落实到内容、资源、方法、环境等方面。这些方面的组织围绕着学习者个体展开，即根据学习者的学习需求提供不同的教育资源与内容，根据不同学习者的学习动机选择不同的评价方式，根据不同的学习能力和风格安排不同的学习进程与教学方式。①

三、终身学习的市场化运营

知识经济时代要求终身学习体系为社会经济发展提供人才资源，但我国终身学习的现行运作机制还不健全，无法适应社会主义市场经济发展的要求。

我们必须承认，终身学习实实在在地进行着投入和产出，有着自己特有的"内部市场"，其"内部市场"的运作情况与发展变化影响着我国的经济和社会发展。因此，我们必须认真分析其产业化特征，从而使它尽可能有效地参与国家的资源配置和经济发展。终身学习产业是一种生产要素的产业，而不是生产消费品的产业。② 它涉及家庭或学习者个人、学校或社区、企业这三类投资和受益者，三方共同投资运作，形成产业化的供求结构。家庭或学习者个人是终身学习的需求方，投资的是时间、精力等机会成本和学习费用，获得的是薪资的增长、职位的晋升、内心的充实、生活水平的提高等；学校或社区、企业是终身学习的供给方，它们投入资金扩建学习场地、搭建在线学习平台、设计开发学习资源等，获得的是满足社会发展的人力资源。这样就形成了终身学习产业的"内部市场"。

近些年来，国家鼓励社会力量参与社会公共事业。终身学习作为一项社会公共事业，亟须吸纳各种社会力量广泛参与，以不断提高公共产品供给的质量和效率，从而满足人们多元化的、更高层次的学习需求。社会力量尤其是企业拥有资本、技术、资源、人才等方面的得天独厚的优势，可以成为提供公共服务的一支重要力量，因此应当鼓励、动员企业等各种社会力量参与进来，形成多元广泛的社会主体参与终身学习的格局和有效的市场化机制。现阶段，各地政府已经出台了一些政策，用以鼓励各类社会力量成为终身学

① 林世员. 从教学创新到组织模式、服务模式创新：论两类 MOOCs 创新及其对终身教育体系建设的意义 [J]. 开放学习研究，2018（2）：9–13.
② 巩真. 从运营结构看中国教育改革的市场化方向 [J]. 统计与信息论坛，2002（6）：89–92.

习的供给方，如《上海终身教育发展"十三五"规划》中提出"探索政府购买、项目外包等形式，吸引行业性、专业性社会组织参与终身教育"，《上海市老年教育发展"十三五"规划》则将企业、社会组织或个人独立兴办老年教育机构作为社会力量参与老年教育的新兴方式。①这为终身学习市场化运营提供了强有力的政策支撑。

当然，各个社会主体存在着不同的利益和诉求，它们之间会形成一个错综复杂的利益诉求关系网。终身学习生态体系要想借助这个利益诉求关系网走上市场化道路，就必须寻找到一个平衡点，尽最大可能保持利益整体、利益格局的平衡。这就需要借助完善的市场化运作机制，配置资源、调整结构，提高终身学习的活力、质量和效率。在实践中，这主要涉及四个方面：一是减少国家、政府对终身学习经费投资的比例，增加非政府组织和个人（主要是企业）对终身学习的投资；二是强化终身学习人才培养与企业人才发展需求、社会经济发展的联系；三是加强企业在终身学习相关政策、实施办法制定中的作用；四是让各个社会主体形成良性市场竞争关系，并在市场竞争过程中动态调节，产生整体聚合能动效应。

现阶段，政府、企业也在探索终身学习产品和服务的市场化运营路径，政府主要在政策方面进行探索，如前面提及的政府买断、项目外包等政策，企业则专注于终身学习产业信息发掘，推出具备潜力的创新产品，努力为终身学习产业赋能。比如，蓝象资本是中国首家专注教育领域的基金，目前蓝象资本已投资 82 个教育早期项目，并通过"蓝象营"对被投项目进行投后服务，为投资人创造了良好的资金回报，明星项目"Timing"已实现近 100 倍增长。

---

① 李珺. 推动社会力量参与终身教育的政策保障研究 [J]. 当代继续教育，2018（6）：45-50.

第 4 节　终身学习生态发展路径

一、构建环境：搭建学分"立交桥"

终身学习体系是对传统学习体系的一种超越，在这个体系中人人均有权利、有机会学习。每个人是终身学习的个人，社区是终身学习的社区，社会是终身学习的社会。终身学习体系的构建需要将各学习类型之间的壁垒打破，实现不同类型学习之间的有效衔接。为此，《国家中长期教育改革和发展规划纲要（2010—2020 年）》中提出："搭建终身学习'立交桥'。促进各级各类教育纵向衔接、横向沟通，提供多次选择机会，满足个人多样化的学习和发展需要。……建立继续教育学分积累与转换制度，实现不同类型学习成果的互认和衔接。"那么，终身学习"立交桥"的核心要素是什么？如何构建终身学习"立交桥"？

终身学习"立交桥"是借鉴道路立交桥的形象化比喻，旨在为全体社会成员提供灵活开放、多样便利的学习或教育的途径，并使各级各类教育有效沟通衔接、各类学习成果得到有效认可。支撑"立交桥"的关键要素有两个：一是所有的学习通道都能够公平地对学习者开放，保证各类学习通道与学习资源的开放性，这是终身学习"立交桥"畅通的前提。二是学习者通过接受教育或主动学习所取得的各类学习成果都能够得到相应的认定。学习成果的形式是多样的，既包括学习者通过各种形式的学历教育、非学历培训教育以及自学取得的学习成果，也包括他们在长期的工作中习得的知识经验或操作技能。

在终身学习"立交桥"中，学分积累和互认是核心要素。各级各类教育和培训之间的互通和衔接，其根本是基于同一标准和要求，通过对学习者的学习成果的认证，让学习者获得可以积累和互换的学分。[①] 建立终身学习成果的认证和转换制度，正在被许多国家当作推进终身学习的抓手。这是因为终身学习成果认证是促使各种教育衔接的核心因素，是实现不同教育沟通、协调的工具，它可以把教育、培训、工作和发展有效地结合起来。[②] 终身学习"立交桥"在国际上被称为资历框架或者资历架构，旨在基于能力标准和质量保证机制，实现普通教育、继续教育、职业教育以及企业培训之间的衔接和沟通，通过学分的积累和互认，为全社会人士提供灵活弹性的终身学习阶梯。[③] 韩国、澳大利亚等建立了终身学习学分登记和学分转换制度，欧盟通过建立资格能力框架对终身学习和实践取得的进步进行认证。南非推进终身学习的一个重要经验也是建立终身学习认证框架。下面以新西兰为例，对国际上基于资历框架实现学分转换的过程进行说明。新西兰资历框架自 1991 年建立以来，采用了统一的学分体系，所有的资历都有相应的学分值和所需的学习时间。教育和培训机构在开发课程时，需要根据在指定的条件下达到既定学习成效所需的时间，确定获得该资历所需的学习时间，进而确定该资历的学分值。学分的计算公式为：1 学分等于 10 学时（学时包括教师指导下的学习时间、自主学习时间、完成作业的时间以及参加考试的时间）。另外，全日制学习每年是 120 学分，即 1200 学时。[④]

建立学分银行是终身学习"立交桥"的制度保障，也是搭建终身学习"立交桥"的关键性和基础性的一步。学分银行最早在韩国被提出，1995 年，韩国教育改革委员会首次提出"学分银行"的议题，旨在让全社会养成终身学习的良好风气。韩国的学分银行所涉及的学习群体非常广泛，几乎包括所有没有获得学位的公民。[⑤] 我国的学分银行是一个为终身学习提供学习成果积累、转换与认证的机制。它搭建了常规教育与终身教育相互承认的"立交

① 张伟远 . 我国终身学习立交桥的搭建：基于国际的视野 [J]. 中国远程教育，2014（11）：28–32.
② 中国教育发展战略学会学术部 . 终身学习的进展、发展趋势和制度建设：上海国际终身学习论坛综述 [J]. 教育研究，2010（10）：107–111.
③ 张伟远，段承贵 . 终身学习立交桥建构的国际发展和比较分析 [J]. 中国远程教育，2013（9）：9–15.
④ New Zealand Qualifications Authority. Understanding New Zealand qualifications，2013 [EB/OL]. [2021–01–30]. http://www.nzqa.govt.nz/studying–in–new–zealand/nzqf/understand–nz–quals/.
⑤ 钟名诚 . 韩国"学分银行"保证公民终身受教机会 [J]. 上海教育，2008（5）：34–36.

桥"，也可被称为"体系框架"。①2012 年，上海率先建立学分银行，随后全国各地开始探索建立学分银行。国家开放大学 2013 年 7 月启动学习成果认证服务体系建设试点工作，在全国建立了 47 个学习成果认证分中心（认证点）。②北京的学分银行建立了支持联盟，已有 16 个城市加入城市支持联盟，15 个行业、部委加入行业支持联盟，27 所高校加入大学支持联盟，5 个大型企业加入企业支持联盟。③

学分银行沟通了各类教育成果，同时也建立了学习成果认证的标准，对吸引学习者开展终身学习具有促进作用：通过学分互认，建立各级各类教育机构的内在联系，提高人才培养的效率，促进资源的共享；通过质量保证机制建设，促进教育教学机构关注质量问题；通过灵活的制度安排，为学习者参与学习提供便利条件。④但是学分银行建设是个复杂的系统工程，要打通普通教育、职业教育与继续教育相互衔接与沟通的渠道，实现不同类型学习成果的互认和衔接，这不仅涉及学分银行建设所需要的政策、标准、规范、技术等要素，还涉及质量与社会认同、公益与利益驱动、公平与法制环境等社会要素。因此，学分银行建设不是一蹴而就的，应从顶层设计、法规建设、公益性手段、质量规范等现实问题入手，夯实终身学习"立交桥"的基础。⑤

二、促进流动：基于大数据的学习地图

远程学习、移动学习、混合式学习等学习形态的出现，让教师的行为、学生的表现、师生互动的过程、学习的结果等都可以被记录、被存储，为学习评价提供多模态数据。随着大数据与可穿戴技术、情感计算的结合，教育

① 刘剑青，方兴，马陆亭 . 从终身教育（学习）理念到学分银行建设 [J]. 中国电化教育，2015（4）：132–135.
② 国家开放大学 . 国家开放大学成立三周年成果展 [EB/OL].[2021–01–30]. http：//ou.china.com.cn/node_547337.htm.
③ 李成霞 . 关于我国"学分银行"建设现状的梳理 [J]. 教育教学论坛，2016（41）：8–9.
④ 吴南中，夏海鹰 . 以学分银行为支架的区域性终身学习体系构建研究 [J]. 中国远程教育，2017（11）：63–69.
⑤ 刘素娟 ."学分银行"如何夯实终身学习"立交桥"基础 [N]. 光明日报，2013–10–09（14）.

者可以整合学习者心理行为、体态表现、情感表征等生物数据和行为数据，为学生个体和群体刻画数字化的学习者画像，揭示学习者真实学习状态，透视其知识缺陷，发现其能力特长。①同时，以学习者画像为基础，能够生成个性化的学习地图，让每一位学习者能够沿着学习地图上的学习路径进行学习并达到学习目的。在在线学习环境中，探索符合学习者学习习惯和偏好的学习地图，构建个性化的学习活动路径，能够减少学习者的学习盲目性，提升学习者的学习体验。②

学习者画像是用户画像（Persona）在教育领域的应用。用户画像最早由库珀（A. Cooper）提出，又被称为用户角色，是建立在一系列真实数据之上的目标用户模型。研究者通过用户调研去了解用户，根据他们的目标、行为和观点的差异，将他们区分为不同的类型，然后从每种类型中抽取出典型特征，赋予一些人口统计学要素、场景等描述，就形成了一个目标用户模型。它常被作为勾画目标、进行用户产品定位、联系用户诉求与设计方向的有效工具，被广泛应用于商业领域。借鉴用户画像的定义，学习者画像就是建立在一系列真实学习数据之上的学习用户模型。学习者画像的构建需要借助学习分析技术，通过对学习大数据进行提取、筛选、标签化处理等一系列操作，获取学习者的多维度特征，形成一个立体化的画像。学习者画像有助于深入理解学习者，为构建学习地图提供依据，进而生成个性化的学习路径，并为学习者提供精准的学习支持服务，提升学习者的学习体验。③

在终身学习体系中，学习地图是以学习者终身学习过程中或某个学习阶段的关键能力发展为核心的整体人才发展框架。在学习地图中，任何一名学习者都可以找到他在整体人才发展框架中的位置，并且能够了解到清晰的学习发展路径和路径中每一发展阶段的学习内容、努力方向和既定目标。与传统的凭主观感觉的学习相比，基于大数据的学习地图在终身学习体系中的优势体现在：一是清晰地定义了不同学习阶段、不同发展水平的能力素质要求

---

① 孙众，蓬征，杨现民，等.有意义的大数据与教学优化改革[J].电化教育研究，2018（3）：43-48.
② 牟智佳，李雨婷，商俊超.教育大数据环境下基于学习画像的个性化学习路径设计研究[J].中国教育信息化，2019（11）：55-59.
③ 肖君，乔惠，李雪娇.大数据环境下在线学习者画像的构建[J].开放教育研究，2019（4）：111-120.

与学习任务，使学习者能够根据自己的情况寻找到差距，并进行有针对性的学习弥补、强化和提升；二是为学习者提供了一个立体化的学习概览，让学习者在学习前对自己需要提升的技能有所了解，从而提高学习的积极主动性，提高学习效能，缩短学习周期；三是对于教师或学习支持者而言，他们能够基于学习地图设计出更加系统的教学或支持方案，能够进行全局统筹，并整合学习资源，使教学或支持服务更精准、更系统、更有效。能力地图是学习地图的基础框架，课程体系、评价体系也均围绕能力地图构建。能力地图的绘制需要对学习者一生中所需的能力进行分析，根据不同学习阶段的能力发展规律设置不同能力级别。①

学习地图描绘了终身学习体系中的整体人才发展框架，是一个学习全景图，在这个全景图上标注了成千上万个学习目的地，不同的学习者可以根据自己的学习需求沿着不同的学习路径到达相同或者不同的学习目的地。随着大数据、云计算、物联网、生物识别等技术在学习领域的应用，加上学习分析技术与工具的不断涌现和升级，学习地图中的学习路径变得更加精细化、差异化、个性化。个性化学习路径基于以学习者为中心的教学设计思想，通过对学习者的个性化学习特征的分析，将学习过程模块进行重组，形成更适合该学习者的学习活动序列，并进行学习过程的评价和指导，协助学习者进行知识的构建。②学习者可以根据学习地图，确定自己所处的学习阶段和能力发展水平，选择合适的学习路径进行学习，并能够随时根据自己的能力提升速度调整学习路径，使自己能够以最高效的方式到达学习目的地，就像使用地图和导航设备一样，可以随时根据路况变更自己的行驶路线，确保以最便捷的方式到达目的地。同样，教师或学习支持者也能够随时根据学习者选择的学习路径调整教学或支持计划，以确保学习者在每一条学习路径上都有充裕且优质的学习资源和服务。

目前，基于大数据的学习地图已经在很多在线教育产品中得到广泛应用。

---

① 冉红兵，邹晓敏.基于胜任力模型的管理人员学习地图研究与构建[J].中国管理信息化，2019
（19）：89–90.
② 姜强，赵蔚，刘红霞，等.能力导向的个性化学习路径生成及评测[J].现代远程教育研究，2015
（6）：104–111.

例如，国内某在线教育品牌就基于大数据学习地图为 3—18 岁儿童提供高品质在线定制化服务。它通过将人工智能、大数据等前沿技术融入教学，使教师教学和学生学习都更加可控。系统会采集学生学习前、学习中、学习后的学习行为和结果数据，生成学习地图，为不同学生推送不同的学习方案，实现个性化教学。课前，系统会深度研究每个孩子的性格和诉求，再利用智能师生匹配系统实现师生对接。课中，人工智能识别系统会对学生的学习行为进行捕捉分析，辅助老师更好地掌握课程动态，从而及时调整上课节奏，优化课程内容。课后，人工智能系统可以对作业进行全自动化批改，并根据学生错题反映出的学情数据生成可视化的学生能力生长图，根据能力生长图为学生智能推送相应的视频讲解和练习，帮助学生更有针对性地学习提升。

三、培育"种群"：终身学习的载体建设和发展

终身学习载体是以贯彻和落实终身学习理念为基点，用来承载、传递终身学习活动的学校、政府相关部门、相关学习型组织、社区等。它将学习和教育作为根本职能，促进人的全面发展，推动学习型城市的可持续发展与繁荣。终身学习的载体与终身学习体系是相互作用的。首先，终身学习体系是按其需要和目的与终身学习载体发生关系的，使终身学习载体为自己服务。其次，终身学习载体依据自身的本质和规律反作用于终身学习体系，促使终身学习体系不断更新和调整自己的需要和目的，使终身学习载体的发展日益丰富且合乎目的。两者经过作用—调节—再作用的动态发展过程，进而形成彼此相互适应和接近的关系。此外，终身学习是城市的一种"软实力"和人们的精神需求，必须与时俱进，开发出适应时代特征的新载体。终身学习体系的内在本质要求或者说发展的基础支撑条件是构建完善且不断更新发展的终身学习载体。基于此，政府、学校、社区、社会学习型组织、家庭都在积极探索各级各类学习的衔接和贯通方式，搭建开放的终身学习体系，初步形成了在政府主导下的学校教育改革发展、非学历教育跨越式升级、社区教育方兴未艾、老年教育高歌猛进、社会学习型组织如火如荼、新型职业农民培

育大力推进的发展局面。[①]

政府是建立终身学习体系的构想者和引导者，为人民提供各种公共服务的服务者，发展和完善终身学习市场的规则制定者和监督者，应对各种挑战和风险的领导者。[②] 具体而言，政府作为终身学习的载体，其作用体现在：一是出台相关的法律法规、政策方针；二是作为组织者，整合地方社会各方力量参与学习型城市建设；三是提供资金等支持。目前在终身学习体系中政府部门所扮演的载体角色也越来越丰富，除了教育部门提供正规教育外，许多政府部门也涉足教育或学习供给，如人力资源和社会保障部门组织开展各种补贴性培训，住房和城乡建设部门、应急管理部门、市场监督管理部门等纷纷根据自己所管辖领域的社会从业人员的能力发展需求开展技能性培训。

学校作为教育载体，基本实现了规范化发展，不断为学习型城市建设提供高素质的人才。学校是组织学习者专门从事学习活动的实体，是终身学习载体的主体和核心。因此，在构建终身学习体系的过程中，学校具有极其重要的地位和作用。富尔在《学会生存——教育世界的今天和明天》序言中指出："学校，即向年轻一代有条不紊地施行教育所设计的机关，在培养对社会发展有贡献并在生活中起着积极主动作用的人方面以及在训练人们适当地准备从事工作等方面，现在是，将来仍然是具有决定性的因素。"[③] 学校作为终身学习的载体，其地位和作用体现在学校是构建终身学习体系的关键环节，也是构建终身学习体系的基础、战略性力量和基本途径。学习者在学校接受系统教育，进行系统学习。学校中的学习，无论是有意的还是无意的，都将在学习者身上固化下来，成为一种学习习惯甚至一种学习生活方式，这将深刻影响个体终身学习的过程，成为推动整个社会、整个学习过程的主导性力量。[④]

---

① 苏迪，韩红蕾.学习型城市建设中的继续教育载体研究 [J].成人教育，2019（3）：7–12.

② 胡鞍钢.政府在构建终身学习社会中的角色与作用（上）[M]// 胡鞍钢.中国科学院 – 清华大学国情研究中心.国情报告：第七卷·2004 年（上）.北京：党建读物出版社，2012：190–206.

③ 联合国教科文组织国际教育发展委员会.学会生存：教育世界的今天和明天 [M].华东师范大学比较教育研究所，译.北京：教育科学出版社，1996：15.

④ 陶大德，倪波，袁能先.试论学校在构建学习型社会中的地位与作用 [J].德阳教育学院学报，2004（2）：18–23.

　　随着人们学习热情的高涨，学校提供的学习机会已经无法满足需求，社区逐步发展成为终身学习体系的基本空间，社区的文化教育功能大大加强。从西方国家构建终身学习体系的路径来看，它们都不约而同地选择以建设学习型社区为突破口。学习型社区最早在 19 世纪的北欧产生，20 世纪在美国发展壮大，欧美各国先后通过完善终身学习立法、建立个人学习账户、建设学习化城镇和社区学习网络等举措，加强学习型社区建设，使学习型社区建设进入了新的发展阶段。① 现阶段，社区在我国终身学习体系建设中扮演的角色也越来越重要。2016 年，教育部等九部门联合出台了《关于进一步推进社区教育发展的意见》，明确要求："创新教育载体和学习形式，培育一批优质学习项目品牌。在组织课堂学习的基础上，积极开展才艺展示、参观游学、读书沙龙等多种形式的社区教育活动，探索团队学习、体验学习、远程学习等模式。"

　　学习型组织或系统是充分满足学习者个性需求，通过培养整个组织或系统的学习氛围而建立的扁平的、持续发展的有机共同体。在终身学习体系下，单一的学习型组织根本无力承担学习资源的个性化供给，这需要所有正式、非正式和非正规组织都成为学习型组织，共同承担起满足学习者需求的重任。② 在构建终身学习体系的过程中，只有将社会学习型组织纳入终身学习载体范畴，才能实现终身学习体系中政府、学校、社区、家庭等各学习供给主体之间的相互衔接，才能打破当下供需不均衡、不同学习载体之间相对封闭隔离的状态。

　　家庭是社会的组织细胞，终身学习体系的形成有赖于学习型家庭的构建。以家庭为单位，引导家长和孩子一起学习交流，是终身学习理念的体现。党的十九届四中全会明确提出构建服务全民终身学习的教育体系，着力形成全社会共同参与的教育治理新格局。办好教育事业，家庭、学校、政府、社会都有责任。要打破传统的学校教育单一格局，建立"学校 – 社会 – 家庭"教育治理新格局，尤其是要构建覆盖城乡的家庭教育指导服务体系，注重家庭

---

① 冯佳 . 学习型城市建设的社会教育载体研究综述 [J]. 天津电大学报，2018（2）：31–36.

② 朱燕菲，周蔚 . 有效终身学习体系的组织构架探究：基于供给侧综合改革视角 [J]. 成人教育，2019（3）：1–6.

教育的基础性作用。总之，家庭也是终身学习的载体之一，也与其他载体一样发挥着不可替代的作用。

四、丰富"物种"：草根满足草根的新型服务模式

传统上，学历教育较之非学历教育具有绝对的优势，非学历教育是补偿教育。根据生态学理论，在一个生态系统中，如果一个种群具有绝对优势，就会越来越强势，进而弱化其他种群在生态系统中的地位，这会降低种群的丰富性，造成生态系统的整体生存能力减弱。而终身学习将弱化学历教育的力量，均衡各个教育"种群"之间的力量和关系，提升教育生态的丰富性。在终身学习生态体系中，随着学习主体的拓展，诞生了草根服务这个"新物种"。

诺贝尔经济学奖得主费尔普斯（Edmund S. Phelps）曾指出，"社会的创新活力有赖于草根和基层的创造力和想象力"[1]。草根服务，具有大众化、平民化、普及化的特征。互联网催生商业领域的转型和变革，产生"草根服务草根"的创新服务模式。基于互联网的"草根服务草根"模式的特征可总结为以下四点。第一，去中心、去权威：自媒体时代，人人都可以成为资源和服务的提供者。第二，基于渠道和路径：利用网络、平台、社区等实现。第三，互联互通：个体与个体之间、需求与供给之间相互联通。第四，协同与共享：个体与个体之间交流共享，协同解决问题。[2]

教育领域中，"草根服务草根"指的是颠覆传统的资源和服务提供方，社会中的草根个体提供资源和服务，草根个体享受提供的资源与服务，利用互联网等现代信息技术，草根实现交流共享、彼此服务的一种新的服务模式。[3]

---

[1]　蒋鸣和.构建教育信息化的草根基础：NOC 活动十五周年纪念 [J].中国信息技术教育，2017（17）：6–8.

[2]　孙雨薇，陈丽 ."互联网 +"时代下"草根服务草根"模式发展两面观：在线教育领域中草根模式发展的问题分析 [J].开放学习研究，2018（5）：26–33.

[3]　同②.

在"互联网+"时代，能够提供教育教学服务的不仅仅是政府和学校、校外教育机构，还有广泛的社会力量，甚至可以是某个看起来与教育工作毫无关系的普通人[①]，那些看起来与教育工作毫无关系的普通人即教育领域的草根。教育领域的"草根服务草根"模式强调校外社会力量、个体学习者对教育活动的主动参与以及自我价值的实现。现阶段，教育领域也涌现了很多"草根服务草根"的案例，如可汗学院。

教育领域中"草根服务草根"实践模式得以实现的基础有三个。第一，该模式在商业领域的成功实践必然会给后来者带来极大动力，并提供有价值的借鉴。第二，商业领域和教育领域二者在需求和发展趋势上存在共同点：学习者和消费者都拥有多样化、个性化的需求；发展趋势是以学习者/消费者为中心，即"消费驱动"。第三，教育领域中存在很多教育问题，单靠学校等传统教育机构解决不了，而社会中蕴含着大量的草根资源，他们能为解决部分教育问题贡献极大的力量。[②]

教育领域要想使这种新型服务模式顺利发展并取得成功，需要解决由人们对教育产品的消费意识不够开放和社会信任文化欠缺等造成的用户难以规模化，成本–效益模式不成熟，质量保证机制、第三方机构评估机制、激励制度和用户评价制度等不完善，教育领域中创新模式实践的支持性政策、与网络资源和服务相关的产权法律法规等政策缺失等问题。[③]

不同于普通的物质消费，现阶段人们对于基于"草根服务草根"模式的学习资源或服务消费，消费意识和习惯都还未真正建立起来。人们在消费学习资源和服务时依然比较迷恋权威，对草根还未建立起充分的信任。学习具有较高的试错成本，人们不会像购买普通物品一样在查看相关产品详情后就马上付款，往往需要经过咨询、试听试学、体验等多个环节，并且在经过了这一系列环节后依然会纠结，因为学习资源和服务所带来的效果并不能马上显现。现阶段，"草根服务草根"的模式只是在小部分学习群体、非正规学习

① 陈丽，李波，郭玉娟，等."互联网+"时代我国基础教育信息化的新趋势和新方向[J].电化教育研究，2017（5）：5-12.
② 陈丽."互联网＋教育"的创新本质与变革趋势[J].远程教育杂志，2016（4）：3-8.
③ 孙雨薇，陈丽."互联网＋"时代下"草根服务草根"模式发展两面观：在线教育领域中草根模式发展的问题分析[J].开放学习研究，2018（5）：26-33.

中有所涉及，用户还没有规模化。另外，提供学习资源和服务的过程中，还会在组织、管理和学习支持上产生较高的成本。但是，现阶段"草根服务草根模式"还没有找到明确的利润点，内容付费、学习成果转化的收益甚微，加上国家层面还没有提供经费支持，导致基于"草根服务草根"模式的学习资源和服务提供还未形成成熟、有效的收益模式。现阶段整个在线教育领域还未建立起统一的、权威的质量保证体系，无法保证草根提供的教育资源和服务的质量，这也是目前用户难以规模化的原因。同时，网络知识产权保护法律法规、用户评价机制、政府监管政策的缺失等，也影响了"草根服务草根"模式的发展和壮大。

专题 **5**

智能时代的创造力培养 *

　　在当今这个机器智能水平不断发展，且能够承担越来越多机械性任务的时代，创造力成为学习者的主要竞争力要素。本专题首先分析了创造力的理论进展以及当今时代对创造力的迫切需求，然后讨论了智能时代对创造性人才的要求，并进一步提出了智能时代的创造力构成要素，最后讨论了技术发展给创造力培养带来的机遇，并进一步分析了国内的创造力培养进展，提出了智能时代创造力培养的发展趋势。

第1节　创造力与创造性人才的时代诉求

一、创造力的界定

　　Creativity，被译为创造力、创造性、创新能力，由拉丁文 create 演变而来，包含创造、生产、创建、造就等含义。对创造力的研究可以追溯到古希腊时期，亚里士多德最先提出了"创造"的定义，即产生前所未有的事物。自 20 世纪 50 年代起，在美国心理学家吉尔福特（J. P. Guilford）的呼吁下，关于创造力的研究拉开了序幕。对于创造力的界定主要有人格论、过程论、

---

* 本专题主要内容发表在《中国电化教育》2021 年第 7 期，此处略有修改和补充。

结果 / 产品论等（见表 5.1）。

表 5.1　创造力的界定

界定视角	主要内容	代表学者
人格论	创造力是一部分人特有的一种能力	吉尔福特[①]
结果 / 产品论	创造性应以产品或可见的反应作为标志，如果适当的观察者判断其具有创造性，那么该产品就是有创造性的	阿马比尔[②]、董奇[③]
过程论	将创造力定义为产生对社会或个人而言新颖、有用的想法、过程及程序	格鲁伯[④]、伦科等[⑤]
系统观	根据产品、过程、环境、人格等系统的观点来对创造力进行定义	罗得斯[⑥]、麦金农[⑦]、斯滕伯格[⑧]
过程 + 产品	创造力既是一种能力，又是一种复杂的心理过程和新颖的产物	林崇德[⑨]

　　创造力最早被认为是一部分人特有的一种能力，它决定了个体是否能够表现出显著的创造性行为（包括发明、设计、策划、创作和计划等）。而一个拥有必要的创造性能力的人是否能真正产出创造性成果，则取决于他的动机和性情特质。

　　随后，由于创造力最终表现在结果上，因此从结果角度来界定创造力的研究者逐渐增加。他们认为创造力是生成新颖的（如原创的、出人意料的）、

---

① Guilford J P. Creativity[J]. American Psychologist,1950（5）：444–454.

② Amabile T. Social psychology of creativity: a consensual assessment technique[J]. Journal of Personality and Social Psychology, 1982（5）：997–1013.

③ 董奇 . 儿童创造力发展心理 [M]. 杭州：浙江教育出版社，1993：12–15.

④ 转引自田友谊 . 国外创造力理论研究新进展 [J]. 上海教育科研 , 2004（1）：14–17.

⑤ 伦科等将创造力定义为"产生对社会或个人而言新颖、有用的想法、过程及程序"，见 Runco M A, Pritzker S R. Encyclopedia of creativity [M].2nd ed.Waltham MA：Academic Press, 2011：511.

⑥ Rhodes M. An analysis of creativity[J]. The Phi Delta Kappan, 1961（7）：305–310.

⑦ Mackinnon D. Creativity：a multi-faceted phenomenon[M]// Roslansky J D. Creativity：a discussion at the Nobel conference. Amsterdam：North-Holland Press，1970：17–32.

⑧ 转引自武欣，张厚粲 . 创造力研究的新进展 [J]. 北京师范大学学报（社会科学版），1997（1）：13–18.

⑨ 林崇德 . 培养和造就高素质的创造性人才 [J]. 北京师范大学学报（社会科学版），1999（1）：5–13.

恰当的（如有用的、适应目标要求的）理念或作品的能力[①]。如董奇认为创造力"提供的是具有新颖性、独特性和社会价值的创造成果"[②]。有学者认为，创造力就是产生解决新问题的新方法、带来新程序及形成新产品和新服务想法的能力[③]。

随着从社会心理学的角度开展的创造力研究增加，创造力开始被视为创造性产品或回应的特性，或创造性的成果被产出的过程；产品或回应是不是具有创造性，取决于熟悉该领域的观察者们在多大程度上赞同这一产品或回应具有创造性。这一定义是基于产品，而非过程或人的角度提出的。

也有学者从系统观的角度出发审视创造力，认为创造力不是单一的，而是由各种子系统共同作用形成的。如，从产品、过程、环境、人格等系统的角度来对创造力进行定义，其中产品取向的研究者主要关注具有创造性的产品和成果，过程取向的研究者着重关注创造力产生的认知过程，环境取向的研究者主要探讨影响创造力表现的环境因素，人格取向的研究者主要关注具有高创造力的人的人格特质。[④]再如，从创造力的发展进化角度看，可以认为它包括学习者的动机、知识和情感三个子系统。动机系统主要指的是学习者感兴趣的一系列目标，它引导行为的发展；知识系统随着学习者问题解决经验的积累，不断地完善和更新；情感指的是在行为和获取知识过程中体验到的快乐感和挫折感。[⑤]

随着关于创造力的研究日益成熟，"过程＋产品"论逐渐在我国形成。林崇德等人通过梳理相关文献认为，对于创造力的研究主要有两种倾向：一是认为创造力是一种或多种心理过程；二是认为创造力是一种产物，而不是一个过程。他在此基础上提出，创造力既是一种能力，又是一种复杂的心理过程和新颖的产物。他把创造性定义为：根据一定目的，运用一切已知信息，

① Lubart T I. Creativity[M]//Sternberg R J. Thinking and problem solving. San Diego，CA：Academic Press, 1994：289-332.
② 董奇. 儿童创造力发展心理 [M]. 杭州：浙江教育出版社，1993：13.
③ Oldham G R, Cummings A. Employee creativity: personal and contextual factors at work[J]. Academy of Management Journal, 1996（3）：607-634.
④ Rhodes M. An analysis of creativity[J]. The Phi Delta Kappan, 1961（7）：305-310.
⑤ 田友谊. 国外创造力理论研究新进展 [J]. 上海教育科研，2004（1）：14-17.

产生出某种新颖、独特、有社会或个人价值的产品的智力品质。这里的产品是指以某种形式存在的思维成果。它既可以是一个新概念、新思想、新理论，也可以是一项新技术、新工艺、新作品①。

总之，随着时代的变迁，创造力的含义越来越丰富，所涉及的层面或因素越来越多，创造力研究也越来越多样化和综合化。早期，研究者更多地将创造力作为一种特质或一种一般能力来研究，往往只从创造力的某一个层面或维度入手；随着时代的发展及研究的深入，研究者慢慢将创造力看作由多种成分构成的综合体，综合考虑创造力的认知、人格和社会等层面，构建一个更加全面的模型或是在一种整合的框架下去理解创造力。

二、智能时代迫切需要创造力

（一）国家创新驱动发展战略

"创新""创造"是我国的基本战略之一。2016 年中共中央、国务院发布的《国家创新驱动发展战略纲要》指出，"创新驱动是国家命运所系。国家力量的核心支撑是科技创新能力。创新强则国运昌，创新弱则国运殆"，把创新上升到了影响国家命运的高度。近年来随着科学技术的发展，国家对创新的重视更达到了空前的高度。如党的十九大报告 59 次提到"创新"，12 次提到"创造"。

从经济社会发展的角度来看，我国对创造性人才提出了更高的要求。目前我国经济正逐渐从传统的资源要素型转向创新驱动型，要推动经济的可持续发展，势必要加大科技创新力度，发展创新型经济。改革开放 40 多年来，特别是党的十八大以来，我国创新实力极大增强。2018 年我国高新技术企业达到 18.1 万家，科技型中小企业突破 13 万家。168 个国家高新区预计实现营业收入 33 万亿元，出口总额达 3.3 万亿元，实际上缴税费 1.7 万亿元。全国

---

① 林崇德. 培养和造就高素质的创造性人才 [J]. 北京师范大学学报（社会科学版），1999（1）：5–13.

技术合同成交额为 1.78 万亿元。① 然而，就目前科技发展速度和国际形势以及我国社会进步的情况来看，我国的社会主义现代化建设需要更多的具有批判精神、反思意识和创造力的人才。

（二）创造力是时代发展的必备能力

人工智能、5G、边缘计算、区块链、大数据等信息技术的成熟和发展，为终端设备、软件应用以及机械的自动化和智能化提供了强有力的技术支持。机器人密度是衡量一个国家制造业自动化发展程度的标准之一。国际机器人联合会（IFR）的数据显示，中国是全球机器人密度增速最快的国家，2013—2016 年，机器人装机量显著增长，由 2013 年的 25 台 / 万人增长到 2016 年的 68 台 / 万人。根据最新数据统计，中国的机器人密度在全球列第 23 位。这充分说明我国机器人的发展和应用具有广阔的潜力，且随着智能技术的进一步发展，机器人的智能化水平会逐步提高，其在各产业中承担的生产性劳动比重会日益增长。葛鹏等人在第三届劳动经济学前沿论坛中做的报告《机器人的崛起与就业变动：2009—2016》显示，我国城镇劳动力被以人工智能为代表的技术进步替代的潜在比例为 0.45，即 45% 的城镇就业人口存在可被替代风险。总体看，潜在被替代的城镇就业人口为 1.65 亿人。由于我国企业就业人口多半在制造业和批发零售业，这两个行业的平均替代率分别为 0.43 和 0.57，因此潜在被替代的工作岗位总量很大。加上农村私营业主和个体可替代劳动人口接近 3500 万人，人工智能等技术总计在企业及各类单位中可替代人口近 2 亿人。②

随着智能技术的发展，重复性、机械性的工作被机器取代的可能性越来越大。信息化、数字化和智能化是时代发展趋势，快速更新的信息和快速发展的技术无疑对人才培养提出了更高的要求。处于信息化、数字化和智能化的时代，创造力可以让快速更新的信息为"我"所用，确保学习者在技术的

①　王志刚 . 加快建设创新型国家和世界科技强国 [EB/OL].[2021–01–29]. http://theory.people.com.cn/ n1/2019/0128/c40531-30592763.html.
②　人工智能冲击就业！中国有 2 亿人属于被替代高危人群 [EB/OL]. [2021–01–29]. https://www.51ldb. com/shsldb/ldjjxztjy/content/008ecea0c4c4c0017eee00163e31e632.html.

快速发展中占据领先地位。从根本上说，21 世纪的竞争就是创造性人才的竞争。在这样的背景下，教育必须培养具有创造力的人才。

（三）创造力是人才培养的主要目标

迈入智能时代，创造力已成为世界各国和国际组织的人才培养主要目标。如联合国教科文组织发布的《作为学习结果的核心素养草案：幼儿、小学和中学》，就认为创造力是各个阶段学习者都应该具备的能力；欧盟发布的终身学习素养框架也将主动和创造力纳入八大核心素养；新加坡发布的 21 世纪三项技能包含批判性、创新性思维；法国也将创造力视为学习者必不可少的核心素养之一；美国的 P21（Partnership for 21st Century Learning）组织认为学习者在 21 世纪应该具有最为重要的 4C 能力，其中就包含创造力，在其最近更新的 21 世纪技能 5C 框架中，也将创造力视为该模型的重要维度之一。

我国早在 1998 年发布的有关学习、宣传和贯彻实施《中华人民共和国高等教育法》的通知中就提到高等教育是"培养具有创新精神和实践能力的高级专门人才"的教育。此后，创造力一直是大中小学人才培养的重要目标。2016 年 9 月"中国学生发展核心素养"正式发布，其中包括"学会学习""实践创新"等核心素养。在 2020 年颁布的《大中小学劳动教育指导纲要（试行）》中也提到要"增强体力、智力和创造力"。在各个学科中，创造力也是重要的培养目标之一。比如，在信息技术学科中，随着核心素养的引入，信息技术教学也越来越注重培养学习者的创造力，使学习者具备适应社会发展的能力，真正提高信息技术教学质量。[①] 在数学学科中，学习者创造力培养正成为评价数学教育水平的重要指标之一。[②] 文科教育方面也在呼吁培养具有批判、反思及创造性思维的人才。为了更好地响应创新驱动国家战略，更好地顺应信息化、数字化与智能化的时代潮流，培养具有创造力的人才是当前我国的必然选择。

---

① 文艳军．解析高中信息技术教学中创造力培养方式 [J]．课程教育研究，2020（17）：147–148.
② 谢明初，王尚志．数学创造力的特征、培养与研究展望 [J]．全球教育展望，2020（5）：119–128.

（四）创造力是学习者成长的基石

对于学习者成长成才而言，缺乏创造力、循规蹈矩式的学习是危险的。完全依赖这种学习方式，学习者便难以真正理解知识在时空中的迁移、变化与延伸，也就是说，学习者无法从时间、空间上全面地了解知识，更无法感受到在不同时间、不同空间人类对知识的运用、改进与创新。这显然不利于学习者创新思维的发展，也不利于学习者实践能力的发展。因此，在智能时代，学习者需要加强对自身创造力的培养。首先，拥有创造力的学习者在创新思维上可以得到发展。创新思维是一种全新的面对问题的思考方式。拥有创新思维的学习者，具有较高的独立思考能力，可以对传统观念进行创新与优化，可以以积极的心态面对困难、克服困难。其次，拥有创造力的学习者在实践能力上也可以得到极大发展。学习者只有具有真正落地的创新思维，才能实实在在地为经济发展和社会进步做出贡献，从而成为为国家繁荣贡献力量的创造性人才。

拥有创造力的学习者不仅能够实现自我价值，还能够进一步创造社会价值。拥有创造力的学习者，即便是在当下竞争激烈的社会中，也能通过创新思维和实践能力实现自我价值。在实现自我价值后，拥有创造力的学习者还能进一步发挥自身潜能，创造新的社会价值。

三、智能时代的创造性人才需求

当今世界科学技术的发展日新月异。随着互联网与人工智能等技术的迅猛发展，产业结构也正经历急剧变化。在这变革激荡同时又有无限机会的大时代，教育必须致力于培养具有竞争力的拔尖创新人才。

（一）增强计算思维，促进人机协同

随着物联网技术的快速发展，人类将生活在一个高度互联的世界中。人类与互联网设备共同构成一个复杂的社会技术生态系统，人类作为系统的中

心，发挥着积极的作用。新一代人工智能不仅能让一台台计算机变得更聪明，更重要的是能让周围的信息环境变得更聪明，这样可以更有效地促进人与智能机器的协作，提高生产生活效率。如，在1997年"深蓝"打败当时的国际象棋冠军卡斯帕罗夫（G. Kasparov）以后，人和机器一起组队下国际象棋流行起来，人类的国际象棋水平得到了提升。再比如，由IBM公司开发的超级电脑"沃森"在医疗领域已经有多年的医生助手经验，可以为医生提供诊断需要的多种信息。总之，在智能时代，人类和训练有素的机器的协作，可以提高人类的探索和认知能力，可以有效促进新的生产生活方式的打开。

2017年《美国国家教育技术计划》对新时期学习目标的描述是：让所有学习者都能参与并提升校内外学习体验，使其成为全球网络社会中积极并具有创造力、渊博知识和道德规范的参与者。该计划首次提出"知觉学习模块"（perceptual learning modules）。所谓知觉学习，就是学习者对外在环境做出快速判断、从繁杂的信息中提取出关键信息的能力。这种能力的培养，有助于将学习者的记忆力和临场反应能力提高至较高水平。该计划体现了智能时代对创造力的新要求，即对于学习者来说，面对网络世界中繁杂的信息，要学会把信息抽象和分解，以具备完成复杂任务的重要能力。这种抽象与分解，需要完成问题的界定、数据的组织应用与分析，实现问题的解决，它与计算思维的内涵基本一致。

剑桥大学风险研究中心的联合创始人雷斯（L. M. Rees）表示，人工智能引发的将不仅是蓝领工作的逐渐消失，学校、家长与社会应更加关注未来就业市场的变化。人工智能的快速发展，将给劳动力市场带来重大变化，有些工作岗位会被机器人取代，同时也会有新的工作机会产生。正如伦敦大学学院教育学院的人工智能教育专家勒金（R. Luckin）所言，未来社会的许多工作需要专业人士与机器人共同开展，即人与机器人协同工作将成为常态。因此，问题解决能力、协作能力和创造力变得越来越重要，学校应与时俱进更新课程体系，学习者应花费更多时间和精力学会在合作中解决问题，并了解更多的人工智能基础知识。总之，在智能时代，了解机器人能做的工作及掌握人机协同工作的本领，将是未来学习者的必备素养，学校应帮助学习者提前做好准备，以适应智能时代的要求。

在智能时代，人们的生活空间主要是信息空间，生活伙伴中会有各种各样的机器，与机器和谐相处、充分发挥机器优势则成为智能时代必不可少的能力。为了能够更好地利用机器辅助生活，人类首先需要理解机器的工作逻辑，能够像计算机领域的专家一样运用计算机科学的基础知识和相关信息技术进行问题求解、系统设计等活动；其次要能够了解不同机器的优势，有效利用机器弥补自身的不足，放大自身的优势，同时有效避免机器可能带来的潜在风险，如泄露信息、破坏产权、违反人权、超过机器治理边界等。

（二）具有思辨能力，强化终身学习

随着人机融合程度的不断加深，人类的知识和学习都将发生巨大的变化。一种新知识观开始逐渐形成，这种新知识观将知识划分为软知识和硬知识。软知识是"正在形成中的知识"，是亿万网民共同建构的知识，它的出现与信息技术的发展密切相关，不仅数量越来越多，重要性也在逐渐提高。与之相对，硬知识的重要性则逐渐下降。未来硬知识将更多地被智能机器人所掌握，人类应该将更多的精力放在对软知识的建构上。另外，整个世界都被数字化以后，人类的生活将会被各种信息充斥。为了有效获取信息，搜索引擎成为日常生活中必不可少的工具。有了搜索引擎的帮助，人们很容易生出一种错觉，就是所见即所得。同时，人们访问信息的方式更容易受到他人的操纵和欲望的驱使，从而阻碍自身认知自主性的发展，导致人们过分强调接受型知识的重要性，把下载行为视为认知行为。而随着数据处理技术和手段的成熟，大数据必然要走向大知识，从而使人类的认识和控制能力发生巨大变化。

知识爆炸对人的学习能力提出了挑战。20世纪后半叶被称为"知识爆炸"的时代，知识版图急剧扩张，知识更新换代不断加速。当代学习的特征突出表现在四个方面：知识爆炸与人工智能技术快速发展的学习环境，自主学习与个性化学习相结合的学习风格，混合学习与泛在学习相结合的学习方式，广泛实践的建构主义认知模式。

学习是贯穿学习者终生的事业，学习者在学校教育阶段既要学会能够支撑未来学习的基本知识，也要掌握后学校教育阶段自主学习的能力。终身学习是未来立足之基。社会学习是现代人生活、工作的重要内容，是追求幸福

的重要途径，主要有实用性、碎片化、自主性、以自学为主等特点。未来，越来越多的简单性、重复性、危险性任务由人工智能完成，留下来的是具有创新性、智慧性的工作。据世界经济论坛估计，目前在校学习的 65% 的儿童未来将从事今天还不存在的工作。学习是对外部世界的开发，也是对自己生命的开发。要想赢得未来，就必须与时俱进地学习和实践。国际 21 世纪教育委员会在向联合国教科文组织提交的报告中指出："终身学习是 21 世纪的通行证。"在人和机器交互、协同发展的时代，提升跨界学习能力、培养快速学习能力、强化知识和技能调用能力，能加强学习者的竞争优势。只有不断地提高学习能力，才能在加速变革的时代立于不败之地。

在智能时代，信息和数据的爆炸是人们不得不面临的另一个状况。由于各种物联网传感技术的广泛使用以及通信技术的成熟，围绕着人类的数据和信息量将会呈指数级增长，从这些数据和信息中提取出知识，将成为人们必不可少的能力之一。同时，随着传播门槛的降低，各种不同水平、不同来源的信息和数据鱼龙混杂，对这些信息进行过滤、筛选、理解、分析、综合、判断也将成为人们的必备技能。另外，在信息层出不穷、知识日新月异的环境中，不断提升自身的学习能力，有效借助信息技术改善学习效果，也是必不可少的能力。

（三）释放劳动力，彰显人性特征

在智能时代，人类面临的最大的挑战之一就是智能机器将会承担现在由人承担的大部分工作，对人类的生产方式进行变革。关于智能技术会对人类就业产生的影响，已经有很多机构做出了预测，比如麦肯锡曾发布报告，预测到 2030 年有 60% 左右的职业可被取代，其中近三分之一将被自动化设备取代，如机械加工、准备快餐等。世界经济论坛发布的《2018 未来就业报告》预计 2022 年后机器可以完成的任务时长将占总任务时长的 42%。面对这样的前景，很多专家提出雇主可以购买机器人来迅速完成日常工作，同时让人类根据人的特性工作和生活。如约翰·普利亚诺（John Pugliano）在分析了智能时代人类就业面临的挑战以后，提出人类应该从 20 世纪追求效率的"机器思维"中跳出来，学会像"人"一样思考，并提出了人应对未来经济挑战应具备沟通技能、艺术才能等。① 藤野贵教认为可以从感性、身体性、直觉性等人性出发，在人工智能不擅长的领域考虑人的工作价值。② 世界经济论坛《2018未来就业报告》更是预测，精通新技术只是 2022 年技能方程式的一部分，人类的技能，如创造力、主动性、批判性思维、说服力和谈判能力，以及对细节、韧性、灵活性和复杂问题解决能力的关注，仍然十分必要甚至非常重要。智能时代注重人性，可以说，人只有变得更人性化而不是机械化，才能在智能时代找到自己的位置。

在智能时代，很多机械的工作都可以被机器完成，这就要求人们更好地成为"人"：要了解"人"的需求，能够站在"人"的角度思考问题，生产符合"人"的需要的产品；要能够与"人"协作沟通，具有良好的社会交往能力；要有好奇心，好奇心是产生疑问、提出假想的能量源泉，一个充满好奇心的人是不可能轻易被人工智能取代的。发挥出这些人性特有的魅力便是智能时代对创新人才的另一个要求。

第 2 节　国内创造力培养的进展

一、联合科研创新机构营造激发创造性的环境

创造是一个精细的过程，具有创造性的发明成果是个体与所处环境共同作用的结果。环境是影响创造力的一个重要因素。如果环境有利于创造力的发展，可使创造力增长，反之，创造力将衰退甚至消失。只有在支持性的环境中，个体的能力才会有更好的发挥。③ 在系统研究创造性人才成长规律的基

---

① 　普利亚诺 . 机器人来了 [M]. 胡泳，杨莉萍，译 . 北京：文化发展出版社 ,2018.
② 　藤野贵教 . 2020 年人工智能时代 [M]. 崔海明，译 . 北京：机械工业出版社 ,2018.
③ 　李海燕，胡卫平，申继亮 . 学校环境对初中生人格特征与创造性科学问题提出能力关系的影响 [J]. 心理科学，2010（5）：1154–1158.

础上，林崇德、胡卫平团队一直在探索创造性人才的培养途径，提出了营造激发创造性的环境、培养创造性能力、塑造创造性人格的培养思路，并组织了部分中学与大学联合培养创造性人才，建立了 300 多所实验学校，取得了显著的效果。[①]

陕西省启动了高校与中学联合培养创造性人才的"春笋计划"。"春笋计划"的内容主要包括三个方面。第一，选拔少数具有创造潜质的高中生，进入高校实验室参加课题研究。第二，组建创造性人才培养专家报告团，为高中生举办讲座，参与高中生研究性学习的指导。第三，高校重点实验室有计划地接待中学生参观和学习。简言之，将高中生引入高校的实验室，通过组织专家做科普报告、开设选修课，让学生参与课题研究等，给学生创造真实的研究环境，激发他们的科研兴趣和创造性思维能力。该项目自 2010 年启动，截至 2018 年累计有 523 名学员参加了前期的选拔，最终有 170 余名学员进入西安交通大学、西安电子科技大学等高校实验室，开展并完成了相应的课题研究，撰写出了研究论文，并顺利结题。参与"春笋计划"的学习者不仅产出了一批创造性的成果，更重要的是有效激发了求知欲，提高了创新能力。学习者在怀疑性、独立性、好奇心、开放性和坚持性等人格特质方面有了很大的进步，由被动学习变为主动学习。

通过营造适宜的环境，培养学习者的创造力，"春笋计划"在多年实践中取得了良好的效果，成功的原因可以总结为以下三点。

（一）开放的支持性环境

儿童在限制性环境中会出现模仿权威、缺乏幽默感等现象，在支持性环境中则会表现出有幽默感和同情心、有创意、精力充沛等，在消极的环境中则会表现出反应冷漠等特征。因此，开放的支持性环境对于培养学习者的创造力至关重要。"春笋计划"通过将学习者引入高校的实验室，向学习者提供开放的支持性环境，有利于学习者形成积极正向的情感表达和人格特质，从而促进学习者探索欲望和创造力的养成。

---

① 胡卫平，韩葵葵.青少年科学创造力的理论研究与实践探索 [J].心理发展与教育，2015（1）：44-50.

（二）良好的师生关系

学习者的发展是在师生双方相互作用的过程中实现的，因此师生关系的融洽程度对学习者创造力发展会产生影响。良好的师生交往关系，如教师公平地对待每个学习者、鼓励学习者提出不同观点以及自由思考等，有利于学习者创造性地提出和解决问题，从而提高自身的创造力。同时，教师本身的创意行为、教学态度以及营造的教室的良好气氛也会影响学习者创造力的发展。"春笋计划"通过让学习者加入课题研究团队，为学习者提供团队支持，有助于营造良好的交往关系，促进学习者创造力发展。

（三）丰富的学习资源

教育资源的不公平分配会在客观上拉大学习者之间的创造力差距。丰富且适合的学习资源有助于拓展学习者的知识储备，辅助学习者摆脱思维限制，促进学习者的发散思维。为学习者提供更多新的信息，让其使用各种各样的信息技术设备，使其接触到高素质的教师，能够促进学习者创造力的提升。"春笋计划"通过向学习者提供选修课程、高水平的专家科普报告、参与课题研究的机会、研究设备等资源，丰富了学习者接触到的相关信息，促进了学习者创造力的发展。

二、基于"翻转课堂"重组教学流程

创造力的培养是个连续迭代的过程，而传统的课堂教学难以维持这种迭代的过程。传统的课堂教学要求学习者亲临现场，学习者在学习中获得知识和技能，但创新往往需要学习者将所学知识结合情境进行迁移应用。为了有效改变这一现状，基于"翻转课堂"的融"学、训、用"于一体的系统化创造力培养与实践体系被提了出来。

"学、训、用"一体化的创造力培养体系主要包括三个方面。（1）"学"：采用"翻转课堂"形式，致力于创造力培养。学习者自主选择学习时间和地点，使他们在网络学习中有充分的时间思考和发散思维，进而在面对面教学中发生思想碰撞，产生更多新看法。（2）"训"：采用问题情境培养创新应用能力。教师将实际问题寓于有意义的问题情境中，学习者在实践中运用所学知识，有助于创新应用能力的培养。（3）"用"：通过平台跟进和反馈学习者的创新实践过程。教师或专家基于平台及时给予专业点评和指导，跟进学习和训练的效果。这种学习模式可以将理论知识与实际应用结合起来，即时反馈，有助于保持学习者的学习兴趣。[1]

"学、训、用"一体化的创造力培养体系，在初步运用于企业培训时取得了良好的效果，不仅提升了学习者的创造力，还有效提升了学习者的自我效能感等，其成功的原因可以总结为以下三点。

（一）注重教师的引领作用

传统的标准化教育侧重于知识传播与复制，在知识的创新与共享方面存在不足。"学、训、用"一体化的创造力培养体系采用线上和线下相结合的教学方式，着重强调教师的引导作用，倡导知识的创新和生成，促进学习者创造力的培养。学习者在线上自主进行知识性内容的学习和测验，平台对学习者学习过程和行为予以评价和反馈，可以有效减少教师从事重复性活动的时间，使他们能够集中精力从事具有较高价值的活动，例如和学习者共同探讨、深入研究材料或者更好的问题解决办法等。在这个过程中，教师的引导作用显得尤为重要，其重点是启发、挖掘和训练学习者的创造力。

（二）通过在线学习社群深度互动营造创新氛围

在线学习存在师生互动不足的弊端，学习者可能感受不到活跃的学习气氛，无法实现真实有效的互动，这样难以满足学习者交流与协作的需求。在互联网时代，在学习者创造力的培养中，应该强调交互的密度和深度，通过设计多元的交互体验，营造积极的交流与协作氛围，充分发挥在线学习社群和教师跟踪指导的优势，给学习者提供及时的评价和反馈，避免出现学习者

---

[1]　林晓凡，胡钦太，邓彩玲.基于 SPOC 的创新能力培养模式研究 [J].电化教育研究，2015（10）：46−51.

·206·

因独自学习遇到阻碍而停滞的情况，保证学习者持续学习。

（三）注重创造力培养过程中的评价与反馈

"学、训、用"一体化的创造力培养体系引入学习分析技术，全面跟踪和掌握学习者的特点、学习行为、学习过程，促进学习者创造力的培养：运用学习分析技术，对学习者实践过程中出现的问题、作业测验及交流互动的情况进行分析，进而呈现可视化评价结果，为学习者定制个性化学习建议、作业及测验，提高学习者学习效率和质量；基于大数据分析技术，评估学习者对学习过程的满意程度，更好地促进学习者创造力的培养。

三、采用新异问题激励学习者经历创新过程

培养创新人才已经成为当今教育的核心任务，众多中小学都加入了创新教育改革的行列，积极探索培养创造力的教学方式和方法。为了解决创造力培养中存在的问题，更有效地在课堂教学中培养创造力，崔光佐团队提炼出了一种基于新异问题的教学模式（以下简称"NPIM"）。

为了既让学习者经历创新过程，又兼顾教学内容，教学中使用的问题要符合特定的要求，崔光佐团队将这样的问题称为新异问题。通过大量的实践，他们总结了新异问题的特点：（1）问题情境贴近学习者的生活，选择学习者感兴趣的活动；（2）问题活动基于学习者的经验，学习者可以动手操作；（3）将教学目标所涵盖的内容作为问题解决的必要条件；（4）解决该问题的难点和关键是应用教学目标涵盖的内容；（5）问题对于学习者应具有新异性；（6）问题对于学习者应具有挑战性。问题的新异性是培养学习者创造力的前提。创造力是当学习者遇到问题，而且在自己的经验中无法找到类似的解决方案时才被激活的，这类问题和学习者以前所解决的问题不属于同一类型。新异问题的挑战性是学习者创造力激发的必要条件，只要学习者对问题感兴趣，并且能够利用现有经验动手操作，就可以对问题进行不断探索和分析，最终在经历困惑、尝试顿悟后发现结果。

从 2010 年开始，该团队在北京石景山六一小学、河北高阳布里小学、北京陈经纶中学多所分校、北京第十八中学附属小学、北京通州小学以及北京门头沟区的 46 所中小学里进行了多年的实践，均收到良好的效果。实验班学生的思维能力（瑞文量表测验）、学科成绩（统考成绩）以及创造力（新异问题解决）均得到显著提升。该团队在进行校内培训的同时，也面向社会开设实验班，参与的学习者成绩、素质、能力都得到显著提升，受到家长的好评。

采用新异问题激发学习者的创造力，目前取得了不错的成果，其成功的原因可以总结为以下三点。

（一）保持学习者主体地位，激发创造力

在 NPIM 中，教师只是辅助者，起到引导学习者自主学习的作用，包括为学习者提供一些推理过程中必要的反馈，提供问题讨论中必需的基本知识和技能，引导学习者对已知条件进行批判性思考，确保每个学习者参与各个环节，并鼓励和启发学习者表达自己的想法。教师不直接讲授相关知识去引导学习者找到正确答案，也避免直接展示自己的观点，同时针对解决问题过程中计划、评价等环节提问。

（二）通过问题设计培养创造力

NPIM 的基础是新异问题，这类问题能引出相关领域的概念原理，具有真实性、复杂性和开放性特点，能激发学习者探索的兴趣等。教师首先要打造一个应用与学习贯通的情境，这有助于学习者迁移并创造性地使用知识；其次设计开放性问题，这有助于引导学习者提出创造性的方案。

（三）利用解决问题的推理过程培养创造力

在传统教学模式下，学习者依靠记忆解决问题。采用 NPIM 后，学习者主要采用以分析为基础的方法结合假设解决问题，这要求学习者具有更高的解决问题的能力。在 NPIM 中，问题是一种案例，分析和研究问题需要对之前的知识进行创造性的思考，这也能帮助学习者理解新的知识和技能，而且分析和解决问题的经验有助于学习者在之后遇到类似的问题时提出解决思路。

四、基于学习者思维发展特点开发活动课程

思维是智力和能力的核心，创造性思维是创造力的核心。基于中小学生思维发展的特点和直接经验，林崇德、胡卫平团队开发了以思维方法为主线、以学习者活动为载体、体现对知识的综合运用的思维活动课程。该课程的教材共有 8 册，1—8 年级每个年级各 1 册。每册都以活动为单位（小学每册有 16 个活动，初中每册有 14 个活动），由"基础能力训练篇"和"综合能力训练篇"两部分构成，每个部分都涉及形象思维、抽象思维和创造性思维三种思维形式，同时涵盖了 15 种思维方法。每个活动包含活动导入、活动过程、活动小结、活动拓展四个部分，一些活动后面还有与活动内容相一致的课外阅读材料。同时，该团队提出了动机激发、认知冲突、社会建构、元认知和迁移等教学原理，以及民主性、开放性、建构性、合作性和个性化等教学原则，建构了针对不同活动的教学策略和教学方法。100 多所学校的 20 多万名学习者参加了该课程的学习。实验结果表明：学习者的思维能力、创造力、学业成绩、学习策略、学习动机、自我效能等得到明显提高。

思维活动课程在长时间的实践中取得了良好的效果，培养了学习者的创造力，其成功的原因可以总结为以下三点。

（一）制定创造力培养规划

与知识教学和其他能力的培养一样，创造力的培养也需要制定规划，以提高培养效果和效率。创造力是一种综合能力，用不同学科知识或活动可以培养创造力的不同方面；反过来，创造力的某一方面，又可以通过不同的知识或活动来培养。因此，在制订创造力培养计划的时候要注重活动课程所需的学科知识与创造力指标的结合，关注活动课程能观照到的创造力指标，然后根据创造力培养的任务，选择适当的教学方法、教学手段和教学时间。

（二）教授创新思维方法

首先，使学习者掌握知识之间的联系，在大脑中形成"富有弹性"的知识网络，为创造力的发展打下良好的基础；其次，结合知识的教学，让学习

者掌握各学科中的基本思维方法，并提升思维的流畅性、灵活性和独创性等；最后，在知识教学中，教师要引导学习者主动地从多方面发现问题、分析问题和解决问题，鼓励学习者质疑，鼓励学习者发挥想象力和创造力。

（三）遵循学习者思维发展规律

思维活动课程的设计要符合学习者思维发展的规律。要先从日常问题开始，再扩展到各个学科领域；先从具体形象的问题开始，再扩展到抽象问题；先从简单问题开始，再扩展到复杂问题。要通过活动激发学习者的学习动机和兴趣；创设问题情境，使学习者产生认知冲突，激发学习者积极思维；注重师生之间和学习者之间的互动；重视对思维方法的反思与迁移。

第3节　智能时代的创造力构成要素

本节结合已有的创造力研究成果和智能时代对创新人才提出的新要求，提出包括创新人格、思辨能力、数字学习能力、计算思维、设计思维、人机协同六个维度的能力框架（见图5.1）。

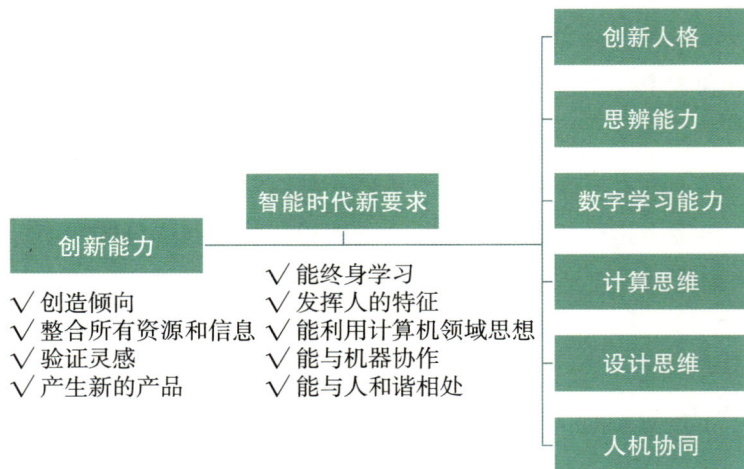

图 5.1　智能时代的创造力框架

一、创新人格

　　创新人格是创造力的人性特征，是创造力中最基本的个人品质要素。所谓创新人格，指的是根据一定目的，运用一切已知信息，产生出某种新颖、独特、有社会或个人价值的产品的智力品质。创新人格主要包含三个方面的内容，即创新人格倾向性、创新人格心理特征和创新人格自我意识。

　　根据这三个方面的内容，专家学者做了很多关于创新人格具体构成要素的研究。莫雷教授认为创造性人格包含三个系统的品质，这三个系统为动力系统、保障系统和调控系统。动力系统的品质表现为好奇和敢为，保障系统的品质表现为自信和独立，调控系统的品质表现为坚持和乐观。林崇德将创造性人格概括为积极的个性意识倾向、刚毅的性格、健康的情感、坚强的意志和良好的习惯。[1] 他的团队还以青少年为研究对象，提出青少年创造性人格包含自信心、好奇心、内部动机、怀疑性、开放性、自我接纳、独立性、冒险性、坚持性。[2] 戴维斯（Gary A. Davis）1980 年在第 22 届国际心理学大会上提出："具有创造力的人，独立性强，自信心强，勇于冒风险，具有好奇心，有理想抱负，不轻听他人的意见，对于复杂的事物感到一种魅力，而且有艺术上的审美观和幽默感，他们的兴趣既广泛又专一。"[3] 美国心理学家吉尔福特曾把富有创造性的人的人格特点总结成以下八个方面：（1）有高度的自觉性和独立性；（2）有旺盛的求知欲；（3）有强烈的好奇心；（4）知识面广，善于观察；（5）工作中讲求条理性、准确性与严格性；（6）有丰富的想象力；（7）富有幽默感；（8）意志品质出众。[4] 斯腾伯格（Robert J. Sternberg）提出，高创造性者具有对含糊能容忍 、愿意克服障碍 、愿意让自己的观点不断发展 、活动受内在动机的驱动、有适度的冒险精神、期望被人认可、愿意为争

①　林崇德 . 创造性心理学的几项研究 [J]. 山东师范大学学报（人文社会科学版），2014（6）：5-14.
②　贾绪计，林崇德，李艳玲 . 独立自我建构、创造性人格、创意自我效能感与创造力的关系 [J]. 北京师范大学学报（社会科学版），2016（1）：60-67.
③　段继扬 . 创造力心理探索 [M]. 开封：河南大学出版社，2000：130.
④　俞国良 . 创造力心理学 [M]. 杭州：浙江人民出版社，1996：20.

取再次被认可而努力等七项人格特征。① 巴伦（Frank Barron）以不同领域的科学家为对象进行了研究，归纳出了十种人格特征：（1）高度的自我坚持力及情绪稳定性；（2）对独立和自治有强烈需要；（3）对冲动有高度控制；（4）超越的能力；（5）喜欢抽象思考，有求知与赞美的欲望；（6）具有高度的自我控制及强烈的意见；（7）在思考上拒绝群众压力；（8）在人与人之间关系上距离较远，态度较超然，但这不是说他们缺乏感应力和洞察力；（9）对矛盾和障碍表现出极大的兴趣，在个人力量所能决定成败的范围内竭尽全力向未知领域探索；（10）喜欢有秩序和法则，但同时也接受由矛盾、例外和无秩序所造成的挑战，容易接受新事物。②

虽然不同的研究者以不同的人群为研究对象，得出的结论也稍有不同，但总的来说，他们的研究都强调了以下五种品质特征：独立性、自信心、好奇心、开放性和坚持性。独立性表现为有自己的想法，有自主探究的需要，不依赖别人。自信心是指对自己、对学习充满信心，有积极的动机开展探究。好奇心是指由新奇刺激所引起的一种朝向、注视、接近的心理和行为动机，是一种求知的内驱力。开放性是指突破传统定式和狭隘的眼界，寻求其他的经验和正确的方法。坚持性是指具有坚持、果断、自制等良好意志品质。

二、思辨能力

思辨能力是指学习者能够综合已有的信息，做出有目的的、自我调节的判断，并能对判断所依据的证据、概念、方法、标准或基于情境的考虑给出解释，强调学习者能够系统全面地收集和分析信息，能够根据已有信息进行推理和演绎，并且能给出真实的基于证据的判断。思辨能力是应对当前信息爆炸、新事物层出不穷的重要能力，对信息以及新事物进行系统审慎思考，可以有效避免信息偏见，从而更全面地开展创造性活动。

---

① 林崇德. 创造性人才·创造性教育·创造性学习 [J]. 中国教育学刊，2000（1）：6.
② 齐璐. 3—5 岁幼儿创造性人格的结构、发展特点与类型 [D]. 大连：辽宁师范大学，2007.

思辨能力与批判性思维能力相类似，都强调系统性地思考和分析、能够进行推理、能做出论断和决断等。在加利福尼亚批判性思维测量中，思维倾向是有关学习者性格和人格特征的内容，具体包括七个维度，即寻求真理、好奇心、成熟判断力、开放思维、系统性、分析性和推理自信[①]。21世纪技能中也包括批判性思维，其强调：根据情况使用各种类型的推理（归纳、演绎等）；运用系统思维；分析整体的各个部分如何相互作用，从而在复杂的系统中产生整体的效果；做出判断和决定；有效地分析和评估证据、论点、主张和信念；分析和评估主要的替代观点；建立信息和论点之间的联系；解释信息并根据最佳分析得出结论；批判性地反思学习经验和过程。[②]

综合以上研究可以看出，求真意识、包容性、解析性、系统性和理性判断是思辨能力的主要内容。求真意识是一种习惯，即总是希望尽可能好地了解任何给定的情况；遵循理由和证据，无论它们可能导致什么，个体都会坚持由它们推导出的结论。包容性强调允许别人发表自己不同意的观点，对他人的观点采取宽容的态度，知道人通常持有自己认为有意义的信念。解析性强调能对接下来发生的事件保持警惕，是一种努力预测事件发生的潜在后果的习惯。系统性指具有系统性的倾向或采用有序的、系统的方式来努力解决问题的习惯。理性判断是指习惯性地倾向于采用各种推理方式处理信息，运用反思性思维来解决问题和做决定。

三、数字学习能力

数字学习能力是指学习者通过评估并选用常见的数字化资源与工具，有效地管理学习过程与学习资源、创造性地解决问题，从而完成学习任务、形成创新作品的能力。在当今这个每时每刻都在大量地产生信息的社会，学习

① Abrami P，Bernard R，Borokhovski E，et al. Instructional interventions affecting critical thinking skills and dispositions：a stage 1 meta-analysis[J]. Review of Educational Research，2008（4）：1102–1134.

② P21's Frameworks[EB/OL].[2021–01–30]. http：//www.battelleforkids.org/networks/p21/frameworks-resources.

者应具有强烈的信息意识，能够平等地占有各种信息资源和信息处理工具，在学习上拥有更大的自主权，保持对信息和现代信息技术的敏感性，而数字学习能力正是个人生存与发展所必需的技能。

数字学习能力关注学习者在信息的获取、加工、呈现、传递和评价，以及与同伴交流沟通、问题解决等学习过程中体现出来的能力。庄榕霞等人通过分析北京市 130 所中小学 11278 名学习者的调查数据，建构了中小学生数字学习能力四维度七要素模型，即包含认知加工、数字素养、学习意愿管理和学习行为管理四个维度，以及认知信息加工、文本阅读、富媒体整合、意愿管理、伙伴管理、任务管理、时间管理七个要素。[①]《普通高中信息技术课程标准（2017 年版）》也对学习者的数字学习能力进行了说明，认为学习者应能认识数字化学习环境的优势和局限性，适应数字化学习环境，养成数字化学习与创新的习惯；掌握数字化学习系统、学习资源与学习工具的操作技能，用于开展自主学习、协同工作、知识分享与创新创造，助力终身学习能力的提高。

综合以上研究可以看出，数字学习能力强调技术利用、数字阅读、认知加工和任务管理等。技术利用指使用技术学习、工作和创造的能力。数字阅读指数字化阅读能力，即能够从图、表、视频等数字化载体中抽取信息并处理。认知加工是指对信息的加工和处理能力。任务管理指有效利用时间、计划和分析学习任务的能力。

四、计算思维

计算技术的进步为人类解决问题带来了新思路，使人类的创造力和想象力实现了巨大的飞跃。使用计算机解决复杂问题的计算思维将是学习者适应社会发展的一种重要思维能力，特别是在信息技术高度发达的智能时代，计

[①] 庄榕霞，杨俊锋，李冀红，等 . 中小学生数字化学习能力测评框架研究 [J]. 中国电化教育，2018（12）：1—10.

算思维更是学习者必不可少的基础技能。自从 2006 年周以真（Jeannette M. Wing）提出"计算思维"①概念以后，计算的观念已渗入数学、物理学、生物学乃至社会科学等诸多领域，计算能力影响着生活的方方面面。为了适应技术快速发展带来的革命性变化，世界各地的教育者都有责任让所有学习者为未来的职业生涯做好准备，确保每个学习者都能理解并能运用计算能力应对未来社会的挑战。②

美国国际教育技术协会（ISTE）在 2015 年提出计算思维可以被定义为一种技能，即能够通过一种算法来找到问题的创造性解决方案，在合作环境中建立有效的沟通。③ 美国计算机科学教师协会（CSTA）在 2011 年提出了计算思维的一个操作性定义，将计算思维分解为六个维度：（1）以机器可以理解的方式表述问题；（2）以逻辑的方式处理数据；（3）抽象地表示数据；（4）自动解决方案的算法化；（5）高效地解决问题；（6）传递解决其他问题的知识和技能。任友群等认为计算思维是一种独特的思维过程，旨在更好地理解和分析复杂问题，以形成自动化的问题解决方案。④ 布伦南（Karen Brennan）和雷斯尼克（Mitchel Resnick）认为计算思维主要包括计算概念、计算实践和计算观念等三个方面，每个方面又包括不同的子类。计算概念包括顺序、循环、并行、事件、条件、运算符和数据等，计算实践包括递增与迭代、测试和调试、再利用和再创作、抽象和模块化，计算观念包括表达、联系和质疑。⑤ 我国《普通高中信息技术课程标准（2017 年版）》界定计算思维为学习者运用计算机科学领域的思想方法，在形成问题解决方案的过程中产生的一系列思维活动。

---

① 　Wing J M. Computational thinking [J]. Communications of the ACM，2006，49（3）：33–35.

② 　张文兰，闫怡，刘盼盼 . 教育者计算思维教学能力及其发展路径：美国 ISTE《教育者标准：计算思维能力》解读与启示 [J]. 中国远程教育，2020（7）：60–68.

③ 　Korkmaz Ö，Cakir R，Özden M Y. A validity and reliability study of the computational thinking scales（CTS）[J]. Computers in Human Behavior，2017（7）：558–569.

④ 　任友群，隋丰蔚，李锋 . 数字土著何以可能？：也谈计算思维进入中小学信息技术教育的必要性和可能性 [J]. 中国电化教育，2016（1）：2–8.

⑤ 　Brennan K，Resnick M. New frameworks for studying and assessing the development of computational thinking[C]. Proceedings of the 2012 Annual Meeting of the American Educational Research Association，2012：13–17.

　　综上可以看出，无论哪种定义，都强调要有数据意识，要有算法逻辑，同时能对问题进行抽象分解，以形成解决问题的方案。数据意识指学习者对数据的敏感度和价值判断，能收集、分析和解读数据。算法逻辑指能理解、应用和开发算法。抽象分解指能对大规模和复杂的系统或者问题的细节进行隐藏、分解和处理，并形成简单的模型。

五、设计思维

　　设计是实现创新必不可少的步骤，设计思维也是创造力必不可少的组成部分。设计思维有助于人们解决复杂的问题，不仅能够促进学习者反思，还能够使之对实践中经历的反思进行再反思，同时有助于学习者通过推理来理解事物。由于其以实践活动为基础，因而能够让事情变得更有意义，可以创造出新的意义，而这些意义可以通过人工制品得到体现。

　　设计思维包括多个方面的价值观，如具有好奇心和创造力、尊重和接受思想的多样性、接受不确定性、拥抱实验 – 原型文化、宽容失败、把失败看作学习的机会、具有弹性和韧性、关注人的价值。[①] 德国波茨坦大学的普兰特（H. Plantter）教授和美国斯坦福大学的雷弗（L. Leifer）教授在其著作中将设计思维描述为以人为中心的方法论，它整合了设计、社会科学、工程和商业方面的专业知识，将人、商业和技术因素集成在问题形成与解决、方案设计的过程中，通过多学科协作与迭代改进，最终形成创新的产品或服务[②]。它强调以人为中心，强调创新和行动，在行动的过程中对产品或服务进行迭代。设计的具体流程表现为：首先站在用户的角度进行观察和反思，这要求设计者有同理心；其次对看到的现象进行界定，提出明确的问题；然后进行构思，初步形成设计方案；接着根据构思和设计方案制作出产品原型；最后对产品

① 林琳，沈书生 . 设计思维的概念内涵与培养策略 [J]. 现代远程教育研究，2016（6）：18–25.
② 林琳，沈书生 . 设计思维与学科融合的作用路径研究：基础教育中核心素养的培养方法 [J]. 电化教育研究，2018（5）：12–18.

进行测试、迭代。①

　　因此，设计思维可以指一套启发式规则、一系列步骤或策略，包括共情、构思和表达，它能指导人们解决复杂或劣构的问题，并制作具有创新性的产品。同理心指能够设身处地地对他人的情绪和情感进行觉知、把握与理解。构思指能观察并发现问题，进行界定，有意识地形成系统性的、有层次的、物化的整体性方案。表达指具有图式化表达和语言沟通能力，其关注的是学习者在设计过程中能够很好地将设计思路与方法用可视化方式或语言表达出来。

六、人机协同

　　人机协同是在智能时代变得日益重要的一个能力维度。未来各种智能终端会遍布人们生活的各个角落，在这种情境下，人与人、人与机器协同工作将成为人们必不可少的能力。通过与人以及机器协作，可以实现人与机器的互补。如人在处理具有开创性、主观性、非结构化、非程序化问题，以及适应环境、逻辑推理方面的能力高于计算机，而计算机在处理重复性、客观性、结构化、程序化问题，以及数据运算、信号处理、数据记忆方面的能力高于人类。② 人与机器的协作可以使人减少在重复性工作中的付出，增加在开放性、创造性的任务上的投入。

　　在 2012 年由美国国家研究委员会组织的研讨会上，与会者就人机协同提出了以下四个方面的观点：（1）机器和人类结合彼此的长处，弥补各自的弱点，增强彼此的能力；（2）人类和机器共同完成自己无法完成的任务；（3）机器是人类的伙伴，而不是工具；（4）借助技术增强和扩展人类的认知、感知

---

① 　Steps in a design thinking process[EB/OL].[2021-01-30]. https：//dschool-old.stanford.edu/groups/k12/wiki/17cff/.

② 　朝乐门. 基于语义 Web 的人机协同知识处理研究 [J]. 图书情报工作，2009（24）：115-119.

和合作能力。①

从以上研究可以看出，人机协同强调通过人与机器的交互以及人与人的协作提高效率。但是我们不应该仅限于此，还应该强调人机协同过程中的伦理和安全、对技术治理的了解与警惕等方面。

第 4 节   技术赋能创造力培养

一、创造力培养面临的技术创新机遇

（一）新一代信息技术营造支持性智慧环境

环境是影响学习者创造力发展的重要因素，城市的学习者在创造性问题提出能力方面明显优于农村学习者，其原因也主要在于教学环境、教师素质、教学资源、家长素质等导致了两者接触信息的广泛性的差异。② 营造良好的、具有开放性和支持性的学习环境对培养学习者的创造力至关重要。

人工智能、大数据、区块链、虚拟现实 / 增强现实等新一代信息技术的发展，为营造开放性的学习环境提供了强有力的技术支持。如，通过虚拟现实和人工智能技术，可以打造逼真的问题情境，并向学习者提供动态的高交互设置。学习者在这种虚拟的"真实"问题情境中，更容易探索出解决问题的方法；更重要的是，这种学习体验会激发学习者的创造力和想象力。③ 再如，随着人工智能技术的发展，越来越多的教育机器人被广泛应用于教育领域。

---

① National Research Council. Intelligent human-machine collaboration：summary of a workshop[EB/OL].[2021–01–31]. https：//www.nap.edu/catalog/13479/intelligent-human-machine-collaboration-summary-of-a-workshop.
② 李海燕，胡卫平，申继亮 . 学校环境对初中生人格特征与创造性科学问题提出能力关系的影响 [J].心理科学，2010（5）：1154–1158.
③ 刘德建，刘晓琳，张琰，等 . 虚拟现实技术教育应用的潜力、进展与挑战 [J]. 开放教育研究，2016（4）：25–31.

其不仅可以帮助教师完成课堂辅助性或重复性工作，还可以帮助教师收集、整理资料，辅助教师进行备课、科研等活动，减轻教师的负担，让教师将更多的精力投入与学习者的互动，促进学习者的能力提升，从而促进教师的育人工作。[④] 类似的还有智能导师系统，它可以在学习者学习的过程中实时跟踪、记录和分析学习者的学习过程和结果，以了解其个性化的学习特点，并根据学习特点为每一位学习者选择合适的学习资源，制订个性化的学习方案，同时对学习者的学习表现和问题解决情况进行评价与反馈，并提出相应的建议。

总的来说，利用新一代信息技术可以从四个方面促进学习环境的营造。第一，创设技术丰富和智能化的学习环境，即利用新一代信息技术实现动态感知学习过程、智能推送适宜的学习资源、提供高效多维互动、进行个性化学习诊断。第二，辅助教师建立一种丰富、安全，并且能够容纳分歧、错误、新奇事物的学习环境，为学习者创新提供空间。第三，创造力形成于复杂的问题解决之中，利用新一代信息技术搭建的学习环境可以为学习者解决问题提供合适的工具、资源。第四，创造力体现在问题解决过程中，新一代信息技术通过记录和分析学习者在问题解决过程中的行为表现，对学习者的创造力进行评价，并提供反馈。

（二）技术与教育深度融合变革教学模式

传统的教师讲授、学习者听讲的教学模式难以培养学习者的创造力，利用新一代信息技术的智能性、交互性等特征，可以有效构建适合培养学习者创造力的新型教学模式。如培养学习者创造力需要学习者之间开展积极讨论互动，促进学习者的思维发散，网络交互平台就可以为这类交互提供有效的支持。

新一代信息技术深度融入教育教学全过程，认知及行动规律的研究、优质教学资源的研发应用以及智能化学习空间的创新构建，有利于促进育人方式、教学模式改进，以培养大批具有创造力和合作精神的高端人才。如，虚

---

④　闫志明，唐夏夏，秦旋，等.教育人工智能（EAI）的内涵、关键技术与应用趋势：美国《为人工智能的未来做好准备》和《国家人工智能研发战略规划》报告解析 [J].远程教育杂志，2017（1）：26–35.

拟现实技术能够将教学内容和知识可视化，通过提供丰富的感知线索以及多通道（如听觉、视觉、触觉等）的反馈增强学习的沉浸感，满足情境学习的需要，增加师生、生生及学习者与环境之间的交互，帮助学习者将在虚拟情境中所学到的知识与技能迁移到真实生活中。① 再如，将人工智能技术运用到教育领域中，有利于重新设计、呈现学习空间，改变师生传统的交互方式与学习评价方式。借助物联网、云计算、大数据、虚拟现实 / 增强现实等技术，教育领域可以不断推进两个"深度学习"（机器的深度学习、学习者的深度学习）的良性互动，让学习者获得更多的、更有效的学习体验与成果，获得解决问题的实用知识与技能，从而促进学习者创造力的提升。②

总的来说，利用新一代信息技术可以从四个方面促进教学模式的更新。首先，变革学习空间要素。尤其是在互联网技术的支持下，原有学习空间得到拓展，产生了远程专递课堂、网络空间教室、异地同步教学等新型教学模式。其次，变革教学方式。基于网络的课外学习成为课堂学习的重要补充，教师不再是知识权威，课堂教学也不再以教师讲授为主，形成了翻转教学、双主教学等模式。再次，变革学习内容。网络学习资源不断丰富，促进了基于网络资源的学习者自学，形成了校园在线课程、基于设计的学习等新模式。最后，变革学习方式。基于互联网技术与人工智能技术，学习者能够与学习同伴或教师建立协同关系，开展研讨交流、项目合作，形成引导式移动探究、协同知识建构和能力导向式学习等模式。

（三）利用信息化手段推广和丰富学习资源

学习者可接触的学习资源的丰富程度也会影响学习者创造力的发展。因此，可以利用新一代信息技术扩大优质教育资源覆盖面，为学习者提供丰富且适合的学习资源，拓展学习者的知识储备，辅助学习者打破思维限制，进行发散思维，提高创造力。

丰富多样的网络资源、日益成熟的人工智能技术正在为学习提供越来越

---

① 吴永和，刘博文，马晓玲. 构筑 "人工智能＋教育" 的生态系统 [J]. 远程教育杂志，2017（5）：27–39.
② 同①.

多样、便捷的技术支撑，这使得适应性学习、个性化学习得以实现。要充分利用和促进优质数字教育资源开发和共享，以实现学习资源对信息化教学的支撑，促进学习者创造力的培养。如，通过汇聚高校、企业等各方力量，提供优质的大规模在线开放课程，提升课程服务，满足学习者的各种知识性方面的需求。通过建设开放性在线学习社区，形成合作共进的创造平台。借助互联网技术，突破学习年龄和阶段上的分隔，促进不同学习者之间的交流合作，辅助打破思维限制。名校网络课堂、名师课堂和专递课堂"三大课堂"的推进可以扩大优质教育资源覆盖面，实现优质教育资源共享。通过整合科学（science）、技术（technology）、工程（engineering）、艺术（arts）和数学（mathematics）领域的内容，促进 STEAM 课程资源建设及应用，可以为学习者提供综合科学情境、工业情境和生活情境的问题，以突破现有学科限制，扩大学习者解决问题的视野，为培养具有创新精神和创造力的新型人才提供资源支持。

总的来说，学习资源的丰富主要表现在技术、内容、专家等资源方面。第一，当今技术发展越来越成熟，学习者可以借助技术满足自己的各种学习需求。如，利用网络搜索所需要的任何领域的知识，借助语言技术、机器翻译系统阅读和学习外文资料，借助智能机器人学习编程等。第二，开放教育资源和大规模在线课程等的蓬勃发展，为全世界的教育者和受教育者带来了大量免费、开放的数字资源，使得学习者获取优质、系统的学习内容变得更为容易。第三，除了学习资源和内容以外，网络还联通了更多的专家学者。学习者可以通过课程资源、网络社区等途径寻找到需要的专家，从而获取学习支持。

二、智能时代的创造力培养途径

（一）打造智慧学习环境，提供支持性服务

创造力的培养需要良好的环境支持。利用先进的信息化手段和工具，我们可以实现从环境（包括设备、教室等）、资源（包括技术、工具等）到活动

（包括教学、管理与服务等）的全方位数字化、智能化，从而打造具有记录过程、识别情景、连接社群、感知环境等功能，能够促进学习者轻松、投入和有效地学习的智慧学习环境。这样的学习环境不仅可以提供更多的资源、技术、工具、内容支持，促进数字学习能力、计算思维、设计思维、人机协同等能力的培养，还可以实现学校内学习、生活、活动等各种场景的联通，甚至通过数据平台连接场馆、家庭等校外的学习环境，从而为更加全面地培养学习者的创造力提供支持性服务。具体来说，可以从以下几个方面进行智慧学习环境的打造。

第一，加强智慧校园和智慧教室建设，营造技术丰富的环境，提高学习者接触技术的广度和深度，促进学习者数字学习、计算思维、人机协同等能力的发展。智慧学习环境的核心是硬件、平台和资源。智能教学硬件包括桌椅、多媒体终端、教育机器人"助手"和"学伴"等；平台要能够支持教师备课授课、教学互动、评测、学习分析等；资源要能保证基于知识图谱实现个性化、精准化推送，能支持学习者自主学习和研究性学习等。随着5G的普及以及边缘计算等技术的发展，各类智能环境、终端和系统平台将逐渐普及，智慧学习环境的性能将会得到极大提升，如借助3D虚拟现实设备、智能动作和手势识别设备、3D投影等智能硬件构建一种能自动识别学习情感的智能教室环境等。

第二，优化多媒体终端和教育资源配置，通过提供各种技术工具手段、丰富的信息资料、研发场地或平台，以及展示作品、交流思想体会、分享创造成果的社交空间，促进学习者计算思维、设计思维、人机协作等能力的提升，提升学习者的创造力。整合丰富的资源和认知工具，借助智能终端，实现学习者与资源、工具的无缝连接。通过对学习者认知特点、学习风格和学习过程等的动态分析，系统能够自动推送与学习者以及当前学习情境相匹配的资源和工具，促进学习者对创造挑战的认识，提升创造的流畅性和灵活性。整合智能终端（如平板电脑、电子书包、手机等）、优质学习资源（如结构化和非结构化的资源）和学习支持服务（如平台、工具等），实现学习者与教师、其他学习者、学习环境、学习工具、学习资源之间的多向深度互动，促进观点、思想的流通，促进创造力发展。

第三，统筹建设智能化教学、管理与服务一体化平台，实现对学习全过程数据的采集和分析，了解学习者的创造力并提出有针对性的建议，促进学习者创造力提升。综合运用互联网、物联网、大数据和人工智能等技术，统筹建设智能化教学、管理与服务一体化平台，实现信息共享、数据融通、业务协同、智能服务，通过伴随式收集数据和自动化分析信息，实现学习过程的自动记录与分析，增强个性化服务水平。通过自动学习测评得出科学的评价结果，教师依据该结果对创造过程进行合理考察，并提出具有针对性的建议。

（二）探索新型教学模式，实现全面培养

信息技术打破了封闭的学习空间，提供了新型的教学和学习工具，链接了更加丰富多样的学习资源，为重塑传统教学模式中的关键要素提供了可能。要培养更多具有创新意识和创造力、能够主动适应并引领社会发展的优秀人才，关键是利用信息技术变革教学模式。通过信息技术深度融入教育教学全过程而实现的教学模式变革，不仅包括教学流程的重构，还包括遵循人的客观发展规律，形成更加科学的新型教学模式。这种教学模式可以促进学习者思辨能力、协作沟通能力、数字学习能力、知识获取能力等的培养，从而实现学习者的创造力的全面培养。具体可以从以下三个方面进行新型教学模式的探索。

第一，加强认知及行动规律的研究。学习神经科学将学习研究与认知神经科学相结合，利用核磁共振脑成像等技术，直接"观察"学习时人脑"黑箱"中发生的变化，从脑发育与认知关系的角度推动创造力发展规律的发现。应当开展脑科学研究者与教育教学实践者之间的对话和沟通，通过共同制定贴近教育教学实践的实验方案，让脑科学的研究成果真正走入教学第一线，指导教学实践。利用大数据技术开展对学习数据的挖掘、分析，通过大样本、复杂结构数据分析，量化学习过程，表征学习状态，发现影响因素，找到干预策略，从更深层次上揭示教育规律。

第二，构建智能化学习空间。在"人工智能＋移动互联网"时代，以智能学习空间为核心，对教育资源供给模式、教学组织形态、现代学习方式进行创新与丰富。推进网络学习空间真正成为广大师生利用信息技术开展教与

学活动的主阵地，在对学习者在线学习过程进行数据分析的基础上实行智能化交互，为师生提供个性化的教学支持服务，提升网络学习空间的智能化水平。构建虚实融合、优势互补的混合教育生态，形成线上线下一体化的综合教学场地，建立物理与虚拟双空间一体化的教学环境和虚拟学习体验中心、虚拟仿真实验室等，促进课程讲授多样化、资源整合多元化、学习支持立体化，实现对学习者创造力的培养。

第三，智能化教育助理的融合应用。智能终端便于携带、易接入网络并具有强大的信息处理能力，它逐渐走入课堂，成为教学方式变革的有力抓手。要加快基于人机交互、机器视觉、情境感知等技术的智能化教育助理（"智能学伴"、"智能助教"、教育机器人等）研发，开发对话式的操作界面，增强师生的表达能力、知识加工能力和沟通能力，促进人工智能与个人设备的深度无缝衔接，实现人机共教、人机共育，促进学习者个性化发展，优化创造力培养效果。智能化教育助理辅助教师教学，能针对不同学习者的特点设计相应的课程和教学活动，为学习者提供智能化的学习服务。同时，依托人工智能技术的立体化综合教学场景能够使教师全面了解每个学习者的特征，为学习者提供启发式教学，促进学习者自主学习，不断提高学习者学习能力、实践能力和创造力。[①]

（三）更新教学内容，紧跟时代需求

创造性人才的培养需要从国情出发，以具体的课程为支点，培养学习者的创造性思维与创造性人格等。为全面培养学习者的创造力，需要根据时代需求更新教学内容，并通过完整的课程技术来培养学习者的设计思维、人机协同能力、团队协作能力、思辨能力、计算思维以及创新人格等创造力的重要组成要素。具体而言，可以从以下三个方面进行教学内容的更新。

第一，加快 STEAM 教育资源的建设与利用。为促进具有创新精神和创造力的新型人才的培养，需改变传统的教育理念和教学方式，加快 STEAM 课程资源建设及应用。首先，开发适合不同年龄段学习者使用的 STEAM 课

---

① 佚名 . 教育在人工智能时代中的 "变与不变" [J]. 教学管理与教育研究，2017（19）：15–17.

程资源。通过整合科学、技术、工程、艺术和数学领域的内容，为学习者提供综合科学情境、工业情境和生活情境的问题，以突破现有学科限制，扩大学习者的视野。其次，开展基于 STEAM 课程资源的教学。帮助教师转变传统的教学方式，通过实施以真实问题为向导、"做中学"等新型教学方式，培养学习者的问题解决能力、团队合作能力、设计能力和实践创造力。

第二，注重数字素养的培养。数字素养是指个体恰当利用信息技术来获取、整合、管理和评价信息，在此基础上理解、建构和创造新知识，发现、分析和解决问题的意识、能力、思维及修养。要开展课内外一体化的信息技术知识、技能、应用能力以及信息意识和信息伦理等方面的培育，将数字素养纳入学习者综合素质评价。

第三，开发新型数字化特色课程。现代信息技术影响并改变着人们的生活状态和学习方式，以慕课、微课、移动学习、"翻转课堂"为标志的"数字海啸"，强烈冲击着教与学的各个环节。要通过充分利用数字学习资源，积极开发新型数字化课程，激发学习者的学习动机，以保证学习者积极主动地学习和思维，促进师生互动和生生互动，辅助学习者将所学知识和方法迁移到日常生活、生产实践、本学科及其他学科学习中去。

（四）依托场馆情境，营造真实氛围

博物馆对公众创造力培养的作用主要是启发式的，即通过丰富的展品、独特的布展形式、具有创造性的讲解方式，引导参观人员进行创造性思考，激发参观人员的创造力。以美国大都会艺术博物馆的体验式导览为例，其以引导性为主的博物馆导览模式，在不影响观众观看的前提下，充分释放观众的想象力以及从不同角度感知作品的能力，并以此体验艺术带来的心理愉悦与感官享受。导览只是辅助，而不是主导，它将观众置于主体地位，使其经历启发思考、产生好奇、提出问题、寻找答案、分享成功的设计思维过程，自主完成对作品的解读和诠释。[①]同时，博物馆、图书馆、天文馆等社会场馆，

---

① 张硕.博物馆教育，释放公众的想象力和创造力：美国大都会艺术博物馆参观启示 [J].走向世界，2018（4）：82-85.

可以为学习者营造出真实的学习情境。真实学习理论表明，如果学习的过程是在真实反映现实世界的情境中发生的，学习的主题是与学习者的生活相关的，那么学习者将对他们所学的知识更感兴趣，能更积极主动地学习新的概念和技能，从而更好地为创造力的提升提供支撑。① 具体可以从以下两个方面开展相关工作。

第一，联合图书馆、博物馆等场馆组织活动，营造创新文化氛围。举办专题讲座、展览等，系统性介绍世界著名科学家、发明家、艺术家成功经验，鼓励公众尤其是青少年向其学习；利用图书馆资源对学习者进行问卷式心理测试、心理咨询等，帮助分析其创造力的障碍所在，因势利导；举办征文比赛、发明比赛、设计大赛等，为公众提供创造性实践与交流的机会；加强阅读辅导，提高公众通过书本自主学习知识的能力；训练创造性思维能力，将创造性思维方式与技巧介绍给读者，如联想思维、侧向思维、形象思维等思维方式以及智力激励法、检核表法、综摄法等创造技巧，并在阅读与讨论活动中指导学习者使用。

第二，联合创客空间、创客工作坊等场所，加深学习者对创新的认识。创客空间是与创造行为直接相联系的场所，为学习者创造提供了工具以及相互交流的平台。具体的活动可以包括：常态化课程教学，即通过项目启发学习者进行"做中学"，在完成任务中自主探索，融合创新观点，发现创新方法；邀请创客前辈及相关领域专家进行分享、与学习者讨论、为学习者答疑并提供指导，甚至带领大家制作作品，让学习者在更专业的环境下完成创客项目；通过竞争性模式激发学习者的创造积极性。例如，"新车间""柴火创客空间"等举办的体验营活动，一方面将学习者创意制品与学习者家长、社会人士分享，展示教育成就；另一方面，邀请学习者家长、社会人士在学习者的指导下体验简单的创作过程，扩大创客教育影响范围，传播众创文化。②

---

① 刘晓琳，黄荣怀. 从知识走向智慧：真实学习视域中的智慧教育 [J]. 中国电化教育，2016（3）：14-20.

② 雒亮，祝智庭. 创客空间 2.0：基于 O2O 架构的设计研究 [J]. 开放教育研究，2015（4）：35-43.

专题 **6**

智能时代的数字素养

当前，席卷全球的数字化浪潮正在深刻改变和重新塑造着人类的生产方式、生活方式与学习方式。数字化生存环境为网络信息获取、网络信息传播和网络安全使用带来诸多挑战。本专题首先分析了学生发展核心素养的演变与特征，然后呈现了学生在数字化环境中成长遇到的主要问题，最后围绕数字素养的重要性、迫切性、内涵、特征与数字公民的培育展开探讨。

第1节　核心素养的演变与发展

一、基于人才观的核心素养发展脉络

（一）农业社会：以"品德"为中心的人才观

教育应该培养什么样的人，一直都是教育家、哲学家探讨的核心问题。早在两千多年前的古希腊，哲学家苏格拉底就提出"美德即知识"这一重要命题。后来的哲学家，如柏拉图、亚里士多德、西塞罗等，提出了公民必须拥有的几种重要德性：正义、智慧、勇敢、节制等。亚里士多德还希望城邦公民具有公民参与精神。在我国，以孔子为代表的思想家们也围绕健全人格进行了思考，形成了"内圣外王"的传统人才观，认为人最重要的就是德行修养。南宋著名理学家朱熹认为，教育的目的在于"明人伦"，学生自幼就

须从洒扫应对进退、礼乐射御书数开始，以修养孝悌忠信之道，强调"立志""主敬""存养""省察""力行"的人才培养方法和途径。可见，无论是在西方还是在东方，传统的人才培养标准都将高尚的道德品质列为第一位，这些德性品质体现了先哲们对于人才内涵的理解，体现出农业社会的显著特征。

（二）工业社会：以"能力"为中心的人才观

伴随着工业革命的发生和工业社会的到来，人们普遍重视起行业技能及以职业需求为导向的关键能力。与之相应的是，以"能力"为中心，成为工业社会不同学科研究者们的共同人才观。斯宾塞等人提出了素质的"冰山模型"，认为人的能力既包含外显表现，也包含潜在特质，而后者具有跨领域性。皮亚杰将能力解释为一般智力，强调通过同化和顺应双向建构过程实现个体与环境的交互作用。乔姆斯基基于能力－表现模型，提出了"与生俱来的语言能力"。加德纳提出多元智能理论。总之，基于工业社会的特征及需求，以"能力"为中心的人才观被广泛研究探讨，其局限主要在于停留在智能层面，而没有考虑人的健全发展所需的情感、态度和价值观。

（三）信息化社会：以"素养"为核心的人才观

随着全球化、信息化进程的加快，为了适应复杂多变时代的多元需求，传统的"能力""技能"等概念已不再适用，取而代之的是"核心素养"。在联合国教科文组织、欧盟等国际组织的影响下，融入了"知识""能力""态度""价值观"的"素养"概念，成为培养自我实现与促进社会和谐发展的高素质人才的基础，受到世界各国的重视，并被作为教育改革与课程改革的核心。

纵观人才观发展演变的历史过程，可以看出，核心素养概念的提出与人类社会发展密切相关，它是社会生产力与生产方式发展变化的产物。不同历史时期人们所持有的不同理解，反映出特定历史时期社会发展的需求，是当时人们对教育应"培养什么样的人"这一问题的回答。展望未来，在以数字经济形态为主导的智能社会，人才的培养应重视什么呢？

二、国际比较视野中的核心素养

核心素养为当代世界各国所普遍重视，是各国政府、各国际组织进行教育改革与课程改革时密切关注的热点。核心素养是指学生在接受教育过程中，逐步形成的适应个人终身发展和社会发展需要的必备品格与关键能力，它是学生知识、技能、情感、态度、价值观等多方面的结合体。核心素养指向过程而非结果，关注学生在其成长过程中的体悟；同时，核心素养兼具稳定性、开放性和发展性特征，其生成与提炼是在与时俱进的动态优化过程中完成的，是个体适应未来社会、促进终身学习、实现全面发展的基本保障。

学生发展核心素养的主要特征有三：第一，共同性。核心素养既是一定社会群体成员共有的素养，也是个体获得成功生活、适应终身发展和社会发展需要的、不可或缺的共同素养。它区别于与职业相关的专业素养，强调教育价值功能与过程本位导向，面向的是社会全体成员。第二，发展性。核心素养的形成不会一蹴而就，具有终身的连续性，需要在人的一生中不断发展完善。同时，在个体不同的人生阶段、不同的教育阶段，对某些核心素养的培养也存在不同的敏感性。此外，核心素养的培养需要尊重学生身心发展规律，也是发展性的体现。第三，可教可学。核心素养是在先天遗传基础上，综合后天环境影响而获得的，可以通过教育来形成和发展。核心素养培养的过程，侧重学生的自主探究和自我体验，更多地依靠学生自己在实践中摸索、体验和积累，是个体认知与元认知构建的过程，是在外界引导下的自我发展、自我超越和自我升华的过程。

目前，主要国际组织、国家和地区核心素养指标的选取呈现共同趋势，强调面向未来，以终身学习与发展为主轴，反映了社会经济与科技发展的最新要求。例如，各国际组织和国家都非常重视信息技术素养。德国在有关智能教育的关键性文件《数字世界的教育战略》中，提出了德国学生"数字素养框架"。日本强化人工智能、数学物理、数字科学教育，充实数理教师队伍，在所有高中加强 STEAM 教育，以改变高中阶段文理科相割裂的现状。

俄罗斯在加强数字素养教育方面的主要举措是开设编程课程等。①

三、当前我国学生发展的核心素养

（一）我国学生发展核心素养的制定

党的十八大提出要把立德树人作为教育工作的根本任务，从国家层面更加深入系统地考虑"教育要立什么德、树什么人"或者说"教育要培养什么样的人"这一根本问题。教育部专家课题组 2013 年起开展中国学生发展核心素养体系研究，2014 年初步提出核心素养总框架，2016 年发布研究成果。在借鉴国际经验、考虑中国国情特点的基础上，中国学生发展核心素养研究遵循以下三个原则。第一，科学性，以人的全面发展为出发点，基于学生身心发展规律和教育教学实践活动规律，采用科学的手段和方法进行指标界定。第二，时代性，面向未来、反映时代发展需求，体现出新时期社会对人才的新要求。第三，民族性，立足我国实际情况和历史文化特点，体现中华优秀传统文化的继承与创新。②

（二）我国学生发展核心素养的框架与内容

学生发展核心素养指学生应具备的、能够适应终身发展和社会发展需要的必备品格和关键能力。中国学生发展核心素养以培养"全面发展的人"为核心，分为文化基础、自主发展、社会参与三个维度，涵盖人文底蕴、科学精神、学会学习、健康生活、责任担当、实践创新等六大素养，具体细化为国家认同等十八个基本要点。六大素养之间相互联系、相互补充、相互促进，在不同情境中整体发挥作用（见图 6.1）。③

---

① 王素. 智能时代教育改革国际趋势 [J]. 中小学数字化教学，2019（7）：12–15.

② 林崇德. 中国学生核心素养研究 [J]. 心理与行为研究，2017（2）：145–154.

③ 柴葳，刘博智. 中国学生发展核心素养研究成果发布：培养什么样的人 [EB/OL]. [2017–01–09]. http://ex.cssn.cn/gx/gxjxky/201609/t20160914_3201911.shtml.

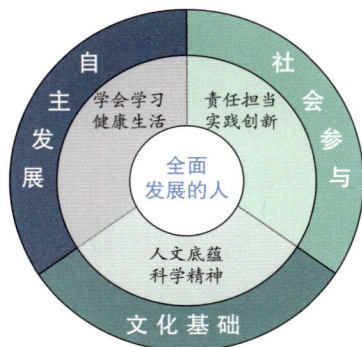

图 6.1　中国学生发展核心素养的构成

第一，文化基础维度。文化是人存在的根和魂。文化基础强调能习得人文、科学等各领域的知识和技能，掌握和运用人类优秀智慧成果，涵养内在精神，追求真善美的统一，发展成为有宽厚文化基础、有更高精神追求的人。其中，人文底蕴主要是学生在学习、理解、运用人文领域知识和技能等方面所形成的基本能力、情感态度和价值取向，具体包括人文积淀、人文情怀和审美情趣等基本要点。科学精神主要是学生在学习、理解、运用科学知识和技能等方面所形成的价值标准、思维方式和行为表现，具体包括理性思维、批判质疑、勇于探究等基本要点。

第二，自主发展维度。自主性是人作为主体的根本属性。自主发展强调能有效管理自己的学习和生活，认识和发现自我价值，发掘自身潜力，有效应对复杂多变的环境，成就出彩人生，发展成为有明确人生方向、有生活品质的人。其中，学会学习主要是学生在学习意识形成、学习方式方法选择、学习进程评估调控等方面的综合表现，具体包括乐学善学、勤于反思、信息意识等基本要点。健康生活主要是学生在认识自我、发展身心、规划人生等方面的综合表现，具体包括珍爱生命、健全人格、自我管理等基本要点。

第三，社会参与维度。社会性是人的本质属性。社会参与强调能处理好自我与社会的关系，养成现代公民所必须遵守和履行的道德准则和行为规范，增强社会责任感，提升创新精神和实践能力，促进个人价值实现，推动社会发展进步，发展成为有理想信念、敢于担当的人。其中，责任担当主要是学生在处理与社会、国家、国际等关系方面所形成的情感态度、价值取向和行为方式，具体包括社会责任、国家认同、国际理解等基本要点。实践创新主要是学生在日常活动、问题解决、适应挑战等方面所形成的实践能力、创新意识和行为表现，具体包括劳动意识、问题解决、技术应用等基本要点。

（三）学生发展核心素养在我国教育实践中落实的途径

在我国，学生发展核心素养主要通过教育实践进行落实，具体体现在以下三个方面。第一，课程改革。基于学生发展核心素养的顶层设计，指导课程改革，把学生发展核心素养作为课程设计的依据和出发点，进一步明确各学段、各学科具体的育人目标和任务，加强各学段、各学科课程的纵向衔接与横向配合。第二，教学实践。通过引领和促进教师的专业发展，指导教师在日常教学中更好地贯彻落实党的教育方针，改变当前存在的"学科本位"和"知识本位"现象。帮助学生明确未来的发展方向，激励学生朝着这一目标不断努力。第三，教育评价。学生发展核心素养是检验和评价教育质量的重要依据。建立基于核心素养的学业质量标准，明确学生完成不同学段、不同年级、不同学科学习内容后应该达到的程度要求，把学习的内容要求和质量要求结合起来，推动核心素养的落实。

四、智能时代对核心素养提出新要求

我国学生发展核心素养的研究与制定，体现了中国教育学界研究者的水平，对于学生成长发展具有极其重要的指导性意义。核心素养具有显著时代性特征，是特定技术水平与经济社会发展状况的映射。我国学生发展核心素养体系提出于 2014 年。需要注意的是，互联网发展风起云涌、日新月异，新技术带来的新变化和新业态层出不穷。当前我们正处在一个前所未有的社会变革时期，而变革的源泉和动力来自新兴技术的发展与普及。中国不断有新的信息技术涌现，而每一项信息技术的普及应用都给社会带来广泛深刻的影响。因此，有必要将核心素养的研制过程与社会发展的背景结合在一起进行考量。

如图 6.2 所示，以 2010 年至 2020 年为时间范围，时间轴左侧体现了中国学生发展核心素养的研究进程，时间轴右侧标注了中国信息技术发展中的主要事件。

2010 年是微博元年，由此开启了"人人都有麦克风"的草根传播时代。微博促进了信息流动，从此互联网舆论空间内众声喧哗。来自社会各方的观点在微博平台上汇聚，形成强大的民间舆论场，极大增强了社会民众的知情权、表达权、监督权。

2013 年是微信元年，以手机客户端为载体的微信的兴起和发展，体现了移动互联网时代智能终端"一人一屏"的典型特征。微信不局限于传递信息、社会交往的基本功能，逐渐将电子支付、公众平台、城市服务等功能纳入其中，改变了中国人的生活方式。

2014 年我国提出"网络强国"战略，其提出背景是互联网已经融入社会生活方方面面，深刻改变了人们的生产和生活方式，对国际政治、经济、文化、社会、军事等领域发展产生了深刻影响。这一年，中国学生发展核心素养总框架被初步提出，网络安全和信息化被列为事关国家安全和国家发展、事关广大人民群众工作生活的重大战略问题。

2015 年"互联网＋"上升为我国国家战略。"互联网＋"是利用互联网平台，利用信息通信技术，把互联网和各行各业结合起来创造的一种新的生态。我国站在新的战略高度，重新定位信息技术和传统产业的"生态融合"。事实上，其影响不仅仅体现在产业上，更体现在社会尤其是个人发展方面。

2016 年是网络直播元年，随着智能手机、4G 网络在中国的全面普及，我国诞生了千余家网络直播平台，获得了超过 3.5 亿个用户。网络直播走进千家万户，从一种娱乐形式变成了人们的一种生活方式。值得注意的是，由于没有文字识读的门槛限制，视频直播对于低文化层次人群，包括学龄前儿童的渗透力度极大，有必要予以警惕。

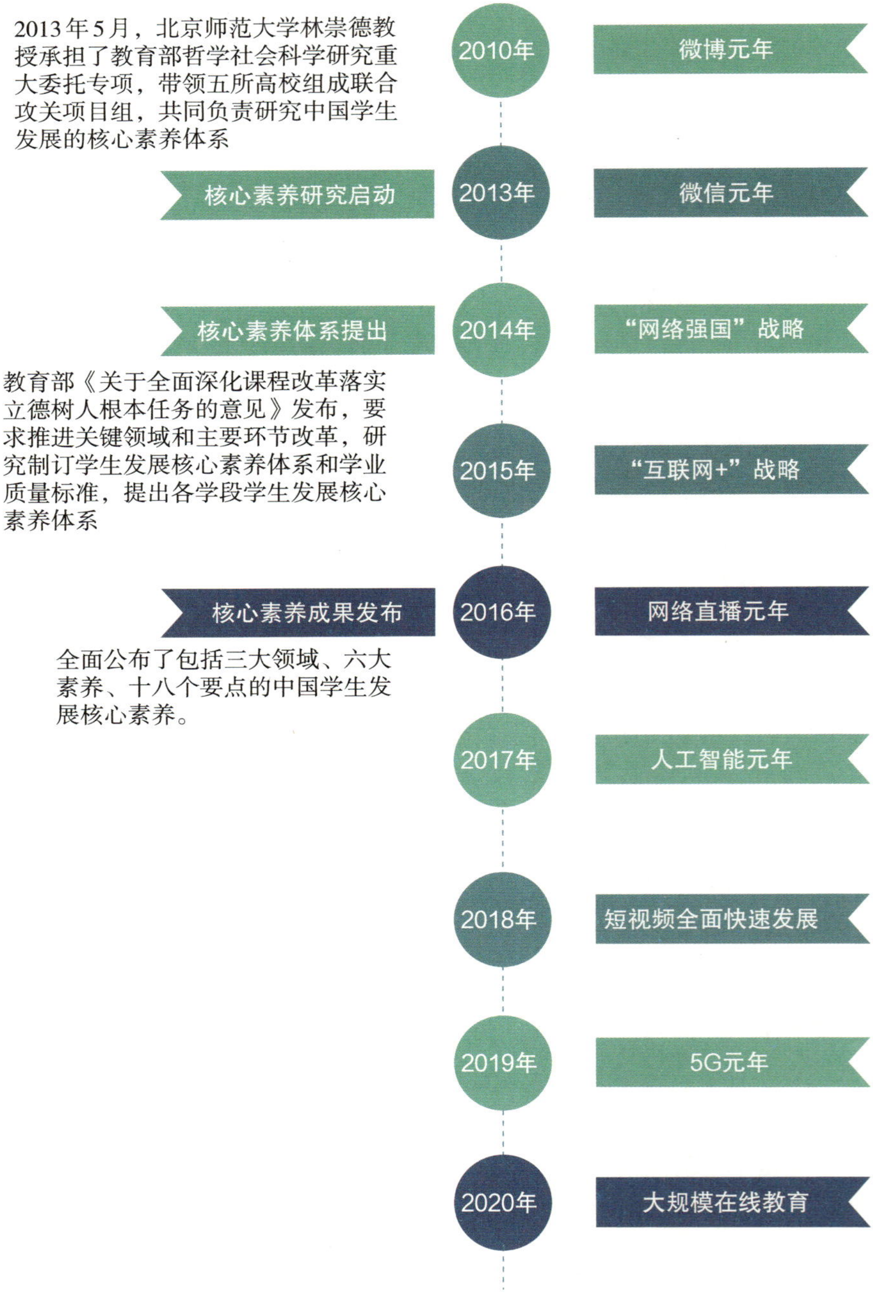

2013年5月，北京师范大学林崇德教授承担了教育部哲学社会科学研究重大委托专项，带领五所高校组成联合攻关项目组，共同负责研究中国学生发展的核心素养体系

2010年	微博元年
核心素养研究启动 　2013年	微信元年

核心素养体系提出　2014年　"网络强国"战略

教育部《关于全面深化课程改革落实立德树人根本任务的意见》发布，要求推进关键领域和主要环节改革，研究制订学生发展核心素养体系和学业质量标准，提出各学段学生发展核心素养体系

2015年　"互联网+"战略

核心素养成果发布　2016年　网络直播元年

全面公布了包括三大领域、六大素养、十八个要点的中国学生发展核心素养。

2017年　人工智能元年

2018年　短视频全面快速发展

2019年　5G元年

2020年　大规模在线教育

图 6.2　中国学生发展核心素养研究进程与中国信息技术发展主要事件

　　2017年是人工智能元年，人工智能深度学习技术取得关键突破，阿尔法围棋（AlphaGo）战胜围棋世界冠军柯洁，人工智能领域成果颇丰。这一年，是从投资人工智能转向投资人工智能时代的关键一年，众多投资者看中的是人工智能技术在各行各业的广泛应用前景，医药行业的人工智能设备上线、深度学习颠覆工程仿真设计、人工智能成为主流内容创造者、生物特征识别等都被寄予厚望。

　　2018年短视频爆发式增长，移动网络的运营成本进一步降低，打破了短视频消费的时间与空间限制。在以抖音、快手为代表的社交媒体上，泛娱乐内容需求极大，依靠"流量"吸引"热量"进而转化为规模经济收入成为套路。然而，以娱乐内容迎合年轻用户心理需求、低俗不良信息传播泛滥的问题不容忽视，短视频对于青少年成长的影响值得深入研究。

　　2019年是5G元年，5G标准冻结，5G试商用正式启动，5G网络迅速在多个城市部署，5G终端逐渐走向成熟。5G的优势绝不仅仅体现在速度上，它将用计算解决通信问题、用通信解决计算问题，以支持海量设备的互联和海量数据的传输及处理，与无人驾驶、虚拟现实、智能家居、智慧城市等前瞻性应用领域密切相关。5G将推动整个产业和产业链的创新，带来科学研究的进步。

　　2020年新冠肺炎疫情突如其来，席卷全球，成为"二战"以来全球社会面临的最大挑战。一方面，居家隔离等疫情防控措施，使得全方位、深层次、大规模的在线教学、在线办公成为全球常态化实践。另一方面，全球新冠肺炎疫情暴发与国际贸易战、科技战形成叠加，引发全球宏观环境的巨大变化：世界政治经济格局变化，全球产业链布局调整，非接触性商业加速兴起。这一年，为刺激经济复苏、建设工业强国与网络强国，应对百年未有之大变局，我国出台了以5G为代表的新基建政策。新基建是以新发展理念为引领，以技术创新为驱动，以信息网络为基础，面向高质量发展的需要提供数字转型、智能升级、融合创新等服务的基础设施体系。

　　梳理过去十年中国信息技术领域的发展进程可以发现，技术迭代的浪潮如排山倒海一般奔涌向前，推动着整个社会加速发展变革。每一年技术都有新的突破和创新，而每一次技术创新又给每一个身处其中的个人带来广泛、深刻的影响。尤其是对于成长中的青少年而言，他们是未来国家的建设者和接班人，也是互联网时代的数字原住民，他们在数字化环境中成长、学习、生活，在互联网技术应用方面具有不同于前辈的显著特征，同时也面临前所未有的诸多挑战。

值得注意的是，随着新基建政策的落实，未来，人工智能、大数据将给我们带来更多更大的改变。人类正在进入万物互联的时代，整个物理世界正在不断地在线化、数据化。数据已成为国家的重要战略资源，是驱动经济社会发展的新型生产要素。党的十九届四中全会提出"健全劳动、资本、土地、知识、技术、管理、数据等生产要素由市场评价贡献、按贡献决定报酬的机制"，这是对数据在发展数字经济中所起的关键作用的肯定。"数据作为要素参与分配"，标志着我国已正式进入"数字经济"红利大规模释放的时代。

就像语言文字曾经塑造了人类的文明一样，数据这个新工具正在重塑人类的精神、道德甚至宗教信仰。① 移动互联时代，拥有一部智能手机的门槛已大大降低，由基础设施和终端设备造成的数字鸿沟正在不断缩小。但不同收入水平和受教育程度的人群在获取和利用数据的能力上仍有显著差异，因此人们分享到的"数据红利"也有天差地别。在数字文明时代，一个具备数据意识、数据头脑和数据技能的"数据公民"将更容易获得成功。

因此，在技术变革推动社会转型的大背景下，重新审视既有的中国学生发展核心素养框架，实属必要。从数字社会视角出发，如何在我国现行的学生发展核心素养框架中不断融入新内容和新元素，使其适应技术迭代和社会发展？未来社会需要什么样的人才？未来教育该培养什么样的人？对于这些问题，我们需要不断思考。

---

① 涂子沛. 数文明：大数据如何重塑人类文明、商业形态和个人世界 [M]. 北京：中信出版集团，2018：前言 X – Ⅳ.

第2节　数字化成长中的主要问题

截至 2020 年 12 月，我国网民规模为 9.89 亿人，互联网普及率达 70.4%。2019 年，未成年网民规模为 1.75 亿人，未成年人互联网普及率达到 93.1%，远高于整体人群。互联网对于低龄群体的渗透能力持续增强，32.9% 的小学生网民在学龄前就开始使用互联网，未成年人学龄前触网比例显著提升。

未成年人的数字化成长呈现"自我探索式"特征。如图 6.3 所示，高达 65.60% 的未成年网民主要通过自己摸索来学习上网技能，通过学校学习获得上网技能的仅占 25.70%。在此种情况下，多数数字原住民并不具备数字化环境中的基本生存能力，包括网络操作技能、网络防沉迷知识、自护意识等。因此，未成年人在数字化环境下成长的过程中，暴露出诸多现实问题，主要体现在以下几个方面。

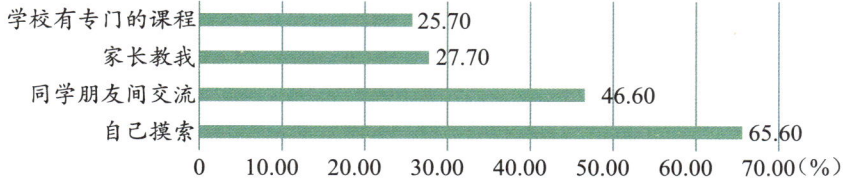

图 6.3　未成年人上网技能学习渠道

资料来源：中国互联网络信息中心全国未成年人互联网使用情况调查。

一、获取有效信息的能力不足

互联网环境中充斥着海量信息。在信息海洋中实现自由徜徉，获取有效信息并为我所用，并不是一件容易的事情。当前，搜索功能是除即时通信外人们最广泛使用的手机功能，八成以上的网民在使用手机搜索功能。"百度一下"，似乎成了解决问题的良方。但事实果真如此吗？日常生活中，信息甄别不足、谣言传播严重、"信息茧房"效应凸显，成为影响公众获取有效信息的重要因素。

（一）信息甄别不足

信息甄别是对信息准确性和有效性的判别，需要个体在信息检索的基础上，结合已有的认知经验进行分析和理解。信息甄别能力的强弱，与个体先验知识以及当前所处的环境密切相关联。在互联网环境中进行信息甄别，尤其需要提高警惕。例如，当人们有强烈的信息需求时，往往容易"有病乱投医"，降低对信息质量和可靠性的判断标准，导致信息甄别不足，进而产生一系列的负面影响。

（二）谣言传播严重

网络谣言是网络时代的产物，也是社会诚信缺失在网络上的表现形式之一。尤其是在社交媒体环境中，谣言传播范围更广，社会危害更大。一些组织或个体受到商业利益驱使，别有用心地生产与传播谣言，并通过不同形式进行广泛扩散，造成恶劣的社会影响。① 有调查显示：98%的受调查学生缺乏科学鉴别力；中学生的科学素养水平、对科学的兴趣和认识有待提高，抗谣性较低；超过九成的受调查学生缺乏对谣言的鉴别能力。② 青少年是网络的常客，好奇心强，辨别力弱，极容易被网络谣言所欺骗，甚至做出不利于自己、不利于社会的事情。青少年时期是一个人身体和心智走向成熟的关键阶段，如果长期被网络谣言包围，青少年的身心健康成长会面临严重威胁。

---

① 吴世文.重大突发公共卫生事件中的伪信息传播、治理困境及其突破路径：以新冠肺炎疫情为例[J].电子政务，2020（9）：40-50.
② 郑子愚.98%青少年被谣言骗过，你家孩子是"智者"吗？[EB/OL].[2021-01-30].https：//web.shobserver.com/news/detail?id=20699.

（三）"信息茧房"效应凸显

在基于算法推荐的智能传播环境中，"信息茧房"现象十分普遍，即用户更倾向于关注自己原本就感兴趣的领域，更乐于与志同道合的人开展交流，久而久之却被局限在"人造孤岛"当中，就如同蚕蛹一般，始终被"茧房"束缚，不愿面对外部的世界和生活。

"信息茧房"看似顺应时代潮流，强调个性化发展，实则过于注重自我认同，存在一定危害与不良影响，其主要表现在三个方面。[①] 第一，个人视野受限。在"信息茧房"效应下，用户只关注自己熟悉的领域，并持续、反复加深兴趣爱好，形成一个坚固的"回音室"，这势必会导致视野受到局限，独立思考的能力降低，更无法形成大局观。常见现象就是过度关注娱乐信息，而忽视周围其他类型信息，对时事政治、社会热点毫不了解，严重者开始与时代脱节。第二，群体极化严重。由于"信息茧房"中全部是同类同质群体，信息传播的认同度极高。但事实上，这种认同并非理性认同，一旦打破"茧房"，用户接触到外部不同声音，会产生极强的不适应性，导致用户强烈反弹，进而滋生群体极化现象。比如，粉丝群由于无法接受外部反对偶像的声音，集中施行网络暴力。第三，社会黏性下降。任何用户都无法始终处于"舒适圈"，总要接触外部信息和事务。如果用户受"信息茧房"效应影响严重，就会变得孤立、狭隘，总是逃避现实社会和生活，更无法与其他群体和谐相处，这既影响个人健康成长，又不利于社会团结。因此，"信息茧房"效应潜在危害较大，需要加以反省和警惕。

二、信息传播的责任意识不够

自媒体赋予每个网民平等的表达权利，互联网环境中的个体，不仅是信

---

① 王妍.警惕网络"信息茧房"效应 [EB/OL].[2021-01-30]. http：//www.rmlt.com.cn/2020/0417/576 987.shtml.

息的接收者和消费者，同时也是信息的生产者和传播者。除了获取有效信息的能力不足以外，未成年人数字化成长中的另一突出问题在于传播信息的责任意识不够。公众在互联网公共空间发表言论时，也需充分考虑传播信息过程中的公共责任与伦理道德。有调查显示，八成以上市民在随手转发微博微信时不会主动验证真伪，更不会对谣言进行举报。[1] 需要警惕的是，对于一些来源渠道不明的消息，在转发前一定要十分慎重，充分考虑个体在网络传播空间中所担负的责任及其影响。

> 临沂一少年在 QQ 群散布地震谣言："国家地震台网自动测定：2017年 8 月 9 日 22：00：54 在山东省临沂市、青岛市、日照市、潍坊市与浙江省交界地区（北纬 73.84 度，东经 124.33 度）发生 4.0 级地震，震源深度为 5000 米。预计凌晨两点左右将有一次 8.5 级以上地震！"这则地震谣言，迅速在临沂网友圈传播开来，引发网民恐慌，造成不良影响。临沂网警根据线索，找到了谣言的源头李某。由于李某系不满 16 周岁未成年人，本着教育保护原则，民警依法对其进行了批评教育，并责令家长对其加强管教。[2]

三、解决网络安全问题刻不容缓

使用互联网是未成年人的重要权利，但网络暴力、网络违法和不良信息屡禁不止，一些网站和应用程序非法收集、滥用、买卖未成年人个人信息，严重威胁未成年人身心健康和安全。近年来，网络安全问题愈加凸显，主要体现在以下方面。

第一，网络暴力。网络暴力是网民在网络上使用或发表具有暴力性、侮

---

[1] 别为刷那点存在感成了散播谣言的帮凶 [EB/OL].[2021-01-30]. http://news.163.com/15/1105/07/B7L0TK5T00014AED.html.

[2] 临沂一少年散布地震谣言 网友：地理老师气哭了 [EB/OL].[2021-01-30]. http://sd.ifeng.com/a/20170812/5907563_0.shtml.

辱性、攻击性、伤害性的言论、图片、视频等的现象。越来越多的青少年学生成为网络暴力的受害者，同时也成为网络暴力的实施者。如图6.4所示，未成年人在网上遭到讽刺或谩骂的比例为42.30%，自己或亲友在网上遭到恶意骚扰的比例达到22.10%，个人信息未经允许在网上被公开的比例达到13.80%。未成年人的价值观正处于形成阶段，对于网络暴力的抵御能力低。网络暴力的发生，一方面严重污染了网络环境，另一方面也会给青少年学生的身心带来不利影响，导致其抑郁、自卑、恐惧等消极心理，更有甚者会造成精神创伤。

青少年学生实施网络暴力的情况一般有以下几种：一是在线聊天时"出口成脏"，使用带有侮辱性、攻击性的语言、文字、图片等；二是发表评论时不从客观事实出发，完全根据自己的好恶做判断，且使用暴力性、辱骂性的语言、图片等；三是在微博、微信平台上发布一些充满暴力、色情的图片、视频等；四是成为"人肉搜索"的参与者甚至发起者。

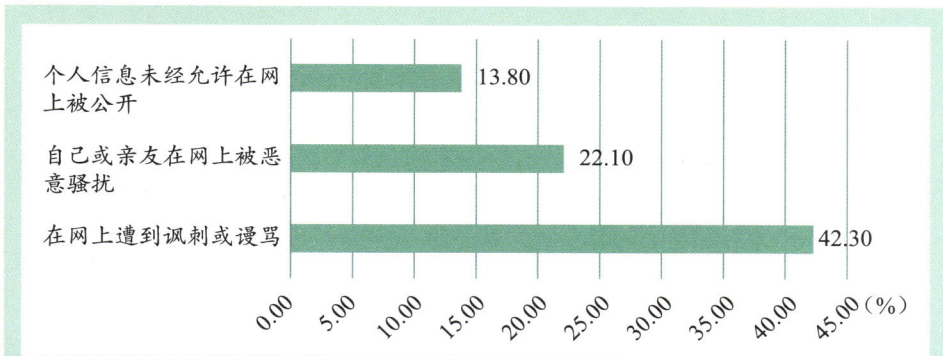

图6.4　未成年人遭遇网络暴力的情况

资料来源：中国互联网络信息中心全国未成年人互联网使用情况调查。

第二，网络犯罪。网络犯罪是针对和利用网络进行的犯罪。网络犯罪的本质特征是危害网络及其信息的安全与秩序。随着互联网深度渗透和民众广泛使用，越来越多的犯罪行为与互联网使用密切相关。尤其需注意的是，目前存在着一些宣扬暴力的网络游戏，这些网络游戏大量充斥着屠杀、暴力等血腥场面，给人以强烈的视觉冲击，导致模仿能力比较强但缺乏是非判断能力的青少年仿效暴力行为实施犯罪。

据对北京市某管教所中关押的 310 名青少年网络罪犯人进行的调查显示，因玩网络游戏而导致抢劫犯罪的占 63.9%，强奸犯罪的占 23.0%，伤害犯罪的占 3.4%，放火犯罪的占 4.9%，绑架犯罪的占 1.6%。[①]

第三，网络诈骗。网络诈骗指为达到某种目的在网络上以各种形式向他人骗取财物的诈骗手段。犯罪的主要行为、环节发生在互联网上，犯罪人用虚构事实或者隐瞒真相的方法，骗取数额较大的公私财物。网络诈骗犯罪具有空间虚拟化、行为隐蔽化、手法多样化、更新换代速度快的特征，对于判断力不足的青少年危害极大。下面呈现几个针对青少年的典型网络诈骗场景。

场景一：修改分数。很多学校使用电子成绩发布系统，学生查到成绩不理想时，受到"花钱可以改成绩，包你满意"的骗子诱惑，多次付款上当受骗。

场景二：游戏盗号。很多青少年都是网络游戏的高级玩家，其拥有的账号也具有较高的价值。网络游戏平台骗子提出要高价收购游戏账号，发给被骗人一个所谓交易平台的链接，殊不知其是暗藏"木马"的盗号链接，被骗人在点击链接后会因电脑中毒导致账号失窃。

场景三：抢红包。很多青少年包括成年人都对抢红包乐此不疲，甚至安装抢红包插件。而有些伪装成红包的"木马"或者恶意软件的链接也隐藏在其中。用户点击链接会导致手机的信息泄露，进而威胁手机所关联银行卡的账户安全。

场景四：汇款、充话费。社交网络中青少年会突然遇到熟悉的人请求帮忙汇款或者充话费，这些人看起来特别熟悉，其实是陌生人。青少年容易不假思索地按照发来的消息去汇款或者充值，最后被骗取钱财。[②]

---

① 陈淑丽，柏杨．青少年学生网络道德行为失范的表现、成因及解决对策 [J]. 北京青年研究，2016（3）：43-49.

② 六种典型的网络诈骗，青少年要小心了！[EB/OL].[2021-01-30]. https://baijiahao.baidu.com/s?id=1638543666200682808&wfr=spider&for=pc.

　　容易受到网络诈骗的不局限于涉世不深的未成年人，具有一定知识文化水平的高素质群体也可能受骗上当。下面呈现一个极端的案例——大学生被骗学费后因心脏骤停离世。

　　2016年高考后，山东省临沂市的考生徐玉玉以568分的成绩被南京邮电大学录取。后来，她接到了一通陌生电话，对方声称有2600元的助学金要发放给她。此前，徐玉玉曾接到教育部门发放助学金的通知。按照对方要求，徐玉玉将准备交学费的9900元打入了骗子提供的账号。……发现被骗后，徐玉玉万分难过，在回家的路上突然晕厥不省人事，虽经医院全力抢救，但仍没能挽回她18岁的生命。①

四、网络沉迷问题亟须关注

　　当前，未成年人网络沉迷问题较为突出，影响其身心健康发展。手机、电脑、智能手表、机器人以及各类智能家居终端不断更新，各类应用软件、短视频平台、社交媒体等广泛应用，为未成年人营造了随时随地上网的环境和沉浸式体验。社交平台过度迎合未成年群体的爱好和个性化需求，网络算法和定制化推送强化着个性化的网络生存，网络歌曲、网络语言和网络红人等流行元素不断推动网络亚文化发展，也影响着未成年人对兴趣、潮流甚至未来职业的认知和追求。

　　网络沉迷问题产生的原因较为复杂。青少年因具有好奇心强、自制力弱、渴望得到认同等心理特点，容易被互联网吸引并深度参与其中。一些企业专门研发门槛低、互动性强、奖励诱惑多的网络游戏，甚至在游戏中添加淫秽、赌博的素材，引诱自制力不强的未成年人沉溺其中。而父母、学校等相关方

---

① 山东女孩学费被骗致死：电话为虚拟运营商难追查 [EB/OL].[2021-01-30]. http：//news.ifeng.com/a/20160824/49831122_0.shtml.

对未成年人网络沉迷的预防和治疗也不够。

对于网络沉迷甚至网络成瘾等问题，需要加以警惕。目前，我国农村地区渐成为网络成瘾重灾区，并引发不少犯罪和自残行为。

中国社会科学院大学全球健康研究中心发布的《青少年成瘾行为调研报告——基于2017/2018青少年健康行为网络问卷调查数据分析》显示，在玩游戏的时间上，留守儿童要多于非留守儿童。尤其是在"每天玩4—5小时"以及"每天玩6小时以上"这两个选项上，留守儿童的比例明显高于非留守儿童：相较于8.8%的非留守儿童"每天玩4—5小时"，留守儿童的这个比例达到了18.8%。2018年5月，福建泉州一名14岁少年因沉迷游戏，与母亲沟通时发生争吵，情急之下，用剪刀刺伤母亲，并站在空调外挂机上准备跳楼轻生，所幸被消防人员救下。2018年8月，在江西吉安，12岁的少年汤某为了玩游戏，从商店将他人的手机偷走。[1]

第3节　数字素养提升迫在眉睫

一、新冠肺炎疫情带来全新挑战

2020年年初，突如其来的新冠肺炎疫情迅速席卷全球，给世界各地的人们带来前所未有的挑战。居家隔离成为阻断病毒传播的重要方式，全球范围内大规模的在线教育、在线办公成为常态。此外，"信息流行病"形成了次生灾害，"健康码"背后的数据隐私问题逐渐暴露。

---

[1] 网络成瘾终成定论，我国青少年网瘾发病率达10%！[EB/OL].[2021-01-30]. https://www.sohu.com/a/270710669_100235646.

（一）"信息流行病"的疫情次生灾害肆虐全球

新冠肺炎疫情是社交媒体时代发生的首个全球大流行疫情，引发了联合国秘书长古特雷斯（António Guterres）所说的"错误信息大流行"。美国皮尤研究中心最近一项调查显示，近三分之二的美国人说他们看到过似乎完全是编造出来的新闻和信息。各种社交平台的普及意味着公众不再是消极地消费错误信息和虚假信息，也在积极传播甚至是创造它们。人们渴望获得信息，也渴望获得确定性，当各种各样的力量都在公开竞争注意力时，社会上的认知混乱几乎是不可避免的。在智能时代，分析、评估和传达真实信息无法与即时传播错误信息相抗衡，"互联"打败了"深思"。

阻止"信息流行病"的传播，每个人都负有责任。遏制"信息流行病"的重要方式便是阻止谣言传播，让真实有效的信息在第一时间内公开。因此，每一位社交媒体使用者都应该明智地分享，小心地点击，不被"网络喷子"和"钓鱼者"利用；具备基本的信息获取和甄别能力，在转发和传播信息的过程中更加慎重和理性，更负责任地使用社交媒体。

（二）"停课不停学"的全球超大规模在线教育实践

"停课不停学"，是指出于特殊原因，在特殊时期，全体学生不能到学校上课，利用网络平台实现教师在网上教、学生在网上学的居家学习方式。突如其来的疫情，迫使我国开展了史无前例的超大规模在线教育实践，学生在家上学成为一种"新常态"。疫情期间，我国在线教育的用户规模迅速增长。如图6.5所示，2020年3月，我国在线教育用户规模已超过4.2亿人，使用率高达46.80%。

对于学生而言，在线课程学习与线下课堂学习不同。学生的自控能力、专注程度、网络素养等，在数字化生存和成长的环境中至关重要。能够保持专注力、思考力和判断力的学生，更容易在数字化学习环境中取得好的成绩。此外，具备良好数字化能力的学生，能够进行信息过滤，加入参与型文化的构建，在数字化生活中获益。

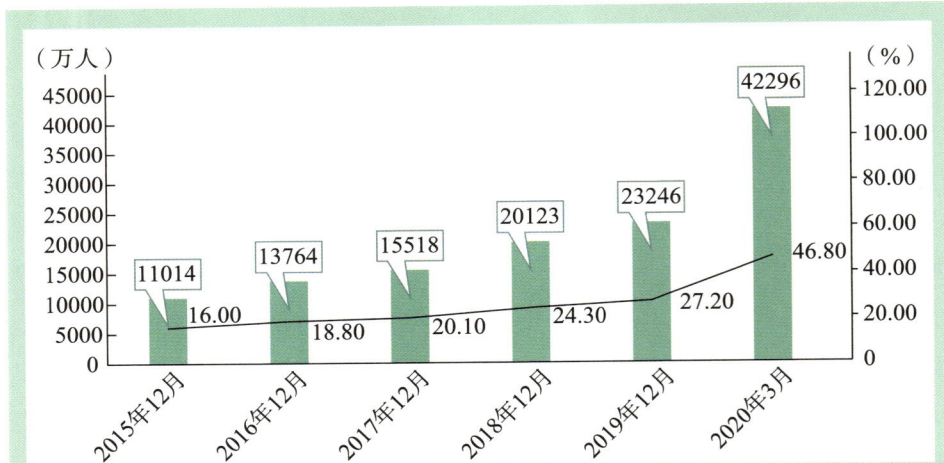

图 6.5　在线教育用户规模及使用率

资料来源：中国互联网络信息中心中国互联网络发展状况统计调查。

　　在疫情期间，新数字鸿沟问题再次引起人们的关注。许多城市家庭为孩子在线学习提供了较好的技术支持。相反，一些偏远地区和低收入家庭的孩子，因为缺乏流畅的网络和在线学习设备遇到了学习障碍。另外，对于家长而言，为孩子提供适切的学习技能指导十分关键。诸多案例显示，家长具备较高的知识文化素养和数字技能，对于规范孩子的网络使用行为、引导和支持孩子在线学习、帮助孩子养成良好学习习惯和自控能力等都有很大帮助。此外，家长们还普遍担心以下问题：长时间使用电子设备会造成视力下降；家长不在身边时，学生怎样去应付各种问题；没有老师和家长的督促，怎样才能够使孩子保持较高的学习效率；家长是否要持续进行监督，抽出更多时间陪伴孩子；等等。

　　新数字鸿沟问题值得警惕。疫情推动了全球在线教育大规模普及应用，使得海量的教育教学资源迅速涌现，为学习者提供了丰富充足的课程、书籍、文献等学习资料。理论上讲，只要接入了互联网，学习者便可以足不出户地接收到来自全球各地的学习资源。而从实践来看，不同学习者对于学习资源的有效获取能力、对于线上课程的接受度和适应力大相径庭。只有那些具备较高数字素养的人，才更有可能抓住在线学习的机遇，提升自我。而数字素养较低的人，难以享受在线教育红利，反倒更容易被边缘化。

（三）个人数据隐私与安全问题全方位凸显

为助力疫情期间复工复产，杭州率先开发出"健康码"，并迅速推广至全国。现在"健康码"已成为人们工作、生活的数字通行证。其应用涵盖了社区管理、企业复工、交通出行、学校开学、超市商场购物等场景。如果说疫情期间是特殊的"战时"状态，公众个人信息被大规模搜集并无偿使用是疫情防控的临时性行为，那么，后疫情时代，类似"健康码"等公众个人信息搜集和征用行为，是否合规合理？在大数据时代，数据已成为个人宝贵的资产，同时数据使用涉及公众的隐私权问题。

> 2020年5月底，杭州卫健委开始论证"一码知健"的设计思路。"一码知健"的设计目标是促进健康生活方式的养成，通过数据的汇集，对个人健康进行全面评价，进而从根本上节约本就稀缺的医疗资源。杭州拟升级改造在新冠肺炎疫情期间搜集到的个人信息，以这些海量数据为基础，开发新的功能，包括但不限于接入电子病历、抽烟喝酒等个人生活方式数据，然后对这些大数据进行评价，判断个人、楼道、小区乃至企业的健康状况。[①]

尽管数字化、智能化会带来诸多便利，但类似"一码知健"式的数据收集、使用行为会远超公众的心理预期。随着人工智能的普及，算法和机器将成为我们生活环境的一部分。我们需要让机器了解我们，向机器开放我们的数据，与此同时，新的隐私观亟须建立起来。在数据伦理方面，需要守住底线，平衡收益与风险，让数据的收集、分析、使用更加合规、合法，而不是以牺牲或出卖个人利益为代价。

[①] 杭州：健康码在疫情后将保留，逐步实现"一码知健"[EB/OL].[2021-02-15]. https：//user.guancha.cn/main/content?id=314355.

二、智能时代需要数字素养

当前，我们正在大踏步迈入人工智能时代。对于中国而言，人工智能时代，也是数字经济时代、智慧教育时代、数据文明时代。面对崭新的时代特征，我们迫切需要丰富和发展学生核心素养的内涵，强化学生的数字素养，以更好地为未来生活做准备。

（一）数字素养助力数字经济

2018 年，全国淘宝村网店年销售总额超过 2200 亿元。从 2009 年第一批发展起来的 3 个淘宝村，到 2019 年全国 25 个省区的 4310 个淘宝村，淘宝村无论是在数量上还是在分布广度上都发生了质的飞跃。然而，淘宝村总体上仍高度密集地分布在东部沿海地区，占比在 95% 以上。在淘宝村形成的过程中，新农人群是核心要素，也是数字经济发展中重要的动力要素。新农人群具备一定的数字素养，能够发展和拓宽电商业务。为此，不少地方政府通过授课培训的方式，帮助村民提升电商运营相关的数字素养。通过培训，村民对农村电商基础知识有了更进一步的认识。[①]

（二）数字素养助力智慧教育

智慧教育即信息化教育。作为新一代信息技术在教育领域全面、深入、综合的应用，智慧教育的重点与前提在于智慧学习环境的构建、智能化系统及产品的研发与应用。智慧教育的直接目的在于大幅度提高教学、科研、管理的效率与水平，其本质目的在于培养学习者的创新能力、批判思维能力、问题解决能力等高阶思维能力，即发展学习者的智慧。[②]

数字素养从技术、资源、过程三个层面助力智慧教育。第一，在技术层面，学生、家长和教师的数字素养水平，及对于教育技术工具的掌握程度，

① 李一菲. 会盟镇：淘宝村创建培训进行时 [EB/OL].[2021-01-30]. http://www.mengjin.gov.cn/html/1/2/151/164/346/382/36604.html.
② 黄萃，彭国超，苏竣. 智慧治理 [M]. 北京：清华大学出版社，2017：172-213.

直接影响智慧教育的普及和发展规模。第二，在资源层面，智慧教育已从传统的静态、封闭的学习资源转向动态、开放、共享的移动学习资源，数字素养能帮助学习者从海量的学习资源中筛选所需的内容，并为自己服务。第三，在教育过程层面，智慧教育突破了明显的时空界限，学生可随时随地进入资源系统进行自主学习。数字素养高的学生更容易适应并融入智慧教育，充分享受智慧教育的红利。

（三）数字素养助力数据文明

从人类的文明发展史来看，以大数据和人工智能为驱动力的技术革命正在引领人类走向新文明时代。新技术的普及，引发新观念的产生、新模式的出现、新思维的塑造、新治理的构建。今天人类的几乎一切行为，都可能、可以被记录，并转化为数据。未来，数据将在社会治理和个人生活领域全面应用，推动整个社会进入文明新状态，改变社会的全貌。毫不夸张地说，数据正在重塑整个社会甚至人类的天性。[①] 在数据文明的新时代里，善用记录和数据就能在成功的道路上获得能量"加持"。

第 4 节　数字素养的培育

一、数字素养的内涵与特征

数字素养是指通过数字设备和网络技术，安全适当地访问、管理、理解、集成、评估和创造信息的能力，用于就业、体面工作和创业。[②] 联合国教科文

---

① 涂子沛. 数文明：大数据如何重塑人类文明、商业形态和个人世界 [M]. 北京：中信出版集团，2018；前言 X – Ⅲ.

② Antoninis M. A global framework to measure digital literacy[EB/OL].[2021-04-01]. http：//uis.unesco. org/en/blog/global-framework-measure-digital-literacy.

组织将数字素养定义为互相关联的数字技能集合，可供灵活选择使用，而不
是一套固定不变的技能标准或是技能堆砌。如表 6.1 所示，数字素养包括操
作域、信息域、交流域、内容创作域、安全伦理域、问题解决域、职业相关
域七个部分。它强调对数字时代信息的使用与理解，并将数字技术作为一种
"基本生活技能"。[①]

表 6.1　联合国教科文组织数字素养框架

素养域	具体素养
0. 操作域	0.1 数字设备的物理操作 0.2 数字设备的软件操作
1. 信息域	1.1 浏览、搜索和过滤数据、信息和数字内容 1.2 评估数据、信息和数字内容 1.3 管理数据、信息和数字内容
2. 交流域	2.1 通过数字技术交流 2.2 通过数字技术共享 2.3 通过数字技术行使公民权利 2.4 通过数字技术合作 2.5 网络礼仪 2.6 管理数字身份
3. 内容创作域	3.1 开发数字内容 3.2 整合和重新阐释数字内容 3.3 版权与授权 3.4 程序设计
4. 安全伦理域	4.1 保护设备 4.2 保护个人数据和隐私 4.3 保护健康与福祉 4.4 保护环境

---

① 　Gilster P. Digital literacy[M].New York：John Wiley & Sons，1997：276.

续表

素养域	具体素养
5. 问题解决域	5.1 解决技术问题 5.2 确定需求和技术反应 5.3 创造性地使用数字技术 5.4 识别数字能力差距 5.5 计算思维
6. 职业相关域	6.1 为特定领域操作专门的数字技术 6.2 解释特定领域的数据、信息和数字内容

资料来源：Antoninis M. A global framework to measure digital literacy[EB/OL].[2021-04-01]. http：//uis.unesco.org/en/blog/global-framework-measure-digital-literacy.

　　数字素养主要包括以下内容。第一，信息素养。信息素养的本质是全球信息化需要人们具备的一种基本能力，包括文化素养、信息意识和信息技能三个层面，核心在于能够判断什么时候需要信息，并且懂得如何去获取信息，如何去评价和有效利用所需的信息。[1]第二，媒介素养，指的是人们面对不同媒体中的各种信息时所表现出的信息选择能力、质疑能力、理解能力、评估能力、创造和生产能力以及思辨的反应能力，尤其是正确地、建设性地享用大众传播资源的能力，能够充分利用媒介资源完善自我、参与社会进步的能力。媒介素养的内容包括利用媒介资源动机、使用媒介资源的方式方法与态度、利用媒介资源的有效程度以及对传媒的批判能力等。[2]第三，数据素养，指的是具备数据意识和数据敏感性，能够有效且恰当地获取、分析、处理、利用和展现数据，并对数据具有批判性思维的能力。它至少包括以下维度：对数据的敏感性；收集数据的能力；分析、处理数据的能力；利用数据进行决策的能力；对数据的批判性思维。

---

[1]　American Library Association. American Library Association presidential committee on information literacy：final report[EB/OL].[2020–05–30]. https：//eric.ed.gov/?id=ED315074.
[2]　Center for Media Literacy. Media Literacy in the USA[EB/OL].[2020-05-30]. http：//www.medialit.org/reading-room/media-literacy-usa.

二、数字素养的习得

对于数字原住民而言，数字素养的习得途径主要包括：家长、老师的言传身教和知识教育；电视、广播、报刊等传统媒体的宣传报道；网络搜索引擎、学习网站及音视频平台等新媒体服务；青少年之间的横向信息交流互动；包括图书馆、博物馆、科技馆在内的公共机构开展的社会教育。其中，正式的学校教育对于数字素养的习得具有重要作用。当前，我国学校为开展数字素养教育已积累了较好的相关课程基础，涵盖了信息素养、媒介素养和网络素养的相关课程。

（一）信息素养相关课程

1. 中小学的信息技术课程

信息技术课程，是与信息素养教育直接相关的课程，也是一门与时代发展关系极其紧密的课程。在我国，在不同的教育阶段，包括初等教育、中等教育和高等教育阶段，学校都开设了相应的信息技术课程。在 20 世纪 80 年代初以来的每个重要发展阶段，信息技术的课程目标、课程内容都强烈反映了时代发展的需求，也反映了人们对信息技术价值及信息技术课程价值的认识。面对新时代社会发展的大背景，我们应从学生发展核心素养的视角，重新审视信息技术课程的目标、内容和教学方法，对信息技术课程和教学进行彻底地反思，重塑信息技术课程。[①]

在义务教育阶段，信息技术课程围绕信息技术学科核心素养的落实，以数据、算法、信息系统、信息社会四个学科大概念为主题，引导学生在学习过程中获取知识与技能，掌握思维方法，形成关键能力，培养情感、态度与价值观。信息素养的要素包括信息意识、计算思维、数字化学习与创新、信息社会责任。其中，信息意识是指对信息的敏感性和准确性的甄别能力，在

---

① 熊璋，黄国洪 . 立足新时代，构建新课程：关于中小学信息科技课程设计的思考 [J].课程教学研究，2020（1）：4-7.

协同工作中合理利用信息，以及对信息隐私和安全保护的自觉性。计算思维是指自觉利用计算机科学技术思想和方法分析问题，通过对问题的抽象、建模，运用合理的算法求解问题，并能够应用于其他同类问题的解决，即分析问题、解决问题和举一反三的能力。数字化学习与创新包括适应数字化环境，利用数字化资源和工具提升终身学习效率和生活幸福感，开展创新和协同创新，积极推广由信息技术创新带来的新观念、新发展模式。信息社会责任包括自觉遵守与信息相关的法律，尊重与信息相关的道德伦理，关注信息技术革命所带来的环境变化与人文挑战，杜绝有意或无意利用信息或信息工具危害国家、社会和他人的现象。

在高中教育阶段，信息技术课程是一门旨在全面提升学生信息素养，帮助学生掌握信息技术基础知识与技能、增强信息意识、发展计算思维、提高数字化学习与创新能力、树立正确的信息社会价值观和责任感的基础课程。课程围绕高中信息技术学科核心素养，精练学科大概念，吸纳学科领域的前沿成果，构建具有时代特征的学习内容；课程兼重理论学习和实践应用，通过丰富多样的任务情境，鼓励学生在数字化环境中学习与实践；倡导基于项目的学习方式，将知识建构、技能培养与思维发展融入运用数字化工具解决问题和完成任务的过程中；课程提供学习机会，让学生参与到有信息技术支持的沟通、共享、合作与协商中，体验知识的社会性建构，增强信息意识，理解信息技术对人类社会的影响，提高信息社会参与的责任感与行为能力，从而成为具备较高信息素养的中国公民。

2. 高校的信息素养课程

高校的信息素养课程体系已较为成熟。高校图书馆积累了丰富的信息素养教育经验，各高校图书馆通过新生入馆教育、讲座、开设通识课、嵌入各个专业课程或者与相关专业教师合作等方式开展信息素养教育。[①]多数高校以"文献/信息检索"为课程名称，一些专业性质比较鲜明的高校侧重于专业信息检索，如医学信息检索、经济信息检索等。部分高校图书馆开发了信息检

---

① 黄如花，冯婕，黄雨婷，等．公众信息素养教育：全球进展及我国的对策 [J]．中国图书馆学报，
2020（3）：50-72.

索教学平台，通过网络授课的方式完成课程教学，如北京工业大学图书馆的文献检索教学平台和复旦大学图书馆的信息检索与利用网络课堂。高校图书馆在文献检索课程中融入了许多创新教学模式，例如案例教学法和任务驱动教学法等。①

随着 MOOC 浪潮的推进，越来越多高校图书馆开始探索信息素养教育新模式。② 我国各大高校陆续上线 124 门与信息素养相关的在线课程，为进一步发展学生的信息素养奠定了良好的基础。③ 此外，随着信息环境的改变、科研范式的演化，一些高校力求突破传统信息素养教育的局限，加快推进信息素养教育模式的变革。如中国科学院大学运用 15 年的实践经验，探索了从信息素养教育到泛信息素养教育的实现策略。④ 在教育评价方面，国内高校利用问卷调查、量表、表现评价等多种方法开展评价，但在评价方法、类型、主体等方面还存在一些不足，这是未来值得探究的方向。⑤

（二）媒介素养与网络素养相关课程

媒介素养课程在我国经历了十几年的发展，课程的实践者也从专业媒介素养研究人员拓展到社会教育者和部分中小学一线教师，课程实践活动趋于科学化和制度化。有些中小学开设了媒介素养独立课程，有的则进行了媒介素养融合课程探索。例如，北京市黑芝麻胡同小学于 2009 年开设了媒介素养实验课程，中国传媒大学附属小学于 2013 年前后开设了媒介素养校本融合课程等。但是总体而言，媒介素养教育仍处于探索阶段，尚未规模化、体系化、常态化。

---

① 洪跃，付瑶，杜辉，等 . 国内高校图书馆信息素养教育现状调研分析 [J]. 大学图书馆学报，2016（6）：90–99.
② 段丹，吕证燃，杨敏 . 基于文献计量的信息素养教育研究热点探析 [J]. 图书馆研究与工作，2018（4）：49–54.
③ 廖嘉琦 . 我国信息素养类 MOOC 调查研究 [J]. 图书馆学研究，2019（7）：21–26，14.
④ 初景利，刘敬仪，张冬荣 . 从信息素养教育到泛信息素养教育：中国科学院大学 15 年的实践探索 [J]. 图书情报工作，2020（6）：3–9.
⑤ 彭立伟，李磊，潘宏 . 国内高校信息素养教学效果评价研究系统综述 [J]. 图书情报工作，2019（23）：146–152.

　　网络素养课程已被广东省纳入地方教育实践体系。2018 年，广州市教师远程培训中心制作了面向中小学教师的在线教育课程，在广东以至全国率先进行中小学教师的网络素养培训。课程全面介绍了中小学教师应该掌握的网络素养教育的理念和方法，对一线教师深入开展网络素养教育提供了详细的示范和指引。课程对引导学生理性地看待互联网、防止网络沉迷、提升学生的网络素养有很好的指导作用，为下一步结合教材将网络素养教育全面引入课堂打下了良好的基础。①

三、数字公民的培育

　　数字公民是指能有效地使用互联网，遵守技术标准和使用原则，运用互联网技术开展数字化学习、数字化工作和数字化生活，从而促进社会发展的新一代公民。② 数字公民的培育是一项系统性工程，需要多元主体共同参与，需要构建良好的数字素养生态体系，汇集包括国际组织、地区与国家、教育机构、研究机构、社团组织和企业等各方利益相关者，从不同的领域、层面和维度开展研究、实施计划、评估效果。接下来，笔者对我国数字公民培育提出一些建议。

　　首先，政府需要提供强有力的制度保障和政策支持。欧盟针对未成年人互联网保护实施了连续 20 年的战略规划，形成了较为完善的法律体系、互联网行业规范、多种服务支持、多方参与的机制。③ 在我国，虽然针对青少年网络安全的《儿童个人信息网络保护规定》已于 2019 年颁布，《全民科学素质行动计划纲要实施方案（2016—2020 年）》《"十三五"国家信息化规划》中有

---

① 广东网信办 . 广东开展中小学教师网络素养培训推动网络素养教育进校园 [EB/OL].[2021–01–30]. http：//www.cac.gov.cn/2018–07/13/c_1123118137.htm.
② 黄荣怀，刘德建，刘晓琳，等 . 互联网促进教育变革的基本格局 [J]. 中国电化教育，2017（1）：7–16.
③ 杨涌，王旭仁 . 未成年人网络保护的欧盟与中国政策对比 [J]. 网络空间安全，2019（10）：60–67.

涉及数字素养提升的相关内容①，但它们与数字公民培育的目标之间仍有一定差距。此外，政府也需在实践层面进行持续推动，通过开展"国家网络安全宣传周"等活动，不断增强公众网络安全意识，提高公众网络安全防护技能。

其次，整个教育系统应加强对数字素养的重视。无论是正式的学校课堂，还是校外的培训机构，都需大力推动数字素养课程实践。如前所述，目前我国学校层面的数字素养教育仍处于探索阶段，尤其是在中小学阶段，数字素养教育在课程开发、教材编写、教学方法、教育评价、师资培训等各个方面，都还存在较大的完善空间。在高等教育阶段，也应推动建设高质量的数字素养专业课程，或通过 MOOC 平台等，将数字素养优质教育资源进行更大范围的共享和传播。校外培训机构也应考虑增加针对数字素养培养的相关内容。

再次，加强家庭数字素养教育刻不容缓。家庭教育是重要的数字素养习得途径，父母的数字素养水平会对孩子产生直接影响。不少父母认为互联网多用于娱乐休闲，其对孩子使用互联网的担忧主要集中于耽误学习、认识不良朋友、损害未成年人视力等方面。事实上，互联网已成为重要的学习环境，不仅能提供丰富的学习资源，还能增强与老师同学的交流和联系。因此，有必要纠正家长对未成年人使用互联网的错误认知，使家长具备管理和引导孩子正确上网的能力，消除其对互联网的焦虑心理。同时，父母在家庭中应加强身教言传，培养孩子良好的互联网使用习惯，塑造未成年人向上向善的价值观和网络文化观念。

最后，全社会应营造健康良好的数字生态环境。一方面，净化商业环境，加强对广告推送、低俗有害信息及与学习无关的不良内容的监管，减少误导性、诱惑性内容对于未成年人成长的负面影响；另一方面，提升公共服务质量，充分利用公共图书馆的社会教育职能及资源服务优势，通过整合丰富而优质的资源、建立在线数字素养教育平台、开展信息媒介素养服务、开发线

---

① 吴丹，李秀园，徐爽，等. 近十年信息素养理论的使用与发展研究 [J]. 图书馆杂志，2020（1）：26–35.

下创新项目①，号召各类主体共同开展活动②，帮助公众提升数字素养。今后，应建立公共图书馆的延伸服务机制、主动推送信息机制、培训制度、融入公民生活机制等，全方位提升公众驾驭信息的能力。③

① 王景侠．公共图书馆参与信息治理提升公众媒介信息素养的思考 [J]．数字图书馆论坛，2020（5）：30–35.
② 石乐怡，赵洋．英国公共图书馆开展的公众信息素养教育实践研究 [J]．图书馆建设，2020（6）：134–141.
③ 侯小云．公共图书馆公民信息素养教育研究 [J]．图书馆，2010（1）：128–129.

市场篇

市场篇包括"技术、教育与劳动力市场""中国教育服务产业发展与展望"以及"资本、技术与教育服务产业发展"三个专题。三个专题综合体现了智能时代教育的供给创新,也体现了时代赋予教育的使命以及时代给予教育生态体系的变革机遇。

从人才供给来看,随着经济社会迈向高质量发展新阶段,中国迫切需要实现人口红利向人力资本红利的转变,为实施创新驱动发展战略夯实基础。技术革新推动了产业结构升级,以劳动密集型产业为主的产业发展结构逐渐退出历史舞台,取而代之的是以高技术、高附加值为主的知识、技术、资本密集型产业发展模式。智能时代的到来更是增加了劳动力市场对高知识、高技能人才的需求。探讨教育、技术变革与就业之间的相互关系,分析智能时代劳动力市场的新变化,对于更好地应对时代挑战、改革教育和人才培养体系、促进终身学习和劳动力质量提升、培养时代所需的创新人才具有重要意义。

从教育产品和服务供给来看,智能时代的学习者不再满足于工业时代的标准化教育,需要的是更加个性化、多样化、弹性化、品质化的教育产品与服务。在前沿技术的持续渗透和影响下,教育服务供给主体日益多元化,教育服务新业态和新模式层出不穷。分析市场在提供教育产品和服务、配置教育资源中的作用,洞察教育服务产业及其各细分领域的发展现状,不仅对于适应教育需求升级、优化市场主体的供给行为、促进教育服务产业健康有序发展有重要意义,而且对于校内外教育资源优势互补、构建和完善服务全民的终身学习生态体系具有重要价值。

从资本供给来看，产业发展与升级离不开技术的推动，而技术水平和知识存量的提升则得益于资本对研发活动的直接投入或生产过程中"干中学"的积累。在这一过程中，金融资本不仅起到了源头的资金供给作用，同时还通过一套完整的资金流动和配置体系，提升了产业发展与金融体系之间的互动效率。作为重要的生产要素之一，资本逐利本身符合市场的逻辑。理性地认识资本的价值，引导资本向教育服务产业的技术创新领域和优质项目汇聚，形成良性循环，实现教育、科技、金融等产业的优势互补与合作，不仅能够激励企业家精神，也能拓宽教育资金来源渠道，对教育事业的总体发展形成有益补充。

专题 **7**

技术、教育与劳动力市场

　　随着教育的全面发展和技术的改革创新，劳动力质量和技能的提升为产业结构优化升级提供了重要的人力资源支持，劳动力市场也发生了一些变化。本专题从教育和技术的发展对劳动力市场供给和需求两端的影响出发，探讨其对劳动力市场的作用。首先，从人力资本理论出发，讨论教育和前沿技术对人力资本积累和生产的影响；接着，从劳动力的需求侧出发，系统性描述前沿技术和教育的全面发展对不同行业发展的影响，并就教育行业的发展和现状进行讨论；然后，从劳动力配置和岗位转型两方面，分层次讨论技术和教育的进步对劳动力供给侧的影响；最后，分析教育发展和技术进步对地区间和国际劳动力流动的作用，并对智能时代下教育与技术的发展对不同行业和不同技能人员的就业影响进行展望与预测。

第1节　技术和教育对人力资本积累的作用

　　将人作为影响经济增长的重要因素，通过对人进行投资，从而改善人的能力和素质，提高人的生产率，是人力资本理论的主要观点。人力资本积累是促进就业和经济持续增长的关键因素。其中，教育是人力资本积累最重要的途径，技术的进步则极大地促进了人力资本的积累。改革开放以来，随着我国教育的全面发展和科学技术水平的不断提升，人力资本总量持续增加，中国正在获得大规模的人力资本的红利。劳动力质量和技能的提升，不仅为产业结构的优化升级奠定了基础，也为我国经济的持续增长提供了人力资源支持。

本节主要从教育和前沿技术如何影响人力资本的生产出发，从理论角度分别阐述教育对人力资本积累的影响，以及技术的进步对人力资本生产的影响，进而讨论新的经济发展模式下人力资本对经济发展的重要作用，即由人口红利向人力资本红利的转变。

一、教育与人力资本积累

贝克尔（Gary S. Becker）的人力资本理论指出，接受教育是一种旨在掌握知识和提高生产率，并且能带来更高收入的投资[①]。基于此，大量研究讨论了人力资本的主要投资方式、人力资本与经济增长、人力资本的投资收益率以及人力资本与就业等方面的内容[②]。

人力资本理论的发展开始于"二战"之后。战后西方国家越来越认识到科技进步和劳动力质量的提高带动经济增长的重要性，如何促进科技进步、提高人力资本水平引起了较多的关注。有鉴于此，以舒尔茨（Theodore W. Schultz）、贝克尔为代表的经济学家认为，通过提高劳动力受教育水平、增加劳动力的在职培训等方式增加人力资本投入，是提高劳动力质量的不二选择。概括来讲，人力资本理论的核心内容有以下几个方面：（1）人力资本具有经济价值，能够带来个人劳动生产率的提高，从而促进经济增长。（2）一个社会人力资本的积累与提高取决于对人的投资的数量。这里的人力资本投资，

---

① Becker G S. Human capital：a theoretical and empirical analysis [M]. 3rd ed. New York：Columbia University Press，1964.

② Schultz T W. Investment in human capital[J].The American Economic Review，1961（1）：1–17；Becker G S. Investment in human capital：a theoretical analysis[J]. Journal of Political Economy，1962（5，Part 2）：9–49；Romer P M. Human capital and growth：theory and evidence[C]. Carnegie–Rochester Conference Series on Public Policy，1990：251–286；Card D. The causal effect of education on earnings[M]// Ashenfelter O C，Card D. Handbook of labor economics，vol.3，part A. Amsterdam：Elsevier，1999：1801–1863.

主要是指与健康相关的卫生设施和医疗服务、在职培训、学校正规教育、成人教育以及随工作机会的迁移[①]。（3）人力资本投资不仅能够提高生产过程中的劳动生产率，还可以提高企业家能力。（4）人力资本投资具有收益递增的特点。现有的一些研究都证明，人力资本的投资项目呈现收益递增的特点[②]。（5）对于人力资本投资的成本和回报，难以进行全面估计。这是因为：一方面，人力资本投资的活动很难被界定是投资还是消费；另一方面，人力资本的影响，比如教育对普通人的企业家能力的影响、对健康的影响，是在生产领域以外发生的，因此成本和回报都是难以观测的。（6）人力资本收入具有外部性和溢出效应，因此无法全面估计其收益。比如，人力资本的外部性不仅发生在生产过程中，如同等能力的劳动力，其中的高学历者会有更高的劳动生产率；而且，在宏观层面，它的外部性表现为对技术进步的影响、对创新的影响等等[③]。

　　知识和技术是构成人力资本的核心内容，因此，教育是人力资本积累最重要的途径。通过提高文化知识水平和发展技术能力，教育有助于增加人力资本积累而提高个人生产效率。每个生产者除生产外都需要用一定的时间从事人力资本建设，这就是通过学校教育或培训来提高人力资本存量水平。在现代社会里，作为教育活动的主要组织形式，学校教育通过有目的、有组织、有系统的，由专职人员承担的科学文化知识传授和有关的专业技能训练，提高受教育者的认知能力，培养各种专业化人才。一般来讲，人力资本质量的高低主要表现为教育层次的高低。一个国家或地区的基础教育普及率和质量，决定了其人力资本存量水平和发展潜力。普通高等教育的质量和规模，决定了以"科技型"和"研究型"为主的人力资本的数量和水平。在学校接受的教育决定了劳动者未来就业的方向和层次。一方面，学校教育可以提高知识存量，提升认知能力，增加人力资本存量；另一方面，学校教育能提升劳动者进行在职学习、吸收经验的效率，会导致更多的在职教育和培训投资。

①　Schultz T W. Investment in human capital[J]. The American Economic Review, 1961（1）: 1–17.

②　Schultz T W. The economic importance of human capital in modernization[J]. Education Economics, 1993（1）: 13–19.

③　李实，张钰丹. 人力资本理论与教育收益率研究 [J]. 北京大学教育评论，2020（1）: 59–79.

学校教育对人力资本形成的重要性，可以通过劳动者的教育水平对收入的影响和教育投资对经济增长的贡献两方面加以说明。第一，教育水平高、人力资本积累快的个体，收入较高。也就是说，教育的收益率是随着教育水平的提高而不断上升的。平均而言，受教育程度低于高中的工人的工资约为高中文化程度的工人工资的 80% 左右，而拥有大专及以上文凭的劳动者的收入要比高中毕业的劳动者高 44%①。个体的教育和工作经验的差异对 20 世纪 50 年代末美国的收入差异贡献率高达 33% 左右②。21 世纪以来的许多研究也都证明，教育体现出的人力资本的差异是影响个体收入水平的核心因素③。换言之，接受教育有利于能力的积累，并能显著提高工资收入，因此，教育水平与收入之间存在显著的正相关性。第二，从 20 世纪 50 年代起，越来越多的学者关注到人力资本对经济增长的影响。人力资本投资，特别是从业人员受教育水平的持续提高，是造成美国经济增长幅度超过要素投入增长幅度的主要因素④。此外，人力资本积累具有较强的外部性。也就是说，知识技术和人力资本积累是区域经济持续发展的内生因素，且会对其他生产要素的形成和使用效率的提升有积极的促进作用⑤。

随着社会的进步和市场经济的发展，以教育为核心的各国的人力资本积累持续推进，成为经济持续发展的重要推动力。教育，特别是高等教育在近些年迅速发展。如图 7.1 所示，从 21 世纪初开始，高等教育在校生比例显著上升，到 2017 年，美国、加拿大、英国第三教育阶段（即高中后教育）入学率都高达 60% 以上。其中，美国第三教育阶段的入学率高达 90% 左右。从图 7.1 中还可以看出，中国的教育事业在 20 世纪 90 年代以后得到了快速发展，高等教育入学率增长显著。1990 年，中国高等院校入学率仅为 2.97%，到 2019 年这个比例增长到 53.76%。

---

① OECD Statistics [DB/OL].[2021-02-18]. https：//stats.oecd.org/.

② Mincer J. Schooling，experience，and earnings[M]．New York：Columbia University Press，1974.

③ 王海港，黄少安，李琴，等．职业技能培训对农村居民非农收入的影响 [J]. 经济研究，2009（9）：128-139；程名望，Jin Yanhong，盖庆恩，等．中国农户收入不平等及其决定因素：基于微观农户数据的回归分解 [J]. 经济学（季刊），2016（3）：1253-1274.

④ Schultz T W. Investment in human capital[J]. The American Economic Review, 1961（1）：1-17.

⑤ Romer P M. Increasing returns and long-run growth[J]. Journal of Political Economy, 1986（5）：1002-1037; Lucas R E, Jr. On the mechanics of economic development[Z]. W.A. Mackintosh Lecture, 1985.

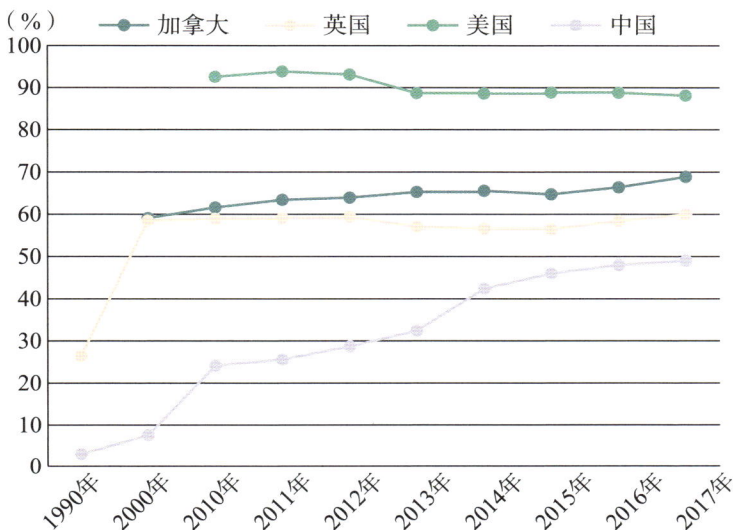

图 7.1　不同国家高等院校入学率

资料来源：https：//data.worldbank.org.cn/indicator/SE.TER.ENRR。

注：高等院校入学率测量的是高等院校在校生总数占中学毕业后 5 年适龄人口总数的百
　　分比。世界银行的数据中缺失了加拿大 1990 年、美国 1990 年和 2000 年的高等院
　　校入学率。

　　改革开放以来，我国教育事业全面发展，不仅义务教育实现全面普及，高等教育规模也稳步发展。《2019 年全国教育事业发展统计公报》显示，我国高中阶段的毛入学率从 1990 年的 26.0% 上升到 2019 年的 89.5%，高等教育毛入学率从 1990 年的 3.4% 上升到 2019 年的 51.6%。

　　国家统计局数据显示，普通高等学校在校生人数从 1989 年的 288.2 万人上升至 1995 年的 290.6 万人，2000 年和 2010 年分别快速增长至 556.1 万人和 2231.8 万人。到 2019 年，高等院校在校生人数高达约 3032 万人（见图 7.2）。观察高中升学率同样发现，这一时期随着我国高中阶段教育的普及和高等教育大众化发展，高中升学率从 1989 年的 24.6% 上升到 2016 年的 94.5%。以人均受教育年限为表征的人力资本水平也有了较快的提升。住户数据显示，我国人均受教育年限在 20 世纪 90 年代初仅为 6.26 年，到 2018 年，我国人均受教育年限高达 10.16 年，其中劳动者的平均受教育年限从 1988 年的 10.25

年提高到 2018 年的 11.34 年。从上述各项指标可以看出，我国教育的持续蓬勃发展改变了劳动力市场的知识构成，显著增加了劳动力的人力资本积累。

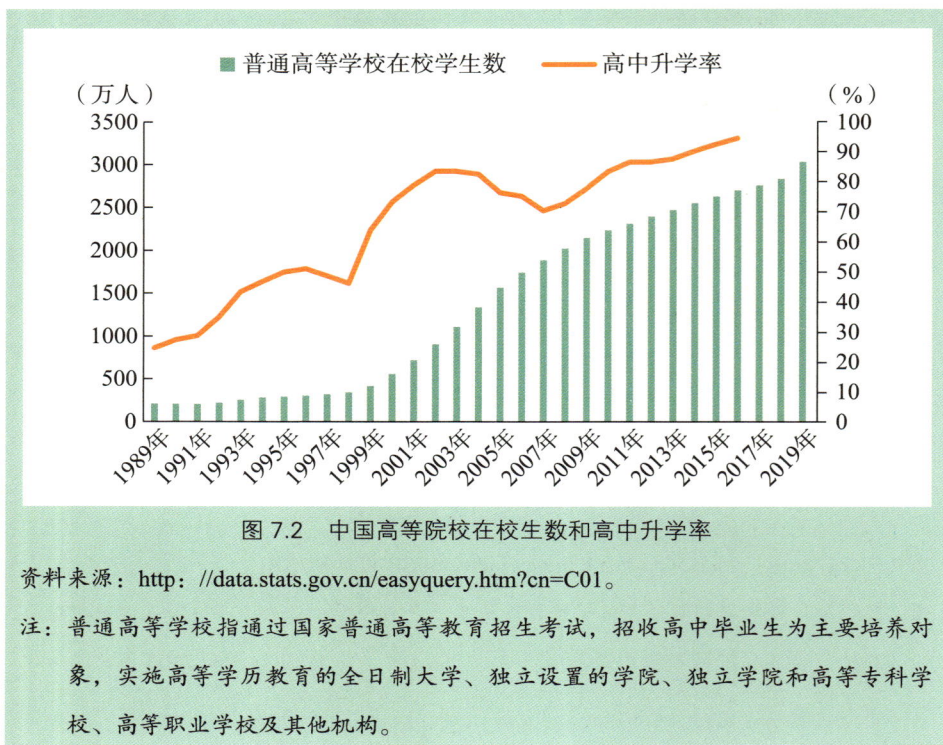

图 7.2　中国高等院校在校生数和高中升学率

资料来源：http://data.stats.gov.cn/easyquery.htm?cn=C01。

注：普通高等学校指通过国家普通高等教育招生考试，招收高中毕业生为主要培养对象，实施高等学历教育的全日制大学、独立设置的学院、独立学院和高等专科学校、高等职业学校及其他机构。

二、技术发展对人力资本生产的影响

　　根据传统的内生经济增长理论，技术进步、知识积累和人力资本是经济增长的源泉。随着技术的不断进步，旧产品和旧工艺逐渐被取代。一旦新产品、新工艺商业化成功，会带来更高的利润率和较大的发展空间。在技术外溢性的影响下，技术进步对劳动者提升自身技能和技术水平提出了新的要求，劳动力市场对技能偏好型劳动者的需求不断增长。一方面，企业推动劳动者通过"干中学"不断提升自己的技能水平，增加自身人力资本积累；另一方面，通过经济活动外部的技能培训，劳动者在生产过程中的劳动生产效率提高。由此可见，技术进步促进了不同技能水平的人力资本的形成和发展，且新技术的开发和应用会促进产业结构的转型升级和优化调整。反过来，人力资本增长也会促进技术的发展。人力资本既是科技创新的主体，又是科学技术传播与成果产业化的主体。人力资本积累速度越快，人力资本水平越高，科技创新能力就越强，科学技术传播就越快，科技成果转化率也就越高。因此，伴随着一个国家或地区人均受教育年限和专利申请量的增长，技术水平也会得到有效提升。

近年来，我国技术水平有了较大幅度的提高。以专利申请数量为例，国家统计局公布的数据显示，2018 年我国专利申请量（432 万项）为 1995 年专利申请量（8.3 万项）的 52 倍，其中发明专利数（140 万项）为 1995 年发明专利数（2.2 万项）的 64 倍。2015 年《世界知识产权指标》显示，2014 年全球发明专利申请量约为 270 万项，其中中国提交的发明专利申请量为 92.82 万项。中国的专利申请数量不仅连续四年位居全球第一，并且相当于全球排名第二的美国（57.88 万项）和排名第三的日本（32.59 万项）申请数量的总和。

表 7.1 给出了 21 世纪以来我国科研机构建设的投入情况和专利申请量。从表中不难看出，国家对科研和开发机构研究与试验发展的经费支出从 2000 年的 258.00 亿元增加到 2010 年的 1186.40 亿元；到 2018 年，经费支出高达 2691.68 亿元，为 2000 年经费支出的 10 倍以上。对科研和开发机构经费支持的增加伴随着专利申请受理量和授权量的快速增长。数据显示，专利申请授权量从 2000 年的 10.5 万项增加到 2018 年的 244.7 万项，增长了约 23 倍。

表 7.1 我国近几年科研和开发机构投入及专利申请情况

	2000 年	2005 年	2010 年	2015 年	2016 年	2017 年	2018 年
科研和开发机构研究与试验发展经费支出（亿元）	258.00	513.10	1186.40	2136.49	2260.18	2435.70	2691.68
专利申请受理量（项）	170682	476264	1222286	2798500	3464824	3697845	4323112
专利申请授权量（项）	105345	214003	814825	1718192	1753763	1836434	2447460

资料来源：国家统计局。

三、新时代的人力资本红利

改革开放以来，中国经济由高速增长进入了中高速增长的新常态时期。其中，人口结构的变动，特别是实际参与经济活动人口数的下降和劳动力素质的提升，被认为是促进经济增长动力转变的重要因素。经济学家最初用人口红利来讨论人口结构变化对经济增长的促进作用①。由富有生产性的人口年龄结构及高储蓄率带来的经济增长被称为"人口红利"（demographic gift），表现为在人口结构转变过程中，生育率下降滞后于死亡率下降，导致劳动年龄人口快速增长，从而形成的人口结构优势对经济增长的贡献。

人口总量的增长或人口增速的提高会产生人口红利，进而对经济增长产生正向的促进作用。首先，人口红利增加了劳动力供给，在劳动率和就业率处于较高水平下，充足的劳动力供给促进了我国劳动密集型产业的快速扩张，从而推动了经济的发展②。其次，劳动力供给数量的上升增强了劳动分工，劳动分工带来规模效应，从而提高了人均收入与总产出③。最后，储蓄和消费是人口红利影响经济的重要渠道。人口抚养比，特别是少儿抚养比的下降促进了我国储蓄率的上升，进而通过投资机制作用于经济增长。而人口数量的增加扩大了国内需求，即增加了对消费的需求，从需求侧拉动了生产规模的扩张和经济规模的扩大④。

近年来，在计划生育政策和经济发展等因素的作用下，中国的人口结构发生了重大变化。人口结构的变化，表现为劳动年龄人口的消减和老龄化进

① Bloom D E, Williamson J G. Demographic transitions and economic miracles in emerging Asia [J]. The World Bank Economic Review, 1998（3）: 419–455.

② 蔡昉. 人口转变、人口红利与经济增长可持续性: 兼论充分就业如何促进经济增长 [J]. 人口研究, 2004（2）: 2–9.

③ 王德文, 蔡昉, 张学辉. 人口转变的储蓄效应和增长效应: 论中国增长可持续性的人口因素 [J]. 人口研究, 2004（5）: 2–11.

④ 刘士杰. 人口转变对经济增长的影响机制研究: 基于人口红利理论框架的深入分析 [D]. 天津: 南开大学, 2010; 陆旸, 蔡昉. 人口结构变化对潜在增长率的影响: 中国和日本的比较 [J]. 世界经济, 2014（1）: 3–29.

程的加速，这成为新常态时期经济发展的重要特征。同时，随着生育率的下降，在质量 – 数量替代的选择下，每个家庭用于孩子健康和教育的投资相应增加，促使劳动力质量大幅提升，从而抵消了劳动年龄人口占比下降带来的负效应，促进经济发展从劳动力数量密集型向质量驱动型转变。换言之，伴随着教育的全面发展和科学技术水平的提升，中国正在获得大规模的人力资本红利，中国人力资本总量的持续增加，在一定程度上可以抵消人口增长率降低带来的负面作用，促进经济长期持续高增长。

"人力资本红利"这一概念的本质是从人力资本角度分析人口质量对经济增长的影响。一方面，人力资本具有高收益率，随着教育的全面发展和高等教育的扩张，劳动力素质和技能不断提升，劳动力要素的边际产出不断增加，全要素生产率提高，从而促进经济增长方式的转变[①]；另一方面，人力资本红利使得就业从农业部门向非农部门转移，促进了第二、第三产业的发展，优化了就业结构和产业结构，蓬勃发展的高附加值产业带来的经济高速增长，能够缓解劳动力缩减的负效应[②]。

图 7.3 展示了我国就业人员受教育程度构成的现状及变动趋势。总的来看，2010—2018 年间，劳动力的人力资本存量有显著提升。全国大专及以上学历劳动者的比例从 2010 年的 7.4% 上升至 2018 年的 19.4%，高中学历劳动者所占比重在这一时期上升了约 5.2 个百分点，初中学历劳动者从 2010 年的 48.7% 下降至 2018 年的 43.4%，而小学及以下教育水平的劳动者的比例由 2010 年的 31.1% 下降到 2018 年的 19.2%。就城镇职工而言，大专及以上学历劳动者在这一时期的占比从 16.2% 显著增长到 33.1%，增加了约 17 个百分点。同时，小学及以下低学历的城镇就业人员比例从 17.5% 下降到 8.7%，而初中学历的城镇职工的比例在这些年下降了约 12 个百分点。

---

① 李钢，梁泳梅，沈可挺 . 质量型人口红利对中国未来经济影响评估 [J]. China Economist，2016（1）：112–125.
② 朱宇，刘爽 . 第二次人口红利理论回顾与中国实践展望 [J]. 西北人口，2019（2）：1–11.

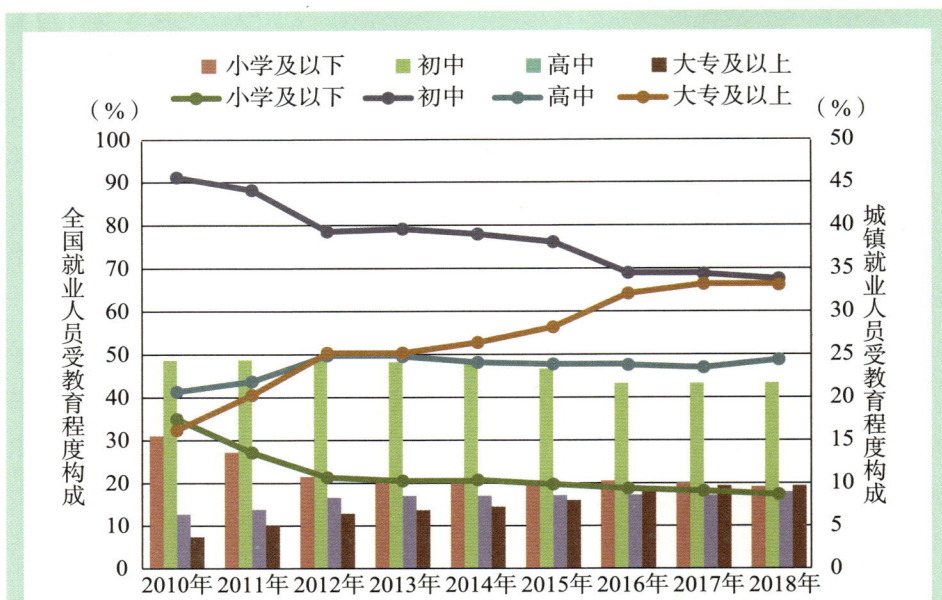

图 7.3　2010—2018 年我国就业人员受教育程度构成的变动情况

数据来源：2010—2018 年《中国劳动统计年鉴》。

注：高中包括普通高中和中等职业教育，大专及以上包括普通大学专科、高等职业教育、

大学本科和研究生。

　　综上所述，随着教育发展和技术进步，中国人力资本积累持续提升，表现为劳动力平均受教育水平不断提高。同时，劳动力质量和技能的提升为产业结构优化升级提供了人力资源支持。接下来，我们将从教育和技术的发展对劳动力供给和需求两端的影响出发，探讨其对劳动力市场的作用。

第 2 节　劳动力市场发展概况

　　在教育全面发展和技术进步的大背景下，我国产业结构不断优化升级。技术和教育发展的高度融合已经成为影响我国经济增长的重要因素。本节从

劳动力的需求侧出发，系统描述前沿技术和教育的全面发展对不同行业发展的影响，并对教育服务业的发展和现状进行讨论。最后，以"掌门教育"为例，描述教育和技术的进步对推动教育培训业中学习个性化、教学精准化的影响。

一、各行业总体发展概况

技术积累和进步引发的企业生产率的增长是产业升级的主要动因[①]。创新驱动下的新技术的发明与应用，能有效降低企业的生产成本，提高企业生产效率，优化产业结构。人力资本水平作为影响技术创新和人力资本存量的关键，对产业结构的调整和优化有重要的促进作用。

伴随着产业结构的优化升级，传统以劳动密集型产业为主的产业发展结构已逐渐退出历史舞台，取而代之的是当前以高技术、高附加值为主的资本密集型和技术密集型产业发展模式。近十年来，以农林牧渔业为主的第一产业增加值占国内生产总值的比重从 9.3% 下降到 7.1%，以制造业、电力热力燃气业、采矿业等为主的第二产业增加值占国内生产总值的比重从 46.5% 下降到 39.0%，而第三产业增加值占国内生产总值的比重显著上升了约 10 个百分点，从 44.2% 上升到 53.9%（见图 7.4）。这一时期，第三产业对国内生产总值的贡献率从 2010 年的 39.0% 上升到 2018 年的 61.5%，增加了约 23 个百分点。观察三大产业的就业人数也可以看出，2010 年以来，第一产业和第二产业发展速度已经放缓，表现为就业人数在 2010—2018 年分别减少了约 7673 万人和 452 万人。而以金融业、科学研究和技术服务业为代表的高技术、高人力资本要求的第三产业成为新型就业结构中的增长主力，就业人数从 2010 年的 26332 万人增长到 2018 年的 35938 万人，增加了 36.5%。

[①] Cantwell J，Tolentino P E. Technological accumulation and Third World multinationals[Z]. Discussion papers in international investment and business studies，1990.

图 7.4　2010—2019 年我国产业结构的变动

资料来源：国家统计局。

　　如前所述，人力资本的提升及劳动力知识结构的变化是推动产业结构转型和升级的重要因素。根据国家统计局公布的数据进行对比分析发现，2004—2018 年，以农林牧渔业为主的第一产业的劳动生产率增长率高达 37.02%，但其高增长率并不是由产值大幅增长所导致的，而是由劳动力流失（–3.82%）造成的（见图 7.5）。以建筑业为主的第二产业对劳动力的吸引能力较强，劳动力的年均增长率高达 21.13%，而劳动生产率增速仅有 5.57%。相比较而言，第三产业中金融行业的劳动力增长率不高（年均增长率仅为 6.4% 左右），但金融业的产出增速远高于其投入的增速，使得其劳动生产率增幅高达 48.14%，位列全行业第一。此外，从就业人数增长率还可以看出，伴随着产业结构的调整和升级，近些年来城镇劳动力选择就业的方向逐渐从第一产业向第二、第三产业发展，其中农林牧渔业的就业人数在这一时期出现负增长，而信息传输、计算机服务和软件业这样的高技术行业在 2003 年以来就业人数增长率最高，高达 263%。教育行业的就业人数在这一时期保持了稳定增长的态势，增长率从 2004 年的 0.83% 升高至 2018 年的 1.16%。由此可见，我国人力资本存量的增长和技术的进步有利于人力资本红利的形成和发展，并促进了产业结构的调整和优化。其具体表现为优质劳动力数量不断增长，以劳动密集型生产方式为主的传统产业结构逐步向以知识、技术、资本密集型生产方式为主的高附加值现代产业结构调整。

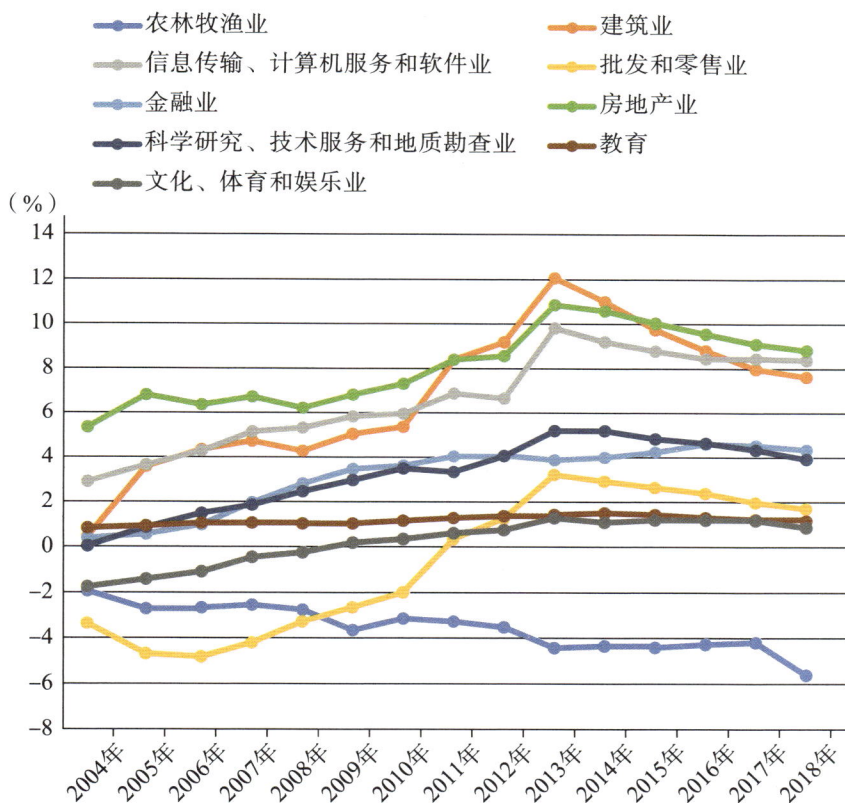

图 7.5　2004—2018 年我国主要行业的就业人数变化

资料来源：国家统计局。

图 7.6 描述了 2003—2018 年中国主要行业平均工资变动及增长的差异性。不难看出，过去近 20 年间我国资本密集型、劳动密集型、服务业和高新技术行业的人均工资增长呈现出极大的差异性。已有研究表明，不同阶段国内消费、投资、出口、技术进步等因素对不同行业工资的拉动效应是近年来中国行业间工资增长差异的重要原因。

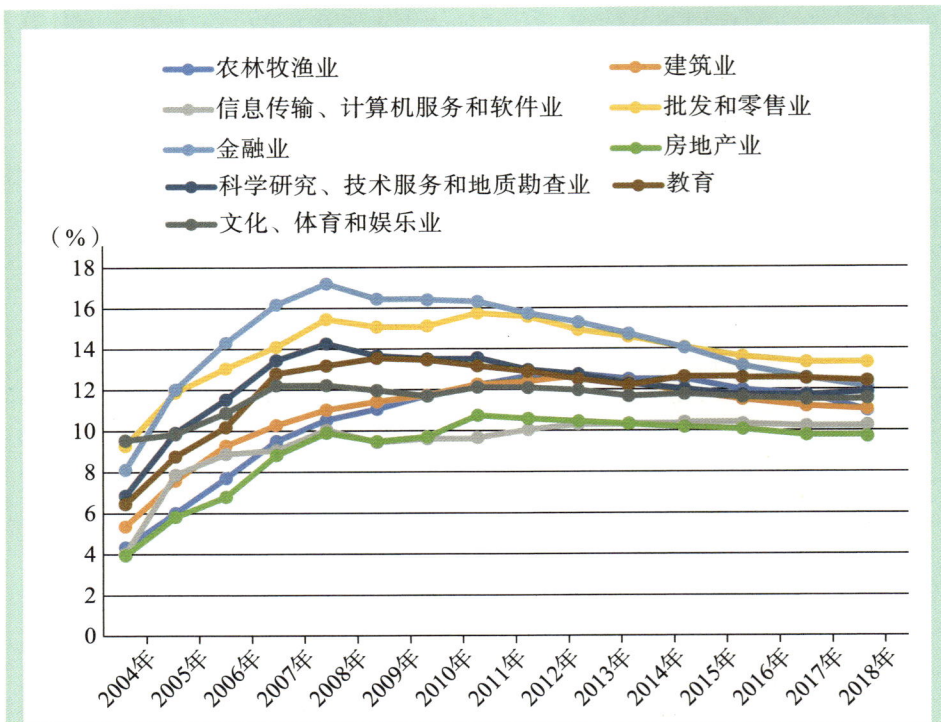

图 7.6 2004—2018 年主要行业平均工资增长率的变动

资料来源：国家统计局。

注：增长率均以 2003 年为基期计算。

具体来讲，出口增长对我国包括劳动密集型产业在内的第二产业的工资增长的贡献率显著上升，而国内消费和国内投资对第一、第三产业的工资增长的贡献率显著上升①。从图 7.6 中也可以看出，在 2008 年之前，受益于社会主义市场经济体制改革和快速的城镇化进程，大多数行业的平均工资整体上呈现加速增长的趋势；2008 年之后，受到金融危机的影响，各行业的工资增长率有所下降。具体来看，以农林牧渔业为主的第一产业在这一时期的工资增长率相对较低，2003—2018 年，农林牧渔业就业人员的平均工资的年均增长率约为 10.98%。以建筑业为主的第二产业就业人员工资的年均增长率

---

① 孙文杰，沈坤荣.全球化背景下中国行业间工资增长差异的演变及其原因 [J]. 数量经济技术经济研究，2014（4）：3–18.

在 2003—2013 年高达 12.5% 左右，但之后有所下降。以信息传输、计算机服务和软件业，以及科学研究、技术服务和地质勘查业为主的高技术行业平均工资则有显著的增长趋势。2003—2018 年，信息传输、计算机服务和软件业从业人员年均增长率高达 8.4%，在全部行业中位列第二，同时这一时期其从业人员平均工资也呈现了稳定增长的态势，工资年均增长率高达 10.27%。科学研究、技术服务和地质勘查业在这一时期虽然就业人员增长率并不突出（2003—2018 年间就业人员的年均增长率约为 3.94%），但行业从业人员的平均工资保持了较高的增长态势，年均增长率从 2004 年的 6.88% 上升到 2008 年的 14.27%，后维持在 13% 左右。教育行业从业人员平均工资年均增长率从 2004 年的 6.47% 发展至 2018 年的 12.42%，并于 2008—2011 年最高达到 13%，与其他各行业相比，始终保持中等水平增长。

二、教育行业与教育新业态

随着经济全球化，要发展国家或区域经济，必须建立创新体系，特别是要大力推动教育创新。OECD 国家的数据表明，教育部门的高度创新的工作场所及在创新方面发挥重要作用的毕业生占比最高，占到了该部门的 47.5%。分国家来看，德国、瑞士和英国的教育创新程度都较高，达 50% 以上（见表7.2）。由此可见，教育创新在整个国家的创新体系中占据重要地位。

表 7.2　OECD 国家的创新统计 （单位：%）

部门	全部样本	法国	德国	瑞士	英国
商业活动	43.5	31.4	35.7	37.5	44.8
教育	47.5	32.3	52.4	50.4	51.7
健康	37.8	27.2	37.0	23.2	41.8
制造业	36.8	32.0	32.5	22.0	41.3

资料来源：OECD 统计（https：//stats.oecd.org/）。

注：表中测量的是 2005 年或 2008 年高度创新的工作场所及在创新方面发挥重要作用的毕业生的比例。

教育大计，教师为本，教师在教育行业和教育新业态的发展中发挥着不可替代的作用。为了建设高素质的教师队伍，我国陆续出台了一系列政策，保障教师基本权利和良好的经济待遇。教育行业的发展离不开从业劳动力数量的增加。《中国劳动统计年鉴》的数据显示，教育行业从业人员从 2010 年的 1581.8 万人增长到 2018 年的 1735.6 万人，增长了约 10%。

除了从业人数外，改革开放以来，教育行业的工资也呈现出持续增长的趋势。在改革开放的前 16 年，我国教育行业平均工资的增长速度较慢，1994 年之后教育行业从业人员的平均工资增长速度逐步加快。进入 21 世纪后，如图 7.7 所示，2010 年教育行业从业人员的年平均工资为 38968 元，2018 年其年平均工资快速增长到 92383 元，约为 2010 年的 2.4 倍。教育行业从业人员工资的快速增长主要得益于国家相关政策法规的颁布。以四次工资制度改革为契机，教育行业从业人员的工资水平在 1985 年、1994 年和 2007 年得到了较大幅度的增长。实际上，改革开放初期的大多数年份，教育行业的平均工资是低于社会平均工资的，但 1999 年后，在多项有利于教育事业发展和教职工工资提升的政策的促进下，教育行业的平均工资开始超过社会平均工资，并保持了持续增长的态势。

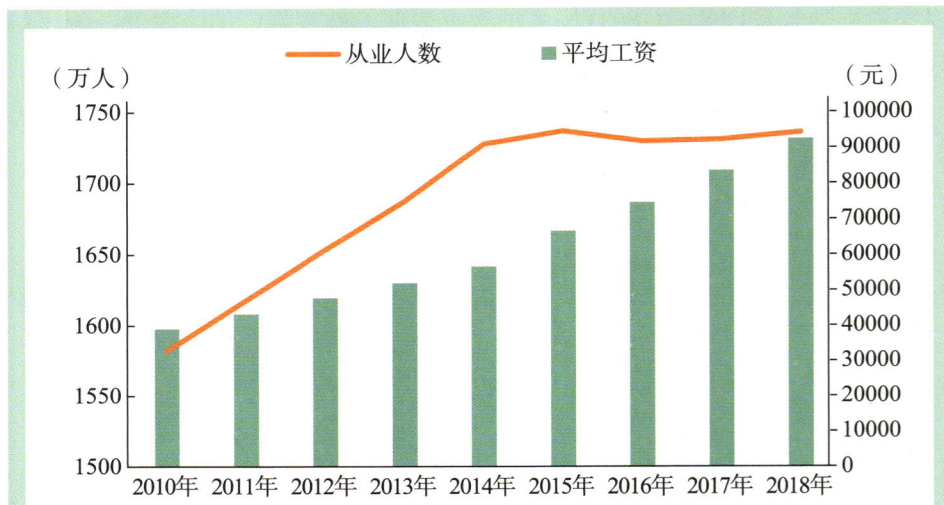

图 7.7　2010—2018 年我国教育行业从业人员数量和平均工资的变化

资料来源：2010—2018 年《中国劳动统计年鉴》。

除了传统教育行业外，教育培训业和在线教育的发展也不容小觑。

一方面，我国的中小学生共有 2 亿多人，在国家提供的教育资源不能完全满足社会对教育产品的需求时，相关培训行业逐渐兴起并迅速发展壮大；另一方面，知识经济和终身学习型社会的到来，对劳动力的人力资本积累提出了更高的要求。劳动力市场中竞争的加剧，也迫使个人对教育的重视程度和教育投入越来越高。在这样的背景下，社会教育悄悄成长，成了学校教育的有益补充。国内教育培训市场应运而生，并迅速发展壮大。

智研咨询的报告显示，2013 年我国教育培训行业市场规模为 10226 亿元，到 2016 年，教育培训行业的市场规模增长到 16190 亿元，2018 年增长到了 20960亿元（见图 7.8）[①]。其中，K12 教育是教育培训市场规模高速增长的主要动力。预计 K12 教育培训的市场规模将从 2016 年的 3390 亿元增长至 2020 年的 6680 亿元。当前，我国教育培训行业已经成为 21 世纪朝阳产业之一，开展语言教育、职业教育、中小学补课的教育机构如雨后春笋般迅速增长，教育培训业在未来仍具有较大的发展空间和潜力。

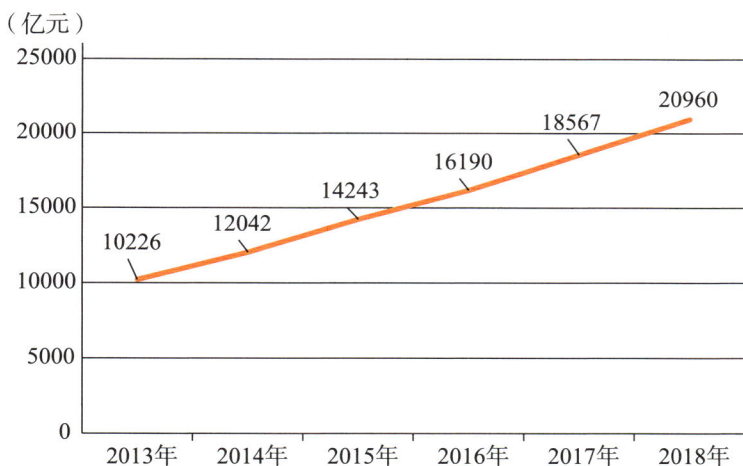

图 7.8　教育培训市场规模

资料来源：智研咨询《2017—2022 年中国 K12 在线教育市场分析预测及未来前景预测报告》。

---

① 智研咨询. 2017—2022 年中国 K12 在线教育市场分析预测及未来前景预测报告 [R].2016.

近年来，随着移动互联网浪潮的兴起，特别是技术的革新和进步，我国在线教育产业发展迅猛。特别是 2018 年以来，多家在线教育平台在市场上涌现，比如洋葱数学、VIPKID、火花思维和作业盒子等。根据前瞻产业研究院发布的《中国在线教育行业市场前瞻与投资战略规划分析报告》，2010 年后我国在线教育市场规模不断壮大。2011 年中国在线教育市场规模已达 574.9 亿元，到 2014 年，中国在线教育市场规模突破了千亿元。截至 2017 年，中国在线教育市场规模突破 2000 亿元，达到了 2098.1 亿元，同比增长 28.1%（见图 7.9 ）。

图 7.9　在线教育市场规模

资料来源：前瞻产业研究院整理。

艾媒咨询发布的《2018 中国在线教育行业白皮书》预测，中国在线教育用户规模 2020 年将达到 2.96 亿人。这些教育用户将涉及学前教育、K12 教育、职业教育、兴趣教育等多种在线教育领域。届时中国将有望成为世界在线教育行业发展的超级市场。相比于传统的线下教育，在线教育的教学方式较为灵活多变，特别是在这次疫情的影响下，线上教育的优势得到了极大的体现，即突破现实中的物理空间限制、提高学习的灵活性、增强主观能动性。在地区间教育资源分布不均衡的背景下，传统教育加线上教育的模式还有利于实

现优质教育的机会公平。"人工智能 + 教育"成为在线教育行业未来发展的主
要模式。人工智能老师、虚拟现实技术以及大数据分析技术等被逐步运用到
在线教育的场景中，提升了教学效率，促进了在线教育行业的进一步发展。

三、技术、教育对行业发展和就业的影响

　　技术的进步和教育的发展能显著提高人力资本积累，人力资本积累的提
升作用于劳动供给，进而对就业产生影响。理论上来讲，人力资本的积累会
直接作用于劳动参与率。从个人劳动参与行为的角度来看，人力资本的积累
会显著提高劳动力的工资报酬水平，收入的提高通过收入效应和替代效应影
响个人劳动参与决策和劳动供给时间。此外，人力资本水平的提升直接提高
了劳动供给的质量，促进了个体劳动生产率的提升。

　　除了教育积累的人力资本因素外，技术进步也会对就业和产业结构调整
产生影响。在新增长理论中，技术进步被纳入内生经济增长模型，通过经济
增长而影响就业。技术进步和就业之间存在复杂的关系，现有研究发现，二
者之间存在双重效应。一般而言，技术进步会促进与技术互补的岗位需求，
通过增加收入拉动需求，进而增加工作岗位数量。同时，技术进步还会产生
替代劳动力的效应。换言之，以技术进步为推动力的经济增长对就业的影响
包括两个方面：一是通过资本化效应创造了就业岗位，从而降低了失业率；
二是降低了工作匹配的可能性，进而增加了失业人员的数量[1]。

　　前沿技术的发展对劳动力市场产生了重大影响。OECD 2019 年发布的报
告显示，21 个国家数据分析表明，自动化的发展对就业会有显著的影响[2]，其
中受影响最大的地区有约 40% 的工作存在被自动化替代的风险，受影响较小
的地区可能会有 4% 的工作被替代。人工智能（AI）系统在根本上重塑了经

---

[1]　Aghion P，Howitt P. A model of growth through creative destruction[J]. Econometrica，1992（2）：323–351.

[2]　OECD.Getting skills right：future-ready adult learning systems [M/OL]. Paris：OECD，2019. [2021–
　　02–17]. http：//www.oecd.org/employment/getting-skills-right-future-ready-adult-learning-systems-
　　9789264311756-en.htm.

济和社会的组织方式，比如，新的交通工具（无人驾驶）的出现和医疗健康行业的改革。人工智能和新技术的发展可能使一部分低技能工作被替代，导致失业或就业不足，进而引发贫困并扩大收入不平等。但还需要看到的是，前沿技术的发展提高了工人的生产力，创造了新的产品和市场，会进一步创造就业机会。从其实质来看，技术的进步和发展推动了产业结构的优化升级，促进了国家的经济结构转型，是经济可持续发展的好机遇。

可见，新技术的发展，伴随着全球化和老龄化不断加剧的进程，在一定程度上改变了工作岗位的质量，并对劳动技能和就业质量提出了更高的要求。为劳动力提供更好的技能培训和技能升级的机会，能极大促进其未来职业发展。

第 3 节　教育、技术与就业

由贝克尔创立的人力资本理论假设，接受教育是一种能在未来产生收益的投资。就此而言，就业和工资差别受个体生产率差别的影响，而个体生产率差别本身又受到个体一生中对教育或培训进行投资的影响。需要指出的是，个人的教育投资受到成本和收益两方面因素的影响：如果更高的教育水平所能带来的未来收入（即教育回报）高于当期进入劳动力市场所能获得的收入（机会成本），那么教育投资就能实现以较高的报酬形成回报的能力，即所谓的"人力资本"积累，那么，就有可能产生效益[①]。其中，教育投资的机会成本取决于当前因把时间用在学习上而没有从事有报酬的活动而造成的机会成本，教育的回报取决于完成学习（和培训）后所面临的就业机会、岗位技能要求和工资水平[②]。由此可见，教育作为提升人力资本的主要途径，对就业有

① Becker G S. Human capital：a theoretical and empirical analysis [M]. New York：Columbia University Press，1964.
② 张川川．"中等教育陷阱"？：出口扩张、就业增长与个体教育决策 [J]. 经济研究，2015（12）：115-127.

重要的影响。如果存在新增的就业需求，且新增的就业岗位对劳动技能要求不高，教育投资在未来潜在的收入可能会小于当前的机会成本，从而使得教育投资减少。相反，如果新增的就业要求和就业岗位对劳动者的技能要求较高，教育投资在未来的潜在收入就可能超过教育投资的机会成本，从而导致教育投资增长。人力资本与就业的关系包括人力资本与就业数量、就业质量的关系等多个维度。本节首先从人力资本与就业机会和劳动力配置关系的角度讨论教育对就业的影响。

技术的改革与创新总是伴随着旧的工作岗位的淘汰和新的就业岗位的建立，因此，技术进步对就业数量的影响取决于工作岗位被创造和被破坏的速度。短期内，技术进步可能会带来失业率的增加，但长期来看，随着科技的进步和技术的发展，工人的劳动生产率逐渐提高，进一步促进经济的发展，并创造更多的就业机会。技术的进步增加了对新产品和新服务的需求，带来了企业生产体系的大变革，催生了一批新的工作岗位甚至新的产业，为大量劳动者创造了新的就业机会，推动了其岗位转型。本节接着从技术革新的影响出发，讨论其对劳动者就业，特别是对工作机会和岗位转型的影响。

最后，本节以网红经济为例，讨论互联网技术进步对就业的影响，即技术发展和市场需求所催生的新的就业岗位及其就业群体的变化。

一、教育与技术发展使劳动力配置优化

改革开放初期，我国居民的教育水平和收入普遍较低，因此，中国城镇劳动力的教育收益率是很低的。进入 20 世纪 90 年代后期，国企改革使得大批职工下岗再就业，就业数量型矛盾在这一时期十分突出[①]。然而，随着经济改革的深化和劳动力市场化程度的提高，人们的受教育机会迅速增加，教育供给不断增加，劳动力的受教育水平不断提高。城镇就业人员的平均受教育年限在这一时期有了较快的上升。同时，随着农村义务教育的普及，农村劳

---

① 赖德胜，苏丽锋.人力资本理论对中国劳动力市场研究的贡献 [J].北京大学教育评论，2020（1）：80–89.

动力受教育水平也有一定程度的提高。劳动力受教育水平的提升使其能获得更多的就业机会，教育收益率出现了较大幅度的上升，劳动者收入水平，特别是低收入群体的收入水平有了明显的提高。

随着我国生产力的不断提高和经济社会的快速发展，国民生活取得了长足的进步，居民消费水平在这一时期的迅速提升对完善的社会服务提出了越来越高的要求。同时，工业化的发展使得农村劳动力的生产效率不断提高，第一、二产业劳动生产率的提升催生了大量剩余劳动力，这就为第三产业的发展提供了足够的劳动力资源。在不断扩大的消费需求空间和不断进步的技术水平的保障下，我国第三产业的发展经历了从无到有，并迅速发展成为国民经济的支柱产业的过程。随着经济发展的大力推动和人力资本结构的变化，第三产业增加值占国内生产总值的比重逐渐增加，对劳动力的吸纳能力越来越强（见图7.10），大力发展第三产业成为解决就业问题的重点。国家统计局的数据显示，三大产业的增加值结构从2010年的9.3:46.5:44.3变为2018年的7.2:40.7:52.2，同期就业结构则从36.7:28.7:34.6变为26.1:27.6:46.3，第三产业在我国经济结构中的分量越来越重。我国劳动力向第三产业的转移，使得第三产业成为劳动力就业最具潜力的产业，其创造的就业机会使我国的就业压力大大缓解，成为吸纳劳动力就业和发展经济的主要渠道。

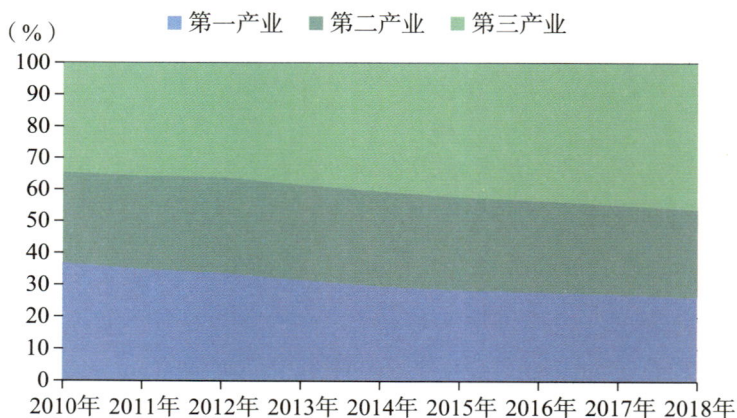

图7.10 就业人员构成

资料来源：《中国人口和就业统计年鉴》。

　　进入 21 世纪以来，一方面，高等教育规模的持续扩大，大幅提高了中国的人力资本水平，改变了劳动力市场中的人才结构。随着高教育水平和高技能人才的不断增加，较高的生产率和较快的经济发展速度大大刺激了中国经济的发展，就业机会不断增加。同时，劳动力从农村到城市流动的限制逐渐消除，大量农村剩余劳动力流动到城镇地区，促进了城市化的进程和经济的迅速增长。另一方面，在高等教育为社会培养更多高科技人才的同时，大学生就业难已经成为我国新的就业问题，劳动力供给和需求结构之间的矛盾日益突出。

　　随着高等教育规模的不断扩大，全国高校毕业生人数从 2001 年的 114 万人增加到 2016 年的 765 万人。根据教育部 2020 年 5 月披露的数据，2020 年全国高校应届毕业生人数达到 874 万人，再次创历史新高[①]。同时，越来越多的农村劳动力流动到城镇地区，对城镇就业提出了新的挑战。近些年来，科学技术的发展和先进技术的应用使得高度自动化的生产线在生产中逐渐取代了大量的人工作业，高职位、高收入的工作岗位对劳动者的素质提出了更高的要求，这使得仅仅获得技能培训的劳动者面临较大的困难。因此，原来的工人逐渐失去工作，城镇地区失业人口有所上升（见图 7.11）。招工难与高校毕业生就业难共存，这一新的问题出现在劳动力市场之中。大学毕业生就业难问题的本质是高教育水平的人才供给和需求结构之间的矛盾，以及人力资本投入和产出的矛盾。在这样的背景下，高质量的就业成为经济平稳运行的内在要求。

　　根据我国人力资源和社会保障部统计数据，近年来我国大学生毕业后的就业率保持在 90% 左右。麦可思研究院发布的《中国大学生就业报告》显示：2016 届大学毕业生就业率为 91.8%，2017 年大学生毕业半年后的就业率为 91.6%，2018 届大学毕业生就业率下降为 91.0%，意味着 2016—2018 届大学毕业生失业率呈现上升趋势。在 2018 届毕业生中，大学毕业生失业率达到 9%，即有将近 80 万名大学毕业生在毕业半年后仍处于失业状态。需要指

①　2020 届高校毕业生达 874 万人再创历史新高 [EB/OL].（2020–05–12）[2021–02–17]. http：//www.xinhuanet.com/2020–05/12/c_1125974840.htm.

出的是，2018 届高职高专毕业生就业率为 92.0%，与过去四年相比稳中有升，且近两届高职高专毕业生就业率都高于同届本科毕业生。

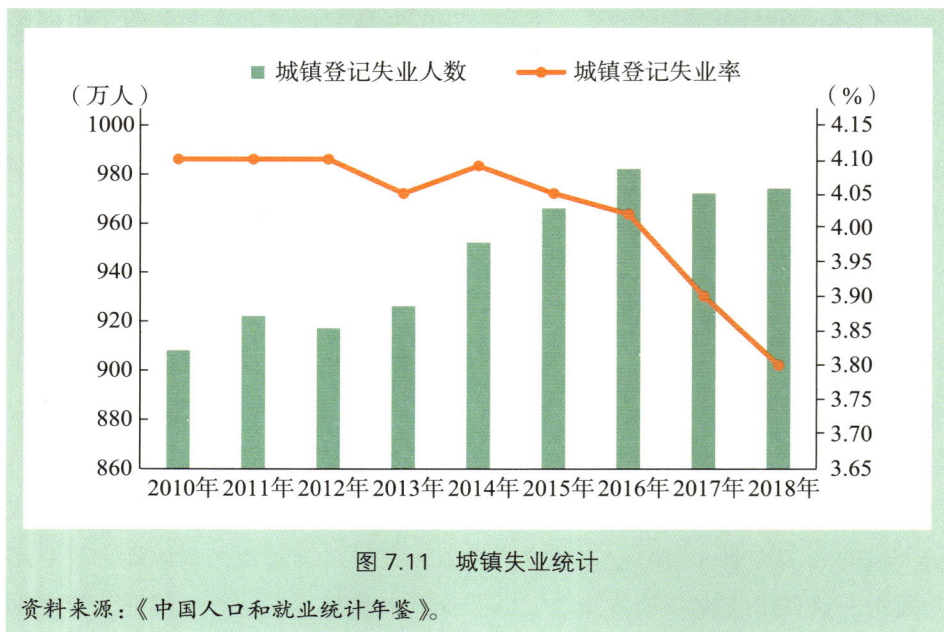

图 7.11　城镇失业统计

资料来源：《中国人口和就业统计年鉴》。

　　分专业来看，不同学科门类的毕业生就业率在这一时期呈现不同的变化趋势（见表 7.3）。2016—2018 年，本科毕业生就业率最高的学科门类都是工学，就业率维持在 93% 以上。其次是管理学，就业率在 2018 年高达 92.7%。2018 届本科毕业生就业率最低的学科门类是法学（85.1%），次之是历史学（86.1%）和艺术学（87.3%）等文科专业。从变化趋势来看，2016—2018 年艺术学本科毕业生的就业率下降了 1.5 个百分点，降幅最大。而经济学、理学和管理学本科毕业生的就业率下降幅度也较大，都在 1 个百分点左右。对高职高专毕业生而言，就业率最高的专业大类分别为生化与药品大类（93.7%）、公共事业大类（93.3%）和材料与能源大类（93.3%）。

表 7.3　2016—2018 届本科各学科门类毕业生就业率

学科门类名称	2016 届（%）	2017 届（%）	2018 届（%）
工学	93.5	93.5	93.1
管理学	93.6	93.2	92.7

续表

学科门类名称	2016 届（%）	2017 届（%）	2018 届（%）
教育学	91.2	91.0	90.8
医学	90.8	91.3	90.7
经济学	91.7	91.5	90.6
农学	91.0	90.9	90.4
理学	90.9	90.5	89.9
文学	90.1	90.2	89.5
艺术学	88.8	88.1	87.3
历史学	86.1	86.3	86.1
法学	84.9	85.3	85.1
全国本科	91.8	91.6	91.0

从不同专业的就业机会来看，软件工程、能源和动力工程、工程管理等高知识、高技能的专业就业率最高，这三个专业的 2018 届本科毕业生就业率分别为 96.8%、96.8% 和 95.8%。2018 届高职高专毕业生就业率最高的专业类是食品药品管理类（94.5%）。2018 届高职高专毕业生就业率排前三位的专业是高压输配电线路施工运行与维护（97.1%）、电气化铁道技术（95.9%）、电力系统自动化技术（95.5%）。

从本科毕业生就业行业来看，2018 届本科毕业生从事最多的职业类是"中小学教育"，就业比例为 19.3%，其次是"财务 / 审计 / 税务 / 统计"（15.9%）、"行政 / 后勤"（14.3%）。2018 届高职高专毕业生从事最多的职业类是"销售"，就业比例为 8.9%。2014—2018 届高职高专毕业生就业比例增长较多的前三位职业类分别为"媒体 / 出版""幼儿与学前教育""互联网开发及应用"，近五届毕业生就业比例依次上升了 1.6、1.3、1.2 个百分点。

如表 7.4 所示，2018 届本科毕业生就业比例增长最多的行业是"中小学教育及辅导机构"（就业比例为 12.7%），较 2014 届毕业生（就业比例为 8.6%）增长 4.1 个百分点。其中，在"民办中小学及教辅机构""公办中小学"就业的 2018 届本科毕业生比例分别为 6.6%、6.1%，较 2014 届分别增长了 2.4、1.7

个百分点。如前所述，我国教育事业不断发展壮大，刺激了教育相关工作岗位的增加，对吸纳就业和促进经济发展都起到了重要的作用。就业比例增长较多的其他行业是"信息传输、软件和信息技术服务业"（较 2014 届增长 2 个百分点）、"医疗和社会护理服务业"（较 2014 届增长 1.4 个百分点）。实际上，2014—2018 年，教育行业的就业机会增加是最多的。2014—2018 届本科毕业生就业比例增长较多的前三位职业分别为"中小学教育""互联网开发及应用""媒体 / 出版"，就业比例依次上升了 3.2、2.0、1.9 个百分点。与本科毕业生就业增长的行业分布相似，如表 7.5 所示，2018 届高职高专毕业生就业比例增长最多的同样是教育行业，即"中小学教育及辅导机构"（就业比例为 6.6%），较 2014 届（就业比例为 3.5%）增长 3.1 个百分点。其中，在"民办学前、小学及教辅机构""公办学前、小学教育机构"就业的 2018 届高职高专毕业生比例分别为 4.6%、2.0%，较 2014 届分别增长了 2.1、1 个百分点。就业比例增长较多的其他行业是"信息传输、软件和信息技术服务业""专业设计与咨询服务业（如财税）"（较 2014 届均增长 1.2 个百分点）。由此可见，教育和互联网相关职业社会需求明显较多，即教育的发展极大地带动了教育相关的工作岗位增加。相对而言，随着工业化和智能化的不断发展，这一时期机械和销售相关职业社会需求明显减少（见表 7.4 和表 7.5）。

表 7.4　2014—2018 届本科毕业生就业比例上升、下降最多的前三位行业

变化趋势	行业名称	就业比例（%）					变化幅度（2014—2018 年）
		2014 届	2015 届	2016 届	2017 届	2018 届	
上升	中小学教育及辅导机构	8.6	11.2	11.6	12.0	12.7	4.1 个百分点
	信息传输、软件和信息技术服务业	6.8	8.4	8.4	8.5	8.8	2.0 个百分点
	医疗和社会护理服务业	4.8	5.7	5.1	6.3	6.2	1.4 个百分点
下降	机械设备制造业	4.3	3.0	2.9	2.7	2.4	−1.9 个百分点
	交通运输设备制造业	3.4	2.6	2.6	2.4	1.9	−1.5 个百分点
	电子电气设备制造业	7.1	6.2	5.8	5.9	5.6	−1.5 个百分点

表 7.5 2014—2018 届高职高专毕业生就业比例上升、下降最多的前三位行业

变化趋势	行业名称	就业比例（%）					变化幅度（2014—2018 年）
		2014届	2015届	2016届	2017届	2018届	
上升	中小学教育及辅导机构	3.5	5.2	5.2	5.9	6.6	3.1 个百分点
	信息传输、软件和信息技术服务业	4.2	5.4	5.3	5.1	5.4	1.2 个百分点
	专业设计与咨询服务业（如财税）	3.7	4.4	4.5	4.7	4.9	1.2 个百分点
下降	交通运输设备制造业	4.4	3.1	2.7	2.7	2.5	−1.9 个百分点
	机械设备制造业	4.5	3.4	3.0	3.1	2.9	−1.6 个百分点
	电子电气设备制造业	5.8	5.2	4.8	4.9	4.8	−1.0 个百分点

概括来讲，在教育发展和技术进步的背景下，与民生相关的教育和医疗服务成为本专科毕业生就业增长点，而传统制造业招聘比例下降。

除此之外，在智能技术不断发展的时代背景下，随着人工智能、物联网、大数据的广泛运用，与此相关的高新技术产业成为我国经济新的增长点。在社会需求的推动下，越来越多的新职业岗位涌现。比如，2019 年人力资源和社会保障部、国家市场监管总局、国家统计局发布了包括人工智能工程技术人员、物联网工程技术人员、大数据工程技术人员、云计算工程技术人员、数字化管理师、工业机器人系统运维员等 13 个新职业。2020 年，为了进一步顺应互联网和社会发展需求，智能制造工程技术人员、工业互联网工程技术人员、虚拟现实工程技术人员、连锁经营管理师、供应链管理师、网约配送员、人工智能训练师、电气电子产品环保检测员、全媒体运营师、健康照护师、呼吸治疗师、出生缺陷防控咨询师、康复辅助技术咨询师、无人机装调检修工、铁路综合维修工和装配式建筑施工员这 16 个新职业应运而生。2020 年 7 月，为了助力新冠肺炎疫情防控和促进就业，人力资源和社会保障部联合国家市场监管总局、国家统计局发布了我国自《中华人民共和国职业分类大典（2015 年版）》颁布以来的第三批 9 个新职业，即区块链工程技术人员、城市管理网格员、互联网营销师、信息安全测试员、区块链应用操作员、在

线学习服务师、社群健康助理员、老年人能力评估师、增材制造设备操作员。此次还同时发布了直播销售员、互联网信息审核员等 5 个工种。由此可见，伴随着技术的改革和创新，社会对新产品和新服务的需求不断增加，新的工作岗位和职业应运而生。

二、技术进步促进劳动者岗位转型

技术的创新和进步是人力资本积累和人力资本联合配置的共同结果[①]。伴随着技术的改革和创新，社会对新产品和新服务的需求不断增加，新的工作岗位或产业应运而生。在高等教育规模不断扩大的背景下，促进劳动者的岗位转型，提高劳动力资源特别是高校毕业生的配置效率，是实现经济高质量发展的先决条件。

学术界较早关注了人力资本投资的配置效率问题，并特别关注高等教育人才的有效配置。人力资本理论表明，劳动力的匹配程度会影响其工资收益。这主要体现在，如果个体在与其专业相关领域工作，会较多用到大学专业所提供的职业技能，因此他的收入会更高[②]。由此可见，作为劳动力的主要提供方，高等教育机构要在学科建设、专业设置和培养方案上与劳动力市场对人才的需求相对接，这样才能避免大学生的结构性失业，也可以降低高素质人才的低就业概率（即从事与专业不相关的工作或半职工作）。一般来讲，如果专业与岗位不匹配，会造成大量专业人力资本没有得到利用，导致社会资源的浪费。此外，劳动力错配还会通过工资效应，造成劳动力收入的减少[③]。

《2019 年中国大学生就业报告》显示，在 2018 届已就业毕业生中，受雇全职工作的大学毕业生的工作与专业相关度仅为 64%，这意味着有 36% 的大学生在毕业后从事的工作与大学所学专业不相关。其中，本科院校毕业生的

① 赖德胜.教育、劳动力市场与创新型人才 [J].第一资源，2011（3）：42–55.

② Shaw K L. A formulation of the earnings function using the concept of occupational investment[J]. Journal of Human Resources, 1984（3）：319–340.

③ 曾湘泉.变革中的就业环境与中国大学生就业 [J].经济研究，2004（6）：87–95；刘扬.大学专业与工作匹配研究：基于大学毕业生就业调查的实证分析 [J].清华大学教育研究，2010（6）：82–88.

工作与专业相关度为 67%，高职高专毕业生仅为 60%。2019 年本科就业率较高的绿牌专业包括信息安全、软件工程、网络工程、物联网工程、数字媒体技术、通信工程、数字媒体艺术，而就业率较低的红牌专业主要有绘画、历史学、应用心理学、音乐表演、化学、法学。部分红牌专业培养的人才质量达不到产业要求，也有部分红牌专业的毕业生供大于求[①]。

　　据统计，随着教育行业和互联网相关行业的发展壮大，社会对于教育、媒体、互联网相关职业的需求明显增多，而对于机械、销售相关职业的需求明显减少。劳动力资源配置效率的提高提升了毕业生就业满意度。调查显示，2015 届大学生毕业三年后的就业满意度为 68%，比 2014 届毕业生（66%）高 2 个百分点。其中，就业满意度最高的学科门类是教育学（73%），而就业满意度最低的学科门类是工学（67%）。在高职高专专业大类中，2015 届高职高专学生毕业三年后就业满意度最高的专业大类是文化教育大类（73%），就业满意度最低的专业大类是资源开发与测绘大类（59%）[②]。

　　当前，疫情给各行业的发展都带来了新的挑战，也让全球毕业生招聘市场低迷。经济不景气，很多企业提供不了更多职位，让多国毕业生面临"毕业即失业"的局面。国际劳工组织预测，全球因疫情失业者将达 2500 万人以上，超过 2008 年全球金融危机时的 2200 万人。在这样的背景下，促进劳动者的岗位转型和提高劳动力的配置效率变得尤为重要。

　　在我国，疫情对不同行业和企业的影响并不相同。疫情给数字化程度较高的行业和互联网相关企业带来新的发展机遇，而对于传统行业和企业而言，如何通过自我变革存活下来，是它们首先要考虑的问题。实际上，2008 年全球金融危机主要影响经济的需求面，而此次疫情同时冲击了国内的需求和供给，并对城市和农村、国内和国外都有明显的负面作用。现阶段，受到国内需求和国外订单骤减的影响，许多企业，尤其是中小微企业生存困难。清华大学经济管理学院、北京大学汇丰商学院联合调研了 995 家中小企业，涵盖了餐饮、零售等多个行业。调查显示，在新冠肺炎疫情的影响下，有 85% 的

---

①　麦可思研究院 .2019 年中国大学生就业报告 [R].2019.

②　麦可思研究院 .2016 年中国大学生就业报告 [R].2016.

民营企业利用账上现金能维持生存的时间小于 3 个月，企业破产倒闭会进一步加剧失业。美国劳工部公布的失业数据显示，2020 年 4 月美国失业率升至 14.7%，这是 20 世纪 30 年代经济大萧条以来的最高值。实际上，在 4 月份美国非农业就业人口减少 2050 万人，在一个月内抹掉了 10 年来增加的就业岗位，失业率"爆表"。我国国家统计局的数据则表明，2 月份全国城镇调查失业率增至 6.2%，较上年同期增加 1.2 个百分点。其中，全国主要就业人员群体即 25—59 岁人口调查失业率为 5.6%，低于全国城镇调查失业率 0.6 个百分点。全国城镇调查失业率在 4 月份高达 6%，比 3 月份上升了 0.1 个百分点。可见，疫情对就业造成了巨大的冲击，整体就业形势严峻。

在疫情的影响下，行业发展模式发生了深刻的变革。其中，无接触配送、共享员工、无人超市、移动 / 智能菜篮子、无接触安心送、直播卖菜平台等异军突起，而网络会议、线上教学、网络会诊等悄然成为新的工作方式。这表明数字化和智能化的时代进步对劳动力的岗位转型和配置效率提出了更高的要求。要应对不确定的危机，关键在于改变自己，以适应新常态对劳动力的要求。掌握数字化的技术、管理、文化和理念，将能更好地促进个人未来的发展。

三、网红经济——互联网技术进步催生新的就业岗位

互联网技术与社会上的新需求，催生了新就业群体。2018 年以来，网红经济迅猛发展，就是互联网技术的进步和市场需求催生新的就业岗位的典型一例。直播电商等新业态高速崛起，网红经济的产业链、商业模式日渐清晰，行业销售记录不断创造历史新高。例如，知名主播薇娅，在 2018 年"双十一"零点之后开播的 2 个小时里，总带货金额超过了 2.67 亿元，后来又接连直播了 13 个小时之久，全天的总销售额达到了 3 亿元。而在 2019 年"双十一"，薇娅当天的带货金额超过 27 亿元，已经超过了中国大多数实体购物中心一整年的销售额。2020 年 4 月，电商主播罗永浩上线，在他直播的 3 个小时里，共带货 23 件，支付交易总额 1.1 亿元，创下抖音直播带货新纪录。

这意味着，网红经济时代已经到来，实体销售渠道正在面临颠覆性的变革重构，必然会对劳动者的工作机会和岗位转型造成一定的影响。

2018 年我国网红经济规模达 2550 亿元，其中，网红电商规模达 2135.9 亿元，占比为 83.8%；网红直播规模为 358.3 亿元，占比为 14.1%；其他网红经济规模占比为 2.2%。[①] 技术进步是支撑我国网红经济飞速发展的必要条件。特别是我国移动支付和大数据技术的进步，以及物流行业的迅速发展，为我国网红经济的飞速发展提供了新基础设施方面的保障。其中，移动互联网的发展有效延伸了购物场景，使得网红与消费者、品牌商的距离更近；遍及城乡的物流体系则为直播电商提供了高效的商品配送保障；移动支付技术使得消费者"剁手"更便捷容易；大数据和人工智能则为商品反向定制、SKU 供应链管理等提供了有力支撑；同时，中国强大的制造能力，使得物美价廉、品质上乘的商品受到消费者的广泛欢迎。[②]

在网红经济迅猛发展的背景下，作为一种新的工作机会和岗位，网红群体规模不断壮大。同时，网红这一群体，其构成和综合实力也发生了重要的变化，主要表现为网红群体的总体受教育水平不断提高。艾瑞咨询与新浪微博联合发布的《2018 中国网红经济发展洞察报告》显示，95% 的网络红人具有高等教育学历，其中 14.6% 的网络红人接受过研究生及以上的高等教育。[③] 网红群体相对较高的受教育水平有利于提升其综合素质，进一步推动了内容质量的提升。然而，网红这一群体的性别比例是失衡的。现有数据显示，在可搜集到性别信息的网红中，女性约为男性的 3 倍，即女性占比 75%，男性网红仅占 25%。从年龄分布来看，网红群体的年轻化趋势明显，但总体年龄跨度较大。其中，26—30 岁的青年占比最多（46%），其次是 25 岁以下年龄组（31%），20—30 岁的"90 后"网红占比多达 77%，30 岁以上的网红仅占 23%。此外，网红来源的地域分布越来越广泛，已经成为全国性的产业链。其中三、四线及以下城市以及海外地区的网红占比已经接近 40%，而占比较高的

① 智研咨询. 2020—2026 年中国网红经济行业市场竞争格局及投资战略咨询报告 [R]. 2020.
② 未来智库. 网红经济深度解析：场景革命，提效赋能 [EB/OL].（2020–05–16）[2021–02–17]. https: //baijiahao.baidu.com/s?id=1666673610827749394&wfr=spider&for=pc.
③ 艾瑞咨询，新浪微博. 2018 中国网红经济发展洞察报告 [R]. 2018.

北京、广州、上海等一线城市网红分别为 12.32%、9.37%、6.27%^①。

　　网红经济作为我国新的经济形态，对促进就业和带动相关产业发展都产生了显著的正向影响。一方面，网红作为一种新的职业形式的出现，为劳动力市场提供了大量的就业岗位。特别是在公众对线上分享内容需求增加的背景下，网红作为一种新的职业，已经成为越来越多年轻人的选择。另一方面，网红经济链的发展也为就业市场提供了大量就业机会。网红产业链和网红孵化公司等相关的培训机构，以及经纪、营销设计、视频投放、公关推手等公司的发展，催生了许多新型职业，极大地刺激了相关岗位的劳动力需求，为劳动力市场创造了更多的就业机会。

　　网红经济的迅速发展壮大，在促进就业的同时，也促使网红群体的收入逐年递增。中国收入分配研究院最新发布的《中国高净值人群数据库报告》显示，2016—2018 年，网红群体数量从 6543 万人累增至 8347 万人，年收入均值从 39.3 万元逐年攀升至 45.81 万元，最大值从 3905.07 万元逐年递增至 5343.89 万元。2019 年，顶级网红的年收入均值达到了 173.59 万元。年收入高于 12 万元的高收入网红群体的年收入均值从 2016 年的 62 万元迅速增长至 2019 年的 173 万元，其中，高收入网红群体年收入的最大值从 3905 万元攀升至 14890 万元，甚至高于前三年最大值的总和。此外，2016—2019 年网红群体收入基尼系数基本稳定在 0.53 左右，略高于全国平均水平，可见网红这一群体的收入差距是显著的。从这些数据可以看出，一方面，近些年来网红这一群体的收入呈爆炸式增长，其收入均值高速增长。高收入网红跻身于 100 万—500 万元这一收入阶层，所占比例从 2016—2017 年的 35% 左右增加至 2018—2019 年的约 40%，可见高收入网红群体在不断壮大。另一方面，高收入网红的收入上限不断被刷新，2019 年，要进入网红收入排名前 5%，需要年收入在 533 万元以上，而进入排名前 1% 需要在 1373 万元以上，进入排名前 0.1% 则至少需要年收入 3792 万元。然而，网红群体的收入分布是不均衡的。针对年收入在 12 万元以上的高收入网红，对其 2016—2019 年的收入进行对比发现，处于收入顶层的前 20% 的网红几乎敛聚了占总体 50% 的财富，

---

① 参见北京师范大学中国收入分配研究院编写的《中国高净值人群数据库报告》（待发布）。

四年中占比分别为 49.2%、52.6%、50.3%、60.6%。

　　还需要指出的是，在网红经济刺激消费和拉动就业的同时，其对经济和社会可能造成的不良影响也应引起重视。第一，网红行业门槛较低，部分网红文化水平低，自控能力差，缺乏良好的自我规范，可能给青年人传递错误的价值观。也有部分网红为满足个人成名的需求而发表不良言论和视频，严重影响社会风气。第二，快速发展的网红经济，由于进入门槛低、回报率高，吸引了大量资本的盲目注入。大量资本的注入容易形成投机泡沫，引发行业无序和恶性竞争。同时，资本的快速进出还会影响网红经济的稳定性，在市场出现短暂波动或不利趋势时，投机者迅速撤资，导致企业资金链断裂，进而扰乱网红经济秩序。此外，资本具有杠杆放大的作用，在网红经济领域中注入大量资金，会造成投资过热，不利于网红经济的可持续发展。因此，对网红经济需要进一步加强规范和引导，使其遵守法律规范和正当的商业伦理，严惩违法违规行为，保障网红经济健康、有序、可持续发展。

第 4 节　教育、技术与劳动力流动

　　人力资本理论讨论了人力资本积累与劳动力流动之间的关系。舒尔茨最早指出，个体迁移主要是为了获得更好的工作机会，因此，迁移可以被看作一种人力资本投资[①]。一般情况下，流动可以有效提高生产者的劳动效率，提升劳动者的个人收益，进而促进经济增长。当然，这里的流动不仅指在地域间的迁移，也包括劳动力在行业间的流动。根据联合国的估算，2017 年国际迁移者大约有 2.8 亿人，占世界总人口的 3.4%。中国作为最大的人口流动国，人口流动数量（这里主要指城市间和城市与农村之间）不断增长。根据国家统计局公布的数据，2018 年从农村到城镇就业的农民工超过 1.7 亿人，占城

---

① 　Schultz T W. Investment in human capital[J].The American Economic Review，1961（1）：1–17.

镇总人口的比例超过 20%。

如前所述，改革开放以来，我国教育发展和技术进步取得显著成就。无论是教育还是技术的发展，对劳动力、资本等不同要素的跨区域流动方式和空间集聚形态都产生了重要的影响。由教育发展和技术进步引发的生产率的提升，将为区域经济的发展吸引流动的生产要素，因此，具有较高生产率的产业部门和地区将更受益于教育和技术发展的影响，进一步促进不同地区间劳动力、资本和技术的流动。

首先，我国教育事业和产业结构虽然都是向着有利于人力资本红利形成的方向发展，但从内部发展结构来看，城乡二元分割的特点依然突出，劳动力市场异质性特征明显。对农村地区的流动人口而言，他们的人力资本积累相对较低，劳动技能相对较差，就业环境较差且工作不稳定，长期处于经济弱势地位。同时也应该看到，随着改革开放以来人口流动政策逐渐放宽，以及针对农民工职业技能培训的加强，越来越多的劳动力流动到城市。而农村流动劳动力质量的改善对于我国收获人力资本红利和优化就业结构有重要的意义。此外，随着我国经济规模的不断扩大，对劳动力的需求不断增加。然而，在计划生育政策的影响下，我国劳动力增速放缓，特别是新增劳动力数量呈明显下降趋势。在这两个因素的相互作用下，我国劳动力由过剩逐渐向供需平衡和结构性不足转变。由于地区间教育发展的不平衡和区域间技术进步率的差异，不同地区对劳动力的吸引力并不相同。一般而言，经济发展实力越强、经济发展程度越高的地区，对迁移劳动力的吸引力越大。基于此，本节将在第一部分重点分析教育发展和技术进步对地区间劳动力流动的作用。

其次，随着改革开放的不断推进，我国经济实力不断增强，人才从单向流动转为多向流动的趋势越来越明显。教育部统计的数据显示，2018 年中国出国留学人员总数为 66.21 万人。2018 年与 2017 年的统计数据相比较，出国留学人数增加 5.37 万人，增长 8.83%；留学回国人数增加 3.85 万人，增长了 8%。改革开放以来最大规模的海外留学人才归国潮正在奔涌，中国对海外人才显示出强大的"磁铁"效应。本节第二部分将对留学人员和留学归国人员的选择和就业进行分析。

一、教育发展和技术进步对不同地区劳动力流动的影响

劳动力流动是优化劳动力资源配置、促进经济增长的重要途径。从目前我国劳动力供应来看，在人口老龄化的进程中，人口红利的优势逐渐消失，劳动力短缺问题日益突出。因此，我国部分地区，特别是部分工业区的"民工荒"现象出现已久。另一方面，随着教育的发展和高等教育的逐步普及，我国劳动力素质得到了很大的提升。第六次人口普查的数据显示，2010 年我国每十万人口中大专以上人口只有 8930 人。教育部公布的《2019 年全国教育事业发展统计公报》显示，2019 年全国各类高等教育在学总规模为 4002 万人，高等教育毛入学率为 51.6%。普通高等学校校均规模为 11260 人，其中，本科院校为 15179 人，高职（专科）院校为 7776 人。由此可见，当前我国劳动力结构已经明显优化，并对促进经济转型发展和创新驱动发展起到了重要作用。在这样的背景下，高技能人才已经成为不少城市争取的重要资源。为了保持人口增长、促进城市化的发展，以及争取知识密集型人才资源，部分城市出台了优惠性政策，对促进劳动力的流动、优化资源配置有重要推动作用。

除此之外，随着劳动力市场化程度的提高和技术的发展，中国农村地区大量剩余劳动力向城市流动，一方面改变了人力资本的分布格局，特别是在不同地区间的人力资本配置；另一方面也改变了劳动力的配置效率。新古典经济学理论指出，劳动力市场的充分竞争性促进了劳动力在区域和行业间的充分流动，在此基础上，只要加强人力资本投资，就能改变低教育人群的命运，使其得到向上流动的机会。同一行业内或不同产业间收入差距发生变化，进而促使劳动力在产业内和产业间的流动。

伴随着 21 世纪初城镇化进程的加快，大量的农村剩余劳动力流向城镇就业。到 2017 年，农民工总量已接近 3 亿人，其中外出农民工约 1.7 亿人（见图 7.12）。在外出农民工中，有约 1.4 亿人就业于城镇地区。从理论上来讲，农村剩余劳动力的减少和流动，能降低农业部门和工业部门之间劳动生产率的差异，提高农村居民的收入，并提高劳动力的资源配置效率，推动城市化进程和经济的持续发展。

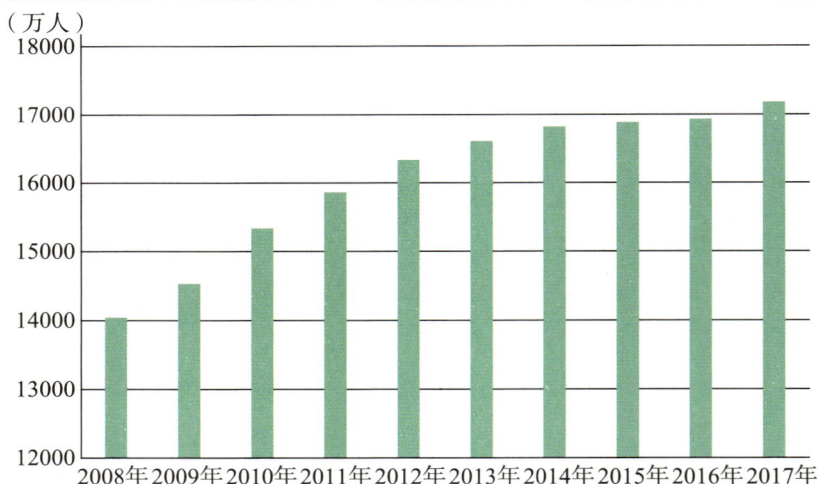

图 7.12　2008—2017 年外出农民工人数

资料来源：国家统计局的历年农民工监测调查报告。

　　我们进一步使用中国居民收入调查项目（Chinese Household Income Project，CHIP）2013 年和 2018 年的流动人口数据，分析这一时期劳动力流动，特别是农村流动劳动力的特征变化情况。表 7.6 给出了两个年份农村流动劳动力的特征状况。从表 7.6 中不难看出，2013—2018 年，农村流动劳动力的平均年龄从 31.8 岁上升到 32.2 岁，变动不大。其中，男性占比略高，为51.2%—52.2%。观察这一时期农村流动劳动力的受教育程度可以看出，其平均受教育年限在两个年份间有明显的提升，从 2013 年的 8.5 年提高到 2018 年的 9.8 年。从受教育水平的分布情况来看，相比于 2013 年，一方面，2018 年农村流动劳动力中低教育水平的流动劳动力比例明显下降，表现为具有小学及以下学历的流动劳动力比例从 2013 年的 16.4% 下降到 2018 年的 9.8%，具有初中学历的流动劳动力比例在这一时期则从 50.3% 下降到 38.0%，可见，具有初中及以下学历的低教育水平的流动劳动力比例下降了约 19 个百分点。另一方面，高教育水平的劳动力比例明显增加。从农村迁移到城市的劳动力中，高中学历者的占比从 2013 年的 23.2% 上升到 2018 年的 25.0%，而具有大专及以上学历的劳动力占比则从 10.1% 增加到 2018 年的 27.1%。这不仅体现了我国教育发展和高等教育规模扩张带来的人力资本积累的大幅提升，也反映了我国人力资本的分布格局的变化。

表 7.6　2013 年和 2018 年农村流动劳动力的描述统计

特征	2013 年	2018 年
男性（%）	52.2	51.2
年龄（岁）	31.8	32.2
受教育年限（年）	8.5	9.8
小学及以下学历（%）	16.4	9.8
初中学历（%）	50.3	38.0
高中学历（%）	23.2	25.0
大专及以上学历（%）	10.1	27.1
未婚（%）	33.5	33.4
家庭规模（人）	3.7	3.6
6 岁以下子女数量（个）	0.4	0.4
6—15 岁子女数量（个）	0.7	0.6
16—19 岁子女数量（个）	0.1	0.1
家庭有工作的人数（人）	1.9	1.9
家庭 60 岁以上人数（人）	0.2	0.2
家庭人均年收入（元）	22004	37382

　　观察这一时期农村流动劳动力的收入可以发现，随着受教育水平的提高和教育回报率的上升，这一时期农村流动劳动力的收入水平有较大幅度的增长，人均收入从 2013 年的 22004 元增长到 2018 年的 37382 元，后者约为前者的 1.7 倍。

　　表 7.7 进一步比较了 2018 年不同性别的农村流动劳动力的人口统计特征。从统计结果可以看出，2018 年农村流动劳动力中，男性平均受教育年限为 9.9 年，略高于女性（9.6 年）。从学历分布来看，低教育水平的女性比例高于男性，女性中具有小学及以下学历者占比高达 12.1%，而男性的这个比

例为 8.1%。还可以看出，女性中接受过高等教育（大专及以上）者所占比例
（28.8%）显著高于男性（25.9%），但女性中具有高中学历者所占比例比男性
低了约 5 个百分点。

表 7.7 2018 年不同性别的农村流动劳动力的描述统计

	女性	男性	总样本
年龄（岁）	32.8	31.6	32.2
受教育年限（年）	9.6	9.9	9.8
小学及以下学历（%）	12.1	8.1	9.8
初中学历（%）	36.9	38.9	38.0
高中学历（%）	22.2	27.1	25.0
大专及以上学历（%）	28.8	25.9	27.1
未婚（%）	30.3	36.4	33.4
家庭规模（人）	3.7	3.6	3.6
6 岁以下子女数量（个）	0.4	0.4	0.4
6—15 岁子女数量（个）	0.6	0.6	0.6
16—19 岁子女数量（个）	0.1	0.1	0.1
家庭有工作的人数（人）	1.9	1.9	1.9
家庭 60 岁以上人数（人）	0.2	0.2	0.2
家庭人均年收入（元）	36807.9	37927.5	37382

图 7.13 展示了 2013 年和 2018 年不同地区农村流动劳动力的学历分布
状况。总的来看，首先，这一时期农村流动劳动力的受教育水平有了显著的
提升，表现为受过高等教育的流动劳动力的占比显著提升，而低教育水平的
劳动力的占比明显下降。其次，三大地区间劳动力的学历分布差异逐渐缩
小。在 2013 年，东部地区的流动劳动力的受教育水平明显较高，且接受过高
等教育的流动劳动力占比（11.1%）显著高于中部地区（10.1%）和西部地区
（7.3%）。到 2018 年，三大地区高教育水平的农村流动劳动力占比都有了明显
的增加，且差距缩小。2018 年东部地区的农村流动劳动力中，具有大专及以

上学历者占比为 28.5%，中部地区这个比例为 26.5%，西部地区这个比例为 24.1%。最后，仍要看到，地区间人力资本的分布格局仍存在一定的差异，表现为西部地区低教育水平的农村流动劳动力占比相对较高，而高教育水平农村流动劳动力的占比仍明显低于东部地区和中部地区。

图 7.13　2013 年和 2018 年不同地区农村流动劳动力的学历分布

二、教育发展和技术进步促进人才的国际流动

在中国，每年有大批学子踏出国门学习深造。留学已经成为年轻人开拓人生的新选择。"支持留学、鼓励出国、来去自由"作为改革开放的重大举措，大力推动了中国留学事业的发展，使得出国留学人数持续增长。教育部统计数据显示，2018 年我国出国留学人员总数为 66.21 万人，比 2017 年出国留学人数增加 5.37 万人，增长 8.83%。其中，国家公派 3.02 万人，单位公派 3.56 万人，自费留学 59.63 万人。进入 21 世纪以来，中国留学人数增长迅速。2000—2017 年，出国留学人数从 3.9 万人迅速增加到 60.84 万人，后者约为前者的 15.6 倍（见图 7.14）。从 1978 年到 2018 年年底，各类出国留学人员累计达 585.71 万人。其中，153.39 万人正在国外进行相关阶段的学习和研究，

432.32 万人已完成学业。留学使留学生个人的受教育水平得到提升，也有利于他们建立国际视野、丰富人生经历。

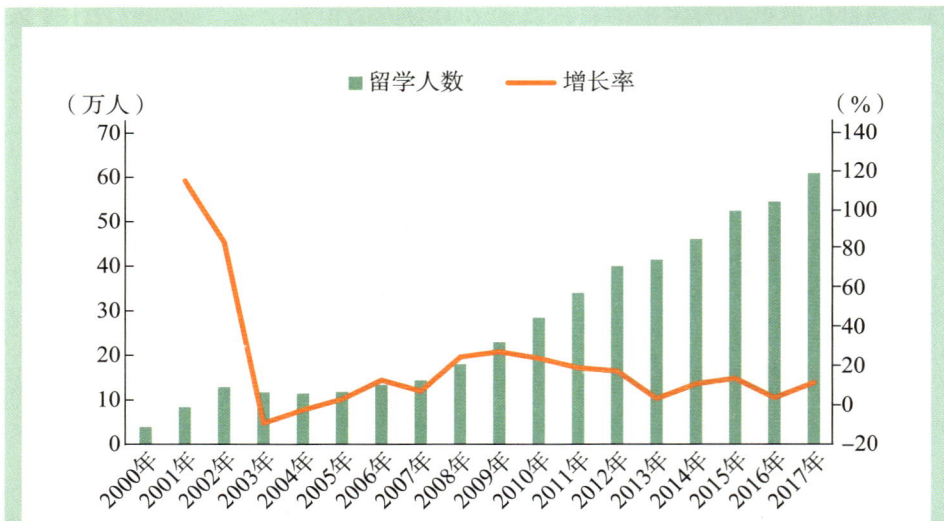

图 7.14　2000—2017 年我国出国留学人数及增长率

资料来源：《2018 年中国留学行业分析报告——市场运营态势与发展前景研究》。

　　越来越多的中国留学生毕业后选择回国发展，人才加速回流形成新态势。究其原因，一方面，近年来中国经济高速发展，大量新兴产业出现，急需国际化技术人员作为领军人物。尤其是互联网、生物制药、金融、教育等领域崇尚创新，良好的发展前景对于人才来说具有强大的吸引力。另一方面，很多学生的留学观念发生了根本性的转变，特别是在国外就业市场不景气的状况下，中国学生更倾向于回国寻找更好的机会。良好的发展前景和国际化的薪酬待遇成为吸引留学生回国的主要因素，出国留学和归国发展人数之间的逆差不断缩小。1978 年改革开放之初，中国出国留学人员仅有 860 人，学成回国留学生 248 人，回国率为 28.8%。如图 7.15 所示，2007 年，中国留学生的回国率仅为 30.6%。而到 2016 年，出国留学人员增至 544500 人，同比增长 4.0%，学成回国留学生 432500 人，同比增长 5.7%，出国留学人员回国率高达 79.4%。从 1978 年到 2016 年年底，中国各类出国留学人员累计达 458.66 万人，其中 265.11 万人在完成学业后选择回国发展。在回国发展的留学人员中，近 5 年回国人数占到 70%。①

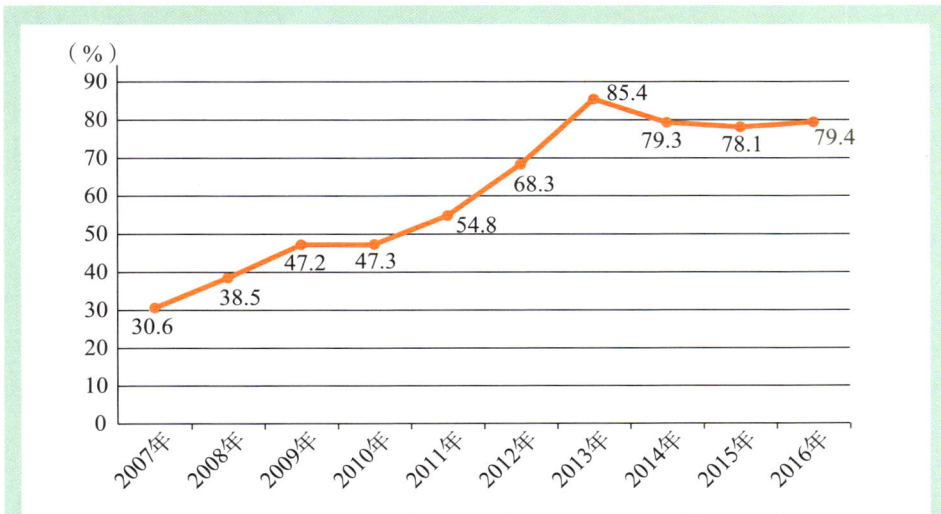

图 7.15　2007—2016 年中国留学生回国率走势

资料来源：智研咨询 . 2017—2022 年中国留学市场供需预测及行业前景预测报告 [R].

　　需要注意的是，以城市经济发展速度为主要参考标准，留学归国人员回国后居住的城市较为集中。目前，北京、上海和广州成为海归人才竞争中的受益者，海归群体迁入数量的占比分别为 12%、8% 和 6%。中部和西部城市，尤其是成都、西安、武汉等地对海归人才的吸引力有所增加。然而，东北地区和中西部的二线城市在"人才大战"中面临严峻的挑战，其中，黑龙江、山西、河南、河北和湖南的人才流失较为严重②。

　　从劳动力需求角度来看，当前对海归人才需求最多的行业分别是教育培训（25.4%）、金融（16.4%）和互联网科技（8.8%），三类行业对海归人才的需求累计高达 50% 以上（见图 7.16）。对海归人才需求最多的教育培训业，明确需要海外留学背景的岗位有 3.1%，远高于其他行业。同时，由于教育培训领域对留学生需求旺盛，以及愿意选择该行业的海归人才比例逐渐下降，因此海归人才供应较为紧缺。

① 智研咨询 . 2017—2022 年中国留学市场供需预测及行业前景预测报告 [R]. 2016.
② 2018 中国海归就业创业调查报告 [R/OL].（2018–08–19）[2021–02–17]. https：//max.book118.com/html/2018/1015/8102103034001127.shtm.

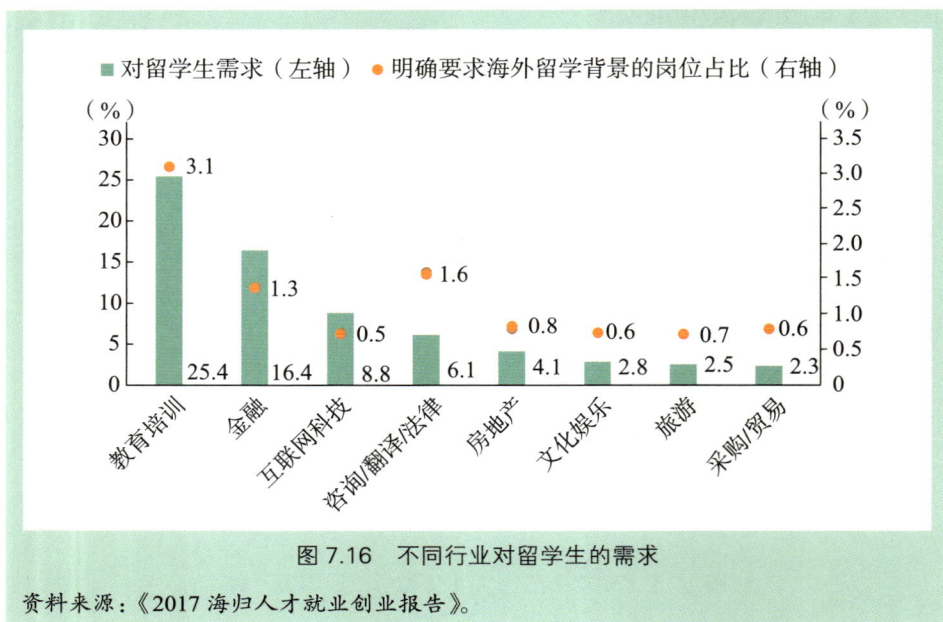

图 7.16　不同行业对留学生的需求

资料来源：《2017 海归人才就业创业报告》。

随着中国综合国力的提升和经济全球化影响的增强，来华留学生规模涨幅也逐年加大。2014 年 12 月，全国留学工作会议上提出了来华留学工作要突出人才培养和发挥作用并重，明确了让留学生学有所成、学有所用、才尽其用的工作导向。教育部印发的《推进共建"一带一路"教育行动》，指出了"教育交流为沿线各国民心相通架设桥梁，人才培养为沿线各国政策沟通、设施联通、贸易畅通、资金融通提供支撑"。教育部《来华留学生简明统计》数据显示，从 2014 年到 2018 年，来华留学生总数从 37.71 万人迅速增长到 49.22 万人。

综上可见，教育发展和技术进步提高了我国的综合实力，吸引了大批来华留学生与留学归国人员，这些高端留学人才为我国经济的可持续发展提供了强有力的支撑。

第 5 节　预测与展望

一、劳动力市场发展预测

　　如前所述，智能化、数字化和全球化带来了新的机会，使得劳动力市场出现了新的变化。尽管技术变革和全球化可能会导致失业率增加，但似乎未来整体就业不会因此急剧萎缩。在新的变革出现时，主要挑战在于如何让传统行业产生更多的工作机会。OECD 有关就业展望的报告指出，过去几年中，很多国家高等教育程度以下的年轻人在就业市场中的处境恶化。从性别角度看，在很多国家中，男性失业和就业不充分的比例上升；然而，女性就业不足更为普遍，她们也更有可能得到低薪职位。加大对劳动力市场中低技能工人的教育和培训有利于劳动者的岗位转型，并帮助工人从非正规职位转移到正规职位，从传统部门转移到新兴部门。同时，社会保障体系在稳定就业市场中能起到重要的作用。

　　前已述及，近年来，我国就业规模持续增长，以 2013—2019 年为例，城镇新增就业人数连续几年保持在 1300 万人以上。然而，现阶段我国仍存在部分就业压力。总体来看，目前就业市场上由劳动力供求的结构性矛盾所带来的风险要大于就业总量不足的风险，主要表现为如下两个方面：一是人口结构变动导致的劳动年龄人口占比不断下降，二是高等教育扩招导致适龄劳动人口推迟进入就业市场。在劳动需求持续增长的背景下，劳动力供求的结构性矛盾日益突出。城乡之间的就业结构矛盾主要体现在农民工相对较低的技能水平无法适应产业发展要求，同时城镇地区基础设施和公共服务无法接纳较多的农民工向城镇居民转变。招工难和高校毕业生就业难并存。

　　国务院发展研究中心"人口结构变化与就业形势研究"课题组预测，2020—2030 年我国适龄劳动人口规模将从 9.89 亿人下降到 9.63 亿人，劳动参与率从 68.44% 下降到 65.17%。按照两项指标自身发展趋势推算，我国劳动力供给规模将不断下降，到2030年达到6.27亿人[①]。从需求侧来看，虽然近些年来经济增速放缓，就业增长量有所下降，但由于我国经济存量和市场规模不断扩大，经济产业结构具有多样性，因此预期未来就业规模仍会不断扩大。此外，在人工智能、互联网和自动化技术快速发展的背景下，一些重复性、常规性和安全风险高的岗位开始大规模自动化，对低技能劳动力的需求多转向普通操作工、一线客服、物流快递等对受教育水平和技能要求相对较低的岗位。随着我国产业加速向中高端迈进，生产性服务业、互联网经济等领域中的一些新岗位会成为吸纳就业的主力。

二、智能时代对不同行业发展与就业的影响

随着互联网的不断发展和科技的革新，新的智能时代已经开启。

作为引领新一轮科技革命和产业变革的战略性技术，人工智能的健康发展和应用在世界各国都得到了大力促进。2017 年 7 月，国务院印发了《新一代人工智能发展规划》，明确了面向 2030 年我国新一代人工智能发展的指导思想、战略目标、重点任务和保障措施。从 2017 年到 2021 年，李克强总理连续五次在政府工作报告中重点提及人工智能产业的发展。2021 年政府工作报告中指出，"强化国家战略科技力量""坚持创新在我国现代化建设全局中的核心地位""加快数字化发展，打造数字经济新优势"。其中，人工智能行业的发展方兴未艾，是极具前瞻性和创新性的前沿技术，也将成为未来支撑企业发展和中国经济发展的重要动力。

人工智能将逐渐与产业融合，加速经济结构优化升级，并逐渐影响人们的生产和生活方式。人工智能时代的到来，意味着人类社会将进入一个崭新的阶段，对不同行业的发展和就业产生了冲击性的影响。人工智能的出现，

---

① 国务院发展研究中心"人口结构变化与就业形势研究"课题组 . 2020—2030 年我国劳动力供求趋势预测与政策建议 [R]. 2020.

意味着更多的智能机器人将被制造出来，这是自动化发展的重要里程碑。相比于劳动力，智能机器人拥有效率高和成本低廉等巨大竞争优势，机器人可能会慢慢取代人类的大部分工作。因此，如何促进劳动力更高质量和更充分地就业，成为一个紧迫又重大的课题。

进入智能时代后，自动化和人工智能在市场竞争中占据重要地位，对社会分工和行业发展有着深刻的影响。传统行业，比如制造业和非面对面的服务业，受人工智能冲击较大。在人工智能的发展过程中，有些行业走在了前列，比如金融服务、物流运输、医疗保险、自动化营销、智能语音服务等。自动化和人工智能极大地提高了生产效率。在这样的发展态势下，传统职业是否会被人工智能替代，成为人们讨论的热点。现有部分研究表明，人工智能将替代未来 20 年里美国劳动力市场中约 47% 的岗位，而中国将有 77% 的就业岗位被机器替代①。然而，新机器只是替代旧的机器，不仅不会造成工作岗位的减少，还可能通过生产规模的扩大而增加就业。最明显的变化在于，企业对于高技能人才，特别是人工智能人才的需求量大幅增加②。根据智联招聘公布的《2017 人工智能就业市场供需与发展研究报告》，中国市场对人工智能人才的需求量在 2017 年第三季度比 2016 年第一季度增长了近 179%。而德勤的研究报告也指出，英格兰和威尔士地区的信息技术管理人员在过去 35 年内增加了 6.5 倍，编程和软件开发人员增加了将近 3 倍。综上可见，由于技术的研发和生产需要大量的高技能劳动力，因此，随着新的智能时代的到来，对高技能劳动力的需求增加了。然而，如果现有的劳动技能无法跟上智能时代的步伐，那么劳动力市场中人力资本结构的转化（主要指劳动技能的转化）需要较长的时间，可能会造成短期内结构性失业。从长期来看，随着人力资本水平的提升，会有越来越多的劳动者满足岗位需求，而自动化和人工智能也会创造更多就业机会，并且通过扩大生产规模而增加就业岗位。

可以预见的是，人工智能正逐渐发展壮大，会成为赋能实体经济、助推

---

① Frey C B, Osborne M A. The future of employment: how susceptible are jobs to computerisation?[J]. Technological Forecasting and Social Change, 2017, 114: 254–280.
② Acemoglu D, Restrepo P. Demographics and automation[Z]. National Bureau of Economic Research, 2018.

高质量发展的新动能。同时，人工智能几乎对每个行业都造成了一定的冲击，也对行业可持续发展提出了新的要求。新的智能时代的到来，必将促进新兴产业的发展，并推动经济结构的转型升级。

三、政策建议

人力资本积累和技术革新是促进就业和经济持续增长的关键因素。劳动力市场中人力资本结构发生了变化，而智能时代的到来更是增加了劳动力市场中对高知识、高技能人才的需求。自动化和智能技术的发展和应用势不可挡，要应对新的智能时代的挑战，就要提高教育质量、改善就业结构，增强劳动力的竞争力。

首先，要正确认识智能时代行业和就业面临的挑战。新技术对劳动力市场的影响主要取决于技术革新和进步替代就业岗位的速度以及劳动力市场中人力资本结构变革的速度。如果前者快于后者，可能会引起劳动力供需结构性失衡。同时，自动化和智能技术的发展对不同行业部门的影响并不相同。因此，要准确预判在智能时代的不同发展阶段不同行业和不同就业岗位可能受到的影响，提前对劳动者的培训和岗位转型做出努力，优化就业结构，通过增强劳动技能而不断提高劳动者的竞争力。

其次，信息化社会向智能化社会的转型，对大学生高质量的充分就业提出了更高的要求。应该认识到，人工智能、大数据、区块链等技术的迅猛发展，已经深刻改变了劳动力市场对人才的需求。如何实现人职高质量匹配，是高校学生就业的核心问题。应当大力发展教育，深化教育改革，优化教育资源配置，让大学生为适应智能化的就业岗位做好准备。最主要的是，教育要转变为终身学习模式，不断更新劳动力的技能和能力，以应对新时代的要求。

再次，面对智能时代中的低技能工人和结构性失业，政府要创造更多就业机会，比如，加大对公共设施维护、基础设施修复和城市重建的投入，创造更多就业岗位，以扶持社会底层的低技能就业人员。同时，综合采用税收和财政激励等政策，鼓励企业为低技术水平的劳动者创造更多工作岗位。此外，还要完善失业保险制度，保障失业人员的基本生活水平，并免费为失业人员提供技能培训，提高其技能水平，以适应新工作的技术要求。

最后，完善突发事件的应对机制。突如其来的新冠肺炎疫情给人们的生产和生活都造成了冲击，导致我国经济面临下行压力。疫情对于交通运输、餐饮、旅游住宿、电影文娱等人员聚集性的行业的影响尤甚，极大地冲击了我国就业市场。在疫情的影响下，中小企业、大学毕业生和农民工等低技能劳动力成为重点关注对象。尽管各项"稳就业"措施相继出台，但疫情对就业的负面影响显而易见。为了改善就业，稳住经济增长，在刺激国内需求和消费的基础上，政府要着力保障中小企业的生存和发展，采用积极的手段促进高校毕业生创业，增加就业以解决农民工返岗务工问题。从政策上来看，应该完善突发事件的应对机制，协调联动一系列举措，改善就业，稳定民心，促进国家经济的健康发展。

专题 **8**

中国教育服务产业发展与展望 *

　　智能时代的教育服务供给主体呈现多元化特征，其中，教育服务产业是伴随新一轮科技革命、消费及需求升级快速发展起来的现代服务业，是市场配置教育资源的重要方式，满足了智能时代学习者弹性化、个性化和多样化的教育需求。随着以人工智能为代表的前沿技术加速向教育服务产业渗透，教育服务产业新产品、新模式和新业态层出不穷。本专题首先介绍教育服务概念及供给主体，区分教育服务的事业性和产业性，在此基础上明确智能时代教育服务变革方向，构建教育服务产业生态体系和产业图谱；然后，从供给和需求两方面分析智能时代我国教育服务产业发展的驱动力；接着，介绍我国教育服务产业总体及各细分领域市场现状，并总结产业发展呈现出的新特征；最后，对智能时代我国教育服务产业发展进行展望。

第 1 节　智能时代的教育服务变革与创新

一、教育服务的双重属性

　　联合国教科文组织（UNESCO）在 2011 年版《国际教育标准分类法》

---

* 本专题的主要研究工作于 2020 年完成。2021 年 7 月，"双减"政策发布，对校外培训做出了明确规定。因此，本专题研究内容更多为发展回顾而非对未来趋势的研判，相关要求应以最新的"双减"政策为依据。

（International Standard Classification of Education）中将"教育"（education）定义为："社会有意地将积累的信息、知识、理解、态度、价值、技艺、能力或行为从上一代传给下一代的过程。它牵涉到引起学习的交流。"①这一过程符合"服务"行为的标准和特征：首先，教育者向受教育者提供的产品是无形的，且产品的生产和消费同时进行，具有不可分割性；其次，通过生产者与消费者的互动，教育活动可以被识别，受教育者能够观察到教育活动被逐步执行而完成，且教育活动所产生的效用和价值依赖于受教育者的表现；最后，教育产品具有异质性，依赖于供给者与需求者之间的交互作用，故难以对产品质量实施标准化评价②。著名经济学家厉以宁指出，教育产品是教育部门和教育单位所提供的产品，这种产品又被称为教育服务③。基于此，我们可以从理论层面提出"教育服务"的概念，即教育服务是指通过教育教学及其他活动而使"教育对象或学习者"受益的一种有偿或无偿的行为④。这一概念的重点在于强调"教育"本身所具有的"服务"特性，同时也强调教育者从管理者向服务供给者的角色转变。

从实践来看，20 世纪 80 年代以来，经济全球化、贸易自由化对教育服务理念的兴起产生了重要影响，特别是随着全球服务贸易的发展，教育服务贸易作为服务贸易的重要新兴领域，得到了世界各国的高度重视，对于提升各国人力资本质量、促进经济发展起到了重要作用。在世界贸易组织《服务贸易总协定》（WTO–GATS）中，"教育服务"属于 12 类服务贸易中的第 5 类，WTO–GATS 第 13 条规定，除了由各国政府完全资助的教学活动之外，凡收取学费、带有商业性质的教学活动均属于教育服务贸易的范畴⑤。自 2001 年加入 WTO 后，中国即为推动教育服务贸易发展做出承诺，并积极参与教育服务贸易的全球竞争与合作。2017 年，商务部发布《服务贸易发展"十三五"规

---

① United Nations Educational, Scientific and Cultural Organization（UNESCO）. International standard classification of education（ISCED 2011）[EB/OL]. [2020–04–10]. http://uis.unesco.org/sites/default/files/documents/international-standard-classification-of-education-isced-2011-en.pdf.
② 蒋三庚. 现代服务业研究 [M].2 版. 北京：中国经济出版社，2007.
③ 厉以宁. 关于教育产品的性质和对教育的经营 [J]. 教育发展研究，1999（10）：9–14.
④ 黄荣怀，等 .2017 互联网教育服务产业研究报告 [R]. 2017.
⑤ 宋立群. 我国教育服务贸易的现状及国际竞争力的提升 [J]. 世界贸易组织动态与研究，2009（5）：28–31.

划》，教育被列为我国服务贸易发展的重点领域之一。此外，从国民经济产业划分角度看，教育作为一个具有基础性、全局性和先导性地位的现代服务业部门，是第三产业的重要组成部分。因此，不论是作为服务贸易的新兴领域还是作为现代服务产业的重要组成部分，"教育"都与"服务"紧密相连。而全球及我国经济贸易和产业实践表明，教育服务可以具有且应当具有经济属性。客观认识并理解教育服务的经济属性，对于拓展教育服务范畴、优化教育资源配置、适应新时代学习者多样化和个性化的需求，具有重要意义。

探讨教育服务的经济属性是分析智能时代教育服务产业发展的基础。由美国经济学家萨缪尔森（Paul A. Samuelson）提出的公共产品理论，依据产品或服务在消费上是否具有竞争性和排他性，将社会产品或服务分为公共产品和私人产品。凡是在消费上具有非竞争性和非排他性的产品或服务就是公共产品，而在消费上具有竞争性和排他性的产品或服务即为私人产品[①]。公共产品和私人产品是社会产品或服务的两个极端，现实生活中，大多数产品或服务都兼有两种产品或服务的特征，称之为准公共产品或混合产品[②]。公共产品又与经济外部性紧密相关。所谓外部性，是指个人和厂商的经济行为给社会和其他市场主体带来福利或损失，但却没有为此获得相应的报酬或付出相应的成本；而受到影响的社会和其他市场主体也没有因为获得福利而支付相应的费用，或因为遭受损失而获得相应的补偿。无论是外部正效应还是外部负效应，都使市场在资源配置中偏离帕累托最优状态，出现市场失灵。

总体而言，教育服务是一种典型的准公共产品。一方面，教育服务在消费上具有部分非竞争性。例如，当超出学校额定的招生人数之后，继续增加招生人数会导致学校提供教育服务的边际成本提升。另一方面，教育服务具有不完全的排他性。例如，考试筛选和收取学费等会排除一部分人对教育服务的消费。此外，教育服务具有巨大的正外部性，接受良好教育服务的人往往具有较强的个人能力和素质，不仅个人能够更好地成长和发展，也有利于促进整个社会的发展和进步。教育服务的正外部性主要表现在促进经济增长、

---

① 王善迈.教育服务不应产业化 [J].求是，2000（1）：52–53.
② 赖德胜.教育经济学 [M].北京：高等教育出版社，2011.

减少区域发展差异、降低生育率、促进收入分配公平、降低交易成本等。然而，现代教育是一个复杂庞大的系统，其囊括的服务类型十分丰富，不同类型教育服务的属性也不尽相同，需要针对不同的教育服务类型分析其所具有的特定经济属性。

作为公共产品的教育服务具有消费上的非竞争性和非排他性，是针对全体社会成员、由政府作为供给者提供的具有公共性、普惠性、基础性和保障性的公共服务，其费用由纳税人支付，并由财政部门统一划拨，如义务教育、特殊教育等。作为准公共产品的教育服务具有有限的非竞争性和非排他性，主要由政府、各类社会组织和市场协同提供，其费用一般由受益个人和财政部门一起支付，如高等教育及团体、单位、协会为其职工、子弟、会员、家属办的学校等。作为私人产品的教育服务具有消费上的竞争性和排他性，是针对具有多样化和个性化服务需求的社会成员、主要由市场提供的营利性的教育服务，其费用不由税收支付，而是遵循谁受益、谁支付的原则，按照市场供求变动，如企业提供的各类培训服务①。

作为公共产品和准公共产品的教育服务体现了教育服务的事业性，而作为私人产品的教育服务则体现出教育服务的产业性。结合目前中国教育发展实际，可以将政府、非营利组织等为了满足社会公共教育需求而提供的教育公共服务，如各级各类公办学校教育和民办非营利学校教育纳入教育服务事业的范畴，而将除此之外的，由市场上各类企业和机构提供的教育产品与服务纳入教育服务产业的范畴。

二、智能时代教育服务变革方向

探讨智能时代教育服务变革的方向，首先要回到教育服务供给这一基本问题上。由于教育服务兼具事业性和产业性特征，其供给主体一般包括政府、市场和社会组织（主要指一些非营利组织）。根据当前我国经济社会和教育发

---

① 厉以宁. 关于教育产业的几个问题 [J]. 高教探索，2000（4）：14–19.

展实际，教育服务无论是全部由政府免费提供和垄断、完全由市场配置还是完全依靠非营利组织捐赠，都不利于教育资源优化配置，无法有效满足社会的教育需求。其原因在于，教育服务具有很强的正外部性，若仅由市场供给会带来"市场失灵"，即理性经济人不能从提供教育服务产生的外部经济效应中得到补偿，可能出现教育服务供给不足问题。但教育服务完全由政府垄断也会带来"政府失灵"问题，例如公共资源浪费及滥用、公共支出规模过大且效率低下、无法满足多样化的教育服务需求等。而非营利组织的内外部治理均建立在社会信任机制的基础上，其所具有的"无所有者"特性和"非分配约束"特性容易诱发"道德风险"，进而产生"自愿失灵"的问题①。

因此，智能时代的教育服务需要建立包括政府、市场、非营利组织等在内的复合多元的协同供给机制，从而在公共利益与私人利益的对立统一中寻求整体利益的最大化。同时，针对不同的教育服务类型，需要不同的供给主体发挥主要作用。对于义务教育等具有公共产品性质的教育服务，政府在其供给中应承担主导责任，而市场和非营利组织可以作为政府供给的有益补充，以提高供给质量和效率。对于私人产品性质的教育服务，则应以市场为供给主体，充分激发各类市场主体活力，提供高质量、多样化的教育服务。非营利组织可以作为市场供给的有效补充，政府需要加强体制机制创新，激励私人有效供给，同时完善法律法规，加强外部监督和宏观调控，以提升市场供给的效率和促进公平。对于准公共产品性质的教育服务，则应寻求政府、市场和非营利组织之间的动态互补和分工协作，在加强政府宏观调控和外部保障以及充分激发市场活力的基础上，积极寻求非营利组织的自愿供给以增进社会公平。政府、市场和非营利组织在协同供给教育服务中的功能及互动如图 8.1 所示。

---

① 阎凤桥 . 试析我国民办学校的产权形式和治理结构：基于对非营利组织特征的分析 [J]. 教育研究，2006（2）：41–46.

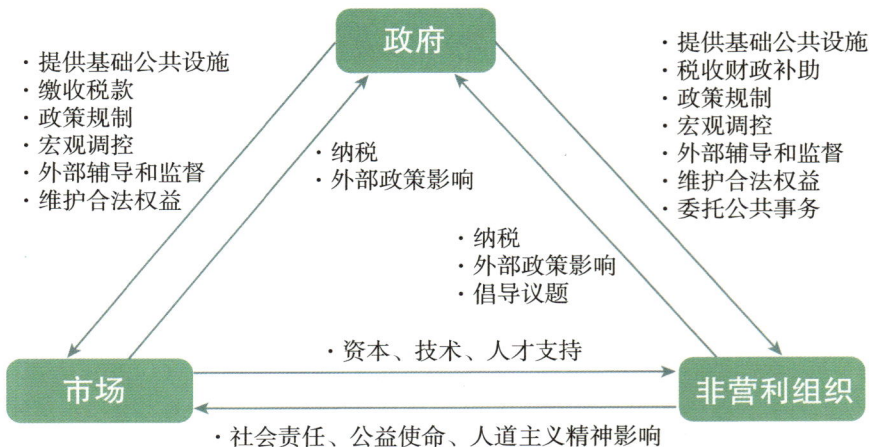

图 8.1　政府、市场和非营利组织在协同供给教育服务中的功能及互动

　　智能时代的核心标志是人工智能、大数据、云计算、虚拟现实、区块链、5G 等前沿技术在生产生活各领域的广泛应用和渗透。与技术的快速迭代相伴的是教育理念和教育需求的转变，随着教育理念由被动地"教"向主动地"学"转变，教育需求也不再局限于工业时代的标准化教育，人们需要更多的终身学习机会和个性化的教育服务。2015 年，联合国教科文组织在其又一里程碑式的报告《反思教育：向"全球共同利益"的理念转变？》中指出，教育的发展趋势是从传统教育机构转向混合、多样化和复杂的学习格局，实现正规学习、非正规学习和非正式学习，让学校教育和正规教育机构与其他非正规教育经验开展更加密切的互动，而且这种互动要从幼儿阶段开始，延续终生[1]。因此，为了建立面向未来的终身学习体系，教育供给主体的多元化已成为必然趋势，政府是正规教育的主要供给主体，而市场和社会则是非正规教育和非正式学习的主要供给主体。

　　因此，智能时代教育服务变革的核心是供给侧更好地适应需求侧升级，智能时代教育服务变革呈现消费驱动、多元供给、个性化、弹性化与混合式五大方向[2]，而前沿技术发展为实现这些变革提供了现实的可能性。

---

[1]　United Nations Educational, Scientific and Cultural Organization（UNESCO）. Rethinking education: towards a global common good?[R]. Paris：UNESCO，2015.

[2]　陈丽. 教育教学大讨论的背景与必要性 [R]. 2020.

　　具体而言，第一，要以消费驱动推进教育服务供给改革。随着居民收入水平的提升及对教育投资的增加，教育服务消费的层次、品质、方式和行为等方面均呈现出明显的趋势性变化。例如，消费层次由追求受教育机会的"有学上"向追求优质教育的"上好学"转变；消费品质由中低端向中高端转变；消费方式由线下向线上线下融合转变；消费行为由标准化向个性化转变。因此，基于消费驱动深化教育供给侧改革，提高教育供给端的质量、效率和创新性，不断满足学习者日益增长的教育新需求，是教育服务供给变革的主要方向。

　　第二，教育服务供给主体多元化。教育服务的供给主体不再仅是政府，发挥市场对教育资源的合理配置作用，对于扩大教育资源有效供给、提高供给品质、拓宽供给渠道、激发合理需求有重要作用。当前，教育服务市场上涌现出各类企业与机构，不少互联网企业、科技企业也纷纷进入教育服务市场，成为教育服务的供给者。在共创分享的智能时代，个人也能够以各类网络平台为媒介，发布优质的教育服务内容，成为教育服务的供给者。

　　第三，教育服务方式个性化。目前我国个性化教育发展受到应试教育体制、模糊不清的认识、过大的班级规模以及传统的课程文化和评价观念等方面的制约[1]，大规模教育与个性化学习在传统教育形式中似乎很难找到一个合理的平衡点[2]。智能时代的教育变革要以促进学习者发展和提升学习者智慧为理念，在物联网、云计算和大数据等智能技术所打造的物联化、智能化、泛在化的教育信息生态系统的支持下，开展贴近学习者真实世界、符合学习发生的自然过程、具有开放性和按需供给等特性的教育[3]。

　　第四，弹性化学习的趋势凸显。这是智能时代学习方式变革与学习中心迁移的必然结果，其中弹性化表现在学习时间、学习地点、教学资源、教学方法、学习活动、学习支持等方面。这样高度灵活的教育服务在时间和内容

---

[1]　郅庭瑾，尚伟伟．个性化教育实践概况与未来发展思考 [J]．教育发展研究，2016（6）：53-57．

[2]　陈丽，林世员，郑勤华．"互联网+"时代中国远程教育的机遇和挑战 [J]．现代远程教育研究，2016（1）：3-10．

[3]　刘晓琳，黄荣怀．从知识走向智慧：真实学习视域中的智慧教育 [J]．中国电化教育，2016（3）：14-20．

上更加符合未来学习者的需求 ①。

第五，线上线下混合的服务模式将得到普及。随着现代信息技术融入教育服务，教学过程不再只是师生交互，互联网使受教育者接触到更多的信息和资源，教和学的过程变成一个复杂系统，网络空间与现实空间的交互也被纳入其中，最终会形成多方交互的混合式服务。中国工程院院士张军指出，智能时代的教育应当是三维空间与时间及知识两个维度协同融合的"五维教育"，这样的变革将推动构建以人为中心的教育生产关系，推动新时代教育生产力的变革 ②。

三、智能时代的教育服务产业生态及图谱

"产业"指生产同类产品或服务及其可替代产品或服务的经济组织的系统或集合。基于我们对教育服务事业性与产业性的分析，及对智能时代教育服务多元供给主体的探讨，我们可以将市场上各类以盈利为目的而提供教育服务与产品的企业、机构和组织的集合称为教育服务产业。根据我国教育服务发展现状，教育服务产业中的企业和机构主要包括为社会提供教育教学服务的校外培训机构、营利性民办学校、国际教育集团等，为教育系统及培训机构等提供工具、内容、平台、软件、硬件、技术、综合解决方案等服务的教育科技企业，为产业和企业发展提供战略咨询、教育资产运营以及教育投融资服务的教育咨询公司、教育投资机构等。此外，还包括市场上各类教育服务新业态和新模式。教育服务产业主要提供私人产品，同时也以履行社会责任等方式供给部分公共产品或准公共产品。

我们之所以提出教育服务产业的概念，不仅因为教育服务具有产业性特征，更因为智能时代由市场主体供给的教育服务已具有相当规模，教育服务的产业链已基本形成。就教育服务产业而言，上游环节主要提供师资和各类

① 黄荣怀，汪燕，王欢欢，等.未来教育之教学新形态：弹性教学与主动学习 [J].现代远程教育研究，2020（3）：3–14.
② 张军.五维教育：从智慧教室到智联教室 [Z].北京：2020 全球智慧教育大会，2020.

教育教学活动的核心技术支持，同时涉及课程设计以及教学场地的提供等；中游环节则负责平台搭建、提供具体教学内容以及开发各类辅助工具，并针对教育服务进行推广；下游环节则根据学生、家长、学校及培训机构等不同消费主体的个性化需求展开销售并提供售后服务。图 8.2 展示了教育服务产业链。当然，这仅是对于教育服务产业总体分工情况的简要描述，事实上，智能时代的教育服务领域已经高度细化，不同细分领域基本形成了各自更加精细的产业链。

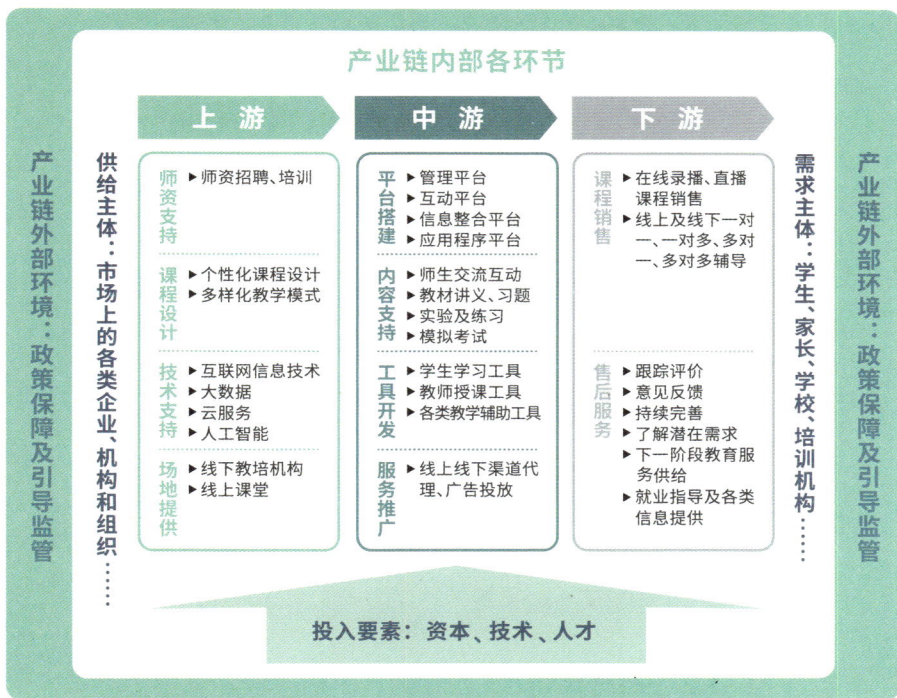

图 8.2　教育服务产业链

　　智能时代，在教育服务产业链的基础上，市场作为供给主体，投入资本、技术、人才等要素，向社会提供教育产品和服务；政府作为制度供给主体，对市场主体进行约束和激励；非营利组织等则通过公益服务成为市场供给的有益补充。供给主体与学生、家长、学校及培训机构等需求主体通过教育服务交易、信息反馈调节等活动相互联系并相互作用，同时，在外部政策保障及引导监管下，各方主体、要素相互影响，形成了价值不断增值的复杂经济体系，即教育服务产业生态系统（见图 8.3）。教育服务产业的各行为主体受到动力驱使，通过经济活动进行价值传递并实现价值增值，进而投入到下一次产业发展的循环中。同时，产业内外部各因素协同发展，通过信息反馈调节，最终实现教育服务产业生态系统的不断演变与进化。可以看出，教育服务产业生态系统需要其构成主体在动力机制、协同机制、价值增值机制和反馈调节机制的共同运作下实现良性循环发展。

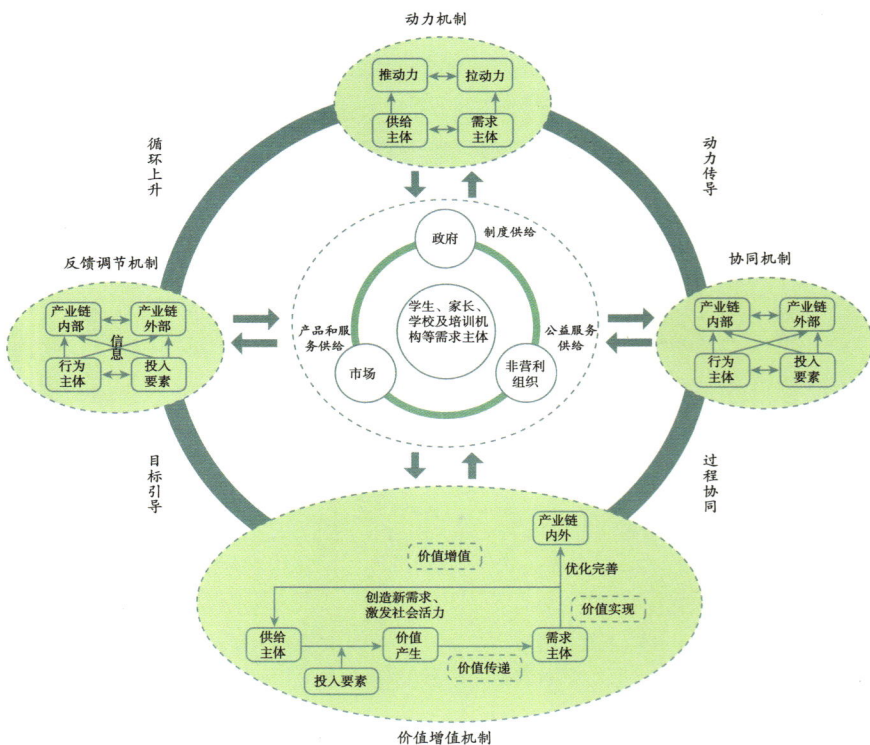

图 8.3　教育服务产业生态系统

其中，动力机制的运行主要依靠供给主体的推动力和需求主体的拉动力。供给主体的推动力包括公共职责驱使、市场利润驱动以及非营利自愿追求，而需求主体的拉动力则源于不断升级的教育需求及学习者对终身学习的追求。协同机制指的是教育服务产业链的各行为主体和各类要素在产业链内外发挥巨大的协同效应，既包括各行为主体在行动过程中形成协同，也需要行为主体利用各类要素在产业链内部环节和产业链外部环境之间形成协同，从而促进产业生态系统的良性发展。价值增值机制指的是教育服务产业价值产生、传递、实现和增值的过程。供给主体投入要素生产教育服务以产生价值，并进一步传递至需求主体，需求主体通过消费教育服务使价值得以实现，之后需求主体自身素质和能力的提升又给经济发展和社会进步带来巨大的外溢效应。这一方面创造新的需求，作用于供给方，激发社会活力；另一方面，也促进了教育服务产业链内部各环节及其外部环境的优化完善，整个过程实现了教育服务的价值增值。反馈调节机制则指教育服务产业生态系统通过反馈机制不断调节系统中各行为主体和要素的相互关系，使得系统整体得以稳定运行，包括教育服务产业链内部各环节之间行为主体和要素的信息反馈与调节、产业链内部各环节与外部环境之间行为主体和要素的信息反馈与调节。

当前，我国教育服务产业体系和生态系统已基本形成，产业整体上已走过粗放增长阶段，进入内涵式和高质量发展的新阶段，图 8.4 简要梳理了我国教育服务产业的发展历程。从 20 世纪 90 年代初市场主体开始成为教育服务的供给者以来，经过成长、高速发展，到目前产业总体步入智能时代的理性发展阶段。教育服务虽未处在技术触碰的前端，但产业的每一次重要变革都离不开技术创新，特别是移动互联网和以人工智能为代表的前沿技术对产业影响深远，不断完善乃至重塑产业分工和产业生态。2013 年我国进入互联网教育元年，"互联网＋教育"的新业态开始形成，在线教育浪潮开始兴起，工具、平台、内容等各种教育服务新模式百花齐放。步入智能时代后，人工智能、云计算、大数据、AR/VR、区块链、5G 等新一代信息技术加速向教育服务领域渗透，更前沿、更创新的教育产品和服务业态开始出现，一些教育服务企业已发展成为不可小觑的科技创新体，在某些方面甚至已经超过了公立学校。同时，多元主体的合作及互动日益增强，政府部门在鼓励社会力量参与教育服务的同时，也加强了对产业规范性发展的监管。教育服务企业的社会责任感显著增强，为促进公平而有质量的教育贡献来自市场的力量。结合中国教育服务产业的发展实际，智能时代教育服务产业图谱如图 8.5 所示。其中，既有按照学段划分的专业化教育服务，如学前教育、基础教育、高等教育、职业教育，也有渗透在所有学段的教育产品及服务，如国际教育、语言学习、素质教育、教育信息化等。特别是位于产业链上中游的教育信息化领域，通过提供硬件、软件、平台等服务，对于推动前沿技术在整个产业的应用及融合，发挥着重要作用。

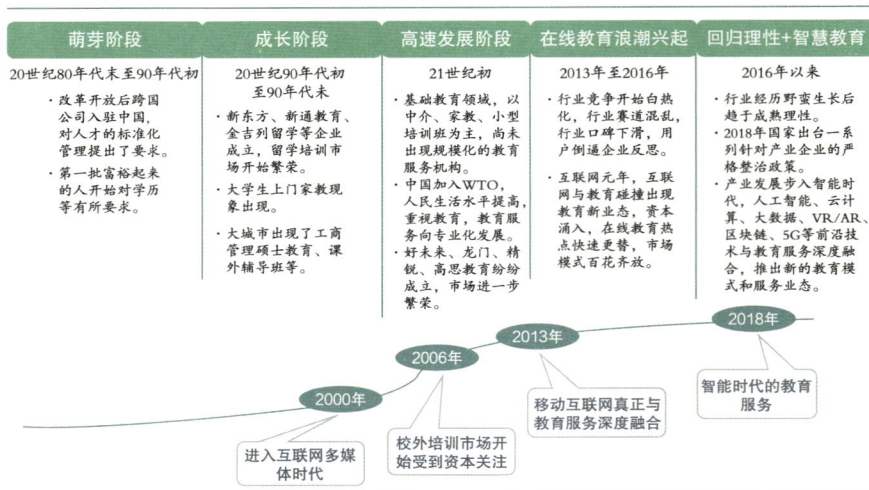

图 8.4　中国教育服务产业发展历程

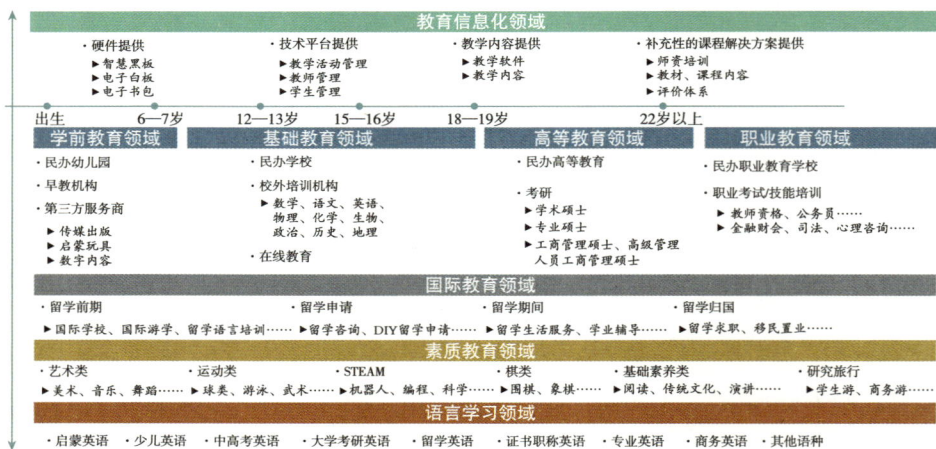

图 8.5　智能时代教育服务产业图谱

第 2 节 智能时代的教育服务产业发展驱动力

一、供给侧优化量与质

（一）技术促进教育服务多样化与管理高效化

前沿技术渗透进教育服务产业有助于为社会提供更多资源共享、平台开放的学习体系，提高教育服务供给水平，有助于挖掘更深更广的潜在教育服务市场。市场的两个核心层面是产品和地域，技术在这两个层面上不断拓展教育服务边界。在产品层面，技术增加了产品多样性，使教育服务市场细分化程度加强。不少互联网企业利用技术优势和资源优势，构建了在线教育产品矩阵，形成了精品教育生态，打破了传统的优质教育资源垄断格局，推动教育服务产业重塑业态模式。例如，网易通过开发网易公开课、网易云课堂、中国大学 MOOC、网易 100 分、网易有道等产品矩阵，将国内外通识、职场、高校及中小学知识，向社会公众做到最大限度的开放。在地域层面，技术打破了空间界限，不同地区的学习者都可以享受到优质教育资源，有效缓解教育资源分布不均的状况。对空间限制的突破使教师足不出户就可以进行教学工作，降低了时间成本，而成本的降低会带来教育服务供给的增加。技术也打破了时间限制，满足了学习者学习时间碎片化的需求。

同时，技术还促使学习者获取了个性化、智能化的教育服务。通过人工智能、大数据收集和学习行为分析，教育服务供给方能够精准掌握学习者的学习能力、学习习惯和学习节奏，动态调整教学内容、方式，使每个学习者都能获得最适合自己的个性化教育服务。此外，技术也提升了师生的交互效果，提升了教育服务质量。例如，计算机辅助教学、智能教学系统等可以帮助教师营造形象生动、活泼有趣的教学环境，调动学生的学习积极性，激发学习兴趣。研究表明，现代信息技术能通过改善师生交互效果、提高学生的主观能动性，进而对学生的学业表现产生正向影响①。例如，在随机干预实验中，每周增加两节计算机辅助学习的数学课程，一年后，学生的数学成绩显著提高②。此外，教育管理信息化和智能化可有效支撑教育管办评分离，使不同岗位上的人才都能充分发挥自身的比较优势，提升教育管理效率，优化教育服务整体水平。例如，依托阿里云和大数据系统的阿里巴巴智慧教育解决方案，能够使教学管理、教务管理、家校互通等方面全面数字化，减轻了教师事务性工作压力，从而使教师有更充足的时间提高自身专业水平、改进教学方案、提升教学质量。

（二）人力资本奠定教育服务产业发展的基础

新时代的中国经济红利正从人口红利向人力资本红利转变。人力资本作为核心生产要素之一，是教育服务产业可持续发展的基础。在智能时代，人力资本对产业发展的内生性作用更加凸显。经济学家肯尼斯·阿罗（Kenneth J. Arrow）提出"干中学"模型，认为人们是通过学习而获得知识，技术进步是知识的产物、学习的结果，而学习又是经验的不断总结③。教育服务产业中的从业者能够通过工作过程中的积极思考，进行经验总结和创新，形成新的人力资本，推动产业不断发展。人力资本的投入和积累在为产业带来显著经济收益的同时，也使产业增强了技术研发、产品和服务创新的力度，从而改善了教育服务质量。当前，教育服务产业已逐渐成为应届毕业生就业的蓄水池，产业内部人力资本水平显著提升。2019年"全国高校毕业生就业状况抽样调查"结果表明，教育首次成为应届毕业生就业占比最大的行业，占比达12.6%。另据调查，2018年，仅教育培训行业就为普通本专科应届毕业生提供了约32万个就业岗位，2019年该行业应届毕业生岗位量以111%的涨幅位

① Inal Y, Cagiltay K. Flow experiences of children in an interactive social game environment[J]. British Journal of Educational Technology, 2007（3）: 455–464.
② Mo D, Zhang L, Luo R, et al. Integrating computer-assisted learning into a regular curriculum: evidence from a randomised experiment in rural schools in Shaanxi[J]. Journal of Development Effectiveness, 2014（3）: 300–323.
③ Arrow K J. The economic implication of learning by doing[J]. The Review of Economic Studies, 1962（3）: 155–173.

居全行业第二[①]。

对于教育服务产业而言，最重要、最关键的人力资本就是教师。师资水平与学生的学业表现密切相关[②]，而学业表现及学习效果直接影响教育服务消费。近年来，教育服务产业中的高学历教师占比增长迅速。数据显示，2019年，在校外培训领域，拥有本科及以上学历的教师占比超95%，其中具有本科和硕士学历的教师占比分别为59.62%、33.22%，具有博士学历的教师占比为0.66%，学历为MBA和EMBA的教师占比为1.86%[③]。此外，随着2018年《国务院办公厅关于规范校外培训机构发展的意见》《教育部办公厅关于切实做好校外培训机构专项治理整改工作的通知》等针对校外培训机构整改文件的下发，各地陆续开始了对校外培训机构的专项整治，没有教师资格证的培训机构教师不得上岗，加之教师资格考试改革后通过率明显下降，一定程度上保证和提升了校外培训机构的师资水平。

（三）金融资本助力产业成长与发展

21世纪初，资本进入教育服务产业。经过十几年的发展，资本市场已成为教育服务产业重要的融资渠道。资本促进我国教育服务产业发展主要表现在以下几个方面[④]。

第一，资本进入教育服务产业是拓宽现有融资渠道、吸纳社会资金的重要方式，能够缓解我国各级各类教育发展过程中普遍存在的投资不足状况。长期以来，我国政府存在着教育经费投资不足的情况，表现在教育经费投入虽然逐年增长，但依然低于国际平均水平，同时教育经费来源结构单一，无法满足社会多元化的教育需求。资本市场参与教育服务产业的投融资，有利于拓宽教育服务产业融资渠道，为教育经费提供必要的补充来源，动员社会各界力量兴办教育，促进我国教育服务产业成长与发展。

[①]　北京师范大学经济与资源管理研究院未来教育研究中心，好未来教育研究院. 中国教育服务产业市场分析与就业效应测算报告 [R]. 2020.

[②]　Chu J H, Loyalka P, Chu J, et al. The impact of teacher credentials on student achievement in China[J]. China Economic Review，2015，36：14–24.

[③]　数据来源：猎聘大数据。

[④]　李俊杰. 资本市场与中国教育产业发展关系研究 [D]. 北京：对外经济贸易大学，2018.

第二，资本参与教育服务产业能够优化教育资源配置、创新教育产品，促进教育服务产业和市场更进一步地融合。我国教育资源配置的主要手段是依靠国家的行政命令进行宏观调控，这对于维护教育的公平正义、保障广大人民群众受教育权起到了重要作用。但是，当前我国的教育资源配置也存在着一些不合理的情况：一方面是教育资源的地域、城乡、城际和校际分布的不均衡；另一方面是各级各类教育资源配置和发展的不平衡，其重要表现就是我国教育体系中公办教育和民办教育的结构不合理。在我国教育体系中，公办教育占据了最主要位置，民办教育发展处于相对滞后状态。因此，引入市场机制，提供多元化和创新性的教育服务供给，可以在一定程度上解决教育资源配置问题。资本市场能够通过自身健全的市场化机制对资本起到引导和配置作用。

第三，资本参与教育服务产业能够推动产业实现形式多元化和教育产品供给多样化，满足社会对教育服务多方面的需求。当前人民群众对于教育的需求，越来越偏向于对非学历教育的多元化服务需求，形式丰富的学历外教育成为当前教育服务产业的"新宠"，多种层次、多种形式的教育服务纷纷涌现。资本在这一过程中能够发挥重要作用。一方面，资本的介入为多元化企业的发展提供了融资平台，同时资本市场也通过市场反馈，引导资本投向更符合市场需求、更具增值价值的教育服务企业和项目，促进优质教育产品和服务的诞生；另一方面，通过资本市场，能够实现产业和资本的深度融合，大量的互联网科技企业以及其他行业和机构能够跨界参与教育，将现代科技和全新理念与教育服务产业融合，开发出新的产品和服务模式，为教育服务产业注入新的生机与活力。

（四）政策优化市场发育环境与秩序

智能时代教育服务产业的健康有序发展离不开政府干预。教育政策可对各种不同的教育服务进行必要的规范和引导，其对教育服务产业的驱动作用主要体现在两个方面：一是规范性的教育政策能够为教育服务产业的健康可持续发展提供制度保障和正确方向；二是支持性的教育政策能够激发和壮大促进教育服务产业发展的内生因素①。

规范性政策有助于改善教育服务产业发展过程中的市场失灵现象。具体而言，规范性政策有助于减少信息不对称带来的不良结果。经济学理论根据消费者与供给方的信息不对称程度，将产品分为三类：（1）搜寻品（search goods）——消费者在购买之前对产品（或服务）有充分的了解；（2）经验品（experience goods）——消费者在消费产品（或服务）之后才能知道其质量；（3）信用品（credence goods）——消费者在消费之后也很难鉴别其质量②。部分教育服务具有经验品的特征——学生在消费后，通过对教师教学表现的感受、知识的理解掌握情况以及学习成绩等判断教学服务质量。也有学者认为其具有一定的信用品特质——即使购买了教育服务，在消费后也很难判断教育服务质量③。而由于信息不对称，消费者仅愿意以市场均价购买教育服务，低成本、低质量的教育服务供给者仍有利可图，而提供高质量产品的供给者逐渐退出市场，形成"劣币驱逐良币"的现象。但是，政策可减少此类情况的发生，例如，相关政策规范了在线教育的培训内容、进度安排、授课时间等。通过这些政策，低质量的在线教育产品从市场中被排除，剩下优质教育服务供给者进行良性竞争。

支持性政策优化了各类学校和企业的生存环境，减少了教育服务供给主体经营和发展的直接成本或交易成本。具体而言，推进智慧教育的相关政策，使前沿技术与教育服务的融合更加迅速；部分企业无须支付高昂的研发费用，就可以享受技术带来的益处；推进教师团队建设的举措，加快了教育服务产业人才的培养和积累，人才供给增多将带来企业雇佣费用的减少；政策对于金融资本的引导效果更为明显。一直以来，举办者投入和社会投入不足是限制许多教育服务供给主体的重要因素，例如，民办职业学校通过信贷进行资金筹备需要支付较高的成本④。由于教育服务项目周期较长，回报相对较慢，

---

① 谢维和，陈超.中国教育改革发展的政策走向分析：20世纪80年代中期以来中国教育政策数量变化研究 [J].清华大学教育研究，2006（3）：1–8.
② Darby M R, Karni E. Free competition and the optimal amount of Fraud[J]. The Journal of Law & Economics，1973（1）：67–88.
③ 郭萍，胡军.高等教育服务中的信息不对称及规制分析 [J].高教探索，2005（1）：4–6.
④ 周凤华.民办职业教育的现状分析与策略研究 [J].中国职业技术教育，2017（6）：10–18.

其他社会资本进入教育服务产业的意愿也受到抑制。政府投资、税收优惠等政策的实施有助于解决这一困境。例如，河南省改革了职业教育办学体制和投入机制，在全省 88 所中职学校推行多元化办学模式改革，吸纳社会资金 26.4 亿元①。

二、需求侧拓展新空间

（一）教育投资意愿不断增长

如果家庭或个体视教育为投资，则表明其关注投资教育所能带来的预期收益以及现时支付的各种直接成本和机会成本。当家庭或个体进行教育投资时，如果预测未来总收益的贴现值将高于现时所必须支付的包括直接成本和机会成本在内的总成本，那么就会做出投资教育的选择。如果投资者预计总收益的贴现值不会高过支付的总成本，就会理性地做出不投资的选择。教育在过去被许多人认为是回报率极低的一项投资，投资周期长、风险大。然而，国内外众多研究表明，教育投资具有较高的回报率②。我国的教育投资回报率也在提升③。以城镇人口为例，1988 年的教育回报率为 3.87%，而 2013 年的教育回报率为 11.34%。④ 如今，越来越多的父母意识到教育投资收益可观，教育投资意愿显著提升、教育期望明显上升。研究表明，近年来，我国父母对子女受教育程度的预期平均而言介于专科和本科之间，高于 21 世纪初的教育期望水平⑤。

此外，教育投资意愿提升也直观地表现为教育支出的显著增长。我国居

---

① 周凤华 . 民办职业教育的现状分析与策略研究 [J]. 中国职业技术教育，2017（6）：10–18.

② Chen Y，Jiang S，Zhou L-A，et al. Estimating returns to education in urban China：evidence from a natural experiment in schooling reform[J]. Journal of Comparative Economics，2020（1）：218–233.

③ 钱争鸣，易莹莹 . 中国教育收益率统计估计与分析：基于参数和半参数估计方法的比较 [J]. 统计研究，2009（7）：43–50.

④ 刘泽云，王骏 . 中国城镇居民教育回报率的长期趋势 [J]. 华中师范大学学报（人文社会科学版），2017（4）：157–168.

⑤ 靳振忠，严斌剑，王亮 . 家庭背景、学校质量与子女教育期望：基于中国教育追踪调查的分析 [J]. 教育研究，2019（12）：107–121.

民恩格尔系数连续八年下降，于 2019 年降至 28.2%，已达到联合国划分的富足标准（20%—30%）。居民消费层次已从一般家庭消费向服务、文化、教育等高端消费发展。近十年来，居民文教娱乐消费持续增加，家庭教育投入稳步增长，为促进教育服务产业发展提供了需求侧的拉力。如图 8.6 和图 8.7 所示，我国居民的教育文化娱乐类消费支出的占比已由 2014 年的 10.6% 提升至 2019 年的 11.7%，总体上保持稳定的小幅度上升，预计 2020 年将突破 12%。教育文化娱乐类消费支出的绝对额从 2014 年的 1536 元增加至 2019 年的 2522.4 元，增长幅度超过 60%。泛教育类支出已成为除食品支出、住房支出、交通通信支出外的家庭第四大支出。伴随着教育供给侧改革的持续推进、社会竞争的持续加剧，以及新时代多样化、品质化、个性化教育服务需求的快速增长，未来，与教育服务相关的消费支出占比还将进一步提升。

图 8.6 2014—2019 年我国居民消费结构

资料来源：国家统计局。

图 8.7　2014—2019 年我国居民人均教育文化娱乐支出及占比

资料来源：国家统计局。

（二）生命周期需求不断延伸

莫迪利亚尼（Franco Modigliani）和布伦贝格（Richard Brumberg）的生命周期假说阐述了消费与个人生命周期的关系——人们会在更长的时间范围内计划他们的生活消费开支，以达到他们在整个生命周期内消费的最佳配置，实现一生效用最大化[①]。为了实现这一目标，人们需要考虑即期收入、未来收入，以及可预期开支、工作时间、退休时间等诸因素，以决定目前的消费和储蓄，使其消费在一生中保持相对平稳的水平，而不至于出现消费水平的大幅波动。

根据这一理论，在青年成长期，应采取积极的投资策略，以保证未来的消费稳定。教育投资在当今时代背景下显得十分重要。过去，民众在教育上的消费多集中在基础教育、高等教育阶段，因为这些阶段的教育投资回报是可观的。然而，这一情况随着经济社会发展、智能时代的到来有所改变。有

[①]　Modigliani F，Brumberg R. Utility analysis and the consumption function：an interpretation of cross-section data[M]//Kurihara K. Post-Keynesian economics. New Brunswick：Rutgers University Press，1954：388–436.

学者预测，未来 20 年大约有 59.5% 的中国就业岗位将受到人工智能的冲击[①]。因此，为保持稳定的收入流，教育投资需求将从学生时期向在职教育延伸。已就业的劳动力需不断提升专业技能、提升工作效率，加快学习新知识、新技能，以避免被其他劳动力或人工智能取代。

在终身学习社会，老年教育也是未来我国居民教育需求的一个拓展方向。老年时期的教育投资明显不具备较高的投资回报率，实际上，老年时期的教育支出的消费属性大于投资属性。研究发现，退休后，老年人的社交活动频率、文化娱乐支出显著增加[②]，说明老年人的精神文化需求强烈。目前我国有 700 多万名老年人在老年大学等机构学习，有上千万老年人通过社区教育、远程教育等各种形式参与学习。为顺应老年人这一需求，推进公共卫生事业和老龄化事业的发展，2016 年，国务院颁布了《老年教育发展规划（2016—2020 年）》，将扩大老年教育资源供给、丰富老年教育内容和形式作为重要发展任务。在政策的有力推动下，借助大数据等智能技术，老年人的各类教育需求将被快速捕捉，相关教育服务产品应运而生，产业链逐渐搭建成型，老年教育服务或将成为教育服务产业的又一重要新兴组成部分。

第 3 节　智能时代教育服务产业现状与特征

一、中国教育服务产业市场概况

（一）产业总体情况

在智能时代，我国教育服务产业受到来自供给侧与需求侧的多方面因素推动，在蓬勃发展中走向内涵式增长阶段。为了面对智能时代的各种挑战、

---

① 龚遥，彭希哲 . 人工智能技术应用的职业替代效应 [J]. 人口与经济，2020（3）：86–105.
② 王亚迪 . 退休影响中老年人幸福感吗 ?[J]. 经济与管理评论，2019（6）：26–36.

更好地适应未来社会的不确定性，持续积累知识、提升能力和素养，有越来越多的人开始追求终身学习。为了弥补正规教育的不足，以非正规途径提供更大范围、更加灵活的终身学习机会和充足的资源、适当的机制，以激励包括使用信息技术在内的非正式学习，是必要且重要的①。在此背景下，教育服务多元供给模式逐步形成，教育服务产业的发展正是市场供给和配置教育资源的体现。随着居民消费层次及结构升级，越来越多的中国家庭注重教育投资，而互联网、人工智能等技术应用使教育服务突破了时空限制，促进了教育服务规模化与个性化的实现，也为教育服务产业的发展赋能增效。近年来，我国教育服务产业持续受到政府、消费者以及投资机构的高度关注，在规范发展的基础上，产业规模持续扩大，各类新产品和新服务模式不断涌现。

如图 8.8 所示，2010 年以来，我国教育服务产业市场规模逐年扩大，2019 年，教育服务产业市场规模已突破 3 万亿元。但可以明显看到，随着2018 年以来政府对产业规范整治和监管力度的不断增强，产业增速总体呈下降趋势。其中，市场份额居前三位的细分领域为基础教育、职业教育和学前教育，占比分别达 30%、27% 和 17%②。预计到 2020 年，我国教育服务产业总体规模将达到 3.36 万亿元，复合增速约为 12%③。

在基础教育领域，围绕升学的教育竞争依然是影响我国大多数家庭教育消费的重要因素。激烈的升学竞争、校内优质教育资源的供给不足、家庭消费能力的提升以及以在线教育为代表的新学习方式等，导致近年来基础教育领域校外培训市场规模显著扩大。由于职业教育在解决结构性就业矛盾、培养支撑产业转型升级的高素质技术技能人才等方面发挥着重要作用，这一教育领域近年来得到政府的大力支持与推动。行业龙头企业与优质职业院校强强联手、产教融合走向实质性建设等，促进了职业教育市场规模的显著扩大。此外，劳动力市场竞争加剧以及终身学习理念的流行等，也使各类非学历职业培训规模快速增长。在学前教育领域，随着消费升级和移动支付日益便捷，"80 后""90 后"等新一代家长的教育理念和消费观念发生变化，对优质学前

---

① 黄荣怀，等 . 2017 互联网教育服务产业研究报告 [R]. 2017.
② 数据来源：未来智库。
③ 未来学院 . 中国教育行业研究报告 [R]. 2019.

教育产品和服务的需求显著提升，早教、托管、思维培养等领域的消费明显增加。此外，教育信息化、素质教育处在教育政策和技术创新的双重红利期，近年来也发展迅猛，成为产业中不可忽视的新增长点。国际教育领域受到国内外政策环境影响较大，政府一方面支持国际教育和优质教育资源的引进，另一方面对留学中介、国际学校等的管理逐渐规范化。2020 年暴发的疫情对国际教育市场冲击巨大，疫情过后，留学的黄金时代可能告一段落，留学溢价可能减少。同时，逆全球化浪潮、低迷的全球经济、保护主义、民粹主义、排外、种族歧视等也使中国留学生面临更多的风险，可能导致国际教育交流热度的降低。

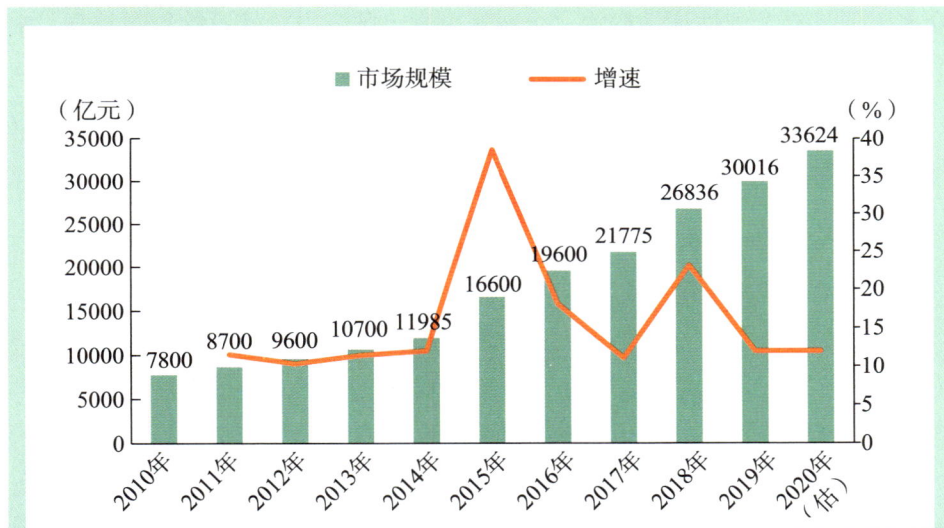

图 8.8　2010—2020 年中国教育服务产业市场规模

资料来源：德勤、前瞻产业研究院、北京师范大学经济与资源管理研究院未来教育研究中心。

　　从区域分布来看，如图 8.9 显示，我国 53% 的教育服务企业分布在经济发达、科技创新水平高的东部地区。东部地区高度发达的经济吸引了众多人才集聚，人均收入水平高、教育投资和消费意愿强，带来了庞大的消费市场。例如，"北上广深"的课外教育支出占全国支出的比重达到近三分之一，其中北京、上海的教育总支出位列全国前两位。东部也具有更强的科技、商业、服务创新能力，前沿技术与教育服务的融合更为深入，产业集聚与融合优势更为突出。相较于东部，中西部经济发展水平较低，教育服务市场发育也较为滞后，中部及西部的教育服务企业在全国的占比分别为 27% 和 20%。从市场竞争格局来看，我国教育服务产业总体呈现市场集中度较低的分散格局，头部企业市场份额很小，中小型教育服务机构数量庞大。例如，在基础教育校外培训领域，年营业额超过 1000 万元的机构不超过 1000 家，年营业额超过 5000 万元的企业不超过 100 家，新东方、好未来等行业巨头市场份额合计还不到 3%[①]。虽然产业整体竞争格局分散，但也有细分市场形成了较为稳定的竞争格局，如职业教育领域的公务员培训。公务员培训市场参与竞争的机构众多，但具有全国性连锁机构、企业规模大、师资力量雄厚的华图教育、中公教育形成了行业双寡头格局。未来，随着规范政策的落地和资本的理性回归，我国教育服务产业市场集中度将进一步提升，各细分市场将涌现两至三家龙头企业，但不会出现像互联网行业中 BAT 那样的巨型企业垄断市场[②]。

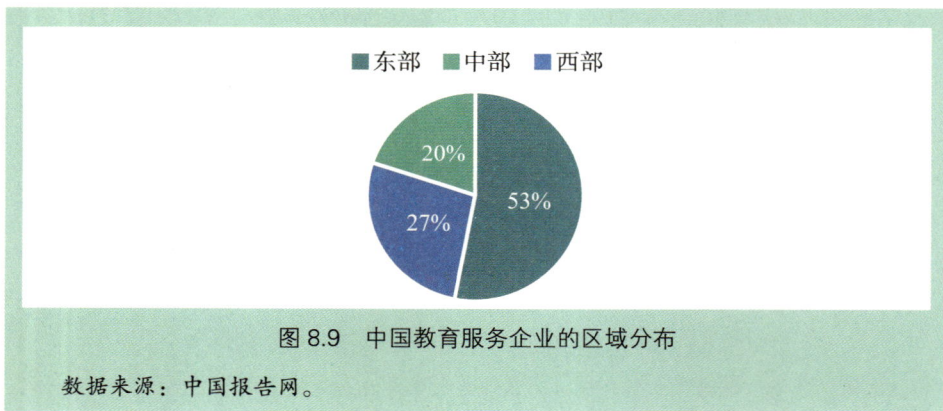

图 8.9　中国教育服务企业的区域分布

数据来源：中国报告网。

总体而言，在社会竞争日趋激烈以及知识更新频率加快的当下，教育服务产业的需求仍然十分旺盛，未来一段时间将继续保持平稳较快的增长势头。同时，教育服务产业作为服务业中的重要领域，可以通过提升服务品质、增加服务供给等方式，不断释放市场潜在消费需求，推动产业规模进一步扩张。

---

① 数据来源：前瞻产业研究院。
② 前瞻产业研究院 . 2018 年教育培训行业市场竞争格局与发展前景分析 [R]. 2019.

而随着互联网技术的快速发展，以及智能手机、平板电脑等智能终端设备的大规模普及和移动网络资源全面覆盖，数字化、移动化的在线学习已成为主流。教育服务产业将不断向数字化、智能化方向加速升级，这也势必对教育信息化基础设施及教育教学的效率产生革命性影响。

（二）细分领域现状

1. 学前教育与基础教育 [①]

当前，民办幼儿园、早教服务机构在我国学前教育服务市场中占主要地位。由于前沿技术的渗透，一些幼儿教育软件、硬件设备供应商也成为学前教育产品的供给者。在市场规模方面，如图 8.10 所示，2019 年我国民办幼儿园市场规模为 2296 亿元，2020 年预计达到 2623 亿元。市场规模虽逐年增加，但增速逐年降低。2018 年，《中共中央国务院关于学前教育深化改革规范发展的若干意见》发布，进一步完善了学前教育政策保障体系，也强化了完善监管体系、规范办园行为、提高办园质量等方面的要求，并提出 2020 年普惠性幼儿园覆盖率要达到 80% 的目标。该政策的发布使公益、普惠成为幼儿园发展的明确方向，去资本化和公办化将成为主流。在早教服务方面，如图 8.11 所示，2017 年我国早教市场规模为 1900 亿元，2020 年将达到 3000 亿元。在渗透率方面，不同发展水平的城市之间差异显著，一线、二线、三线、四五线及以下城市的 0—3 岁早教渗透率分别为 44.01%、29.29%、14.26%、9.66% [②]，说明早教市场仍有很大空间，尤其是在三线及以下城市。与多数民办幼儿园需要向普惠园转型不同，2019 年国家发布了多项婴幼儿照护服务政策，引导社会资本有序开办托育类机构。早教、托育类服务及各类软硬件平台将是未来学前教育市场的主要增长点。随着科技与学前教育服务的深度融合，特别是人工智能的成熟及其对垂直领域的不断渗透，未来越来越多的人工智能技术将被运用到早教产品的迭代发展上。

[①] 　关于基础教育，有广义和狭义之分。广义的基础教育包括幼儿园至高中阶段教育，狭义的基础教育特指九年义务教育。在市场分析中，一般将学前教育与小学至高中阶段教育分开进行研究，后者在产业及企业中一般采用"K12 教育"的表述。为与市场分析口径一致，本专题中的"基础教育"指教育服务市场中的小学至高中阶段的教育服务。

[②] 　前瞻产业研究院 .2019 年中国早教产业全景图谱 [R]. 2019.

图 8.10　2013—2020 年中国民办幼儿园市场规模和增速

资料来源：中商产业研究院。

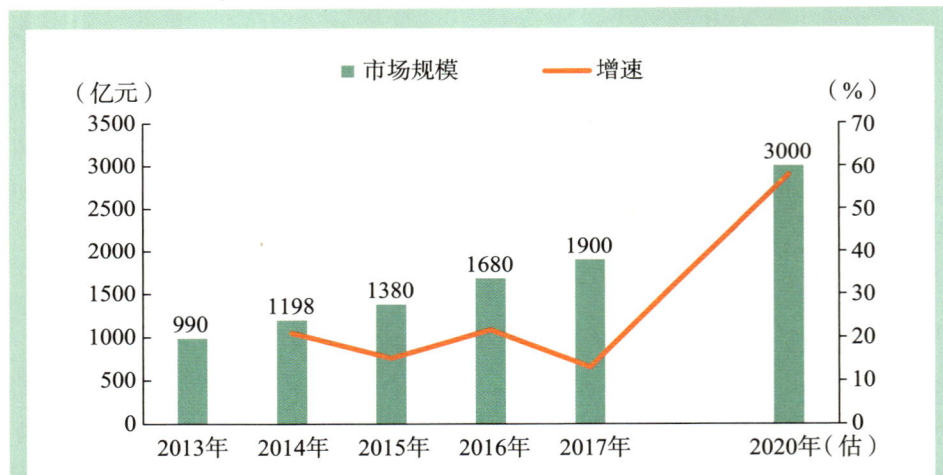

图 8.11　2013—2020 年中国早教服务机构市场规模和增速

资料来源：中商产业研究院。

　　我国基础教育服务市场主要由民办学校、校外培训构成。我国民办教育由 20 世纪 80 年代起，经历了一个从无到有的过程。伴随着民办教育的快速发展，以修订《民办教育促进法》为标志，我国民办教育配套政策也逐步完善。校外培训作为校内正规教育的补充，主要围绕应试科目提供专业的教育服务内容。2018 年以来，校外培训领域的监管政策接连出台，为引导校外培训健康规范发展提供了重要的制度保障。该领域的企业与机构，其课程服务形式，可分为大班、小班和一对一课程三类；其学习场景，可分为线上、线下和 OMO（线上线下结合）三种形式；其服务的客户类型，可分为 To B（企业）、To C（客户）和 To S（学校）三类。在市场规模方面，近年来，我国基础教育各学段的民办学校数量快速增长，办学规模稳步提升，预计到 2020 年，民办小学、初中和高中在我国教育体系中的渗透率将分别达到 8.9%、13.8%、12.8%[①]。从基础教育校外培训市场来看，如图 8.12 所示，该领域的市场规模从 2013 年的 2547 亿元增长至 2019 年的 4751 亿元，2020 年预计达到 5184 亿元。从课外辅导渗透率来看，如图 8.13 所示，中国大陆（内地）（48%）相对于日、韩等其他东亚国家和地区，尤其是与香港地区（87%）对比，还有很大的增长空间。其中，线上基础教育领域，如图 8.14 所示，市场规模从 2013 年的 14 亿元增长至 2019 年的 640 亿元；渗透率从 2013 年的 1% 增长到 2019 年的 16%，预计 2020 年将达到 23%。

图 8.12　2013—2020 年基础教育校外培训市场规模和增速

资料来源：多鲸教育研究院。

---

① 智研咨询. 2019—2025 年中国民办中小学市场全景调查及发展研究报告 [R]. 2019.

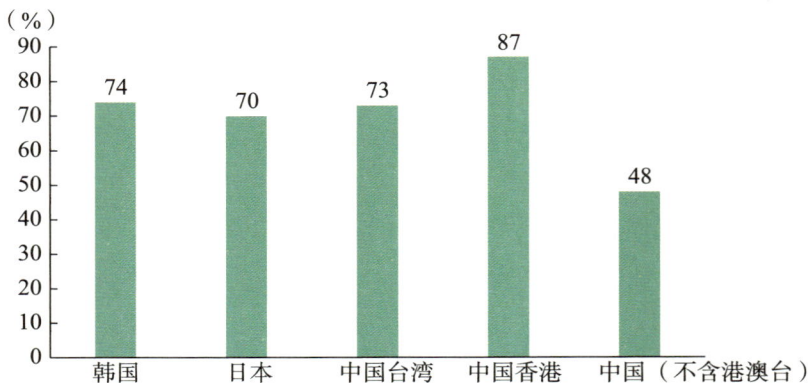

图 8.13　东亚地区课外辅导渗透率比较

资料来源：北京大学中国教育财政科学研究所。

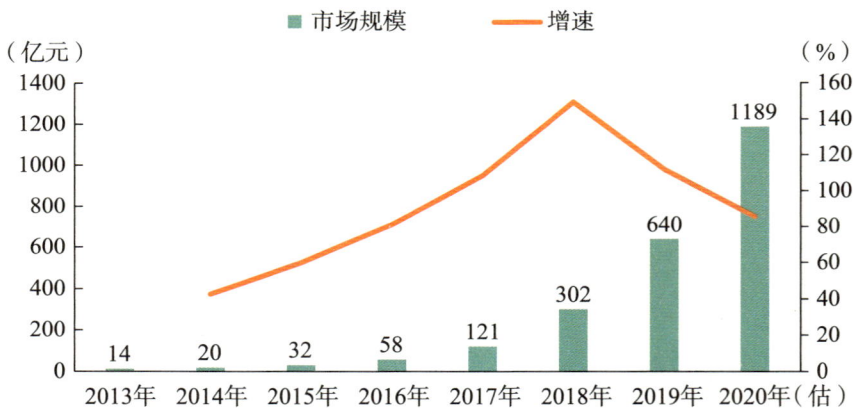

图 8.14　2013—2020 年线上基础教育市场规模和增速

资料来源：多鲸教育研究院。

2. 职业教育与高等教育

　　我国职业教育服务市场主要由学历类职业教育和非学历类职业教育构成。学历类职业教育主要包括中等职业学校和高等职业学校，非学历类职业教育主要包括职业考试培训、职业技能培训等。近年来，国家越加重视职业教育的发展，相继出台了《国家职业教育改革实施方案》《建设产教融合型企业实施办法（试行）》等一系列相关政策，加快发展现代职业教育，支持产教融合，支持民办教育培训。在市场规模方面，据中信证券预计，2020 年我国职业教育市场规模约为 8600 亿元，其中学历类职业教育市场规模约为 1600 亿元。以高等职业教育为例，如图 8.15 所示，高等职业学校数量从 2013 年的 1321 所增加到 2018 年的 1418 所，增速持续加快。如图 8.16 所示，高等职业学校在校生人数也从 2013 年的 974 万人增加到了 2018 年的 1134 万人。在政策鼓励社会力量兴办职业教育、产教融合的职业教育新生态之中，集团化办学已成为职业教育的一个全新趋势。集团化办学可以更好地促进产教融合、校企合作，激发职业教育办学活力，也可以扩大学校自主权。

图 8.15　2013—2018 年中国高等职业院校数量及增速

资料来源：教育部。

图 8.16　2013—2018 年中国高等职业院校在校生人数及增速

资料来源：教育部。

　　我国高等教育服务市场主要包括民办大学、升学培训服务和 MOOC（大型开放式网络课程）等。目前，我国已经形成了一个比较完整的、具备相当规模的民办高等教育系统。2003 年"非典"疫情及 2008 年金融危机冲击使我国就业压力激增，由此，2003 年和 2009 年我国开展了两次大规模的研究生扩招，其后考研培训等服务机构迅速崛起。2012 年 MOOC 席卷全球，第二年清华大学发起组建了我国首个慕课平台——学堂在线。2020 年，受到新冠肺炎疫情影响，我国专升本扩招 32.2 万人，硕士研究生扩招 18.9 万人，博士研究生扩招 10 万人。这为民办高等教育和大学生升学培训服务市场的发展提供了契机。

　　在市场规模方面，如图 8.17 所示，2019 年我国民办高等教育市场规模约为 1200 亿元，预计在 2020 年将达到 1300 亿元。截至 2019 年，我国民办高校有 757 所，但增长速度较慢，2014—2019 年仅增加了 29 所，这与新建民办高校的政策审批流程慢以及资金投入大有关。大学扩招使我国高等教育毛入学率越过了 50%，标志着我国高等教育已从大众化阶段正式迈入了普及化阶段。我国高等教育毛入学率虽然已高于世界平均水平，但与韩国的 98%、美国的 94%、澳大利亚的 86%、英国与日本的 61% 相比，还有较大差距。可以预测，未来我国大学仍有继续扩招的可能，民办高等教育也仍有市场扩张空间。

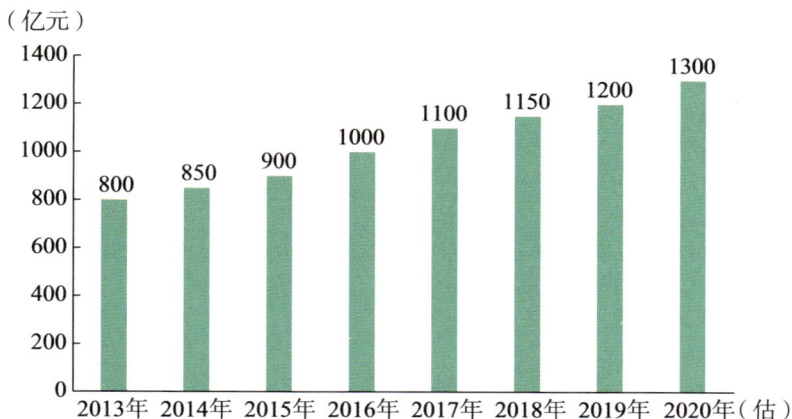

图 8.17　2013—2020 年中国民办高等教育市场规模

资料来源：中商产业研究院。

3. 素质教育、教育信息化与国际教育

除上述依照学段划分的领域外，我国教育服务市场还包括素质教育、教育信息化、国际教育等几大领域，这些领域贯穿于教育服务市场的各个学段。其中，素质教育与教育信息化因得到了政策支持而处于快速发展期。素质教育领域的服务主要包括 STEAM 教育、研学和营地教育、思维训练培训、体育类培训和艺术类培训等，整个市场目前仍处于成长阶段，细分领域众多，市场高度分散。教育信息化领域主要有四种服务类型企业：一是硬件提供商，主要面向政府、学校或企业机构提供硬件设备；二是技术平台提供商，帮助学校和教育服务机构实现家校互动、教学及教务管理现代化；三是教学软件或教学内容提供商；四是补充性的课程解决方案提供商，提供师资培训、课程内容等资源。目前从事教育信息化业务的公司有数百家，教育信息化市场的整体竞争格局高度分散①。

在市场规模方面，如图 8.18 所示，素质教育服务市场规模从 2015 年的 528 亿元增长到 2019 年的 1418 亿元，预计 2020 年将达到 1717 亿元。其

---

① 艾瑞咨询 . 2019 年中国教育信息化行业研究报告 [R]. 2019.

中 STEAM 教育是素质教育领域新兴的细分领域，主要包括机器人教育、创客教育、少儿编程和其他。如图 8.19 所示，创客教育成为家长最偏好的选择（42%），其次是机器人教育（31%）和少儿编程（21%）。据 IT 桔子数据，2019 年 STEAM 教育市场规模为 76.60 亿元，预计 2020 年将达到 147.25 亿元，且会保持接近 50% 的增速。据广证恒生测算，STEAM 教育渗透率每提升 1 个百分点，市场扩容约 150 亿元，而当前渗透率预计在 0.5%—1.5%。

图 8.18　2015—2020 年中国素质教育服务市场规模及增速

资料来源：多鲸教育研究院。

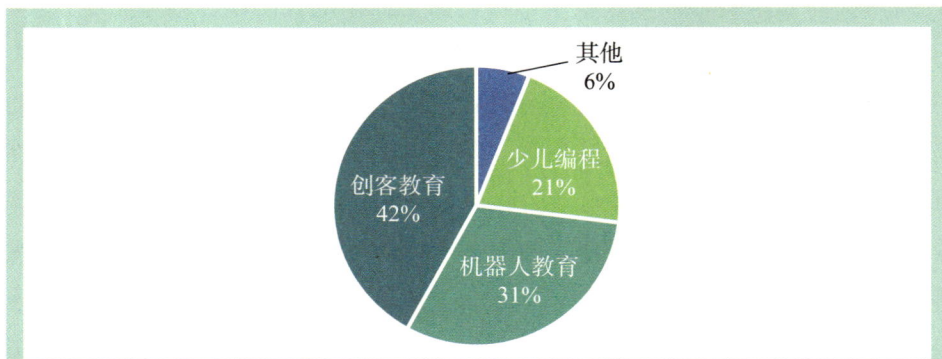

图 8.19　2017 年中国家长倾向于选择的 STEAM 教育项目占比

资料来源：家长帮。

教育信息化领域发展于 21 世纪后，随着互联网技术的下沉，教育与技术的融合趋势逐渐凸显。2018 年，《教育信息化 2.0 行动计划》发布。在此背景下，我国的教育信息化领域中各类硬件设备提供商、教育软件提供商、数据服务企业纷纷涌现，华为、阿里巴巴、腾讯等互联网科技企业纷纷进入教育信息化领域。如图 8.20 所示，2018 年中国教育信息化市场规模达 5300 亿元，多年来均保持两位数增长速度。根据教育部公布的数据，我国教育信息化财政经费投入可观，2013—2018 年占总财政经费比重始终稳定在 8%，2019 年上升至 8.5%，2020 年有望提升至 9%。在前沿技术与教育服务加速融合及 5G 新基建背景下，可以预见，教育信息化领域将迎来一个持续高速发展时期。特别是 5G 的增强型移动宽带具有高可靠、低时延等特点，能够使网络教育质量提升、门槛降低，在 5G 时代当前的教育模式将从根本上得到改变。

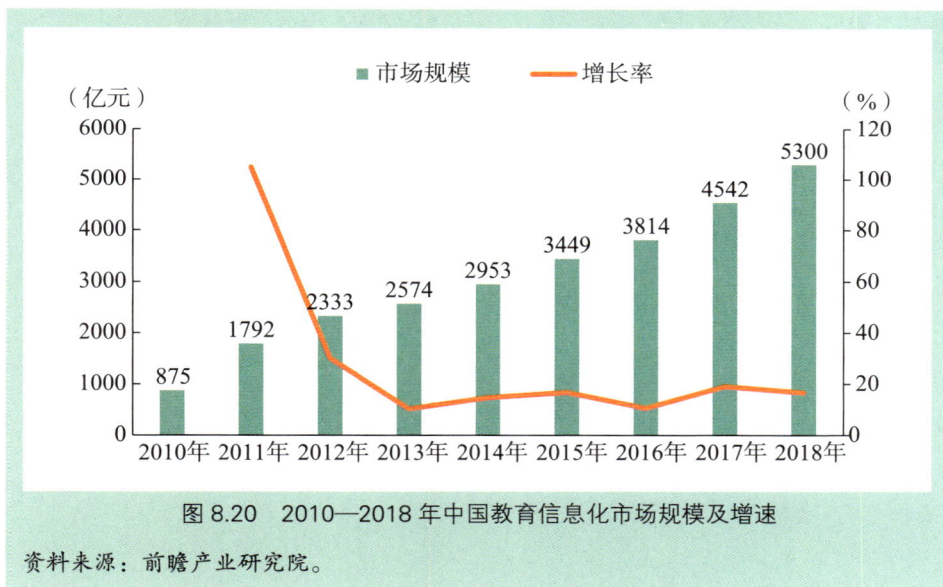

图 8.20　2010—2018 年中国教育信息化市场规模及增速

资料来源：前瞻产业研究院。

我国国际教育市场主要由在华国际教育（国际学校、高等教育中的中外合作办学等）和出国留学服务（留学申请相关服务、留学语言培训等）两部分构成。进入 21 世纪后，随着中国加入 WTO 和高净值人群的迅速增加，我国进入了自费留学的黄金时代，出国留学人数逐步增多，留学准备服务市场规模开始扩大。2004 年后，国外知名院校与国内高校合作办学模式开启。同时，国内名校，尤其是著名高中也开始利用自身品牌优势开设国际部。民办国际学校在这一时期成为国际教育发展的新兴潮流。政府在支持国际教育和引进优质资源的同时，也加强了对留学中介、国际学校的规范化管理。在市场规模方面，如图 8.21 所示，2019 年中国国际学校市场规模为 394 亿元，预计 2020 年将突破 436 亿元。在留学准备服务方面，几家龙头企业占据了大部分市场，而中小机构则在区域范围或垂直细分市场精细化经营。例如，在语言培训方面，新东方（26.3%）、环球雅思（7.8%）和新航道（3.7%）市场份额位列前三；在留学中介方面，启德（12.90%）、金吉列（11.10%）和前途出国（8.6%）位列前三名。

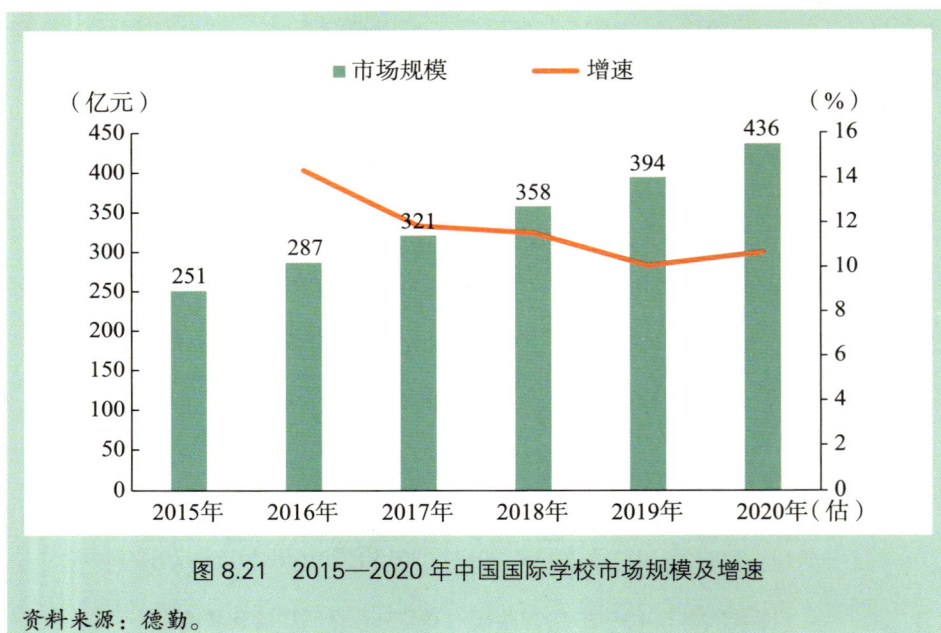

图 8.21　2015—2020 年中国国际学校市场规模及增速

资料来源：德勤。

二、疫情防控凸显在线教育优势

新冠肺炎疫情对国民经济各行业造成巨大冲击，服务业遭遇的冲击尤为严重，且恢复速度相对缓慢。在国家强有力的领导和社会各界的共同努力下，我国度过了最艰难阶段，各行各业陆续复产复工。疫情对教育服务产业的影响亦不容小觑，所有线下校外培训机构都在疫情防控期间被迫关闭。为维持企业现金流，创造营业收入，以弥补日益增大的税费、场地租金和人力成本等压力，不少教育服务企业利用线上平台进行教育服务供给。在分析疫情期间的在线教育之前，有必要先介绍我国在线教育市场的基本情况。根据中国互联网络信息中心发布的数据，我国网民总数从 2014 年的 6.49 亿人增长到 2020 年年初的 9.04 亿人。相比之下，在线教育用户的增长速度远超网民规模的增长速度。如图 8.22 所示，2015 年我国仅有 1.1 亿人使用在线教育学习，而到 2019 年已经增长到 2.32 亿人。疫情期间，全国各学段学生被迫转为线上学习，2020 年预计我国在线教育用户规模将达到 4.22 亿人。在市场规模方面，如图 8.23 显示，我国在线教育市场规模从 2008 年的 352 亿元逐渐增长到 2019 年的 4041 亿元，增速在 2017 年达到巅峰（56.2%），此后增速快速下降。可以预计的是，在 2020 年在线教育大爆发的背景下，在线教育规模很可能会出现新的增长，产业形态将进一步升级。

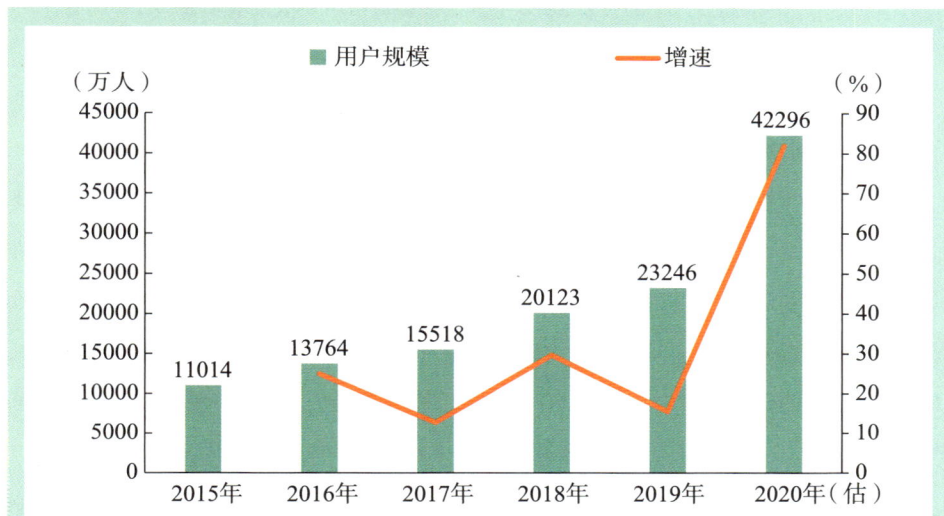

图 8.22　2015—2020 年中国在线教育用户规模及增速

资料来源：中国互联网络发展状况统计报告。

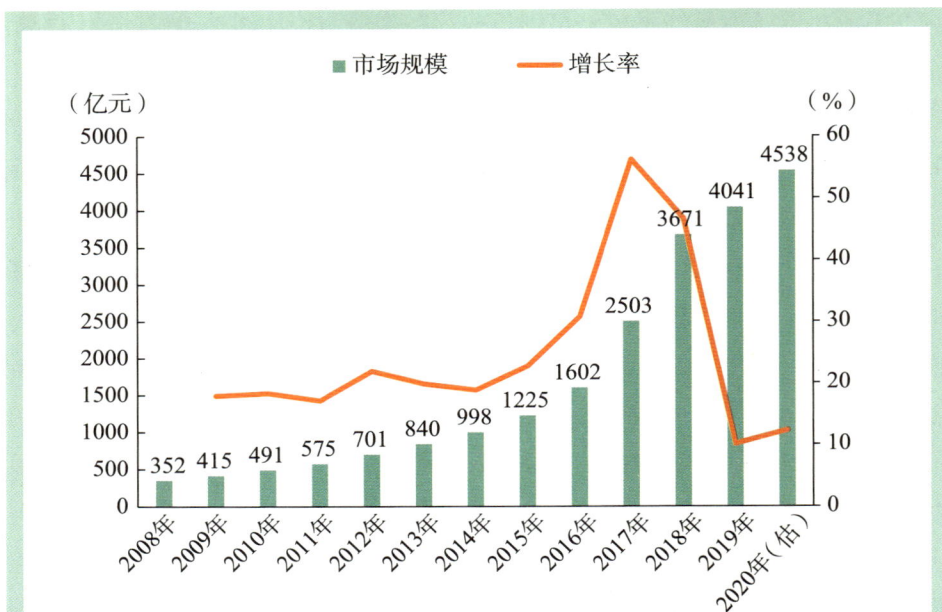

图 8.23　2008—2020 年中国在线教育市场规模及增长率
资料来源：艾媒咨询。

　　疫情防控期间，在学校及校外培训机构的线下教学活动暂时停摆的情况下，两类机构为中国在线教育做出了巨大贡献。第一类是以钉钉、腾讯课堂、ClassIn 和 ZOOM 为代表的在线办公和教学软件，这些软件肩负起了各级各类学校线上教学任务。第二类是有线上教学能力的校外培训机构，它们能够在疫情时期不受环境影响，继续发挥效能。在线教育领域中，不少企业如学而思网校、新东方在线、猿辅导、作业帮和网易有道等都实施了免费赠课活动，充分抓住机遇，提高在线课程的渗透率。据不完全统计，新东方、作业帮和网易有道的免费课程用户分别达到了 1000 万人、2800 万人和 1000 万人。

　　然而，疫情防控期间的在线教育依然面临着诸多问题。（1）在教学体验方面，一是部分学生难以适应线上教学，并把这一现象归结于在线教育相对于线下教育效果差。疫情过后，这些学生的在线教育需求可能会下降。二是由于很多网课仓促上线，出现"劣币驱逐良币"现象，导致没有体验过优质网上课程的学生和家长在疫情过后可能停止线上学习。三是教师进行在线授课、组织在线教学资源、组织学生互动、检测学习效果等方面的能力有待提高。此外，在线教育的监测过程数据化、学习效果评价智能化、学习方式个性化等解决方案有待突破。（2）在教育设备和内容供应方面，一是专业的在线教育平台还不够适用。尤其是从公立学校的应用来看，按照统计，腾讯会议、钉钉、ZOOM 等商务系统成为最佳选择。一些教育服务企业提供的专门服务于教育的平台、软件、课程却没有被采用。二是在线教育资源储备不足、水平不高。部分教育内容供给方把线下的讲课内容搬到了线上，线上教学资源的制作、筛选、整合、利用，尤其是对课程教学内容的模块化精练，都难以达到学习者的预期。三是目前还没有具备适应在线教育的整体解决方案。很多中小学校使用的是国家、省市资源或各个区县的教学课件，整体而言，欠缺流程化的、经过多部门多主体联合锤炼的和多教师联合教研的，包括教、学、练、测、评的教学整体设计。此外，在线教育也有天然难以逾越的局限，主要表现在教师与学生的情感互动、价值传递存在隔膜以及理工科实验等线下操作无法实施。

后疫情时代，教育教学模式可能面临多方面变革。诚如北京航空航天大学现代教育技术中心主任宋建功教授在 2020 年全球智慧教育大会上所指出的，后疫情时代的教学将出现"线上线下混合教学模式""互联网教室无边界课堂""常态化生成教 / 学 / 管 / 评大数据""闭环的教学质量提升""服务师生和领导个性化需求"五大创新点①，并通过构建混合云平台，实现无边界课堂，即让任何人在任何时间、任何地点，使用任何终端都可以运用的新型教育教学模式。

三、智能时代教育服务产业发展特征

（一）技术赋能产业发展

自 2015 年李克强总理在政府工作报告中首次提出"互联网 +"行动计划以来，互联网对服务业各领域进行了全面渗透，无论是产业结构、组织形式

---

① 宋建功 . 线上线下混合教学，构建无边界课堂 [Z]. 北京：全球智慧教育大会，2020.

还是资源配置和布局，都发生了深刻变革。互联网、移动互联网对教育服务产业影响深远，极大拓展了产业边界，并为消费者带来了全新的教育消费体验。个人终身发展需求日趋强烈，混合学习、合作探究、联通学习等学习方式日趋普及，学习时空也由学校物理空间拓展到网络空间①。经过多年下沉，互联网已成为智能时代教育服务产业的"标配"，不仅从供给端推动产业创新、扩大产业服务半径，还从需求端释放消费潜能、有效提升教育资源配置效率，从供需两侧为产业升级与可持续发展赋能。

智能时代，在互联网通信基础设施全覆盖的基础上，人工智能、大数据、虚拟现实、5G等前沿技术对教育服务产业的渗透率也在快速提升，推动教育服务及产品不断迭代升级。自2017年以来，人工智能技术加快向教育领域渗透，《教育信息化2.0行动计划》提出，要开展以学习者为中心的智能化教学支持环境建设，推动人工智能在教学、管理等方面的全流程应用，利用智能技术加快推动人才培养模式、教学方法改革。相比互联网，人工智能等前沿技术对教育服务的影响更加深远，学习者将真正进入现实物理世界、数字世界和虚拟网络世界交融的时代。前沿技术在为学习者赋能的同时，也在为产业实现高质量供给赋能。相比于公办学校，我国教育服务产业在前沿技术研发和应用方面具有更强的能力，创造的产品与实践案例也更为丰富。

尽管前沿技术与教育服务的融合仍处于起步阶段，但其开启了教育服务产业的新一轮转型升级，吸引了企业的不断探索与实践。教育服务企业依托大数据的"用户画像"提升服务质量，也支持了学习者的个性化学习需求。基础教育、学前教育、职业教育等领域涌现出结合 VR/AR 技术和全息技术的教学产品，如 VR 实验室、VR 操作间等，这些创新可以使教学更生动、更立体，使得学习者获得"沉浸式体验"，有效提高知识感知度和保留度，提高了教学质量。人工智能使得因材施教成为可能，其在教育服务企业中的应用主要包括自适应学习、在线双师课堂、人机对话互动、语音测评及处理以及

---

① 黄荣怀，刘德建，刘晓琳，等. 互联网促进教育变革的基本格局 [J]. 中国电化教育，2017（1）：7–16.

拍照搜题等，人工智能的渗透已从外延的纯辅助逐渐向核心环节接近①。智能时代，前沿技术与教育服务的融合空间巨大，技术将创造出更加个性化、更具适应性、与终身学习紧密结合的智慧学习环境，全面提升产业供给水平与服务质量，丰富甚至重塑产业生态体系。中国工程院院士赵沁平提出，作为智慧教育的重要支持技术，VR 具有沉浸感、交互性、构想性和智能化的特征，其特有的技术特征将催生新的教育模式与教学方法，VR+AI 或可成为教育技术发展新方向，对未来教育产生深刻的影响。

（二）政策引导产业规范

智能时代，教育政策对教育服务产业的规范发展给予了高度重视，产业发展周期与政策周期的联动更加紧密。这不仅反映出教育服务产业已成为我国教育事业的重要组成部分，也说明产业发展需要更好地平衡经济利益与社会公共利益。作为重要的公共政策，规范性的教育政策能够为教育服务产业的健康可持续发展提供制度保障和正确方向，有助于缓解产业发展中的市场失灵；而支持性的教育政策能够激发和壮大促进产业发展的内生因素，引导技术、人才、资本等各类要素和资源加速向产业流动。

智能时代的教育服务产业发展迅猛，2019 年我国教育服务产业的市场规模已突破 3 万亿元，其中基础教育、职业教育和教育信息化市场规模位居前列。近年来，针对这三个领域的教育政策频出。例如，2016 年，国务院颁布《关于鼓励社会力量兴办教育促进民办教育健康发展的若干意见》，为促进民办教育的健康发展而鼓励社会力量兴办教育。2017 年，国务院印发《国家教育事业发展"十三五"规划》，明确提出："鼓励社会力量进入教育领域。拓展社会力量参与教育发展的渠道和范围。"这些政策的出台为教育服务产业发展提供了支持和保障。自 2018 年以来，针对基础教育领域的规范性政策密集出台，如《关于规范校外培训机构发展的意见》《关于规范校外线上培训的实施意见》等，对培训机构教师、场地、管理方式等做出了规定，旨在整治基

---

① 普华永道 . 2016 年至 2019 年中国教育行业并购活动回顾及趋势展望：规范化、多元化、科技化中国教育行业投资并购回归理性 [R]. 2020.

础教育市场乱象，引导校外培训市场健康发展。未来，相关教育政策将继续保持强监管、重规范及有序鼓励的总体基调。

除了基础教育领域，职业教育、教育信息化领域近年来也频受政策影响，其中《教育信息化 2.0 行动计划》《中国教育现代化 2035》《国家职业教育改革实施方案》等政策都表现出对职业教育与教育信息化企业的支持和鼓励。随着政策逐步落地，市场上民办职业学校与教育科技企业不断涌现，新型教育产品与服务层出不穷。在职业教育领域，校企结合、产教融合在政策支持下取得了良好进展，如现代农业方面的新希望的"绿领"人才培养、先进制造业方面的吉利汽车的"成蝶计划"建设项目、战略性新兴产业方面的比亚迪新能源汽车技术技能人才培养基地共建项目、现代服务业方面的完美世界数字文创产教融合创新平台建设项目等。在教育信息化领域，随着信息化基础设施建设加快推进、智慧教育快速发展，教育服务企业凭借技术、平台、管理、运营模式等优势，在教育信息化的多元合作中大有可为。因此，教育服务产业应始终保持与我国教育事业发展方向的一致性，找准自身定位，补充而不替代、附属而不僭越，不断提升产品和服务质量，在政策鼓励领域做出更多创新探索，在政校企合作中发挥更大价值。

（三）垂直领域深耕与跨界融合成为产业变革方向

智能时代，我国教育服务产业已形成较为完整的产业链，专业化分工极大提升了产业生产效率。目前，教育服务产业中的学前教育、基础教育、职业教育、高等教育、素质教育、国际教育、教育信息化等领域已经较为成熟，各领域企业和机构专注于该领域的产品研发与服务创新。不仅如此，在这些领域内部，还逐渐形成了更加精细的产业分工。由于教育服务产业市场规模巨大、领域众多，企业选择垂直深耕，是为了通过更加精细化、个性化、创新性的产品和服务，打造垂直细分领域的核心竞争力。例如，在基础教育 ToB 市场，企业的主要产品和服务包括工具、内容、平台、硬件以及以智能技术为主要形态的解决方案，覆盖招生引领、教学授课、运营管理、场地租赁

的全场景需求 ①。

在线教育也可被视为产业垂直领域的服务模式创新。线上模式有利于大数据、人工智能等前沿技术的应用，极大提升了教育服务效率。例如，基础教育校外培训的线上服务已较为成熟，新兴在线教育企业快速发展，传统企业和机构纷纷探索线上服务模式。近年来，素质教育领域的服务也逐渐向线上转移，其中 STEAM 教育与计算机和互联网技术密切相关，可谓"自带互联网基因"，所以其在线上的培训效果也较线下 STEAM 课程表现出明显优势，学习者能够在线上课堂中更高效地获取知识。艺术培训，如美术、舞蹈等课程也由于陪练和艺术课直播等因素的影响，逐渐向线上转移，以实现个性化和高效化教学。

除纵深发展、领域内深耕外，我国教育服务产业还表现出跨界融合的趋势，跨行业的教育服务布局正在成为常态。许多大型互联网企业、制造业企业凭借自身的平台、用户、技术等优势，纷纷布局教育服务产业。例如，腾讯推出 WeLearning 智能教育解决方案，基于腾讯教育中台，围绕学习、教学、管理、空间和服务等场景，形成体系化的解决方案，为全教育阶段的教育管理部门、学校、老师、学生、家长、教育机构、泛教育机构等不同用户提供应用服务。阿里钉钉正式发布了"钉钉未来校园"产品，通过"校园数字化管理平台 + 校园智能硬件"的整体解决方案，以区域为切入点，面向全国中小学校提供服务。此外，教育服务产业还与文化旅游、传媒影视、游戏等行业跨界融合，孕育出新型业态和供给模式，产业之间的边界正在被打破，产业互联网加速形成，传统产业生态正在被重塑。

（四）政校企合作愈加紧密

在教育服务多元供给的智能时代，教育服务产业是我国公共教育服务的有益补充，在教育信息化、职业教育、在线教育等多个领域，政校企合作愈加紧密。例如，2020 年 3 月，教育部印发《关于加强"三个课堂"应用的指导意见》，明确提出要建立多方参与机制，积极引导行业企业、高等学校、科

---

① 中国教育科学研究院，好未来集团，奥纬咨询 . 2020 中国 K–12 教育培训 To B 市场发展报告 [R]. 2020.

研院所等社会力量参与，构建共建共用、共享共赢的"三个课堂"应用生态。2020 年 7 月，国家发展改革委等 13 部门联合发布《关于支持新业态新模式健康发展激活消费市场带动扩大就业的意见》，在线教育被列入 15 个新经济发展模式之一。该意见强调，允许购买并适当使用符合条件的社会化、市场化优秀在线课程资源，探索纳入部分教育阶段的日常教学体系，并在部分学校先行先试。此类政策的出台，为政校企合作创造了广阔空间，也为教育服务产业发展提供了新机遇。

职业教育是另一个重要的政校企合作领域。2019 年印发的《国家职业教育改革实施方案》指出，要大力开展国家产教融合建设试点工作，建立产教融合型企业认证制度，逐步培育数以万计的产教融合型企业。经济学家蔡昉认为，通过教育尤其是职业教育改革，为产业持续发展提供高质量的人力资本，以提高企业劳动生产率，是供给侧结构性改革对教育的基本需求，也是政产学研融合实施过程中实现以"教"促"产"的现实保障①。产教融合型企业兴办职业教育，有利于解决产业人才的供需矛盾，有利于产业更精准、更高质量地获取高技能人才，是产业链与人才链对接的最好方式。自政策引导校企合作以来，我国产教融合已形成企业进校、劳教结合、工学交替、校企互动和"订单"式合作四种主要模式。各级各类职业院校根据自身特点选择适合自己的发展模式，均取得了较好成效。

2020 年 2 月，人力资源社会保障部、市场监管总局、国家统计局联合发布了 16 个新职业，其中网约配送员、人工智能训练师、全媒体运营师、健康照护师、呼吸治疗师等均为互联网发展和社会需求变化下应运而生的新职业。从企业需求来看，这些新职业从业者中仅有 22.94% 的人是专业院校毕业生，有 28.79% 的人未受过相关的培训②，说明现阶段我国职业教育与高等教育的产教融合还不够深入，尚不能跟上社会、企业的需求，还滞后于职业的发展速度。未来，"产教融合"将持续在我国职业教育发展中占据重要地位，为社会各领域的优质人力资本积累做出贡献。

---

① 李晓. 我国职业教育产教融合的运行环境及教育对策分析 [J]. 职教论坛, 2020（6）：32–37.
② 美团研究院. 2019 年生活服务业新职业人群报告 [R]. 2019.

（五）经济全球化推动教育服务国际化

经济全球化打破了教育资源配置的国家和区域界线，而科学技术的快速发展极大提高了全球教育资源配置的效率。在国际教育交流层面，我国教育服务产业越来越多地被纳入WTO教育服务贸易的运行轨道。在WTO框架下，教育服务市场化观念进一步强化，经济因素越来越多地渗透到教育服务领域。随着经济全球化进程加快，教育服务的产业属性和经济功能越发凸显，教育服务市场已逐渐演变成全球化市场，资本与市场运作所遵循的游戏规则也在教育服务领域得到了扩张[①]。教育与产业、文化与经济、服务与贸易共同蕴含在教育服务国际化的理念之中。

在学前教育、在线教育、国际教育等领域，教育资源配置全球化特征最为明显。我国学前教育发展之初，师资、课程体系等教育资源难以满足用户日益增长的学习需求，因此市场上早教机构有半数使用的是国外品牌化的课程体系与师资。其中，金宝贝、美吉姆等国外颇具口碑的头部品牌的优势较为突出。这些学前教育品牌普遍来自欧美国家，通常能够提供国际化的教育理念和多语种的教育环境，将境外优质的教育资源呈现在针对中国用户的服务中，凭此受到消费者青睐。在全球化背景下，本土早教机构通过引入境外优质课程体系、测评体系与师资，结合中国市场需求，精准地提供高质量、高适应性的课程与服务，也表现出迅速发展态势。在线教育领域，青少儿英语教育品牌VIPKID是一个利用全球教育资源的典型案例，通过互联网连接全球优质教育资源，提供个性化学习体验，不但为教育服务产业带来了深刻变革，也极大地推动了全球优质教育资源的高效流通。2019年VIPKID付费学员数已突破70万人，遍布全球63个国家和地区，平台上北美外教超过9万名，每天课程数量超过18万节。在国际化趋势下，教育服务应更加重视文化的冲突与协调问题，培养兼具国际视野与家国情怀的新时代人才，在引进世界先进的教育理念、方法和技术的同时，还应加强传统文化和价值教育，根据中国国情和人才培养需求提供高质量的产品与服务。

---

① 邬大光，林莉.教育服务：现代教育交流中的一种异化[J].教育研究，2005（6）：48-53.

（六）数据应用成为个性化教育服务基石

个性化教育是要实现共性基础上的特性发展，其中"特性"包括每个人自身的优势潜能。每个学习者都有自己的"学习基因"组合，关键是要正确科学地认识自己的"学习基因图谱"①。学习者的潜能、偏好与差异化需求等因素在一定程度上决定着个性化教育服务的形式、内容与进度。对"学习基因"的判定需要以大量数据为基础，教育活动中的一切行为都产生数据，当大数据与教育服务深度融合后，个性化教育就成为可数据化、可操作化的教育理念与模式。智能时代，教育服务供给者可以通过建立以学习者为中心的个性化教育过程支持系统，挖掘有价值的核心数据，提高数据分析能力，定制可量化的数据评价指标，以助力个性化教育的实现。

在市场中，教育大数据常见于基础教育校外培训产品和语言培训服务中。随着互联网，尤其是移动互联网的普及，在线学习使教育大数据的收集成为可能。借助人工智能与云技术，教育服务供给方能够对学习者数据进行挖掘和分析，研究用户学习路径，将数据转变为信息与智慧，从而为不同学习者提供符合其学习现状、能力与目标的个性化教育内容。

以往我国个性化教育在实践中往往是经验式的，缺少足够的数据源和可供分析判断教育行为效果的依据。大数据恰恰能对这些缺失进行弥补：首先，大数据能够从技术层面解决个性化教育数据源缺失问题，经过动态分析，可以把学习者在学习过程中的现实需求及各影响因素等变得可读、可量化、可视化。其次，借助大数据，教育服务供给方可以从学习行为视角了解个性化教育过程的发生机制，基于行为数据分析制订一生一课表、推荐培养路径、开展自我教育与自我导向学习。最后，借助大数据，教育服务供给方可以提供更为全面而深入的教育教学检测评估，有利于科学实施有针对性的干预。例如，学而思网校、掌门教育等推出的教育产品、教育软件，通过收集后台数据，为学生推荐难易度合适的课程与测试，再结合云计算、人工智能等技术，对学习者测试的结果数据进行挖掘与分析，依据评估结果提供"一对一"的个性化教育服务。

---

① 周进.大数据时代的高校个性化教育：一种过程支持框架 [J].高教探索，2016（5）：11-15.

第4节　智能时代教育服务产业发展展望

一、趋势与机遇

（一）下沉市场有待挖掘

我国教育服务产业在一、二线城市的布局已经趋近饱和，未来将战略资源延伸至三、四线及以下城市是产业发展的一大趋势。目前，三、四线及以下城市与乡镇的基础设施建设正在逐步跟上一、二线城市的步伐，未来这些地区5G、大数据中心等新基建的铺设也将被提上日程。下沉市场已基本具备支撑其庞大用户群体的技术条件，而下沉市场学习者的数字素养也有条件得到进一步提升。不论当下还是未来，优质的教育资源都是下沉市场用户与一、二线城市用户共同的追求。因此，在下沉市场布局教育服务，将为产业发展带来新机遇。在优质教育资源有限的情况下，来自一、二线城市的教育服务企业能够通过开设直营校区、与本地机构合作、开设双师课堂，甚至免费推广在线课程等方式打破地域界限，将优质教育资源跨时空地配置到下沉市场。

（二）前沿技术引发新机遇

相较于其他被互联网改造的行业，教育服务产业的互联网渗透率仍不高。由于教育具有特殊性，互联网与教育的融合模式创新乏力，传统教育模式依然占据主导地位。近年来，随着大量资金及人才涌入，科技在教育服务领域中的应用迅猛发展。同时，作为需求端的用户，其消费形式的变化、学习行为与习惯的改变以及对学习场景的更高要求，也推动了科技与教育服务的融合。智能时代，产业中的头部企业在前沿技术的应用场景方面进行了诸多探索。目前，对市场保持高度敏感的企业已在"教育＋科技"领域展开布局，不论是深耕教育的企业，如好未来、新东方在线、作业帮等，还是互联网巨头，如 BAT、科大讯飞、今日头条等，均在"教育＋科技"上进行持续投入。尽管人工智能等前沿技术在教育服务中的应用仍处于浅层阶段，但已在促进因材施教、提升教育质量及教育效率方面表现出显著优势。人工智能平台的应用，还让教师从烦琐重复的工作中解放出来，并通过提供可视化的数据分析结果，使教师能更多地专注于教学内容的研发以及与学生、家长的交流互动。在前沿技术快速迭代的智能时代，教育服务企业应始终与技术站在一起，深入思考如何妥善应用前沿技术，不断创造出符合市场需求及促进教育现代化的新产品、新模式与新服务。未来的教育是人与人工智能协作的教育，充分发挥机器与人类不同的优势是提高教育生产力的关键。基于智能技术，建立促进个性发展的教育体系，是智能时代教育发展的基本趋势。

（三）产业整合升级促进形成新生态

智能时代，跨界融合已成为教育服务产业发展的重要特征之一。互联网企业、制造企业、文化传媒公司等进入教育服务领域跨界发展，使得教育服务产业生态变得更加复杂。风险投资、私募股权基金、并购基金、产业资本等涌入产业，产业中的利益相关者不断增加，企业的生存与竞争环境也变得更加复杂。技术创新催生更多产品和服务模式，如 OMO（行业平台型商业模式）、直播、"双师模式"等，构成了复杂的商业模式。同时，教育部、科技部、国家发展改革委等政府不同部门发布的政策作用于产业，也使产业发展面临的外部政策环境更加复杂。在复杂的产业生态中，智能时代的教育服务产业将面对两个关键词：一个是"整合"，另一个是"升级"。一方面，产业中的头部企业、产业资本、金融资本等，通过股权投资、并购等方式整合产业资源，产业高度分散的竞争格局或将被打破。另一方面，教育服务产业将不断升级迭代。这种升级不仅仅是技术的升级，也包含产品内容、服务品质的升级，而产业升级也为各个细分领域优质企业拓展出新的发展空间，使其在更加健康有序的产业生态中实现可持续发展。

（四）融合化在线教育迎来新增长

随着后疫情时代线上线下教育的深度融合，弹性的学习时间、灵活的学

习地点、重构的学习内容、多样的教学方法、多维的评价体系及面向个性化培养的主动学习，将成为未来教育的新"常态"[①]。教育服务类企业也应顺应这种学习方式的变革，改进产品或服务的内容、形式等。疫情期间线下教育难以开展，基于大规模的信息化教学实践，教育服务产业在线化、科技化进程明显提速，在线教育渗透率也大幅上升。以疫情期间的在线教育实践为基础，在线教育将逐渐形成新的常态，并将成为线下教育的重要补充，未来 OMO将为产业发展创造新增长点。融合化不是线上和线下简单地相加，而应该各有侧重，发挥各自优势，激发各自潜能，形成良性互动的新格局。疫情过后，教育服务企业应当继续发挥线上线下相结合的优势，增强校企合作，为社会供给更优质的在线教育资源，为学习者打造更高效化、个性化和弹性化的教育服务。

二、问题与挑战

（一）教育服务本质与盈利需求有待平衡

在产业粗放增长时期，我国教育服务产业市场乱象丛生，虚假宣传、超前超标、内容不良、经营管理失范等问题频出，随之而来的是严厉的整治行动和监管文件的相继落地。然而，由于教育服务产业部分领域本身准入门槛不高，市场广阔，盈利空间较大，在各类规范产业发展的法律法规及制度条例之下，仍旧存在着部分机构与企业盲目追求经济利益，忽视教育服务"培养和发展人"的本质，侵害学习者、消费者权益的现象。因此，如何平衡教育服务的本质与企业的盈利需求，依旧是产业发展面临的一大挑战。一方面，企业需要坚定不移地坚持"内容至上"，将教育服务切实落实到教人、育人的目标之上；另一方面，在融合科技手段与营销推广的过程中，做到不过分吹嘘形式上的"新花样"，以教育服务产品、课程的内容与质量作为要点，扭转

[①]　黄荣怀，汪燕，王欢欢，等.未来教育之教学新形态：弹性教学与主动学习 [J].现代远程教育研究，2020（3）：3–14.

市场上"科技至上""营销至上"的不良风气，以国家和社会的切实需求为出发点，提供高品质的产品与服务，走出一条可持续的发展之路。

（二）伦理、隐私问题亟须获得重视

步入智能时代后，随着前沿技术与教育服务融合加速，数据隐私、伦理道德等问题成为产业发展面临的新挑战。例如，针对将人脸识别技术应用于校园和课堂，要加以限制和管理。从目前人脸识别技术相关的研究和实践来看，亟须对这一技术进行跨学科研究，相关的伦理审查和监管也迫在眉睫。针对此类保护隐私的需求日渐增加，如何打造一个隐私保护系统也成了相关企业在未来应该思考的问题。目前各类企业尚不能很好地解决数据产生的隐私信息等问题。各企业在研发具有科技属性的教育产品时，也应当大力开展相应的隐私保护。2020年4月，中共中央、国务院印发《关于构建更加完善的要素市场化配置体制机制的意见》，数据首次被作为一种新型生产要素。当前，迫切需要加强在数据要素产权、交易规则和隐私保护等各方面的法律法规建设，以更好地促进教育服务产业的健康发展。

（三）新的教育不公平问题或将显现

智能时代，拥有和使用技术的不公平可能催生新的教育不公平，即"数字鸿沟"。经济发达地区及城市的学习者能够接触到更高水准、全覆盖的技术产品，而较为落后的地区及乡镇、农村的学习者由于受到信息技术基础条件限制，目前还不能享有与一、二线城市学习者相同的服务。不同地区的学习者所具备的数字素养以及数字素养提升能力也存在明显差异。当部分落后地区学习者的数字素养难以驾驭搭载优质教育资源的技术产品时，这种新的教育不公平将被进一步放大。因此，教育服务供给方及从业者都应意识到，在不断拓展市场的同时，除了要发挥其在产品、服务层面消除"数字鸿沟"的作用外，还应该承担社会责任，关注不同学习者技术使用意愿与能力的提高，确保全体学习者与智能时代的新技术接轨。这也有利于提升教育服务产业在不同地区、不同群体中的渗透率。

资本、技术与教育服务产业发展 *

对于教育服务产业而言，资本不仅是重要的生产要素，也是引导和支持其他生产要素向产业集聚的重要纽带。2018 年下半年以来，我国教育服务产业进入增速放缓的"冷静期"，产业总体正在度过资本市场上的艰难时刻。而经历了数次泡沫和周期后，资本已趋于成熟理性，更加注重长期价值投资。本专题首先分析资本、技术与产业之间融合发展的机制，并提出"资本＋技术＋产业"的融合型生态；然后，挖掘智能时代影响教育服务产业投融资的三大关键因素，在此基础上，分析中国教育服务产业总体及细分领域投融资现状，并通过分析"人工智能＋教育"领域的投融资情况及不同投资方的投资布局，进一步探讨技术创新与资本投资偏好；最后，总结智能时代教育服务产业投融资的特征、未来机遇与面临的挑战。

---

* 本专题的主要研究工作于 2020 年完成。2021 年 7 月，"双减"政策发布，对校外培训做出了明确规定。因此，本专题研究内容更多为发展回顾而非对未来趋势的研判，相关要求应以最新的"双减"政策为依据。

第1节 资本、技术与教育服务产业融合发展的机制

一、资本、技术创新与产业融合发展的逻辑

根据新经济增长理论，出于对垄断利润的追逐，资本被不断用于技术研发或扩大生产规模。一方面，研发（R&D）支出直接作用于企业技术水平提升，推动了新产品和新方法的实现；另一方面，随着生产规模的扩大，企业通过"干中学"所积累的知识存量也在增长。技术水平和知识存量的变化带来企业生产率的提升，同时，知识的外溢使产业内其他企业也能获取技术创新带来的收益，因而推动整个产业不断优化升级。产业升级又进一步吸引资本流入，形成良性循环。这便是资本、技术与产业之间融合发展的基本逻辑。

在经济学理论里，"资本"在大多数情况下指的是物质资本，而本专题重点讨论金融资本。金融体系对于加速资本积累和流动、推动市场化资源配置机制的形成和完善、促进社会生产力提升和经济增长具有重要作用。现代金融体系发展至今，已经形成了包含金融机构、金融市场、金融工具、金融制度与政策在内的一套完整的运行机制。在宏观层面，金融体系通过这套运行机制将稀缺的储蓄转化为投资，促进资本积累和经济增长，提升国民收入和社会福祉。在微观层面，资本赤字企业在这套运行机制中，可以借助多样化的金融工具、通过金融机构提供的多样化的金融服务，将金融资本转化为企业发展必需的各类要素投入，实现为投资而融资的目的；而为企业提供资金的资本盈余方，则能从企业的成长中获得资本增值。这样一种风险共担、利益共享的市场配置机制不仅助推了企业成长与发展，也使资本从闲置变为有效，提升了资本供求协调的总效率。

金融资本主要通过两个渠道推动产业发展与升级。第一个渠道是企业直

接增加研发投资，促进了知识要素积累，带动产业技术创新与生产率提升。新经济增长理论认为，大部分技术创新都源于市场激励导致的有意识投资行为，即新技术是由那些追逐利润的企业通过研究、开发和改进创造出来的[①]。在此过程中，金融资本普遍偏好进行技术研发或拥有先进技术的企业，这一特征在资本介入教育服务产业时表现得十分明显。尽管技术研发成功后能够获得高投资收益，但与此相伴的是高投入和高风险带来的不确定性。因此，对于中小型科技创新企业而言，依靠自有资本、政府财政以及银行信贷难以满足其在创立、成长、扩张等各阶段对资金的需求，客观上要求企业通过资本市场拓宽融资渠道，弥补中长期发展的资本缺口。与理论相呼应，在我国技术创新投资体系中，企业是全社会研发经费投入和增长的主要力量。2018年，我国研发经费投入总量约为 1.97 万亿元，其中政府投入约占 20.2%，企业投入约占 76.7%，而通过资本市场融资是企业获取研发经费的主要方式[②]。实证研究也表明，我国风险投资对技术创新有显著正向影响[③]。不仅如此，资本市场还推动了科技创新的产业化进程。目前，我国大部分的科技产业与金融资本的融合平台是资本市场，尤其是风险资本市场。

　　第二个渠道是企业将金融资本转化为物质资本，扩大生产规模，并在生产与物质资本积累过程中，通过"干中学"促进知识和技术积累，而知识和技术的外溢将使产业总体技术水平和生产率得到提升。"干中学"由经济学家肯尼斯·阿罗提出，该理论认为知识是在企业的投资和生产过程中逐步积累起来的，即知识积累是投资活动的"副产品"。知识积累是通过人类有目的的智力活动实现的。人们通过学习而获得知识，而学习又是经验的不断总结，经验来自行动。技术进步是知识的产物、学习的结果，经验的积累就体现于技术进步之上。因此，随着资本投资的增加，"干中学"所带来的知识和创新也越来越多。罗默（Poul M. Romer）继承了阿罗的思想，认为知识是公共产品，具有显著的正外部性，而知识溢出足以抵消固定生产要素所引起的知识

①　Romer P M. Endogenous technological change[J]. Journal of Political Economy，1990（5）：71–102；Aceonoglu D.Introduction to modern economic growth[M]. Princeton：Princeton Univsity Press，2009.

②　根据《中国统计年鉴 2019》相关数据进行计算。

③　王雷，党兴华 . R&D 经费支出、风险投资与高新技术产业发展：基于典型相关分析的中国数据实证研究 [J]. 研究与发展管理，2008（4）：13–19.

资本边际产出递减趋势，从而使知识投资的社会收益率保持不变或递增。斯托齐（Nancy L. Stokey）、杨（Alwyn Young）分别分析了新产品的引进、技术创新与"干中学"的相互作用，认为新产品、新技术与"干中学"是相互促进的，只有不断引进新产品及坚持技术创新，才能维持不断的"干中学"①。

无论是企业出于获取垄断利润的动机而投资技术研发，还是在"干中学"中不断积累知识带来创新，最终都将通过技术进步推动产业发展。更重要的是，技术或知识不同于物质资本等其他生产要素，它可以驱动产业以及经济的持续增长与发展。在技术进步被纳入经济增长模型之前，以亚当·斯密（Adam Smith）和大卫·李嘉图（David Ricardo）为代表的古典经济学强调物质资本积累对经济增长的直接促进作用。而这些生产要素在总量上的有限性和在使用上的排他性，给经济增长设立了理论上的极限。此外，这些生产要素具有边际报酬递减的属性，决定了经济无法实现持续增长。而技术、知识等创新要素却可以克服边际报酬递减的趋势，实现规模报酬递增，使产业的持续发展得以实现。

我们可以从三个方面更细致地分析技术创新对产业升级的促进机制。第一，技术具有显著的溢出效应。技术不仅具有内部效应（提高企业自身生产率），同时也兼具外部效应（提高其他企业乃至整个产业的生产率）。罗默的知识溢出模型强调了知识商品的特殊属性，即使用上的非竞争性和占有上的部分排他性②。因此，当知识这种要素被作为投入品时，就会产生强大的正外部性。不少实证研究也证明了产业内溢出效应的存在。例如，有学者发现，研发支出可降低行业的可变成本③。同时，在研发投资密集的行业中，研发投资私人收益率约为 11.5%，而社会收益比私人收益高 25%—115%④。

---

① Stokey N L.Learning by doing and the introduction of new goods [J]. Journal of Political Economy，1988（4）：701–717；Young A.Invention and bounded learning by doing [J]. Journal of Political Economy，1993（3）：443–472.

② Romer P M. Endogenous technological change[J]. Journal of Political Economy，1990（5）：71–102.

③ Bernstein J I, Nadiri M I. Product demand, cost of production, spillovers, and the social rate of return to R&D[Z]. New York：New York University, Faculty of Arts and Science, Department of Economics，1991.

④ Bernstein J I. Costs of production, intra-and interindustry R&D spillovers：Canadian evidence[J]. Canadian Journal of Economics，1988（2）：324–347.

第二，技术可以缓解因信息不对称、不完全而造成的市场失灵。受技术等因素制约，我国许多产业（包括教育服务产业）存在严重的信息不对称、不完全问题，由此降低了资源配置的效率和效益。例如，在缺乏互联网等信息技术支撑时，教育服务企业很难及时掌握市场信息，以适时调整教学内容、产品设计来迎合市场需求。而互联网、大数据、人工智能等新技术的应用，使企业能够迅捷地分析、整合供需双方的海量信息，由此提升了资源配置的能力和效率。

第三，技术使规模经济的实现成为可能。规模经济是指通过扩大生产规模而使经济效益提升的现象，它的机理在于：随着产量的增加，长期平均总成本下降。由于人的体力和管理能力的限制，单靠人力难以管控大规模的生产。而前沿技术所带来的新生产方式替代了传统生产方式，为人类进行大规模生产提供了可能，进而实现规模效益。例如，信息技术的发展带来了管理方式的升级，少量管理人员也可以管理大量学生的日常行政事务，这使长期平均成本不随办学规模扩大而增加成为可能。

内生性的知识积累、技术创新促进了产业的持续发展和市场的进一步扩大，这将吸引更多资本进入。具体而言，资本通过风险收益率来确定投资决策，而产业升级影响了风险收益率这一项目评估指标。一方面，技术带来的生产率变动提高了企业的预期收益。随着教育服务产业提质升级，资本逐渐回归成熟和理性。更多的风险投资机构从寻求快速变现的投机，转变为更加青睐头部资源，更加专注于长期价值培养。这有利于产业与资本之间的良性互动与可持续发展。资本青睐教育服务产业，以权益投资等方式对具有发展前景的企业进行投资布局，既是看到了科技赋能下产业巨大的增长潜力，也是在充满不确定性的经济变化中寻求相对稳定的投资标的，目的是从企业的成长中获得丰厚的资本增值。另一方面，技术的逐渐成熟可以降低投资的风险①。从世界最大的 IT 研究与顾问咨询公司——高德纳（Gartner）咨询公司发布的《新兴技术成熟度曲线 2019》报告中可以看出，智能技术方兴未艾，大

---

① 汪克夷，董连胜．项目投资决策风险的分析与评价 [J]．中国软科学，2003（1）：141–144；武巧珍．风险投资支持高新技术产业自主创新的路径分析 [J]．管理世界，2009（7）：174–175．

部分技术（例如，终端人工智能）还处于萌芽阶段，与技术的成熟期（规模应用期）还相距较远①。因此，前沿技术在教育服务领域的应用将是智能时代资本投资的主要方向。随着技术的迭代与成熟，技术对教育服务产业的渗透将从外延辅助逐渐走向核心环节，形成成熟的应用场景和服务模式，从而降低投资风险、提升投资收益。

二、"资本＋技术＋产业"的融合型生态体系

产业发展与升级离不开技术的推动，而技术水平和知识存量的提升则得益于资本对研发活动的直接投入或生产过程中的"干中学"积累。在这一过程中，金融资本不仅起到了源头的资本供给作用，同时还通过一套完整的资金流动和配置体系，提升了产业发展与金融体系之间的互动效率。智能时代，我们正加快从工业社会、信息社会向智慧社会转型，技术已经成为教育服务创新与变革的内生动力。然而，前沿技术的发展速度远远超越了教育的发展速度，教育面临包括学习内容创新、学与教方式创新，以及学习环境创新等在内的生态体系重构②。这个颠覆性的变革趋势也重新定义了未来教育服务产业的发展使命和全球资本的流向与走势。

作为公共产品和准公共产品的教育服务是否需要引入资本以及如何引入资本，并不在本专题的讨论范畴之内，因为这涉及教育事业的公共性、普惠性与资本逐利性之间的矛盾，需要有效协调、深入探索与谨慎实践。市场上各类企业和机构提供的教育产品与服务属于私人产品，构成了教育服务产业的范畴，是市场配置教育资源的重要方式。要联合产业界、政府以及学界的力量，打造包含投资生态、技术生态和教育服务生态在内的融合型生态体系，以促进技术、产业与资本的良性发展。对于这一构想，实践层面已有诸多探索。例如，在国际层面，有著名的美国波士顿大学城、英国剑桥大学城，还

---

① 徐婧. Gartner 新兴技术成熟度曲线 2019 解析 [J]. 世界科技研究与发展，2019（5）：523.
② 汪燕，杜静. 中美学者高峰对话：智能时代的教育、产业、资本：智能时代企业战略发展高峰论坛汇整 [J]. 现代远程教育研究，2018（3）：3–8.

有迪拜的知识公园、巴拿马知识城等。由于国外私立高等教育相当发达且已形成产业，因此大学城、知识城等一般以高等院校集聚区为核心，向外拓展为包含创新型企业、科技产业、风险投资机构在内的融合型教育服务生态。在国内，目前运作较成功的有上海紫竹国际教育园区、武汉光谷在线教育企业总部基地、重庆中国云教育产业园等。这些园区依托核心城市在经济和科技创新方面的实力，推动教育服务相关领域的重点企业集聚，同时引入相关高新技术企业、金融和衍生配套产业，并增强与政府及周边院校的政产学研合作及协同创新，共同构建融合型生态体系，实现教育、科技、金融等产业的优势互补与合作。

在"资本＋技术＋产业"的融合型生态体系中，就"资本生态"而言，一方面能快速响应生态体系中科技型企业、教育信息化企业等相关企业在技术研发、产品及服务创新等方面的资金需求，同时也能为专注于教育内容和服务的企业提供成长与发展全周期的资本支持；另一方面，资本，特别是风险资本和产业资本，通常集金融、管理、市场营销等服务于一体，能够较好地解决科技成果转化中的资金和管理问题，有助于缩短科技成果的转化周期，降低成果转化中的不确定性和风险，加速实现科技成果的商品化和产业化。就"技术生态"而言，科技企业与教育服务供给主体形成紧密联系，能够快速匹配多元主体的技术需求。同时，在融合型生态体系中，技术溢出的速度更快、成本更低，实现了前沿技术在教育服务产业中的快速推广及应用，促进了传统企业转型升级与教育服务新业态、新模式的发展。就"产业生态"而言，优质企业集聚促进了产业专业化分工，而知识、技术的溢出也使产业整体技术创新能力显著增强，进一步促进产业链、价值链与创新链的高度融合。技术的快速规模化、产业化应用有助于缩短资本的投资周期，促进资本开启下一轮投资循环。此外，在融合型生态体系中，政府部门、关联企业、管理咨询公司、保险公司等其他服务主体共同为生态体系的良好运转提供支持。

智能时代，构建融合型生态体系是我国教育服务产业发展所必需的，教育服务产业自身属性也为融合型生态体系的构建提供了现实的可行性。

首先，在融合型生态体系中，技术与产业的快速融合可以减少教育服务产业周期性发展过程中的短期波动，并使产业在上升期具有更显著的增长态势。根据产业在创新能力、满足社会需求层次上的不同，产业生命周期可分为长期稳定型、周期波动型、螺旋上升型、迅速淘汰型、倒 U 型等（在图 9.1 中分别由①—⑤表示）[①]。

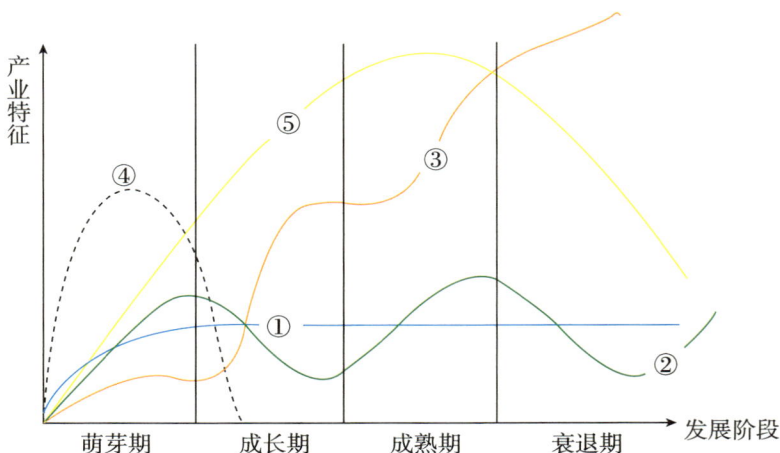

图 9.1　五种类型的产业生命周期演化

我们通过图 9.2 对教育服务产业的生命周期进行大致描述。由于教育服务产业满足的是人类高层次的自我实现需求，具有较高的需求弹性，同时产业创新能力较强，其生命周期曲线呈螺旋上升型。通过考察我国教育服务产业的演化过程可以发现，技术与产业的融合是使产业在每一个下行区间开启增长"第二曲线"的核心驱动力。例如，2015 年左右，我国教育服务产业经历了一次低谷期，但在产业互联网、大数据、AR/VR、人工智能等新一轮技术浪潮驱动下，教育服务产业迎来了发展的高峰。可见，对于生命周期属于螺旋上升型的教育服务产业来说，技术快速赋能产业应用可缩短产业处于波谷期的时间，降低企业在产业波谷期退出市场的概率；同时可扩大上扬幅度，使企业在产业发展高峰期能积累更多的资本。

---

① 霍国庆，王少永，李捷.基于需求导向的产业生命周期及其演化机理研究：以美国典型产业为案例 [J].中国软科学，2015（3）：16—27.

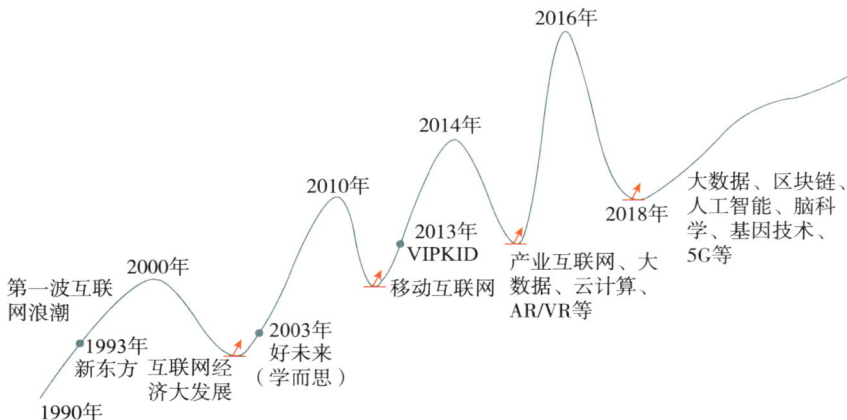

图 9.2　教育服务产业的生命周期演化过程

资料来源：根据拼图资本的资料自制。

　　其次，融合型生态体系有助于改进资本配置、减少交易费用，使产业发展更有效率。一方面，由于教育服务具有正外部性，当前的资本配置与社会最优配置还相距甚远。目前我国教育服务产业市场集中度较低，整体仍然处于分散状态，产业体系中绝大部分企业为中小企业。尽管不少中小企业具有较强的产品创新、市场创新、商业模式创新潜能，但仍面临启动资金不足、银行信贷难等问题。在生态体系中，政府对企业在税收、信贷、租金等方面的扶持，可以使外部性内部化，吸引更多投资主体，从而提高社会收益。同时，通过资本发现和提升企业价值，并通过资本连接更多的技术资源、产业资源、管理资源、用户资源等，是企业成长与产业发展的必然选择。产业和资本的对接，也激励了互联网企业、高新技术企业以及其他相关行业和机构跨界参与教育，推动了现代科技和全新理念与教育服务的融合，从而开发出全新的教育产品和服务模式，进一步促进产业创新[①]。

　　另一方面，从新制度经济学角度分析，融合型生态体系可以减少不同方面的交易费用。一是搜寻和信息费用，即搜寻以及取得商品、交易对象等信息所发生的费用。这类费用大部分只在生态体系被构建之前产生——政府在衡量加入生态体系的投资者、科技企业以及教育服务供给主体等时，需要寻

① 李俊杰.资本市场与中国教育产业发展关系研究 [D].北京：对外经济贸易大学，2018.

找这些主体的相关信息。而在后续的经营发展过程中，交易主体已基本确定，不再需要反复支付这部分费用。二是讨价还价和决策费用，即签约时各方就合同条款谈判和协商所必须支付的费用。相对而言，体系内的各方信息不对称程度较低，节省了谈判费用及时间成本。三是监督和执行费用，即监督交易对象是否依照契约内容进行交易的成本，例如，投资方需要考察教育科技企业是否按照原定计划和方向进行产品研发，监督教育培训机构是否按合同组建教师团队、提供优质教育服务等。各主体在同一地区聚集的情况下，因监督而产生的交易费用和时间成本大大减少。

教育服务产业本身具有的属性也为实现融合型生态体系奠定了基础。毋庸置疑，建立新的商业发展模式需要大量投资，而融合型生态体系中的产业具有较长的生命周期，不容易被新兴产业迅速替代，从而确保提供持续的收益。教育是人力资本形成和积累的重要途径，无论是国家、社会还是个人，对教育都有着长期稳定的需求，因而布局教育服务产业能为资本创造长期稳定的收益。同时，教育服务产业具有广阔的投资空间，垂直深耕或横向融合延展性强。尽管产业已走过粗放扩张期，但无论从产业整体规模还是从市场活跃度来看，仍有较大投资空间。德勤预计，2020 年民办教育的总体规模将达到 3.36 万亿元，至 2025 年，这一数字将接近 5 万亿元，并实现 10.8% 的年均复合增长率[①]。此外，投资教育服务产业有较强的外溢效应，参与产业投资有助于企业和投资者社会形象的树立和品牌的打造，增强企业的社会影响力。最后，在教育服务贸易快速发展和互联网等技术的助推下，优质教育资源正在加快全球配置，这也为资本在全球范围找寻最佳投资标的提供了机遇，即融合型生态体系还将打破地域空间限制，促进全球教育资源的优化配置，实现全球化的教育服务供给。

---

① 教育新时代：中国教育发展报告 2018[R/OL]. [2020–03–01]. https://www2.deloitte.com/cn/zh/pages/technology-media-and-telecommunications/articles/new-era-of-education-china-education-development-report-2018.html.

第 2 节　智能时代影响教育服务产业投融资的关键因素

一、宏观环境与金融政策影响资本总体活跃度

　　随着我国社会主义市场经济体制改革的不断深入，现代金融体系日臻成熟，日益完善的多层次资本市场体系为多样化的投融资需求打造了高效匹配的平台。然而，宏观经济环境并非影响行业资本动态的唯一因素。事实上，不同行业发展的宏观背景、政策规制、增长潜力等对资本活跃度有着更加直接和重要的影响。对于教育服务产业来说，尤其如此。尽管近年来国内教育服务资本市场发展迅猛，但从整体市场规模来看，教育服务产业在我国庞大的资本体量中占比仍然较小，主要原因在于：一方面，稀缺的优质教育资源供给与日益增长的教育服务需求之间存在矛盾。在此背景下，若过度依赖市场对教育资源的配置，可能会加剧教育资源的分配不公，不利于维护教育事业的公共性和普惠性。因此，资本作为教育事业融资来源的补充，缺失了以市场为主导的相应推动力。另一方面，我国民办教育，特别是大部分民办学校，都缺乏较为完善的治理体制，存在着办学水平受限、办学收益与资产分配机制不明晰等治理问题，不利于资本的进入。同时，校外培训、学前教育等领域暴露出的一些问题，使得政府进一步加大监管力度，也在一定程度上挫伤了资本的积极性。并且，我国资本市场的大部分投资人和投资机构都热衷于寻求短期的高额收益。由于教育服务产业投资具有长周期特征，在某些情况下并不符合资本市场短周期、高回报的投资理念，教育服务产业的资本活跃度同其他高速发展的服务产业相比仍相对较低。

　　此外，教育服务产业的投融资活跃度对金融市场环境和金融政策也极为敏感，主要有以下三个方面。

一是宏观去杠杆政策。从 2016 年年末开始，宏观政策逐步转向抑制资产泡沫和去杠杆方向。2018 年，以"资管新规"为主要抓手，去杠杆措施持续推进，金融市场流动性持续收紧。不可否认，流动性收紧对教育服务企业的生产经营活动、规模扩张、并购等方面形成了资金约束，但总体而言，教育服务产业仍具有资产负债率相对较低、偿债能力较强、现金流水平较好的特性，因而去杠杆相关政策对其造成的总体影响不大。教育类上市公司平均资产负债率为 35%—50%，与传统制造业及房地产企业 50%—80% 的资产负债率相比，杠杆水平较低，且以流动性负债为主。在去杠杆导致流动性紧张的市场环境中，教育服务产业投资既可以作为高风险投资的有效对冲，也是实体产业中较好的投资机会，因而更易获得资本市场青睐。

二是资本退出机制。成功退出并获得相应的经济回报，是资本的获利模式，也是投资的重要动力。在教育服务产业一级市场上，私募股权投资/风险投资（PE/VC）的退出渠道主要包括股份上市、股份转让、股份回购、并购退出和公司清算。如果没有回购机制和良好的退出渠道，那么投资项目的风险就会很大。因而，投资轮次越靠后，投资人越会看重退出路径是否清晰。目前，在教育服务产业中，资本通过 IPO 退出仍占少数，而并购退出占比较大。随着我国多层次资本市场体系的完善，资本退出渠道增多，预计未来 IPO 退出会逐渐增加。尽管如此，由于中小型教育服务企业上市仍存在诸多制度性障碍，因而 PE/VC 多层次、多渠道的退出需求难以被满足。加之近年来宏观经济的不确定因素增多，一方面对准备 IPO 的教育服务企业前景与估值产生了负面影响，另一方面加剧了股市利空预期，进一步强化资本方观望心态。诸多因素的叠加，使得投资回收期拉长，这对教育服务企业的前期融资必然产生影响。

三是资本市场上市机制。受益于国家政策的放开，一些教育服务企业集中于 2016—2019 年成功实现 IPO。其中，教育服务企业以港股和美股市场 IPO 为主，A 股市场 IPO 较少。这主要是因为 A 股市场准入门槛较高，对上市公司的规模、资本金盈利能力以及公司治理结构等都有严格要求，而教育服务企业在初创期由于规模较小、财务和管理机制不够健全、税务申报不完善等，很难获得 A 股上市资格。相比于 A 股市场，以美股和港股为代表的海

外资本市场具有更灵活的上市机制和通道，上市门槛相较 A 股市场更低、政策制约因素更少、排队时间短且上市路径趋于成熟，因而成为多数教育服务企业 IPO 的首选。然而，近年来港股市场上市门槛变高、排队时间变长，加之中美贸易摩擦、全球经贸风险上升等因素，海外上市也出现了相当程度的不确定性。随着 A 股市场制度建设与监管体系不断完善，新修订的《证券法》获得通过，教育服务企业逐渐回归国内上市。

二、资本活跃周期与教育政策具有联动性

总体来看，教育资本市场动态与我国教育政策的变革息息相关，资本市场的活跃周期与教育政策存在着一定的联动效应[①]。具体而言，主要有以下三个方面的表现。

一是同步的周期波动。教育服务产业于 20 世纪 80 年代末起步，相关政策的放开促进了教育资本市场的兴起。21 世纪初，在鼓励民办教育发展的政策利好下，各类连锁培训辅导班与品牌化的龙头企业初具雏形。资本开始关注教育服务产业，把握产业中不同领域的投资风口。教育服务产业随后经历了十年多的快速发展，呈现出企业数量庞大、竞争趋于白热化的发展态势，吸引了大批投资机构加速在各相关领域布局，但同时也出现不少追求高利润而忽视实际教学效果的企业，导致市场竞争混乱。2016—2018 年，国家出台大范围的规范整顿政策，如《民办教育促进法实施条例（修订草案）》送审稿、禁止幼儿园上市、基础教育校外培训专项治理等，使教育资本市场回归理性，资本活跃度显著下降。

二是敏锐的应答反应。我国教育资本市场对教育政策的变动反应敏锐，一些新政策的出台会直接引致资本市场联动效应。比如，相比于旧《民办教育促进法》只允许出资人按照"合理回报"取得办学收益，2016 年修正案做出调整，在办学收益上规定"营利性民办学校的举办者可以取得办学收益，

① 李俊杰. 资本市场与中国教育产业发展关系研究 [D]. 北京：对外经济贸易大学，2018.

学校的办学结余依照公司法等有关法律、行政法规的规定处理"，使得营利性民办学校获取合法办学收益有章可循，为民办教育机构进入资本市场提供了法律和制度上的保障，同时吸引了大量资本注入教育服务市场。再如，国家收紧学前教育领域政策，强调公益性、普惠性，防止过度资本化。2017年《教育部等四部门关于实施第三期学前教育行动计划的意见》重申了普惠性幼儿园覆盖率达到80%左右的规定。2018年《中共中央国务院关于学前教育深化改革规范发展的若干意见》中明确规定了民办幼儿园不能上市。因此，即便新一代家庭对早幼教服务需求强烈，投资人仍然对于学前教育领域投资持谨慎态度。

三是持久的长期效应。随着我国居民消费水平与教育需求不断升级，及教育体制改革的不断深化，教育服务产业中多个领域持续释放政策红利，在一定程度上扫清了资本进入的制度障碍，对于我国教育服务产业一、二级市场的投融资活动均起到了持续的推动作用。譬如，2019年2月发布的《国家职业教育改革实施方案》明确指出，"经过5—10年左右时间，职业教育基本完成由政府举办为主向政府统筹管理、社会多元办学的格局转变，……由参照普通教育办学模式向企业社会参与、专业特色鲜明的类型教育转变"。这意味着至少在未来10年内，民办职业教育将迎来大的发展机遇，职业教育企业也将迎来它们在资本市场上的春天。

综上所述，我国资本市场活跃周期与教育政策的确存在一定的联动效应。产生这种效应的原因比较特殊：一方面遵循了教育和资本市场发展的客观规律和趋势，另一方面离不开我国基本国情与政治经济环境的特殊影响。展开来讲，其成因包括以下几个方面。

一是教育和资本市场均受益于时代背景下的政策红利。改革开放前，国家经济资源的分配主要依赖计划经济体制，经济缺乏活力，资本市场也尚未起步。教育发展高度集中在公办教育上，即便是社会资本想参与教育事业的发展，也无路可循。经济体制改革后，我国在资源配置方面更加强调市场的作用。民办教育政策也逐渐放宽，资本得以跟随并推动教育政策革新。

二是教育政策变革激活了教育资本。20世纪末，由于我国资本市场的相对滞后以及教育事业的特殊属性，国内大部分民办教育企业都较难获得传统金融机构的直接或间接融资，教育服务企业的发展相当受限。然而，近年来，随着市场需求的不断扩大以及教育政策的相应调整，我国在保持教育事业公共性和基础性的同时，对社会力量参与教育事业发展给予肯定，促进了教育服务产业的成长。在此背景下，资本的投资信心大幅提升，由此加大了对教育服务企业投资的强度与额度，教育资本市场也借此机会迎来繁荣。

三是教育资本需求倒逼教育政策与时俱进。成熟的资本市场是一个国家经济发展的"晴雨表"，不仅反映一国市场经济发展水平，同时也反映各行业发展动态。资本进入教育服务产业后，出现了诸多问题和挑战，这些问题倒逼政府关注教育服务产业发展，并推动产业治理体系逐步完善。政策的监管和规约不仅能促进产业规范健康发展，也为资本更加理性地投资提供了指引。

三、企业技术水平影响资本投资偏好

技术要素与资本要素融合发展，是激励企业家精神、鼓励创新创业、加速科技成果转化的重要举措。在技术加快向教育服务产业渗透的时代背景下，教育服务企业的技术创新及应用水平与资本的投资倾向密切相关。阿西莫格鲁（Daron Acemoglu）等学者认为，技术进步如果偏向于资本利用型，则技术进步会以提高资本的边际产出为主；若偏向于劳动利用型，那么劳动的边际产出就会相应地有所提高[①]。一般而言，倘若技术进步表现为设备资本的积累，那么技术进步产生的超额利润往往会带来更多的新物质资本投入，资本回报率会大幅上升。教育服务产业具有资本利用型技术进步的特征，尽管前沿技术在教育服务领域的渗透较晚，但随着企业技术研发与创新投入的不断增加，一些企业已经发展为不可小觑的科技创新体，这提高了资本回报率，也吸引了更多资本关注教育科技，推动了资本、技术与产业的良性互动。

近年来，随着宏观经济、募资环境、退出环境的变化，教育资本的投资策略也发生了相应变化。对风险的警惕程度加深使得投资者更倾向于投资头

---

① Acemoglu D. Directed technical change[J]. The Review of Economic Studies, 2002（4）: 781-809.

部项目而非扩大投资版图，因此资金、资源进一步向有业绩、有规模、有空间的头部企业集中。在波谲云诡的市场竞争中，只有具备强大师资队伍、稳定盈利模式和非凡创新能力的成熟企业，才能够不断适应产业发展的新生态与新背景，而技术进步正是实现产业提质升级、增强企业持久竞争力的核心驱动因素。智能时代教育的发展从粗放到精准、从单一到整合、从管理到服务、从封闭到开放，每一环节的升级无不需要技术的支撑。通过技术赋能教育，不仅能在备、教、学、练、测、评的教育全场景中实现产品和服务创新，还能帮助企业、学校、教育管理部门等全面提升组织和管理效率。智能时代的教育服务企业应当与技术站在一起，如果企业不能理解技术的重要性，将加速被市场淘汰。只有充分应用人工智能、大数据等前沿技术构建技术竞争壁垒，并以技术赋能来动态调整商业模式的企业，才能真正提升企业内在价值，避免同质化竞争，在大浪淘沙的市场中获得更多资本助力。

第3节　智能时代中国教育服务产业市场投融资现状

一、总体情况

（一）一级市场投融资现状

在一级市场上，私募股权融资是教育服务企业筹集资金的最重要方式。对于处在初创及快速成长阶段的中小型教育服务企业来说，私募股权融资不仅具有延长投资期、增加资本金等优点，还能通过管理和技术赋能，帮助企业把握市场需求、加大研发投入、促进科技成果转化。相对于监管强、波动大的公开市场而言，私募股权市场不仅是更稳定的融资来源，也是帮助企业获取市场资源的重要渠道。基于此，在教育服务产业一级市场投融资分析中，我们主要讨论私募股权市场的投融资活动。

如图 9.3 所示，2012—2019 年，在私募股权市场上，教育服务产业的融资数量总体呈现倒 U 形回落[①]。

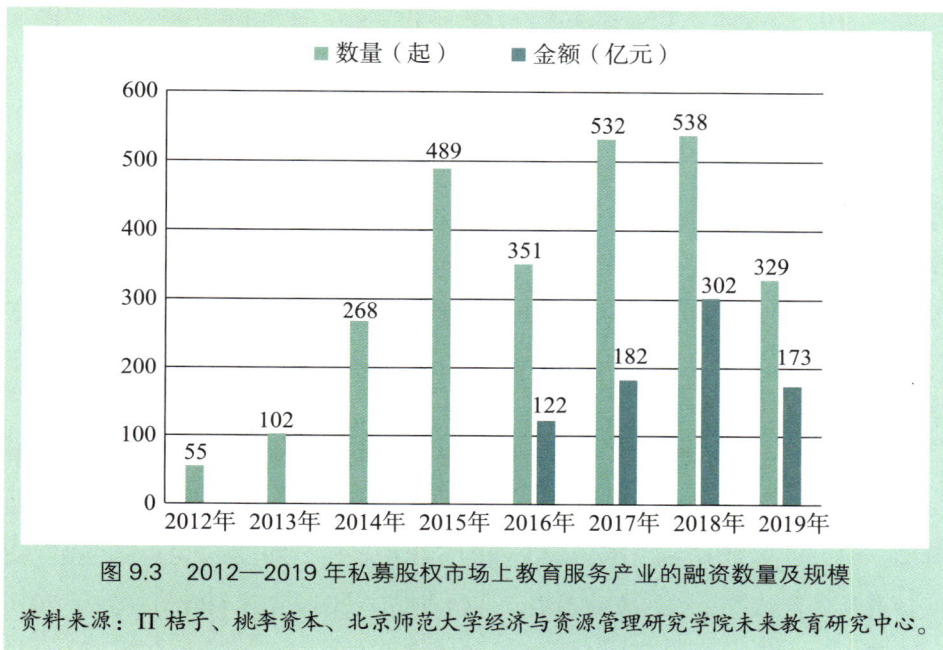

图 9.3　2012—2019 年私募股权市场上教育服务产业的融资数量及规模

资料来源：IT 桔子、桃李资本、北京师范大学经济与资源管理研究学院未来教育研究中心。

自 2013 年以来，基于移动互联网的教育新业态层出不穷，催生了大量教育服务企业，也吸引了大批投资机构加速在产业各领域展开布局，这使得教育服务产业的融资数量自 2012 年的 55 起大幅增加至 2015 年的 489 起。然而，2015 年下半年，移动互联网教育遭遇第一次泡沫破裂，加之投融资项目从早期至后期的存活率逐渐降低，2016 年融资事件回落至 351 起。2016 年年底，以《全国人民代表大会常务委员会关于修改〈中华人民共和国民办教育促进法〉的决定》《国务院关于鼓励社会力量兴办教育促进民办教育健康发展的若

---

① 在做数据统计时，不同机构对"教育行业""教育产业""教育服务产业"等的划分标准存在差异，这也导致对投融资相关数据的统计存在差异。在私募股权市场投融资分析中，我们以"华夏桃李（桃李资本）"的数据为基础，并在相同口径下补充其他数据来源。桃李资本的报告虽采用"教育行业"的表述，但其采用的行业划分标准与本书对"教育服务产业"的界定基本一致。为了表述上的一致性，我们统一采用"教育服务产业"的表述。此外，在与其他行业进行比较时，为了方便，我们偶尔也采用"教育服务行业"的表述，如不特别加以说明，以下将混合使用这两种说法。

干意见》为代表的国家法律与政策的出台释放了利好信号，优质项目逐渐涌现。2017年和2018年投融资持续高涨，融资数量分别达到532起和538起。2017年9月，《民办教育促进法》修订版正式生效，这是教育服务产业发展道路上的又一个里程碑，推动了产业发展重归理性。2018年以来，国家出台了一系列配套政策措施，如基础教育领域专项治理等。这些政策伴随着2018年以来金融去杠杆政策和实体经济的下滑，使得产业进入冷静期，资本活跃度显著下降，一级市场募投进入下行区间。2019年披露的融资事件为329起，融资金额约为173亿元，均低于2017年和2018年数据。相较于2018年，2019年融资数量下跌约40%，融资金额下降超40%。同时，2019年每月披露的融资事件数普遍低于往年同期水平，每季度融资事件总数波动较小，全年融资呈相对低迷状态[①]。

在融资额方面，融资总额与融资数量波动趋势一致，但单笔融资金额增加，大额融资集聚在头部项目的中后期。图9.3虽未披露2012—2015年的融资额，但可以从2016—2019年融资额的变化中推断，2012—2015年的融资额应具有与融资数量一致的波动趋势，即融资额于2015年达到峰值，并于2016年下降至122亿元，随后逐年增加至2018年的302亿元，2019年回落至173亿元。另据统计，2017年以来，大额融资项目数量和单笔融资金额不断增长，2017—2019年教育服务产业平均单笔融资额分别是4028万元、6576万元、7486万元[②]。如图9.4所示，2019年，在已披露金额的融资事件中，单笔融资金额达千万元（亿元以下）的融资事件为141起；亿元及以上的融资事件为41起，在百万元及以上的大额融资事件中占比为17%，略高于2018年的15%[③]。从融资标的来看，融资金额整体向各领域头部企业的成熟项目集中。

从行业比较的角度来看，如图9.5所示，2019年，一级市场融资事件及融资额排名前3位的为企业服务、医疗健康和硬件行业。教育服务行业的融资数量位列全行业第4位，融资金额位列全行业第12位，可以看出在资本寒冬中教育服务行业依然受到股权市场的关注，而融资数量与金额的错配在一

---

① 数据来源：IT桔子公开数据、企名片、桃李资本。
② 数据来源：IT桔子公开数据。
③ 同①。

定程度上体现了行业的市场估值已理性回归[①]。

图 9.4   2016—2019 年教育服务产业达到百万元及以上融资额的融资事件数量分布

资料来源：桃李资本。

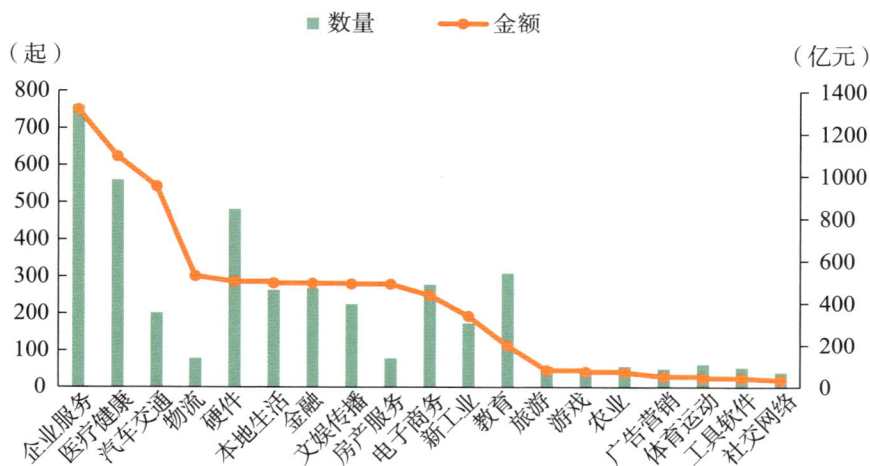

图 9.5   2019 年一级市场全行业投融资数量及规模

资料来源：多鲸资本。

[①]   需要说明的是，多鲸资本报告中披露的数据（2019 年教育服务产业融资数量 310 起，融资额 198 亿元）与桃李资本披露的数据（2019 年教育服务产业融资数量 329 起，融资额 173 亿元）有所不同，但差异不大，因此并不影响对全行业的分析。

　　在融资阶段与融资轮次方面，据桃李资本统计，教育服务产业的投融资活动依然多发生在早期阶段，其中 70% 以上的交易由 PE/VC 主导。如图 9.6 所示，2019 年教育服务产业在 A 轮及以前的投融资数量为 225 起，占比约为 68%。受政策影响，素质教育的早期项目当仁不让地成为资本宠儿，种子期的融资数量就达到了 36 起。同时，政策利好进一步激励资本加持教育信息化和职业教育领域的初创公司。这两个领域在初创期获得 A 轮融资的项目数量分别为 26 起和 25 起。B 轮以后，教育服务产业的融资数量共计 67 起，占比约为 20%，以基础教育和素质教育领域的项目为主。B 轮之后的获投标的多为传统领域的老牌项目，如素质教育领域的火花思维和基础教育领域的作业盒子（小盒科技）的 D 轮融资。在此阶段，若企业还没有基本定型的商业模式、没有较稳定的现金流收入，将很难获得融资。C 轮以后的融资数量较少，统计期内仅有 24 起 [①]。C 轮以后仍需融资的项目多为大型项目。

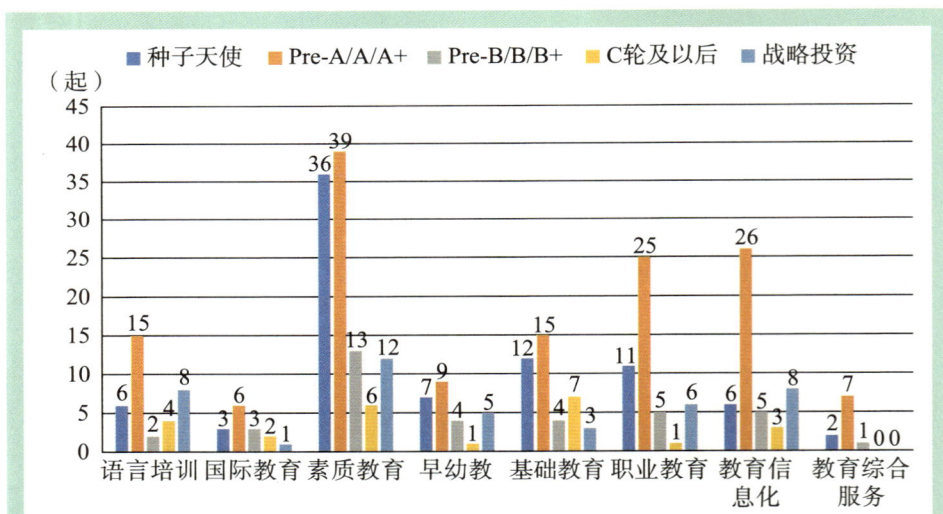

图 9.6　2019 年教育服务产业细分领域融资轮次分布情况

资料来源：桃李资本。

　　2019 年，教育服务产业的融资多发生于早期阶段，反映了尽管在治理规

范化、资本市场总体低迷的环境下，产业依然受到股权投资市场的关注。但资本流动周期明显受到政策的影响，素质教育、职业教育、教育信息化领域的投资热度即与政策鼓励和支持密切相关。同时，基础教育等传统领域即使受到政策的严格规约，也不意味着失去投资空间：治理的规范化加速产业升级和市场出清，优质企业和项目才能脱颖而出。这从大额融资多发生在头部企业的中后期项目中，可见一斑。

（二）二级市场投融资现状

一级市场与二级市场紧密联系、相互依存。作为实现证券交易的市场，二级市场发挥着证券交易和促进金融资产流动的重要功能，而企业上市及其股票交易，也成为一级市场投资者实现资本退出并获得投资回报的重要渠道。在教育服务产业中，除了 IPO，并购是资本的另一个重要退出渠道。在 A 股市场允许上市公司跨界并购后，出现了大量收购并购案例。基于此，在教育服务产业二级市场投融资分析中，我们主要讨论 IPO 与并购问题①。

总体而言，教育服务产业二级市场投融资可以分为三个阶段：2006—2010 年的美股探索期、2013—2016 年的 A 股并购爆发期（2010—2013 年为并购重组的发展初期）、2017 年以来的海外市场 IPO 常态期。如表 9.1 所示，截至 2020 年 4 月底，根据 Wind 行业中心数据与网易财经数据统计，我国 A 股上市的教育服务企业有 26 家，港股上市 32 家，美股上市 23 家，累计有 80 家左右②。此外，还有大量企业挂牌国内新三板并积极寻求转板，也有不少企业处于在美股、港股市场排队等待上市阶段。由于以美股和港股为代表的海

---

① IPO 本质上属于一级市场的股票发行行为，但企业上市后其股票在资本市场的交易则属于证券交易市场的讨论范畴。同时，为了与私募股权市场上的投融资活动加以区分，我们将教育服务企业的 IPO 放在证券交易市场进行讨论。

② 由于不同研究机构对"教育服务"范畴的界定存在差异，因而在统计"教育服务上市公司"时纳入的企业样本也存在差异。有的机构采用"泛教育"标准，将一些文化传媒类上市公司也纳入统计范畴，而有的机构则采用"窄教育"标准，仅统计教育培训类机构。基于我们对教育服务产业的界定，本书以 Wind 行业中心数据库中的行业分类为核心参照。本节统计的教育服务上市公司样本来源于 Wind 行业中心数据库与网易财经股票行情数据库，包含 Wind 行业中心数据库中"教育及其他"分类下的"教育机构""教育服务""在线教育"板块下的企业，和网易财经股票行情中心"行业板块"中"教育"大类下的企业，以及"概念板块"下"在线教育"类别下的企业，最终的企业样本为以上数据来源的并集。

外市场上市门槛相较 A 股更低、政策制约因素更少，且上市路径已趋于成熟，国内教育服务企业 IPO 仍主要集中在港股和美股市场。可以预计，未来港股和美股 IPO 仍会继续保持较高热度。同时，随着我国教育服务产业发展的逐渐成熟、产业治理体系的日渐完善以及《证券法》新修订版的通过，将会有越来越多的优质教育服务企业登陆 A 股市场。

2019 年，共有 16 家教育服务企业登陆 A 股、港股和美股市场（中公教育、ACG 为借壳上市）。其中，10 家在港股市场上市，包括职业教育龙头中国东方教育、在线教育龙头新东方在线、大湾区民办高校龙头中国科培、基础教育课外培训龙头思考乐教育等；2 家在 A 股市场上市，即职业教育龙头中公教育、教育信息化领军企业鸿合科技；4 家在美股市场上市，包括互联网巨头网易旗下的网易有道、在线教育领军企业跟谁学等。16 家新上市教育服务企业总募资额超过 137 亿元人民币①。

表 9.1　三大资本市场上市的教育服务企业

A 股			港股			美股		
证券简称	上市时间	所属领域	证券简称	上市时间	所属领域	证券简称	上市时间	所属领域
昂立教育	1993-06	基础教育/职业教育/国际教育/学前教育	中国网络信息科技	2001-12	教育信息化/高等教育	新东方	2006-09	基础教育/职业教育/高等教育/学前教育/素质教育/语言培训/出国留学
紫光学大	1993-11	基础教育	创联教育金融	2004-11	基础教育/职业教育/教育信息化	ATA	2008-01	教育信息化
中国高科	1996-07	高等教育	香港教育国际	2011-07	基础教育/语言培训/素质教育	正保远程教育	2008-07	职业教育
启明信息	2008-05	教育信息化	SDM GROUP	2014-10	素质教育	安博教育	2010-08	职业教育/教育信息化

---

① 资料来源：多鲸资本、桃李资本、Wind。

续表

A股			港股			美股		
证券简称	上市时间	所属领域	证券简称	上市时间	所属领域	证券简称	上市时间	所属领域
科大讯飞	2008-05	教育信息化	枫叶教育	2014-11	基础教育/国际教育	好未来	2010-10	基础教育/学前教育/素质教育/教育信息化
拓维信息	2008-07	教育信息化	成实外教育	2016-01	基础教育/民办学校	达内科技	2014-04	职业教育
神州泰岳	2009-10	教育信息化	GOLDWAY EDU	2016-12	基础教育	海亮教育	2015-07	基础教育/国际教育
立思辰	2009-10	教育信息化/智慧教育	睿见教育	2017-01	国际教育	无忧英语 (51 Talk)	2016-06	语言培训
焦点科技	2009-12	教育信息化	大地教育	2017-02	国际教育	博实乐教育	2017-05	国际教育
华平股份	2010-04	教育信息化	宇华教育	2017-02	基础教育/高等教育	红黄蓝	2017-09	学前教育
星网锐捷	2010-06	教育信息化	民生教育	2017-03	职业教育	瑞思学科英语	2017-10	语言培训
文化长城	2010-06	素质教育	新高教集团	2017-04	高等教育/教育信息化	四季教育	2017-11	素质教育/教育信息化
天舟文化	2010-12	教育信息化	中教控股	2017-12	高等教育	尚德机构	2018-03	继续教育/职业教育
秀强股份	2011-01	学前教育	中国新华教育	2018-03	职业教育/高等教育	精锐教育	2018-03	素质教育
汉得信息	2011-02	教育信息化	21世纪教育	2018-05	基础教育/继续教育/高等教育	朴新教育	2018-06	基础教育/出国留学/素质教育/教育信息化
方直科技	2011-06	基础教育/教育信息化	天立教育	2018-07	基础教育/学前教育	流利说	2018-09	语言培训/教育信息化
美吉姆	2011-09	学前教育/语言培训	精英汇集团	2018-07	基础教育/学前教育/素质教育	华富教育	2019-04	教育信息化

续表

A股			港股			美股		
证券简称	上市时间	所属领域	证券简称	上市时间	所属领域	证券简称	上市时间	所属领域
勤上股份	2011–11	基础教育	博骏教育	2018–07	学前教育/基础教育	跟谁学	2019–06	基础教育/高等教育/素质教育/语言培训/职业教育
三盛教育	2011–12	教育信息化	希望教育	2018–08	高等教育	有道	2019–10	基础教育/素质教育/语言培训/职业教育
凯文教育	2012–03	国际教育	中国春来	2018–09	高等教育	ACG	2019–10	国际教育/素质教育
海伦钢琴	2012–06	素质教育	卓越教育集团	2018–12	基础教育	众巢医学	2020–02	职业教育/继续教育
开元股份	2012–07	职业教育	银杏教育	2019–01	高等教育	美联国际教育	2020–03	语言培训
全通教育	2014–01	教育信息化	中国科培	2019–01	高等教育	华夏博雅	2020–04	国际教育
东方时尚	2016–02	素质教育	新东方在线	2019–03	基础教育/学前教育/高等教育			
中公教育	2019–02	职业教育	中国东方教育	2019–06	职业教育			
鸿合科技	2019–05	教育信息化	嘉宏教育	2019–06	高等教育			
			思考乐教育	2019–06	基础教育			
			中汇集团	2019–07	高等教育			
			向中国际	2019–10	素质教育			
			华立大学集团	2019–11	高等教育			
			辰林教育	2019–12	高等教育			
			建桥教育	2020–01	高等教育			

注：根据 Wind、网易财经等公开资料整理。

在并购方面，近年来，在 A 股、港股和美股市场并购热潮的轮动式助推下，总体而言，教育服务产业并购热度不减。除了基础教育、职业教育、教育信息化领域的并购热度继续保持强劲外，留学服务与国际教育领域也出现了较多并购案例。A 股市场方面，2014 年以来，证监会连续出台多个管理办法，促进并购重组制度完善。审批流程得到简化，审批时间大大缩短，并购重组工具不断丰富，显著提升了企业并购重组的活跃度。如图 9.7 所示，在中国 A 股市场允许跨界并购后，教育服务领域并购数量于 2014 年首次突破个位数，达到 13 起，且并购数量在 2014—2016 年保持增长态势，2016 年达到峰值（29 起）。自 2017 年起，A 股市场并购趋冷，并购数量逐年下降，由 2017 年的 19 起降至 2019 年的 5 起，远低于之前 5 年的数量[①]。

图 9.7　2014—2019 年教育服务产业 A 股市场并购数量

资料来源：桃李资本、Wind。

相较于 A 股市场并购数量的回落，随着教育服务企业集中在港股、美股市场上市，2018 年起，港股及美股市场并购开始升温，且 2019 年继续保持并购热度。其中，港股上市教育服务企业在并购实体学校方面表现积极，同时，港股及美股上市公司开始布局海外学校资产并购。如图 9.8 所示，2018 年和 2019 年，相比 A 股市场，美股与港股市场并购数量的变化幅度较小。其中，

---

① 资料来源：Wind、桃李资本。

港股市场 2018 年、2019 年已披露的并购事件分别为 15 起、20 起，美股市场已披露的并购事件分别为 10 起、6 起。2018 年全年美股、港股市场共披露上市企业并购事件 25 起，2019 年为 26 起，基本保持了并购热度。

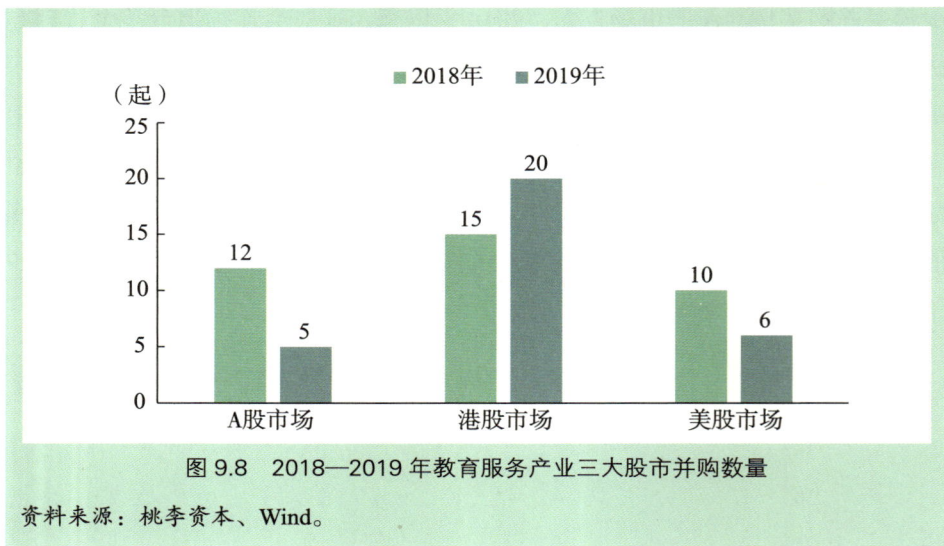

图 9.8　2018—2019 年教育服务产业三大股市并购数量

资料来源：桃李资本、Wind。

　　从并购规模来看，如图 9.9 所示，2014—2019 年，境内并购总金额整体走势与并购数量一致，也呈现倒 U 形回落。2014 年起，教育服务产业境内并购总金额快速攀升，2015 年与 2016 年境内并购总金额均突破 110 亿元，其中 2016 年达到峰值 125 亿元，之后境内并购总金额与并购数量出现一致的回落趋势，一路下行至 2019 年的 8 亿元。2019 年平均单笔并购金额约为 1.6 亿元，规模较前四年严重缩水。同时，数据显示，2019 年已披露的境外并购（含港股、美股上市公司并购）总金额约为 100 亿元，平均单笔并购金额约为 4.8 亿元，其中港股上市企业已披露的并购总金额为 84 亿元，实体学校并购金额占并购总金额的比重较大。

图 9.9　2014—2019 年教育服务产业境内并购金额统计

资料来源：桃李资本、Wind。

二、重点领域投融资现状

一级市场方面，2018 年以来资本市场疲软不振，加之产业监管类、规范类政策密集发布，资本逐渐回归理性。如图 9.10 所示，2019 年各领域投融资数量较前两年均有所下降，素质教育、职业教育、教育信息化（同职业教育持平）和基础教育领域的融资数量占据前四。融资金额方面，已形成梯队的领域（如基础教育）仍是大额融资的主要去处，一定程度上反映出行业壁垒已经形成，也说明基础教育垂直领域的优质项目仍有发展空间。而对于蓝海领域（例如，早幼教和职业教育）和亲政策领域（例如，素质教育和教育信息化），资本则更偏好前期"小额试错"。我们结合图 9.10、图 9.11 对各领域具体的融资情况进行分析。

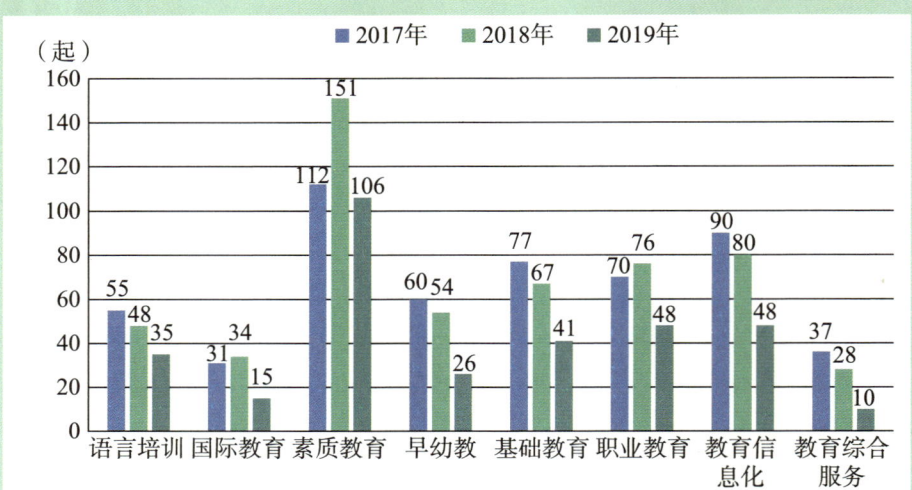

图 9.10 2017—2019 年教育服务产业细分领域融资数量

资料来源：桃李资本。

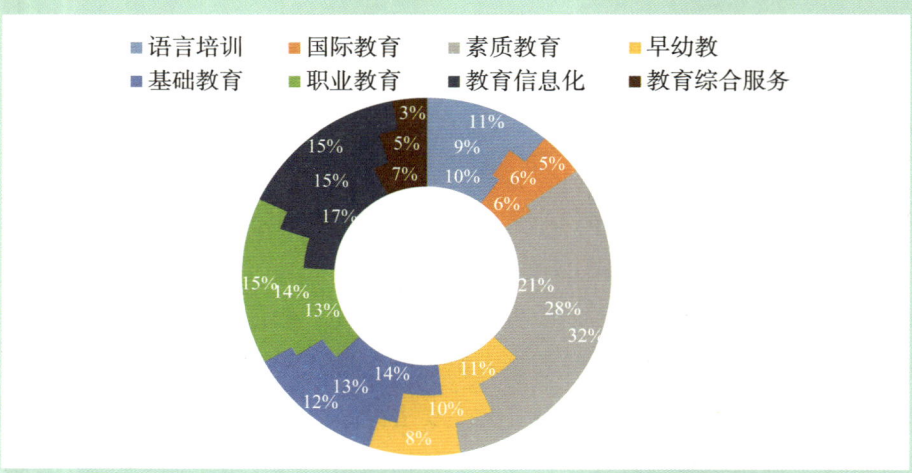

图 9.11 2017—2019 年教育服务产业细分领域融资数量占比

注：资料来源于桃李资本，由内圈向外圈分别为 2017 年、2018 年和 2019 年数据。

在素质教育领域，虽然素质教育仍然是教育服务产业投融资最热的领域之一，但受大环境影响，总体融资数量下降，资本呈现出聚焦 STEAM 教育的倾向，同时在线项目的投融资活跃度上升。2019 年数据显示，素质教育总投融资数量为 106 起，占全产业的 32%，其中早期项目占大部分，虽与前三年持续增长的趋势相比有所回落，但仍为全产业领先。素质教育的边界较为模糊，各细分领域集中度普遍偏低，其中 STEAM 教育发展速度最快。2018 年至 2019 年 4 月，素质教育领域共发生融资事件 167 起，其中 STEAM 教育有 87 起，占比为 52%；合计融资金额为 57.07 亿元，其中 STEAM 教育融资金额为 26.44 亿元，占比为 46%。这些足以体现市场对于编程、创客类教育项目前景的看好①。同时，素质教育的在线项目融资数量占比进一步上升，在线项目融资事件达到 60 起，占 2019 年素质教育总投融资数量的 57%，素质教育在线化成为领域发展新趋势②。

在基础教育领域，2019 年投融资数量为 41 起，占全产业的 12%，合计融资额达 56 亿元。一方面，基础教育领域尽管拥有广袤市场，但监管趋严趋细，头部企业过于强势，故对于成长型和初创型企业来说，市场环境已经并不友好，早期项目融资数量较前三年均有所下降；另一方面，随着市场集中度进一步提升，优质项目吸金能力增强，同时在线基础教育已形成较为完善的产业链，因而具有长期发展潜力的在线基础教育项目受到资本追捧：2019 年获 C 轮及以后融资的标的中不乏作业盒子、DaDa 和高思教育等在线教育头部企业。

在职业教育领域，2019 年投融资数量为 48 起，较前三年有所回落，占全产业的 15%。绝大多数项目为早期融资，A 轮及以前占比达 75%，各轮次融资分布与 2018 年相比差异较小。在职业教育获得融资的各细分领域中，各类技能培训项目占比超过 60%，其余为职业考试培训、企业管理培训和产教融合项目。在新职业教育和蓝领培训发展的大趋势下，资本的偏好与市场需求方向趋同③。然而，在线职业教育作为在线教育的一个细分领域，近年来的融资表现则不如在线素质教育和在线基础教育。

在教育信息化领域，受融资大环境的影响，2019 年投融资数量同比下降 40%，但仍表现亮眼，共发生 48 起融资事件，同职业教育持平。在 2019 年

① 资料来源：广证恒生证券研究所。
② 资料来源：中国产业信息网。
③ 资料来源：IT 桔子公开数据。

获投的教育信息化各细分领域中，入校产品 / 服务占绝大部分。同时，面向教育服务企业、政府（TO B/G）的校外产品 / 服务也不断获得大额资本加码，如云朵课堂、小鹅通各获 1 亿元的 B 轮投资。由于教育信息化产业链涉及基础设施建设、产品供应、系统集成及相关服务，参与者众多，因而市场较为分散，落实到下游产品 / 服务的市场份额较小，故同其他领域相比，该领域吸纳大额融资的事件较少①。

二级市场方面，从 IPO 来看，如图 9.12 所示，2016 年至 2020 年 4 月，我国共有 40 余家教育服务企业成功 IPO，其中 2016—2019 年数量呈逐年上升的趋势，2019 年共有 16 家教育服务企业成功 IPO，达到过去四年的峰值②。其中，高等教育、职业教育及基础教育领域的 IPO 企业占比较大。同时，随着诸如素质教育、国际教育、教育信息化等细分领域的不断整合升级，头部企业寻求并创造 IPO 途径，使得 IPO 企业所属领域呈现出逐年多样化的趋势。2019 年，受政策影响，部分领域的教育服务企业冲击 IPO 失败。以学前教育领域为例，政策直接导致相关企业 IPO 失败。如包含幼儿园资产的莲外教育，在受到"民办幼儿园一律不准单独或作为一部分资产打包上市"的政策影响后，2019 年未能如期成功 IPO。

从并购来看，2019 年教育服务产业的并购事件主要发生在国际教育、基础教育、职业教育以及高等教育等细分领域，表 9.2 列出了 2019 年我国教育服务产业中活跃于二级市场的并购买方。例如，A 股市场的三盛教育收购北京中育贝拉国际教育科技有限公司 51% 的股权，着力布局国际教育，特别是国际高中教育领域；港股市场中的中教控股 2017 年上市后收购动作不断，先后完成对四川外国语大学重庆南方翻译学院、郑州城轨交通中等专业学校、西安铁道技师学院、广州大学松田学院等民办高等学校及高等职业教育学校的收购；美股市场中的博实乐教育于 2019 年收购圣迈克尔学校、博斯沃思独立学院、剑桥文理学院等几所英国私立学校，进一步拓展了其在国际教育领域的布局。

---

① 资料来源：中国产业信息网。
② 资料来源：Wind、普华永道。

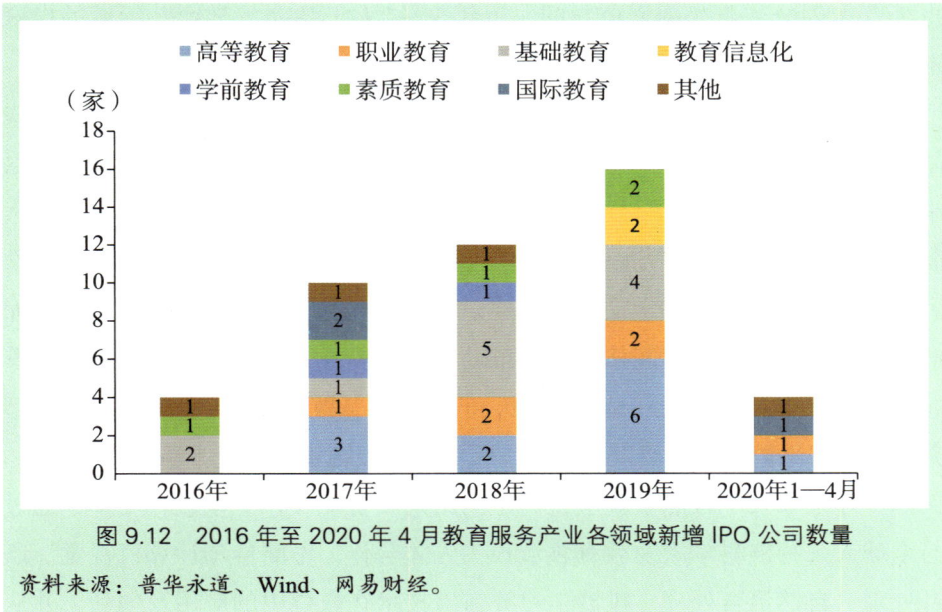

图 9.12　2016 年至 2020 年 4 月教育服务产业各领域新增 IPO 公司数量

资料来源：普华永道、Wind、网易财经。

表 9.2　2019 年教育服务产业二级市场活跃并购买方

A 股	港股	美股
☆昂立教育	☆希望教育 ☆中教控股	☆博实乐教育
☆三盛教育	☆宇华教育 ☆中国新华教育 ☆绿城中国	☆精锐教育
☆中科金财	☆民生教育 ☆ 21 世纪教育	☆好未来
☆中国出版	☆中国春来 ☆复星国际 ☆澳洲成峰高教	☆红黄蓝

注：根据桃李资本等发布的公开资料整理。

三、技术创新与投融资动态

（一）"人工智能 + 教育"领域的投融资动态

智能时代，以人工智能为代表的前沿技术正加快向教育服务产业的各细分领域渗透。技术赋能教育产品与服务不仅有利于企业建立竞争壁垒，同时也为资本创造了更大的增值空间。近年来，"人工智能＋教育"领域的投融资不断升温。

"人工智能＋教育"是指人工智能在教育领域中创新应用的技术、模式与实践的集合，目的是提升教育服务的效率、质量及个性化水平。2017年以来，人工智能在教育服务中的应用场景不断丰富，当前主要应用于智能学习、教学管理、资源建设等方面。《教育信息化2.0行动计划》提出，要开展以学习者为中心的智能化教学支持环境建设，推动人工智能在教学、管理等方面的全流程应用，利用智能技术加快推动人才培养模式、教学方法改革。尽管"人工智能＋教育"仍处于起步阶段，但其开启了教育服务产业新一轮的转型升级，是未来教育的重要发展方向，吸引了各教育服务企业不断探索与实践。例如，好未来人工智能实验室致力于利用人工智能技术驱动教育变革，通过与全球人工智能科学家及教育领域顶尖人才合作，不断推动计算机视觉、语音处理、自然语言处理、机器学习等前沿技术在教育中的应用及创新，并从辅助教师教学、激发学生课堂学习兴趣、智能交互式在线教育等多个维度进行了突破，打造了"魔镜系统"和WISROOM智慧课堂解决方案等行业领先的创新产品。

在"人工智能＋教育"的投融资动态方面，如图9.13所示，2013—2019年，"人工智能＋教育"领域共发生了274起投融资事件，融资总额达77.5亿元，呈波动增长态势。2019年融资数量再创新高，达到58起。而融资总额则于2018年达到顶峰（26.5亿元）。从融资增速来看，融资事件复合增速达34%，融资总额复合增速达53%。从人工智能对产业各细分领域的渗透来看，如图9.14所示，2013—2019年，"人工智能＋基础教育"与"人工智能＋教育信息化"领域的融资规模领跑其他细分领域，融资总额分别为78.0亿元与19.8亿元，占整体融资额的53.5%和13.6%，反映出人工智能技术在传统教育领域、教育科技领域的受认可程度和渗透率较高。与此相比，尽管整体融资表现可观，但"人工智能＋职业培训"和"人工智能＋素质教育"的融资额分别为10.5亿元和9.1亿元，可见人工智能技术在这两个领域的渗透率仍具有很大提升空间，而其他领域的人工智能技术渗透率相对较低。此外，由于在线教育产品及服务本身具有互联网属性，故与人工智能结合的场景更

加丰富。从在线教育领域来看，2019 年，中国在线教育行业的市场规模为
3145.2 亿元，泛人工智能产品的市场规模为 52.2 亿元；人工智能技术的渗透
率为 1.7%，预计其渗透率将保持逐年增长，在 2022 年达到 3.6%[①]。

图 9.13　2013—2019 年中国"人工智能 + 教育"融资情况

资料来源：中国产业信息网。

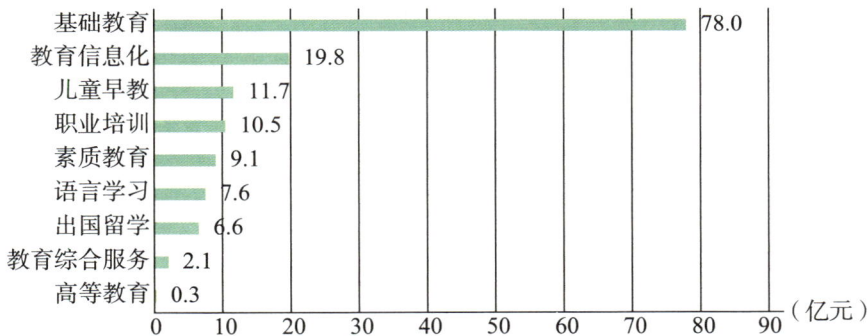

图 9.14　2013—2019 年中国"人工智能 + 教育"细分领域累计融资规模

资料来源：中国产业信息网。

注：由于各细分领域之间有相互重合部分，因此本图中累计的融资规模大于融资总额。

----

①　资料来源：中国产业信息网。

从过去几年"人工智能＋教育"项目的投融资动态可以看出，前沿技术与教育服务融合的产品与项目正逐渐获得投资方认可，并成为企业吸引资本的有力加持，这一特征从 2019 年教育服务产业大额融资事件统计中也可以得到印证。如表 9.3 所示，尽管这些大额融资事件发生在产业不同领域，但从融资标的来看，获得资本加持的企业在技术创新、产品创新、服务模式创新等方面均在细分领域中处于领先地位，特别是融合人工智能等技术或进行人工智能技术教学的企业普遍能够获得较大金额的中后期轮次融资。例如，2019 年，助推人工智能教育普及的编程猫，获 4 亿元人民币的 C 轮融资；号召将"ABC 概念"［AI（人工智能）、Big Data（大数据）、Cloud（云计算）］与教育产品深度融合的掌门 1 对 1，获 3.5 亿美元的 E 轮融资；投入大量资源用于研发以学生为核心的个性化人工智能学习辅导课程体系的作业盒子，获 1.5 亿美元的 D 轮融资。因此，资本的加持使得这些带有科技属性的企业加大研发投入、吸收技术人才，让人工智能技术渗透到教育服务产业中的速度大大提升，持续推进产业升级。特别是"人工智能＋教育"的发展将实现前文所提到的技术对规模不经济的缓解作用。例如，教学服务通过人工智能技术将教师与助教进一步分工，提升了规模化效率；一套人工智能自适应系统能在一定程度上满足不同学生各方面的需求，降低重复性工作的人力成本；此外，人工智能用户规模不断扩大，教学效果却基本不会受到影响。

表 9.3　2019 年教育服务产业大额融资事件

序号	标的	细分领域	时间	轮次	金额
1	DaDa	语言培训	2019−01−16	D 轮	2.55 亿美元
2	掌门 1 对 1	基础教育	2019−02−18	E 轮	3.5 亿美元
3	高思教育	基础教育	2019−04−18	D 轮	1.4 亿美元
4	作业盒子（小盒科技）	基础教育	2019−05−30	D 轮	1.5 亿美元
5	iTutorGroup	语言培训	2019−07−12	战略投资	未透露（中国平安）
6	凯叔讲故事	学前教育	2019−07−22	C 轮	5000 万美元
7	火花思维	素质教育	2019−08−26	D 轮	8500 万美元

续表

序号	标的	细分领域	时间	轮次	金额
8	VIPKID	语言培训	2019-09-19	战略投资	1.5 亿美元
9	核桃编程	素质教育	2019-10-23	B 轮	5000 万美元
10	编程猫	素质教育	2019-11-04	C 轮	4 亿元人民币
11	华立大学	职业教育	2019-11-14	Pre-IPO	4.38 亿元人民币
12	高思教育	基础教育	2019-11-26	D+ 轮	未透露（腾讯）

资料来源：桃李资本。

（二）四大类资本的投资布局与技术偏好

从微观视角来看，表 9.4 汇总了 2019 年活跃在我国教育服务产业私募股权市场上的投资机构，其中，教育服务产业的投资方主要包括垂直型投资基金、传统投资机构、产业巨头以及互联网巨头四大类。不同类型的投资机构在选择投资标的时，其关注的重点、投资的风格和轮次也有所差异。通过对四大类资本投资布局的分析，我们可以对智能时代资本的投资偏好进行简要总结。

表 9.4　2019 年中国教育服务产业私募股权市场上活跃的投资机构

种子天使至 Pre-A 轮	A 轮与 B 轮	C 轮及以后
☆北塔资本　☆蓝象资本	☆新东方　☆好未来　☆创新工场　☆经纬中国	☆腾讯　☆华平投资　☆龙湖
☆青松基金　☆好未来	☆高思教育　　☆永锌投资　　☆红杉资本　☆微影资本	☆CMC 资本　☆KKR　☆高瓴资本
☆险峰长青　☆真格基金	☆贝塔斯曼亚洲投资基金　☆广发信德　☆DCM	☆纪源资本　☆百度
☆英诺天使基金	☆启明创投　☆高瓴资本　☆双湖资本☆泊富基金	☆春华资本　☆IDG 资本
☆小恐龙基金	☆慕华教育　☆红点创投　☆顺为资本☆鼎晖投资	☆INVEST IN RUSSIA

续表

种子天使至 Pre-A 轮	A 轮与 B 轮	C 轮及以后
☆德迅投资 ☆清科集团	☆正心谷创新资本 ☆元璟资本 ☆卓砾投资	☆阿里巴巴集团 ☆中金甲子
☆华夏桃李 ☆东方富海	☆华创资本 ☆金沙江创业投资 ☆纪源资本	☆深圳市创新投资集团
☆正念资本 ☆启赋资本	☆广东文投创工场 ☆光控众盈	☆中投公司 ☆中金资本
战略投资方		
☆喜马拉雅 ☆新东方 ☆好未来 ☆ 58 产业基金 ☆科大讯飞 ☆字节跳动 ☆中国平安 ☆阿里巴巴 ☆宝宝树 ☆高思教育 ☆腾讯 ☆百度		

　　垂直型投资基金以早期阶段投资为主，重视所投项目的科技赋能及政策加持，典型代表有蓝象资本、北塔资本。2019 年，蓝象资本共投资了 7 家教育服务企业，大部分为天使轮投资；北塔资本共投资了 11 家教育服务企业，大部分为天使轮、Pre-A 和 A 轮投资。自成立以来，蓝象资本重点投资的是运用科技和互联网提升教学品质、提高教学效率、促进教育公平的项目，如在线基础教育领域的智慧流、100 课堂、十六进制等企业，在线素质教育领域的海豚思维、画啦啦、趣口才等企业，以及教育信息化领域的鲸打卡、皮影客、合心科技等企业。北塔资本致力于寻找各个领域具有独角兽潜力的公司，重点关注新科技和新服务赋能的教育产业互联网，素质教育的在线化、新品类和国际化，以及新技术、新经济背景下的新职业教育三大方向。针对 To C 端教育服务升级，北塔资本投资了线上素质教育领域的画啦啦、子曰语文、爱棋道、优贝甜等企业，线上职业教育领域的课观教育、壹医考、领带金融学院等企业，以及线上国际教育领域的学霸公社、Viax（盐趣）科研教育、WEsport 等企业。在教育信息化 To B 端，北塔资本则在智能工具、智能课程、智能服务三个领域同时发力，投资了合心科技、一维弦科技、酷柠科技等企业。

　　传统投资机构以中后期阶段大额投资为主，关注企业是否已具备一定竞争壁垒，偏好科技赋能与热门领域相结合的项目，典型代表有红杉资本、高瓴资本和真格基金。2019 年红杉资本共投资了教育服务领域的 8 个项目，集中在素质教育领域，投资金额从 A 轮的数百万美元到 D 轮的 8500 万美元。

在其投资项目中，西瓜创客、火花思维、迈思星球等为少儿编程、数学及思维培养领域的在线教育企业，具有典型的科技赋能与素质教育结合特征。红杉资本不仅参与教育服务企业的全阶段投资，同时也热衷于以战略投资的形式为被投企业提供管理和资源支持。2019 年，高瓴资本共有 6 笔教育服务领域的投资，从被投企业来看，高瓴资本偏好于投资成熟企业和热门领域中的头部企业，如投资素质教育领域的编程猫、核桃编程这两家在线少儿编程企业。2019 年，真格基金在教育服务领域的投资明显更加谨慎，只投资了 5 家企业，如在线少儿美术教育品牌画啦啦。2017 年，真格基金与盛通股份联合成立"真格教育基金"，致力于挖掘教育服务领域的独角兽企业，针对在线教育、早幼教、基础教育、素质教育、互联网教育及技术探索开发等全领域进行全阶段价值投资。

产业巨头关注所投项目对产业生态的协同效应，其投资有服务主业的要求，走"生态型"布局路线，典型代表有新东方和好未来。2019 年，新东方共投资了 16 家教育服务企业，较 2018 年的 14 笔有所增加。新东方延续了多元的投资方式，涉足早幼教、基础教育辅导、素质教育和教育信息化等各个领域，在投资逻辑上更加注重考虑被投公司业务和自身主营业务的互补性，通过投资布局来完善和拓展自身的业务版图。2019 年，好未来共投资了 12 家教育服务企业，数量较 2018 年的 16 笔略有下降。2018 年好未来的投资领域主要集中在基础教育和 STEAM 教育，2019 年的投资领域更为多元，涉及大语文、体育培训、教育综合服务等新兴领域。好未来的投资讲求的是"生态型"布局，从技术到内容再到平台，从幼教、基础教育到职业教育，都有布局。

互联网巨头偏好中后期成熟项目，并利用技术优势拓展自身的教育服务业务，典型代表有腾讯和阿里巴巴。截至 2019 年 12 月，腾讯在教育服务领域的投资共有 46 笔，总投资额高达数十亿元，仅 2019 年的投资便有 8 笔。从轮次上看，腾讯偏好投资中后期的公司，单笔投资规模也较大，如 VIPKID E 轮投资 1.5 亿美元、知乎 F 轮投资 4.34 亿美元。从细分领域上看，被投公司覆盖了基础教育、少儿英语、美术教育等，都是市场规模较大的分支。截至 2019 年 12 月，阿里巴巴在教育服务领域的投资共 10 笔，其中学前教育 5

笔、基础教育3笔，主要集中于中后期项目，投资轮次都在C轮及之后，投资金额最少也在1亿元以上。此外，在阿里云上构建IT基础设施的在线教育企业有一万多家，阿里云占据了国内教育云服务85%的份额①。阿里巴巴通过阿里云切入线上教育领域并投资关联业务的做法，充分考虑了被投企业与自身业务的协同性。

通过对四大类投资方的投资布局和所投企业的简要梳理，可以发现，除了因投资风格、战略考量等不同而使得不同机构对投资标的的选择有所偏向外，各类投资方在被投企业的选择上也具有一些共性，成熟的资本在产业布局中的核心考量越来越与技术创新、政策支持、需求升级等因素密切相关。不论是早期投资还是中后期投资，是否具有"科技基因"已成为各类投资方对所投企业的重要考量因素，而"科技基因"并非简单地追求潮流，或是将技术与教育服务简单叠加，而是真正运用科技更好地满足智能时代学习者更加弹性、多元和个性化的需求。科技赋能的优质产品、服务，与教育政策鼓励、支持领域相互契合，将为企业释放更多的增长空间，赢得更多元的合作机会，因而能够获得各类投资方的普遍关注。

第4节　智能时代教育服务产业投融资特征、机遇与挑战

一、教育服务产业投融资特征

（一）资本更加重视企业的内在价值与创新潜力

受宏观经济与教育政策影响，资本寒冬或将延续，但产业发展仍受各方资本关注。相比资本大规模涌入的粗放增长期，在智能时代，资本对产业各

---

① 资料来源：前瞻产业研究院。

领域的关注将更具针对性。在早期项目中，资本将更多投向前沿技术赋能的新领域、政策倾斜领域、符合经济社会转型升级趋势的领域，以及与公办院校、政府等能够形成互补协作的信息化领域等。虽然目前教育服务产业的融资总体上仍以早期项目居多，但有向中后期转移的趋势。而在中后期项目中，大额融资将进一步向已具有技术壁垒、内在价值较高的头部企业和项目集中。例如，在政策严格规约的基础教育领域，融资轮次整体向中后期转移，估值更加合理，投资者的专业度不断提升。这意味着，在拥有用户规模及品牌影响力的基础上，具有科技赋能、优质师资、稳定现金流、持续创新能力的企业在该领域依旧能受到资本重视。

　　从近年来各类资本的投资偏好和大额融资事件来看，资本将更加重视企业的内在价值和长远发展。一级市场融资难度增大，平均融资周期拉长，缺乏技术加持与造血能力的企业难以再通过精美的"创业故事"获得高估值融资。二级市场虽上市热度不减，但如果缺乏核心技术优势及有竞争力的产品和服务，仅依靠资本推动，企业则难以实现可持续发展。此外，由于一级市场买家增多，市场整体估值上行，一、二级市场估值差正逐渐缩小，跨市场套利的模式已不再有较大的盈利空间，因此二级市场中提供优质产品和服务的公司将凸显优势。资本对于投资标的业绩表现及增长潜力的要求更加具体，投资者对于企业的价值判断逐渐从单纯以高估值为核心转变为以高业绩表现及利润释放为核心，更加偏好优质的、具备成熟商业模式的企业[①]。在前沿技术快速迭代、经济社会加速转型升级的智能时代，企业必须具备足够的创新能力，才能更好地适应教育的变革，更好地满足不断更迭的市场需求。对于那些在商业模式及创新能力上真正具有发展潜力的企业，各类投资方都有意愿持续跟进并进行多轮跟投。

（二）投融资活动明显向政策支持领域倾斜

　　在强监管时代，政策的走向也成为投资者的重要指引。资本对于受到政

[①]　普华永道. 2016 年至 2019 年中国教育行业并购活动回顾及趋势展望：规范化、多元化、科技化中国教育行业投资并购回归理性 [R]. 2020.

策支持及资源倾斜的细分领域普遍更加偏好，如职业教育、素质教育和教育信息化领域已成为吸引资本加速布局的主要领域。

根据人力资源和社会保障部的统计，近年来劳动力市场的求人倍率呈现不断上升走势，从 2010 年第一季度开始，70 个大中城市的求人倍率超过 1，到 2018 年第四季度，求人倍率已提高至 1.27；各技术等级或专业技术职称的求人倍率均高于 1.7，其中高级技能人员、高级工程师、高级技师的求人倍率已分别达到 2.39、2.01、2.01。这说明，我国劳动力市场的结构性失衡问题已较为突出，而职业教育在培养应用型和技术型人才、提升劳动者技能，进而提高劳动力与产业需求匹配度方面大有可为。近年来，我国出台了多项政策，鼓励职业教育发展。特别是 2019 年以来，一系列职业教育新政策明确了国家对社会力量参与职业教育发展的支持和重视，这使得资本对职业教育领域不再谨慎观望，而是积极涌入。同时，新技术、新经济和新业态的快速发展也对劳动者的专业技能提出了新要求，催生越发旺盛的职业培训需求。随着近年来前沿科技对职业教育的赋能，个性化教学为职场人士带来新的学习体验，职业教育已成为吸引资本抢注的一片新蓝海。

近年来的消费结构变化、教育观念更迭、前沿技术渗透等，使素质教育迎来发展新热潮。一方面，随着中等收入群体规模的扩大，家庭在教育方面的投入不断增加。不少家长重视孩子理性思维、自我管理及独立解决问题能力的培养。另一方面，"素质教育学科化"的现象渐趋明显，无论是少儿英语、大语文，还是数理思维培养，都是在辅助学生的学科考试或者是为学生将来的升学做准备。在人工智能、VR/AR 等技术的协助下，编程教育作为素质教育的一个重点领域，满足了个人、家庭及国家层面对人才培养的需求，面向少年儿童的编程培训日益火热。教育部在《2019 年教育信息化和网络安全工作要点》中已明确提出："推动在中小学阶段设置人工智能相关课程，逐步推广编程教育。"在前沿技术渗透下，素质教育新品类层出不穷，领域内部更加细分，音体美等教育与人工智能等前沿技术结合更紧密，供需互相促进，成长空间广阔，因而成为资本重点关注和投资的领域。

教育信息化产品在提升教学效率、促进优质教育资源共享、推进教育公平等方面具有重要的作用。加快智能化校园建设，以教育信息化带动教育现代化，已成为当前及未来教育发展的战略共识。目前，我国教育信息化市场已经初步成型且竞争日益激烈。从需求端看，50.7 万余所学校、2.6 亿余名在校生和 1600 万余名在校教师的规模，为教育信息化提供了广阔的发展空间。同时，5G、人工智能、VR/AR 等前沿技术的渗透融合，进一步推动教育主管部门与教育科技企业通过战略合作、投资、并购等形式进行资源整合，进而为学校、政府、教育机构提供更加完善的服务。受到新冠肺炎疫情影响，本就势头强劲的教育信息化领域被按下了"快进键"。在教育行政部门"停课不停学"的号召下，To B 教育信息化企业所提供的智慧教育系统、教务管理系统、线上直播、在线批改等软硬件，成为学校或教培机构的重要配置。叠加政策利好，教育信息化迎合了教育工具跨平台融合、教育资源跨地区融合和教育主体跨体制融合等方面的教育发展趋势，是资本不断加持和实现多方合作共赢的重要领域。

（三）资本市场中的马太效应逐步显现

资本市场上，教育服务产业内部已呈现出较为明显的马太效应。产业总体市场格局高度分散，但资本逐渐向产业巨头及细分领域的头部企业集中，而资本的加持将使领先企业得以巩固地位并推动产品和服务的持续创新，而弱势企业将加速被市场淘汰。目前，产业中未上市的领先企业不断获得资本跟投并积极寻求上市。而已上市的企业基本为所在领域的头部企业。这些企业受发展规模、品牌效应等因素影响，已表现出具有较完善的基础设施、既定的顾客基础、精细化运营及优质服务等优势，这些优势为企业带来了更强大的盈利能力和更好的抗风险能力，也为资本带来了更大的投资回报。相较于头部企业，产业中的弱势企业难以获得资本关注，其市场空间还将被进一步挤压。在并购方面，虽然目前教育服务产业 A 股市场并购热潮已退，但海外市场并购活跃，使得产业总体并购热度仍在持续。其中，企业投资者成为海外并购的主力军，其中有超过一半为头部教育服务企业。随着内资境外并购、外资入境的双向发力，未来教育服务产业的并购事件与金额还将继续增长，而各类发生于细分领域内的头部企业纵向并购与行业巨头跨领域横向融合，将推动行业整合升级、加速洗牌。

（四）企业 A 股市场 IPO 热度进一步提升

从我国教育服务企业的上市历程可以发现，2006—2010 年企业全在美股上市。2010—2013 年，A 股并购重组和再融资市场经历了初始发展阶段。2013—2017 年，以枫叶教育登陆港股市场为标志，港股市场上市迎来热潮，其热度甚至超过美股市场。凭借相对完善且灵活的上市机制和通道，港交所在 2017—2019 年吸引了 24 家内地教育服务企业赴港上市。在目前处于上市前的近 10 家教育服务企业中，半数以上仍选择港交所，其中主要为职业教育和高等教育企业。总体而言，我国教育服务企业在港股和美股市场 IPO 已成为常态。然而，自 2019 年以来，自中公教育借壳亚夏汽车登陆 A 股市场后，教育服务企业回归 A 股市场的趋势逐渐显现，这与我国资本市场体系日臻完善以及一系列政策利好有关，如允许跨界并购、全面推行注册制、对优质企业开放绿色通道、新三板转板新政等。同时，早期在美股、港股市场上市的一批教育中概股也在全球经济变化的大环境下表现出了回归 A 股市场的期盼。近年来，教育中概股在境外市场遭遇坎坷。以美股上市教育服务企业为例，若选择美股上市，企业需要向投资者更详尽地披露财务信息，将财务情况的真实性、完整性、合规性和盘托出，需要在以上各类流程、路演中花费大量成本。同时，国外投资者对中概股企业经营情况不够了解，导致部分股票市值被低估。因此，一些教育中概股企业表示正在等待政策信号，为回归 A 股市场做好准备。

（五）疫情影响下教育信息化与在线教育企业受资本关注

突如其来的疫情"黑天鹅"在短期内为在线教育企业带来利好，也对在线教育与教育信息化领域的投融资活动产生了催化效应。受"停课不停学"政策影响，各级各类学校开展在线教学后，在线教育、教育信息化领域的上市公司股价一度快速攀升。当前，诸多大型教育服务企业已向综合型教育集团转变，在线教育成为其必不可少的业务模式之一。而其他中小企业也纷纷借此机会，积极开展在线教育布局。一批教育服务企业通过提供线上教育资源及在线教学平台、技术服务等形式助力学校和教师开展教育教学工作，在一定程度上弥补了线上教育供给缺口，满足了教育需求。未来，不论是平台、硬件、技术还是内容提供商，均会得益于政府在教育信息化、在线教育方面的推进举措，在政产学研合作中迎来新机遇，从而吸引更多投资者关注。此外，教育信息化领域在疫情过后逐渐走向成熟，行业内整合升级加剧，短期内或将出现教育信息化业务横向并购热潮。而未来上市的教育服务企业中，也可能集中涌现以教育信息化服务为主营业务的企业。

二、未来机遇

（一）科技赋能创造投资新空间

智能时代，5G、数据中心等新基建的落地与行业应用将进一步推动我国教育服务产业升级，也将开辟教育信息化领域的创投新方向。企业为各类学校、政府等提供信息化产品和服务的机遇广阔，优质项目与产品具有获得大额投融资以及平台化的机会。基于政校企合作的新机遇，投资者应当敏锐把握技术升级浪潮中 5G 服务企业、校企合作项目的投资风口。随着人工智能、5G、大数据中心、云计算平台等推动智慧校园建设进程加速，教育信息化企业将进一步整合升级。围绕智慧校园类产品及其生态，如腾讯智慧校园、钉钉教育服务等，可能产生创业、投资的新风口。而参与 5G 平台搭建、数据中心建设的企业也将获得资本青睐，行业间纵向、横向整合进程也将加快。

尽管教育信息化、在线化程度将会有飞跃式提升，但传统的线下教育仍具有互动性强、体验感强等在线教育难以企及的优势。前沿技术在各类教学场景中的普及，能够为传统线下教育重新赋能。未来，融合大数据、云计算、人工智能等技术，精准记录教学与学习数据，高效生成课堂质量与学情分析的概念产品将会集中涌现。这些产品将为线下教育带来新的活力，原本不如线上教育那样被资方看好的线下项目也有望获得更多资本支持，从而实现转型升级。投资者与创业者若能把线下教育"面对面教学""互动性强"的优势与线上教育不受时空限制的优势有效结合，就能够在未来催生出更高效合理的 OMO 模式。这种既能保障学习质量，又能提升学习效率、节约学习成本的模式，将成为未来教育服务企业的主流运营模式。

互联网、移动互联网已成为教育服务产业的"标配"，而贴着"人工智能""大数据"等标签的产品与项目在市场上也已经屡见不鲜，不少企业纷纷推出"AI课""AI老师"等概念产品。由于人工智能与教育服务项目的结合通常需要大量资金投入，因此目前较有竞争力的产品多集中于规模大、有庞大客户基础的头部企业。正如前文所述，资本的投入将进一步推动技术进步，包括促进已有技术在产业当中的应用。随着人工智能、大数据、云计算等技术与教育的融合从浅层走向深层，技术将更加全面、深入地应用于学习过程、学习场景与评价体系中。投资人不仅可以关注头部企业更加成熟的"人工智能+教育"产品，也可以增加对中小企业"人工智能+教育"的关注。中小企业虽然缺乏融资优势，但往往能够吸取第一梯队企业已有的经验教训，在技术深度融合中不断进行细分领域的产品和服务创新，更有可能产出直击用户"痛点"的新方案。中小企业在目前的市场格局中虽然较难成为行业"第一"，但或许可以成为细分领域的"唯一"。

（二）政策驱动引领投资新方向

1.产业升级与需求迭代创造投资机会

教育服务产业发展与我国经济发展、产业结构变化的总体趋势保持一致，其中职业教育是受产业升级与劳动力需求变化最直接影响的领域之一。政策层面的大力支持及鼓励，为职业教育扩展市场规模、顺应产业升级扫清了体制障碍。从细分领域来看，随着智能时代的到来、创业潮的兴起及企业数据化运营的普及，IT培训需求呈现井喷式增长；为响应《中国制造2025》中提出的建设"制造强国"口号，智能制造技术、电子通信技术等高端制造领域的相关岗位培训热度高涨；新发展理念的提出，使得现代金融、医疗健康、家庭服务、康体养老等现代服务业成为产业转型升级新动力，由此带来的专业性人才需求缺口，进一步拓宽了相关领域职业培训的市场。行业准入规则的放开，激发了投资者在职业教育领域投资办企的热情。需求端增长日益强劲，市场看涨职业教育企业业绩。正值政策红利期，资本的进入将推动整个行业高速发展、升级换代。

2. 行业整顿呼唤教育本质回归

对于具有强服务属性的教育领域来说，知识传授和人性关怀才是企业留住顾客的核心能力，好的交付体验才是业务增长的底层逻辑。因而产品的独特性、服务的专业化，是企业在行业标准规定下走归核化、差异化发展道路的基础。就整个市场而言，巨头的产品覆盖面和服务能力是有限的。因此，在领域需求的刚性未变的情况下，从文科路径、理科路径、思维训练等细分领域寻求单点价值突破的企业，即使未具备先发优势，依然能够在近于饱和的市场中分一杯羹，稳住业绩增长。以受到强监管的基础教育为例，从长期来看，政策的收紧并未改变整个基础教育领域向上的发展态势。资本冷静回归，更加青睐具备核心竞争力和长期投资价值的项目。企业的规模化、规范化、稳健性经营无疑能够向市场释放积极信号，为投融资活动注入信心。

3. 理念更新适应综合素质提升

近年来，素质教育领域亮眼的数据再次为资本深耕素质教育提供了有力支撑，进一步引导资本在该领域落地。同时，涉及素质教育的政策文件越来越多，从确立素质教育发展方向到完善学生综合素质评价标准、从强调德智体美劳全面发展到提出培养创新创业精神和能力，在需求端，素质教育已经不再是可有可无的产品。不管是传统的艺术三项（音乐、美术、舞蹈），还是体育，尤其是越来越受重视的 STEAM 教育，家庭通常会为其留出一定消费支出空间。而马术、击剑、高尔夫、帆船、高端海外游学等精英阶层的教育项目，也获得了一定的市场。随着市场需求愈显刚性，教育服务企业布局素质教育的步伐加快。而供给端的每一次提升，都离不开资本的加持。在政策提供稳定发展环境的背景下，资本深耕素质教育不失为一种择优策略。

（三）市场扩张打开投资新蓝海

1. 中小城市新蓝海尚待发掘

教育服务产业下沉市场正值发展窗口期，除一、二线城市外，中小城市对于优质教育服务的需求日益增长，但目前规模大、具有品牌影响力的企业与机构多集中于一、二线城市。随着前沿技术、各类新型教学场景的渗透，以及下沉市场需求特点的进一步明晰，教育服务产业市场逐渐显现下沉趋势。

下沉市场具有广阔的投资空间，消费潜力巨大，是有待发掘的新蓝海。创业者、投资人可将目光投向中小城市及农村，有针对性地策划发展符合下沉市场消费需求的教育服务项目与产品。未来下沉市场将不仅包含中小学学科教辅、儿童托管、语言培训等消费项目，还会涌现大量专为农民、蓝领工人等人群服务的项目或产品。在全面建成小康社会的背景下，在下沉市场可能孵化出更完善的助力乡村振兴、解决农民生产中实际问题的专业教育服务项目。针对蓝领工人提升职业技能的教育服务项目同样极具价值。投资人应当紧密追踪政策动向与用户需求，把握下沉市场的巨大机遇。

2. 后疫情时代在线教育投融资迎来新机遇

新冠肺炎疫情对于在线教育有着特殊的意义。在线教室、在线会议室、在线作业评价平台等一系列教育服务产品帮助我国各学段师生从线下的校园环境过渡至线上教学环境。PC 端、移动端在线教育软件在疫情倒逼之下迅速发展，在线教育硬件的铺设也在"停课不停学"的防疫形势下迅速跟上，可以预期，未来在线教育将成为线下学校教育的重要补充。随着疫情防控常态化，国内疫情形势平稳后，无论是各类公立学校还是民办教育机构，都将陆续回归现实空间，线下教育将会重启。放眼中长期，一方面，投资人应加深对在线教育价值的理解，并关注该领域的优质项目。例如，一些依托在线教育平台出现的教学方式将会被沿用，且各级学校的教育信息化建设都将成为有价值的投资方向。另一方面，投资者也应当警惕行业泡沫产生。在线教育项目或将迎来一波投资热潮，形成一个发展新高峰，但投资者、创业者也应当认识到在线教育难以替代线下教育，需于乐观中保持谨慎。

三、面临挑战

（一）警惕新一轮行业泡沫的产生

21 世纪以来，特别是 2010 年以来，我国教育服务产业投融资日益活跃，民办幼儿园、基础教育校外培训等领域都曾经历过爆发式增长，当然也经历过数次泡沫破裂。2013 年"互联网＋教育"的开启，使得我国教育资本市场

呈现跨越式发展态势，一级市场投融资总体持续增长并于 2018 年达到顶峰，二级市场美股和港股 IPO 持续火热、A 股 IPO 热度提升，境内外市场并购浪潮轮番驱动。尽管目前一、二级市场整体热度下降，资本更加成熟理性，但新一轮行业泡沫仍可能产生并破裂。

在 2013 年至今迅猛的产业扩张中，部分细分领域泡沫较大。在线教育领域于 2013 年呈爆发式增长，当年在线教育市场规模达 839.7 亿元，同比增长 19.9%；在线教育用户达 6720 万人，同比增长 13.8%[①]。在线教育经过多年粗放式增长后虽逐步平稳，但在疫情催化下，可能又将迎来新一轮扩张。产业巨头、BAT 等互联网巨头也进入资本市场，加速投资布局。过去 5 年，受到各类教育政策影响，除基础教育领域外，素质教育、职业教育、教育信息化等领域的投资也在急剧增长。政策鼓励和需求拉动刺激资本迅速涌入，以把握产业及所处领域的"风口期"。当资本集中且持续性涌入时，则催生泡沫。在此情形下，大多数项目价值被高估，如 2019 年进入美股市场的"跟谁学"TTM（最近 12 个月市盈率）已达 800 多倍。大量资本进入行业后，推高了其内在价值，而这又将进一步吸引资本进入……，教育服务产业估值在一定程度上不再由供需关系决定，而是由投资者、经营者的预期决定。虽然资本泡沫推动了教育服务的规模化和产业化，但泡沫终将破灭，最后既损害投资者利益，也阻碍产业健康发展。

当前及未来，备受资本青睐的素质教育、职业教育等重点领域的细分品类层出不穷，资本涌入或将催生新一轮泡沫，不仅使部分企业估值严重偏离其实际盈利能力，也可能助长企业仅在概念和题材上炒作以吸引资本眼球，而不关注自身产品和服务的升级。为了产业健康发展与企业长远利益，企业应当寻求稳健发展道路，通过提升自身核心价值来获得优质、成熟资本的加持。

（二）"双主业"上市公司面临挑战

近年来，主营业务并非教育服务的企业不断通过并购重组进入教育服务

---

① 　资料来源：艾瑞咨询。

领域，成为"双主业"甚至是"多主业"公司。例如，A 股上市的立思辰、文化长城、秀强股份、勤上股份等，都是通过并购重组形成的"双主业"教育服务企业。这些"双主业"公司根据过往主营业务可以划分为以下三种类型：产能过剩的传统制造企业，如秀强股份，其第一主业为玻璃加工制造；面临激烈竞争的传统服务企业，如立思辰，曾是一家提供办公设备与仪器的企业；主营业务与文化传媒、艺术技术产业相关的企业，如文化长城，过去经营艺术陶瓷业务，转型后将第一主营业务投向艺术教育。

这些"双主业"上市公司出现的原因，一是其看好教育服务产业的发展前景；二是公司原有业务在实体经济下行趋势下发展受阻、面临瓶颈或是出现危机，导致前景不被看好；三是外部政策环境的变化，例如《民办教育促进法》修订版明确了营利性民办学校的地位、A 股市场允许跨界并购等，进一步推动了教育资产证券化的进程，也为更多非教育服务企业跨界进入教育领域打开了通道。然而，"双主业"公司在未来发展中也面临挑战。例如，智能时代下的教育服务产业本身是知识密集型、技术密集型产业，而对于从传统制造业、服务业转型而来的"双主业"公司来说，战略转型是否成功、是否拥有充足的人才、其技术水平及经营经验能否与深耕教育服务的产业巨头相抗衡等，都是其面临的问题和挑战。

教育服务产业是一个需要大量资金投入、运行周期较长的行业。上市公司中，期望能通过收购、并购教育类企业拓展教育服务业务的不在少数。在并购完成后，要想成功发展教育服务业务，后期还需要资金继续投入布局。而这些资金回流速度较慢，将考验"双主业"公司是否有足够耐心在教育领域精耕细作。此外，一旦"双主业"公司开始经营、拓展教育服务业务，将面临双主业运作的整合与管理协作问题：随着公司经营规模和业务范围不断扩大、产品线延伸、组织结构日益复杂，公司管理也必须日益趋向科学化、精准化，这些都将给企业的未来发展、管理带来挑战与风险，需要企业在发展过程中探索出使自身两个主业协同发展的道路。

政府篇

  政府篇包括"技术发展与教育公平""教育治理的多元协同""财政支持与教育发展"三个专题。三个专题分别从技术发展与教育公平、教育治理的多元协同以及财政供给与教育发展这三个方面进行梳理和分析。在智能时代，技术作为重要的系统性因素，对于新时代教育发展与改革中的公平与优质问题具有重要的影响，并由此带来了新趋势、新成效和新挑战。

  从技术发展与教育公平的关系来看，技术在促进教育公平方面发挥了重要作用，有助于政府更好地保障教育公平。通过国际组织与各国政府的努力，贫困地区学生、少数民族学生、特殊群体的受教育权得到更好保障，教师资源得到了优化配置；与此同时，技术发展对教育公平而言，也是一把双刃剑，数字鸿沟又对教育公平形成了新的挑战。因此，必须正视前沿技术发展可能产生的新的教育不公平问题。

  从教育治理的多元协同来看，随着第四次工业革命的到来和党的十九大的召开，我国对新时代教育发展与改革提出了新的要求。目前，我国教育治理的多元协同体系与生态初步形成，参与教育治理的相关利益群体，在教育治理中各自发挥其独有并互补的作用。我们以政府、学校、企业这三大治理主体为例，重点分析其在智能时代的技术变革进程及发展。最后，我们提出教育善治的要素条件与价值目标，并以2020年新冠肺炎疫情防控中浙江省的综合治理为样例进行分析。这次疫情防控是历史发展中不可磨灭的重要一页，见证了我国教育治理发展的阶段性成效与特征。

　　从财政支持与教育发展的角度，我们讨论公共财政如何助力、推进教育发展。通过梳理近年来财政支持教育发展的政策，结合数据统计和案例分析，我们系统地回顾并评价公共财政在教育发展中的促进作用以及面临的问题。展望未来，在继续保证政府对教育的大力投入下，应努力通过财税制度激励家庭、社会等主体对教育的支持，以此适应新时代经济社会发展的形势。与此同时，加快治理型教育财政改革，这既是转变政府职能的重要内容，也是实现教育治理体系和治理能力现代化的重要途径。

专题 **10**

技术发展与教育公平

　　促进教育公平是世界各国各级政府的法定职责之一。随着前沿技术与教育的深度融合，技术在促进教育公平方面发挥了重要作用，有助于政府更好地保障教育公平。本专题主要讨论技术发展与教育公平问题。首先，介绍国际组织与各国政府保障教育公平的政策与实践，包括我国政府的相关举措；其次，具体阐述技术对处境不利学生教育权利的保障，例如切实使贫困地区学生、少数民族学生、特殊群体的受教育权有所增强；再次，分析技术创新发展对影响教育质量的关键因素之一——教师资源的优化配置的促进作用；最后，指出技术发展对教育公平而言也是一把双刃剑，数字鸿沟又对教育公平形成了新的挑战。因此，必须正视前沿技术发展可能带来的新的教育不公平问题，提出相应的应对策略。

第1节　国际组织与各国政府保障教育公平的政策与实践

　　教育公平（education equity）是保障社会公平的重要基石。本节首先介绍联合国在促进全球教育公平方面的政策保障与行动；继而分别介绍发达国家，如美国和英国，以及发展中国家，如印度和俄罗斯，在保障教育公平上的经验；最后，介绍中国政府保障教育公平的政策体系。

一、国际组织对教育公平的政策保障与行动

"二战"之后，资本主义经济的飞速发展带来了对新技术的渴望和对熟练劳动力的大量需求。教育已经不再是精英阶级的特权，而成为社会发展和个体顺利完成社会化进程的双重需求。[①] 经济合作与发展组织指出，接受正规教育权的概念、致力于教育机会公平的努力、学生数量的变化、社会对教育要求的提高、经济增长对熟练劳动力的需求以及知识和技术的极大发展都是教育影响社会发展的重要方面。伴随着国际社会对人的基本权利的新认识，在教育适龄人口迅速增加的背景下，如何保证教育基本权利的实现以及教育的最终效果，引发了国际社会的特别关注。

（一）国际组织对教育权的政策保障

以联合国为首的政府间国际组织将教育公平作为实现全人类共同发展的基本手段，它们为推动教育公平付出了艰辛的努力。联合国作为最具权威的政府间国际组织，通过一系列的法律文献框架来描述和实现其教育主张和诉求，特别是通过其专门机构——联合国教科文组织、联合国儿童基金会等，为世界各国推动教育事业的发展提出了指导性意见。在联合国教科文组织关注的各类教育问题中，教育公平问题占有突出的地位。联合国教科文组织还专门开展了全民教育行动，推动教育公平。

教育公平是人的基本权利之一。联合国自成立以来，针对教育公平问题，一方面运用国际法律保障对人权的尊重，并借助联合国召开的国际会议的宣言作为补充文本；另一方面，联合国教科文组织在联合国其他组织的配合下开展了一系列全球行动，如全民教育行动等，以有效地推进教育公平。1948年在联合国大会上通过的《世界人权宣言》指出，人人都有受教育的权利，基础教育应是免费的和义务的，高等教育也要依据个人的资质向所有人平等

---

① 李杰豪. 国际组织与主权国家互动关系新探 [J]. 当代世界与社会主义, 2005 (6): 106-109.

开放。20 世纪 60 年代以后，联合国颁布了一系列国际条约和公约，旨在消除一切形式的对妇女、儿童和残疾人的歧视现象，教育是其中的重要领域。例如，《经济、社会及文化权利国际公约》不仅做出了有关教育权的规定，更明确地将初等教育划为义务教育阶段，同时指出中等教育和高等教育应对一切人平等开放。在承认人人享有受教育权的基础上，该条约还规定了各种类型与阶段教育的免费形式。同时，条约对缔约国的责任及其履约时间和措施做出了具体规定。又如，自 1990 年起生效的《儿童权利公约》，不仅再次重申了每一个儿童均享有受教育权，而且规定各缔约国应认识到儿童有受教育的权利，使所有儿童享受义务和免费的小学教育。该条约还提出，鼓励发展不同形式的中等教育，使所有人享受接受高等教育的机会。

　　此外，在联合国制定的一系列国际公约中，在教育领域消除两性不平等都被摆在了突出位置上。[①] 如《消除对妇女一切形式歧视公约》指出，缔约国应采取各种措施，消除教育领域内对妇女的任何歧视，并保证在各个教育阶段，在各种教育机构，男女享有同等条件。该公约不仅在受教育权方面明确了妇女和女童的权利，还在教育内容和教学过程方面做出了两性平等的规定：各缔约国应消除教育领域内对妇女的任何歧视，并保证接受继续教育包括功能性扫盲课程的妇女享有平等机会。进入 21 世纪以后，教育公平问题更是被摆在了全球发展的核心位置，两个有关教育公平的目标被列入联合国千年发展目标，具体包括：普及小学教育，确保所有男童和女童都能完成全部小学教育课程。[②]

（二）国际组织推动教育公平的行动

　　教育公平不仅体现为受教育权的实现，即入学机会的平等，更体现为教育过程的平等——既包括教育内容及师生互动的平等，也包括结果平等，即学业成就、最终所获学历及教育对日后社会生活机会影响的平等。为将承诺转化为现实，以联合国教科文组织为代表的国际组织为推动教育过程和结果

---

① 赵萍 . 国际组织推进教育公平的不懈努力 [J]. 比较教育研究，2007（2）：22-26.
② 联合国千年宣言 [EB/OL].（2000-09-13）[2020-10-29]. https：//documents-dds-ny.un.org/doc/UN-DOC/GEN/N00/559/50/PDF/N0055950.pdf?OpenElement.

的平等开展了不懈的工作。以全民教育行动为例，联合国教科文组织不仅要求各国实现免费的、普及的基础教育，更要求各国提高基础教育的质量。

联合国教科文组织的全民教育行动对幼儿教育、基础教育和成人教育提出了不同要求，特别是对教育公平做了具体规定。全民教育行动要求为不同经济社会背景和能力水平的学生提供所需的教育，并保证学生所受到的教育是适合其水平的，能够充分发展其潜能。全民教育行动提出了具体的措施和手段，帮助各国政府在规定的时间内实现全民教育的六个目标。《达喀尔行动纲领》指出，扩大和改善幼儿，尤其是最脆弱和条件最差的幼儿的全面保育与教育；确保在 2015 年以前所有的儿童，尤其是女童、各方面条件较差的儿童和少数民族儿童都能接受和完成免费的和高质量的义务初等教育；通过公平获得必要的学习机会，学习各种生活技能，来确保满足所有青年人和成年人的学习需求；在 2015 年以前消除初等教育和中等教育中男女生人数不平衡的现象；全面提高教育质量，确保人人都能学好，在读、写、算和基本生活技能方面都能达到一定的标准。为确保取得教育质量的均衡发展，保证每个儿童都能接受与其发展水平相适应的高质量的教育，联合国教科文组织指出，各国应从教师、教学时间、核心课程、教学理念、教学语言、教学材料和设施方面全面加强教育工作，保证为全体学生提供同等的入学条件和学习条件。[①]

二、不同类型国家保障教育公平的经验

教育公平是世界各国实现国家发展战略的重要组成部分和基础。为所有人提供高质量的教育，是所有国家共同的责任。因此，世界各国一直高度重视教育公平问题。本部分分别介绍发达国家和发展中国家在保障教育公平中的经验。

[①]　UNESCO. Education for all global monitoring report 2005[M]. Paris：UNESCO，2005：29.

（一）发达国家保障教育公平的经验

由于历史发展道路、经济发展水平、社会制度等存在差异，发达国家教育公平问题的表现形式、内容呈现和最终的解决都体现出各自的特色。① 以下以英国、美国为例，介绍发达国家在保障教育公平方面的经验。

1. 英国的经验

首先，英国针对处境不利群体教育不公平的具体问题建立了相应的法律机制。针对处境不利儿童，英国政府提供了教育、培训等全方位服务，其中2003 年颁发的绿皮书《每个孩子都重要：为了孩子的变化》和 2004 年颁发的《儿童法》将这些计划进一步系统化和合法化，强调每个孩子都不能被忽视，缩小处境不利儿童与其他儿童的差距。为保障残障儿童接受良好的教育，英国增加了对于"儿童和青少年心理健康服务中心"的投入，到 2006 年追加300 万英镑，目标是到 2006 年在所有地区提供综合性的心理健康服务。

其次，英国为促进学生完成学业，避免辍学，关注向教师传播关于公平的知识，并且重视加强弱势群体教师的聘任。

再次，在推进区域间教育公平发展方面，为了缩小不同区域间的教育差距，英国实施"教育优先区"（the education priority area）计划。教育优先区指被政府列为物质或经济极为贫乏，须优先予以改善以促进教育机会均等理想实现的地区。一般是依据学校的地理位置、社会环境、学生家长的社会职业状况以及当地学前教育入学率、中小学留级率、教师流动率等教育外部与内部的具体指标而确定。对被确定为教育优先区的社区，政府在经费、师资、设备等方面给予特别支持。一旦达到规定的标准，教育优先区即被取消。

最后，英国在改造薄弱学校过程中积极吸纳社会各界力量全方位参与学校教育，其采取的基本策略是推行社区共建的"教育行动区"（the education action zone）计划。教育行动区一般设在因学生学业成绩低下而需要特别支持的城镇和乡村。政府将这些地区一批学校的管理权公开招标，由当地工商企业、学校、家长、地方教育当局和当地其他机构、部门组成一个联合体，向

---

① 乐先莲.致力于更加公平的教育：来自发达国家的经验 [J]. 比较教育研究，2007（2）：11-16.

教育主管大臣提出申请，接管这批学校。教育行动区在课程、人事、资源和经费等方面享受政府制定的一系列优惠政策。"教育行动区"计划在加强薄弱学校建设、提高管理效率、推进教育改革等方面积累了丰富的经验。

2. 美国的经验

第一，美国针对处境不利群体教育不公平的具体问题建立了相应的法律机制。针对逃学、辍学问题，美国政府要求各州、学区、社区或学校通过制定和实施补偿性服务方案、替代教育方案以及综合性中途辍学预防方案等促进学生学习，预防辍学。在支持贫困儿童教育、双语教育、移民教育、印第安人教育等方面，美国国会先后通过专门法案或条款。如针对少数民族群体，联邦政府启动了"肯定性行动计划"和"早期干预计划"等。2001年美国联邦教育部发表的《2001—2005年战略规划》以及随后发布的《2002—2007年战略规划》都强调缩小不同民族、社会地位学生及残障学生在大学入学及毕业方面的鸿沟。同时，各州也提出了相应的补偿教育计划。例如，针对英语能力欠缺的学生，各州政府设置了双语教育专用资金。另外，注重在课程尤其是通识教育课程内容中吸纳女性研究、民族和社会阶层研究、人权和民主研究等研究成果，以期增强学生的公平意识，减少偏见。总之，通过这些措施，学校要保证全体学生具备必要的知识、能力和生存态度。

第二，薄弱学校的存在是教育不公平问题的表征，美国对于薄弱学校改造的典型策略包括重构和接管两大模式。重构（reconstitution）模式就是州或地区撤换一所学校的部分或所有职员，一般包括下面几个要素：（1）采用一系列州和地区规定的测量措施来鉴定学校是否显著地处于低效能状态；（2）腾出全体职员和行政管理者的位置；（3）任命一名新校长；（4）聘请一部分原来的负责任的教师和另聘一部分新职员。这种重构需要大量持续不断的资源、技术、知识和领导能力的支持。接管（takeovers）模式的主要形式有州管理、州和地区合作管理、第三当事人管理等。具体采取何种形式的管理，一般由州一级授权，但总体来看，对所接管学校的日常管理是指派给理事会、责任人、私人公司等其他实体的。

第三，在促进城乡教育均衡发展方面，美国政府推出的"农村教育成就项目"卓有成效。"农村教育成就项目"是联邦专项拨款项目，旨在通过对州和学区的差别性专项教育经费资助，换取州和学区对学生学业结果承担更大的绩效责任，帮助拨款不利的农村学区更有效地获得和使用联邦教育资金，改善农村学区的教育教学环境，保障所有学生达到所规定的学业成绩标准。项目资金主要投向提高处境不利儿童的学习成绩、培训和招聘合格的教师和校长、加强针对英语熟练度有限的儿童和移民儿童的语言教学等方面。联邦政府自 2002 年开始累计拨款 4.98 亿美元，以资助和推进该项目的实施。①

（二）发展中国家保障教育公平的经验

对于发展中国家来说，由于经济、社会及原有教育基础较薄弱，加上遗留的历史、宗教等因素，其教育发展的环境和影响因素错综复杂，因此，发展更加公平的教育对于诸多发展中国家而言就格外任重道远。② 以下以俄罗斯和印度为例，介绍发展中国家在保障教育公平方面的经验。

1. 俄罗斯的经验

在俄罗斯，教育被看作保持社会稳定的重要渠道，教育领域的公平被看成社会公平的重要表现之一。③ 俄罗斯在教育公平的法律保障方面硕果累累。保障教育公平被写进《俄罗斯联邦宪法》和《俄罗斯联邦教育法》中，不仅表明了国家对公民受教育权的态度，而且表明了公民本身对受教育权公平的重视与期待。《俄罗斯联邦宪法》明确指出，要保障俄罗斯公民平等接受教育，不受性别、居住地、民族、宗教等情况限制。《俄罗斯联邦教育法》也明确规定，国家教育政策保障每个公民获得教育权利，以实现教育普及和民主；俄罗斯公民有权在竞试的基础上免费接受首次高等教育。《俄罗斯联邦教育法》还明确要扩大俄罗斯联邦公民接受高等教育的可能性，为其接受高等教育和大学后职业教育创造平等的机会；保障俄罗斯联邦公民自由选择接受高等教育和大学后职业教育的形式、教育机构和培养方向的权利。上述各类法律法规都表明，俄罗斯公民不论性别、民族和宗教差异，在接受高等教育的权利

① Rural education achievement program[EB/OL].[2020-11-02].http：//www.aasa.org/government relations/rural/REAP_overview.htm.
② 荣黎霞. 发展中国家如何致力于更加公平的教育：以印度和南非为例 [J]. 比较教育研究，2007（2）：1-5.
③ 赵伟. 俄罗斯实现高等教育公平的障碍与解决政策 [J]. 现代教育论丛，2019（5）：89-96.

方面是平等的，其中既包括高校准入性的平等，也包括接受高等教育过程中各种权利的平等。俄罗斯从基本大法到具体的高等教育法规，都非常重视高等教育公平问题。

在实践举措上，俄罗斯也有非常丰富的经验值得借鉴。首先，实行国家统一考试政策。为减轻考生的学习压力和经济压力，让更多的学生有机会进入大学接受高等教育，俄罗斯在 2001 年出台《关于试行国家统一考试的决定》，确定将中学毕业会考和大学入学考试合二为一，变为国家统一考试。考试以笔试为主，通过五分制与百分制间的转换对学生的成绩进行评价。自 2001 年开始实施国家统一考试试验之后，俄罗斯每年参加国家统一考试的地区和人数都在不断增加。2001 年参加国家统一考试试验的俄联邦主体有 5 个，2007 年则有 82 个俄联邦主体申请参加国家统一考试试验，考生人数为 1145240 人。[①]2009 年之后，国家统一考试在俄罗斯全境实施。

其次，为消除社会和地域不平等，俄罗斯发展了远程教育。为了顺应智能时代发展需求，俄罗斯于 2001 年颁布《发展统一的教育信息环境（2001—2005 年）联邦专项纲要》和《电子俄罗斯（2002—2010 年）联邦专项纲要》，促进俄罗斯教育信息化发展。莫斯科国立经济统计信息大学在远程教育领域扮演着重要角色，目前这所大学的远程教育学院已经与联邦主体和国外的 280 个教育机构联网。远程教育已经成为俄罗斯实施教育活动比较普及的手段之一。通过远程教育，无论身在何处，只要有网络和设备，掌握远程教育技术的人都可以接受高等教育，地域差异所带来的高等教育可获得性不公平情况有所改善。

最后，设立奖学金和助学金政策。为减轻高等教育费用给俄罗斯家庭带来的经济负担，让家庭贫困的大学生能够接受高等教育，俄罗斯政府通过国家（市属）学术奖学金支持大学生，同时，各种专门的奖学金、补助、福利的数量都在增加，其具体数额也因大学不同而有所区别。大学独立分配学术奖学金和社会资助基金，有针对性、有差异地支持大学生。学术奖学金的具

---

① Федеральная служба государственной статистики. Статистический сборник [EB/OL].（2010–05–18）[2020–11–10]. http：//stat.edu.ru/.

体数额根据大学生的学习成绩来确定，社会资助基金则按照一定程序指定发放给孤儿、退伍军人等。

2. 印度的经验

印度宪法第 29 条规定："任何公民不得仅仅因宗教、种族、种姓、语言或其中任何之原因被拒绝进入政府维持的或从政府资金中获得补助的教育机构。"第 46 条规定："国家应特别注意增进人民中弱势群体的教育与经济利益，特别是表列种姓和表列部落的教育和经济利益，并应保护他们不受社会之不公正待遇与一切形式之剥削。"除此之外，国家还应该做出特别的努力，以促进表列群体的进步。①印度政府在总体财力有限的条件下，通过各种发展计划和项目，在保证教育的可获得性、扩大教育覆盖面、减少因出身带来的教育不公等方面做出了卓有成效的努力。

第一，实施免费教育、免费服装、免费午餐及免费教科书计划。印度宪法规定，为所有儿童提供直至 14 岁的免费义务教育是政府的职责。印度政府要求，在初等教育阶段（小学 1—8 年级）为所有 6—14 岁的儿童提供就近入学，使学校与家庭住所的距离在初小阶段保持在步行 1 千米以内，在高小阶段保持在步行 3 千米以内。②印度各邦的公立学校都取消了 1—8 年级（义务教育阶段）学生的学费。对于表列种姓和表列部落学生，绝大多数邦都取消了他们的学费，直至中学阶段。大多数邦还为处境不利群体的学生提供免费服装。1995 年，由中央政府直接负责的免费午餐计划开始执行。凡是就读于政府、地方团体举办的学校和政府资助的私立学校的儿童，均可享受免费午餐。此外，印度还存在着不少为贫困地区和偏远地区学生服务的私立学校。不少私立学校通过奖学金的形式为贫困学生提供免费教育，受益学生的比例可达 15%—20%。③

第二，大规模开展非正规教育。从 1978 年起，印度开始有组织地开展非正规教育，在各地开展了各类实验，如 20 世纪 80 年代初期印度教育研究所

① 安双宏 . 印度落后阶级受高等教育的机会 [J]. 比较教育研究，2002（8）：31-33.
② 李平 . 20 世纪 80 年代以来印度农村教育改革 [D]. 昆明：云南师范大学，2005.
③ 卢海弘 . 印度私立学校的发展：数量、质量与公平 [J]. 比较教育研究，2003（11）：63-68.

与马哈拉施特拉邦合作的"行动－研究项目"试验。①1985 年印度《国家教育政策》明确提出要"为辍学者、为居住区内无学校的儿童、为因工作而不能上日校的儿童，制定一项庞大而系统的非正规教育计划"。进入 90 年代以后，印度又采取了新的计划，1991—1994 年印度建立了 27 万个非正规教育中心，非正规教育中心主要由民间机构和村潘查雅特（现代印度农村的一种自治组织）创办，各邦自行负责，中央政府在经费上给予帮助。在第七个五年（1985—1990 年）计划中，印度政府提出，在 9 个教育落后的邦内，如果邦政府承办男女生非正规教育中心，中央将承担 50% 的经费；若专为女童承办非正规教育中心，中央将赞助 90% 的经费（中央给予各邦用于建立非正规教育中心的款项中有 90% 的资金都用于建立女童非正规教育中心）；如果是志愿团体或机构创办这类中心，中央将赞助全部经费。②

第三，实施保留政策（reservation policy or affirmative action）。保留政策指在中央和地方政府机构、公营企业和教育机构（主要是重点大学和中小学）内，给一些落后阶层保留配额。中央政府根据宪法成立了提供相关政策咨询和建议的机构，表示所有的保留配额（包括与晋级有关的）都将在一定时期内兑现，此外还将出台一部囊括所有保留政策的法案。然而，在落后阶层的标准及比例上，政府遭到了来自各方面的批评意见。执不同意见者认为，保留政策是以牺牲效能和成就为代价的。还有人认为只有表列群体中的既得利益者得到了实际利益。1990 年和 2006 年，有关保留政策的变更引起了两次以学生为主的示威抗议。

第四，实施各种奖助学金计划。为了发展处境不利群体的教育，印度中央和地方政府还制订了许多资助计划，主要包括农村天才奖学金计划、大学拨款委员会奖学金、国家教育研究和培训委员会（NCERT）奖学金、劳动部颁发的奖学金、中央颁发的奖学金、高中生以下奖学金（Pre-Matric）、国家国外高级研修奖学金及长途旅行费用等。奖助学金的颁发目的，是为弱势群体学生提供良好的学习环境，使他们能获得平等的教育机会。但出于缺乏经

---

① 赵中建. 战后印度教育研究 [M]. 南昌：江西教育出版社，1992：105–111.
② 胥珍珍. 印度普及义务教育的现状及改革策略 [J]. 外国中小学教育，1997（1）：7–10.

费、覆盖面不足等原因，这些计划及其实施还存在着不少问题。

此外，印度政府还采取了一系列措施，如为每所学校配备教室和教师的操作黑板计划、人民教育学校计划等。

三、中国促进教育公平的政策体系与实践

新中国成立 70 多年以来，党和政府领导全国人民筚路蓝缕、团结奋斗，形成了以为民理念引领公平、以优先发展促进公平、以惠民政策保障公平、以规范管理维护公平的中国模式。这种模式主要体现为针对不同处境的教育区域或群体实施不同的教育政策，主要包括倾斜政策、资助政策和对口支援政策。

（一）倾斜政策

教育资源向农村倾斜，缩小城乡教育差距。自 20 世纪 80 年代开始，我国就重视扶持农村和中西部地区的义务教育发展，先后实施"燎原计划""国家贫困地区义务教育工程"等多个项目，推进义务教育的区域与城乡间均衡发展。2011 年启动农村义务教育学生营养改善计划，2017 年年底全面实现国家贫困县农村义务教育学生营养改善计划全覆盖目标，使 3700 万名贫困地区学子受益。[①]

教育资源向中西部倾斜，缩小区域教育差距。2004 年，国家正式启动西部地区"两基"攻坚计划，中央安排资金 100 亿元实施西部地区农村寄宿制学校建设工程。党的十八大以后，党中央强调，小康是全国人民的小康，要求优化教育资源配置，逐步缩小区域、城乡、校际差距，特别是要加大对革命老区、民族地区、边远地区、贫困地区基础教育的投入力度，保障贫困地区办学经费，健全家庭困难学生资助体系，进一步加快了推进中西部教育发

---

① 袁振国. 双优先：教育现代化的中国模式：为改革开放四十周年而作 [J]. 华东师范大学学报（教育科学版），2018（4）：1-17.

展的步伐。2016 年，国务院办公厅颁布《关于加快中西部教育发展的指导意见》，第一次对中西部教育改革发展进行顶层设计，大力促进中西部地区教育的公平发展。2018 年，中央财政教育转移支付增加到 3067 亿元，其中 80% 用于中西部农村和贫困地区，四分之一左右用于集中连片特困地区、民族地区。①

教育资源向薄弱学校倾斜，缩小校际教育差距。2002 年《教育部关于加强基础教育办学管理若干问题的通知》首次提出"积极推进义务教育阶段学校均衡发展"的目标。为了推进学校均衡发展，国家逐步取消了"重点校、重点班"政策，实施义务教育公办学校标准化建设，加大薄弱学校的改造力度，缩小学校间办学条件的差距。2014 年义务教育"全面改薄"工程正式启动，到 2018 年年底，全国 30.96 万所义务教育学校（含教学点）办学条件达到"20 条底线"要求，占义务教育学校总数的 99.76%。②

（二）资助政策

贫困生资助政策。国家高度重视家庭经济困难学生的入学问题。早在新中国成立初期，我国就建立了人民助学金制度，资助对象范围不断扩大，后来资助力度不断加大，实现了"应助尽助"。1999 年召开的全国教育工作会议强调要增加"对贫困地区和贫困家庭的教育资助"，2002 年党的十六大报告提出要"完善国家资助贫困学生的政策和制度"，2012 年党的十八大要求"提高家庭经济困难学生资助水平"。为了不让一个家庭经济困难学生失学，国家通过颁布完善政策，建立起了以政府财政投入为主、学校和社会资金为重要补充的经费筹措机制，形成了政府主导、学校和社会广泛参与的"三位一体"资助格局，形成了世界上覆盖范围最为广泛的资助体系③，在制度上保障了"不让一个学生因家庭经济困难而失学"。

---

① 中央财政教育转移支付 80% 用于中西部农村和贫困地区 [EB/OL].（2018–08–28）[2019–03–30]. http://www.sohu.com/a/250510104_118392.
② 张烁. 教育部发布 2018 年全国教育事业发展基本情况：这张成绩单，有看点 [N]. 人民日报，2019–02–07（12）.
③ 刘博超. 我们的资助体系是世界上覆盖范围最广的 [EB/OL].（2017–09–07）[2019–08–08]. http://news.gmw.cn/2017–09/07/content_26049270.htm.

精准帮扶政策。自 20 世纪末以来，我国政府先后推行了"燎原计划""春蕾计划""国家贫困地区义务教育工程"等举措，重点支持贫困地区儿童就学、农村地区教育发展。党的十八大以来，党中央做出一系列重大战略部署，全面打响了脱贫攻坚战。基于教育扶贫对提高贫困地区人口素质、促进教育均衡化发展等方面具有的重要意义，教育精准扶贫成为国家实施精准扶贫、加快精准脱贫的关键领域。

（三）对口支援政策

对口援疆、援藏是支援方最多、规模最大、涵盖面最广的对口支援工作。1994 年第三次西藏工作会议正式做出对口支援西藏的重大决定，2016 年《教育部关于加强"十三五"期间教育对口支援西藏和四省藏区工作的意见》发布，对教育援藏工作做进一步部署。贫穷落后地区仅依靠自身的发展力量是难以在短时期内实现快速发展的。立足于中国基本国情和所面临的历史任务，我国政府发挥社会主义的制度优势，通过教育结对帮扶的形式，"形成教育发达地区与不发达地区、优质学校与薄弱学校之间相对稳定的共建机制，推动双方交流，共享教育经验与成果，提高落后地区教育质量和效益，从而实现优质教育资源互补，逐步缩小区域间教育发展差距"[①]。

第 2 节　技术发展与处境不利学生教育权利的保障

联合国教科文组织出台的《教育 2030 行动框架》提出了未来教育发展的总原则："教育是一项基本人权，是一项可行使的权利。为了实现这一权利，国家必须确保普及全纳、公平的优质教育和学习，不让一个人掉队。教育应

---

① 郑刚. 建立教育对口支援长效机制的政策分析 [J]. 中国教育学刊，2012（7）：17–20.

以人类个性的全面发展，促进相互理解、宽容、友谊与和平为目标。"这一文件针对不同类型和群体的教育提出了七个目标。这些目标的提出，不仅是为了保障不同经济、文化与社会背景的儿童与青少年的受教育权利得到实现，同时也是为了实现全纳、公平的优质教育，使人人可以获得终身学习的机会。

《教育 2030 行动框架》为全球未来教育的发展提供了指导，描述了未来教育的发展方向与趋势。中国作为联合国教科文组织成员国之一，在实现全球教育公平的浪潮中，有责任也有义务推进中国教育优质公平的发展。在《教育 2030 行动框架》引领下，结合中国的实际情况，我国出台了《中国教育现代化 2035》，绘制了近十五年的教育发展宏图，从战略背景等五个方面论述了我国当前及未来一段时期内教育发展的具体规划。在教育发展的战略任务中，提到了对贫困地区、少数民族地区以及残疾人群体的教育保障。中国教育的现代化不仅要使所有地区所有儿童都接受适合自己的教育服务，同时也是一个教育信息化、技术化的过程。在线教育、人工智能、知识分享等各种依托于互联网而发挥出巨大优势和潜力的教育技术，将为不同地区、不同需求和不同类型的学习者带去教育资源。

一、技术发展与贫困地区学生的受教育权

贫困地区的经济、社会与文化教育事业的发展相对缓慢和落后，对处境不利的学生影响很大。贫困地区的学生大部分为留守儿童。处于义务教育阶段的儿童长期与父母分离，不仅生活上无法得到父母的照顾，而且在学习上更得不到来自家庭的指导，多数留守儿童还面临着严重的身心健康问题。[①] 依靠家庭本身无法有效保障这些贫困地区学生的受教育权利。研究发现，在基础教育阶段，贫困地区的留守儿童面临社交、学习等方面的心理障碍[②]；儿童

---

① 刘翼峰 . 乡村振兴背景下深度贫困地区留守儿童受教育权的保障路径探究 [J]. 决策探索（下），2020（3）：17.

② 李勇 . 新时代背景下甘肃贫困地区学生的心理障碍及疏导策略研究 [J]. 学周刊，2020（15）：189–190.

在成长中缺乏陪伴者，陪伴需求难以得到满足①。由于缺乏父母的监管和看护，贫困地区的儿童意外伤害的发生概率也更高。②

因此，面对教育现代化的发展目标，对于贫困地区的政府而言，教育脱贫是一项重要的日常工作。而教育扶贫的信息化、技术化与互联网化是保障贫困地区学生受教育权的主要途径。③充分利用教育信息化推动教育扶贫，已成为教育界的共识。已有研究从不同主体、层次与视角总结了教育扶贫的不同模式与经验，主要是通过教育信息化来保障和完善贫困地区学生的受教育权，提高贫困地区的教育服务质量④。

（一）建立完善信息网络平台，实现教育精准扶贫

教育信息化是实现贫困地区教育精准扶贫的关键要素。⑤扶贫必扶智，教育扶贫成为实现全面脱贫目标的治本之策。想要加快教育扶贫的进程，精准扶贫是根本途径。由于贫困地区的信息化基础设施建设薄弱，因此，应引入信息化，从根源入手，着力聚焦精准扶贫，探索教育信息化条件下的贫困地区教育精准扶贫模式，提升贫困地区教育水平和质量，推动教育事业的发展，阻断贫困代际传递，使得彻底消除贫困成为现实。在贫困地区建立和完善关于贫困学生的个人信息资料库，为不同组织和机构提供便捷的途径，实现对贫困学生信息的实时掌握，有助于形成对学生教育发展的追踪和服务。除此之外，贫困地区的学校与社区也应当建立完善的信息网络，为实现"互联网＋教育"奠定技术基础。

通过信息化网络的建设，在不同的贫困地区因地制宜探索出符合当地实

① 吴延清.满足农村较贫困地区儿童陪伴需求的教师机制研究：基于 10 省农村儿童群体的实证调查 [J].决策与信息（上旬刊），2019（12）：80–88.
② 叶鹏鹏，汪媛，耳玉亮，等.2016 年中国 12 省份 27 个贫困农村地区留守儿童伤害发生情况 [J].中华流行病学杂志，2019（11）：1369–1375.
③ 任友群，冯仰存，徐峰.我国教育信息化推进精准扶贫的行动方向与逻辑 [J].现代远程教育研究，2017（4）：11–19；任友群，郑旭东，冯仰存.教育信息化：推进贫困县域教育精准扶贫的一种有效途径 [J].中国远程教育（综合版），2017（5）：51–56.
④ 林裕如，万力勇，上官雨洁，等.以教育信息化促进教育精准扶贫：研究进展与展望 [J].中国教育信息化，2019（11）：15–19.
⑤ 范征宇.教育信息化观照下的贫困地区教育精准扶贫模式研究 [J].农家参谋，2018（24）：151.

际情况的教育扶贫模式。如甘肃省会宁县以国家项目推进贫困地区教育信息化进程，进行"宽带网络校校通"建设、"优质资源班班通"建设、"网络学习空间人人通"建设。① 河北省原阳县通过建设教育城域网，实现了优质教育资源共建共享；创建信息化示范校，打造了贫困地区数字校园；加强信息化教学应用研究，推动了信息技术与教学的深度融合，促进了县域教育均衡发展。②

（二）搭建教师培训学习平台，实现培训与教学信息化

实施以提升信息技术能力为抓手的功能性教育扶贫模式。教育在扶贫开发中具有基础性与先导性作用，教育扶贫应着力提高贫困地区教师、学生的信息化能力。教师的信息化技术掌握程度制约着教学信息化作用的有效发挥。对于贫困地区的教师而言，信息化教学应当成为教师专业发展的重要着力点。人工智能、个性化的网络课程与教学组织管理模式成为教育信息化观照下的教学方式变革表征，这些变革为贫困地区教师专业发展提供了明确的方向。③为达到这一目标，可搭建信息化平台，促进教师信息化技术的提升。具体而言，首先建立以教师为中心的知识共同体和学习共同体，基于教师教研平台中的教学评价、教师培训、教研资源共享等教师信息化教学发展数据，精准提升教师的教学能力、教研能力和教育管理服务能力，以便为学生的学业发展和健康成长提供精准支持。④ 有经验表明，以创新教师信息技术能力提升机制为目标，依托大学平台，建立教师培训平台与资源，能够将实践与研究紧密整合在一起，协同互促，系统扎实地推进当地的教育信息化。有研究者基

① 李永军. 以国家项目推进贫困地区教育信息化进程：以会宁县为例 [J]. 实验教学与仪器，2017（5）78–79.

② 刘雍潜，张建军. "贫困地区整体推进教育信息化的研究与实践"课题成果分析 [J]. 现代教育技术，2015（3）：23–28.

③ 陈亮. 教育信息化促进贫困地区教师专业发展：价值意蕴与实践路径 [J]. 教育科学，2017（4）：38–42.

④ 任友群，郑旭东，冯仰存. 教育信息化：推进贫困县域教育精准扶贫的一种有效途径 [J]. 中国远程教育（综合版），2017（5）：51–56.

于此构建出一套深度贫困地区师资教学技术信息化培训模式。[①]

（三）创建在线教育服务平台，实现教育资源共享传播

　　我们可以借助信息化平台向贫困地区输送优质数字教学资源，以缓解贫困地区教育资源短缺的现状，推动贫困地区教育健康持续发展。主要有以下几种方式。第一，建立教育资源公共服务平台，实现共享。教育资源公共服务平台是以用户为中心，以承载实名制网络学习空间为核心功能，以实现资源共享应用为基本服务的教育云环境。如吉林省教育资源公共服务平台已经基本实现全省各个学校网络学习空间全覆盖，借助"互联网＋"思维，形成"平台＋"体系建设新模式。[②] 这种方式是以网点建设和资源输送为特征的资源型教育扶贫模式。第二，高校和中小学的合作模式。该模式依托远程教学站，一方面将贫困地区人群请到知名大学接受培训，另一方面将高校丰富的教育资源输送到贫困地区，实现资源整合与共享。我国台湾地区实施的"偏乡地区中小学网络课业辅导服务计划"，动员高校在校生以网络为手段开展助学活动。实践表明，这种方式满足了台湾偏远地区的中小学生课外辅导需求，既缩小了城乡间的教育差距，又培养了高校学生的人文关怀精神，实现了教育扶贫与育人的双丰收。[③] 第三，在线课堂。信息技术的发展使得在线教育得到迅速发展，在线教育平台使得在线学习更加便捷。当前在线课堂是在农村推行教育精准扶贫的教育信息化手段。[④] 目前农村教学点的在线课堂主要有两种应用形式，即互动课堂和共享课堂，未来智慧课堂将进一步满足贫困地区师生的教学需求[⑤]。如清华大学附属小学输出优质教育资源，共建在线学习共

---

① 黄慕雄，张秀梅，张学波，等．教育信息化校地帮扶实践设计研究：以华南师范大学对口帮扶西藏林芝地区为例 [J]．中国电化教育，2019（10）：54–60.

② 刘忠民．基于平台＋资源服务体系的网络扶智研究：以吉林省为例 [J]．中国电化教育，2019（7）：122–126.

③ 汪基德，刘炜辰，刘革．台湾"偏乡地区中小学网络课业辅导服务计划"及其对教育精准扶贫的启示 [J]．电化教育研究，2017（2）：66–72.

④ 龙玲，营保霞．国内典型在线教育平台学习支持服务现状分析 [J]．中国教育信息化，2018（12）：1–5.

⑤ 徐红彩，沈玉将．教育精准扶贫导向的农村教学点在线课堂研究 [J]．中国教育信息化，2019（7）：11–14.

同体，就是建设智慧课堂的生动例子。①

二、技术发展与少数民族学生的受教育权

少数民族教育是我国整个教育事业的重要组成部分，也是民族工作的重要内容。少数民族受教育权作为少数民族的一项基本权利，是少数民族实现其他权利的前提和基础。② 在思考和规划 21 世纪我国少数民族教育事业的发展时，需要从国家现代化和少数民族长远发展的角度来分析当前教育体系中存在的问题，研究必要的调整与改进措施。一些少数民族聚集的地方是贫困地区，因此少数民族地区的教育既有其特殊性，又体现着贫困地区教育的共同问题。少数民族教育主要面临以下挑战。

首先，语言教育是少数民族地区面临的一个主要问题。如何使用双语进行教学，如何保障双语教学的质量，是不同民族地区都面临的共同问题。尽管在国家和地方政府的教育发展规划中，对双语教育的地位、目标和经费保障也都有清晰的表述，但是，在双语教育实践中，仍然存在着对政策法规的片面理解。同时，对双语教育中学习与教学规律的研究严重滞后，成为双语教育质量提升的瓶颈。③ 其次，少数民族学生往往有更高的辍学率。研究发现，中国西部少数民族农村地区样本学生的届辍学率为 2.5%，小学阶段的累积辍学率高达 8.2%。同时，女孩辍学的问题更加严重，累积有 23% 的回族女生会在小学阶段辍学。④ 辍学呈现非贫辍学日渐凸显、隐性辍学比例增大以及地域、性别、学段特征明显等特点。⑤ 少数民族大龄女童辍学率高，主要原因是她们已经成为家里的劳动力或后备劳动力，通过劳动或外出打工来支撑贫困的家

---

① 清华附小输出优质教育资源共建在线学习共同体 [J]. 新课程研究（上旬刊），2015（2）：12.

② 张晶. 论少数民族较贫困地区受教育权的法律保障：以新疆莎车县为例 [J]. 新疆大学学报（哲学·人文社会科学版），2010（1）：70–73.

③ 万明钢，刘海健. 论我国少数民族双语教育：从政策法规体系建构到教育教学模式变革 [J]. 教育研究，2012（8）：81–87.

④ 崔曼琳，鲁美辰，常芳，等. 谁在辍学？：来自中国西部少数民族农村地区的证据 [J]. 劳动经济研究，2017（2）：19–39.

⑤ 刘胜兰. 云南边境民族地区学生辍学的现状、原因及对策 [J]. 教师教育学报，2018（5）：44–50.

庭及弟妹继续学业。① 也有研究发现，语言因素是导致东乡族女童学习困难和失辍学的重要原因之一。② 再次，民族地区教育信息化水平较低。民族地区往往处于交通不便利的边疆地区，教育信息化基础设施建设薄弱，教学信息化程度较低。尽管民族地区义务教育信息化建设已取得一定的成绩，但因起步较晚、基础较弱、地理位置偏远等问题，仍处在"起步""应用"阶段。③ 研究发现少数民族中小学生在信息技术的意识、态度方面与汉族中小学生存在差异。少数民族中小学生对信息技术的认识水平较低，其就读学校的信息技术课程开课率不足，教师在课堂上应用信息技术的效率较低。总体而言，尽管民族地区中小学"硬件"普及速度较快，但作为数字素养培养主要途径的信息技术课程未受到应有的重视，专职教师缺乏，学科教师数字素养不高。④ 最后，对少数民族学生的教育还面临着学校教育内容选择、文化适应、社会融合等问题。由于少数民族地区往往有多个民族聚集，因此不同民族的学生面对同一套标准往往会产生一些文化与社会生活适应的问题。我国是一个多民族的国家，也是一个多元文化并存与共融的国家。面对少数民族地区教育存在的一些不足，政府与社会应切实保障义务教育阶段学生的教育权，利用互联网技术，缓解其面临的教育挑战。

（一）利用信息技术网络，打造信息化教学环境

在自然条件有限、师资紧缺、教学资源匮乏和传统观念深厚的少数民族地区，重视教育信息化发展，注重信息技术与教育教学的全面深度融合，对促进少数民族地区教育均衡发展和实现教育公平具有独特的重要作用。《国家中长期教育改革和发展规划纲要（2010—2020 年）》提出"加快教育信息化进程"，在过去 10 年里，信息技术使国家教育和民族教育取得了巨大的进步，带来了新的校园环境、新的教学环境、新型教学资源、新的学习方法和手段

---

① 王鉴 . 少数民族贫困地区大龄女童辍学问题追踪研究 [J]. 民族教育研究，2008（1）：116–121.
② 何晓雷 . 东乡族女童学习困难及其失辍学：学校跨个案质性研究 [J]. 当代教育论坛，2005（6）：9–11.
③ 胡超，陈妍，吴砥，等 . 少数民族地区义务教育信息化发展评估：以保靖、凤凰两县为例 [J]. 开放教育研究，2013（3）：94–102.
④ 娄树君 . 少数民族中小学生信息技术素养培养路径研究 [D]. 重庆：西南大学，2016.

以及新的学习方式。① 在"教学点数字教育资源全覆盖""三通两平台""中小学教师信息技术应用能力提升工程"等项目的推动下，民族地区教育信息化取得显著发展。云教育、平板电脑教学、翻转课堂、网络教研等教育信息化新理念、新媒体、新技术也无时不在催生教育改革与教学创新。② 构建先进、高效、实用的数字化教育基础设施是加快民族教育信息化的基础条件，今后要加快形成覆盖民族地区城乡各级各类学校的教育信息化体系，科学构建先进、高效、实用的数字化教育基础设施。已有经验表明，以互联网为支撑，促进少数民族地区扶志、扶智、扶学"三位一体"模式建构，对于促进少数民族贫困地区教育信息化精准扶贫具有长远意义。③ 例如，通过技术建立对甘肃少数民族地区教育需求等定点、定位的持续性跟踪等教育服务，有效提高了该地区教育扶贫工作的效率和质量。④

（二）技术与语言教学相结合，促进融合发展

少数民族基础教育信息化资源建设，特别是双语教学的信息化资源建设，关系到民族教育信息化的落实与发展。⑤ 将信息化教学资源与工具应用于少数民族双语教育，可以降低双语教学难度，促进少数民族学生的知识学习。根据教学设计、双语教学、认知心理学和信息化教学等理论，可以构建少数民族双语教育的信息化教学设计流程，实施少数民族双语教育的信息化教学策略。⑥ 在信息技术应用上，以双向融合理念化解"技术应用"与"双语教学"之间的冲突，以双语教师的信息技术应用与创新能力培养为抓手，通过本土化研究促进双语教学理论与实践之间的互动与转化。充分利用网络资源，沟

① 杨改学，付道明.教育信息化对民族教育发展影响的前后20年[J].中国电化教育，2011（7）：11-16.
② 高方银，申建恒.少数民族地区教育信息化发展的新思考：以贵州省遵义市务川仡佬族苗族自治县为例[J].中国电化教育，2013（9）：35-38.
③ 左明章，向磊，马运朋，等.扶志、扶智、扶学：信息化促进教育精准扶贫"三位一体"模式建构[J].电化教育研究，2019（3）：13-19.
④ 杨斌.信息技术环境下教育精准扶贫的瞄准机制与施策效率研究：以甘肃民族地区为例[J].现代信息科技，2019（18）：195-196.
⑤ 杨改学，张炳林.少数民族双语教学信息化资源建设现状与发展[J].中国电化教育，2013（8）：83-86.
⑥ 王玥，赵慧臣.少数民族双语教育的信息化教学设计研究[J].现代教育技术，2015（10）：19-25.

通"线上"与"线下"，逐步提升双语教师的信息技术应用能力，将信息技术融于双语教学。为少数民族中小学生扫除信息技术应用中的语言障碍，通过多种方式进行双语教学，提高学生的语言能力以及理解"他文化"的能力。[①]有研究发现，技术与双语教育相结合，有利于提升少数民族地区儿童的语言学习效果。如好未来集团学而思网校"AI 老师智慧教育"项目结合自身在教研、技术方面的优势，定制彝汉双语学习模块，提供高质量普通话教学资源，用科技助力智能测评和发音纠正，用个性化服务助力普通话精准教学，不仅提升了少数民族学生的普通话水平，同时弥补了民族地区减贫进程中的义务教育短板。[②]

（三）构建"互联网 + 民族教育"模式，加强多方协作

学校不仅承担着传递知识的功能，还承担着文化传承与培育的功能。在少数民族地区，促进少数民族地区文化教育与学校发展尤为重要，可借助互联网技术实现教育资源与文化资源的共融共享。（1）开发与同步共享优质教育资源，为特色民族教育资源建设提供了空间，提高了民族教育资源再利用水平，促进了民族教育均衡发展，有效保护和传承了民族文化。[③]（2）沟通新媒体、民族文化保护与学校教育。鼓励少数民族中小学生将信息技术应用于民族文化保护，并基于社区文化与"数字校园"的联结，加强家庭、社区与学校之间的协作。

目前，少数民族地区的文化与资源数字化建设还处于起步阶段，已有的教育信息资源网站、教学系统范例为其提供了方向，我们可以取其长避其短，为民族教育信息资源智能教学系统找到可以借鉴的范例。而不同地区的地域特色为文化与资源数字化提供了丰富的素材。[④]有研究发现：民族地区基础教育信息资源的准确性、民族性和实用性是影响感知有用性和用户持续使用意

① 娄树君.少数民族中小学生信息技术素养培养路径研究 [D].重庆：西南大学，2016.
② 张欣欣，史志乐，张琦.信息技术助力教育精准扶贫的创新实践探索：以"AI 老师智慧教育"项目为例 [J].中国信息技术教育，2019（21）：85-88.
③ 汤书波.教育现代化2035：民族教育的理性思考与实践路径 [J].现代远距离教育，2019（4）：56-67.
④ 陈娟娟，孙瑜，田莉，等.民族教育信息资源数字化现状分析与归因、对策的研究 [J].中国电化教育，2013（7）：74-79.

愿的关键质量指标；持续使用意愿受满意度和感知有用性的影响最大；期望确认是影响满意度和感知有用性的重要因素。①

此外，还可以通过创客教育实现少数民族地区的教育信息化、文化信息化与资源数字化，促进少数民族地区的教育和文化繁荣。建设少数民族创客教育数字化资源平台，促进学校之间的学习和交流，为开展创客教育创造条件，促进少数民族特色文化教育的推广。②

三、技术发展与特殊需要学生的受教育权

"特殊儿童"（exceptional child）作为一个专业名词是在特殊教育发展了一段时间之后才出现的，并且经历了多次概念的演变，相关概念有残疾儿童、特殊需要儿童（child with special needs）等。概念的变化一方面反映出了时代特征，另一方面也反映出了教育的不断发展和进步。20世纪80年代，欧美一些国家使用"特殊需要儿童"代替"特殊儿童"，目的是消除明确称呼某种残疾儿童对儿童、家长和周围人的不良影响。本书中对特殊需要儿童的定义为：在身心发展或学习生活中与普通儿童有明显差异，因而需要特殊服务的儿童，包括超常儿童，学习困难儿童，有视觉、听觉等各种残疾的儿童，在发展或学习的某一方面、某个时期需要各种短期或长期特殊服务的非残疾儿童。

（一）辅助技术保障特殊需要学生受教育权

科学技术的发展同样为特殊需要学生的学习带来了便利和益处，技术发展包括虚拟性技术发展与现实性技术发展。在特殊教育领域中，使特殊需要学生受益的技术目前主要是现实性技术，也称之为辅助技术。辅助技术是指能够增加、维持或改进残疾人功能的任何技术，它使个体、技术和环境之间

---

① 李卫英.川黔民族地区基础教育信息资源持续使用意愿影响因素研究：基于期望确认理论视角 [J].贵阳学院学报（社会科学版），2017（5）：62–69.
② 邓燕艳，黄威荣，蹇孝玉，等.少数民族文化视域下创客教育资源开发研究 [J].电脑与信息技术，2020（2）：67–70.

形成功能性的联系，保证个体和环境之间形成良好的交互。[①] 美国是较早开始尝试将技术发展与特殊需要学生的学习结合起来的国家，颁布了相关的法律以明确该种学习服务的模式。早在 1988 年，美国就颁布了《残障者相关技术服务法》，以期增加残疾人获得辅助技术设备及其服务的机会。[②]1998 年美国用《辅助技术法》取代了《残障者相关技术服务法》，《辅助技术法》成为美国关涉特殊教育辅助技术的重要法律，提出要从服务和资金等方面为各州的辅助技术项目提供持续性支持，从法律上保障了残疾人获得辅助技术的合法权益。[③]2004 年，美国《残障者教育法修正案》对辅助技术设备及服务进行了明确定义，要求在制订学生个别化教育计划（individualized education plan）时必须考虑其对辅助技术的需求。[④] 国际上已有大量研究将辅助技术应用于特殊教育领域，对特殊需要儿童学业、社会互动和生活适应等方面的能力产生了积极影响，成为支持特殊需要儿童各项技能发展的重要手段。

在融合环境中使用辅助技术，可以为多元化的学习需求创造空间。技术能够帮助能力不足的个体提升能力水平[⑤]，并给他们提供更多可能的机会。对于特殊需要儿童来说，他们在诸多功能领域存在一些不足和障碍，需要借助辅助技术来加以克服。

1. 听

一些辅助技术工具可以帮助那些在处理和记住口语上有困难的人。这些设备可以在不同的环境（例如，一次课堂演讲或者一次会议）中使用。

2. 数学

辅助技术工具可以用来帮助那些在组织和计算数学方面存在问题的人。

---

① Lancioni G E, Belardinelli M O, Singh N N, et al. Recent technology-aided programs to support adaptive responses, functional activities, and leisure and communication in people with significant disabilities[J]. Frontiers in Neurology, 2019（10）：1–14.

② Massachusetts Rehabilitation Commission. What is the AT act?[EB/OL].[2020–05–10]. https：//www. massmatch. org/aboutus/at act.

③ Assistive technology act of 1998, as amended[EB/OL]. [2020–05–10]. https：//mn.gov/admin/star/ assistive-technology-act/1998-as-amended/.

④ 何川 . 从美国《残疾人教育法案》看辅助技术在特殊教育中的应用 [C]. 北京：第七届全国康复医学工程与康复工程学术研讨会，2010.

⑤ Ahmad F. Use of assistive technology in inclusive education：making room for diverse learning needs[J]. Transcience, 2015（2）：62–77.

在视频和 / 或音频支持下，用户可以更好地设计和计算基本的数学问题。

3. 组织和记忆

辅助技术工具可以帮助一个人计划、组织和跟踪他的日程表、任务列表、联系信息和杂项记录。这些工具允许他在特殊的软件和手持设备的帮助下管理、存储和检索这些信息。

4. 阅读

有许多辅助技术工具可以用来帮助那些阅读困难的人。虽然每种工具的工作方式略有不同，但所有这些工具都可以通过将文本转换为语音来提供帮助。这些工具有助于促进解码、流畅阅读和理解。

5. 写作

许多辅助技术工具可以帮助那些挣扎于写作的学生。其中一些工具可以帮助学生规避实际的写作任务，而另一些则有助于正确地拼写、使用标点、运用语法、运用单词和组织语言。

6. 运动

运动辅助技术工具用来帮助因功能性问题而在长距离运动、场景变换、精细运动等方面存在困难的人。在技术的帮助下，个体可以提高对环境的适应性，同时能够有效地投入任务。

7. 语言和沟通

沟通辅助技术工具可以帮助那些在语言表达上有困难或重度脑瘫和身体残疾的个体表达和传递他们的想法和情感。这些工具一般具有较强的针对性或者一定的智能性。

当前，不管是在特殊教育环境中，还是在融合教育环境中，教学技术无处不在，这些技术多数是以电脑为依托的。根据技术对残疾人的生理扰动程度，可以将信息辅助技术分为三个层次：非干扰性技术、半干扰性技术和干扰性技术。一般说来，残疾程度越重，特殊教育需求越强，对技术和设备的依赖越强，越有可能使用干扰性技术；反之，残疾程度越轻，特殊需要越小，越有可能使用非干扰性技术。

辅助技术是相对于主流技术而言的，而主流技术是大面积使用的、方便教与学的一种技术，具有灵活实用性。这样的技术包括投影仪、平板电脑、扩音器、互联网、基于计算机设计的教学。主流技术最大的特点是带有通用设计的功能，这些技术是面向所有学生群体的，有助于学生学习效率和质量的提高，有助于丰富学生知识学习的体验。而辅助技术则具有较强的针对性，在融合教育环境中应用广泛。各种各样的辅助技术被开发和设计出来以满足不同特殊需要学生的需求，目的在于帮助特殊需要学生提高功能性行为和能力，但多数辅助技术也具有灵活的适应性。对于特殊需要儿童来说，辅助技术给他们带来了能力的延伸，保障了教育公平的实现。

（二）信息技术保障特殊需要学生受教育权

技术极大地改善了特殊需要学生的学习状况，不仅增加了特殊需要学生的受教育机会，还保障了其教育权利的实现。在特殊教育中，对残疾原因的认识经历了一个从医学模式到社会模式的转变。残疾的社会模式认为，社会是造成个体残疾的主要因素，因此，对社会的改造是改善残疾个体生存环境和生活质量的可行措施。具体到教育领域，要想提高特殊需要学生的受教育水平，需要改善学生的受教育环境，包括物理空间、学校文化与班级氛围等。而信息技术的普及，对于具有特殊需要的儿童来说具有显著的意义。无障碍设施和空间的建设将使特殊需要学生可以在更少受约束的环境中进行学习。对特殊需要儿童的教育的特殊之处在于教学方法特殊。信息技术深入课堂，可以为具有不同学习需求的学生构建适合其学习特点的学习方式和方法。研究表明，多数教学设计和教学方法或多或少需要以互联网技术为基础，如VR教学①、视频教学法等②。过去20年中，特殊教育辅助技术的应用领域较为多元且变化更新速度快，但阅读（reading）、沟通（communication）、数学（mathematic）和读写（literacy）四个领域始终为特殊教育辅助技术的主要关注领域。不同的研究尝试探索新的辅助技术（应用软件或新的教学技术）对特殊需要学生的教学有效性。而研究发现，随着互联网的发展和电子科技的

---

① 林弋琪，王希，彭凯平，等.虚拟现实技术与自闭症谱系障碍治疗：科技新希望[J].心理科学进展，2018（3）：518-526.
② 卜凡帅.自闭症障碍者计算机视频教学之成效研究：以一名自闭症谱系障碍者的快餐店点餐技能为例[J].毕节学院学报，2014（11）：48-55.

进步，特殊教育辅助技术逐渐向高技术发展。这在计算机辅助教学、辅助沟通系统和录像示范法中最为明显。① 而依托互联网开展针对特殊需要儿童的线上家长和教师培训服务也成了互联网教育模式下的一种新常态。

（三）疫情期间利用技术保障残疾学生教育需要

2020 年春天，一场没有硝烟的战"疫"席卷全国，打乱了人们的生活节奏，延期开学成了防控疫情的必然要求。在线上教学环境中，残疾学生作为一个特殊的群体更需要额外的支持。面对疫情期间残疾儿童的康复需求，康复机构组织开启"空中课堂"。如山东省济宁市惠泽儿童康复中心为听障孩子开展教学和生活指导双服务，老师通过互联网、电话、短信、微信等方式，在开展教学的同时，进行防疫知识宣传和健康教育；梁山博爱医院儿童康复科建立"微信打卡帮扶课堂"，让家长们每天在群里发孩子在家训练的视频进行打卡。②

2020 年疫情期间，北京海豚乐乐儿童发展中心坚持"以家庭为核心"的理念，专注于提供 2—8 岁发展障碍儿童教育干预与家庭支持服务，通过互联网开展线上活动。该机构首先发起大规模的"特教护星队"一对一支援武汉孤独症谱系障碍儿童家庭活动，招募 200 多名特教老师，一对一服务了 140 多个孤独症谱系障碍儿童家庭，并为 30 多位家长提供了一对一心理疏导服务。其更具有创新性的做法是开展北京、武汉"空中融合，一对一公益活动"。在武汉星心向融关爱中心、北京爱朴儿蒙台梭利儿童之家的协助下，顺利使武汉的 21 名孤独症谱系障碍儿童与北京的 21 名小志愿者结对，双方家长协助 42 名小朋友在海豚乐乐专业教师的指导下进行了为期 3 周的视频交流活动，每对儿童单次视频通话平均时长，如图 10.1 所示。

---

① 李欢，林佳英. 近二十年国际特殊教育辅助技术研究的演化路径分析 [J]. 中国特殊教育，2020（1）：7–16.

② 中国残疾人联合会. 群防群治 共抗疫情：基层残联组织和残疾人工作者奋战疫情防控一线（十五）[EB/OL].（2020–03–13）[2021–02–03]. https://baijiahao.baidu.com/s?id=1661020254231908617&wfr=spider&for=pc.

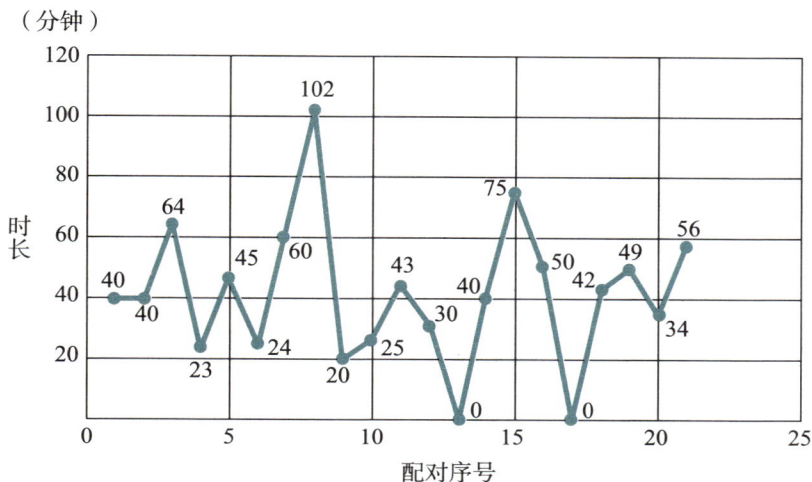

图 10.1   每对儿童单次视频通话平均时长

注：13 号对子双方家长因为时间原因协商另行安排视频沟通时间，17 号对子进行了
    视频通话但没有记录通话时长。

　　本次活动采取 2 名普通发育儿童和 4 名孤独症谱系障碍儿童相融合的方式。对于孤独症谱系障碍儿童，力求使他们：（1）适应突破时空的社交活动，增加疫情期间的社交沟通。（2）增加跟随同伴、学习同伴、响应同伴的机会。（3）在老师带领下，和普通发育儿童一起学习、一起活动、一起成长。对于普通发育儿童，力求使他们：（1）参加融合活动课程，担任小老师角色，增强孩子的责任感和成就感。（2）体验生命的多样性，培养同理心、爱心、乐于助人的精神。（3）获得愉悦的体验，增强对生活的感知力。

　　"空中融合"活动持续 3 周，在教师和家长的共同努力下，一部分孩子取得明显的进步。有家长反馈孩子开始沟通的时候由于语速太快导致对方听不清，后来基本可以很好地交流，逐步适应了视频沟通活动。指导老师观察小朋友的沟通情况并及时将观察记录反馈给家长，给予家长必要的指导和建议。家长在微信群里互相交流协助孩子视频沟通的经验。

　　家长们对于协助孩子们沟通越来越有心得，对协商两个孩子的活动主题，准备相应的手工、绘画、玩具等资料，以及交流过程中的协助都越来越有经验，并且有很多创新的方式。孩子们交流的话题也丰富多彩，从最开始的自我介绍、介绍家人等，慢慢拓展到分享自己的兴趣爱好，一起做手工、读绘本、唱歌、学趣味数学、猜谜语、背唐诗等多样化的内容上（见图 10.2 和图 10.3 ）。一些孤独症谱系障碍儿童也渐渐适应并喜欢上跟小志愿者聊天，小志愿者们也会主动咨询家长下次什么时候可以再跟小朋友交流。这一方式不仅增加了社交沟通的兴趣，而且锻炼了自我管理能力、轮流等待能力、模仿示范技能等等。多位家长表示，活动结束后，他们会继续让孩子们保持沟通。

图 10.2　孩子们在隔空交流

图 10.3　孩子们的部分绘画和手工作品

"空中融合"活动不仅增加了疫情期间孤独症谱系障碍儿童的语言交流机会，更是互联网大背景下陪伴孤独症谱系障碍儿童适应线上沟通的全新尝试，是孤独症谱系障碍儿童将来进入融合教育学校，适应空中课堂、视频教学的一个良好的铺垫。线上交流已成为我们普通人日常生活中重要的沟通方式。从小有意识地培养孤独症谱系障碍儿童适应网络沟通，将有助于他们将来更好地社会化。此外，这场疫情让特殊教育工作者充分认识到了网络教育常态化的大趋势。这些线上的培训服务与课程丰富了本来匮乏的特殊教育服务和资源，满足了因疫情而缺乏指导和帮助的家长和教师的教育需求。

保障贫困地区学生、少数民族学生和特殊需要学生的教育权利不容忽视，是实现全民教育公平的重要组成部分。技术发展赋予了传统教育新的生机与活力，赋予了不同群体公平参与教育的机会。借助技术，不同群体能够接触和享有丰富的教育资源，有效地保障了不同群体的受教育权利，为实现教育公平提供了有力的支持。

第 3 节 技术发展与教师资源配置的模式、途径与效果

教师是教育质量的首要保障，教师质量是衡量教育质量的一个重要方面，教师资源的质量和配置合理性直接决定着教育质量的优劣，教师资源的不公平直接导致教育的不公平。教育技术作为教育体系中的要素，是促进可获得性教育资源在教育系统内传递的技术。要使教育技术在整个教育体系中体现最大的价值，发挥最大的作用，必须认清教育技术所具有的优化教师资源配置的功能。

一、技术发展促进教师资源配置模式优化

随着智能时代的到来，数字信息技术在教育领域发挥着日益重要的作用。在教育信息化这一背景下，教师适应时代发展的需求便成为十分紧迫而重要的命题。对智能时代的教师而言，掌握必要的信息技术知识、转变教学观念是十分重要的。

（一）技术发展促进"双师课堂"模式的实践

"双师课堂"是指线上线下两个教师合作完成教学工作。线上教师通常是教育资源丰富的城市学校优秀教师，线下教师是教育资源匮乏的农村地区普通教师。与线下教师相比，线上教师在教学内容重难点把握、教学方法和策略的运用上具有更加丰富的经验，教学过程更加精彩，教学效果更好。由于与学习者不在同一个时空中，线上教师无法观察到学生的听课反应，更无法根据学生的反应采取有针对性的干预活动，难以形成有效的师生互动。由于学校资源限制，线下教师通常在职称、学历上处于弱势地位，教学内容重难点的把握、教学方法和策略运用等经验更加薄弱，难以满足教学需要，甚至有教师对教学内容都不甚了解，无法有效完成课程教学任务；但是线下教师与学习者处于同一个时空中，可以方便地与学习者进行互动交流。

试点学校本地教师在使用视频资源时，既要做到吸取优秀教师的经验，同时也要有积极探索建立适应于本土化课堂的教学方法和模式的进取心。试点学校本地教师在使用双师课堂模式的实验过程中，应力求经历以下三个阶段，实现成长蜕变：第一，直接使用录播视频上课。教师可引导学生课前预习优质视频的授课内容，课上直接播放录像进行观看学习，课后及时补充讲解、小组讨论或个别辅导。第二，截取部分视频上课。教师可参照自己课前已有的教案，在课上有选择地给学生播放录制视频学习，并随时暂停播放，对所遇到的重难点做出讲解。第三，参考视频后直接上课。教师在课前观看录制视频，参考优秀教师的课程讲解方法并内化吸收，然后选取适合本班学生情况的部分课程元素，结合自身教课方式，确定最终的教案后进行授课。三种不同的上课形式可分别供乡村学校专业水平较低、能力中等、教学水平较高的教师选择。[①]

双师课堂由线上线下两个教师合作完成教学工作，与通过网络直播课堂教学相比，线下教师与线下学生通过长期的互动过程形成更多的共同经验，线下教师能够结合线上教师的教学内容进行有针对性的讲解和交互活动。基

[①] 尚凯 ."互联网 +"乡村教育"双师教学"模式构建 [J]. 现代教育，2019（12）：39–41.

于双师课堂，线下教师可以在线上教师的讲授活动中穿插师生互动，在教学过程中采用讲解、重播、讨论等干预措施帮助学习者更好地进行知识理解，克服了异步教学和单向同步教学所存在的交互不足的弊端。因此双师课堂可以有效克服现有网络教师资源共享存在的推广范围小、缺少师生互动等问题，在实践中取得了较好的效果。

（二）技术发展推动人工智能模式的实践

在教育领域，如果说"互联网＋教育"模式重塑了教育服务形态，使学习者突破时间和空间限制获取多样化的学习内容，那么"人工智能＋教育"则能够更深入地为学习者提供个性化的学习服务，实现因材施教与高效学习。机器学习、知识图谱、增强现实等人工智能关键技术正在解构当前教育形态，"人工智能＋教育"的教育新生态正在生成。

在教学实践中，人工智能的运用能够弥补智能化时代教师的一些缺陷[①]，使得"技术＋教师"协同教学的实践形态成为可能。首先，人工智能和教师都具备计算思维，这为"技术＋教师"的协同教学奠定了基础条件。其次，人工智能的智能性由弱到强依次分为计算智能、感知智能、认知智能和社会智能，它可以弥补教师的缺陷，实现计算信息、感知信息、认知信息和社会信息的"认知外包"，为"技术＋教师"的协同教学提供强大的技术支撑。比如，在知识调取和数据储存方面，教师可通过计算智能实现计算信息的外包；在外部信息识别方面，教师可通过感知智能实现语音、图像等感知信息的外包；教师在策略、规律认知方面的缺失，可通过认知智能得到弥补，即实现模式、规则等认知信息的外包；教师在交互性学习反馈方面的缺失，可通过社会智能得到弥补，即实现社会信息的外包。最后，智能媒体、智能平台和智能系统为"技术＋教师"的协同教学创造连接媒介。其中，智能媒体不仅包括实体的可穿戴设备，还包括虚拟的"场域"或"空间"，比如借助物联网和虚拟现实技术构建的智慧学习空间等；智能平台是指一个基于云的认知系统，它能够从非结构化数据中揭示教育意义，提供个性化学习和自然交互等，

---

① 周琴，文欣月．智能化时代"AI＋教师"协同教学的实践形态 [J]. 远程教育杂志，2020（2）：37–45.

比如 Knewton 自适应学习平台；智能系统是智能平台的延伸，多用于在具体情境下处理教育问题，比如 Watson 智能导师系统。综上，基于基础条件、技术支撑和连接媒介三个要素，"人工智能 + 教师"协同教学的实践形态应运而生。未来，教师不再是课堂的唯一主讲人，人工智能将充当助教，结合庞大的数字资源库，为学习者提供个性化学习支持与服务，同时完整记录、分析学习者的资源使用情况以及学习过程中产生的生成性资源，通过精准化的数据分析为教师提供反馈信息，帮助教师快速了解学情。

人工智能在教育中运用具有广泛的优势。就外部而言，智能教学技术将系统提升教师的教学能力。智能化学习环境下教师可将教学过程中枯燥乏味的操作流程进行虚拟仿真，多视角立体呈现教学内容，使学生能够多感官、全方位地参与课堂教学。同时学习者在课堂中的所有学习行为都将被计算机记录下来并进行智能算法分析，教师不仅能够了解到不同学习者的学习风格与个性特征，还能掌握学习者当前学习状态与潜在问题，以此为学习者提供个性化的学习支持。从内部来看，智能教学技术将极大延展教师的感知边界。借助以自然语言处理、人机交互与计算机视觉为基础的智能感知技术，教师无论是在传统课堂上还是在虚拟网络空间中，都能够清晰地感知到学生的学习情绪、心理变化和学习偏好等，为学生提供精准的学习支持。①

二、以技术保障教师资源优化配置的途径

技术发展能带来资源优化配置，同时也形成了资源优化配置中的技术化思维。政策为技术在教育中的运用点亮了灯塔，这主要体现在：政策文件将教育信息化、技术化作为一种长期发展目标，以缩小区域间教育信息化水平的差距；在教学中强调教育方式的技术化，推动课堂教学的数字化发展；在教师发展中强调培训的技术化，实现培训资源的多元流动。

---

① 杨勇，林旭."人工智能 + 教育"视域下职业教育"金课"建设 [J]. 中国职业技术教育，2019（23）：69–74.

（一）以技术提升课堂教学质量

近年来由于技术支持，我国教学发生了很大的变化。一方面，教学有良好的硬件支撑。比如，全国建立了教学光盘播放点、卫星教学收视点，许多学校建立了计算机网络教室。另一方面，教学有许多软件支撑。例如，光盘资源的应用，使教师由看光盘发展到模仿光盘中的教学行为，由"传播知识的中心"变为"学习资源的中心和教学支持的中心"。卫星宽带 IP 中的资源，可以实现对教师教育理论和教育研究方面的培训，提高教师的教育技术理论水平；教师通过点播收看视频文件"专家报告"（由全国课程改革核心专家讲解课程改革和新课程标准）和"课堂实录"（全国中小学优秀教师系列课堂教学和课后讲评），提高课堂教学能力；通过组织教师研究"课程整合"和"优秀案例"，提高教师课堂设计的能力；利用信息技术培训资源，提升教师的数字素养。此外，国家农村中小学现代远程教育工程的实施，为农村中小学教师的教育技术能力培训提供了平台和资源。学校信息化装备得到改善，教师参与教育技术能力培训的硬软件需求基本得到保障。

针对基础教育阶段促进教育公平、提升教育质量的现实需求，在各地实践探索的基础上，2020 年 3 月教育部就进一步加强推进"专递课堂""名师课堂""名校网络课堂"（以下简称"三个课堂"）建设提出了意见。"三个课堂"的应用模式是："专递课堂"强调专门性，主要针对农村薄弱学校和教学点缺少师资，开不出、开不足、开不好国家规定课程的问题，采用网上专门开课或同步上课、利用互联网按照教学进度推送适切的优质教育资源等形式，帮助其开齐、开足、开好国家规定课程，促进教育公平和均衡发展。"名师课堂"强调共享性，主要针对教师教学能力不强、专业发展水平不高的问题，通过组建网络研修共同体等方式，发挥名师名课示范效应，探索网络环境下教研活动的新形态，以优秀教师带动普通教师水平提升，使名师资源得到更大范围共享，促进教师专业发展。"名校网络课堂"强调开放性，主要针对有效缩小区域、城乡、学校之间教育质量差距的迫切需求，以优质学校为主体，通过网络学校、网络课程等形式，系统性、全方位地推动优质教育资源在区域或全国范围内共享，满足学生对个性化发展和高质量教育的需求。[①]

（二）以技术支持教师专业发展

信息技术的发展为教师提供了丰富的网络学习资源和教研平台。借助网络上丰富的信息资源，教师可以进行自我提升。例如，利用爱课程、学堂在线、中国大学 MOOC 网、Unipus 等网站，教师可以学习"教学设计原理与方法""翻转课堂教学法"等课程，从而获得最新的课程理念和教学方法。通过网络学习专业前沿知识和技能，应成为智能时代教师发展的新常态。

技术支持教师资源的优化还体现在多个"互动"上[②]。一是教研互动。远程教育项目提供了交流平台，远程教育资源满足了欠发达地区中小学教师的教学要求。通过网络注册、下载课程资源等方式，以及学习不同地区、不同学校教师的合作教研策略，教师们可以探索同一堂课的教学方法与教学实施策略，有效地促进教师教育技术能力的提高。二是课堂互动，即把"光盘"课堂、"天网"课堂和现实课堂相结合，把远程教育资源的应用融入现实课堂之中，实现"光盘"课堂、"天网"课堂与现实课堂的互动。将观看、模仿、演示、实验、讨论等方法有机贯穿于现实课堂教学的各个环节，把静态的课本材料变成动态的教学内容，通过这种课堂互动方式，促进不同教师对同一堂课制定不同的教学策略，满足多样化的教学要求。三是学习互动。不同地区、不同学校教师充分利用互联网交流平台对同一个学习主题进行广泛的讨论、交流，形成灵活运用知识、解决问题的能力，提高教师与人合作交往的能力。四是培训互动。贫困地区基础教育发展的关键在于教师素质，现代远程教育可以提高教师能力（计算机能力、教学能力、合作学习能力），带来无偿的教育资源，正好提供了解决这一大难题的切实而有效的途径。网络环境下的信息技术学习，有利于逐步提高教育欠发达地区教师在网上获取、收集、处理及整合运用信息的能力和媒体操作技能，适应智能时代对教师教育技术

---

① 教育部关于加强"三个课堂"应用的指导意见 [EB/OL]. [2020–11–12]. http://www.moe.gov.cn/src-site/A16/s3342/202003/t20200316_431659.html.
② 文小华，向春华. 应用现代远程教育资源促进农村教师教育技术能力发展 [J]. 中国教育技术装备，2010（26）：11–13.

能力的要求。

三、技术发展促进教育资源优化配置的效果

（一）技术发展为学生提供了多元的信息获取方式

相比于传统教育教学模式，教育技术的运用有绝对优势——以互联网、数字化设备构建虚拟空间教学，只要有网络和设备，师生便可以在任何时间、任何地点进行教学活动，这种灵活多变的教学方式已越来越受到大众的支持和认可。"互联网＋教育"催生了 MOOC、SPOC 等在线教学模式，颠覆了传统教学方式和学习方式。如教师通过线上教学可以满足不同学生的学习需求；通过设计个性化的学习方案能对学生进行因材施教，使教育更加具有针对性；对学生进行多元化的评价等能促使教师发现学生的长处与潜力，从而实现高效教育的理想目标。再如，原本在课堂上开展的教学活动也不再局限于狭小的教室里，而是能在智能化设备的帮助下与线上空间互通。对学生而言，学习不仅是接受知识的过程，更是一个主动探索的过程。通过"互联网＋教育"，学生能够在网上提前进行自学和预习，发现重难点，从而大大提高课上学习效率。"互联网＋教育"的到来，一方面拓宽了学生获取知识的渠道，另一方面也使学生易于找到喜欢的学习方式，更加有效地提高自身的合作能力和学习能力。

（二）技术发展创造新的教师培养与发展模式

互联网技术的发展使传统的教师专业发展模式有了改变和创新的可能，教师培训的模式也从过去校本培训、外出培训等集中培训模式逐渐向"线上线下相结合"的混合培训模式转变。混合培训模式将面授培训、直播课程和数字课程三种方式相结合，大大增加了教师学习的时间，也拓展了教师培训的空间，便于教师的个性化学习。有条件的学校更是加入"共同校园"建设，为教师培训、科研和日常教学搭建服务平台，鼓励教师跨学校、跨区域开展合作，建立各种形式的校园共同体。这种模式与传统的教学教研活动相比，大大降低了教学教研成本，增加了交流互动的机会和频率。

同时，运用教育技术能将教师的讲课情景用视频的方式记录并重现，能将教师的课程用多媒体信息的形式保存并传递，这是运用教育技术促进资源传输的重要方式，是促进远程教学交流的重要形式。教育技术就是通过教学视频、多媒体课件等形式将优质教师资源转换成可共享的优质教学资源，再利用互联网和卫星通信等现代信息技术实现这些教学资源的共享。教育技术通过对教师个体进行培训以及对优质教师资源整体进行合理配置来运用教师资源，以使教师资源最优化，发挥教师资源最大的潜力，促进教师资源公平配置的实现。

（三）技术发展促使学校教育资源变革与流动

第一，教育技术的发展使传统学校课堂教学的限制得以被突破，引起教学范围和学习环境的变化，远程教育和个别化学习发展迅速。学校运用信息技术在互联网上开展教学，学习者可以根据自身实际、兴趣制订计划，选择课程内容，突破时空和年龄的限制。基于教育技术的现代远程教育是对优质课程资源、学术资源以及网络交流平台的综合运用，将教育资源公平推向一个更高的层次。结合课程资源、学术资源、开放式的交流平台，实现教学资源的自选，形成了学生的自主学习与教师的导学、助学相结合的现代远程教育，是个别化学习环境下教育资源公平的重要体现。

第二，信息技术使民族教育的校园环境和教学环境发生了很大的变化，进而使得环境变化影响到资源的变化，资源的变化影响到教师知识结构和教学能力的变化，教师的变化又影响到教学质量的变化，这一影响链环环相套、相互影响、相互促进、相互发展。[①]信息技术的应用改变了传统的教学环境，创设了适合教育信息化发展的新型教学环境。信息技术下"薄弱"地区的教学环境变化主要体现在四个方面：一是建设个性化的教学班级，如智慧教室等；二是提供更加专业的教师信息化办公环境，如录播教室等；三是建设信息化校园，如校园网等；四是创设高效率的学校管理平台，如学校门户网站

---

① 杨改学，马志强.教育信息化促进西部教育的变革与发展 [J].电化教育研究，2008（6）：27-29.

等。教育信息化下的教学环境能够利用互联网、计算机、多媒体等技术缓解贫困地区教育资源短缺的状况，促进薄弱地区学生全面健康发展，实现教育公平。

第三，新的教育资源配置促使信息技术和教育教学深度融合，为乡村、偏远山区的学校和师生提供全新的教育服务。如在不同的区域之间建立教育共同体，组建共同体的教师学习工作室，开展跨地域研修项目或网络研讨会等，既节省了大量的人力、物力，也加强了学校之间、教师之间的了解与互助，实现了资源共享，缩小了师资、教资、学资之间的区域差距，整体提高了教学质量。

第 4 节　数字鸿沟对教育公平的挑战及应对

数字鸿沟是伴随着信息社会发展而产生的社会现象，经济合作与发展组织指出，信息技术的不公平使用是社会不公平的重要表现形式。信息贫困导致了一种新形式的贫困。

一、信息技术发展中的数字鸿沟

随着信息技术在社会和经济发展过程中扮演越来越重要的角色，信息技术的不公平使用进一步加剧了现有的各种不公平，包括教育的不公平，这种不公平被称为"数字鸿沟"。数字鸿沟随着技术的发展而有了更多的表现形式。

（一）数字鸿沟的内涵及表现

所谓"数字鸿沟"，是指在信息技术开发和应用领域，特别是在网络技术方面存在差距而导致的信息获取和创新能力的差异，是"信息富有者"与"信息贫困者"之间的鸿沟。随着信息技术在生活中应用的深入，人们对于数字鸿沟的认识也不断发展。第一阶段的数字鸿沟体现在信息工具"有无"的层面，数字鸿沟反映了信息技术与工具占有程度上存在差距的现象，即体现在数字准入层面，也被称为第一道数字鸿沟。然而，随着互联网的日益普及和信息技术的快速发展，尤其是信息技术与教育的深度融合，传统意义上的数字鸿沟显然无法厘清和阐明当下技术落差和深层现实的差距。克劳福德（Susan P. Crawford）教授撰写的《新数字鸿沟》首次提出"新数字鸿沟"这一概念。在这一阶段，人们认为数字鸿沟已经从"有无"信息技术与工具转变为由技术与工具使用差异所导致的鸿沟，即体现在数字素养层面，也被称为第二道数字鸿沟。① 由此可见，人们对数字鸿沟的认识从简单的由信息技术设施、资源短缺所造成的第一道数字鸿沟，拓展到因信息技术使用、技能差异所造成的第二道数字鸿沟，即从"物"的差异转移到"人"的差异。因此，当前的数字鸿沟并不仅仅局限于互联网和计算机的接入、使用，数字鸿沟的内涵应该扩展到个体是否拥有使用信息技术来获得有意义的社会实践的能力。

"新数字鸿沟"主要表现在"技能鸿沟"和"使用鸿沟"这两个方面。技能鸿沟是新数字鸿沟的表现形态之一，根据范德克（Jan A. G. M. van Dijk）对于数字鸿沟的界定，数字鸿沟是多层面的"接入"问题，即意识接入、物理接入、技能接入与使用接入。② 其中，意识接入指个体面对新技术时产生的兴奋或害怕的情绪；物理接入指电脑与互联网的引入；技能接入指信息素养的培养；而使用接入指个体拥有充足的使用信息技术的机会。在他看来，"技能鸿沟"所指的技能主要是运用和管理软硬件的网络技能，分为媒体和内容两个层面。媒体层面的技能主要涉及对数字技术或数字媒体的操作和处理，内容层面的技能包含了信息处理技能、交流技能、内容创造技能和策略技能。不同人群在上述技能上的差异就构成了"技能鸿沟"，处于"技能鸿沟"劣势

① 纪秋发.中国数字鸿沟：基于互联网接入、普及与使用的分析[M].北京：社会科学文献出版社，2010：11.
② Van Dijk J A G M. The evolution of the digital divide: the digital divide turns to inequality of skills and usage[M]//Bus J, Crompton M, Hildebrandt, M. Digital enlightenment yearbook 2012. Amsterdam: IOS Press, 2012: 57–75.

一端的人也常被称为"数字弱势群体"。当前，随着求职、购票等商业服务越来越多地推行网络方式，那些缺乏数字技能的人群逐渐被边缘化为"数字弱势群体"。以春运购票为例，那些拥有便利上网条件和熟练数字技能的高校学生、公司白领因此也拥有了很大的便捷条件；但是对于外来务工人员而言，他们缺乏网上购票经验，更不知道如何使用各种"抢票软件"，处于弱势地位。

"新数字鸿沟"的第二个表现形态为"使用鸿沟"，"使用鸿沟"是指人们在使用数字技术时产生的差异，具体包括使用的时间和频率、使用网络应用的数量和类型、网络带宽、是否充分或创造性使用等。如不同人群所使用的网络应用存在差异。研究发现高学历人群更多使用的是"严肃类应用"，最大化地发挥与工作、职业、学习、社会参与等相关的资本和资源的优势效应。而低学历人群在网上主要是聊天和玩游戏，更多使用的是"娱乐类应用"，很少甚至几乎没有发挥资本和资源的优势效应。

（二）数字鸿沟的影响因素

数字鸿沟反映的是区域性发展不平衡导致的信息技术接入与使用等差距，其影响因素涉及社会、经济、文化、教育等层面。从宏观层面看，导致数字鸿沟的主要因素是经济水平，不同地区的信息技术基础设施显著影响互联网的使用，而信息技术基础设施的水平又受到电信基础设施的影响。研究发现家庭收入和家庭成员的教育程度对是否接入互联网起到决定性作用；接入互联网的费用也有一定的影响作用，即宽带接入的费用是人们接入宽带时的重要考量因素。同时，联网方式和带宽差异也是导致新数字鸿沟的原因之一。随着互联网基础设施的覆盖面扩大和智能手机价格的下降，手机上网一族越来越庞大，但这在解决了传统"数字鸿沟"问题（即是否能够"物理接入"互联网）的同时，却衍生了"新数字鸿沟"。因为手机上网套餐通常比固定宽带便宜，很多低收入人群更多以手机上网为唯一联网途径。但是由于移动互联网带宽限制，手机上网一族很难像固定宽带用户那样通过高速网络获取资源，同时由于屏幕大小和输入方式等的限制，他们在手机上使用的大多是"娱乐类应用"。

如果说第一道数字鸿沟（物理接入）产生的主要原因是经济水平的差距，那么第二道数字鸿沟（使用鸿沟）产生的原因主要是社会文化因素。准确地说，信息技术的使用鸿沟并不是由学校教育系统的教育因素和技术因素所决定的，而是与受教育者阶层背景、家庭教养方式和教育期望紧密相关。[①] 社会学家布尔迪约（Pierre Bourdieu）将文化资本影响机制分为首属效应与次要效应。首属效应强调不同社会阶级之间文化资本占有的不平等性，强调关注家庭文化资源对子女学习能力的分化作用。[②] 社会中上阶层家庭为子女提供的文化资本比社会底层家庭更丰富，以更高的文化素养来教化子女。次要效应从微观层面上关注不同阶层对子女的教育期望和教育激励。不同的社会阶层有不同的文化品位、文化性情，塑造了不同的教育期望，也构成了不同的文化符号，然后通过家庭早期教育的积淀和熏染影响了个体的生活方式，塑造了个体的心智结构。实际上，具有不同家庭资本的学生，其数字素养的原生性差异在一定程度上加剧了智能时代下教育的不公平。

除此之外，研究者普遍发现性别、收入、受教育水平是影响互联网使用的关键因素。从性别上看，库珀（J. Cooper）认为，数字鸿沟归根结底是计算机焦虑的问题，计算机焦虑与性别直接相关，且女性的计算机焦虑显著高于男性。女性往往表现出对科技本身并不是很感兴趣，而是更关心它能带来什么样的益处，男性则更注重科技本身的价值，这使得女性对信息技术的使用意愿与能力都显著低于男性。[③] 从受教育程度来看，相关研究表明受教育程度较高的人会更积极地使用互联网，且大都通过互联网来获取信息资源，而受教育程度较低的人则对互联网的娱乐功能更感兴趣。教育水平较低的人主要利用互联网进行社会交互和游戏，教育水平较高的人则主要利用互联网搜索信息和寻求个人发展。

① 张济洲，黄书光. 隐蔽的再生产：教育公平的影响机制：基于城乡不同阶层学生互联网使用偏好的实证研究 [J]. 中国电化教育，2018（11）：18–23.

② 布尔迪约，帕斯隆. 再生产：一种教育系统理论的要点 [M]. 北京：商务印书馆，2002.

③ Cooper J. The digital divide：the special case of gender[J]. Journal of Computer Assisted Learning，2006（5）：320–334.

二、教育中数字鸿沟的具体表现

数字鸿沟在教育中表现为一种新的教育不公平，其实质是教育信息技术的不公平接入和使用。信息技术的发展使优质教育资源得以在不同地区共享，即使是贫困地区的学生也可以通过远程教育接触到优质的教育资源。每个人看似都能够平等地使用信息技术获取资源，然而，由于不同人群对信息技术的接触、占有以及对信息技术的使用能力有着巨大的差别，原有的社会不公平和教育不公平在智能时代和网络社会不断被复制和再生产，甚至可能导致社会阶层不公平进一步加剧，智能时代的教育公平可能成为一种"虚假的平等"。

（一）教育信息技术接入的不公平

教育信息技术接入的不公平实质是教育信息技术的接入或拥有不公平。在学校教育中，它表现为学生拥有信息技术设备和所接触的教育技术资源、网络方面的差异。

在多种因素导致的现实社会不公平面前，只有教育能够为个体提供弥补差异的机会，信息技术的出现被视为促进教育公平的一剂良药。比如，针对我国地区经济发展不均衡、城乡差异和教育财政投入有限等情况，为弥补偏远和贫困地区学生获取信息技术的不足，我国一直在这方面加大投入。自2010年以来，中央财政累计下拨 32.6 亿元专项资金，在中西部农村学校建设了 20 万间多媒体教室。[①] 自 2013 年启动薄弱学校改造项目以来，截至 2018 年年底，中央财政共投入专项补助资金 1699 亿元，带动地方投入 3727 亿元，合计投入 5426 亿元，比规划投入多 200 亿元。校舍建设竣工面积占规划建设总面积的比例达 98.34%，设施设备采购完成比例达 99.7%，分别比规划确定的 2018 年年底"双过九成"的目标高出 8.34 和 9.7 个百分点，提前一年基本实现五年规划目标。[②]"十三五"期间，教育部与工信部联合实施学校联网攻

---

① 王美，徐光涛，任友群. 信息技术促进教育公平：一剂良药抑或一把双刃剑 [J]. 全球教育展望，2014（2）：39–49.

② 薄弱学校改造工作目标提前一年基本实现 农村义务教育学校办学条件得到显著改善 [EB/OL]. [2021–06–07]. http://www.moe.gov.cn/fbh/live/2019/50340/sfcl/201902/t20190226_371170.html.

坚行动，大力推进学校联网和提速降费工作。目前，全国中小学（含教学点）联网率已从 2015 年的 69.3% 上升到 99.7%，出口带宽达到 100M 的学校比例从 12.8% 跃升到 98.7%。① 智能时代对网络速度和设备更新保障有很高的要求，因为远程教育必须依托高速宽带，网络课堂、直播课堂更是离不开高速稳定的网络。而这些在一线城市还不能完全得到保障，更遑论资源匮乏、信息闭塞的农村和偏远地区了。现实情况是优质的教育资源集中分布，且具有多种排外性的限制，长此以往，导致优质资源区和普通资源区的差异越来越大，数字鸿沟日益加深，这与教育公平的理念相左。这些鸿沟可能源于不同文化和不同地区正规教育之间的差距，也可能源于一所学校与另一所学校在设备、材料、网络连接以及教学和学习环境内部的信息技术整合方面的差距。以"校校通"项目为例，北京、上海、江苏、浙江和新疆生产建设兵团的学校，已经全部接入互联网并拥有了多媒体教室，但是，中西部某些地区仅仅能保证乡镇中心校的宽带网络接入和多媒体教室的建设，很多农村学校，特别是偏远乡村学校的宽带网络接入并不能得到保证。

（二）教育信息技术使用的不公平

随着数字教育时代的到来，在线直播课堂成为信息化教学的重要平台，然而，学习者信息素养和信息能力的差异，直接导致相同的网络环境下产生差异巨大的网络学习效果。拥有较高信息素养和信息能力的人可以更为准确、便捷地找到适合自己的公开课和网络资源，也更能按时按量完成相关课程的学习和学分认证。如果一些教师和学生运用信息技术进行的是复杂问题解决、深层思考、科学探究、知识创新等有意义的学习活动，而另外一些人只是用信息技术进行简单的信息呈现、浅层的问题解决甚至娱乐，那么两者之间的"新数字鸿沟"会日益加深。例如，在上海市"二期课改"中，示范性高中在拓展型课程中可以开设丰富的信息技术类课程，作为学生技术学习的主要领域；而其他普通高中难以开设如此丰富的课程，这就扩大了原有的不平等。

---

① 信息化推动优质教育资源共享 全国中小学联网率达 99.7%[EB/OL]. [2021–06–07]. http://www.moe. gov.cn/fbh/live/2020/52692/mtbd/202012/t20201202_502832.html.

另有实证研究表明，城乡互联网的广泛普及并不一定能够惠及境遇不利的农村学生，"数字红利"可能带来新的隐性教育不公平。2015 年经济合作与发展组织发布的报告显示，处境不利群体子女将更多的时间花费在网络聊天而不是探索和发现有学习价值的知识和材料上，处境不利群体子女在校外为聊天娱乐上网的比例高达 90%。还有相关研究表明，具有较高社会经济地位的学校倾向于将信息技术用于高级的应用和思维活动，而其他学校则更可能集中于基本技能的培养上。因此，处于社会不利地位的学生在获取信息技术及其运用上受到了双重制约。

"新数字鸿沟"是一种潜在问题，隐藏于表面的数字公平之下。城乡学生信息"使用鸿沟"不仅是技术和教育问题，更是社会问题。解决这一问题，需要多方的共同努力，而技术在其中可能发挥着无可替代的作用。

三、教育中数字鸿沟的应对策略

信息技术在促进教育公平上有着极大的作用，教育实践也证明了这一点。但是，由于数字鸿沟的存在，我们也看到了教育技术的发展可能带来的新型的教育不公平。因此必须警惕信息技术发展给教育带来的"双刃剑"作用，我们可以从"物理接入""使用接入""意识接入""技能接入"等层面入手，采取合理的措施以促进智能时代下教育公平的发展。

（一）保证教育起点的公平，缩小"物理鸿沟"

信息技术的拥有水平影响着信息技术的使用时间和使用方式，因此信息技术设备和资源持续投入一直是世界各国在教育体系中消除数字鸿沟的一剂良方。要缩小数字鸿沟，必须确保学生，特别是残疾学生与偏远贫困地区的学生能获得必要的信息技术设备。例如，2012 年教育部启动了"三通两平台"项目，有效缩小了地区之间与城乡之间的第一道数字鸿沟。又如，许多国家开发了为残疾人服务的计算机辅助设备，如自适应键盘、屏幕放大器、语音识别软件等，极大地提高了残疾学生使用信息技术的便利性。这些实际上都是在发挥学校教育的基础补偿作用，对消除教育中的数字鸿沟、促进教育公平发挥了重要的作用。

总体而言，为了弥补传统数字鸿沟带来的教育不公平，政府已对教学资源薄弱的学校投入了大量的资金，购入配套基础设施和硬件设备。学校作为弥补数字鸿沟的基础，在信息技术设备配置以及资源配置方面已取得了长足的进步。从物理接入层面来说，这一弥补是成功的。但是，要真正消除数字鸿沟，单是投入资金和设备是远远不足的，还需要进一步关注随之而来的"使用鸿沟"。

（二）注重教育过程公平，缩小"使用鸿沟"

第二道数字鸿沟是由信息技术使用方面的差距造成的"使用鸿沟"。在推进教育信息化的过程中，可以采取以下途径来缩小第二道数字鸿沟。

第一，加强培训师生的信息技术应用能力。受区域发展差异以及社会文化的影响，不同群体运用信息技术的意愿和能力存在显著差异。为缩小信息技术使用的差距，必须解决"富有的穷人"问题，即有些地区拥有先进的信息技术基础设施和优质数字教育资源，教师和学生却不知如何充分利用它们促进教学和学习。因此，为了促进信息技术的合理有效使用，必须变革传统的课堂教学结构和模式，鼓励教师积极地利用信息技术进行课堂教学创新实践，设计、开发信息技术支持下的新型教学模式，让学生在参与性的学习体验中提升数字素养，培养创新精神与实践能力。如2013年下半年教育部开始实施"全国中小学教师信息技术应用能力提升工程"，要求提升教师信息技术应用能力、学科教学能力和专业自主发展能力，推动每个教师在课堂教学和日常工作中有效应用信息技术，促进信息技术与教育教学融合取得新突破。因此，我们不但要有"信息技术"，会用"信息技术"，还要"会用信息技术促进有意义学习"。学校不但要增强教师的信息技术使用能力，还要通过信息技术来弥补他们所缺失的其他能力，引导学生充分利用信息技术进一步拓展自身能力，获得所需的信息资源，这将有望缩小教师及其学生的"技能鸿沟"和"使用鸿沟"。

第二，深化对数字鸿沟问题的相关研究。通过组织研究团队或设立招标

课题，深入研究薄弱学校或弱势群体师生的信息技术使用情况，特别关注他们使用信息技术的时间和频率、使用的网络应用的数量和类型、是否积极地或创造性地使用等，以及与来自发达地区或优势群体的师生之间的差距。简言之，从关注师生是否获得信息技术进一步发展到关注师生有无充分利用甚至创造性利用信息技术。

第三，在课堂教学环境中引入混合式学习。当前中国在线教育发展迅猛，信息化引领教育与技术的深度融合的未来教育发展大趋势不可阻挡。混合式学习指的是兼具传统教学和在线学习优势的教学模式，其灵活、便于实现、能够整合复杂的多媒体和技术等特点，使之具有很高的实用价值，使之超越了传统面授课堂与单纯网络环境的在线课堂，成为实现微观层面课堂教学公平的重要支撑和依靠。[1]混合式学习在促进微观层面教育公平方面具有重大的现实意义和操作价值。微观层面的教育公平，直接作用在教师、学生和课堂教学上。抛开教育资源分配不均、同类学校之间的优劣差距，利用教育信息技术适当弥补和缩小这种社会性的差距，有利于缓解社会矛盾，最大限度地减少数字鸿沟带来的教育不公和阶层分化。

（三）引入家庭和社会力量，提高全民数字素养

智能时代下的教育不公和数字鸿沟的背后有着极为复杂的社会因素，如公民的数字素养、社会阶层文化资本的再生产以及种类繁多的信息技术应用等。因此，要彻底解决数字鸿沟的问题，需要社会多方的共同努力。信息技术不是静止不变的，它始终保持着动态发展的态势，数字鸿沟的内涵也随之不断变化。因此，只有培养公民的数字素养，才能使每个公民都能对信息技术的创新和变革泰然处之，在瞬息万变的信息社会合理地使用信息技术，最终彻底消除数字鸿沟。全球数字公民组织提出，智能时代的数字公民应该具备信息通晓能力，包括提问（ask）、习得（acquire）、分析（analyze）、应用（apply）、评估（assess）等五种能力。信息通晓能力不局限于简单的信息技术

---

① 马健云.从"数字鸿沟"的填平到"新数字鸿沟"的跨越：教育信息化促进教育公平新思路[J].重庆文理学院学报（社会科学版），2017（3）：92-95.

使用和技能层面，而是对公民参与信息社会的活动提出了更高的要求：成为具备计算思维（computational thinking）、批判性思维（critical thinking）、创造能力（creativity）、协作能力（collaboration）、沟通能力（communication）等能力的 21 世纪人才。① 只有通过开展系统、完善的数字公民教育，我国才能在教育信息化发展进程中构建全民智慧型社会，塑造新一代的高素质数字公民，在全球人才竞争中占据领先地位。这需要社会全体成员的共同努力——不仅需要政府和学校的努力，更需要家庭和信息技术相关企业等其他社会力量联手应对。

---

① Information fluency：quickstart guide[DB/OL]. [2016-06-23].http：//cdn2.hubspot.net/hub/452492/file-2439733571-pdf/content/IF_handbook.pdf?t=1474119732550.

教育治理的多元协同

随着第四次工业革命的到来，技术的高速发展与变革对人类的生活、经济、工作、教育等各个方面的影响愈加凸显。党的十九大的召开，标志着我国对社会治理的认识达到一个新的高度，不断推进国家治理体系和治理能力现代化成为深化改革的重要目标。基于技术与社会变革的双重背景，教育治理成为新时代教育发展与改革的主题。

本专题首先对教育治理的多元协同体系进行概述，然后以政府举措、学校变革、技术及服务产业的实践这三个方面为例进行重点分析，最后提出教育善治的要素条件与价值目标，并以 2020 年新冠肺炎疫情防控中浙江省的综合治理为样例进行分析。这次疫情防控战已成为历史发展中不可磨灭的重要一页，见证了我国教育治理的阶段性成效与特征。

第 1 节　教育治理的多元协同体系

一、智能技术助力社会治理转型

21 世纪，技术的更新速度永远比人们想象的更快。智能时代飞速发展，技术助力下的社会发展与转型以前所未有的速度和效率推进着。理解未来即将改变生产、消费、社会、生活和教育的颠覆性技术，思考技术革新带来的巨大变化，了解相应的发展趋势和必然要求，是我们当下必须做的。

灵巧机器人、核能新浪潮、早产预测、肠道显微胶囊、定制癌症疫苗、人造肉汉堡、捕获二氧化碳、可穿戴心电仪、实用型区块链、人工智能安全、量子计算等，勾勒出未来科技走向。可以发现，在智能时代，以智能技术为核心的跨学科、跨领域技术等颠覆性技术将给人类社会带来巨大变革，影响到人类的职业类型、行为方式、价值观念、权力结构、经济模式、生存状态、学习发展等各个领域。

纵观人类文明进程，教育和技术的赛跑是其中一个横切面，当教育能够追平或超越技术的脚步时，整个社会就会运行顺畅、氛围和谐，人心平稳淡定；可一旦技术的迅猛发展催生巨大的变化，人们对于"经过怎样的教育才能适应未来社会挑战"这一问题的回答不再确定时，就会产生严重的社会焦虑。[①] 当下，我们就处于这种技术高速发展的社会情境中，聚焦教育领域与国家治理更显得迫切重要。智能技术对社会转型和教育发展具有革命性影响，智能技术对教育本身的直接影响、由教育以外的系统传递给教育的间接影响，得到了普遍的认同和高度的重视。将教育信息化纳入国家发展的整体战略已是必然。

二、治理理念溯源及内涵阐释

20世纪后期，大西洋福特主义和福利国家危机、全球化带来的种种不可治理性以及新地方主义的兴起，强烈地冲击了传统的社会科学，治理理论应运而生。这一理论兴起之初，就对公共行政学产生了巨大影响。它突破了包括政治与行政二分在内的一系列二分法，试图融合价值与效率的冲突，从而大大推进了公共行政学的发展，有学者据此认为它实现了公共行政学的范式革命。1989年，世界银行在《撒哈拉以南非洲：从危机走向可持续增长》这篇报告中首次提出了现代意义上的"治理"概念。1992年，全球治理委员会

---

① 李希贵.2035，教育现代化的八个挑战[N].中国教育报，2020-01-08（5）.

成立，并创办了《全球治理》杂志。全球治理委员会对"治理"进行了定义："治理是公共机构和私人机构管理公共事务的诸多方式的总和。它是通过协调彼此冲突或各不相同的利益，进而采取合作行动的连续过程。它既包括有权迫使人们服从的各种正式制度和规则，也包括人民和机构同意的或以为符合其利益的各种非正式制度安排。"① 此后，"治理"迅速成为政治学、行政学、管理学等研究的热点议题，这一研究热潮一直持续到当前。

作为一种跨学科的理论，治理理论包含或影响了一系列公共行政学或政治学主张：（1）去中心化，国家的主权地位和中央政府在公共行政中的核心地位被动摇，向地方分权、向社会分权，甚至将权力让渡给跨国家的组织成为一种趋势；（2）多中心，政府之外的治理主体须参与到公共事务的治理中，政府与其他组织的共治、社会的自治成为一种常态；（3）反对夸大纯粹的市场的作用，但认同并倡导层级、网络和市场的组合及相互渗透；（4）开展多种层次的治理与使用多种工具，治理可以在跨国家、国家、地方等多个水平上进行，在实践上则可以采用"规制、市场签订合约、回应利益的联合、发展忠诚和信任的纽带等"不同的工具②，并借助于市场、层级和网络的使用。

治理理论强调公民参与，由于它主张多层次和多中心的治理结构，因而其参与式民主模式更加具有现实性，也更加容易渗透到行政过程中。治理理论关于民主的基本观点包括：第一，民主的核心制度并非民族国家。民主的实现需要地方、区域、民族国家乃至国际层面的协同实践。在公共服务提供中，中央政府应当扮演一种推动者、规约者以及标准设定者的角色，而非直接的供给者或决定具体方向或服务内容的角色。第二，公共服务的提供本身必须是多元的，以便公民有机会参与到有关公共服务以及不同机构提供服务之能力的决策之中。第三，民主的组织形式既可以是全国性的，也可以是区域性的。某些特定服务的使用者、关注特定政策议题的公众形成的政治社区，与那些基于特定地区形成的政治社区一样具有合法性。第四，问责是一种更

---

① The Commission on Global Governance. Our global neighborhood: the report of the commission on global governance[M]. Oxford: Oxford University Press，1995：2.
② 斯托克.地方治理研究：范式、理论与启示 [J].浙江大学学报（人文社会科学版），2007（2）：5–15.

全面的过程。选民选择他们的代表很重要，但是人们应当拥有更多的机会与公共服务提供者进行直接对话，并对后者的绩效进行直接监督。①

改革开放 40 多年来，不仅极大地改变了中国历史的发展进程，也在相当程度上改变了世界历史的发展进程。治理理论被引入中国后，虽然受到一些质疑，但是被成功重塑并且有效本土化。治理理论上升到国家政策层面，极大地推动了治理实践的新变革。同时，治理理论与治理实践在中国的互动性很强，推动了治理在理论与实践两方面的发展和创新。总之，中国的治理理论与治理实践紧密结合并彼此互动，使治理理论不断升华，治理实践也取得了重要进展。②中国民主治理的崭新变化以及中国在推进国家治理现代化方面取得的长足进步，标志着一种中国特色的国家治理模式已经形成。

一些中国学者将治理理论引入中国后开展了深入研究。毛寿龙是较早关注到治理理论的中国学者。他认为："英文中的动词 Govern 既不是指统治（rule），也不是指行政（administration）和管理（management），而是指政府对公共事务进行治理，它掌舵（steering），但不划桨（rowing），不直接介入公共事务，只介于负责统治的政治和负责具体事务的管理之间，它是对于以韦伯的官僚制理论为基础的传统行政的替代，意味着新公共行政或者新公共管理的诞生，因此可译为'治理'。"③徐勇也是较早关注治理理论的学者。他探讨了治理理念与马克思主义理论之间的关联性，并认为："治理是公共权力与社会的互动过程。在这一过程中，公共权力居于主导地位。公共权力要实现治理社会的目的，必须具备或创造一定的条件。"④俞可平大力倡导并深入研究"治理""善治""社会治理""全球治理""官民共治"等理论，使这些概念和理论在中国广为传播，并产生了很大的影响。⑤何增科认为，新的政治治理结构应当是多中心的、自主的、分工合作的、互为补充的治理结构，私人

① Pierre J. Debating governance：authority，steering，and democracy [M]. Oxford：Oxford University Press，2000：13–35.

② 熊光清. 治理理论在中国的发展与创新 [J]. 兰州学刊，2018（6）：5–14.

③ 毛寿龙，李梅，陈幽泓. 西方政府的治道变革 [M]. 北京：中国人民大学出版社，1998：6–7.

④ 徐勇. GOVERNANCE：治理的阐释 [J]. 政治学研究，1997（1）：63–67.

⑤ 俞可平. 治理与善治 [M]. 北京：社会科学文献出版社，2000；俞可平. 全球化：全球治理 [M]. 北京：社会科学文献出版社，2003；俞可平. 论国家治理现代化 [M]. 修订版. 北京：社会科学文献出版社，2015.

经济部门和以民间组织为主体的第三部门等在新的治理结构中发挥着日益重要的作用。他还用治理和善治的理论框架分析了当代中国政治发展的成就。[①]关成华提出，以电子治理作为大数据时代的创新治理目标，有利于实现治理与新一代信息技术的有效融合和良性互动。电子治理的国际经验表明，大数据在治理创新中可以发挥"提高决策准确性""提高执行能力""促进民生发展""培育科学文化"等四方面功能。在实践中，大数据应用于电子治理领域需要两项基础条件：一是政府全面丰富的统计数据，二是先进的数据思维及数据处理技术。大数据时代电子治理政策应重视两个基础性问题：一是对于数据处理中政府和市场的关系，应强调市场在处理数据上的基础性地位；二是在依据数据进行决策时，政府不应过于依赖数据中呈现的相关性，而应更注重因果规律。[②]他们对治理理论的研究做出了开拓性的贡献，并在以后的治理研究中一直发挥着重要作用。

俞可平认为治理就其字面意义而言，就是"治国理政"。作为人类的一种基本政治活动，它存在于古今中外的每一个国家和每一种文明之中。然而，作为政治学中的一个重要概念，它是当代的产物。治理不同于统治，它指的是政府组织和（或）民间组织在一个既定范围内运用公共权威管理社会政治事务，维护社会公共秩序，满足公众需要。治理的理想目标是善治，即公共利益最大化的管理活动和管理过程。善治意味着官民对社会事务的合作共治，是国家与社会关系的最佳状态。[③]

中外学者关于治理理论的认识虽然有一定的差异，但是大多数学者在治理的核心要素方面存在较多的共识。例如：治理主体具有多元性，并偏重强调社会力量参与治理过程；多元治理主体在地位上是平等的，其作用和功能有差异，但是不可或缺；治理主体之间有较强的互动性，能够合作、协调与分享，不是处于权力授予或竞争状态；治理的目标是实现共同利益，促进社会发展。这也正是中外学者能够进行对话的基础。可以说，中国的治理理论脉络与西方治理理论脉络基本保持了一致性和发展同步性，但是中国学者结

---

① 何增科. 治理、善治与中国政治发展 [J]. 中共福建省委党校学报，2002（3）：16–19.
② 关成华. 大数据视阈下的治理创新 [J]. 中国浦东干部学院学报，2016（3）：107–114.
③ 俞可平. 治理与善治 [M]. 北京：社会科学文献出版社，2000：1–15.

合中国国情和治理实际问题进行思考和研究，使治理理论有效本土化。[①]

治理理论与治理实践在中国的进步，得到了中国共产党的肯定性回应，使治理上升到国家政策层面。2013 年 11 月，党的十八届三中全会通过了关于全面深化改革的重要决定，并且明确提出，"全面深化改革的总目标是完善和发展中国特色社会主义制度，推进国家治理体系和治理能力现代化"。2017 年10 月，党的十九大报告中再一次强调指出，"必须坚持和完善中国特色社会主义制度，不断推进国家治理体系和治理能力现代化，坚决破除一切不合时宜的思想观念和体制机制弊端"。党的十九大还具体确定了实现国家治理现代化的阶段性目标：到 2035 年，"国家治理体系和治理能力现代化基本实现"；到 2050 年，完全"实现国家治理体系和治理能力现代化"。2019 年 11 月党的十九届四中全会通过的决定指出，到新中国成立一百年时，中国将全面实现国家治理体系和治理能力现代化，使中国特色社会主义制度更加巩固、优越性充分展现。国家治理现代化成为全面深化改革的总目标。[②]

三、教育治理的多元主体共治

根据党的十九届四中全会审议通过的《中共中央关于坚持和完善中国特色社会主义制度 推进国家治理体系和治理能力现代化若干重大问题的决定》，教育部部长陈宝生分别就对标对表目标任务、坚持党对教育工作的全面领导、推动"四个自信"融入国民教育全过程、构建服务全民终身学习的教育体系、运用法治思维和法治方式抓治理和完善教育投入保障基础机制等方面进行了重点论述，也即从多元的主体、组织和制度三个要素入手，对教育治理的内涵进行了具体描述。[③]

---

① 熊光清 . 治理理论在中国的发展与创新 [J]. 兰州学刊，2018（6）：5–14.
② 俞可平 . 中国的治理改革（1978—2018）[J]. 武汉大学学报（哲学社会科学版），2018（3）：48–59.
③ 陈宝生 . 推进教育治理体系和治理能力现代化 [J]. 旗帜，2019（11）：17–18.

　　与"教育管理"比较而言，"教育治理"是把教育领域内各主体纳入行政范畴，充分发挥其能动性，在持续协调、引导各方达成共识的基础上，不断改进目标和手段的一种新型教育行政方式。教育治理的突出特征是多主体参与的民主化管理，核心是社会参与（见图 11.1）。[①] 教育治理也就是追求一种真实、正确（正当）和真诚的"教育共识"。要实现教育治理，关键是构建新型的政府、学校和社会之间的关系，突破口是转变政府职能，重点是建立系统完备、科学规范、运行有效的制度体系，形成职能边界清晰、多元主体"共治"的格局。[②]

图 11.1　教育治理的主要特征

　　现代教育治理理念是反映现代社会中群众需求的理念。教育治理既要尊重教育规律，也要反映社情民意；既要立足当前经济、社会发展水平，又要适当超前，关注教育对未来发展的长远影响，做到眼前与未来的平衡；既要为国家发展、民族复兴培养创新人才和高素质劳动力，又要为家庭和个人幸福培养开发潜能、成人成才的优秀个人。要兼顾这些需求，现代教育治理必须综合体现民主、参与、共享、责任、法治和交流等理念（见图 11.2）。[③]

　　民主、参与、共享、责任、法治、交流等是教育治理的理念。民主，是要求教育决策过程必须兼顾各方的合理意见和建议；参与，是要求充分发挥

---

① 褚宏启，贾继娥. 教育治理中的多元主体及其作用互补 [J]. 教育发展研究，2014（19）：1–7.
② 任友群. 实现教育治理现代化的必由之路 [N]. 中国教育报，2016–06–10（8）.
③ 何金辉. 现代教育治理的核心内涵 [N]. 中国教育报，2017–07–30（3）.

社会各界主体的主体意识，让它们在参与教育治理中表达诉求、发挥作用；共享，是要求教育现代化的建设成果惠及普通百姓，要在现代化的过程和目标实现中不断增强群众的获得感；责任，是因为没有边界清晰的权责划分，就不可能有完善的教育治理；法治，是由于完善的教育法律和制度规则以及对法律法规的遵守执行是实现民主治理、科学治理的保障；交流，是让各社会主体建立交流、沟通的机制，实现价值沟通、成果共享和成本分担，这是教育治理的应有之义。综上所述，现代化的教育治理必须兼顾上述各种先进理念，平衡各方利益，将教育治理理念贯彻到每一片土地、每一项事务和每一个环节中去。

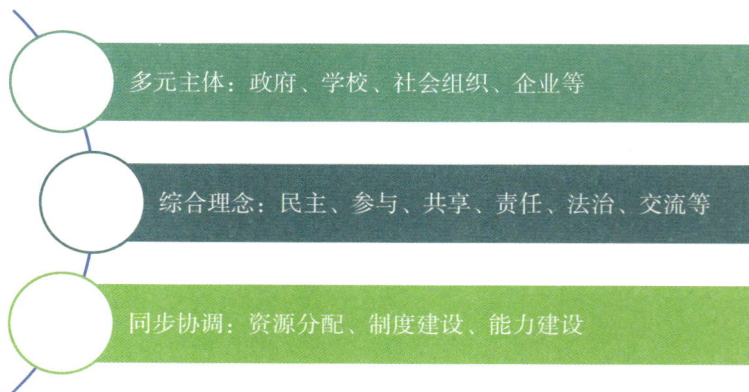

图 11.2　现代教育治理的主要体现

　　政府、学校、社会组织、企业等多元主体充分发挥作用是教育治理的必然要求。现代化的教育治理是符合现代社会实际运转特征的教育治理，而现代社会的特征之一是高度的组织化。政府机构、专业机构、社会组织、企业都是现代社会高度组织化的表现，因此，教育治理要充分发挥多元主体的作用。在教育治理领域，政府机构、学校、社会组织和企业各自承担了不同的角色，发挥着不同的作用，当然也有不同的利益诉求和视野局限。教育治理首先要提升各级政府的管理服务能力，转变政府的管理方式，明确各部门在教育治理中的职责权限。在教育教学领域，应充分保障学校的办学自主权，建立与其办学自主权相对应的内部治理结构。在政府和学校机构能力难以达到的领域，发挥社会机构的积极性，鼓励社会力量参与教育治理。在政府服务供给效率不高的地方，让市场主体去发挥作用，政府可以通过购买服务的

方式完成教育服务供给。

　　现代化教育治理是资源分配、规范体系建设、能力建设等各项任务的同步协调。现代化教育治理是全面协调的教育治理。要做到全面协调的现代教育治理，本质就是要做好资源分配、规范体系建设和能力建设这三件事。首先，要做好资源分配。在我国，资源分配是决定教育现代化能否如期实现的关键，也是能否实现现代教育治理的关键。通过教育实现治贫治愚，维护教育公平，实现教育跨越式发展，追赶世界发达国家，都涉及教育资源的合理分配。教育资源分配水平是衡量各级治理主体教育治理水平的关键指标。教育资源分配要体现教育公平，要务求实效，要走完"最后一公里"，达到政策的预期目标。其次，要做好规范体系建设。规范体系是教育治理经验与成果的沉淀、累积，也是教育治理的成就反映，是全面推进依法治国的重要内容。教育规范体系是开展教育治理的一整套紧密相连、相互协调的法律法规、制度和行为准则的总和，上至宪法、下至学校的议事规则都属于规范体系。教育治理要于法有据，要在治理过程中推动规范体系建设，要通过规范体系建设改进教育治理，并将行之有效的治理经验与治理方法固定下来。当前，我国在教育治理上亟须开展教育法律体系建设，亟须明确界定各级政府的权限，亟须对各部门承担的教育治理责任做出划分，亟须为基层社会参与教育治理提供可以依循的章法。最后，要做好能力建设。教育治理能力是综合运用教育资源和教育规范体系治理教育各方面事务的能力。现代教育治理要求各级治理主体实现治理方式的转型与治理水平的提升。对各级政府部门而言，教育治理能力建设包括顺利实现党和国家设定的各项教育事业发展目标，建立跨部门、跨区域的统筹协调机制，提高适应信息化、网络化、流动化社会的教育综合管理和服务水平，提高重大教育决策的科学化、民主化水平，及时了解教育舆情动态，及早化解基层矛盾和纠纷，等等。对各级各类学校而言，教育治理能力建设要求实现依法自主管理，完善学校法人治理结构，规范内部治理，不断提高教育教学质量。对社会组织、社区、家长、普通民众而言，教育治理能力建设要求逐步提升其参与教育决策、社会监管，参与学校管理，参与教育评价等方面的作用。

　　教育治理涉及的政府和学校之外的主体，还包括教育领域中的各种利益相关者（含企事业单位、社会团体、公民个人等）和各种社会组织，其中自然包含家长、教师、学生等公民个体。教育治理体系包括三大主体：政府、学校和社会。特别需要注意的是企业，它是社会组织中最具灵活性和创新性的一股力量；并且，较之社会组织，企业的发展更为成熟，企业的力量更为凸显，企业在教育现代化、教育信息化的变革与发展过程中发挥着更为显性的作用。因此，本专题针对当前最为突出和人民关切的政府与企业、政府与学校、学校与企业之间的关系进行重点论述。教育治理中的多元参与，并非多多益善，而是为了在治理中发挥互补作用。在教育治理的框架下，利益相关者和社会组织的作用得以大大彰显，政府与学校的作用也与以往不同。

在教育治理中，不同主体所发挥的作用是有其独特价值的，而且是不可相互替代的（见图11.3）。利益相关者的多种利益表达、社会组织专业化的智力支持、学校的自治、政府的主导，对于教育治理都有其独特贡献，而且在功能上是互补的。这种功能互补恰恰是教育治理这种"共治"机制之优越性的体现，相对于单一主体的政府管理，多元主体参与的教育治理会带来教育管理的现代化以及更加优质公平、高效有序的教育新格局和新生态。

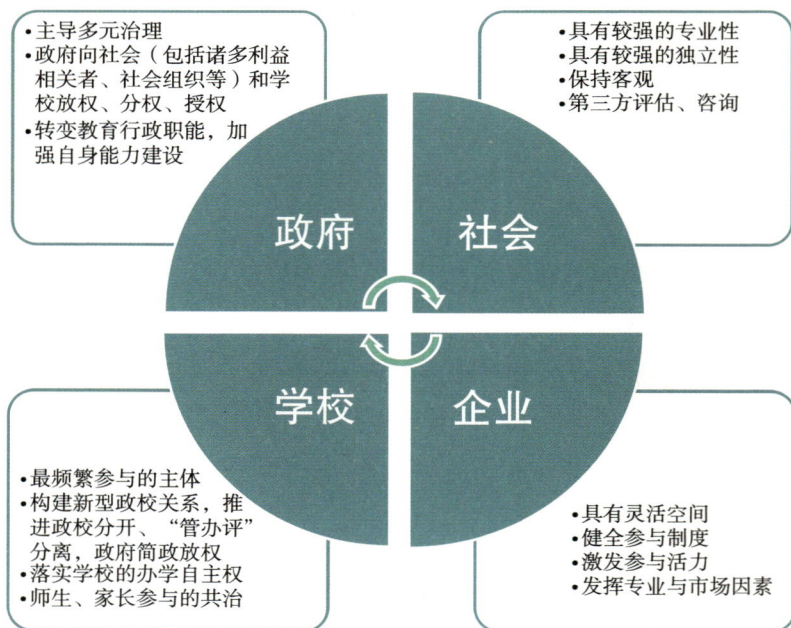

- 主导多元治理
- 政府向社会（包括诸多利益相关者、社会组织等）和学校放权、分权、授权
- 转变教育行政职能，加强自身能力建设

- 具有较强的专业性
- 具有较强的独立性
- 保持客观
- 第三方评估、咨询

政府　社会

学校　企业

- 最频繁参与的主体
- 构建新型政校关系，推进政校分开、"管办评"分离，政府简政放权
- 落实学校的办学自主权
- 师生、家长参与的共治

- 具有灵活空间
- 健全参与制度
- 激发参与活力
- 发挥专业与市场因素

图 11.3　教育治理中各主体的主要特征

四、信息技术在教育治理中的应用

5G 不断提速增效，物联网、云计算、区块链、AR/VR、人工智能等应用技术快速发展。因此，信息技术在教育治理的多个环节、多个层面，都产生了不同程度的影响，教育生态正经历着信息技术带来的理念、形式、方法和内容的重大转变。在这些新技术的支撑下，数据采集和互联互通将更加深入广泛，这不仅为教育科学决策提供了实时、科学的数据支撑，也为教育业务理清了条线逻辑，促进"管办评"分离，为"放管服"增效。教育信息化也为追求教育共识、推动教育治理提供了不可或缺的条件，为推进教育治理水平与能力的现代化提供了保障。

第一，教育信息化为教育治理提供条件、资源和技术动力。最近十年各类教育信息化应用建设已基本成型，也产生并积累了海量数据，但对各类应用系统产生的数据需要进一步统一监管和了解，助力教育管理向教育治理转变。

第二，环境优化。高速互联网、5G 和物联网技术支撑下的教育信息化将使教育信息和数据的采集更加深入广泛、快速高效；借助智能移动终端，普通教师、学生甚至社会大众都能迅速采集教育信息与数据；信息化可使各项行政事项设置更加合理，流程更加优化，并使行政过程可检验、可追溯。这些手段都有助于获取真实、完整的教育信息数据。[①]

第三，数据沉淀。海量的教育大数据助力教育管理向教育治理转变，使信息获取、传递、处理、利用等应用日益多样化，信息系统逐渐建立、融合并形成信息网络体系，如学生的学籍系统、健康网络系统、营养监测系统、建档立卡信息等。从系统角度，国家开始重视针对每一个学生来建立个体的数据，这是史无前例的。教师数据、家长信息等个体的数据也在逐渐建立和完善，同时形成从个体到学校、县（区）、市、省（区、市）乃至于国家等不同层面的数据的互联互通。

---

① 任友群.实现教育治理现代化的必由之路 [N].中国教育报，2016-06-10（8）.

第四，观念形成。在依托信息化方式再造的各项教育行政业务中，各主体的定位清晰、权限明了，这些根植于信息化内涵之中的规范化设置能有效解决一般教育行政过程中的缺位、越位问题，使得各主体能够更好地谨守本分，从而为"教育共识"的形成提供"正确性（正当性）前提"。

第五，治理转型。成熟的大规模存储技术为海量教育数据的积淀创造了条件：利用信息化方式在便利、即时、准确、科学地获取全面数据的基础上，与既往采集数据形成海量数据库；通过高效统计运算发现数据之间的关系；根据管理与决策要求，将数据转化为信息，再以多样的直观方式呈现给不同主体。这些技术都将使庞大、复杂的教育信息数据变得简约、直观，从而为"教育共识"的形成提供"真诚性前提"。

本专题的讨论基于教育治理的理念展开，对我国教育发展与改革、信息技术与教育教学的深度融合过程中教育治理的本土化探索与应用进行系统分析，试图做到政策、理论与实践的相互观照。教育治理的最突出特征是多主体参与的民主化管理，因此，本专题聚焦"多主体"这一维度进行梳理与分析，首先从学校、企业、政府三大组织型主体入手，来初步勾勒我国教育治理中的先行主体的显性行为和影响。由于这三大主体在政策制定、行为活动和制度建设等层面具有一定的主动性和先导性，并且政策、数据等证据收集较为系统，故将这三大主体作为本专题的重点分析对象。但这并不意味着教师、学生、家长等个体型主体不重要，个体型主体在教育治理的发展和实践过程中，发挥的作用越来越明显，并且个体型和集体型主体的互动与共治，也正是教育治理深化阶段的重要特征之一，这是下一步深入推进教育治理的重要关注点。信息技术则是纵贯于教育治理中的一个关键因素，与教育治理体系与教育治理能力现代化相辅相成，在不同主体、不同过程、不同机制的互动中，它以其特有的方式与优势融合参与其中。

第 2 节　政府推进治理体系与治理能力现代化的举措

政府对教育治理体系与治理能力现代化的战略部署与政策支持，是保证智能时代教育治理不断前行极为关键的一步。本节从国家层面的战略规划、相关部门的政策、目前政策执行的进展情况及相关政策体系的运行机制四个角度来阐述政府在教育治理体系和治理能力现代化中所提供的支持和服务。

一、国家战略规划及分析

党的十八届三中全会提出国家治理体系与治理能力现代化这一论述，并将其作为全面深化改革的总目标。2019 年 10 月 28 日至 31 日在北京举行的党的十九届四中全会，审议通过了《中共中央关于坚持和完善中国特色社会主义制度 推进国家治理体系和治理能力现代化若干重大问题的决定》。习近平总书记 2019 年 10 月 31 日在党的十九届四中全会第二次全体会议上指出，"新中国成立 70 年来，中华民族之所以能迎来从站起来、富起来到强起来的伟大飞跃，最根本的是因为党领导人民建立和完善了中国特色社会主义制度，形成和发展了党的领导和经济、政治、文化、社会、生态文明、军事、外事等各方面制度，不断加强和完善国家治理"，"中国特色社会主义制度和国家治理体系不是从天上掉下来的，而是在中国的社会土壤中生长起来的，是经过革命、建设、改革长期实践形成的，是马克思主义基本原理同中国具体实际相结合的产物，是理论创新、实践创新、制度创新相统一的成果，凝结着党和人民的智慧，具有深刻的历史逻辑、理论逻辑、实践逻辑"，他提出"坚持和完善中国特色社会主义制度、推进国家治理体系和治理能力现代化"。

　　这进一步指明了教育治理体系和治理能力现代化的发展方向。教育治理作为国家治理体系与治理能力现代化的一个重要组成部分，其开展与实践逐渐被提上日程。随着智能时代的来临和发展，教育信息化成为教育治理过程中的重要依托，教育信息化在教育治理乃至教育现代化发展进程中的地位，受到了越来越多的重视。

　　国务院印发的《国家中长期教育改革和发展规划纲要（2010—2020年）》提出"到2020年，基本实现教育现代化，基本形成学习型社会，进入人力资源强国行列"的战略目标，同时还指出要高度重视信息技术对教育的革命性影响，在以教育信息化推动教育现代化的过程中，要充分利用优质资源和先进技术，加快教育信息基础设施建设、加强优质教育资源开发，并构建国家教育管理信息系统。这一文件对我国教育改革做出了十年的发展规划，为信息化背景下教育治理工作的开展指明了方向，也为全面推进教育改革提供了规范性的指导（见表11.1）。

　　2019年中共中央、国务院印发了《中国教育现代化2035》，从十个方面对教育现代化的发展做了进一步规划，并指出在信息化时代要加速教育变革，更新教育理念。《加快推进教育现代化实施方案（2018—2022年）》从不同类型教育发展、教师队伍建设、中西部教育振兴发展及教育信息化等方面进行了全面的论述，要求加快教育现代化的发展（见表11.1）。随着4G通信网络的全面普及，我国也迎来了5G技术时代，5G技术将为智能时代的教育治理提供更多的选择与机会。

表 11.1　国家层面教育改革和发展战略目标演变情况

年份	文件名称	总体目标	意义
2010	《国家中长期教育改革和发展规划纲要(2010—2020年)》	到2020年，基本实现教育现代化,基本形成学习型社会,进入人力资源强国行列	将加快教育信息化进程作为实现教育现代化的六大保障措施之一进行部署
2019	《中国教育现代化2035》	到2035年，总体实现教育现代化,迈入教育强国行列,推动我国成为学习大国、人力资源强国和人才强国	针对薄弱环节和突出问题提出相应战略任务

续表

年份	文件名称	总体目标	意义
2019	《加快推进教育现代化实施方案（2018—2022 年）》	经过 5 年努力，全面实现各级各类教育普及目标，全面构建现代教育制度体系，教育总体实力和国际影响力大幅提升	督促教育现代化任务落实，在行动上给予支持

二、相关部委政策分析

（一）教育部相关政策分析

教育部于 2012 年发布了《教育信息化十年发展规划（2011—2020 年）》，对信息化教育资源、学习环境和教育管理等方面的发展目标进行了具体的描述，为促进我国教育信息化发展接近国际先进水平提供了保障。

2018 年，针对日趋流行的在线教育、网络教育所依托的网上学习空间的建设、发展和应用，教育部首次给出了系统的建设规范和使用指南，并描述了网上学习空间建设的具体框架等。[①]2019 年教育部会同多部门发布了《关于促进在线教育健康发展的指导意见》《关于引导规范教育移动互联网应用有序健康发展的意见》等文件，对在线教育平台和资源的建设与发展起到了规范和引导作用。

2020 年新冠肺炎疫情期间，在帮助和支持学生"停课不停学"方面，在线教育引起了社会的广泛重视。教育部牵头并组织各地整合优质的教学资源，基于国家中小学网络云平台和电视空中课堂，借助各种在线学习教育平台，积极开展远程直播教学与网络教学，"钉钉""ZOOM""学习通"等软件一时成为人们讨论的热点。值得反思的是，虽然在线学习教育平台为教学提供了帮助，在疫情期间很好地辅助了教学，但同时我们也看到，目前以远程直播

---

① 教育部关于发布《网络学习空间建设与应用指南》的通知 [EB/OL]. [2020–08–03]. http：//www.moe.gov.cn/srcsite/A16/s3342/201805/t20180502_334758.html.

教学为主流的教学形式，暴露出很多问题，对于学习设备、网络需求、学生家庭压力等关键点，需要在进一步的工作中慎重考虑。

（二）工业和信息化部相关政策分析

为提升信息化教学的质量，提升使用者的体验，国务院常务会议提出要加快建设教育专网。为贯彻落实这一工作部署，工业和信息化部信息通信发展司于 2019 年召开了推进教育专网建设有关工作座谈会。会议研究讨论了推动学校接入快速稳定互联网的工作思路，旨在加大网络覆盖，加快网络提速，协同统一政校企的功能作用，发挥合力，共促教育改革与发展。[①] 这次会议对教育专网的内涵进行了科学定义，旨在从实际出发，从学校需求与网络建设短板入手，推进联网进校教育任务的开展，从而为学校师生提供更为稳定、安全和高效的网络服务。

2020 年 2 月工业和信息化部又召开了"加快推进 5G 发展、做好信息通信业复工复产工作电视电话会议"。会议明确指出要加快 5G 商用步伐，推动信息通信业高质量发展，进而抓住 5G 在网络教育、在线医疗、远程办公等业务中的发展机遇，从而为不断推进 5G 的发展、加速社会与 5G 的融合、深化 5G 在各行各业中的应用提供支持。[②]

（三）科技部相关政策分析

科技部等部门在《关于促进文化和科技深度融合的指导意见》中指出，要使文化和科技融合成为文化高质量发展的重要引擎，同时强调了技术研发的重要性。随着互联网、物联网、云计算和大数据等现代信息技术逐渐普及，人工智能、5G 等新型技术也被提上日程。为助推我国人工智能技术创新和各个产业发展，科技部制定了《国家新一代人工智能开放创新平台建设工作指引》。该文件以人工智能开放创新平台为聚焦点，以"开放、共享"为发展的

---

① 工业和信息化部. 通信司组织召开推进教育专网建设有关工作座谈会 [EB/OL]. [2020–08–03]. http://www.miit.gov.cn/n1146285/n1146352/n3054355/n3057674/n3057678/c7416880/content.html.

② 工业和信息化部. 工业和信息化部召开加快推进 5G 发展做好信息通信业复工复产工作电视电话会议 [EB/OL]. [2020–07–05]. http://www.miit.gov.cn/n973401/n7647394/n7647399/c7686710/content.html.

重要理念，着力提升技术创新研发实力和基础软硬件开放共享服务能力，以促使人工智能成为驱动实体经济建设和社会事业发展的新引擎。此外，科技部还制定了《国家新一代人工智能创新发展试验区建设工作指引》，提出选取新一代人工智能创新发展试验区，开展人工智能技术示范、政策试验和社会试验，以推动人工智能创新发展方面的先行先试，进而全面提升人工智能创新能力和水平，引领带动全国人工智能健康发展。

三、政策体系的运行机制分析

智能时代教育治理的发展变革——从国家的统筹规划到校企的探索运用，再到人员的操作实践，都离不开政企校对机制的协同运行（见图 11.4）。

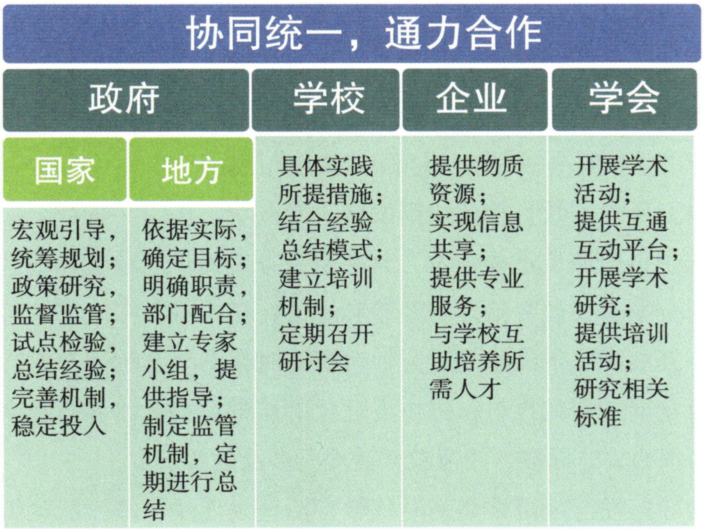

协同统一，通力合作			
政府		**学校**	**企业**	**学会**

国家	地方	学校	企业	学会
宏观引导，统筹规划，政策研究，监督监管，试点检验，总结经验，完善机制，稳定投入	依据实际，确定目标；明确职责，部门配合；建立专家小组，提供指导；制定监管机制，定期进行总结	具体实践所提措施；结合经验总结模式；建立培训机制；定期召开研讨会	提供物质资源；实现信息共享；提供专业服务；与学校互助培养所需人才	开展学术活动；提供互通互动平台；开展学术研究；提供培训活动；研究相关标准

图 11.4　政府、学校、企业和学会在教育治理中的功能

从政府的层面来说，中央政府主要发挥宏观引领作用，同时把控全局发展态势，从顶层出发对教育治理的开展进行统筹战略规划；根据阶段发展研究成果推进智能时代教育治理的相关政策措施研究，并发挥监督监管作用；选取试点单位进行初步成效检验，在经验的基础上总结教育治理的典型模式，对区域性的教育治理提供指导，以发挥带头引领作用；完善区域教育治理机

制，促进城乡教育治理全方位发展；确保财政持续稳定投入，并落实教育经费投入及使用情况。地方各级政府则在国家政策和治理结构的框架下，依据教育治理的目标及区域的实际情况制定切实可行的发展目标和操作措施；明确不同部门的具体职责，确保部门间的相互联系及配合；制定相应的监管和反馈调节机制，确保智能时代教育治理行动的有效开展。

学校作为开展教育治理工作的主要场所，其主要任务是依据政策要求，结合学校特点，制定一套符合学校自身发展实际的方法措施，配合国家教育治理行动的具体实施；校内设立专门的领导小组，作为领路人对工作进行改革创新和实践，并结合经验总结适合自身发展的教育治理模式；建立培训机制，对教师日常教学创新尝试进行培训，规范教师的行动措施；定期召开研讨会，促进教师交流共享心得体会，加强教师之间的合作与配合。

企业作为一种社会力量，是市场经济活动中的主要参与者。将其纳入教育治理的框架中，有利于其在物质资源和信息共享等方面提供支持和服务。企业在教育治理工作中的任务为：利用自身优势，向学校师生提供专业化的服务；根据企业自身所需，与学校互帮互助，共同培养符合社会所需的高技能人才；帮助学校解决教育治理过程中遇到的问题。

除了以上所提的政企校的协同发展，专业学会作为一种社会团体在教育治理的过程中也扮演了重要角色，其主要任务是提供互通互动的平台，促进各方交流与分享有关教育治理的经验和想法，助推各方深入了解教育治理的相关内容；开展高水平的学术研究，对智能时代的教育治理在横向和纵向上的发展进行全面的研究探讨；提供专业化的培训活动，培养高技术人才；研究与教育治理相关的标准，规范教育治理所涉及的要素。

政策的导向性与规范性是新时代教育治理发展的保障。从政策的发布到执行，再到具体步骤的实施，需要政府、企业、学校三方相互合作、优势互补、共促发展，也需要诸如学会这样的社会团体提供支持与帮助。在智能时代的教育治理中，每一个主体都有其存在的价值与意义。

第3节　学校从管理走向治理的实践探索

　　实现学校治理现代化，学校要依据现行法律，落实办学主体地位，明确现代学校治理制度，外部要处理和协调好政府、学校、社会三者之间的关系，内部要关注校长、教师、学生、家长之间的关系，注重多元主体间的互动，明确治理责任体系。[①]同时，吸纳社会优质资源进入教育领域，接受社会的检验和监督，在发挥社会作用的同时，激发学校的活力。现代学校制度下的学校治理，是当前教育发展与改革的重要命题。

一、从信息化到智能化的教育装备升级

　　随着人工智能技术的日趋成熟和5G的蓄势待发，新兴智能技术对传统学校教学、管理及服务等领域产生了重要影响，技术在教育中的作用由最初的传递知识的媒体工具转变为变革教育的手段，对构建学校教育生态至关重要。目前大多数学校的信息化生态主要基于三个层次的教育装备建设：搭建网络环境、智能终端配置和维护、数字化空间和教学资源的配置。

　　（1）学校信息化生态建设的首要条件是搭建网络环境。随着移动互联网的飞速发展，网络已经成为人与人沟通交流必不可少的条件，也是学校育人环境中不可缺少的部分。搭建校园无线网络和移动网络环境，实现校园无线网络全覆盖，是保障"人人皆学、处处能学、时时可学"的重要基础。截至2019年第二季度末，由于"三通两平台"建设，全国中小学互联网接入率上

---

①　徐桂庭.关于职业学校治理体系与治理能力建设的若干思考[J].中国职业技术教育，2014（21）：166-170.

升到超过 97.9%①，中小学的基础网络设施建设成就显著，为信息化校园生态建设提供了良好的环境。基于网络的便利条件，结合云计算、移动互联等技术应用，以及深层次、高效率地获取、存储和分析海量数据，学校可以更好地开展教学管理，为教师与学生提供智能化和个性化体验。

（2）推进智能终端配置和维护是学校信息化生态建设的基础。部分学校建设有个人数字终端和公共空间智能服务终端，引入平板电脑、计算机、电子白板等智能终端，提供信息传递的物理载体和信息化教学的物理空间，方便师生获取教育信息资源和服务，同时制订终端维护计划，提供设备资源和管理入口，保障师生在校期间信息化生活的顺利开展。

（3）加强数字化空间和教学资源的配置，实现物理空间和数字空间的衔接。一些学校探索建设 STEAM 教室、创客空间、3D 打印教室等数字化空间，配置丰富的智慧装备资源，提供开展创新教学活动的场所和设施，扩大学生的自主选择范围，培养学生的创新意识和能力。据统计，截至 2020 年 1 月底，国家教育资源公共服务平台已开通教师空间 1 340 万个，学生空间 633 万个，家长空间 592 万个，学校空间 41 万个。② 学校应该自主搭建信息化资源共享平台，增加学校间、区域间的资源交流，深化"资源班班通、学习空间人人通"理念，促进优质教育资源共创、共建和共享。

在教育信息化 2.0 环境下，教育装备作为基本的办学条件，担负着支撑和引领教育现代化的重要责任，是实现学校治理现代化的基础保障，是培养创新型人才和实现教育公平的重要手段。应借助于交互软件和网络管理平台等信息化装备的协作③，注重政校关系的调整，完善各参与主体监督渠道及民主管理形式，实现教育信息共享，实现多主体利益诉求即时表达和教育成效即时反馈，聚焦人本服务，关注多方需求，统筹技术创新，与外部环境建立互通联结，实施精准化、扁平化和人性化的教育治理。④

① 教育部科学技术司 . 2019 年 6 月教育信息化和网络安全工作月报 [EB/OL].[2020–02–20]. http：//www.moe.gov.cn/s78/A16/s5886/s6381/201908/t20190812_394220.html.
② 教育部科学技术司 . 2020 年 1 月教育信息化和网络安全工作月报 [EB/OL].[2020–02–26]. http：//www.moe.gov.cn/s78/A16/s5886/s6381/202002/t20200226_424395.html.
③ 汪莉 . 多元主体参与视角下公立中小学治理结构之重塑 [J]. 基础教育，2012（4）：61–65.
④ 孙立会，刘思远，李芒 . 面向 2035 的中国教育信息化发展图景：基于《中国教育现代化 2035》的描绘 [J]. 中国电化教育，2019（8）：1–8.

二、从教育管理向教育治理的理念转变

学校层面的深化改革，一定是以理念为先导，以技术为工具，其中蕴含着深刻的思想、观念和思维模式的创新。这也显示着教育治理下沉到学校层面，并引发从思想观念、管理方法到组织结构、制度机制等各个方面的深刻变革。

（一）学校治理的自治、法治与共治起点

首先，应该坚持"放管服"改革，落实中小学办学自主权。公共教育的主要场所是学校，教书、育人是学校的核心内容。传统的大一统教育管理让学校成了"局外人"，教师的非教学工作负担过重。因此，推进教育治理是夯实学校自主办学的基础，有助于营造校长安心办学、教师静心教书的氛围。

其次，学校教育必须有法治思维，以深入推进依法治校和依法治教。要办好人民满意的教育，就要顺应人民群众日益增长的对美好教育的多样化需求。在教育外部，各种技术及教育服务公司提供着由技术引领的个性化教育服务，它们对学校教育产生着双面性的影响。在教育内部，应试导向、题海战术、有偿家教、体罚学生、校园霸凌等现象时有发生。随着学习型社会的不断成熟，家校共育、家校合作、学校社区的联合等深入推进，家长从家庭、社区走进学校，他们既是教育服务的购买者，也是学校教育的监督者、参与者。这些均对学校的治理提出了新的挑战。面对内外双重挤压的境况，学校应该具有法治思维，做到依法办学、依法治教、依法治校、依法维护教师权益、依法保护学生权益，这是教育治理、学校治理的逻辑起点。与此同时，建立学校章程，这是学校"有法可依"的制度保障。除了国家的法律法规及地区性的相关规章制度外，学校应该有自己的章程，让学校各项工作有章可循，从而减少治理过程中的随意性。学校章程是学校治理的总纲，是学校法治的标志。

最后，要坚持学校教育治理的主体多元化。面对当下教育的多元结构和

众多需要，谁来治理、谁能治理成为教育治理的"痛点"。学校教育要由"管理"走向"治理"，教育者必须力求多元共治。管理是从上而下、一元单向的，而治理的突出特点是行为主体的多元化、利益主体的多元化。因而，在教育治理中必须体现多元共治。当前，我国教育管理中存在着两个突出问题：一是社会参与不够，即教师、学生、家长对于学校管理的民主参与不够；二是学生中心、学生主体的意识不突出。要解决这些问题，多元参与的教育治理必不可少。

（二）学校教育治理的多主体参与

一是让最适合的人做校长。无论给好校长定下多少要求和标准，"适合"都应该是最重要的标准，其次是效果。无论是评价价值和评价内容的设定，还是评价程序和评价方式的设计，都需要坚持自上而下、自下而上相结合；要淡化评价人与被评价人的"边界"，让人人都尽可能成为评价人和被评价人；通过多层、多次、多人、多维度的考核，实现客观、全面的评价；不以考试成绩为学校的唯一追求，要以老百姓的满意度为重要标准[①]。

二是让教师参与民主治理，使专业成长成为教师的内在需求。教师是学校的主人，是学校发展的中坚力量，必须充分发挥教师在学校治理中的作用，倾听他们的意见，感知他们的心声，解决他们的困难，维护他们的尊严。

三是让学生参与民主治理。在教育教学中，要有学生视野和学生立场，让学生在参与治理学校中强化公民意识、责任担当。既要在国家课程校本化实施、校本课程特色化开发过程中充分听取学生的合理化建议，扩大学生对研究性课程和校本课程的评价、设置、选择的自主权，又要在教师评价中引入学生参与，进一步增强学校教学治理的生机与活力。

四是充分利用好政府、社会团体、技术及服务企业、家长资源，充分建构"政府促动、家校互动、师生联动、社会带动"的动力机制，最大限度地激发学校作为教育"细胞"的活力，形成自我约束、自我规范的内部管理体制和监督制约机制，实现办学主体从"外控"走向"自治"，进一步提高学校

---

① 邹晓平.教育治理需要多方主体参与[N].中国教师报，2019–12–11（14）.

的治理能力与水平。具有中国特色的现代化教育必然是人民广泛参与的教育，要全力营造良好的教育生态，为教育治理赋能增效，实现以人为核心的教育现代化。

三、从教育经验到教育大数据的方式变革

（一）学校层面教育大数据的产生和特点

　　教育大数据属于大数据的一种，主要聚焦于教育应用领域，是在各种教育活动中产生的一切数据的集合。学校层面的教育大数据属于中微观层面的教育大数据，特指在学校生态中、在教育教学活动过程中产生的教学、学习和管理等内部数据及校外交流数据的总和。教育大数据从应用形态上可以分为统计报表类、调查类的静态数据和以行为数据和管理数据为主的动态数据。[①] 从采集来源来说，教育大数据主要是校园里各类教学终端采集到的海量数据，包括教师、学生等个体的基础信息数据，课堂教学、班级教育活动等相关的过程性行为数据，教务、财务、科研等项目管理数据，餐饮、住宿等校园日常生活数据，以及与校外机构联合管理的数据等。

　　与单一、静态的传统教育数据不同，学校层面的教育大数据规模更大、周期性更强、构成更多样并具有更大的开发价值。学校层面的教育大数据是整个教育教学过程中自然状态下静态和动态的所有数据，它连续地记录学生学习和教师教学的整个过程，数据的体量巨大。数据的构成也更为复杂多样，包含文本等结构性数据和音视频等非结构性数据，所以处理分析这些数据的方法不同于传统的统计分析法，需要采用更智能的手段和技术，挖掘出数据背后的关联，发现数据的价值。由于教育活动具有周期性，从数据流动的角度来看，数据的采集、处理和分析根据教育活动展开，数据也具有很强的周期性。数据具有很大的开发价值，这是因为采集到的是所有教学对象的全景数据，是对于真实发生的教学现象的完整记录。以真实、连续、综合的教育

---

① 　王学男 . 从大数据中提升学校教育的获得感 [J]. 教学与管理，2018（36）：31–34.

大数据作为支撑，通过技术手段精细分析数据背后的教学规律，可以更好地开展教育服务。

（二）学校治理中应用教育大数据的模式

2002 年美国国家教育统计中心基于学生学习行为、学业成就等数据资源创建了学生学习分析系统，通过对海量数据的挖掘，为新政策提供数据依据①，驱动教学优化与管理②。2015 年我国发布的《促进大数据发展行动纲要》指出"数据已成为国家基础性战略资源"，提出启动十大数据工程，在"公共服务大数据工程"部分明确提出建设教育文化大数据。北京、广东、浙江等省份启动了大数据战略。在具体的学校业务中，教育大数据主要聚焦于学校治理的四大应用场景：（1）科学化决策，改变传统的自上而下的单一决策局面，转变为利益相关群体深度协同的科学决策。（2）精细化管理，打造精细化、智能化学校管理体系。（3）创新化科研，从传统的随机抽样论证因果关系走向在全景数据样本中寻找相关关系，深度挖掘教育教学规律。（4）个性化教学和学习，结合非结构化、动态化的海量教育大数据进行学生的人物画像，智能化评估学生的学习过程，根据学生的学习倾向和兴趣爱好等因材施教。

（三）教育大数据助力学校治理

学校教育系统无时无刻不在产生海量的数据，这是学校决策、管理、科研、教学和学习过程的全景、系统的展现，反映了教育系统多元要素间的数据关联。教育大数据在学校精准决策、调控效率、创新教学等方面有显著优势，能够助力学校治理能力和治理水平现代化。

1. 精准决策

传统的学校决策往往是根据抽样或者试点掌握的有限样本资源，决策者通过固有经验或趋势推断制定决策，但在决策落地实施的过程中，可能出现与预想背道而驰的状况。基于教育大数据的学校治理，通过互联网和智能终

---

① The education sciences reform act of 2002[EB/OL].[2019-02-19]. https：//www2.ed.gov/policy/rschstat/leg/PL107-279.pdf.

② 滕珺，朱晓玲．大数据在美国基础教育中的运用 [J].人民教育，2014（1）：74-76.

端设备全景收集教育大数据，利用信息化手段即时、准确地进行数据挖掘，形成海量数据库，借助大数据技术分析、决策，增强学校治理决策、调控、执行的活力，从而使学校治理精准决策成为可能。[①]

2. 调控效率

传统的学校治理中，由于惯性依赖旧制[②]，多元主体往往囿于固有的部门划分和层级组织，出现冗杂的隶属关系和交叉管理，缺乏有效的协作，导致教育治理主体间的协调性差等问题。[③]学校治理过程是动态的过程，提高学校治理的现代化水平需要调动教育治理多元主体的参与积极性，使学校信息公开透明，促进多元主体间的良性互动。利用大数据和数据挖掘算法，打破传统的层级制度，从而妥善解决教育变革过程中产生的问题。在提升学校治理执行力过程中，合理高效的监督和调控必不可少，基于教育大数据的综合调控推动多元主体决策执行的透明化、高效化，促使学校从单一的教育管理向动态、科学的教育治理转型。

3. 创新教学

教育大数据推动学校治理突出区域特色，实现创新发展。传统的教学数据通常是依据成绩生成的结果数据，而教育大数据解决了局部数据的片面性问题，数据不再是孤立、分散的点状结构，而是具有高度关联性的数据网。对教育数据的有效聚合和科学分析，可以保障学校治理的科学实施。学校治理现代化的最终目的是为各利益相关主体提供教育服务。以教育大数据为基础的学校治理通过对数据的深度挖掘，可以发现治理过程中存在的问题和漏洞，减少学校治理的模糊性和不确定性，从而因地制宜优化学校治理模式。同时可以依据数据背后的价值，采用微观教学分析，发现教学规律，创新教师教学模式和学生学习方式，为师生提供精准服务，促进教育事业创新发展。

---

① 王永颜. 大数据与教育治理现代化 [J]. 教育研究与实验，2017（2）：41–43；任友群. 教育治理的信息化之路 [J]. 中国教育网络，2015（1）：14.

② 曾巍. 教育信息化促进教育治理水平提升 [J]. 教育研究，2017（3）：117–120.

③ 任友群，郑旭东，吴旻瑜. 深度推进信息技术与教育的融合创新：《教育信息化"十三五"规划》（2016）解读 [J]. 现代远程教育研究，2016（5）：3–9.

四、从单一评价走向多元评价的探索改革

教育评价是教育治理的反馈环节，是教育治理成效的试金石。由于传统的评价是教师、考试机构等对学生进行的自上而下的定性评价，所有学生面对的是单一的评价内容和指标，学生在成长过程中的数据很容易被结果性数据掩盖，因此会出现"唯成绩论"的现象。在教育信息化 2.0 环境下，人才培养的目标是具备综合判断能力和创新能力的个性化人才，构建多主体参与、多维度评价、多技术手段支持的现代化评价体系，将成为学校教育评价的总体发展方向。

（一）评价主体从单一走向多元

学校治理现代化是政府宏观管理、学校自主办学和社会广泛参与的"管办评"分离的共治体系。[①]教育评价现代化是在大数据、人工智能等技术驱动下，发挥学校的主观能动性，形成政府、学校和社会等多元主体监管的评价机制。为保证评价的独立性和有效性，要借助人工智能、大数据等技术推动学校治理信息化，使政府可以实时动态监测学校治理效果，确保在政策落地实施的过程中，及时提出科学的评价意见和改进方案。同时，在学校评估中引入社会成员的参与，尝试与第三方教育评估机构合作，对学校治理质量进行相对中立、专业的评估，保证评价的质量和效果。对学校的智能评价除了需要政府、社会等外部评估主体的参与外，还应包括教师、学生和家长等学校内部评估主体。为确保所有利益相关者都成为共治主体，深度参与评价，可以在评价过程中引入数据挖掘等新技术，对治理主体、评价对象等多个方面信息进行动态监控，客观分析全景化数据，并通过智能化和可视化的输出技术进行呈现与交互。

（二）评价维度从单样本分析走向多维数据深度分析

随着教育信息化的发展、物联网等技术在校园的普及，教育数据系统可

---

① 史振平. 以价值管理统领教育治理 [J]. 人民教育，2017（12）：55–56.

以获取更多维、更全面的数据。基于大数据的教育评价则充分利用技术手段，采集、整合学生学习过程数据与学习结果数据，融合专家评价、教师评价、学生自评、同伴互评等多种评价数据，从而可以对学生进行多维、全面、深入而可靠的评价。[①]

　　通过大数据技术联结、挖掘教育过程中累积的过程性数据，形成教育评价情境下数据间的关联网，可以满足不同教育参与者的需求。教师是校园建设与使用的中坚力量，以人工智能技术为主的新兴信息技术与教育教学的深度融合使教师角色有了新的内涵，教师的工作从相对繁重的知识传授转向更具创造性的德育与能力培养等方面。教师可以利用人工智能技术，智能化分析学生学习过程，掌握学生学习走势，分析教学方法和教学手段的有效性，从而及时调整教学进度。对于学生自身来说，结合移动终端记录下来的多维数据，可以详细了解自己的知识点掌握情况，发现自己的学习盲区。同时学生可以及时查看教师、同学等的评价，从旁观者的角度发现自己的优缺点，对自我学习行为、态度和价值观等进行内省，更好地了解自己的学习风格和行为倾向，及时调整自我的学习策略。对于家长来说，可以了解学生的学习状态，发现学生真实的学习情况，更好地开展家庭教育。

（三）评价手段从人工走向智能

　　以大数据、云计算等为代表的新一代互联网技术快速渗透到教育领域，尤其是人工智能、物联网与教育的融合，正在重塑着教育秩序和教育生态。海量的教育数据在日趋开放智慧的教育系统上爆发式增长，这些源于国家、区域、学校、课程和个体层面的教育大数据汇聚成立体化数据网络。[②] 随着人工智能技术的更迭，它可以越来越精确且快速地从海量数据中挖掘出关联性强的信息，控制数据冗余与缺失引起的不确定性，驾驭数据高速增长与交叉互联[③]，利用学习分析和数据挖掘技术进行多元回归分析、聚类分析等，洞见

---

① 　U.S. Department of Education. Expanding evidence approaches for learning in a digital world[R]. 2013.
② 　杨现民，王榴卉，唐斯斯 . 教育大数据的应用模式与政策建议 [J]. 电化教育研究，2015（9）：54-61.
③ 　徐宗本，冯芷艳，郭迅华，等 . 大数据驱动的管理与决策前沿课题 [J]. 管理世界，2014（11）：158-163.

教育大数据本体共生的表征价值、交互产生的关联价值以及多方协同创生的决策价值①。以底层智能教育装备为支撑，最大限度地实现应用层数据的科学化、合理化使用，可以促进学校治理中多元主体间的协作创新，促进教育评价的多维、智能化发展，实现学校治理的精准决策。

人工智能新技术在带给学校教育巨大便利的同时也面临一些挑战：现阶段的教育领域技术标准和规范尚未形成，造成应用路径单一，服务体系仍需完善。同时，新技术应用主体是大量的未成年学生，对其隐私及安全也尚未形成良好的保护机制，如何在权责明确的机制下保障使用群体隐私安全、更好地服务教育，是所有人需要思考的问题。新技术应用处于初期，问题的解决尚需要多方协同。要完善体制机制建设，不断辐射联结，激发学校与社会主体等力量的有效整合，形成政府、学校和社会合力共治下的教育体系。

第4节 技术及服务产业的治理创新与探索

云计算、人工智能、大数据、虚拟现实等新兴技术的出现，为教育领域带来了诸多便利，推动教育服务行业逐步智能化，由传统教育进入全新的智能教育阶段，并逐渐向智慧化教育迈进。总体上，我国教育信息化工作已从初期的"起步"阶段进入"应用"阶段。然而，在技术应用到教育及与教育融合的过程中，随之而来的挑战也不可忽视，如隐私泄露、数据鸿沟、数据失信、算法歧视、决策禁锢等问题威胁着人类的隐私权益和主体性。大数据时代的数据激增和蔓延给企业和相关服务提供者创造了机遇，却也在无形之中对使用者造成了一定影响。前沿技术在教育应用中的伦理边界模糊，一些企业过度追求商业利益做出有违教育规律和本质的不合适行为。目前缺乏针对企业的统一伦理规范，同时由于企业的差异导致规范的可操作性差，等等，

---

① 刘桐，沈书生.从表征到决策：教育大数据的价值透视 [J].电化教育研究，2018（6）：54–60.

这些问题一直困扰和制约着行业规范的形成。企业作为教育多元化治理体系中的一大主体，其自治的整体效果不理想，使得通过制定行业伦理标准规范其行为成为紧迫需求。①

一、前沿技术在教育中应用的伦理边界

智能时代的伦理议题包括人与智能机器的主体性、技术价值与人的价值观之间的关系、隐私保护、数据鸿沟、数据失信、算法歧视等。当然，随着技术的发展，伦理议题也在不断演进。下面主要从人工智能、大数据、虚拟现实、云计算四个方面阐述相关伦理边界问题。

（一）人工智能技术在教育中应用的伦理问题

人工智能技术在为教育领域带来便利的同时，也衍生出了复杂的伦理、法律和安全问题。人机对话过程中，智能聊天机器人有可能出现不当言论，对学生的身心造成伤害。智能设备被学生滥用在考试、报告和论文撰写中，将引发作弊等学术不端行为。此外，人工智能教学机器的身份与权力边界认定问题尚未解决。人工智能教学机器的出现，使得传统的教师和学生的二元关系变成了教师、机器和学生的三元关系。②随着教学机器的功能越来越强大，它是否会取代教师角色？如何处理三者的关系？人脸识别技术被应用到课堂中，用于对学生的课堂表现进行监控，如采集表情、语言、动作等课堂行为，甚至将这些数据进行分析以达到揣测学生心理活动的地步，从而监控学生的专注度和投入动机等。这些均是对学生隐私的侵犯，潜移默化中也模糊了学生的道德界限。人工智能技术应用的教育大数据来自现实教育生活，不可避免地带有教育发展过程中固有的属性与特征。如果输入的数据本身带有偏差，

---

① 侯浩翔，钟婉娟 . 人工智能视阈下教育治理的技术功用与困境突破 [J]. 电化教育研究，2019（4）：37–43.

② 教育＋科技的伦理与边界：科技技术的双面性 [EB/OL]. [2020–08–30]. http：//www.sohu.com/a/279727329_361784.

那么以教育大数据为基础的算法输出的结果很可能带有歧视。[①] 经过多轮训练和迭代后，输出的结果有可能偏离正常轨道，固化甚至是加剧已有的"数字鸿沟"。面对由"算法黑箱"而导致的教育不公和教学偏差等一系列问题，又该向谁问责呢？

人工智能在教育中应用的初衷是提高学习绩效，前提是平等、公平和公正合理地使用。然而，在不同文化、制度、价值取向等诸多因素交织的社会情境中，人工智能技术存有违背教育规律和教育伦理的可能，从而成为过度教育、强迫教育或填鸭式教育的手段，沦为不良教育的"帮凶"。[②] 这些技术引发的道德伦理问题要求进一步明确应用的边界。

（二）大数据在教育中应用的隐私边界模糊

在信息爆炸时代，大数据正逐步深入人心，快速融入各行各业，我国教育领域的发展与改革正面临着前所未有的挑战。大数据与教育的结合已是时代发展的必然要求。云计算、物联网的持续发展进一步加快了大数据与教育融合的进程，学生在线学习的行为轨迹被永久记录下来，并且随着时间推移，留下越来越多的数据足迹。教育大数据的内容复杂，既包括教学活动数据，又包含教育管理数据，还涉及校园生活乃至社会生活中产生的其他数据，而数据的所有权问题尚存争议。不可否认，教育大数据在为学习和教育的变革带来优质化反馈、个性化定制和精准化预测等积极效应的同时，也存在着隐私泄露、信息不安全、数据不公平、过往数据束缚个体发展等伦理缺陷。

教育用户的性别、年龄、民族、政治倾向、宗教信仰、受教育程度、健康状态、纳税情况、家庭住址、邮政编码等数据构成了识别个人信息的基础性数据，它们一旦被机器学习算法用于不正当途径，可能会产生带有歧视性的结果。[③] 已有研究发现，建立在数据基础之上的算法系统也会犯错、带有偏

---

① 杨现民，唐斯斯，李冀红. 发展教育大数据：内涵、价值和挑战 [J]. 现代远程教育研究，2016（1）：50–61.
② 肖凤翔，张双志. 算法教育治理：技术逻辑、风险挑战与公共政策 [J]. 中国电化教育，2020（1）：76–84.
③ 同②.

见，而且比以往出现的数字歧视更加隐蔽。① 大多数教育用户的隐私意识薄弱，对于数据挖掘等分析技术的认知不足，在提供和授权个人信息方面缺乏经验，导致让渡一些隐私信息，这些使得智能数据系统能够在"静默"中全方位收集学习者数据，在市场趋利模式的支配下侵犯用户隐私，进一步给教育用户造成精神压迫和财产损失。②2017 年 5 月，澳大利亚墨尔本的布莱克本高中（Black-burn High School）学生的电话号码、家庭住址、信用卡信息以及医疗信息等个人信息被发布在公共网站上，引起了社会的恐慌。③ 学生在成长过程中，其知识储备、技能水平、认知结构及情感价值观等都处在不断变化中，仅用历史保留的学生数据对其进行预测，甚至是做出与升学等相关的判断，是不理智的，于学生而言也是不公平的，限制了学生未来发展的可能性，对其自尊心和人格尊严都会造成不可逆转的伤害。网络平台往往以限制用户转移通用数据格式或结构的方式，达到占有用户信息资源的目的，这种信息垄断行为严重削弱了学生对个人隐私及自身数据的控制权。④

（三）虚拟现实技术在教育中应用的伦理边界

虚拟现实技术拓展了人类的感知能力，使用者可以借助 VR 眼镜、头盔式显示器等工具在模拟环境中与虚拟物体和人物进行实时交互，获得沉浸体验感与互动参与感。虚拟现实技术具备的交互性、沉浸性和想象性等特点很好地迎合了现代教育的需求，使其成为新的强大的教育技术。目前虚拟现实在教育中的应用场景主要是虚拟课堂和虚拟实验：课堂上通过情景创设可以使师生投入可感知的逼真的学习环境，如历史课上可以再现过去无法还原的场景，一些危险系数高的化学实验、物理实验或现实中无法真实开展的实验均可以借助虚拟现实技术来实现。然而，目前研究结果表明，虚拟现实技术在教育上的应用效果并不稳定，仍然存在许多有待解决的问题，同时也面临着一些伦理问题。

---

① 杜静，黄荣怀，李政璇，等. 智能教育时代下人工智能伦理的内涵与建构原则 [J]. 电化教育研究，2019（7）：21–29.
② 侯浩翔. 人工智能时代学生数据隐私保护的动因与策略 [J]. 现代教育技术，2019（6）：12–18.
③ 李青，李莹莹. 大数据时代学习者隐私保护问题及策略 [J]. 中国远程教育，2018（1）：29–36.
④ 同③.

赵沁平院士认为在教育中应用虚拟现实技术首先应该考虑其对受众的心理影响和可能的负面作用。例如，对幼儿来说，在他们需要接触现实世界、与同伴交流互动的发育阶段，采用虚拟现实教育环境和手段是否会产生负面作用？另外，虚拟环境中的沉浸感是否会加重"宅害"，对青少年的社交和心理造成伤害，进而产生严重的社会问题？① 再者，虚拟现实教育可能表现出内容与形式的致瘾性，虚实边界模糊导致道德失范，虚拟现实教育活动忽视人的主体性，等等，这些不可避免地会涉及技术层面和人类主体性层面的伦理问题。此外，当前虚拟现实教学产品设计与开发尚未成熟，虚拟与现实之间的边界会导致学习者产生认知偏差，这些都是未来应深入探讨的话题。无论是教育管理者、产品设计者还是教师，都应该在确保数据真实准确、遵守伦理的前提下采取适当的教学方式，使学习者获得更好的学习体验。

（四）云计算安全风险的挑战

自公共云出现以来，企业一直担心潜在的安全风险。根据 2018 年云状况调查报告，77% 的人表示云安全是一项挑战，29% 的人称之为重大挑战。安全性是云计算的首要挑战，尤其对于初学者来说，云一旦被外部人员访问，将面临数据丢失和泄露、违反数据隐私和机密性等伦理风险。随着初学者不断学习和进步，慢慢发展为中级或高级用户，这时支出成本的挑战又拦在面前。继安全性、成本等挑战后，又有新的挑战。调查显示，68% 的人认为合规性是云计算的首要挑战。云计算领域的复杂性和不成熟的技术，使得云服务在性能、可用性和可靠性方面并不总能达到企业的期望。然而，与日俱增的数据离不开云平台，未来企业数据上云是趋势，但历史数据迁移和新旧数据整合的难度使得很多企业望而却步。无论是内部部署、公共基础设施建设还是混合形式的云计算基础设施建设，均面临着企业业务可能暴露在公共互联网中的风险。因此，在技术能力未达到一定水平时，不能盲目将企业数据云化，应最大限度地保护企业用户数据。

---

① 沈阳，逯行，曾海军. 虚拟现实：教育技术发展的新篇章：访中国工程院院士赵沁平教授 [J]. 电化教育研究，2020（1）：5-9.

教育是以培养人为根本目的的社会活动。大数据时代，任何小的失误都可能对学生的身心造成不可逆转的伤害。因此，在前沿技术应用到教育领域的过程中，首先应该考虑对学生的影响，在追求便利性的同时要避免因盲目追求技术而带来的不良后果，毕竟技术终究是为教育活动提供服务的辅助工具，不可本末倒置。

二、企业伦理与企业文化的创新

很多企业和机构已经意识到技术伦理对产品存活的重要性，都在着手制定相关的政策，并在规避伦理问题方面做了相关探索。中国科学技术大学管理学院教授张增田认为，企业伦理实际上就是企业内部所形成的基于自律的行为规范和责任共识，与之相对的是企业法律，因此企业伦理更多是企业文化驱使下的内部自省和自治。企业能否持续地发展，取决于企业的核心竞争力，当前企业竞争正在向企业形象、企业文化和企业伦理等精神因素上转变。

企业规避伦理风险、保护用户权益、发扬优良的企业文化，同时保护企业自身的利益成为明智之举。由于程序员缺乏伦理的专业知识，无法做出准确判断和关键伦理选择，因此企业纷纷成立具备多元背景的伦理委员会。大型人工智能企业内部一般设立人工智能伦理研究部门。例如谷歌、Lucid. AI、微软等多家大型科技公司已经设立了伦理审查委员会，传授人工智能"是非观"。无论是在教育行业还是在其他行业，企业都在遵守道德伦理的道路上不断进步。

（一）猿辅导以科技推进教育发展

2020 年 1 月，猿辅导正式对外宣布全球累计用户数量突破 4 亿人。4 亿量级的用户让猿辅导拥有大量教、学、练、测、评各个环节的数据，算法的核心就是数据，从"猿题库"到"小猿搜题"工具再到"猿辅导"在线课程，猿辅导在形成商业闭环的同时，也构建了数据的闭环和仓库。据猿辅导技术负责人介绍，"猿题库"的数据实现了非常高质量的结构化。猿辅导通过大数据分析，结合学生的易错题、教学重难点为学生量身定制课程内容，数据越丰富多样，算法推荐越精准。伦理和设计往往息息相关，人工智能开发必须警惕社会和文化偏见，确保研究出具有普适性的算法，消除算法歧视的可能空间。①算法具有普适性的前提是数据足够丰富多样，猿辅导的数据闭环恰好满足了这一要求，使其可以在算法伦理上避免出现问题。

（二）教育企业为抗击疫情助力

2020年年初，新冠肺炎疫情蔓延，很多教育科技企业为抗击疫情做出贡献。轻轻家教免费开放在线授课平台，免费开放在线授课工具，并无偿提供运营服务支持，在全国58个驻点城市提供免费的使用指导。2020年1月，作业帮制订"春季加油站计划"，推出春季校内同步直播课，完全免费。VIPKID捐赠150万份在线课程，为学校免费开放直播平台。钉钉推出在线教学组织管理与实施服务解决方案，将"在线课堂"功能免费开放给全国大中小学使用，并覆盖广大农村地区的学校，存储空间容量不限，免费提供直播、群聊、视频会议、教学圈子等功能，保障教学顺利开展。北京移动"和校园"免费开放"1000+"课时，涵盖了中小学语数外等学科的名师直播专题课等。

2020年5月，工业和信息化部办公厅公示了《疫情防控和复工复产复课大数据产品和解决方案名单》。好未来集团基于大数据的"停课不停学"在线教育解决方案上榜。据介绍，好未来集团全力配合教育部门部署"停课不停学"工作，免费为全国中小学提供直播云服务，搭建课程直播系统和提供技术支持，为学校提供"创建虚拟学校、开设直播授课、师生在线互动、在线后台监课、数据统计"等教学功能。

---

① Vincent J. The problem with AI ethics: is big tech's embrace of AI ethics boards actually helping anyone? [EB/OL]. (2019-04-03) [2020-03-06]. https://www.theverge.com/2019/4/3/18293410/ai-artificial-intelligence-ethics-boards-charters-problem-big-tech.

三、行业规范与自律自治的路径

企业伦理和企业精神决定着一个企业的核心竞争力，如果产品和服务违背教育规律和伦理道德，注定会引发争论，最终使企业走向失败。很多企业和机构都在着手制定相关的人工智能伦理规范，但从效果来看，很多规范操之过急，大部分的人工智能伦理原则都是宣誓性的或者纸上谈兵，缺乏在企业相应制度框架下的思考，无法实际解决企业发展遇到的问题，或是缺乏前瞻性的考虑，无法排除企业将来发展中可能遇到的障碍。法律法规往往跟不上技术的发展速度，表现出严重的滞后性。为了保护用户的权益不被侵害，行业自律应发挥更大作用。

企业的伦理导向、责任承载对企业内的每一个人都发挥着十分重要的观念指引、责任规范的作用。虽然企业内的个体有其自主性，可以对伦理责任做出判断和选择，但由于身处企业之中而不得不受企业的管理和支配。因此，让企业担当起相应的技术伦理责任是不可或缺的。[①] 企业在市场和利润原则支配下，在追求经济效益的过程中很可能会忽视技术研发的伦理责任。相对于法律法规对于现实的反映的滞后性，伦理规范可以先行预设，反映出已变化或可能变化的社会关系。伦理规范的引导功能突出且重要，例如：对智能机器人预设道德准则，对人工智能产品进行伦理指引；规定人工智能技术研发及应用的道德标准，对科研人员进行伦理约束。[②]

企业对于技术及其风险的熟悉度是理论人员不能企及的，因此，企业可以联合成立伦理委员会，加强算法伦理、数据隐私保护的讨论和研究，并围绕数据收集、数据访问权限、数据处理和数据责任方、算法开发与应用，共同起草、形成具有约束力的伦理指导原则，制定具体的评价细则和实施路径。伦理委员会应明确人员构成、讨论议题、研讨方式与研讨周期等具体实施细则，切实保证研讨的有效性和规范性。伦理原则的形成与宣传有助于研究者

---

① 辛继湘. 现代教学技术的伦理责任 [J]. 课程·教材·教法，2015（7）：18-22.
② 陈伟光，袁静. 人工智能全球治理：基于治理主体、结构和机制的分析 [J]. 国际观察，2018（4）：23-37.

及开发者重视人工智能应用过程中的潜在风险，并共同探索相应的治理措施。企业内部也要有技术伦理责任主体负责技术把控和风险评估工作。

在复杂的市场环境中，想让企业的技术伦理责任主体在日常工作中更好地履行责任，除了制定伦理规范外，开展定期有效的教育培训也很重要。很多时候，技术伦理责任主体失责既有态度上的原因，也有能力方面的因素。技术伦理责任主体很可能没有意识到伦理失责对教育活动造成的严重后果，没有认识到技术伦理失衡对学生的成长可能造成的恶劣影响，此时就需要通过教育培训来提高其对伦理责任意义的认识。一些从事技术开发和设计的技术工作者，对教学活动规律和学生身心发展的特点缺少基本认知，因此在工作过程中容易忽视这些关键问题。通过培训技术伦理责任主体，将理念反馈给技术人员，增强其伦理责任意识，有助于其做出正确的技术判断。

伦理评估机制应贯穿产品线始终。产品或服务从诞生到走进市场，一般要经历需求分析、设计、开发、应用和推广几个环节。每个环节都应该严格把关，进行效果预测和伦理评估。产品的初衷和最终目标是为用户服务。在需求分析阶段，深入用户群体进行调研，排除伪需求；在设计与开发阶段，要对原型设计与技术文档等进行伦理评测，采取谨慎的态度，对可能产生的负面影响做好伦理预判，将评估结果及时反馈给技术工作人员；在应用和推广阶段，一旦出现问题，要及时加以调整和修正，做好伦理审查修正工作。

良好的运行机制是一项工作得以高效开展的前提和保障。针对企业伦理问题，企业联盟要形成一个完善的问责机制，确定责任主体及问责办法，来保障学生和家长作为消费者的选择权。尤其应避免用户因不同意条款而无法使用软件，被架空选择权的行为。用户应该有合理的选择权，而不是处在每天在网络上"裸奔"的恐惧中。

针对数据隐私保护，我国可以积极借鉴国外的网络隐私认证制度，由市场主体设计网络隐私保护的自律机制，借助于网络审查者颁发的标识，显示相关从业者保护学生隐私的资质。经过隐私认证的教育互联网企业，必须遵守学生在线信息收集准则，在外部监督管理下开展营业活动。教育互联网企业在风险防范思维的引导下进行数据收集与产品设计，明确从技术研发到教育产品应用，再到教育数据采集及分析处理进程中的科学伦理、社会道义。

　　综上所述，建议企业联合建立行业标准规范，引导企业在数据治理、算法治理中自觉遵守相关规范，通过教育培训提高技术伦理责任主体对于教学规律和教学本质的认识，在设计、开发、应用过程中认真执行伦理规范，并建立风险评估机制，以保证产品和服务符合伦理。另外，设立问责机制，形成行业发展的自律机制以保障学生和家长的合法权益，促进人、社会、自然和智能机器的和谐共处。伦理研究在本质上是一个不断完善的道德实践过程，企业自律自治的路径也会根据实践不断完善。教育治理道阻且长，企业作为治理主体中的一员，应在积极自治的前提下，实现技术伦理的创新和发展，共同为教育事业精准化、科学化地赋能，造福社会。

四、新冠肺炎疫情加剧科技鸿沟与资本聚集

　　新冠肺炎疫情对我国经济、全球经济冲击巨大，特别是中小企业面临着生死存亡的挑战。疫情发生前，全球经济增速已经放缓，中国的经济结构面临重要转型，疫情的暴发和防控又使得中国企业在经济下行的压力下，面临着资本格局的重构和多重挑战。

　　疫情暴发以后，产业行业出现明显的集中化、寡头化、智能化和线上化趋势。在不少国家，低收入群体因缺少电脑和手机等必要的联网设备，面临更加严重的由科技鸿沟造成的教育资源不平等问题。据联合国教科文组织统计，2020 年 7 月中旬，约 160 个国家的学校关闭，影响了 15 亿名学生。其中，至少三分之一的学生（4.63 亿人）无法在家接受教育。美国《连线》杂志报道，互联网接入和设备获取的不平等现象在美国长期存在，对于非裔、西班牙裔、美洲原住民等低收入家庭而言，在疫情期间，教育科技鸿沟进一步加深。皮尤研究中心的一项研究发现，在 2020 年春季封锁期间，美国有 36% 的低收入家庭儿童因无法使用电脑而使在家学习受阻，而中等收入和高收入家庭的这一比例分别为 14% 和 4%。加利福尼亚州小镇布莱斯有近 70% 的学生来自低收入家庭，2018 年当地仍有 30% 的家庭无移动网络覆盖。新学年开课前，许多学生报告家中没有网络，其他人则与兄弟姐妹和在家工作的父母

共享一台电脑。在春季，洛杉矶、圣迭戈等较大学区为成千上万名学生提供电脑、网络等资源，但有些学区仅能做到每两周分发一次纸质"学习包"。英国国家教育研究基金会 2020 年 7 月的一项调查指出，在英格兰 2200 所中小学中，贫富学生间的学习差距至少扩大了 46%，多达 28% 的学生无法在家中使用电脑或家中缺少无线网络。

在国际层面上，发达国家与发展中国家间的教育差距也进一步扩大。世界经济论坛 2020 年 7 月公布的报告显示，在高收入国家有近九成家庭安装了宽带通信设备，而中等收入和低收入国家的这一比例分别为七成和不到一成，排名靠后的大部分为非洲国家。联合国警告，全球正面临"教育紧急状态"。与此同时，在疫情期间获利数十亿美元的科技巨头，却没有负起缩小科技鸿沟的责任。有学者表示，"它们有道义、有责任去缩小人们的数字鸿沟，但是它们没有采取任何行动。……（美国）国会必须要求它们做出投资，让人们有网络可用，这是民众应该享有的基本权利"。亚马逊发布的 2020 年第二季度营收报告显示，尽管疫情肆虐，但亚马逊的净收入仍高达 52 亿美元，是 2019 年同期收入的两倍，营业额也比 2019 年同期增长 40%，从 634 亿美元大涨至 889 亿美元。苹果公司 2020 年第二季度的营业额则为 583 亿美元，净利润为 112 亿美元。① 疫情防控对于隔离的要求，加剧了资本聚集和科技鸿沟。

而我国在疫情期间，"停课不停学"的规模之大、范围之广、程度之深，前所未有，成为世界教育史上的首次探索，也是全球范围内的重要实验。参加在线课程学习的学生多达近 12 亿人次，在线教学成为延迟开学期间开展教学、维系家校联系必不可少的措施。随着教室线下教学转向家庭线上教学，物理接入、信息素养等方面存在的教育科技鸿沟引发各方关注，亟待采取有力措施弥合填补。而这种基于现实的需求，为教育、科技企业的资本重构和发展提供了机会。

根据中国互联网络信息中心统计，截至 2019 年 6 月，我国非网民规模为 5.41 亿人，其中农村地区非网民占 62.8%。受缺少上网设备、网络未覆盖、

---

① "科技鸿沟"加剧科企疫情期间获暴利 [EB/OL].（2020-09-02）[2020-09-19]. http://www.takun-pao.com/news/232111/2020/0902/493307.html.

网络带宽、流量费用等因素制约，部分农村偏远地区学生仍处于"脱网"或"半脱网"状态，无法正常开展在线学习尤其是视频学习。一些孩子爬房顶、登山顶、蹲菜地、搭帐篷，追着信号看视频的新闻引发社会广泛关注。城乡差异、贫富差距等带来的科技鸿沟令教育不平等问题愈发突出。每一个受影响的学生是否有机会接受疫情期间的"正常"教育，反映着社会公众对教育公平的认知和判断。[①]

此外，我国教师信息素养也存在明显的区域差异、城乡差异、代际差异和个体差异。作为"网络移民"一代的教师所采用的教育教学模式，与作为"网络原住民"一代的学生群体的习惯和乐于接受的知识获取与互动交流方式之间也存在显著差异。这给在线教育的开展带来了挑战。

可喜的是，疫情期间所显露出的数字鸿沟，已得到各个方面的积极应对。特别是在推进国家治理体系与治理能力现代化的目标指引下，政府、企业、学校加强了纵向联动与横向协作，乡村发挥"神经末梢"的社会治理作用，教师也在激发自身学习信息技术的内在动力。

针对物理接入鸿沟，教育部和工信部等部门、学校与运营商迅速开展精准帮扶：启用"直播卫星＋教育"模式，通过直播卫星播发空中课堂学习资源；通过赠送爱心补助流量、借调资助上网终端、安排上网专用场地等形式，满足基本上网条件；持续加大宽带网络和基站建设力度，落实贫困家庭带宽提速和手机流量费减免政策。

针对信息素养鸿沟，教育部提供在线教学能力培训资源包；各地学校组织开展在线教学培训；企业强化信息化支撑，保证服务不"掉线"；教师群体积极开展自学互学，如 66 岁的北京大学阎步克教授、90 岁的北京航空航天大学陈光教授、95 岁的清华大学张礼教授都在疫情期间开设了直播课程，他们用实际行动表明，年龄并不是学习信息技术的障碍。

疫情期间的在线教学是一场突如其来的考验，也是一场无法充分准备的压力测试。弥合教育数字鸿沟绝非一时之功，更不可能毕其功于一"疫"。期待疫情过后，诸多"应急之举"成为"常态之策"，教育数字鸿沟化为数字机

---

① 　唐亮 . 转危为机 弥合教育数字鸿沟 [N]. 人民日报（海外版），2020-04-02（9）.

遇，信息技术与教育教学融合创新加快发展，教育信息化以更坚实基础、更强劲动力支撑引领中国的教育现代化。

第 5 节　教育善治的价值目标与实践样例

教育治理沿袭着公共治理的内涵。一般从"多元共治"的视角来理解和践行教育治理，也有人通过法治、善治、自治、元治理等视角进行教育治理分析，还有人依据"以共治求善治"的分析框架来阐述教育治理的目标。

一、教育善治的要素条件

教育治理的要素是存在着内在的逻辑关系的。善治是治理的直接目标，善治就是良好的治理，是政府和社会的一种新型关系，其目标就是使社会公共利益最大化。因此，要实现教育善治，首先要从政府、社会、学校三个方面考虑，以法治为保障和基础，通过多元共治、元治、自治，最终实现教育善治目标。

第一，参与主体的多元共治是基本前提。当前，我国教育管理中存在的突出问题是政府行政管理越位、错位、缺位现象严重，学校办学自主权不够，学校内部治理结构不完善，社会参与不够，教师、学生、家长对于学校管理的民主参与不够，等等。要解决这些问题，多元参与的教育治理具有不可替代的作用。应增加教育治理的参与主体，激发社会力量参与，充分协调教师、家长和学生的意愿与需求，有效利用前沿科学技术，营造公开透明、开放和谐的教育生态。

第二，保障办学自主权是学校"自治"的基本条件。教育治理的关键是增进学校自治，增强学校活力，保障学校的办学自主权，走出"一管就死、一放就乱"的怪圈。在管理方式上，政府对学校的管理过于直接和精细，这样便压抑了学校的办学活力，滋长了学校对政府的过度依赖。当前，简政放权的重点是政府向学校放权。政府部门要树立服务意识，改进管理方式，完善管理制度，减少和规范对学校的行政审批事项，依法保障学校充分行使办学自主权，让学校摆脱对政府的依附，逐步形成"自主管理、自主发展、自我约束、社会监督"的机制，强化学校办学的专业性，更好地满足学生的教育需求，促进学生的发展。

第三，政府"元治"是治理逻辑的主导。"元治"是"元治理"（meta-governance）的简称。在教育治理中，只有共治是不够的。在参与共治的诸多主体中，必须有一个主体承担起主导作用，引领治理走向善治。这个主体就是政府。政府应该在多方治理中发挥主导作用，承担元治的角色。政府在教育治理中的主导作用和元治角色表现在以下几个方面：（1）协调和梳理多元主体的利益分歧，维护公共利益，保证教育领域公共利益的最大化。（2）确定教育发展的方向、目标、标准，解决多元主体的目标分化问题，制定公共政策和制度，为多方主体参与治理提供共同的行动目标和行为准则。（3）进行宏观规划、统筹和调控，解决教育改革分散化、治理活动碎片化和不可持续等问题。①

第四，法治是推进教育治理现代化的制度保障。法治是现代治理体系的本质特征和重要标志。国家教育行政机关必须依法治教，实现教育工作的法治化，主要是指：国家教育行政机关必须依据宪法和法律行使权力，依法推进教育的改革和发展，实现宪法和法律所设定的教育发展和改革目标；要坚持依法行政，行政决策和管理措施都要于法有据，摒弃和改变以往那种人治的思维定式，以法治思维和法治方式推进教育的改革与发展，实现教育治理体系和治理能力的现代化。比如，人口流动带来教育格局变化，留守儿童教育权利亟待保障，高考制度改革等牵涉社会不同群体的利益，要解决这些问题，平衡各方利益，就必须更好地发挥法治在教育改革中的引导和规范作用。

---

① 褚宏启. 走向教育善治 [J]. 人民教育，2015（1）：31.

二、教育善治的价值体现

党的十八届四中全会通过的《中共中央关于全面推进依法治国若干重大问题的决定》提出了这样一个重要的命题："良法是善治之前提。"党的十九大报告再次重申："推进科学立法、民主立法、依法立法，以良法促进发展、保障善治。"

2006 年，世界银行发布治理的评价指标，把善治的要素设定为以下几个方面：话语权与问责制、政治稳定、政府效能、规制质量、法治、廉洁。德国学者阿伦斯（Joachim Ahrens）于 2011 年在其著作《21 世纪之善治》中特别强调有效治理的四个维度，即问责制、可预见性、参与度、透明度。美国学者希尔（Paul T. Hill）2013 年在《为公共教育构建一个不同的治理结构》一文中，基于对美国教育管理所存问题的分析和批评，提出良好的公共教育治理体系应该符合五项标准：参与的代表性、地方教育行政部门以及学校的自主权、公平、效率、绩效。

善治（good governance）作为现代治理理论的核心概念，已经在西方国家流行多年，其本质就是良好的现代国家治理，是国家和社会两者关系的最佳状态，旨在通过政府和民间组织、公私部门之间的合作管理和伙伴关系来促进公共利益的最大化。教育领域公共利益的最大化就是"提供优质、公平的教育公共服务"。借鉴上述研究成果并结合教育治理的特殊性，特别是针对我国教育管理和治理中的现实问题，褚宏启教授提出教育善治的特征或要素包括参与度、回应性、透明度、自由度、秩序、效率、法治、问责、公平、效能。

善治是"好治理"的特征，但它不是"好教育"的特征。教育善治的特征与好教育的特征，不是一个逻辑层面的问题。教育善治针对的是管理活动，而好教育针对的是教育活动。从逻辑上讲，好治理（教育善治）是实现好教育的前提条件和必要条件。先有好治理，后有好教育；先有好治理的特征，后有好教育的特征。①

教育治理应在新的社会制度和技术辅助的条件下，更加凸显人的主体性，更加关注学生的主体价值，这也是教育治理和教育现代化的重要目标。多元社会主体参与教育治理，不仅指向社会放权、更大程度地开放教育，还涉及另外三个层面：一是落实公众在教育决策中的参与权，促进决策的科学化和民主化，特别是关注学生作为教育政策、教育改革与教育实践的对象的发展规律与需求。二是落实公众对于教育的监督和评价权，形成独立于政府的有效的教育监督和评价，改变政府"自说自话"的状态。关注学生家长、教师等不同群体的真实声音，需要更大程度的教育信息公开，需要包括听证会、专业化咨询、第三方评价、对政府的质询和行政问责等一系列新的制度的建立与完善。三是充分利用现有的信息技术环境与设备，将技术优势转化为制度优势，通过制度赋能治理。将 5G、大数据、云计算、区块链、AR/VR 等技术，应用于制度建设、评价管理、教学改革等各个层面（见图 11.5）。

图 11.5　教育善治的逻辑

三、综合治理的浙江样例

2020 年新冠肺炎疫情防控是对我国治理体系和治理能力的一次大考，浙江省借助网络与科技，形成了政府主导、企业主动、学校自主、第三方支持的多元主体参与、联动共治新局面，成为疫情防控中教育治理的创新典型。

① 褚宏启，贾继娥. 教育治理与教育善治 [J]. 中国教育学刊，2014（12）：6-10.

（1）浙江省教育厅新型冠状病毒感染的肺炎疫情防控工作领导小组办公室及时出台《关于防控疫情延迟开学期间在全省中小学全面实施线上教育教学工作的指导意见》和《关于做好2020年春季学期开学工作的通知》等政策，回应社会关切的各级各类学校和幼儿园疫情防控期间的学费、复学等问题，要求做好线上教学和开学复课工作，不得跨学年或学期预收学费（保教费），未开学或未开课（含网课）的不得收取学费（保教费）。学校按照实际发生原则收取住宿费，每学年按照10个月（每学期5个月）计算，多余部分一律退还学生；学校不得借疫情防控名义擅自增设收费项目、扩大收费范围、提高收费标准，不得违规乱收费。对各种违规乱收费行为，要坚决查处，严肃追究当事人责任；针对因疫情导致的教学模式调整和后勤供餐变化等对学生家庭经济状况、学习生活成本等方面的影响，要求用好校内资助专项经费，统筹各类学生奖助资金，及时发放相关资助经费，确保家庭经济困难学生正常学习和生活①。

（2）浙江省教育厅主导统筹，多渠道整合社会资源，激发在线教育潜力，充分发挥企业社会责任，联动多方资源优化治理效能。浙江电信IPTV推出"之江汇教育广场"、"杭州市共享课堂"、"浙江省各市共享课堂"、学而思网校等在线课堂，用户可以根据自己的需求来配套选择，让孩子们从更加多元的学习渠道中得到更加丰富、有趣味的知识，满足学生停课不停学的需要。② 学校线上教学以录播课为主，采取"录播＋线上答疑"的形式，有条件的学校采用"直播＋线上答疑"的形式，以保障正常的教学秩序。此外，浙江省教育厅网站还公布了中职学校的在线教育教学平台信息。③

（3）浙江"硬核"协同抗"疫"，科技先行，肩负疫情期间攻坚重任。五色疫情图、复工率五色图、健康码、智控指数……，这些战"疫"武器背后汇聚了5G、大数据、云计算、人工智能等各类"硬核"科技的力量。阿里巴

---

① 疫情防控期间，学校如何收费？浙江省教育厅等部门通知来了！[EB/OL].（2020–05–02）[2020–05–07]. https://www.thepaper.cn/newsDetail_forward_7243095.

② 停课不停学，中国电信浙江公司IPTV推出多个在线课堂，让家长更安心 [EB/OL].（2020–02–10）[2020–05–07]. https://www.sohu.com/a/371822972_100282948.

③ 浙江省疫情防控数据综合分析报告 [R/OL].（2020–02–13）[2020–05–07]. http://www.360doc.com/content/20/0213/21/39716884_891813037.shtml.

巴旗下阿里云向全球免费开放新冠肺炎人工智能诊断技术、病毒基因计算技术，海康威视、大华等企业夜以继日攻关，推出人体热成像测温等多款设备，协助湖北、浙江、福建、江西等多地医院、火车站等人流密集场所进行体温筛检，24 小时"站岗"在防疫一线。浙江省疾控中心、浙江大学医学院附属第一医院、杭州医学院等与企业合作，并行开展疫苗研发，取得良好进展。

疫情防控应急响应启动后，浙江开展了"大数据＋网格化"的精准"智控"：一头连着决策点，一头接着防控一线，流动的数据联通了社会治理的中枢与末梢。

中国工程院院士王坚和他的团队于 2016 年启动了数字治理工具创新——为城市装上"大脑"。在杭州"城市大脑"运营指挥中心，数据中枢思考处理的问题已从最初的交通治堵，发展到城市治理、疫情防控。疫情防控期间，浙江省政府部门平均每月调用、共享数据近 2 亿次。在抗击新冠肺炎疫情的这场阻击战中，浙江以科技为利器，与时间赛跑，在做好疫情防控基础上协调推进经济社会发展，展现了社会治理底色与成色。

（4）智库积极投入科学研究，在疫情期间提供决策服务。浙江省标准化智库发挥标准化技术服务优势，支撑新冠肺炎疫情防控工作，建设国家"新冠肺炎防护防疫标准公共服务平台"，集成标准获取、标准解读、产品检测、条码办理"一站式"服务功能。[①]

（5）高校主动应对，保证健康有序复学。2020 年 4 月底，浙江工商大学、宁波诺丁汉大学、温州医科大学、浙江万里学院等浙江省内多所高校，均已安排首批学生返回大学校园。沉寂好久的校园，逐渐恢复了往日的生机。在学生陆续返回大学读书期间，浙江省高校推出多项保障措施：专车火车站接送、抵校检测（"双码双测"）、安心健康用餐。[②]

---

① 浙江省标准化智库发挥标准化技术服务优势支撑新型冠状病毒感染肺炎疫情防控工作 [EB/OL].（2020–03–22）[2020–05–07]. http：//www.zjskw.gov.cn/zkjs/17056.jhtml.
② 浙江省内多所高校安排首批学生返校 久违了，校园！[EB/OL].（2020–04–27）[2020–05–07].http：//zj.people.com.cn/GB/n2/2020/0427/c186806-33978840.html.

财政支持与教育发展 *

　　本专题主要介绍、讨论公共财政如何助力、推进教育发展。教育财政制度及政策作为公共财政体系的一部分，既涉及中央和地方政府对教育事权和支出责任的划分，也涉及政府和市场、社会的资源在教育发展中如何相互配合、补充、支持。公共财政是否以及如何应对新的教育服务提供者、提供形式等方面的教育业态创新？教育财政制度是否兼容了教育领域的技术变革？在经济发展新常态下，如何确保公共财政持续、稳定地支持教育的发展？本专题通过梳理近年来财政支持教育发展的政策，结合数据统计和案例分析，系统地回顾并评价公共财政对教育发展的促进作用以及面临的问题。展望未来，在继续保证政府对教育的大力投入的前提下，要努力通过财税制度激励家庭、社会等主体对教育的支持，以此适应新时代经济社会发展的形势。与此同时，加快治理型教育财政改革，这既是转变政府职能的重要内容，也是实现教育治理体系和治理能力现代化的重要途径。

---

* 本专题主要内容发表在《教育经济评论》2021 年第 3 期，此处略有修改和补充。

第1节 财政支持教育发展的制度与实践

一、教育公共财政制度的确立及其影响

（一）从经济建设型财政到公共财政

财政是资源配置的手段，完善公共财政制度是促进基本公共服务均等化的重要途径。2003年《中共中央关于完善社会主义市场经济体制若干问题的决定》要求"健全公共财政体制，明确各级政府的财政支出责任"。近十几年来，我国公共财政制度不断优化，逐渐实现了从经济建设型财政向公共财政的转变，公共财政体制改革已经呈现出了显著的成效。

其一，从总量来看，公共服务支出随财政总支出增加而不断上涨。如表12.1所示，2007—2018年，各级财政的三项基本公共服务（教育、社会保障和就业、医疗卫生）支出从14559.44亿元增长至74805.11亿元。其二，从财政支出的结构来看，公共服务支出在财政总支出中的比重逐步增大。2007—2018年，财政总支出增长了344%，而三项基本公共服务财政支出增幅高于财政总支出，达到了414%，三项基本公共服务支出占财政总支出的比例也从29.25%上升至33.86%。其三，公共财政制度建设稳步推进。财政转移支付制度不断完善，中央、地方公共服务财政事权与支出责任划分逐步明晰。

表 12.1　三项基本公共服务支出的变化

年份	财政总支出（亿元）	三项基本公共服务财政支出（亿元）	教育支出（亿元）	社会保障和就业支出（亿元）	医疗卫生支出（亿元）	三项基本公共服务支出占财政总支出的比例（%）
2007	49781.35	14559.44	7122.32	5447.16	1989.96	29.25
2008	62592.66	18571.54	9010.21	6804.29	2757.04	29.67
2009	76299.93	22038.41	10437.54	7606.68	3994.19	28.88

续表

年份	财政总支出（亿元）	三项基本公共服务财政支出（亿元）	教育支出（亿元）	社会保障和就业支出（亿元）	医疗卫生支出（亿元）	三项基本公共服务支出占财政总支出的比例（%）
2010	89874.16	26484.82	12550.02	9130.62	4804.18	29.47
2011	109247.79	34036.24	16497.33	11109.40	6429.51	31.16
2012	125952.97	41072.73	21242.10	12585.52	7245.11	32.61
2013	140212.10	44772.20	22001.76	14490.54	8279.90	31.93
2014	151785.56	49187.37	23041.71	15968.85	10176.81	32.41
2015	175877.77	57243.75	26271.88	19018.69	11953.18	32.55
2016	187755.21	62823.00	28072.78	21591.45	13158.77	33.46
2017	203085.49	69215.49	30153.18	24611.68	14450.63	34.08
2018	220904.13	74805.11	32169.47	27012.09	15623.55	33.86

资料来源：2008—2019 年《中国财政年鉴》。

（二）教育公共财政制度保障了教育投入，促进了教育公平

随着公共财政制度的建设，2004 年发布的《2003—2007 年教育振兴行动计划》正式提出要建立与公共财政体制相适应的教育财政制度。教育公共财政制度加强了各级政府在教育财政中的责任，保障了教育投入，促进了教育均衡发展。

首先，教育投入总量明显提升，且在国家财政投入中的比重逐步提升。2012 年我国实现了国家财政性教育经费支出占全国国内生产总值（GDP）比例达到 4% 的目标。2005—2017 年，全国教育经费总投入增长了 4.06 倍，国家财政性教育经费增长了 5.63 倍。与此同时，财政性教育经费占教育经费总额的比重整体呈上升趋势，2017 年该比例为 80.37%。财政性教育经费占全国 GDP 的比例在 2017 年则达到了 4.14%（见表 12.2）。

表 12.2　2005—2017 年财政性教育经费

年份	全国教育经费总投入（亿元）	国家财政性教育经费（亿元）	全国 GDP（亿元）	财政性教育经费占全国 GDP 比例（%）	财政性教育经费占教育经费总额比例（%）
2005	8419	5161	183085	2.82	61.30
2006	9815	6348	210871	3.01	64.68
2007	12148	8280	249503	3.32	68.16
2008	14501	10450	300670	3.48	72.06
2009	16503	12231	340507	3.59	74.12
2010	19562	14670	401202	3.66	74.99
2011	23869	18587	472882	3.93	77.87
2012	27696	22236	518942	4.28	80.29
2013	30365	24488	568845	4.30	80.65
2014	32806	26421	635910	4.10	80.53
2015	36129	29221	685506	4.26	80.88
2016	38888	31396	744127	4.22	80.73
2017	42562	34208	827122	4.14	80.37

资料来源：2006—2018 年《中国教育经费统计年鉴》。根据王蓉、田志磊的文章[1]整理。

　　其次，教育公共财政制度有力地促进了教育均衡发展。学前教育是兼具公平和效率的"预分配"干预手段，2010 年国家提出要提供"广覆盖、保基本"的学前教育公共服务，2000—2013 年学前教育财政性生均经费基尼系数从接近 0.45 下降至大约 0.35，学前教育财政性生均经费的省际差距缩小。[2]2005 年发布的《国务院关于深化农村义务教育经费保障机制改革的通知》将农村义务教育全面纳入公共财政，自此之后，农村各级义务教育的生均公

---

① 王蓉，田志磊. 迎接教育财政 3.0 时代 [J]. 教育经济评论，2018（1）：26–46.
② 宋映泉. 我国学前教育事业发展主要矛盾与公共财政投入改革方向 [J]. 教育经济评论，2019（3）：19–48.

用经费增长速度明显高于城镇①，义务教育投入的城乡差距以及城乡差距占总体差距的比重均呈现先扩大后缩小的趋势②。为应对中职教育经费筹措来源单一、办学质量差、省际及城乡中职教育发展不均衡问题，2008 年我国提出要重点加快发展农村中等职业教育并逐步实行免费。党的十八大以来，以国家助学贷款为主，学杂费减免、奖助学金等为辅的贯穿各个学段的学生资助体系逐渐形成③，体现了公共财政"保基本、促公平"的理念。

二、中央与地方政府间教育财政事权与支出责任划分

财政事权是"一级政府应承担的运用财政资金提供基本公共服务的任务和职责"，支出责任是"政府履行财政事权的支出义务和保障"。④ 各级政府之间财政事权与支出责任相适应，有利于促进政府公共服务成本收益均衡，优化公共资源配置，是公共财政制度的重要内容。

2013 年，党的十八届三中全会提出要"建立事权和支出责任相适应的制度"，从"财力与事权匹配"转变为"事权与支出责任适应"。2019 年，中央又提出中央与地方的财政关系要"权责清晰、财力协调、区域均衡"⑤。同年，《教育领域中央与地方财政事权和支出责任划分改革方案》从义务教育、学生资助、其他教育三个方面对教育财政事权和支出责任划分做了最新规定。

以义务教育为例，我国实行的是国务院领导下，省级统筹，以县为主的义务教育管理体制。义务教育在我国被划分为中央与地方的共同教育事权，

---

① 周镭，杜育红. 成效与问题："农村义务教育经费保障新机制"十年考 [J]. 中小学管理，2015（7）：31–35.
② 宗晓华，陈静漪. 集权改革、城镇化与义务教育投入的城乡差距：基于刘易斯二元经济结构模型的分析 [J]. 清华大学教育研究，2016（4）：61–70.
③ 范先佐. 我国学生资助制度的回顾与反思 [J]. 华中师范大学学报（人文社会科学版），2010（6）：123–132.
④ 国务院关于推进中央与地方财政事权和支出责任划分改革的指导意见 [EB/OL]. [2020–06–10]. http：//www.gov.cn/gongbao/content/2016/content_5109314.htm.
⑤ 中共中央关于坚持和完善中国特色社会主义制度 推进国家治理体系和治理能力现代化若干重大问题的决定 [EB/OL]. [2020–06–10]. http：//www.gov.cn/zhengce/2019–11/05/content_5449023.htm.

各级政府分级承担义务教育事权，以县为主承担主要教育支出责任，省级政府向省内贫困地区进行财政转移支付，中央政府依据"分项目、按比例"的城乡义务教育保障机制对中西部以及东部贫困地区进行财政转移支付①。

第2节　公共财政与学校教育发展

本节梳理近年来公共财政在推进各级各类学校教育发展目标实现过程中的支持作用，试图涵盖各学段教育经费投入中财政投入的占比变化趋势，以及中央和地方政府的政策及关键举措。

一、公共财政推进学前教育公益普惠发展

（一）投入保障情况

长期以来，学前教育都是公共财政支持较为薄弱的学段。近年来，学前教育总经费投入大幅增加，财政性教育经费总量加速增长，长期投入不足的问题逐渐得到缓解。2005—2017 年，学前教育国家财政性经费从 65.7 亿元增长到 1563.6 亿元，增幅为 2280%；学前教育公共财政预算经费从 62.1 亿元增长到 1546.1 亿元，增幅为 2390%。尤其是 2010 年以来，我国学前教育发展越来越受到重视。2011 年"学前教育三年行动计划"正式实施，学前教育普及率（入园率）大幅提高。2020 年我国学前三年在园幼儿规模达到 4818 万人，为当今世界规模最大的学前教育。

虽然学前教育是我国教育发展最快的一部分，但它也是当前的短板之

---

① 李振宇，王骏 . 中央与地方教育财政事权与支出责任的划分研究 [J]. 清华大学教育研究，2017
（5）：35–43.

一。从财政性经费占比看，2005—2017 年，国家财政性教育经费占学前教育经费总投入的比重从 62.86% 下降至 48.02%，公共财政预算教育经费占比从 59.38% 下降至 47.48%（见图 12.1）。2016—2017 年，学前教育国家财政性教育经费增长 17.90%；2017 年学前教育总投入超过 3200 亿元，但财政保障不足 50%。

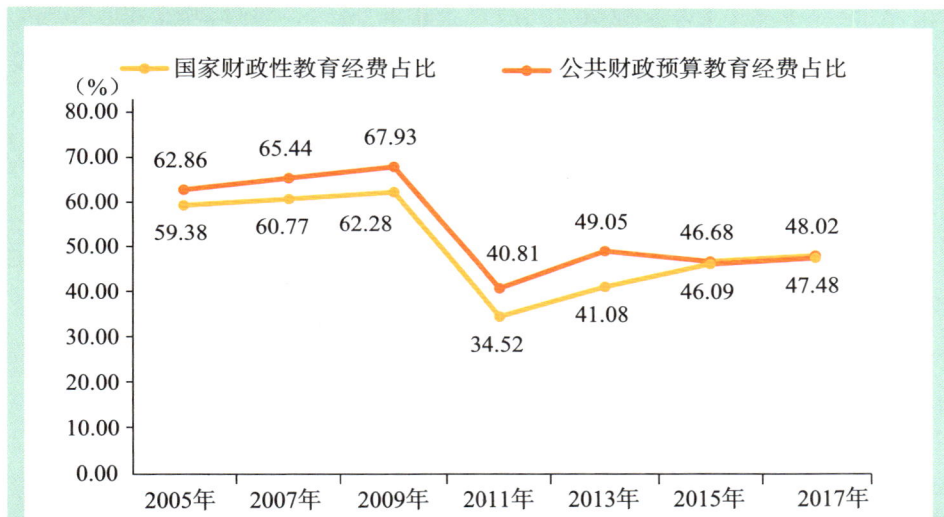

图 12.1　学前教育国家财政性教育经费占比和公共财政预算教育经费占比变化情况
资料来源：2006—2018 年《中国教育经费统计年鉴》。

（二）学前教育财政支持政策

1. 中央政府出台的政策

我国学前教育财政投入政策以 2010 年为分水岭。2010 年以前，财政支持学前教育发展的重要性和紧迫性在政策层面未有较好体现。2010 年，国务院印发《关于当前发展学前教育的若干意见》（以下简称"国十条"），将大力发展学前教育作为推动教育事业科学发展的重要任务，明确要求各地以县为单位编制实施"学前教育三年行动计划"，切实解决"入园难、入园贵"问题。学前教育财政投入政策及配套办法相继出台，学前教育财政投入力度不断加大，财政投入方式逐步多元化。

2011 年，财政部、教育部印发《关于加大财政投入支持学前教育发展的通知》，明确提出财政支持学前教育发展依循"政府主导，社会参与；地方为主，中央奖补；因地制宜，突出重点；立足长远，创新机制"的原则。中央财政设立专项资金，重点支持"校舍改建类""综合奖补类""幼师培训类""幼儿资助类"项目。2015年起，中央财政设立学前教育发展资金，用于奖补支持地方多渠道扩大普惠性学前教育资源、健全幼儿资助制度。2016年，财政部、教育部印发《支持学前教育发展资金管理办法》，对自2015年起实施的学前教育发展资金制度做出两点探索性突破：一是动态调整支持学前教育发展资金适用范围；二是明确规定按因素法分配资金规模。

2.地方政府出台的政策

（1）各地政府积极探索对学前教育的支持政策

近年来，各地政府坚持学前教育公益普惠健康发展导向，逐步完善民生事业保障机制，不断增加学前教育财政投入，提升地方学前教育质量。以下根据不同政策对象（学校、幼儿、教师、投入机制），归类整理了部分地方政府的相关政策（见表12.3），并对其中的典型案例进行介绍。

表12.3 公共财政支持学前教育发展政策整理

财政资助对象	主要政策内容	案例
学校	加大新建公办幼儿园奖补力度，推进幼儿园新建、改扩建项目	广西
	推出"园区+建设"，积极盘活闲置资产，充分利用中小学布局调整后的富余校舍，安排新建、改扩建公办幼儿园，加大幼儿园建设资金投入	浙江乐清
	加快推进项目实施，实施幼儿园政府债券建设项目，大力新建、扩建、维修幼儿园	四川中江
幼儿	扩大保教费减免范围，将减免保教费补贴政策覆盖面扩大到全市所有适龄幼儿	内蒙古包头
	落实教育扶贫政策，对贫困家庭在园幼儿免收保育费、代管费，并按每生每月150元标准补助伙食费，保障适龄幼儿公平接受学前教育的权利	浙江舟山
	建立幼儿园学生用车（船）专项经费补助制度并列入财政预算	湖南

续表

财政资助对象	主要政策内容	案例
教师	支持实施幼儿园教师和保育员能力提升计划，开展学前教育师资培训	天津
	明确省级学前教育发展专项资金主要用于对口帮扶薄弱幼儿园先进集体、对晋升一级一等示范幼儿园和省级幼儿园园长骨干教师培训基地进行奖补	云南昆明
	积极推进落实在职在编幼儿教师工资政策。聘用制教师工资收入不低于当地企业最低工资的 2 倍；按照政府购买服务范围的规定，逐步将公办园中保育员、安保、厨师等服务纳入政府购买服务范围，所需资金在财政预算中统筹安排	江苏仪征
	建立教师奖补机制，为确保非编合格教师队伍的稳定，对普惠性民办园的教师年最低工资达到规定要求的，市财政分别按每年每人 1 万—2.5 万元奖励，并对获得中高级职称教师每年每人再增加 0.3 万—0.6 万元奖励，近三年来已累计发放幼儿教师奖励资金 6700 多万元	浙江乐清
投入机制	建立学前教育生均经费拨款制度	广东中山、山西孝义
	建立学前教育综合奖补机制	山东
	建立学前教育财政"XY 轴"双维投入模式	浙江湖州
	建立公益普惠的学前教育财政投入保障机制	安徽宁国

资料来源：根据各地区相关政策文本整理而得。

（2）典型案例介绍

山东省调整完善学前教育资金管理模式，建立了学前教育省级综合奖补机制。一是增加资金规模。2020 年安排学前教育奖补资金 7 亿元，比上年增加 2.5 亿元，增长 56%。资金切块下达各市、省财政直管县，由各地统筹用于扩大普惠性学前教育资源、落实幼儿园生均公用经费政策等方面。二是完善分配因素。健全"因素法"资金分配体系，新增各地公用经费政策落实情况、市县学前教育投入、引导社会力量兴办学前教育等因素并纳入资金分配，进一步强化资金政策导向，放大财政资金激励功能和杠杆作用。三是放宽使用范围。该项资金使用范围由主要用于扩大学位资源，放宽至可由市县结合实际统筹使用，允许用于落实公用经费政策等方面，赋予市县更大自主权。

二、公共财政助力义务教育优质均衡发展

（一）投入保障情况

义务教育是教育工作的重中之重，是国家必须保障的公益性事业，是必须优先发展的基本公共事业，是脱贫攻坚的基础性事业。2005—2017 年，义务教育国家财政性教育经费从 2649.3 亿元增长到 17981.3 亿元，增幅为 579%；义务教育公共财政预算教育经费从 2425.5 亿元增长到 17890.2 亿元，增幅为 638%。2010 年以来，义务教育财政投入总规模不断扩大，生均投入不断提高，经费分配结构不断优化。[①]

从经费结构看，2005—2017 年，国家财政性教育经费占义务教育经费总投入比重从 79.59% 增长至 93.62%，公共财政预算教育经费占比从 72.87% 增长至 93.14%（见图 12.2）。2017 年，国家财政性教育经费投入达 3.42 万亿元，其中 53% 用于义务教育，充分体现了义务教育的重要地位。随着义务教育财政保障力度不断增强，各地义务教育资源差距逐渐缩小。

---

① 黄斌，汪栋. 中国义务教育财政投入的回顾与展望 [J]. 华中师范大学学报（人文社会科学版），2016（4）：154–161.

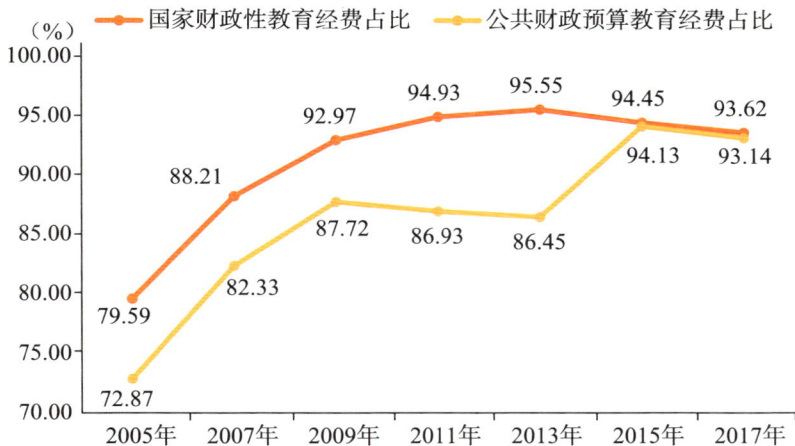

图 12.2 义务教育国家财政性教育经费占比和公共财政预算教育经费占比变化情况
资料来源：2006—2018 年《中国教育经费统计年鉴》。

（二）义务教育财政支持政策

1. 中央政府出台的政策

21 世纪以来，我国义务教育财政管理体制从原来"以乡镇为主"，逐步过渡到"在国务院领导下，由地方政府负责、分级管理、以县为主的体制"[①]，强化了政府对义务教育的投入责任。自 2005 年起，国家开始对农村义务教育阶段贫困家庭学生实行"两免一补"政策，并首先在国家扶贫开发工作重点县实施。在此基础上，建立中央和地方分项目、按比例分担的农村义务教育经费保障机制（以下简称"新机制"），并明确了 2006 年实施、2010 年完成的目标。自此，义务教育逐步被纳入公共财政的保障范围，城乡义务教育的财政管理体制和经费来源实现了统一。

2008 年，国务院常务会议决定在全面实施农村义务教育经费保障机制改革的基础上，免除城市义务教育阶段学生学杂费。[②]中央还根据各省份义务教

[①] 国务院关于基础教育改革与发展的决定 [EB/OL]. [2020-05-10]. http：//www.gov.cn/gongbao/content/2001/content_60920.htm.

[②] 国务院常务部署全面免除城市义务教育学杂费等 [EB/OL]. [2020-05-10]. http：//www.gov.cn/ldhd/2008-07/30/content_1059926.htm.

育阶段实际接收的进城务工人员随迁子女人数，给予公用经费和办学条件两方面的奖励，进城务工人员随迁子女义务教育被纳入公共教育体系。

但是在新型城镇化背景下，学生流动性加快，经费可携带性不强的问题仍然存在。2015 年，国务院印发《关于进一步完善城乡义务教育经费保障机制的通知》，要求进一步完善城乡义务教育经费保障机制，建立"城乡统一、重在农村的义务教育经费保障机制"。新政策推动了相关经费"随学生流动可携带"，标志着我国第一次建立起城乡统一的义务教育经费保障机制，是我国义务教育发展史上的重要里程碑。

2018 年，《中共中央国务院关于全面深化新时代教师队伍建设改革的意见》强调要全面提高中小学教师质量。中央财政支持地方扩大"特岗计划"招聘规模，实施"国培计划"和乡村教师生活补助政策，同时启动实施银龄讲学计划，招募退休教师到乡村和基层学校支教讲学，促进了义务教育均衡发展。

2. 地方政府出台的政策

（1）各地全面落实统一城乡义务教育保障机制

义务教育领域的地方政策重在全面落实统一城乡义务教育保障机制，全面完善义务教育经费投入和管理体制。尤其是在《国务院关于进一步完善城乡义务教育经费保障机制的通知》出台以来，全国 31 个省（区、市）全部出台了本地实施方案。从政策文本看，各地在统一义务教育城乡生均公用经费基准定额、建立城市校舍安全保障长效机制、财政性教育经费投入进一步向薄弱地区和农村地区倾斜上，具体做法略有不同（见表 12.4）。

表 12.4　各地全面落实统一城乡义务教育保障机制的具体做法

政策内容	实施办法	案例
统一义务教育城乡生均公用经费基准定额	执行基准定额，所需资金由各级财政按比例分担，省级财政分担比例依据各区县具体情况而定	福建、重庆、黑龙江、河南、江苏、浙江、安徽、内蒙古、湖北、广东、贵州、云南
	执行基准定额，所需资金由各级财政按比例分担，省级财政分担比例各区县相同	辽宁、河北、山西、青海

续表

政策内容	实施办法	案例
建立城市校舍安全保障长效机制	执行基准定额，所需资金由市、县承担，省级财政予以补助	北京
	各地市自行建立，所需经费由各地市承担	河北、山东、山西、江苏、安徽、海南、青海、宁夏
	各地市自行建立，所需经费由各地市承担，省级财政给予奖补	福建、辽宁、河南、江西、浙江、内蒙古、云南、新疆
	各地市自行建立，所需经费由省和市、县按比例分担	贵州
财政性教育经费投入进一步向薄弱地区和农村地区倾斜	将农村作为义务教育投入的重点，在巩固、完善农村校舍安全保障长效机制以及确定省以下经费分担比例上，重点向农村贫困地区倾斜	辽宁、上海、河北、江苏

资料来源：根据各地区相关政策文本整理而得。

（2）典型案例介绍

云南省为了促进教育公平，让乡村教师"下得去、留得住、教得好"，采取了全面保障措施。一是自 2014 年起实施乡镇工作岗位补贴政策（每人每月 500 元），符合条件的乡村教师都被纳入了政策实施范围。二是自 2015 年起实现集中连片特困地区乡村教师生活补助差别化政策全覆盖。由各州（市）根据乡村学校的艰苦、边远程度等因素，合理划分补助的档次及标准，重点向教学点、村小和条件艰苦地区倾斜。省级财政统筹安排中央农村义务教育保障机制改革综合奖补资金，对落实差别化政策较好的集中连片特困县予以综合奖补。三是规定"国培"和"省培"资金 80% 以上用于乡村教师，进一步加强农村中小学教师队伍建设。

三、公共财政促进普通高中教育全面普及

（一）投入保障情况

2015 年，党的十八届五中全会审议通过《中共中央关于制定国民经济和社会发展第十三个五年规划的建议》，提出"普及高中阶段教育"。2017 年，教育部等四部门印发《高中阶段教育普及攻坚计划（2017—2020 年）》，进一步提出"在确保义务教育优先发展的基础上推进普及高中阶段教育"。《中国教育现代化 2035》提出，到 2035 年全面普及高中阶段教育。

我国普通高中实行以财政投入为主、其他渠道筹措经费为辅的机制。近年来，国家对普通高中教育支持力度不断加大。2005—2017 年，普通高中国家财政性教育经费从 662.1 亿元增长到 3560.3 亿元，增幅为 438%；普通高中公共财政预算教育经费从 553.9 亿元增长到 3524.2 亿元，增幅为 536%。从经费结构看，2005—2017 年，国家财政性教育经费占普通高中经费总投入比重从 51.23% 增长至 82.46%，公共财政预算教育经费占比从 42.85% 增长至 81.62%（见图 12.3）。

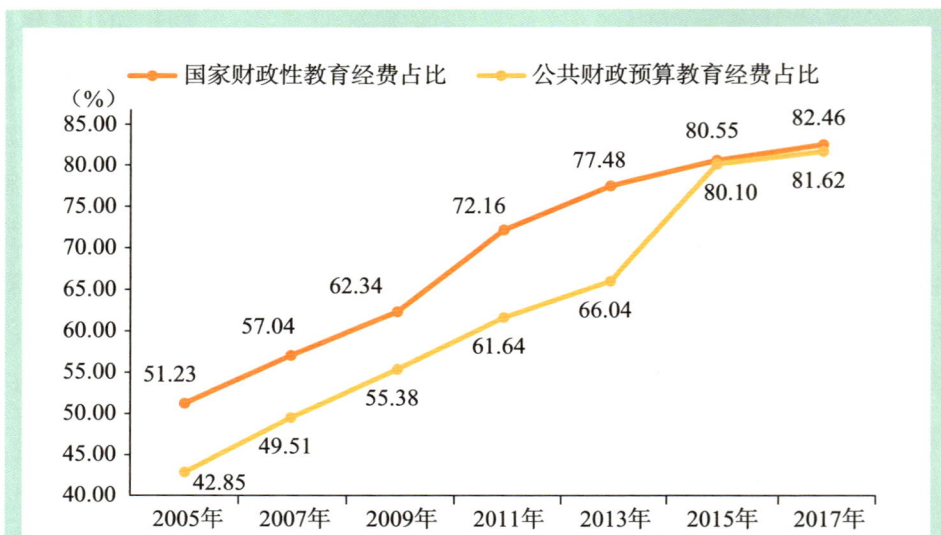

图 12.3　普通高中国家财政性教育经费占比和公共财政预算教育经费占比变化情况

资料来源：2006—2018 年《中国教育经费统计年鉴》。

（二）普通高中教育财政支持政策

1. 中央政府出台的政策

近年来，中央层面加强普通高中财政投入政策体系建设，主要聚焦学生资助和学校办学条件改善两个方面。

（1）建立经济困难学生资助政策体系

2010 年，财政部、教育部印发《关于建立普通高中家庭经济困难学生国家资助制度的意见》，提出要加快普及高中阶段教育，建立健全普通高中家庭经济困难学生资助政策体系。同年，《普通高中国家助学金管理暂行办法》明确规定，普通高中国家助学金资助面约占全国普通高中在校生总数的 20%，国家助学金由中央和地方政府共同出资设立。自此，普通高中家庭经济困难学生被正式纳入国家资助政策体系。2016 年，国家要求进一步免除公办普通高中建档立卡等家庭经济困难学生学杂费。2017 年，要求各地将家庭经济困难学生、残疾学生、进城务工人员随迁子女等特殊群体作为攻坚重点。

（2）支持改善普通高中办学条件，扩大普通高中资源

2011 年，国家启动实施"民族地区教育基础薄弱县普通高中建设项目"和"普通高中改造计划"两个重大工程，重点支持改善贫困地区普通高中学校基本办学条件。2015 年，中央财政设立专项资金，按照因素法分配到各省份，用于支持改善贫困地区普通高中基本办学条件。自 2019 年起，资金分配加大向深度贫困地区倾斜。2016 年，财政部、教育部印发《改善普通高中学校办学条件补助资金管理办法》，要求将资金主要用于支持学校校舍改扩建和附属设施建设。

2. 地方政府出台的政策

（1）各地政府积极探索对普通高中教育的支持政策

按照基础教育"以县为主"的管理体制，高中阶段教育财政投入主要由市县政府负责，省级财政在政策范围内对各市县给予补助。国家层面鼓励地方制定、落实和完善普通高中生均公用经费拨款标准，探索完善普通高中经费保障机制，但各地进度不一。表 12.5 梳理了各地政府支持普通高中教育发展的政策举措。

表 12.5　公共财政支持普通高中教育发展政策整理

支持类别	主要政策内容	案例
投入机制	制定公办普通高中生均公用经费拨款标准，并提出逐步提高标准	重庆、北京
	建立公办普通高中生均公用经费拨款按比例分担的奖惩机制	陕西、青海
	出台关于普通高中经费投入的制度，完善普通高中教育经费保障机制	湖北、河南
	安排专项资金，支持实施普通高中特色建设和质量提升工程	江苏
学校	化解公办普通高中债务，多渠道筹措化债资金，统筹安排财政资金用于偿债；对化债工作成效显著的市县，省财政将通过增加教育专项补助等方式予以支持	山西
	多措并举增加普通高中学校经费收入：（1）将地方教育附加收入专项用于发展普通高中教育；（2）综合考虑区域经济发展情况，确定并逐步上调普通高中学费标准	广东
	加大普通高中新建、改扩建资金及教育教学设备配备投入力度，合理测算消除普通高中"大班额"所需经费，纳入年度财政预算	广西宾阳
学生	公办普通高中学生免收学费，在民办普通高中就读的学生按照公办同类学校学费标准减免收费，将所需资金列入地方财政预算	陕西、河南济源、江西铜鼓
	对普通高中学生实施"两免一补"资助；落实普通高中学生资助政策，进一步完善家庭经济困难学生资助制度，普通高中残疾学生免学费、课本和作业本费，同时发放国家助学金	上海
教师	安排高三专任教师专项奖励性绩效，核增绩效工资总量	广西南宁
	加大教师教育财政经费投入力度，适时提高师范生生均拨款标准，实施"教师教育攀登计划（2019—2022年）"，探索开展六年一贯制硕士层次复合型高中教师培养试点，积极鼓励在职高中教师提高学历，加快提高高中教师具有硕士研究生及以上学历者的比例	浙江

资料来源：根据各地区相关政策文本整理而得。

（2）典型案例介绍

河南省针对已有普通高中教育经费保障机制不能很好地适应新形势、成本分担不合理、教师数量不足、办学条件不均衡、债务负担沉重等问题，2016 年出台文件，推动完善普通高中经费保障机制。按照"坚持分级管理，落实政府主体责任，坚持补齐短板，保障基本支出需求，坚持激励导向，建立绩效考评机制"的基本原则，着力在确定公办普通高中生均公用经费基准定额、保障公办普通高中学校教师工资、加快化解公办普通高中债务、动态调整普通高中收费标准、完善家庭经济困难学生资助政策、加大公办普通高中办学投入等六个方面综合施策，推动普通高中教育持续协调发展。

四、公共财政提升现代职业教育质量

（一）投入保障情况

2002 年《国务院关于大力推进职业教育改革与发展的决定》针对我国职业教育发展中投入不足的现实问题，提出要"多渠道筹集资金，增加职业教育经费投入"。近 20 年来，各级财政加大职业教育投入力度，为促进职业教育可持续发展提供了条件保障。

从财政投入变化趋势看，2005—2017 年，职业教育国家财政性教育经费从 399.6 亿元增长到 3261.2 亿元，增幅为 716%；职业教育公共财政预算教育经费从 354.5 亿元增长到 3197.0 亿元，增幅为 802%。从经费结构看，2005—2017 年，国家财政性教育经费占职业教育经费总投入的比重从 44.79% 增长到 76.92%，公共财政预算教育经费占比从 39.74% 增长到 75.40%，职业教育的财政保障程度明显提高（见图 12.4）。尤其是党的十八大以来，党和国家高度重视职业教育，将职业教育提升到前所未有的战略地位，职业教育财政性经费投入大幅增加，政策供给丰富，职业教育迎来发展黄金期。

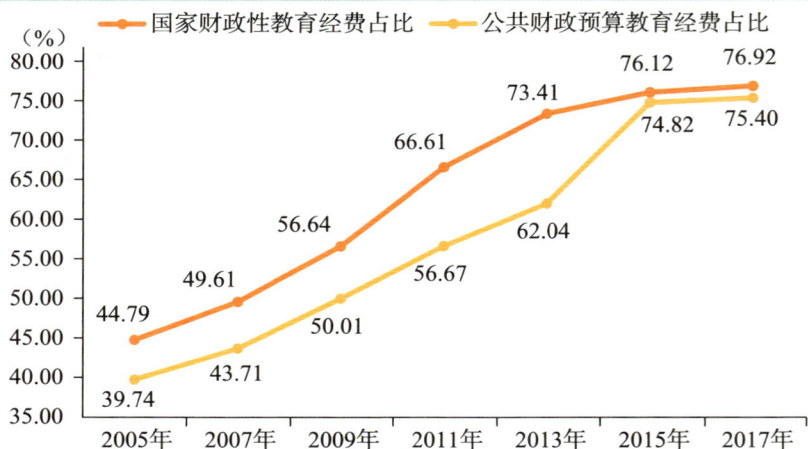

图 12.4　职业教育国家财政性教育经费占比和公共财政预算教育经费占比变化情况

资料来源：2006—2018 年《中国教育经费统计年鉴》。

（二）职业教育财政支持政策

1. 中央政府出台的政策

（1）支持重大项目建设

2004 年以来，中央财政通过一系列重大项目建设，带动职业教育财政投入[①]，这也是职业教育财政投入的重要特征之一。具体而言，一是设立职业教育实训基地建设专项资金。2004—2013 年支持 4556 个职业院校实训基地建设。二是强化职业学校内涵建设和办学模式改革。2006 年启动"国家示范性高等职业院校建设计划"，2010 年启动"国家中等职业教育改革发展示范学校建设计划"，2011—2012 年实施"支持高等职业学校提升专业服务能力"项目。三是支持职业学校教师队伍建设。2006 年启动实施"中等职业学校教师素质提高计划"，2011 年起实施"职业院校教师素质提高计划"。

（2）健全完善职业教育国家助学制度

在中职教育方面，中央财政于 2006 年设立"中等职业教育国家助学金"。

[①] 田志磊，赵晓塑，张东辉. 改革开放四十年职业教育财政回顾与展望 [J]. 教育经济评论，2018（6）：73–91.

2009 年起逐步实行中职学校来自农村家庭经济困难学生和涉农专业学生免学费政策。2012 年起，中职教育免学费政策覆盖范围进一步扩大到公办中职学校所有农村学生、城市涉农专业学生和非涉农专业家庭经济困难学生。2016 年起，具有中职学校全日制学历教育正式学籍的一、二年级在校涉农专业学生和非涉农专业家庭经济困难学生被纳入国家助学金覆盖范围。在高职教育方面，2007 年起符合条件的高职院校学生可获得国家奖学金、国家助学金、助学贷款贴息等资助。

（3）统筹中央财政奖补资金，启动实施"现代职业教育质量提升计划"

自 2015 年起，中央财政通过专项转移支付支持现代职业教育综合改革。例如，在职业院校示范引领方面，2019 年 4 月启动"中国特色高水平高职学校和专业建设计划"（以下简称"双高计划"），预计每年投入 20 多亿元，一个支持周期为五年。在师资队伍建设方面，2019 年教育部等四部门印发《深化新时代职业教育"双师型"教师队伍建设改革实施方案》，要求"将教师队伍建设作为中国特色高水平高职学校和专业建设计划投入的支持重点，现代职业教育质量提升计划进一步向教师队伍建设倾斜"。

2019 年《国家职业教育改革实施方案》发布以来，职业教育领域新政频出。"双高计划"、"1+X 证书制度试点"、"三教"改革、"本科层次职业教育试点"、"产教融合校企合作"、"中职国家奖学金"、"全面推进现代学徒制"等改革任务对职业教育经费保障提出要求。2019 年政府工作报告提出要"从失业保险基金结余中拿出 1000 亿元，用于 1500 万人次以上的职工技能提升和转岗转业培训"和"改革完善高职院校考试招生办法，……（2019）年扩招 100 万人"两个具体目标，对职业院校办学规模、财政经费支持力度提出了新要求。

2. 地方政府出台的政策

（1）各地政府积极探索对职业教育的支持政策

近年来，各地积极落实国家关于职业教育改革发展的任务要求，除了国家层面的要求外，各地也做出不同的探索，表 12.6 总结了若干有代表性的地方举措。

表 12.6　公共财政支持职业教育发展政策整理

支持类别	主要政策内容	案例
投入机制	加强与学校办学规模和校企合作培养要求相适应的财政投入	吉林
	落实、完善中职和高职生均拨款制度：（1）设立中等职业教育生均公用经费奖补资金，根据各地中等职业教育发展规模、生均公用经费拨款标准落实情况和经费投入努力程度等因素给予综合奖补，引导帮助市（县、区）共同提高中职学校生均公用经费拨款标准，采取因素法进行分配[中等职业教育发展规模（60%）+ 地方经费投入努力（40%）]（福建）；（2）特殊教育学校职业教育生均公用经费不得低于当地初中生均公用经费标准的 10 倍（山东青岛）	福建、山东青岛
	强化绩效激励，探索职业教育经费分配新模式	湖北荆州
	设立现代职业教育省级专项资金：（1）用于支持职业学校落实基础建设、内涵建设、教师培训、课程开发、技能大赛等国家和省重点工作任务和重要活动奖补（贵州）；（2）专门设置"中等职业教育综合补助经费"，省级单独安排资金支持 10 个深度贫困县中等职业教育发展（河北）	贵州、河北
	完善中等职业教育财政政策体系，充分发挥省财政转移支付资金激励引导作用	浙江
学校	大力支持职业院校实训基地建设，落实中央实训基地项目省级配套资金；省级高职实训基地分区域开放共享型基地、综合型工科基地、综合型其他基地等类型	江苏
	实施"示范性高等职业院校建设计划"	北京
	实施"对接产业集群省级职业教育示范专业"、职业教育创新型实训基地、"职业教育信息化建设项目"等省级财政支持项目，加大对项目学校的支持力度	辽宁
学生	对职业院校高端技术技能人才贯通培养试验、优秀学生境外访学研修等改革项目给予经费支持	北京
	设立退役士兵职业教育经费补助，2015 年起每位退役士兵可申请一次免费职业教育或免费技能培训。	福建
	设立"全日制中等职业学校学生专业奖励"，经费在城市教育费附加用于职业教育部分中支付	上海
	财政资金支持初中毕业生就读职业技术学校，积极引导鼓励城镇低保人员、农村贫困家庭子女等就读中等职业技术学校	重庆西阳

续表

支持类别	主要政策内容	案例
教师	对教育质量高、发展势头较好的中等职业学校，可根据需要相应增加教职工编制	河南南阳
	国家、省级职业学校骨干教师培训向贫困地区职业学校教师倾斜	辽宁、宁夏
	中等职业学校教师依法享受教龄津贴，该津贴计入退休金基数（江苏）；建立保障教师工资、津贴和政策性补助及时足额支付机制（海南）	江苏、海南
	优先支持教师队伍建设最薄弱、最紧迫的领域，中等职业学校教师培训经费按照不低于年度生均公用经费预算总额的 5% 予以安排	江西

资料来源：根据各地区相关政策文本整理而得。

（2）典型案例介绍

　　为进一步推进中等职业教育发展，浙江省采取了若干举措：一是建立和完善中等职业教育公共财政保障制度。落实各级财政分级负担的经费投入机制，逐步提高中等职业教育公共经费支出比例，完善职业学校生均经费标准和财政拨款标准制度，逐步将中等职业教育生均公用经费提高到普通高中的1.5 倍以上。二是完善中等职业教育经费多渠道筹措机制。加强教育费附加的征管工作，鼓励对中等职业教育的捐赠，进一步完善中等职业教育成本分担制度，落实《国务院关于大力发展职业教育的决定》中的中等职业教育筹资规定，统筹职工教育培训经费。三是鼓励民办中等职业教育发展，吸引社会资本投资中等职业教育。四是省财政转移支付资金采取因素法分配，与市县职业教育发展挂钩，与职业教育发展重点项目衔接，充分发挥专项资金激励引导作用，提高中等职业教育质量。五是强化制度建设，加强中等职业教育财务管理，提高经费使用效益。

五、公共财政强化高等教育竞争力

（一）投入保障情况

高等教育属于非义务教育，学生以缴纳学费的形式分担了一部分培养成本。但是普通高校学费标准长期以来没有大幅增长，高等教育经费来源仍以财政拨款为主。

从财政投入趋势看，2005—2017 年，高等教育国家财政性教育经费从972.2 亿元增长到 5488.3 亿元，增幅为 465%；高等教育公共财政预算教育经费从 936.1 亿元增长到 4956.8 亿元，增幅为 430%。从经费结构看，2005—2017 年，国家财政性教育经费占普通高校经费总收入比重从 42.46% 增长到61.52%，公共财政预算教育经费占比从 40.88% 增长到 55.56%（见图 12.5）。

图 12.5　高等教育国家财政性教育经费占比和公共财政预算教育经费占比变化情况
资料来源：2006—2018 年《中国教育经费统计年鉴》。

（二）普通高等教育财政支持政策

1. 中央政府出台的政策

（1）不断完善中央高校预算拨款制度，优化高等教育支出结构

2015 年《财政部教育部关于改革完善中央高校预算拨款制度的通知》提出，要通过改革高校预算拨款制度来优化高等教育支出结构。一是完善基本支出体系。逐步建立中央高校本科生生均定额拨款总额相对稳定机制，逐步完善研究生生均定额拨款；继续对西部地区中央高校和小规模特色中央高校等给予适当倾斜，并将中央高校学生资助经费由项目支出转列为基本支出。二是重构项目支出体系。其中最引人注目的是中央高校建设世界一流大学（学科）和特色发展引导专项资金。中央高校开展"双一流"建设所需经费由中央财政支持，中央对中央高校学科建设等给予支持。

（2）支持地方高校深化改革和内涵式发展，推动中西部地区建设高水平大学

为支持地方高校发展，中央财政给予地方高校一系列政策支持。首先，设立专项资金，并在资金分配时向困难地区和薄弱环节倾斜。2012 年设立"支持地方化解高校债务奖补专项资金"支持地方高校发展。《财政部教育部关于下达 2019 年支持地方高校改革发展资金预算的通知》明确提出，要重点向困难地区和薄弱环节倾斜，向办学质量高、办学特色鲜明的高校倾斜，向转型发展、协同创新等改革成效好的高校倾斜。

其次，支持中西部高校提升综合实力。按照《中西部高等教育振兴计划（2012—2020 年）》，在没有教育部直属高校的省份，"十二五"期间重点支持每个省份建设一所地方高水平大学。

（3）进一步完善高等教育学生资助政策

2017 年，财政部等四部门印发《关于进一步落实高等教育学生资助政策的通知》，明确提出要确保研究生资助政策不留死角，做好预科生资助相关工作，推动国家助学贷款全覆盖，完善基层就业学费补偿贷款代偿，落实民办高校同等资助等政策。

2. 地方政府出台的政策

（1）各地政府积极探索对普通高等教育的支持政策

近年来，各地普遍重视对优秀师资的投入，高等教育财政投入从补齐办学条件短板逐渐转向强化内涵式发展。表 12.7 总结了地方有代表性的高等教育财政支持政策。

表 12.7 公共财政支持高等教育发展政策整理

支持类别	主要政策内容	案例
学校	发放省属公办高校校区建设项目专项债券，用于支持学校新校区建设（吉林）；大学城新校区资源共享建设（福建）	吉林、福建
	安排化解高校债务资金，支持化解部分困难省属高校债务负担	广东
	设立绩效奖补资金，明确高校奖补资金分配比例结构，细化本科绩效奖励、本科绩效补助办法；绩效奖补资金由高校自主统筹安排使用，增加高校财政自主权	浙江
	设立竞争类专项资金，用于如地方高校"双一流"项目（湖北）、高等教育内涵建设（江苏、上海）、"高校创新强校工程"（广东）	全国多地
	设立高校服务地方发展专项支持资金等奖励性资金	江苏徐州
	设立"民办高校基础能力建设资金"，支持省内非营利性民办高校提升办学水平	山东
学生	设立普通本科高校"省政府奖学金"	浙江
	设立"贫困家庭学生高考入学政府资助金"；实施本科师范生免费教育	江西
	设立高校毕业生求职创业补贴	四川
	开展高校资助工作绩效评估	上海
教师	设立高层次领军人才奖补资金	福建
	设立选拔培养优秀青年教师科研专项基金	上海
	综合性建设项目资金可用于"人员经费"支出，用于引进、特聘和培养一流科学家、学科领军人才、紧缺人才、优秀中青年教师，建设双师（结构）团队及学生培养等所发生的支出，以及重大科研成果（含人文社科类）和教学成果的奖励经费等支出	上海、浙江、江苏等地
	支持开展高校和科研院所高层次人才薪酬制度改革试点	广西
投入机制	对小规模、有特色且办学成本高的高校给予适当倾斜	安徽
	调整省属本科高校生均定额拨款专业学科分类和折算系数，引导高校合理调整招生规模和学科专业结构	广东

续表

支持 类别	主要政策内容	案例
投入 机制	实行以"事后奖补"为主的财政专项资金投入方式，建立以创先争优为导向的绩效支出激励体系，以年为考核周期，依据绩效考核评价结果核定各高校下一年度绩效奖励资金规模	辽宁
	建立由生均综合定额拨款和专项资金构成的研究生生均拨款资金	重庆
	出台省属高校捐赠收入财政配比资金管理办法	北京、浙江、山东、广东、广西等地

资料来源：根据各地区相关政策文本整理而得。

（2）典型案例介绍

湖北省多所高校进入国家重点建设行列，整体学科实力排在全国前列，这其中财政做出了重要的贡献。一是不断加大对高校的投入力度。积极筹措"双一流"相关建设资金，主要用于捐赠收入财政配比奖励、高等教育综合奖补、"双一流"建设专项、省部共建专项等项目。二是进一步完善高等教育资金筹措机制。除了对省属高校接受的社会捐赠收入实行奖励性补助外，还建立了市（州）投入奖补机制。三是创新支持方式。对省属高校以专项和奖补相结合的方式予以支持，以省级高等教育综合奖补投入为主，分层分类引导省内高校特色发展、多元发展。四是强化绩效评价。相关奖补资金的分配采取预拨的方式，注重资金追踪问效，建设周期结束后按照高校和学科实际目标完成情况予以清算。五是多方位扩大高校的办学自主权。落实和扩大高校薪酬分配、经费及资产管理使用、政府采购、科研经费、基本建设项目等方面自主权，落实高校税收优惠等多项政策措施，为高校减负、松绑，使之更加具有活力。

六、公共财政保障民办教育健康发展

（一）投入保障情况

随着民办教育规模扩张，政府对民办教育的重视程度日益提升，国家财政性教育经费在民办学校经费收入中的占比整体呈现上升趋势，从 2005 年的 1.07%，大幅提升到 2017 年的 12.53%。其中，公共财政预算安排的教育经费占比达到 12.38%（见图 12.6）。从经费额度来看，民办教育国家财政性教育经费至 2017 年达到 526.8 亿元，是 2005 年经费额度的 108 倍。

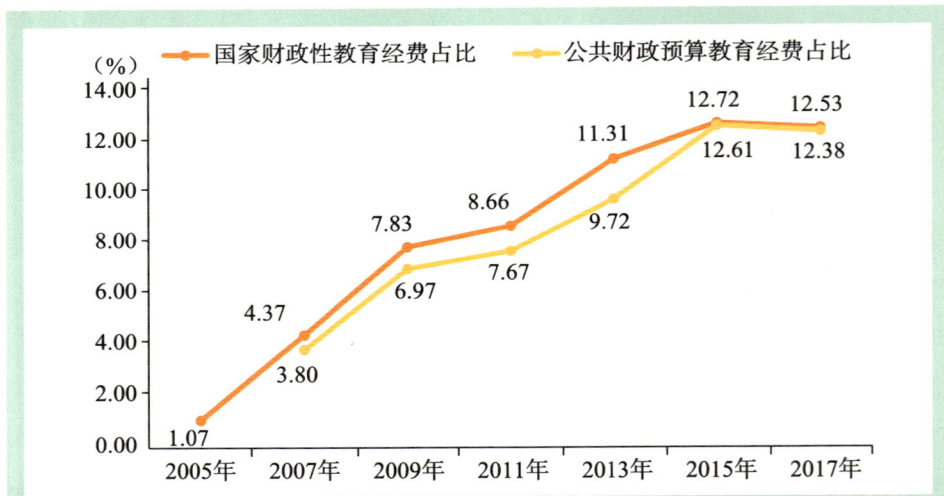

图 12.6 民办教育国家财政性教育经费占比和公共财政预算教育经费占比变化情况
资料来源：2006—2018 年《中国教育经费统计年鉴》。

虽然民办教育获得的公共财政支持力度有所增加，但与公办教育相比，差距仍然较大。近年来，国家财政性教育经费在全体学校经费收入中的占比大幅增加，由 61.30% 提升至 80.37%，成为支撑学校发展最重要的经费保障（见图 12.7）。

图 12.7   全体学校和民办学校经费收入结构中的国家财政性教育经费占比变化

资料来源：2006—2018 年《中国教育经费统计年鉴》。

（二）民办教育财政支持政策

1. 中央政府出台的政策

近年来，结合民办教育领域开展的"非营利性和营利性民办学校分类管理"改革，中央财政支持民办教育发展的方式主要体现在政府对两类民办学校实行分类扶持和分类税收两个方面。

（1）建立和完善对非营利性和营利性民办学校的分类扶持政策体系

2016 年《全国人民代表大会常务委员会关于修改〈中华人民共和国民办教育促进法〉的决定》明确提出，"民办学校的举办者可以自主选择设立非营利性或者营利性民办学校"，我国民办教育改革发展进入分类管理时代。修改后的《民办教育促进法》（以下简称新法）在"扶持与奖励"一章明确了分类管理时代民办教育扶持政策的具体形式。

民办教育扶持政策主要包括以下六个方面：第一，直接拨款，主要体现在义务教育生均公用经费补助对公办学校和民办学校一视同仁。第二，购买服务，主要体现在政府购买义务教育民办学校就读学位，以及近年来为扩大普惠性学前教育资源，向民办普惠园购买学位。第三，助学贷款、奖助学金，从学前教育到研究生教育，国家学生资助政策实现了公办学校和民办学校全覆盖。第四，设立发展基金，新法明确规定，县级以上各级人民政府可以设立专项资金，用于资助民办学校发展，也可用于奖励和表彰相关集体和个人。第五，出租、转让闲置的国有资产，新法明确规定，可采取出租、转让闲置的国有资产的措施对民办学校予以扶持。第六，对非营利性民办学校给予政府补贴、基金奖励和捐资激励。

（2）完善适应分类管理改革的民办学校税收政策体系

第一，无论是非营利性还是营利性民办学校，均在基本税种上享有教育类优待。第二，非营利性民办学校享有与公办学校同等的税收优待。非营利性民办学校免征非营利性收入的企业所得税，但营利性民办学校的学费收入应缴纳所得税。第三，向民办学校捐赠财产可按照有关规定给予税收优惠并予以表彰，尤其鼓励社会力量向非营利性民办学校捐赠，鼓励吸引多渠道办学资金，支持民办学校健康可持续发展。

2.地方政府出台的政策

（1）各地政府积极探索对民办教育的支持政策

目前，有关公共财政支持民办教育的顶层设计相对完善，但地方政府针对不同类型、不同层次民办教育进行财政支持的具体措施仍然有待进一步制定和落实。以下根据资助对象，归类整理了部分地方公共财政支持民办教育的相关政策（见表 12.8），并对典型案例进行介绍。

表 12.8　公共财政支持民办教育发展政策整理

支持类别	主要政策内容	案例
学校	为民办学校设立专项资金，根据学校运营质量和教育情况进行评优奖励	内蒙古包头、云南昆明
	政府向优质民办学校购买服务	浙江舟山、广西南宁
	支持引进优质教育资源举办民办学校	浙江舟山、安徽芜湖
	支持民办学校提高硬件条件	浙江金华、江西南昌
	对接收进城务工人员随迁子女的学校提供奖励	浙江、江西南昌
	对贫困地区及教育资源稀缺地区的学校提供奖励	云南
	对民办学校进行贷款贴息补助	山东青岛

续表

支持类别	主要政策内容	案例
学生	为普惠性幼儿园、义务教育阶段民办学校等提供生均教育经费补助	河南郑州、重庆
	为家庭经济困难的民办学校学生提供营养午餐等特殊补助	浙江温州
	支持民办学校培养优秀学生、参与各类竞赛等	安徽芜湖
教师	对民办学校培养各级名师提供奖励	浙江丽水
	对民办学校引进高水平教师提供补助	安徽芜湖、浙江温州
	对民办学校派出教师进行培训提供财政支持	浙江温州、甘肃
	补助民办教师基本工资、绩效津贴、保险等	山东潍坊、浙江绍兴
其他	财政注资成立教育投资公司，为民办教育扩大融资渠道	山东潍坊
	对举办非营利性民办中小学、投资额特别大的出资人进行奖励	山东青岛

资料来源：根据各地区相关政策文本整理而得。

（2）典型案例介绍

民办教育在学前教育领域蓬勃发展，为学前儿童提供了丰富的教育资源。2015 年，甘肃省公办幼儿园和民办幼儿园的数量比达到 53：47，民办幼儿园几乎占据半壁江山。面对民办教育的快速发展，甘肃省教育厅与财政厅在2015 年投入 3328 万元作为普惠性民办幼儿园专项奖补资金，各民办幼儿园可以根据需求自主支配使用，可用于降低学费标准、支持教师外出培训、购买教师各项保险等，奖补资金惠及全省近 200 所民办幼儿园。

培训机会少，是民办学校无法留住教师的原因之一。2014—2015 年，甘肃省民办幼儿园教师和园长先后被纳入"国培计划"。通过远程教育、集中培训和送教下乡等形式，甘肃省集中培训了 1.2 万名幼儿教师和 1000 名园长，送教下乡培训了 2800 名教师。甘肃省会宁县某民办幼儿园利用公共财政的奖补资金和幼儿园自筹经费，支持园内教师到省内外实地学习，让教师多看多学。为民办幼儿园教师提供培训经费补贴，有助于提高教师的教学技能，拓宽教师的职业发展空间，提升民办学前教育办学质量。①

第3节 教育发展新业态背景下的财政支持

长期以来，公共财政支持教育发展主要体现为公共财政对学历教育体系中各级各类学校教育发展的支持。随着教育的发展，教育科技企业、社会资本等新的教育服务供给者，以及在线教育、智慧课堂、企业参与教育等新的教育供给形态不断涌现。② 本节主要讨论在教育新业态背景下，公共财政如何响应、支持这些新的教育供给者和供给形态。

一、教育财政与中小学教育信息化

《中共中央关于全面深化改革若干重大问题的决定》指出，要利用信息化手段扩大优质教育资源覆盖面。在中小学教育信息化建设的过程中，教育财政的支持发挥了重要作用。教育财政以农村中小学现代远程教育工程、"教学点数字教育资源全覆盖"项目、"三通两平台"项目等一系列重大工程项目建设为抓手，通过建立并完善教育信息化建设的财政支持机制，切实推进了中小学教育信息化发展。

（一）建立统筹协调的财政保障机制

教育信息化建设是整个国家信息化建设战略中的重要一环，必须与其他

---

① 甘肃设民办教育专项奖补资金，将民办园教师纳入国培省培：民办园撑起"半边天"[EB/OL].
[2020-06-10]. http://www.moe.gov.cn/jyb_xwfb/s5147/201605/t20160516_244025.html.
② 王蓉.总报告[M]// 王蓉.中国教育新业态发展报告（2017）：基础教育.北京：社会科学文献出版社，2018：1-28.

项目同步统筹。[①]为此，国家提出统筹推进教育信息化和"互联网+"、大数据、云计算、"宽带中国"、新一代人工智能等工作。

基于这一定位，教育信息化经费投入需要多部门统筹协调。为推进教育信息化工作，2012 年教育部、财政部、工信部等九部门成立了部际协调小组，建立了部际教育信息化建设财政保障机制。当年工信部支持 5000 所学校免费接入"村村通"，财政部为"教学点数字教育资源全覆盖"项目提供经费约 3.1 亿元。[②]

在教育信息化建设中，政府投入有所倾斜，力求发挥经费投入的引导性作用。《教育信息化十年发展规划（2011—2020 年）》提出"明确政府在教育信息化经费投入中的主体作用"，"在教育投入中加大对教育信息化的倾斜，保障教育信息化发展需求，特别要加强对农村、偏远地区教育信息化的经费支持"。例如，通过"农村义务教育薄弱学校改造计划"等工程，重点支持中西部地区进行"三个课堂"的建设与应用。2014—2016 年，中央财政累计为"农村义务教育薄弱学校改造计划"下拨经费 978 亿元，并将农村学校教育信息化建设作为底线要求和重点任务予以倾斜性的投入保障。[③]

（二）形成多元投入的财政创新机制

教育信息化建设除了依靠政府作为投入主体之外，还要充分发挥市场的作用，鼓励企业等社会力量积极支持教育信息化建设与应用，逐步形成以政府为主体，企业和社会团体等多方参与的多元投入机制。[④]

例如，国家教育资源公共服务平台建设采用"企业竞争提供、政府评估准入、学校自主选择"的机制。[⑤]教育部与中国移动、中国电信、中国联通签

---

① 钟未平. 中国教育信息化的政策、成就和问题 [M]// 王蓉. 中国教育新业态发展报告（2017）：基础教育. 北京：社会科学文献出版社，2018：223-244.

② 关于印发教育部副部长杜占元在教育信息化重点工作推进会议上讲话的通知 [EB/OL].[2020-06-10]. http://www.moe.gov.cn/s78/A16/tongzhi/201305/t20130509_151729.html.

③ 教育部. 关于政协十二届全国委员会第五次会议第 4143 号（教育类 422 号）提案答复的函 [EB/OL]. [2020-06-18]. http://www.moe.gov.cn/jyb_xxgk/xxgk_jyta/jyta_kjs/201803/t20180302_328475.html.

④ 教育部. 全国教育信息化工作专项督导报告 [EB/OL].[2020-06-18]. http://www.moe.gov.cn/jyb_xwfb/gzdt_gzdt/s5987/201503/t20150324_186570.html.

⑤ 同④.

订了战略合作协议，科大讯飞、腾讯、阿里、华为、联想、浪潮等公司也与部分省市开展了合作。[①] 截至 2020 年 2 月底，有 32 家企业的 77 个应用在平台上完成技术对接并上架，为师生提供服务。[②] 在数字教育资源建设当中，通过"市场竞争＋政府补贴"机制[③]，鼓励企业和机构开发优质数字教育资源，再由政府购买[④]；鼓励优秀学科教师、教学科研机构与教材出版商联合开发教材[⑤]。

与此同时，中央还鼓励地方政府进行相应的体制、机制创新探索，尝试"政企合作""校企合作""校校合作"等多种多方合作共建共享模式。[⑥] 例如，南京市长江路小学作为开展跨区域网络远程协作教研试点单位，选派有经验的名师，开展网络视频在线教研。该校跨区域远程协作的辐射范围包含了整个长三角地区，东北地区，西部的四川、云南、甘肃等省。[⑦]

（三）强化教育信息化经费使用

为了有效地保障教育信息化建设的资金投入，政府出台各种规定，明确了教育经费中可用于信息化建设的部分及比例。例如，《教育信息化"十三五"规划》指出，应切实落实国家关于生均公用经费可用于购买信息化资源和服务的政策，优化经费支出结构，教育费附加可以按比例纳入教育信息化经费。以湖南省为例，为促进以"三通两平台"为重点的教育信息化建设，该省自2013 年起将教育信息化经费列入财政预算，并要求每年教育信息化专项经费

---

① 教育部 . 教育部对十二届全国人大五次会议第 7148 号建议的答复 [EB/OL].[2020–06–18]. http：//www.moe.gov.cn/jyb_xxgk/xxgk_jyta/jyta_kjs/201712/t20171218_321639.html.

② 2020 年 2 月教育信息化和网络安全工作月报 [EB/OL].[2020–06–18]. http：//www.moe.gov.cn/s78/A16/s5886/s6381/202003/t20200317_432094.htm.

③ 教育部办公厅关于征求对《关于"十三五"期间全面深入推进教育信息化工作的指导意见（征求意见稿）》意见的通知 [EB/OL].[2020–06–18]. http：//www.moe.gov.cn/srcsite/A16/s3342/201509/t20150907_206045.html.

④ 教育部关于印发刘延东副总理在第二次全国教育信息化工作电视电话会议上讲话的通知 [EB/OL].[2020–06–18]. http：//www.cac.gov.cn/2016–01/25/c_1117878426.htm.

⑤ 教育部 .2016 年全国教育信息化工作专项督导报告 [EB/OL].[2020–06–18]. http：//www.moe.gov.cn/jyb_xwfb/gzdt_gzdt/s5987/201610/t20161031_287128.html.

⑥ 钟未平 . 中国教育信息化的政策、成就和问题 [M]// 王蓉 . 中国教育新业态发展报告（2017）：基础教育 . 北京：社会科学文献出版社，2018：223–244.

⑦ 宋红斌，吴晓龙，陈旭升 . 跨区域网络远程协作教研方法探索与思考：以南京市长江路小学为例[J]. 现代教育，2018（6）：20–21.

投入不得少于 1 亿元，教育信息化经费占比不得低于公用经费支出的 10%。^①

（四）完善制度化的财政督导检查机制

教育信息化建设在前期要保障经费的足额、按时投入，在后期则要对经费的投入和使用进行问责和督导。为此，国务院教育督导委员会办公室于 2014 年发布了教育信息化工作专项督导检查的通知，强调重点督导中央财政补助教育信息化资金和地方配套经费使用情况，坚持应用导向和机制创新，促进政府、社会力量和企业等多方参与的多元化投入格局的形成。^②

国家以一系列重大工程项目建设为抓手，通过加大投入力度，切实推进了中小学教育信息化发展。截至 2019 年第三季度末，全国中小学互联网接入率达 99.50%（不含教学点），配备多媒体教学设备的普通教室有 359 万间；95.20% 的学校已拥有多媒体教室，其中 75.9% 的学校实现多媒体教学设备全覆盖（见图 12.8）。

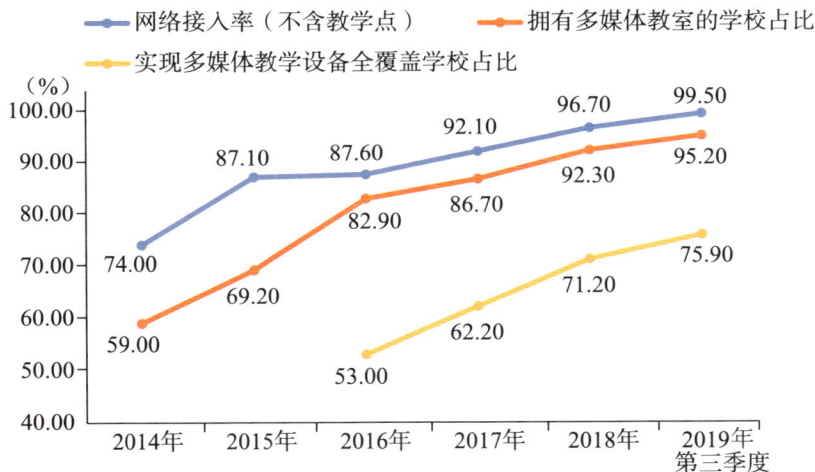

图 12.8　教育信息化基础设施建设情况

资料来源：根据教育部 2014—2019 年《教育信息化和网络安全工作月报》等资料整理。

---

① 重建农村网络联校，促进城乡义务教育均衡发展：湖南：向教育信息化 2.0 时代迈进 [EB/OL].[2020–06–10]. http: //www.moe.gov.cn/jyb_xwfb/moe_2082/zl_2019n/2019_zl29/201909/t20190912_398880.html.

② 国务院教育督导委员会办公室关于开展教育信息化工作专项督导检查的通知 [EB/OL].[2020–06–10]. http://www.moe.gov.cn/s78/A11/tongzhi/201410/t20141028_177414.html.

二、财政支持企业参与教育

（一）企业参与教育的潜力巨大

近年来，各国和国际组织普遍强调建立教育与社会其他领域的关联和合作，以促进更大规模、更高质量的教育发展。联合国教科文组织提出，无论是非营利性参与，还是商业性参与，企业都可以与教育部门一起创造价值，并推进教育目标的实现。企业参与教育事业的方式主要包括：（1）通过核心业务应对教育挑战，如投资教育基础设施、提供劳动力培训等；（2）通过提供教育捐赠和教育慈善，支持教育领域的可持续发展；（3）通过参与公共政策，集体呼吁关心教育挑战；（4）与政府和教育组织合作，参与教育事业发展。[①] 根据瓦尔基基金会（Varkey Foundation）开展的有关企业社会责任支出的综合研究，2013 年全球财富 500 强公司每年在企业社会责任上花费 200 亿美元，其中有 218 家公司将相关资金投入教育，总支出达 26 亿美元，占 500 强企业社会责任预算总额的 13%[②]。从发展趋势看，企业为学校提供单个元素（如教科书、教学设备等）的传统参与方式将长期存在，但随着对劳动力需求的增长，越来越多的企业将教育视为慈善或责任，并通过其核心业务来解决更广泛的教育问题。

（二）财政支持企业参与教育的形式

改革开放以来，我国教育事业发展从单纯由政府投入，逐步转向由国家、社会、受教育者共担的多元投入格局。在此过程中，财政政策工具需要发挥重要作用，一方面要为教育筹集更多资金，另一方面应当激励更多优质的社会组织或商业组织参与，特别是促进企业作为社会参与主体，从人才消费者

---

① UNESCO, UNICEF, the UN Global Compact, et al. The smartest investment: a framework for business engagement in education[R/OL]. [2020-06-10]. https://d306pr3pise04h.cloudfront.net/docs/issues_doc%2Fdevelopment%2FBusiness_Education_Framework.pdf.

② Dattani P, Still A, Pota V. Business backs education[R/OL]. [2020-06-10]. https://www.varkeyfoundation.org/media/3042/bbe-epg-report%C6%92.pdf.

转变为政府、学校和其他非营利性组织的合作伙伴。下面简要介绍我国各级政府通过财政手段支持企业参与教育的三种形式。

1. 激励企业对教育事业捐赠

税收政策工具是激励、引导和监督教育慈善事业的有效工具。对教育捐赠予以税收优惠，是世界各国的通行做法。根据《财政部国家税务总局关于教育税收政策的通知》，"纳税人通过中国境内非营利的社会团体、国家机关向教育事业的捐赠，准予在企业所得税和个人所得税前全额扣除"。在义务教育阶段，《中华人民共和国义务教育法》第四十八条重申"国家鼓励社会组织和个人向义务教育捐赠，鼓励按照国家有关基金会管理的规定设立义务教育基金"；同时，针对农村地区义务教育，《财政部国家税务总局关于纳税人向农村义务教育捐赠有关所得税政策的通知》规定"企事业单位、社会团体和个人等社会力量通过非营利的社会团体和国家机关向农村义务教育的捐赠，准予在缴纳企业所得税和个人所得税前的所得额中全额扣除"。在高等教育阶段，中央财政设立中央高校捐赠配比专项资金，对中央高校获得的符合规定条件的社会捐赠收入进行奖励补助。

2. 支持深化校企合作，加强职业教育实训基地建设

开展校企合作办学，是增强教育服务经济和社会发展能力的重要举措。目前，校企合作主要聚焦在普通高等教育和职业教育领域。2004 年以来，我国对高等学校、各类职业学校服务于技术转让、技术培训、技术咨询、技术服务、技术承包所取得的技术性服务收入，暂免征收企业所得税。2006 年中共中央办公厅、国务院办公厅印发的《关于进一步加强高技能人才工作的意见》规定，"实行校企合作的定向培训费用可从企业职工教育经费中列支。对积极开展校企合作承担实习见习任务、培训成效显著的企业，由当地政府给予适当奖励"。

建设实训基地是深化职业教育校企合作的重要抓手。2005 年起中央财政设立中央职业教育实训基地建设支持奖励专项资金，对各级各类职业教育实训基地进行扶持。按规定，实训基地项目实施主要由地方负责，地方按与中央专项资金不低于 1:1 的比例安排资金，支持获得中央财政支持的职业教育实训基地项目建设。

在国家支持政策引导下，各地对财政支持深化校企合作做出了因地制宜的探索。例如，广西对校企合作办学中积极参与实习、实验和实训基地建设的企业给予表彰奖励，同时通过科技园等科技企业孵化政策，完善财政支持校企合作政策。① 辽宁本溪市规定，企业委托职业学校进行研发活动所发生的费用，可按规定税前扣除；加计扣除时，按照研发活动发生费用的 80% 作为加计扣除基数，受托方不再进行加计扣除，符合条件的技术转让所得，可以免征、减征企业所得税。②

3. 支持开展"1+X"证书制度建设

为解决我国职业分类和职业标准更新速度落后于经济社会发展、学历教育与职业培训长期处于"双轨制"、复合型技术技能人才培养培训模式亟待创新等现实问题，我国开始探索"学历证书 + 若干职业技能等级证书"（以下简称"1+X"证书）制度建设。按照《国家职业教育改革实施方案》相关要求，中央财政通过奖补机制支持地方部分院校启动"1+X"证书制度试点。同时，通过教育部部门预算安排项目资金，支持证书制度设计、学分银行建设、职业技能等级标准开发、管理信息化平台建设等工作。③ 根据《国家职业教育改革实施方案》，包括企业在内的法人组织可通过遴选成为"职业教育培训评价组织"，并"按有关规定开发职业技能等级标准，负责实施职业技能考核、评价和证书发放"。从教育部已经公示的职业教育培训评价组织（分 3 批，共计91 家）及 X 证书名称看，职业技能等级证书试点领域主要集中在现代服务业、先进制造业和新兴产业等技能人才紧缺领域。自此，企业以一种新的身份、新的方式参与到新时代职业教育改革发展中。

---

① 广西壮族自治区人民政府关于进一步加大教育投入加快教育发展的意见 [EB/OL].[2020-06-10]. http://www.gxzf.gov.cn/zwgk/zfwj/zzqrmzfwj/20140210-428449.shtml.
② 本溪市人民政府办公厅关于本溪市支持中等职业教育发展的实施意见 [EB/OL]. [2020-06-10]. http://www.benxi.gov.cn/publicity/szfxx/zfwj/szfbwj/33910.
③ 李虔，卢威，尹兴敬 . 1+X 证书制度：进展、问题与对策 [J]. 国家教育行政学院学报，2019（12）：18-25.

三、教育项目中的 PPP

（一）PPP：公共服务提供的新模式

公私合作伙伴关系（Public-Private Partnership，以下简称 PPP）是指政府部门和私人部门或资本为共同提供公共产品和服务而建立的长期合作关系。在这种合作关系中，政府部门和私人部门扮演着不同角色，政府部门负责监管，私人部门负责具体建设和经营。[①]PPP 模式能够大量吸纳社会资本，减轻政府财政压力，公私部门在合作中取长补短，实现共同目标，后被广泛运用于基础设施建设和公共服务供给等领域。

2015 年 5 月国务院办公厅转发财政部、国家发展改革委、中国人民银行《关于在公共服务领域推广政府和社会资本合作模式的指导意见》，指出在公共服务领域推广 PPP 模式有助于转变政府职能、激发市场活力、打造经济新增长点。PPP 模式在中国经济改革中的地位日益提升，发展进入"快车道"（见图 12.9）。

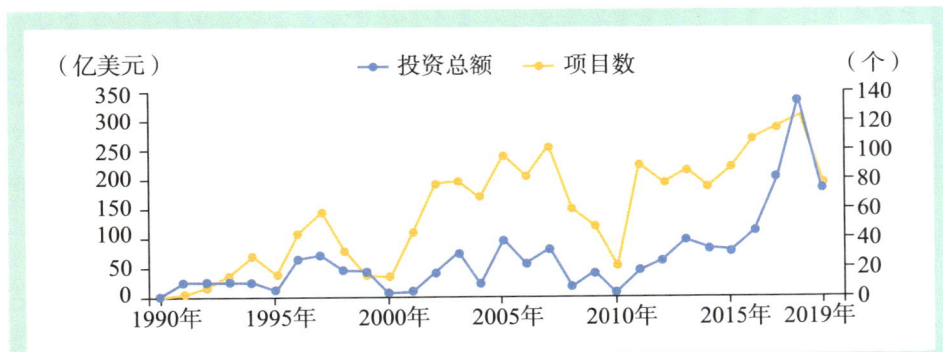

图 12.9　1990—2019 年中国主要领域 PPP 投资额和项目数变化情况

资料来源：世界银行 PPI 数据库（World Bank，Private Participation in Infrastructure Database）。

---

① 鞠传霄 . PPP 的概念、模式及在中国的发展 [J]. 现代管理科学，2017（8）：109–111.

（二）PPP 模式对中国教育事业发展的作用

政府在提供教育产品和服务中发挥重要作用，承担了大部分的办学成本。《中国教育经费统计年鉴》显示，2017 年全国各级各类教育经费总收入为 4.2562 万亿元，其中国家财政性教育经费为 3.4208 万亿元，占比高达 80.37%；一般公共预算教育经费为 2.9920 万亿元，占比达到 70.30%。

但是我国受教育人口数量庞大，教育供需关系仍然紧张，教育服务的供给在很多地区仍然存在短缺现象。仅仅由公共部门提供教育服务，难以满足人民群众对教育服务多样化、高质量的需求。因此，教育事业的可持续发展不能仅依靠政府财政的投入，需要由多方分摊成本，扩大供给数量，改善管理模式，提高办学质量。在此背景下，PPP 模式以其独有的公私合作优势，成为扩大教育供给和提升教育质量的重要方式。

教育领域中的 PPP 模式有多种形式，渗透在教育服务的生产、运营与提供的各个环节。在教育服务的生产阶段，政府可以向社会合作者购买关键投入要素，比如师资培训、课程设计和开发、教学设施租用等；在教育服务的运营阶段，政府可以将学校的日常管理委托给社会合作者；在教育服务的产出阶段，政府也可以直接向社会合作者购买学位，由社会合作者向特定群体提供教育服务。①

在教育供给的效率方面，PPP 模式能够缓解政府财政支出的压力，广泛吸纳社会资本投资教育，缓解教育供需矛盾；通过严格竞标挑选私人部门进行合作，有效提高公共资源配置效率。②

在教育服务的质量方面，PPP 模式引入私人部门对学校等教育机构进行管理，为部分落后的学校管理模式注入新的活力，促进教育服务质量的提升。③

在转变政府的教育服务职能方面，PPP 模式能够推动教育领域的供给侧

---

① 刘明兴，田志磊 . 职业教育公私伙伴关系的实践与反思：基于河南省县域职业教育改革的案例分析 [J]. 职教论坛，2017（16）：55-64.
② 唐祥来 . PPP 模式与教育投融资体制改革 [J]. 比较教育研究，2005（2）：61-64.
③ 原青林，单中惠 . 基础教育公私合作伙伴关系模式：问题与启示 [J]. 教育研究，2009（9）：92-97.

结构性改革，倒逼政府提升治理能力，由教育事业的"划桨者"转变为"掌舵者"，调动社会各界力量参与教育产品的直接生产和供给，使政府的工作重心放在统筹教育事业发展上①。

虽然教育 PPP 在中国的起步较晚，但已经取得可观的发展。截至 2020 年 4 月，在财政部政府和社会资本合作中心的 PPP 综合信息平台项目库中，教育领域已有 449 个项目，在所有领域中位列第五。②

（三）教育 PPP 的典型案例

山东基础教育发展良好，但是作为人口大省，其教育学位供给始终处于紧张状态，而城镇化的快速发展更令城镇地区学校面临巨大的供需矛盾。大班额无法保证学生的受教育质量，加重了教师的教学负担，阻碍了教育的改革和发展。③

面对全省普遍存在的大班额状况，改建、扩建、新建学校成为疏解班额压力最重要的方式，大量的学校建设经费从何而来？在加大公共财政投入的基础上，PPP 模式作为新型融资和项目管理模式被引入中小学的学校建设项目。

截至 2017 年 8 月底，山东共有 9 个市、33 所中小学采用 PPP 模式建设，累计投资达到 58.7 亿元。其中，禹城市城乡教育综合发展 PPP 项目被选为国家级示范项目，包含 10 所乡镇学校和 4 所城区学校的基础设施建设总投资额达到 3.438 亿元，采用"改扩建—运营—移交"模式进行运作，在 2016 年项目运营期结束后，项目所有资产无偿移交给市政府。④

---

① 原青林，单中惠.基础教育公私合作伙伴关系模式：问题与启示 [J].教育研究，2009（9）：92-97.
② 在库项目数排名前四的领域为市政工程、交通运输、生态建设和环境保护、城镇综合开发。
③ 253 万个学位这样得来：山东创新机制化解城镇中小学大班额纪实 [EB/OL]. [2020-06-10]. http://www.moe.gov.cn/jyb_xwfb/moe_2082/zl_2018n/2018_zl06/201712/t20171218_321568.html.
④ 财政部政府和社会资本合作中心.山东省德州市禹城市城乡教育综合发展 PPP 项目 [EB/OL]. [2020-06-10].http://www.cpppc.org:8082/inforpublic/homepage.html#/projectDetail/1C9872EE89F29E39E0532AB413ACFD39.

第4节　对财政支持教育发展的评价与展望

本节作为这一章的总结，结合以经济增长新常态为特点的"新时代"以及以技术创新为代表的"智能时代"大背景，对未来财政如何支持教育发展进行展望。

一、教育财政制度创新要兼容教育领域的技术变革

当前互联网、大数据、人工智能等新技术赋能教育，大量新兴教育形态和供给者的出现，不仅改变了传统的学习方式、教学模式和学习环境，也提高了教育管理的质量和效率，是推进教育公平、提高教育质量的重要手段。

为推动新技术在教育领域的应用，发展智能时代的数字化教育，我国建立并完善财政支持机制，以项目为抓手，推进我国教育信息化发展。除传统的政策支持外，我国还调整了相关学科的专业结构，鼓励高校设置人工智能、虚拟现实、微电子等新兴专业，2018年审批设置了新一代信息技术相关专业点386个[①]；中央财政设立"支持地方高校改革发展资金"，提高相关专业的生均综合定额拨款标准，支持专业领域新技术的应用[②]。

尽管如此，我国现行的教育财政制度仍没有跟上教育领域内的技术创新步伐。美国学者希尔在对美国数字化学习背景下的基础教育财政政策进行分析后指出，美国基础教育财政在体制、机制上的创新是滞后于教育体系内的

[①] 关于政协十三届全国委员会第一次会议第4177号（教育类402号）提案答复的函 [EB/OL]. [2020–06–15]. http://www.moe.gov.cn/jyb_xxgk/xxgk_jyta/jyta_gaojiaosi/201901/t20190129_368441.html.

[②] 关于政协十三届全国委员会第一次会议第1000号（教育类112号）提案答复的函 [EB/OL]. [2020–06–15]. http://www.moe.gov.cn/jyb_xxgk/xxgk_jyta/jyta_gaojiaosi/201901/t20190129_368428.html.

技术变革步伐的。教育财政在拨款使用上没有考虑到教育技术对教育服务提供者、提供方式的创新性影响。[①] 这一问题在中国同样存在，主要体现在以下三点。

（一）现行的教育财政拨款体系并未兼容新兴的教育供给者

为扶持教育新业态的发展、鼓励多元教育投入主体参与教育服务的提供，《教育信息化十年发展规划（2011—2020 年）》提出，建立以政府为主体、企业和社会团体多元投入的财政创新机制。2019 年，教育部等十一部门发布《关于促进在线教育健康发展的指导意见》，将在线教育资源与服务纳入地方政府购买服务指导性目录，并鼓励银行等金融机构为教育科技公司提供支持。

在现实中，以社会资本和教育科技公司为代表的新兴教育供给主体以其独有的优势，已经渗透到教育行业的方方面面，特别是在新冠肺炎疫情期间，新兴教育供给主体成为提供教育服务的主力军。各省市为支撑"停课不停学"，与教育公司、互联网企业达成合作，如北京市教委联合腾讯、百度等互联网企业开通课程点播服务。

然而，这些新兴教育供给主体并没有被纳入政策和制度视野之中。[②] 对比法国 2012 年的"数字化校园"战略，政府财政为鼓励新兴教育供给主体，三年内投入 10 亿欧元用于教师培训、设备和资源的配置以及鼓励开发数字教育创新技术的孵化项目。[③] 为更好地推进教育领域的智能化改革，我国财政拨款体系应充分考虑新兴教育供给主体的作用，通过税收减免、土地租金减免、鼓励技术孵化项目等方式支持教育智能化发展，将新兴教育供给主体纳入财政支持的视野。

（二）目前的教育信息化投入尚未有效缩小使用层面的数字鸿沟

教育财政通过对中小学教育信息化建设的投入支持，已经基本实现边远

① 王蓉.总报告 [M]// 王蓉.中国教育新业态发展报告（2017）：基础教育.北京：社会科学文献出版社，2018：1-28.
② 王蓉，田志磊.迎接教育财政 3.0 时代 [J].教育经济评论，2018（1）：26-46.
③ 李伟，盛创新，张惠颜.基于绩效视角的美国、新加坡、法国最新教育信息化政策比较 [J].软件导刊（教育技术），2019（6）：89-93.

地区学校互联网全覆盖，并扩大了优质教育资源覆盖面。可以说，与信息的可接入性和网络基础设施的普及性有关的第一层次的"数字鸿沟"基本被消除。但是，与利用信息资源的能力有关的第二层次的"数字鸿沟"（也即"使用鸿沟"）仍然存在。2016 年世界银行发布的《世界发展报告：数字红利》指出，仅仅强调互联网的物理接入是远远不够的，建立配套机制并引导师生正确使用数字技术，才是"数字红利"惠及教育的关键。① 调查表明，城乡不同阶层学生互联网使用方式的差异，导致教育领域出现"使用鸿沟"，这是隐藏于表面数字公平之下的潜在问题。②

截至 2017 年年底，全国教育信息化经费支出占教育总经费支出的比例为 17.1%。其中，网络建设与设备购置费用比例最高（为 45.56%），用于数字资源平台开发以及研究的费用只有 18.3%。与此同时，全国拥有多媒体教室的中小学校已经达到 86.7%，但是全部班级使用数字教育资源的学校比例仅为 37.81%，每周 1—2 次及以上使用多媒体进行教学的教师比例为 44.8%。③

这些数据都表明，目前的教育信息化建设和投入重基础设施建设，而轻资源的使用。如果想通过教育信息化促进教育公平，特别是城乡教育均衡发展，那么未来公共财政在中小学信息化建设和使用过程中应切实发挥引导作用，关注的重点要从硬件平台和软件资源建设转向对农村学校、弱势阶层学生在信息技术使用上的支持。

（三）自上而下的教育财政政策制定机制无法满足地方和学校的实际需求

目前相关政策的制定、资源平台的开发与建设多由中央或省级教育主管部门承担，自上而下的财政拨款机制④ 易导致供需失衡的情况。牵头机构并不了解一线教学活动的需求，提供的数字设备和资源有的无法满足教学要求，

① World Bank. World development report 2016: digital dividends[R]. 2016：37-38.
② 张济洲，黄书光. 隐蔽的再生产：教育公平的影响机制：基于城乡不同阶层学生互联网使用偏好的实证研究 [J]. 中国电化教育，2018（11）：18-23.
③ 教育部教育信息化战略研究基地（华中）. 中国教育信息化发展报告：2017 [M]. 北京：人民教育出版社，2018：20-21.
④ 钟未平. 中国教育信息化的政策、成就和问题 [M]// 王蓉. 中国教育新业态发展报告（2017）：基础教育. 北京：社会科学文献出版社，2018：223-244.

有的超出课程需求，造成资源的浪费和使用效率低。比如在很多地区，政府拨款为每个教室配备了大液晶屏幕电脑一体机，由于课程内容简单，它们仅仅被作为投影仪使用。①

实时掌握一线教学活动的真实需求，在一定程度上可以缓解上述供需失衡问题。相较而言，美国对教育技术应用的投入与需求适配度的研究和评估更为完善。2002 年，《技术之声：为什么所有的美国人都需要知道更多的技术》中指出，财政应支持长期追踪学生和公众的技术水平情况，掌握学生和公众随时代变化的技术需求，更高效地配置资源。② 基于此，我国教育财政政策应关注实际教学活动的需求，一方面给予学校更多的购置数字化设备、服务，开发数字化资源平台的自主权，选择与一线教学活动相匹配的设备和服务；另一方面，应支持动态追踪和研究教育技术使用的状况和问题，使政策的制定与教育的需求相适应。

二、财政对教育的稳健支持要适应经济发展的新常态

（一）经济发展新常态下公共教育支出面临的挑战

随着我国经济结构和增长方式的改变，国民经济发展进入新常态，GDP增速逐渐放缓。2020 年年初蔓延全球的新冠肺炎疫情更是对经济产生了严重冲击，2020 年第一季度我国经济同比增速为 –6.8%。财政收入和经济增速密切相关。截止到 2020 年 4 月 22 日，在全国 31 个省份中有 15 个公布了第一季度财政收支情况，这些省份的一般公共预算收入均出现下滑，其中降幅在两位数的省份多达 8 个。③

另一个对财政收入造成负向影响的因素是从 2016 年开始的减税降费改革。

---

① 刘大伟 . 我国基础教育信息化经费投入分析：基于经济与财政视角 [J]. 中国教育信息化，2016（5）：12–14，61.
② 陈海东 . 科学有效地推进我国基础教育信息化：美国教育技术 20 年政策解读及启示 [J]. 基础教育参考，2006（9）：9–15.
③ 王晓霞 . 保住经济基本盘，财政政策如何发力？ [J]. 财经，2020（8）：56–59.

2019 年全年累计新增减税降费超过 2 万亿元。[①] 与此同时，"刚性支出"的增加进一步加剧了财政收支剪刀差（见图 12.10）。据有关专家估算，2020 年中国财政的增支减收总额约为 1.8 万亿—2.3 万亿元。[②]

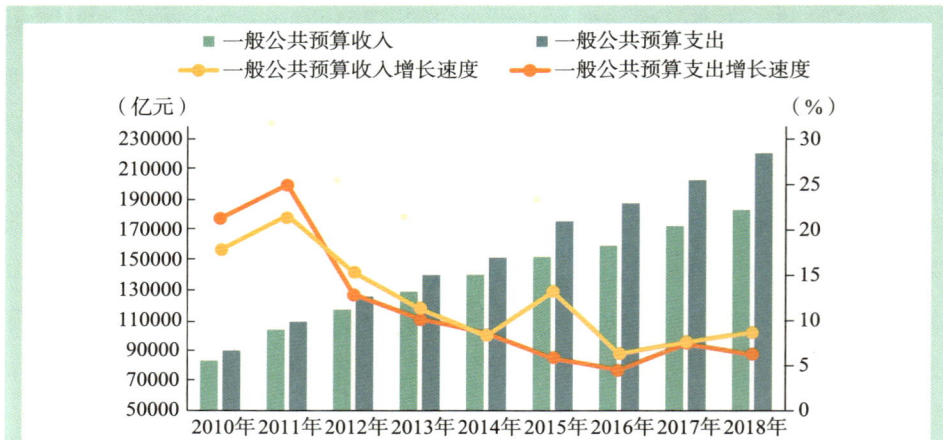

图 12.10　经济新常态下我国财政收支情况

资料来源：2011—2019 年《中国统计年鉴》。

注：增长速度＝（报告期水平－基期水平）/ 基期水平。

　　然而，公众对于优质教育的需求并未随财政收支缺口的扩大而放缓。[③] 与此同时，我国人口年龄结构的转变可能会使财政政策的优先议程改变，公共财政支出结构的调整可能会导致"挤占"教育财政支出。[④] 据统计，教育财政支出占公共财政支出的比例由 2012 年的 16.9% 下降到 2019 年的 14.6%。[⑤] 经济新常态下，宏观经济环境的改变给财政支持教育发展带来了新的挑战。

　　2012 年，我国教育财政投入实现了"4% 目标"。是否仍要采取"挂钩"机制来保证教育财政投入，成为"后 4% 时代"面临的首要问题。有观点认

---

① 全国税务工作会议召开：2019 年全年累计新增减税降费超过 2 万亿元 [EB/OL]. [2020-06-10]. http://www.chinatax.gov.cn/chinatax/n810219/n810780/c5142313/content.html.

② 王晓霞. 保住经济基本盘，财政政策如何发力？[J]. 财经，2020（8）：56-59.

③ 田志磊. 经济增速放缓背景下的教育财政 [J]. 教育发展研究，2019（19）：3.

④ 宗晓华，陈静漪. "新常态"下中国教育财政投入的可持续性与制度转型 [J]. 复旦教育论坛，2015（6）：5-11.

⑤ 中华人民共和国国家统计局. 中国统计年鉴：2013 [M]. 北京：中国统计出版社，2013；国家统计局. 中国统计年鉴：2020 [M]. 北京：中国统计出版社，2020.

为，尽管这种"挂钩"机制在一定时期内促进了我国教育事业的发展并使教育取得了里程碑式的成绩，但这一比例的确定有其特定的历史背景，并非政府教育财政决策的指标，加之这一比例并不具有可操作性，因此财政性教育支出不应继续与国内生产总值固定挂钩。[①]

2013 年，党的十八届三中全会通过的《中共中央关于全面深化改革若干重大问题的决定》指出，财税体制改革要"清理规范重点支出同财政收支增幅或生产总值挂钩事项，一般不采取挂钩方式"。淡化固定挂钩机制后，可能会失去激励各级政府增加教育财政投入的"政策抓手"。[②] 因此，在一定时期内坚持没有时限和数量要求的弹性挂钩——提高"两个比例"、实现"四个增长"——仍具有一定的必要性和可行性。[③] 未来教育财政应"以需定支"，确保财政投入的充足性，优化投入结构，改变以往以行政力量推进教育发展的模式，将教育财政保障纳入政府职能转变和公共治理的框架中予以推进。[④] "定标准、定责任、入预算"，建立并完善教育财政投入持续稳定增长的长效机制，以保证财政对教育事业的支持。[⑤] 面对经济新常态下经济社会环境的变化和国家财政制度的调整，为保证财政对教育的稳健支持，我们仍需寻找新出路。

（二）以财税政策激励家庭的教育投入

从教育经费收入的来源结构看，目前我国的教育投入过于依赖政府的公共预算内经费投入。有调查表明，我国的家庭对教育特别是优质教育的需求越来越旺盛，家庭的教育投入是一股不容忽视的重要力量。我国城镇居民教育消费支出占人均年总支出的 5% 左右，家庭教育支出的比例是美国家庭的 2 倍。基础教育阶段教育支出占中国家庭年收入的 21%，中国消费者的教育投

---

① 王善迈.深化教育财政体制改革 [N]. 中国教育报，2014–03–07（7）.
② 宗晓华，陈静漪."新常态"下中国教育财政投入的可持续性与制度转型 [J]. 复旦教育论坛，2015（6）：5–11.
③ 王善迈，赵婧.教育经费投入体制的改革与展望：纪念改革开放 40 周年 [J]. 教育研究，2018（8）：4–10.
④ 姚继军，张新平."后 4% 时代"公共财政如何更好地保障教育的改革与发展 [J]. 教育与经济，2014（4）：9–13.
⑤ 王善迈."后 4%"时代财政教育投入的长效机制 [N]. 光明日报，2015–12–08（14）.

资意愿随可支配收入的增加仍有较大增长空间。[①] 因此，在今后一段时间内，我国应关注非财政性教育投入在支持教育发展中的重要作用，例如通过个人所得税调整来激励家庭对教育的投入。

2018 年 12 月，国务院发布《个人所得税专项附加扣除暂行办法》，规定纳税人的子女接受学前及学历教育的支出，按照每个子女每月 1000 元的标准定额扣除；继续教育支出按纳税人接受学历或非学历继续教育分别予以 4800 元、3600 元定额扣除。据统计，纳税人中有 50% 左右享受教育专项附加扣除。[②] 针对教育支出的专项附加扣除政策，有效提升了家庭的可支配收入，会进一步提高家长对子女、对自己进行教育投入的意愿和能力，在一定程度上缓解财政对教育投入的压力，实现家庭投入和财政投入的有效互补。[③] 当然，现行的个人所得税教育专项附加扣除政策在具体实施中仍存在扣除范围较窄、扣除标准较低且过于简单等问题[④]，有必要充分借鉴国外个人所得税教育专项扣除实践的成功经验。

个人所得税教育专项附加税前扣除有两种方式：一种是针对税法规定的教育支出的专项扣除；另外一种是有子女的家庭可以在税前予以一定额度的基本扣除。表 12.9 列出了部分国家的个人所得税教育专项扣除相关政策。从中可见，各国在扣除项目的设置上主要涵盖针对子女教育的学费、助学贷款、职业教育费用等，大部分国家并未就纳税人本人的教育费用予以扣除，扣除额度也不尽相同。我国采取单一的标准扣除，虽然便于征纳，但相较于美国和印度的据实扣除，并不能反映纳税人真实的支出与负担情况；日本和马来西亚则采取混合扣除的方式，针对不同阶段的教育支出予以不同额度标准的扣除。在扣除条件上，部分国家对享受扣除政策的纳税人子女年龄、人数、费用去向、来源等都做了严格的规定，对比之下，我国个人所得税教育专项

① 德勤中国 . 教育新时代：中国教育发展报告 2018[R/OL]. [2020–06–12]. http：//www2.deloitte.com/ cn/zh/pages/about–deloitte/articles/pr-new-era-of-education.html.

② 甘犁，何青 . 专项附加扣除应惠及个税起征点以下收入人群 [EB/OL]. [2020–06–12]. http：// opinion.caixin.com/2019-09-25/101465971.html.

③ 甘犁 . 个税专项扣除比提高起征点更有深意 [EB/OL]. [2020–06–12]. http：//opinion.caixin.com/2018-10-22/101337515.html.

④ 王静 . 个人所得税教育费用专项附加扣除的制度缺陷及解决途径 [J]. 财金观察，2019（1）：253–263.

附加扣除政策的约束条件并不完善。[1]

表 12.9 部分国家个人所得税教育专项附加扣除相关政策

国家	教育专项扣除政策
中国	1. 子女教育每个子女每月定额扣除 1000 元；2. 纳税人接受继续教育的按学历或非学历教育予以定额扣除
美国	1. 学生贷款利息扣除；2. 学费税收减免；3. 学杂费 / 上大学费用扣除（不可同时申请税前扣除和税收减免）；4. 与工作相关的教育费用扣除
加拿大	1. 学校教育（大学前）可扣除学费、书本费和规定的交通费；2. 学校教育（高等教育）可扣除学费，2017 年将职业技能课程学费纳入扣除范围；3. 校外教育符合规定的教育费用（月花费 12 小时学习艺术、体育课程的学费）可进行税前扣除
澳大利亚	符合规定的职业技能教育费用（符合条件的学费，学习中发生的食宿费、交通费、贷款利息等）可进行税前扣除
德国	1. 子女生计扣除，有子女的家庭都可获得一定额度扣除；2. 子女教育扣除，支付私立学校费用减去食宿费、照管费的 30% 作为专项扣除；3. 职业教育扣除（需与从事职业相关）
日本	1.16 周岁以下子女义务教育阶段教育费用每人每年 38 万日元扣除额度；2.16—23 岁高中 / 大学阶段学生每人每年 63 万日元扣除额度；3. 职业教育扣除
马来西亚	1. 纳税人本人的教育费用；2. 参与国民教育储蓄计划的净储蓄额；3. 儿童保育费用；4.18 岁以上未婚子女的全日制教育、继续教育费用，残疾子女教育费用；5. 教育福利保险费
印度	1. 子女学费；2. 高等教育贷款利息

资料来源：根据徐志、王佳瑶和张凯迪的研究整理而得[2]。

相关研究评估了我国个人所得税教育专项附加扣除的效果，发现收入水平较低群体的子女教育扣除比例更高，扣除额度也更高。[3] 个人所得税教育专项附加扣除实际上降低了子女的教育成本，有效激励了家庭对子女教育的投入。[4] 尽管我国目前的个人所得税教育专项附加扣除政策仍需完善、效果仍待

---

[1] 徐志，王佳瑶 . 家庭教育支出税前扣除的国际实践与思考 [J]. 财政监督，2018（20）：87-91.
[2] 同①；张凯迪 . 个人所得税教育专项扣除的国际经验借鉴与比较 [J]. 财政科学，2018（12）：147-153.
[3] 王钰，田志伟，王再堂 .2018 年个人所得税改革的收入再分配效应研究 [J]. 财经论丛，2019（8）：31-38.
[4] 郑巧 . 子女教育费用专项扣除方案及其影响效应探究 [J]. 现代经济信息，2018（27）：141-143.

考察，但不失为新时期探索财政支持教育发展的一条出路。

三、迈向治理型教育财政

（一）教育财政作为教育治理工具的必要性

党的十八届三中全会通过的《中共中央关于全面深化改革若干重大问题的决定》将深化财税体制改革作为推进国家治理体系和治理能力现代化的重要内容，确立了"财政是国家治理的基础和重要支柱"的财政职能新定位。党的十九大报告进一步提出要"建立现代财政制度，建立权责清晰、财力协调、区域均衡的中央和地方财政关系"。

教育财政是国家财政的重要组成部分，教育财政保障体制机制是关系到社会发展稳定的重要制度安排。随着现代财政治理体系和治理能力建设不断取得新突破，教育财政在教育治理中的地位日益凸显，对教育这一重要的社会民生事项的积极作用日趋凸显。我国教育财政支出的结构及相关政策供给，反映出我国教育治理的一些体制特征。在财政体制上，1989 年以来，我国实行"权力型分级财政体制"，提供教育服务的责任按属地原则划归市县，而目前正在往"责任型分级财政体制"的方向改革①，按照教育公共服务均等化的要求，明确划分中央和地方教育领域事权与支出责任后，持续推进省以下事权与支出责任划分改革。在保障机制方面，教育财政践行以人民为中心的发展理念，加强基本民生保障，建立了城乡统一、重在农村的义务教育经费保障机制，建立了各级各类教育全覆盖的学生资助政策体系。同时，教育财政投入向贫困地区尤其是深度贫困地区倾斜，支持脱贫攻坚，促进了社会公平正义。②

---

① 马国贤.论责任型分级财政体制与现代国家治理[J].经济研究参考，2016（31）：20–27.
② 中共财政部党组.更好发挥财政在国家治理中的基础和重要支柱作用：党的十八大以来我国财政政策的理论与实践[J].中国财政，2017（19）：4–6.

（二）教育财政应发挥对社会、经济、文化等多方面的政策功能

教育财政作为一种治理工具，其一系列的政策供给不仅体现为传统意义上的经济政策，更体现在对社会、经济、文化等各方面的综合作用和影响上。一方面，教育财政政策作为实现现代教育治理的重要工具，应及时回应不同时期教育需求的变化。党的十九大报告提出，我国社会主要矛盾已经转化为人民日益增长的美好生活需要和不平衡不充分的发展之间的矛盾。我国教育的主要矛盾也随之发生改变。随着教育机会的扩大以及中产群体的增加，我国教育供求矛盾从"上学难"转为"上好学难"，这也构成了当代教育财政必须回应的问题，即如何调整教育财政体制，以适应经济增速换挡、财政收支矛盾加大、居民教育消费仍不断提高的新形势。[①] 由于教育发展不平衡不充分的问题没有从根本上得到解决，教育财政有必要既重视教育事业的量的发展，同时也重视其质的发展。另一方面，教育财政政策应着力构建政府与学校、社会、市场之间的新型关系。从当前的教育投入机制看，政府投入对各级各类教育的保障力度都有所强化，中央与地方财政关系、教育财政预算管理制度和转移支付制度不断完善。但从大国办教育的实际需要看，非财政性经费投入仍有较大提升空间，财政通过税收工具和奖补方式拉动社会力量投入的动力仍有待提升。与此同时，社会和科技领域的新变化呼吁教育财政不断提高政策的精准性和有效性，进一步向社会开放，提高有效竞争能力和对公众需求的反应能力。

新阶段新形势新变化对教育财政提出了新的要求。向治理型教育财政改革，是加快转变政府职能的重要内容，也是实现教育治理体系和治理能力现代化的重要途径。迈向治理型教育财政需要更加关注财政主体多元性、公众参与性、公益性与回应性、绩效性和法治性，发挥好市场与政府的作用以及社会组织在提供混合公共产品方面的优势[②]，探索出符合国情、适应社会主义市场经济发展要求的制度体系。

---

① 田志磊. 经济增速放缓背景下的教育财政 [J]. 教育发展研究，2019（19）：3.
② 崔潮. 治理型财政：中国财政现代化建设的新阶段 [J]. 地方财政研究，2016（10）：29-34.

后　记

　　教育是人类社会发展的驱动力，是全人类共同利益所在。中国教育正逐步走向世界教育的中心，智能时代是未来教育的新起点，学习是未来教育的中心。科技进步极大地解放了教育生产力，推动了教育在理念、内容、模式、组织、形态等各方面的革新与重构。学习者应当如何适应时代变革、教育活动如何创造更大的社会价值、科技如何驱动教育创新等诸多问题亟待处于智能时代路口的当代学者探索。基于这样的背景与信念，我们于 2019 年开始筹划《面向智能时代：教育、技术与社会发展》一书的研究与写作。同年 11 月，敲定了本书的研究内容与写作提纲。在写作过程中，多位专家对于研究方法、研究内容与研究框架等提出了建设性意见。他们是鲍威教授、陈浩教授、杜育红教授、蓝庆新教授、卢中原主任、李建伟所长、李玉顺教授、陆士桢教授、涂勤教授、邢春冰教授、杨娟教授、张琦教授等。在此，对以上专家学者的热情支持与辛勤付出，致以由衷的敬意和真挚的感谢。

　　同时，在研究与写作过程中，我们收获了许多来自教育企业、科技企业以及教育投资机构的实践案例与前沿教育产品资料，在此也对好未来教育科技集团等企业与机构的支持表示最衷心的谢意。

　　为了更好地开展本书的研究工作，我们以北京师范大学经济与资源管理研究院（创新发展研究院）、北京师范大学智慧学习研究院为研究主体，联合互联网教育智能技术及应用国家工程实验室、北京师范大学教育学部、北京师范大学经济与工商管理学院、北京师范大学中国教育与社会发展研究院、中国教育科学研究院、北京教育科学研究院、浙江大学等单位的研究人员，对智能时代背景下中国教育、科技与社会发展问题进行全面分析与解构，希望将一本综合审视未来教育的著作呈现给读者。

　　本书几易其稿，终于编写完成，即将出版。由于目前智能时代与未来教育的研究尚缺乏充足的理论基础，加之主客观条件的限制，本书一定还存在诸多不足之处。我们期待各界人士能够予以关注、参与探讨，共同推进对未来教育的多维研究，为我国的教育发展与变革做出积极贡献！

出 版 人　李　东
责任编辑　翁绮睿　方檀香
版式设计　博祥图文　郝晓红
责任校对　贾静芳
责任印制　叶小峰

图书在版编目（CIP）数据

面向智能时代：教育、技术与社会发展/关成华，
黄荣怀主编. —北京：教育科学出版社，2021.7（2021.10重印）
（中国未来教育研究丛书）
ISBN 978-7-5191-2634-6

Ⅰ．①面…　Ⅱ．①关…　②黄…　Ⅲ．①教育研究
Ⅳ．①G40-03

中国版本图书馆CIP数据核字（2021）第109783号

中国未来教育研究丛书
面向智能时代：教育、技术与社会发展
MIANXIANG ZHINENG SHIDAI：JIAOYU、JISHU YU SHEHUI FAZHAN

出 版 发 行	教育科学出版社		
社　　　址	北京·朝阳区安慧北里安园甲9号	邮　　编	100101
总编室电话	010-64981290	编辑部电话	010-64981252
出版部电话	010-64989487	市场部电话	010-64989009
传　　真	010-64891796	网　　址	http://www.esph.com.cn
经　　销	各地新华书店		
制　　作	北京京久科创文化有限公司		
印　　刷	中煤（北京）印务有限公司		
开　　本	720毫米×1020毫米　1/16	版　　次	2021年7月第1版
印　　张	35.5	印　　次	2021年10月第2次印刷
字　　数	536千	定　　价	128.00元

图书出现印装质量问题，本社负责调换。